HELMUT PEMSEL

Seeherrschaft

Band 1

HELMUT PEMSEL

Seeherrschaft

Eine maritime Weltgeschichte
von den Anfängen bis 1850

Band 1

Bernard & Graefe Verlag

Die **Karten** haben nach Entwürfen des Verfassers gezeichnet:
Helmut Fechter (134 Kartenseiten und 3 graphische Darstellungen) und Georg Pawlik (90 Kartenseiten und 17 Seiten Taktik).

Bildnachweis:
S. Breyer, Hanau (39); G. Pawlik, Wien (20); B. Grabner, Wien (19); Weyers Taschenbuch der Kriegsflotten (9); C. Canby: Geschichte der Schiffahrt (7); Jentschura/Jung/Mickel: Die japanischen Kriegsschiffe (4); E. Gröner: Die deutschen Kriegsschiffe 1815–1945 (3); Gröner/Jung/Maass: Die Schiffe der deutschen Kriegsmarine und Luftwaffe 1939–1945 und ihr Verbleib (2).

Genehmigte Lizenzausgabe für Weltbild Verlag GmbH, Augsburg 1996

Umschlaggestaltung: Adolf Bachmann, Reischach
Umschlagbild: AKG, Berlin
Gesamtherstellung: Ueberreuter Buchproduktion, 2100 Korneuburg
Lithos: Repro GmbH, Ergolding/Landshut
Herstellung und Layout: Walter Amann, München
Printed in Austria

ISBN 3-89350-711-6

Inhalt

Vorwort zur 3. deutschen Auflage

Die erste Auflage einer Chronik zur Seekriegsgeschichte ist 1975 unter dem Titel »Von Salamis bis Okinawa« erschienen. Diese Chronik wurde zu einer maritimen Weltgeschichte erweitert und wurde 1985 in zwei Bänden unter dem Titel »Seeherrschaft« publiziert. In England und den USA sind mittlerweile bereits drei Auflagen der ersten Ausgabe in englisch erschienen.

Nun liegt auch in deutsch eine dritte Auflage vor. Erfreulicherweise mußten neben rund einem Dutzend Druckfehlern nur zwei sachliche Fehler korrigiert werden. Ergänzt wurde diese Ausgabe um die Ereignisse der letzten zehn Jahre wie z. B. das Ende des Ersten Golfkrieges und den Zweiten Golfkrieg sowie zwei neuen Tabellen in der Statistik. Der Flottenstärkevergleich wurde nach Weyers Flottentaschenbuch 1994/96 auf den neuesten Stand gebracht.

Die Auflösung der Sowjetunion brachte noch immer ungeklärte Fragen über den Besitz der Schwarzmeerflotte zwischen Rußland und der Ukraine. In der Statistik wurde daher die ehemals Rote Flotte den heutigen Staaten der GUS zugerechnet.

Frühjahr 1995 — Helmut Pemsel

Geleitwort

1975 veröffentlichte Helmut Pemsel unter dem Titel »Von Salamis bis Okinawa. Eine Chronik zur Seekriegsgeschichte« eine gedrängte Chronik der über viele tausend Jahre reichenden Seekriegsgeschichte, die inzwischen auch vom U. S. Naval Institute in einer englischen Ausgabe herausgebracht wurde.

Das große Interesse, das diese Veröffentlichung fand, ermunterte Herrn Pemsel und den Verlag, das Werk in einer wesentlich erweiterten und ergänzten Ausgabe neu erscheinen zu lassen. Sie unterscheidet sich von der ersten Ausgabe einerseits durch eine wesentliche Erweiterung bis in die Zeit der Vorgeschichte und eine Ergänzung für die vergangenen 10 Jahre, andererseits aber auch durch eine erhebliche Erweiterung der in den Chroniken dargebotenen Details zu den Flottenoperationen und Kämpfen zur See. Der Kartenteil wurde durch eine große Zahl neuer Skizzen erweitert. Von besonderer Bedeutung sind die zusammenfassenden Übersichten über die großen Perioden der vorgeschichtlichen Seefahrt, der Zeit der Riemenschiffe, der Zeit der Segelschiffe und der Zeit der modernen Flotten, in denen die großen politischen Zusammenhänge der verschiedenen Seekriege, aber auch die technische Entwicklung der Flotten dargestellt wird. In einem besonderen Anhang sind die wichtigsten Abschnitte der taktischen Kampfformen der einzelnen Perioden zusammengefaßt worden.

Wie in der ersten Ausgabe wurde besonderer Wert darauf gelegt, nicht nur die in ihren Grundzügen der Fachwelt weithin bekannten Seekriege im Mittelmeer und im atlantischen Raum darzustellen, sondern auch die im anglo-amerikanisch-europäischen Bewußtsein weniger beachteten Seekriege im Mittelmeer von der Zeit des Spätmittelalters bis zur Zeit der Araber und Türken, die Seekriege im skandinavischen Raum und im Schwarzen Meer, aber auch die Seekriege im Indischen Ozean und im Fernen Osten.

Die starke Erweiterung der Arbeit machte eine Teilung des Werkes in zwei Bände erforderlich, zu denen als ergänzender dritter Band ein alphabetisch gegliedertes Verzeichnis der Lebensläufe der wichtigsten Flottenführer und Seehelden von der Antike zur Gegenwart tritt.

So hat das schon in der ersten Auflage erfolgreiche Nachschlagewerk eine wesentliche Erweiterung erfahren, das dem Leser das gesamte Gebiet der Seekriegsgeschichte in überschaubarer und ansprechender Weise nahebringt.

Jürgen Rohwer
Präses des Arbeitskreises für Wehrforschung

Stuttgart, im Mai 1985

Vorwort

Das hier vorgelegte zweibändige Werk »Seeherrschaft« stellt – wie es der Untertitel sagt – maritime Weltgeschichte von den Anfängen der Seefahrt bis zur Gegenwart dar. Alle wichtigen kriegerischen Auseinandersetzungen zur See von den Perserkriegen bis zur Gegenwart werden behandelt. Erstmals in der einschlägigen Literatur wird dieses Thema aus übernationaler Sicht dargestellt. Weder eine Nation noch eine Zeitepoche ist bewußt bevorzugt. Besonders sind die »dunklen Jahrhunderte« der Seekriegsgeschichte – die Seekriege im Mittelalter von Actium bis ins 16. Jahrhundert, soweit exakt erfaßbar – eingearbeitet.

Ausgangsbasis für dieses zweibändige Werk war mein vor mehr als zehn Jahren erschienenes Buch »Von Salamis bis Okinawa – Chronik zur Seekriegsgeschichte«. Der erhebliche und positive Widerhall dieses Buches bei Lesern und Rezensenten, aber auch die zahlreichen Anregungen, Vorschläge und Wünsche vieler Interessierter ließen den Gedanken an eine neue Auflage reifen. Bei den hierfür erforderlichen Arbeiten entwickelte sich aus einer korrigierten Neuauflage zunächst noch eine Neuausgabe und aus dieser schließlich dieses zweibändige Werk. Der jetzige, umfassendere Titel war gerechtfertigt durch eine erhebliche thematische Erweiterung, durch den doppelten Umfang bei Text und Abbildungen und durch den großen zeitlichen Abstand vom Erscheinen des ursprünglichen Buches im heute nicht mehr bestehenden J. F. Lehmanns Verlag, München.

Für den Leser seien hier die Zielsetzungen und Richtlinien, die für die Bearbeitung vor zehn Jahren wie auch heute maßgeblich waren, aufgeführt:

Wurden in dem einbändigen Buch von 1975 vorwiegend Kämpfe behandelt, an denen Kriegsschiffe »erster Ordnung« beteiligt waren (Ausnahmen wurden nur in wenigen Fällen gemacht, so bei Verwendung von besonderen technischen Neuerungen – *Monitor* geg. *Virginia*, der Versenkung der *Elath* u. ä.), so sind in diesem zweibändigen Werk auch Kämpfe von Einheiten zweiter Ordnung aufgenommen. Dies sind vor allem zur Zeit der Riemenschiffe Kämpfe von kleineren Verbänden und damit auch die Kriege der kleineren Länder und deren Flotten. Als typische Beispiele seien der Kampf um Sardinien im 14. Jahrhundert oder die frühen Seekriege der nordischen Länder genannt. Aus der Segelschiffszeit wurden vor allem die wichtigsten Fregattenkämpfe wie die im Krieg zwischen Großbritannien und den USA 1812–15 aufgenommen. Aus dem 19. Jahrhundert wurden vor allem die Freiheitskämpfe in Südamerika und die Kämpfe der kleineren Flotten behandelt.

Aus der neuesten Zeit (seit dem Zweiten Weltkrieg) wurden mit der wachsenden Bedeutung der Marineluftwaffen und der Flugkörperbewaffnung auch Kämpfe kleinerer Marinen ausgewählt.

Die Terminologie der Kämpfe auf See ist teilweise abweichend von anderen Werken einheitlich wie folgt festgelegt:

Seeschlacht:	Zusammentreffen von Flottenverbänden mit Schiffen erster Linie *und* ernsthaftes Fechten.
Treffen:	Wie oben, jedoch *ohne* ernsthaftes Fechten.
Gefecht:	Zusammentreffen von Verbänden ohne Schiffe erster Linie oder – in der Zeit der Galeeren – kleinerer Schiffsverbände.

Als Schiffe erster Linie werden verstanden:

Galeeren des Altertums und des Mittelalters,
Galeonen des 16. und 17. Jahrhunderts,
Segellinienschiffe des 17. bis 19. Jahrhunderts,
Hochseepanzerschiffe des 19. Jahrhunderts,
Linienschiffe und *Panzerkreuzer* des 19. und 20. Jahrhunderts,
Schlachtschiffe und *Flugzeugträger* des 20. Jahrhunderts.

Aus den beiden Weltkriegen des 20. Jahrhunderts wurden neben See- oder See-/Luft-Schlachten auch die wichtigen und repräsentativen Geleitzugschlachten und auch Landungsoperationen ausgewählt.

Zur besseren Anschaulichkeit ist dem Text die entsprechende Illustration – sei es Landkarte, Gefechtsplan oder Schiffsskizze – gegenübergestellt. Die einzelnen Kriege werden in ihrem Zusammenhang gebracht, die Ereignisse nicht im Interesse einer strengen Chronologie aus ihrem Zusammenhang gerissen.

Möglichste Sorgfalt ist auf die Schreibweise der Eigennamen gelegt. Bei unterschiedlichen Schreibweisen in den Quellen (z. B. Opdam van Wassenaer oder Wassenaer van Obdam) wurde die richtige Schreibweise aus der Zeit festgestellt. In einigen Ausnahmefällen ist die international gebräuchliche Schreibweise der richtigen örtlichen vorgezogen (z. B. Tassafaronga statt Tasivarongo). Ferner wurden die Namen in der Art des jeweiligen Zeitalters geschrieben (z. B. Ephesos zur Zeit der Griechen und Ephesus zur Zeit der Römer). Noch heute gültige geographische Bezeichnungen wurden trotz aller Unregelmäßigkeiten vorwiegend nach dem »Knaurs Großer Weltatlas«, München/Zürich 1972 geschrieben. Bei Ortsnamen mit einer eingebürgerten deutschen Namensform (z. B. Warschau statt Warszawa) wurde erstere gewählt. Sorgfältig wurden auch Umbenennungen mit dem jeweiligen Zeitabschnitt abgestimmt (z. B. England zu Großbritannien 1707 und Byzanz zu Konstantinopel 324 und dieses zu Istanbul 1453).

Durch die Einführung des Gregorianischen Kalenders zu verschiedenen Zeiten ergeben sich in manchen Werken Zeitdifferenzen von 10–11 Tagen. Ich habe mich bemüht, diese Unterschiede nach Möglichkeit auszuschalten, ab 1582 sind die Daten des neuen Kalenders verwendet.

Gegenüber dem Buch von 1975 wurde dieses Werk aber auch auf eine wesentlich breitere Basis gestellt. Am Anfang wurde es um das Kapitel über die prähistorische Schiffahrt erweitert, am Schluß wurden die Ereignisse nach dem Zweiten Weltkrieg zu einem eigenen Hauptkapitel zusammengefaßt und eingehend behandelt. Ferner wurden die Entdeckungsreisen und Forschungsfahrten (Tauchversuche) mit strategischer Bedeutung aufgenommen. Das Wichtigste aber ist die Zusammenfassung des ganzen Inhaltes in 28 Kapiteln, denen jeweils eine marinepolitische Einführung vorangestellt wurde. Zum besseren Überblick wurden diese Einführungen über den ganzen Satzspiegel gesetzt, sie allein stellen bereits eine kurze maritime Weltgeschichte dar.

Die Namen der bedeutendsten Personen – Flottenführer, Kapitäne, Kommandanten, Entdecker etc. – sind im Personenverzeichnis hervorgehoben. Für diese über 250 Namen wurden Kurzbiographien mit Lebensdaten und Abbildungen in meinem ebenfalls 1985 im Bernard & Graefe Verlag erschienenen Werk »Biographisches Lexikon zur Seekriegsgeschichte« zusammengefaßt. Dort kann man sich rasch über Persönlichkeit, Leben und Leistung der Menschen, die den Gang der maritimen Geschichte beeinflußt haben, informieren.

Um den Zusammenhang der geschichtlichen Ereignisse nicht zu sehr zu zerreißen, wurde am Ende des zweiten Bandes eine Geschichte der Taktik mit den entsprechenden graphischen Erläuterungen angehängt.

Mehrfach wurde angeregt, Daten auch weiter in der Vergangenheit zu präzisieren und mehr Schiffsnamen zu bringen. Dem ersten Wunsch bin ich nach Möglichkeit nachgekommen. Ich habe allerdings vorgezogen, lieber ein Datum einmal unbestimmter zu lassen, als unsicheren Quellen zu folgen. Bei den Schiffsnamen habe ich für einige wichtige Schlachten die Namenslisten eingefügt, um den Stand der Namensgebung bei den einzelnen Flotten anschaulich zu machen. Bei allen Ereignissen die Namenslisten anzuführen, hätte aber den Rahmen des Werkes gesprengt.

»Seeherrschaft« ist im Unterschied zu »Von Salamis bis Okinawa« statt in drei in fünf Hauptabschnitte eingeteilt:

Die Zeit der *Prähistorischen Schiffahrt* reicht von den frühesten Nachweisen über die Nutzung der Wasserflächen durch den Menschen bis zum Ende des Neolithikums (Jungsteinzeit). Dies ist im östlichen Mittelmeer und im Persischen Golf der Beginn des 3. Jahrtausends vor Christi, im westlichen Mittelmeer der Beginn des 1. Jahrtausends v. Chr., in Nordeuropa die Zeitenwende und im Pazifik das Ende des 19. Jahrhunderts n. Chr.

Der zweite Hauptabschnitt beinhaltet die *Zeit der Riemenschiffe,* das ist vom Beginn der frühen Hochkulturen bis zum Ende des 16. Jahrhunderts n. Chr. Dabei sind die zum Kampf mit den Riemen angetriebenen Kriegsschiffe gemeint. Die taktische Einsatzmöglichkeit ist hierbei bedingt durch die technische Art der Fortbewegung beim Kampf. Handelsschiffe wurden ja schon viel früher mit Segeln angetrieben.

Der dritte Hauptabschnitt stellt die *Zeit der Segelschiffe* dar, die in diesem Fall vom Ende des 16. Jahrhunderts bis zur Mitte des 19. Jahrhunderts reicht. Seit den Kämpfen der Engländer gegen die spanische Große Armada im Kanal 1588 treten die Segelkriegsschiffe die Herrschaft auf den Weltmeeren an, und mit der Einführung der Dampfmaschinen in der ersten Hälfte des 19. Jahrhunderts geht diese zu Ende.

Der vierte Hauptabschnitt – und hier beginnt der zweite Band des Werkes – ist die *Zeit der Dampfschiffe.* Vom Krimkrieg, wo sich der mechanische Antrieb erstmals als unerläßlich erwiesen und die dritte große Revolution im Schiffsantrieb (und Schiffsbau) nach der Einführung der Riemen (um 3000 v. Chr.) und der Perfektion der Segelschiffe (um 1600 n. Chr.) stattgefunden hatte, bis zum Ende des Zweiten Weltkrieges reicht diese Zeitspanne. Trotz Einführung von Turbine und Dieselmotor hat in den Jahren von 1850 bis 1950 doch eine kontinuierliche Entwicklung stattgefunden. Für die Zeit nach dem Zweiten Weltkrieg wurde ein neuer, fünfter Hauptabschnitt eingeführt: *das elektronische Zeitalter.*

Auf eine Problematik bei den frühen Zeitansätzen sei noch kurz hingewiesen. Das Kapitel über das Seewesen der frühen Hochkulturen wurde auf den neuesten Stand der Geschichtsforschung gebracht. Gerade in diesem Bereich sind fast jährlich neue Ergebnisse zu erwarten. Vor allem die Zeitansätze der Mittleren Chronologie vor 1500 v. Chr., die hier verwendet wurden, werden nach den neuesten Erkenntnissen der Radiokarbondatierung immer stärker in Zweifel gezogen (z. B. Zeitschrift »Antiquity«, März 1979). Nach einigem Überlegen habe ich mich jedoch entschlossen, bei meinen Zeitansätzen zu bleiben. Sollte sich die neue Datierung mit den höheren Zeitangaben durchsetzen, müßten die Zeiten vor 1500 v. Chr., die Ägypten und Vorderasien betreffen, entsprechend geändert werden.

Dazu als Beispiele:	Mittlere Chronologie	Radiokarbondatierung
König Snefru, Ägypten	2580–2553	2850–2823
das frühdynastische Ur	2800–2414	3100–2469
die El-Obeid-Kulturen	3600–3200	5000–4000

Die für dieses Werk verwendete Literatur war weitgehend fremdsprachig. Übersetzungen besorgten Bernd Oesterle, Ostberlin (russisch), Erika Reitan (norwegisch). Robert Kriegler (italienisch), Rodolfo Berlinger, Chile (spanisch), Kishio Kagawa, Tokio (japanisch), Frau Botschaftsrat Ok, Wien (türkisch) und meine Frau Edith (französisch). Für die Durchsicht und Korrektur russischer und chinesischer Namensumschriften im Register danke ich Mitarbeitern des slawischen bzw. sinologischen Instituts der Universität Wien.

Bei der Schreibung russischer Namen habe ich mich nach einigem Zögern entschlossen, bei der volkstümlichen Umschrift zu bleiben und nur im Register die wissenschaftliche Umschrift anzuführen. Im umgekehrten Fall hätten in allen Karten, die aus dem Buch »Von Salamis bis Okinawa« stammen, die Beschriftungen geändert werden müssen, wodurch der Preis der Bücher weiter belastet worden wäre. Bei den chinesischen Namen wurde neben der alten bekannten Schreibweise in Klammer die neue Schreibweise eingefügt.

Herr Prof. Dr. Jürgen Rohwer, Direktor der Bibliothek für Zeitgeschichte in Stuttgart, hat nicht nur das Vorwort geschrieben, sondern das ganze Werk dankenswerterweise überprüft und zahlreiche Vorschläge für Ergänzungen und Korrekturen gemacht, die zum Großteil noch berücksichtigt werden konnten.

Weiters gilt mein Dank den vielen Archiven und Museen sowie zahllosen Privatpersonen, die im Einzelnen hier aufzuzählen unmöglich ist, für die selbstlose Unterstützung. Ganz besonders möchte ich dem Service Historique de la Marine in Vincennes für die prompte und ausführliche Beantwortung meiner Anfragen danken. Das deutsche Bundesarchiv/Militärarchiv in Freiburg konnte aus Personalmangel (Brief Dez. 1979) leider keine Daten liefern, Anfragen an die Sowjetunion über die Botschaft in Wien wurden ignoriert.

Die *Karten* wurden nach meinen Entwürfen von Herrn Helmut Fechter und von meinem Kollegen von der Arbeitsgemeinschaft für Österreichische Marinegeschichte, Herrn Georg Pawlik in Wien, gezeichnet.

Die *Schiffsskizzen* sollen das Zeitkolorit vermitteln und zugleich den Wandel in Schiffbau und Bewaffnung veranschaulichen. Ein durchgehend einheitlicher Maßstab war nicht möglich; so sind die Skizzen bis Seite 394 im Maßstab 1:1000 wiedergegeben, von der gleichen Seite ab im Maßstab 1:2000. Zur Verdeutlichung des Maßstabswechsels ist die *Victoria* auf dieser Seite in beiden Maßstäben abgedruckt.

Bei dieser Menge von Daten in Text und Karten ist es möglich, daß sich trotz größter Sorgfalt Fehler eingeschlichen haben. Für Korrekturen mit Quellenangaben bin ich jederzeit dankbar.

Der letzte Dank geht an meine Frau, die mit großer Geduld nicht nur übersetzt, sondern mit mir auch viele Tage Korrektur gelesen hat.

Frühjahr 1985 Helmut Pemsel

Hinweise für den Benutzer

Einteilung

Prähistorische Seefahrt	bis 2000 v. Chr.
Zeit der Riemenschiffe	2000 v. Chr. – 1580
Zeit der Segelschiffe	1580–1850
Zeit der modernen Flotten	1850–1950
Das elektronische Zeitalter	1950–Gegenwart

Abkürzungen

Adm.	– Admiral
VAdm.	– Vizeadmiral
KAdm.	– Konteradmiral
Com.	– Commodore
Kpt.	– Kapitän
t	– Tonnen (Wasserverdrängung)
kn	– Knoten (Geschwindigkeit in Seemeilen/Stunde)
BRT	– Bruttoregistertonnen
Gen.	– General
GenLt.	– Generalleutnant
GenMj.	– Generalmajor

(E), (H), (F) usw. hinter Namen: Nationalität
(England), (Holland), (Frankreich) usw.

Zeichenerklärung

⚑	– Flaggschiff
+	– Schiff gesunken
⊕	– „ schwer beschädigt
⊘	– „ erheblich beschädigt
○	– „ leicht beschädigt
P	– Prise
→	– Landungsoperation
⊗	– Seeschlacht
(Symbol)	– Schiffbruch
(Symbol)	– Blockadelinie
⚓	– Ankerplatz
ϟ	– Funkspruch
X	– Landschlacht oder Seegefecht

Maßstab der Schiffsskizzen

bis 1850 1:1000 ab 1850 1:2000

Nationalitätskennzeichnung

- 0 – England, USA, Österreich, China, Schweden, Venedig
- ● – Frankreich, Dänemark, Deutschland, Italien, Japan, konf. Südstaaten
- (Symbol) – Spanien, Verbündete Venedigs
- (Symbol) – Niederlande, Rußland
- (Symbol) – Türkei
- – Zahlen in Klammer hinter Schiffsnamen bedeuten bei Segelschiffen die Anzahl der Kanonen, bei modernen Schiffen die Wasserverdrängung in Tonnen, bei Flugzeugträgern die Anzahl der Flugzeuge oder die Tonnage.

Zeittafel

Erdgeschichte, Urgeschichte und frühe Hochkulturen

3 000 Mill. Jahre	Erdurgeschichte (Kryptozoikum)		Bildung der Erdkruste	Entstehung des Lebens
570 Mill.	Erdaltertum (Paläozoikum)		Bildung von Meer und Land	Algen Meerestiere Amphibien Landtiere
230 Mill.	Erdmittelalter (Mesozoikum)		Bildung der Bodenschätze (Erze, Salz, Steinkohle, Erdöl)	Säugetiere
70 Mill.	Erdneuzeit (Neozoikum)	Tertiär	Bildung der heutigen Kontinente	Prähominiden
2 Mill.		Quartär		frühe Menschen
600 000 v. Chr.	Ältere Altsteinzeit (Altpaläolithikum)		Günz-Eiszeit Mindel-Eiszeit	
120 000 v. Chr.	Mittl. Altsteinzeit (Mittelpaläolithikum)		Riß-Eiszeit	Holz zur Schwimmhilfe?
50 000 v. Chr.	Jüngere Altsteinzeit (Jungpaläolithikum)		Würm-Eiszeit	Fischer Bootsbauer? »Seefahrer«? Segel?
8 000 v. Chr.	Mittelsteinzeit (Mesolithikum)		Ende der Eiszeit	gepaddelte Schiffe
6 000 v. Chr.			Ostsee- Binnenmeer	Hochsee- schiffahrt
5 000 v. Chr.	Jungsteinzeit (Neolithikum)		südliche Nord- see trocken	früheste Schiffsdarstel- lungen
4 000 v. Chr.			Kanal trennt britische Inseln vom Kontinent	früher Kulturaus- tausch über See
3 000 v. Chr.	Bronzezeit bei Hochkulturen			Schiffe gerudert
2 000 v. Chr.			Seemacht Kreta	Seehandel von Mesopotamien nach Indien
1 500 v. Chr.	Eisenzeit bei Hochkulturen		*Hatschepsut*	Seehandel mit Ostafrika
			Seeschlacht im Nildelta	Seevölkersturm
1 000 v. Chr.	Bronzezeit in Europa		Phöniker	Rammsporn Zweiruderer
500 v. Chr.	Eisenzeit in Europa		*Polykrates*	Trieren

Zeit der Riemenschiffe

500 v. Chr.				
	Perserkriege	Salamis		*Themistokles*
	Peleponnesischer Krieg	Syrakus	Aigospotamoi	
400 v. Chr.				
300 v. Chr.				
	Erster Punischer Krieg	Eknomos	Ägat. Inseln	
200 v. Chr.				Enterbrücke
100 v. Chr.				
	Seeräuberkrieg	Actium		*S. Pompeius*
	Röm. Bürgerkriege			*Agrippa*
0				
100 n. Chr.				
200 n. Chr.				
300 n. Chr.				
		Hellespont		
400 n. Chr.	Beginn der Völkerwanderung			
500 n. Chr.				
600 n. Chr.				
700 n. Chr.	Vorstoß der Araber	Masten		Griechisches Feuer
		Konstantinopel		
800 n. Chr.	Araber in Sizilien			
	Normannen in			*Normannenschiffe*
900 n. Chr.	England und der Normandie			
1000 n. Chr.	Normannen in Amerika und Sizilien	Landung in England		
1100 n. Chr.				
	Kreuzzüge			
1200 n. Chr.				*Vollschiffe*
	Kämpfe Venedig			
1300 n. Chr.	gegen Genua			Heckruder
	Frankreich gegen	Sluis		Kompaß
1400 n. Chr.	England	Chioggia		
	Deutsche Hanse			Kanonen
1500 n. Chr.				
	Türken im			
1600 n. Chr.	Mittelmeer	Lepanto		*»Great Harry«*

Zeit der Segelschiffe

1580 n. Chr.	Freiheitskampf der Niederlande	Armada	*Howard* *Drake*	*»Brander«*
90 n. Chr.	Freiheitskampf der Niederlande			
1600 n. Chr.	Freiheitskampf der Niederlande		Riemenflotten nur mehr in Küstengewässern	
10 n. Chr.				*»Sovereign of the Seas«*
20 n. Chr.	Freiheitskampf der Niederlande			
30 n. Chr.	Freiheitskampf der Niederlande	Downs	*Tromp d. Ä.*	
40 n. Chr.	Freiheitskampf der Niederlande			Schiffsklassen
50 n. Chr.	1. engl.-holl. Seekrieg	3 Tage Kanal Outer Gabbard	*Blake*-Taktik	*»Brederode«*
60 n. Chr.	Dänemark gegen Schweden	Sund		
70 n. Chr.	2. engl.-holl. Seekrieg 3. engl.-holl. Seekrieg	4 Tage Kanal Texel	*de Ruyter*	
80 n. Chr.	Der Schonensche Krieg	Kjögebucht	*Niels Juel*	
90 n. Chr.	Der pfälz. Erbfolgekr.	Beachy Head Barfleur-la Hougue	*Tourville*	*»Soleil Royal« I* Steuerrad
1700 n. Chr.	Der spanische Erbfolgekrieg	Malaga		Handelskrieg
10 n. Chr.		Kap Passaro		*Linienschiffe* *Fregatten*
20 n. Chr.				
30 n. Chr.				
40 n. Chr.				
50 n. Chr.				
60 n. Chr.	Der Siebenjährige Krieg	Quiberon	*Hawke*	*»Soleil Royal« II* Blockadekrieg
70 n. Chr.				
80 n. Chr.	Der nordamerikanische Befreiungskrieg	Kap Henry Dominica	*Suffren* in Indien *Rodney*	Bewaffnete Neutralität Zündschloß Signalwesen
90 n. Chr.	Seekriege Englands gegen Frankreich	Ouessant Aboukir	*Howe*	
1800 n. Chr.	Seekriege Englands gegen Frankreich	Trafalgar	*Nelson*	*»Victory«*
10 n. Chr.			Kontinentalsperre, Blockadekrieg	
20 n. Chr.	Griechischer Befreiungskampf	Navarino		Erste *Dampfschiffe*
30 n. Chr.				Schiffsschraube

Zeit der modernen Flotten

1850 n. Chr.				*»Napoleon«* Granaten
	Krimkrieg	Bombardement von Kinburn		Panzer
60 n. Chr.				
				»Gloire«
	Sezessionskrieg der USA	Gef. Chesapeakebay (erster Kampf zw. Panzersch.)	*Farragut*	*»Monitor«* Seeminen
	Österreich–Italien	Lissa	*Tegetthoff*	Ramme
				Suezkanal
70 n. Chr.				
				Dampfmaschine ersetzt Segelantrieb *»Duilio«*
80 n. Chr.				
90 n. Chr.				
	Japan–China	Jalu		*Torpedoboote* *U-Boote*
	USA–Spanien	Santiago		Artilleriekampf auf Entfernungen bis 6000 Meter
1900 n. Chr.				
	Japan–Rußland	Tsushima	*Togo*	Funkentelegraphie *»Dreadnought«*
10 n. Chr.				
				»Seydlitz«
	Erster Weltkrieg	Skagerrak	*Scheer* *Jellicoe*	Handelskrieg U-Bootkrieg
20 n. Chr.				erste Flugzeuge
		Flottenabkommen von Washington		*»Hermes«*
30 n. Chr.				*Flugzeugträger*
40 n. Chr.	Zweiter Weltkrieg	Pearl Harbor Midway Leyte	*Cunningham* *Nimitz* *Yamamoto*	*»Yamato«* *»Enterprise« I* Radar Landungsoperationen Atombombe

Elektronisches Zeitalter

1950 n. Chr.			
	Koreakrieg		Atomantrieb
			»*Nautilus*«
			Raketen
60 n. Chr.			»*G. Washington*« SSBN
	Krieg	Raumschiff um die Erde	»*Enterprise*« *II*
	in		
	Vietnam		
70 n. Chr.		Raumschiff landet auf dem Mond	
		SALT I	
	Indien–Pakistan	*Gorschkow*	
			»*Kiew*«
80 n. Chr.	Golfkrieg		
	Falklandkrieg		»*Invincible*«
	Golfkrieg		

Prähistorische Seefahrt
(Zeit der gepaddelten Fahrzeuge)

Obwohl des Schwimmens kundig, hatte sich in frühesten Zeiten der Mensch sicher nur unfreiwillig – wie auch viele Landtiere – dem Wasser anvertraut. Überschwemmungen hatten ihn jedoch schon sehr früh in seiner Entwicklung dazu gezwungen, sich nach Hilfsmitteln umzusehen, die es ihm ermöglichten, sich länger als es ihm seine Schwimmausdauer gestattete über Wasser zu halten. Er lernte Treibholz, Schilf, Bambus oder ganze Bäume nicht nur zu seiner Rettung zu benutzen, sondern sie gezielt zur Überwindung von begrenzten Wasserhindernissen einzusetzen. Mit dem ersten Einbaum oder Floß, mit welchem der Mensch ein Beutetier auch am anderen Ufer eines Gewässers angreifen konnte, hatte er begonnen, sich die Wasserflächen der Erde untertan und nutzbar zu machen und damit »Seemacht« auszuüben.

Wann diese Entwicklung begonnen hatte, ist heute nicht mehr feststellbar, reicht aber sicher weit in das Paläolithikum (Altsteinzeit) zurück. Die ersten Wasserfahrzeuge waren sicher zunächst mit der Hand gepaddelt worden, später wurden auf flachen Gewässern Staken verwendet, und bald kam auch das hölzerne Paddel in Gebrauch. Aus Tierhäuten gefertigte Segel waren wohl ebenfalls bereits bei günstigen Bedingungen in der Altsteinzeit in Verwendung. Für den frühesten Gütertransport wurden Flöße aus zusammengebundenen Baumstämmen, Papyrusbündeln, Bambusstangen oder ähnlichem Material gebaut. Durch das Anwachsen der Schiffsgrößen im Neolithikum (Jungsteinzeit) wurde es immer schwieriger, die Verdrängungsfahrzeuge oder Flöße mit Paddeln gegen den Wind oder eine Strömung fortzubewegen. Zu Beginn der frühen Hochkulturen in Ägypten und Mesopotamien wurde daher der Riemen (Ruder) eingeführt, mit welchem die Kraft besser als mit dem Paddel zum Antrieb umgesetzt werden konnte. Nach den frühesten Schiffsdarstellungen aus Ägypten ist es höchst wahrscheinlich, daß die Riemen aus den Steuerrudern, welche eine ähnliche Befestigung an der Bordwand hatten, entstanden sind. Damit war die erste große Revolution im Schiffsantrieb, unabhängig vom Wind, im Mittelmeer begonnen worden. In Nordeuropa hielt sich das Paddel als Hauptantrieb neben dem Segel noch rund drei Jahrtausende, in Ozeanien bis zur Gegenwart.

Die frühesten Wasserfahrzeuge der Menschheitsgeschichte, Einbäume, Flöße, Fellboote, Schilfboote, aufgeblasene Tierhäute und andere Konstruktionen waren bis zum Beginn der Jungsteinzeit (Neolithikum) nur geeignet, Flüsse, Seen und ruhige Küstenstriche gezielt zu befahren. Wie sich heute kein Astronaut ohne die Gewähr, wieder auf die Erde zurückkehren zu können, in den Weltraum schießen ließe, so war auch in der Altsteinzeit sicher kein Mensch mit seinem primitiven Wasserfahrzeug freiwillig auf die Hohe See gefahren, ohne das Ziel genau zu kennen und möglichst gewiß zu sein, wieder zurückkehren zu können. Fahrzeuge wie Thor Heyerdahls »Kon Tiki« oder »Ra II« waren zwar im Stande, mit Meeresströmungen Ozeane zu überwinden, konnten aber gegen diese Strömungen nicht ansegeln und waren daher für gezielte Fahrten und einen regelmäßigen Kulturaustausch über große Entfernungen noch nicht geeignet. Erst größere Verdrängungsfahrzeuge aus Spanten und Planken oder einer ähnlichen Konstruktion konnten durch ihre leichtere Bauweise zunächst mit Paddeln, später mit Riemen und Hilfssegeln über längere Strecken auch gegen Meeresströmungen gezielt fortbewegt werden.

Im 7. Jahrtausend begann die Besiedelung der größeren und landferneren Inseln im Mittelmeer und vor den Küsten Europas und Westafrikas. Diese Tatsache und die ersten Funde von Skelettresten von größeren Fischen der Hohen See in den Siedlungsresten der Küstenbewohner dieser Zeit beweisen, daß von da an die Wasserfahrzeuge groß und stabil genug waren, um auch größere Strekken offenen Meeres zu überwinden. Man kann also sagen, daß die Schiffahrt im engeren Sinne im 7. Jahrtausend begann, während früher nur Boote die Gewässer befuhren. Erst die frühen Hochkulturen hatten jedoch neben den Wasserfahrzeugen auch die Navigationskenntnisse erworben, die es ihnen ermöglichten, die Meere der ihnen bekannten Erdteile zu befahren.

Die frühesten Funde von Schiffen, Booten und Ausrüstung sowie Darstellungen oder indirekte Hinweise auf Schiffahrt zeigen nur den jeweils letzten Stand der Entwicklung. Neue Funde können diese frühesten Daten jederzeit weiter in die Vergangenheit verschieben.

ca. 120000–50000	Die erste Verwendung von einfachen Wasserfahrzeugen ist möglicherweise schon in der mittleren Altsteinzeit erfolgt, läßt sich aber nicht nachweisen.
ca. 50000–10000	Die ersten Hinweise auf **»seefahrende« Stämme,** wie z. B. Knochenharpunen und Angelhaken aus dem Magdalénien (um 20000 v. Chr.) stammen aus der ausgehenden jüngeren Altsteinzeit.
um 25000 v. Chr.	Erste Besiedelungsspuren in Australien. In der letzten Eiszeit hat durch den niedrigen Wasserstand eine Landbrücke von Südostasien nach Australien bestanden, welche nur bei der heutigen Makassarstraße von einem schmalen Meeresarm unterbrochen war. Die ersten Siedler in Australien müßten auf ihrer Wanderung diesen überwunden haben und können daher als die ersten »Seefahrer« angesprochen werden.
um 12500 v. Chr.	In Oberägypten wurden am Nil bei Abd el-Qadir und Dschebel Sahaba frühe Siedlungen von Jäger- und Fischerkulturen festgestellt. Die Bedeutung der Fischerei zeigt sich besonders bei den Funden in der »Catfish Cave« (Katzenfisch = Wels Höhle).
ab ca. 10000 v. Chr.	Nach dem Abklingen der letzten Eiszeit in Nordeuropa folgen die Menschen den nach Norden wandernden Wildtieren. An den nordeuropäischen Küsten entwickeln sich Kulturen von Jägern, Fischern und Muschelsammlern. Diese Leute besiedeln allmählich die Küstengebiete Skandinaviens, welches ab dem 8. Jahrtausend eisfrei wird, und bauen die ersten Boote Nordeuropas, wahrscheinlich mit Fellen über einem Holzgerüst. Teile dieser Jäger/Fischer besiedeln mit ihren Booten über das See-Flußsystem auch den Norden des eurasischen Kontinentes.
8. Jtd. v. Chr.	Um die gleiche Zeit dürften auch im Mittelmeer die Menschen erstmals kurze Strecken offenen Meeres in Booten überwunden haben. Auf der Insel Skyros in der Ägäis wurden aus dieser Zeit vom Festland stammende Mikrolithe der frühen Mittelsteinzeit gefunden.
8. Jtd. v. Chr.	Aus südfinnischen Torfmooren konnten Reste von Fischernetzen und Schlittenkufen auf diese Zeit datiert werden.
8. Jtd. v. Chr.	Bei Scarborough an der Nordseeküste von Mittelengland wurde 1948 das Paddel von Star Carr gefunden. Es ist dies eines der ältesten erhaltenen Holzgeräte und der erste direkte Hinweis auf frühesten Bootsbau. Fast gleich alt ist das am Wohnplatz von Duvensee in Schleswig-Holstein gefundene Paddel, welches um 7000 v. Chr. geschnitzt worden war.
7. Jtd. v. Chr.	**Beginn der Hochseeschiffahrt.** Um diese Zeit beginnen die Menschen erstmals Wasserfahrzeuge zu bauen, mit denen die Hohe See gezielt befahren werden kann. Es sind dies wahrscheinlich Fellboote oder die ersten Plankenboote. Die meisten großen Inseln werden damals dauerhaft besiedelt. Zypern, Kreta, Sardinien, Irland, Malta und die Kanarischen Inseln zeigen aus dieser Zeit erste Besiedlungsspuren. Von da an wird auch schon regelmäßig Obsidian von Milos in der Ägäis nach Thessalien gehandelt. Ebenfalls im Frühneolithikum wird Schmirgel von der Insel Thira zur Steinpolitur und Fertigung von Schalen verwendet.
6. Jtd. v. Chr.	Jäger- und Fischerstämme erreichen die Küsten des nördlichen Eismeeres im Gebiet der Kolahalbinsel, von Ostkarelien und Nordfinnland sowie den Drontheimfjord in Mittelnorwegen.
6. Jtd. v. Chr.	Auf Zypern sind zu dieser Zeit bereits Messer aus Obsidian in Gebrauch. Dieses vulkanische Glas kommt auf der Insel nicht vor und stellt damit das erste feststellbare überseeische Handelsgut vom Festland nach Zypern dar.
5. Jtd. v. Chr.	Leute der sogenannten **Stentinello-Kultur** wandern über See in Sizilien ein. Die seit dem Paläolithikum besiedelte Insel ist erst seit der letzten Eiszeit durch die

Europa nach der Eiszeit
ca. 8000 – 2000 v. Chr.
Island
Norwegische
See
Faröer
Atlantik
Shetlands Ins
Kola-
Halbinsel
Weißes Meer
Karelien
Bottnischer
Meer
busen
Finnland
Ladoga
See
Finnischer
Meerb.
Trondheim-
fjord
alte-
Küstenlinie
Skagerrak
Kattegat
brit.
Inseln
Irland
Star Carr
Nordsee
Ostsee
Düna
Djepr
Weichsel
Oder
Elbe
Rhein
Bristolkanal
Stonehenge
Golf
von
Biscaya
alte Küste
Loire
Alpen
Donau
Pyrenäen
Iberische
Halbinsel
Balearen
Sardinien
Appenin-Halbinsel
Adria
Balkan
Halbinsel
Troja
Skyros
Ägäis
Kreta
Sizilien
Ionisches
Meer
Malta
alte Küste
Mittelmeer
Nordafrika
Libyen
letzte Vereisung
weiteste Vereisung
Kulturkontakte
Wanderungen
Duvensee
Scarborough
Troja

	Straße von Messina vom italienischen Festland getrennt und erlebt nun ihre erste Einwanderung durch ein seefahrendes Volk. Dieselben Kulturträger besiedeln auch Malta und erstmals die Liparischen Inseln. Von Lipari aus wird Obsidian nach Sizilien und Süditalien exportiert und Ton für die Töpferei nach Lipari importiert.
um 5000 v. Chr.	Die Ostsee, welche während der vergangenen zwei Jahrtausende ein Binnensee war, erhält wieder eine Verbindung zur Nordsee durch die Bildung von Sund und Belten. Die direkte Landverbindung von Jütland nach Südschweden ist endgültig unterbrochen.
4000–2000 v. Chr.	Die seit der letzten Eiszeit trockengefallene südliche Nordsee wird wieder überflutet und erhält über den Ärmelkanal eine direkte Verbindung zum Atlantik. Die britischen Inseln sind seither vom Kontinent abgetrennt.
um 4000 v. Chr.	Noch vor der biblischen Sintflut treiben die Menschen der **El Obeid Kultur** des Zweistromlandes Handel mit Küstenplätzen Südarabiens, wobei sie Keramik liefern und Trockenfische und Perlen importieren.
3500–3000	In der Ägäis wird bereits seit der Jungsteinzeit ein lebhafter Seehandel betrieben. Die meisten Inseln dieses Raumes sind von da an dauernd besiedelt wie z. B. Ägina, Mykonos, Naxos und andere.
um 3000 v. Chr.	Im Neolithikum halten frühe Seefahrer im westlichen Mittelmeer Kulturkontakte zwischen der Iberischen Halbinsel und Sizilien einerseits und Nordwestafrika andererseits. Diese gehen über die Straße von Gibraltar, über die Enge bei der Insel Alboran und über die Straße von Sizilien. Die Inseln des westlichen Mittelmeeres sind von da an dauernd besiedelt.
Anf. 3. Jtd. v. Chr.	In Ägypten werden erstmals bei den größeren Schiffen die Paddel durch die kräftesparenderen **Riemen (Ruder)** ersetzt.
um 2700 v. Chr.	Troja wird nahe der Dardanellen gegründet und ist über die ganze folgende Bronzezeit ein bedeutender Herrschersitz an der strategisch wichtigen Kreuzung des Landweges von Asien nach Europa und des Seeweges von der Ägäis in das Schwarze Meer.
3. u. 2. Jtd. v. Chr.	Seefahrende Bevölkerungsgruppen verbreiten die Megalithkultur über fast alle Küstengebiete in West- und Nordeuropa. Für den Bau von Stonehenge in Südengland werden um 1600 v. Chr. viele Tonnen schwere Steinblöcke aus Wales über den Bristolkanal herantransportiert. Dazu sind Schiffe (oder Flöße?) mit einer Tragkraft nötig, wie sie in den nordeuropäischen Gewässern erst Jahrtausende später wieder gebaut werden.
13. Jh. v. Chr.	Die Träger der Ausonischen Kultur aus Süditalien erobern die Liparischen Inseln und die denen gegenüber liegende Küste von Sizilien.
1. Jtd. v. Chr.	Die Protomalaien **Südostasiens** erobern Schritt für Schritt zunächst die Inselwelt zwischen Asien und Australien und besiedeln schließlich Mikronesien und später auch das westliche Polynesien. Sie drängen die Ureinwohner nach Australien ab und bilden mit ihren Auslegerbooten die erste Seefahrerkultur zwischen Madagaskar und Samoa. Auch fallweise Kontakte mit den Hochkulturen von Mittel- und Südamerika werden immer wahrscheinlicher.
3.–11. Jh. n. Chr.	Allmählich wird die ganze Inselwelt des östlichen Polynesien bis zur Osterinsel besiedelt.
ca. 8. Jh. n. Chr.	Die Hawaii Inseln werden erstmals von den Marquesas Inseln und von Fidschi aus besiedelt.
ca. 9. Jh. n. Chr.	Erste Einwanderung von Polynesien in Neuseeland durch die Vorläufer der Maoris.

Zeit der Riemenschiffe

Die frühen Hochkulturen

Die Seefahrt in Frühgeschichte und Altertum war an die Nähe der Küsten gebunden. Durch das Fehlen von fast allen navigatorischen Hilfsmitteln und die Kleinheit der frühen Seefahrzeuge war sie ein doppeltes Wagnis. Es wurde nur bei Tage gefahren, nachts geankert. Obwohl im Altertum, mehr als später, Seefahrt und Seehandel mit Seekrieg und Seeraub Hand in Hand gingen, gab es sehr früh schon (Anfang 1. Jtd. v. Chr.) eine Unterscheidung in breitere Frachtschiffe, vorwiegend zum Segeln, und schlankere Kriegsfahrzeuge, in erster Linie zum Rudern, nur mit einem Hilfssegel. Dieses wurde zum Gefecht eingezogen, der dazugehörige Mast umgelegt. Die einzigen Hilfen zur Navigation waren das Steinlot zur Bestimmung der Wassertiefe, markante Landpunkte, Gebirge und Inseln in Küstennähe zur Ortsbestimmung, Sonnenstand und Nordstern zur ungefähren Bestimmung des Kurses.
Die ersten größeren Wasserfahrzeuge wurden von den Ägyptern am Nil und von den frühen Hochkulturen in Mesopotamien und Indien auf Euphrat, Tigris und Indus gebaut. Diese noch kiellosen Schiffe waren jedoch nur sehr bedingt fähig, die Hohe See zu befahren. Handelsinteressen, die Notwendigkeit, immer größere Lasten auf weitere Entfernungen zu transportieren, zwangen zum Bau von seefähigen Schiffen. Die Schiffe zum Transport der Obelisken waren die größten, die nach Bauart der Nilflußschiffe noch machbar waren.
In dem für die Kulturentwicklung besonders wichtigen Mittelmeerraum war die Seeschiffahrt wegen der Winterstürme bis zum Beginn der Neuzeit vorwiegend auf die Monate April bis Oktober beschränkt. Im Indischen Ozean richtete sich die Schiffahrt bis zur Einführung der Dampfmaschine nach den Monsunwinden.
Bei den Fahrten durch das Rote Meer war den frühen Seefahrern sicherlich die unterschiedliche Sonnen- und Zirkumpolarsternhöhe und damit der Breitenunterschied aufgefallen.
Sowohl Ägypten als auch Mesopotamien, die Induskulturen und China hatten fast nie Seemacht ausgeübt, ihr maritimes Interesse lag am Handelsverkehr entlang ihrer Küstengebiete. Dieser wurde vorwiegend von den in diesen Gebieten lebenden, ihnen untergebenen seefahrenden Völkern durchgeführt. Auf diese Weise hatte im 3. Jahrtausend der erste größere Kulturaustausch zur See zwischen Mesopotamien und Indien sowie im östlichen Mittelmeer zwischen Vorderasien und Ägypten einerseits und den Küsten der Ägäis andererseits stattgefunden.
Die erste bedeutende Seemacht war das minoische Kreta, das mit seiner Flotte weite Teile des östlichen Mittelmeeres beherrschte und in Zusammenarbeit mit dem Neuen Reich in Ägypten die damals allgemein übliche Piraterie zugunsten eines friedlichen Seehandels eindämmte. Beide wurden als Seemächte von den mykenischen Griechen und den Seestädten an der Küste des heutigen Syrien, wie z.B. Ugarit, abgelöst. Nach dem Seevölkersturm um 1200 v. Chr. dauerte es wieder mehrere Jahrhunderte, bis sich im Mittelmeer Seemächte herausbildeten. Zunächst waren es die Phöniker, die ihr Handelsimperium über das ganze Mittelmeer ausdehnten. Von ihrer Gründung Karthago, das immer mehr selbständig wurde, beherrschten sie nicht nur das ganze westliche Mittelmeerbekken, sondern errichteten Handelsstützpunkte die afrikanische Küste entlang bis weit in den Atlantik. Spuren von phönikischen Seefahrern, die von der im mittleren Atlantik herrschenden Meeresströmung nach Mittelamerika verschlagen worden waren, werden noch heute fallweise entdeckt, sind aber kein Beweis für regelmäßige Kulturkontakte. Daß von den Phönikern keine kriegerischen Unternehmungen überliefert sind, liegt daran, daß sie uns überhaupt keine Aufzeichnungen über ihr Tun hinterlassen haben. Daß sie nicht nur Kaufleute waren, sondern ihren Handel auch zu schützen wußten, beweist die Weiterentwicklung der Kriegsschiffe durch die von ihnen eingeführten ersten Galeeren mit zwei Riemenreihen übereinander und die Erfindung des Rammsporns. Belagerungen und Unterwerfung der phönikischen Städte in Syrien durch das aggressive Neue Assyrische Reich schwächten deren Bedeutung und veranlaßten eine starke Kolonisation nach dem westlichen Mittelmeer. Nur Tyros, auf einer Insel vor der Küste gelegen, konnte von den Assyrern, die selbst im Mittelmeer über keine Schiffe verfügten, nicht bezwungen werden; es konnte sich mit seiner Flotte die Verbindungen offen halten.

2700–2200	Die **Ägypter** des **Alten Reiches** gehen dazu über, Seehandel mit der syrischen Küste und dem Lande Punt (in Ostafrika) zu treiben. König Snofru (2580–2553) schickt die erste bekannte Expedition von 40 Schiffen aus, um Zedernholz von der syrischen Küste zu holen. Unter König Sahuré (2458–2446) erreichen die Syrienfahrten ihren Höhepunkt.
um 2500 v. Chr.	Die Herrscher des frühdynastischen Ur in **Mesopotamien** treiben Seehandel im Persischen Golf über Dilmun/Bahrein bis nach Oman. Vor allem Perlen und Kupfer werden importiert.
24. Jh. v. Chr.	König **Sargon von Akkad** errichtet in Mesopotamien ein Großreich von den Küsten des Mittelmeeres bis zum Persischen Golf. Die Schiffe der Küstenländer bringen Waren aus dem östlichen Mittelmeer und aus Indien in sein Reich.
1. Hälfte 3. Jtd. v. Chr.	Es entwickelt sich der erste nachweisbare Hochsee-Fernhandel von Mesopotamien nach Indien. Er verbindet die Städte an Euphrat und Tigris über die Zwischenstationen Insel Failaka (vor Kuwait), Dilmun/Bahrein, Magan (Oman?) und zwei weitere Anlegestellen an der Küste des heutigen Belutschistan mit der damals bedeutenden Hafenstadt Lothal am Golf von Cambay sowie über den Indus direkt zu den Zentren der Harappakultur im heutigen Pakistan. Dieser Seehandel endet mit dem Einbruch der Arier nach Indien um die Mitte des 2. Jtd. v. Chr.
2400–2100	In der Bronzezeit üben die Bewohner der **Kykladen** mit vielrudrigen Schiffen eine Seeherrschaft in der Ägäis aus. Sie sind Kulturmittler zwischen Kleinasien und Südosteuropa sowie bis nach Sizilien. Um dieselbe Zeit beginnen die ersten griechischsprechenden Stämme in das heutige Mittelgriechenland und die Peloponnes einzuwandern.
um 2200 v. Chr.	Gegen Ende des Alten Reiches kommt es in Ägypten zu Auseinandersetzungen zwischen den Herrschern in Theben und Memphis. Die Flußflotte von Memphis siegt dabei in mehreren Gefechten und hilft bei der Eroberung von Theben.
2000–1400	Die erste bedeutende Seemacht im Mittelmeer ist das **Kreta** der mittel- und spätminoischen Zeit. Seine mächtige Flotte macht den Bau von Verteidigungsanlagen auf der Insel selbst unnötig. Es treibt Handel mit den Ägyptern des Mittleren Reiches, Syrien, der Ägäis und bis nach Sizilien. Die Schiffe sind auf Kiel und Spanten gebaut und daher schon sehr widerstandsfähig (Fresken im »Admiralshaus« auf Thira/Santorin). Griechische Achaier bereiten der kretischen Hegemonie ein Ende.
19. Jh. v. Chr.	Wanderung griechischer Stämme, der Achaier und Ionier nach dem heutigen Griechenland.
1580–1085 v. Chr.	Das **Neue Reich** der Ägypter wird die zweite große Seemacht im östlichen Mittelmeer. Unter König Ahmose (1580–1550), der Ägypten von der Hyksosherrschaft befreit, kommt es mehrfach zu Seegefechten im Nildelta. Königin Hatschepsut (1501–1480) läßt eine der großen Handelsexpeditionen nach Punt unternehmen. Edelhölzer, Weihrauch, Elfenbein, Edelmetalle und Vieh werden nach Theben, der Hauptstadt des Neuen Reiches gebracht (Reliefs im Tempel der Hatschepsut in Theben). König Thutmosis III. (1480–1448) erweitert den Herrschaftsbereich Ägyptens bis zum Euphrat. Unter ihm erreicht die ägyptische Seeherrschaft die höchste Blüte. Die Versorgung seiner Truppen bei den Feldzügen in Syrien erleichtert er durch Einrichten von Flottenstützpunkten an der syrischen Küste. Hauptstützpunkt in Ägypten ist Perunefer (= Gute Reise?) bei Memphis mit Werftanlagen und Nachschubdepots. Stützpunktkommandant ist Kronprinz Amenophis. Es gibt noch keine Unterscheidung zwischen Kriegs- und Handelsschiffen. Für die

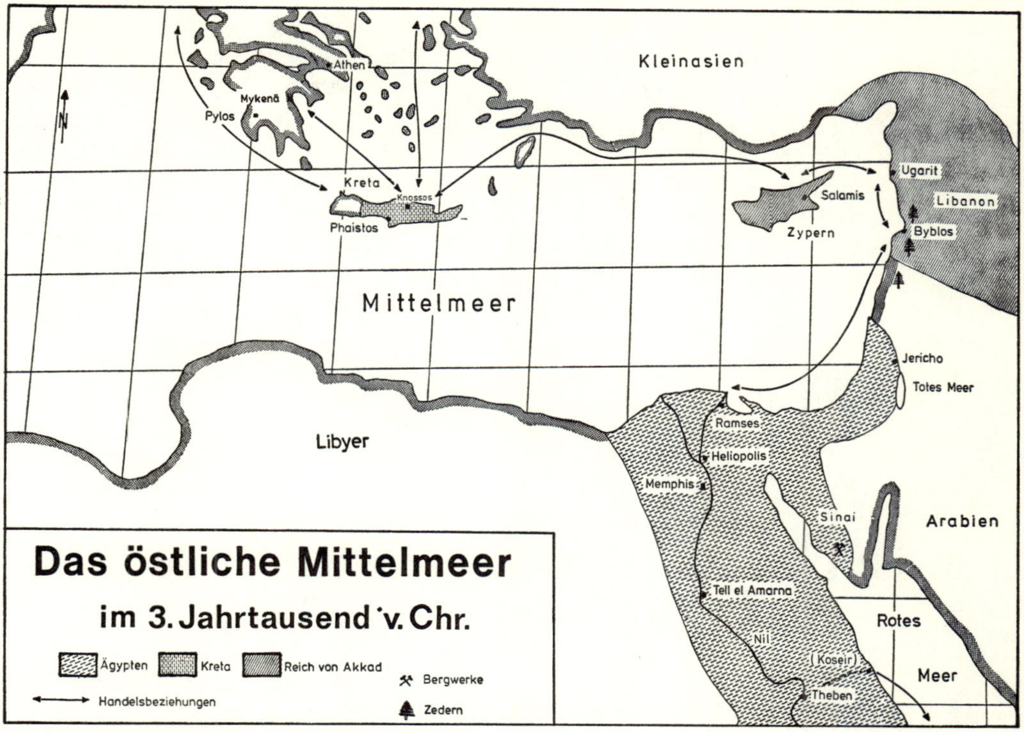
Das östliche Mittelmeer
im 3. Jahrtausend v. Chr.
Ägypten
Kreta
Reich von Akkad
Bergwerke
Handelsbeziehungen
Zedern
Kleinasien
Athen
Mykenä
Pylos
Kreta
Knossos
Phaistos
Mittelmeer
Libyer
Salamis
Zypern
Ugarit
Libanon
Byblos
Jericho
Totes Meer
Ramses
Heliopolis
Memphis
Sinai
Arabien
Tell el Amarna
Nil
(Koseir)
Theben
Rotes
Meer

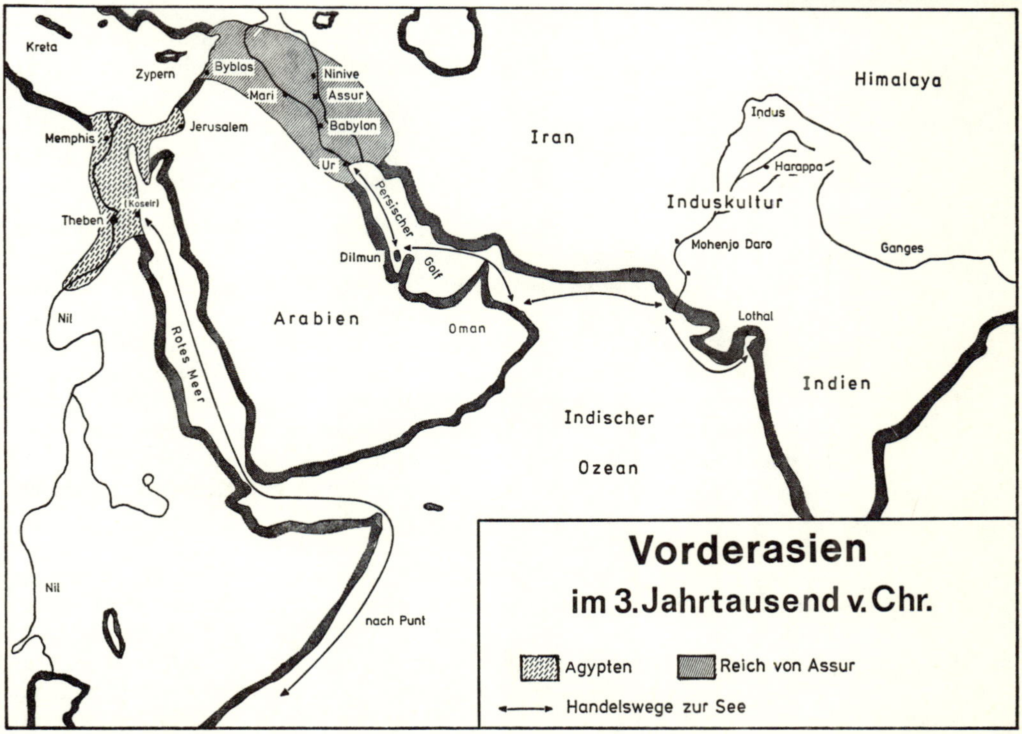
Vorderasien
im 3. Jahrtausend v. Chr.
Agypten
Reich von Assur
Handelswege zur See
Kreta
Zypern
Byblos
Mari
Ninive
Assur
Babylon
Jerusalem
Memphis
Ur
Persischer
Golf
Dilmun
(Koseir)
Theben
Nil
Arabien
Oman
Rotes Meer
Iran
Himalaya
Indus
Harappa
Induskultur
Mohenjo Daro
Ganges
Lothal
Indien
Indischer
Ozean
Nil
nach Punt

Nilschiffahrt, das Rote Meer und das Mittelmeer werden jeweils eigene Schiffstypen gebaut. Diese werden nach ihren Fahrtzielen z. B. »Kreter« oder »Bibliten« genannt.

1400–1200 Die Griechen des Festlandes erobern das minoische Kreta und sind in der spätmykenischen Zeit als Nachfolger der Kreter die vorherrschende Seemacht in der Ägäis und im zentralen Mittelmeer.

12. Jh. v. Chr. Möglicherweise ist in das Ende der spätmykenischen Zeit der historische Hintergrund der Argonautensage zu datieren, welche bereits für diese frühe Zeit Kontakte griechischer Seefahrer mit dem Schwarzmeergebiet anzeigt.

1400–1200 Die syrischen Küstenstädte, vor allem Ugarit, lösen Kreta und Ägypten als Handels- und Seemacht im östlichen Mittelmeer ab. Sie geraten jedoch zusammen mit Zypern unter die Herrschaft der Hethiter in Kleinasien.

um 1230 v. Chr. Zug der Griechen mit angeblich 1000 Schiffen nach Troja und Einnahme der Stadt; erste bekannte amphibische Operation (Schiffskatalog der Ilias).

Ende 13. Jh. Die **Seevölker** bringen die alte Ordnung im Bereich des östlichen Mittelmeeres zum Einsturz. Die Sitze der kurz vorher gegen Troja erfolgreichen Griechen werden teilweise (Mykenä, Tiryns) oder ganz (Pylos) zerstört, Zypern tributpflichtig gemacht.

um 1200 v. Chr. **Seeschlacht bei Zypern.** Suppiluliumas II., König der Hethiter, besiegt die Flotte des mit den Seevölkern verbündeten Zypern. Dessen Schiffe werden auf hoher See verbrannt. Erste durch schriftliche Überlieferung (Tontafel von Ugarit) fixierbare Seeschlacht.

Trotzdem bricht das Hethiterreich zusammen, die Flotte von Ugarit wird aufgerieben, Zypern und die Küsten von Syrien und Palästina überrannt. Sogar Ägypten gerät in Gefahr.

um 1190 v. Chr. **Seeschlacht im Nildelta.** König Ramses III. besiegt die Seevölker in einer Schlacht zu Wasser und zu Lande entscheidend. Ein Teil von diesen läßt sich als Philister in Palästina nieder.

11.–10. Jh. Die Seestreitkräfte der Philister und andere Nachkommen der Seevölker beherrschen den Handel des südöstlichen Mittelmeeres bis zu ihrer Niederlage gegen die Verbündeten Israel und Tyros Anfang des 10. Jahrhunderts.

ab 1000 v. Chr. Die **Phöniker** werden die führende Handelsmacht im Mittelmeer. Von ihren Stadtsiedlungen im syrischen Küstenland – vor allem Byblos, Sidon und Tyros – fahren ihre Flotten durch das ganze Mittelmeer. Wichtige Handelsartikel sind die Zedern des Libanon, Purpur und Sklaven. Aus Tartessos, der alten Handelsmetropole an der Mündung des Guadalquivir in Spanien, bringen sie Silber, Blei, Eisen und Zinn. Sie gründen eigene Handelsstützpunkte: Malta, Panormus/Palermo, Hippo/Bizerta, Utica bei Tunis, Karthago, Gades/Cadiz und andere. Unter Hiram I. (969–936) wird gemeinsam mit Salomon von Israel Handel im Roten Meer betrieben.

Von den Phönikern werden die ersten Kriegsschiffe mit Rammsporn und zwei Riemenreihen übereinander gebaut.

Nach dem Ende des Neuen Reiches zerfällt **Ägypten** in mehrere Dynastien vor allem in Theben, Memphis und im Delta; es sinkt zur politischen Bedeutungslosigkeit herab.

um 740 v. Chr. Eroberung von Memphis. Der Äthiopier Pianchi, Herrscher im Gebiet des heutigen Sudan, erobert in einem erfolgreichen Feldzug ganz Ägypten. Die Stadt Memphis leistet heftigen Widerstand und kann erst durch den Einsatz der äthio-

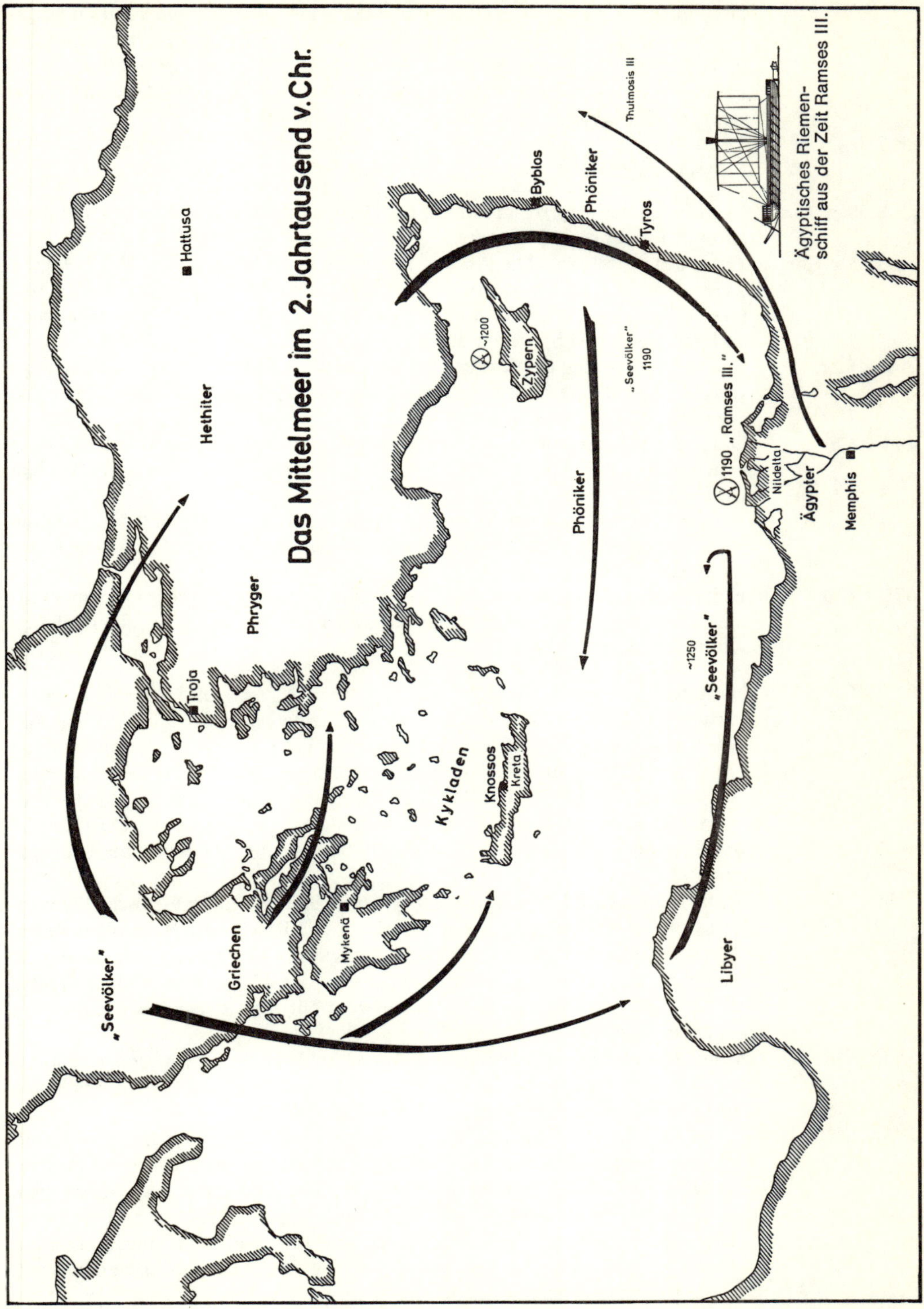

Das Mittelmeer im 2. Jahrtausend v.Chr.
Hattusa
Hethiter
Phryger
Troja
„Seevölker"
Griechen
Mykenä
Kykladen
Knossos
Kreta
~1200
Zypern
Byblos
Phöniker
Tyros
Thutmosis III
„Seevölker"
1190
1190 „Ramses III."
Nildelta
Ägypter
Memphis
Phöniker
~1250
„Seevölker"
Libyer
Ägyptisches Riemenschiff aus der Zeit Ramses III.

	pischen Flußflotte bezwungen werden. Die Schiffe werden dabei mit Landungstruppen neben die an der Flußfront festgemachten ägyptischen Schiffe gelegt, und über diese hinweg stürmen die Soldaten die Befestigungen an der Nilfront. Pharao Tefnacht verbrennt darauf seine restlichen Schiffe im Delta und ergibt sich dem Eroberer.
ab 730 v. Chr.	Tefnacht kann erneut die Unabhängigkeit erringen. Er schöpft seine materiellen Mittel aus der Förderung der griechischen Händler im Nildelta.
ab 8. Jh. v. Chr.	Vordringen der **Assyrer** in Phönikien. Die meisten Küstenstädte geraten nach und nach unter ihre Oberhoheit.
ca. 725 v. Chr.	**Seegefecht vor Tyros.** Die Assyrer unter Salmanassar V. (727–722) belagern Tyros. Ein Geschwader von zwölf Schiffen aus Tyros schlägt ein etwas stärkeres Geschwader aus Sidon, welches den Assyrern tributpflichtig ist, und sichert sich dadurch weiter die Seeverbindungen.
709 v. Chr.	Nach Unterwerfung der Küsten Phönikiens und Kilikiens erkennen die Könige von Zypern die Oberhoheit des Assyrerkönigs Sargon II. (722–704) durch Tributgeschenke an (Stele von Kition).
694 v. Chr.	Die Assyrer lassen von phönikischen Schiffbauern auf dem Euphrat eine Flotte bauen, mit welcher sie einen erfolgreichen Kriegszug gegen Elam am Persischen Golf unternehmen.
	Mit der Unterwerfung von Sidon (677) und Tyros (671) bringen die Assyrer die schon seit einem Jahrhundert in ihrer Abhängigkeit stehende phönikische Küste endgültig unter ihre Herrschaft.
671 v. Chr.	Eroberung von Ägypten. König Asarhaddon von Assyrien erobert in einem raschen Feldzug Ägypten und bringt das assyrische Weltreich zu seiner größten Ausdehnung.
667 v. Chr.	Nach dem Tod von Asarhaddon (669) revoltiert Ägypten und vertreibt die assyrischen Garnisonen. Nachdem Assurbanipal seine Nachfolge als König von Assyrien sichergestellt hatte, erobert er erneut ganz Ägypten. Die phönikische Flotte wird dabei zum Transport der Truppen nilaufwärts bis Theben eingesetzt. Ägypten wird eine assyrische Provinz unter einem einheimischen Statthalter. Ab 663 v. Chr. ist dies Psammetich I., der sich immer mehr vom assyrischen Einfluß befreit, indem er Assyrien gegen das aufstrebende Neubabylonische Reich unterstützt.
7. Jh. v. Chr.	König Psammetich I. von Ägypten (663–609) hält sich eine griechische Söldnerflotte und bringt den griechischen Handel in sein Reich. Sein Nachfolger Necho (609–594) verstärkt die maritimen Anstrengungen. Auf seine Veranlassung gelingt phönikischen Seeleuten die erste Umsegelung Afrikas von Ost nach West in zwei Jahren. Der begonnene Kanalbau vom Nil zum Roten Meer kann nicht vollendet werden.
588 v. Chr.	König Apries (588–567) besiegt in einer Seeschlacht die Geschwader von Tyros und Zypern und erobert Sidon. Die Eroberung von Jerusalem (586) durch König Nebuchadnezar von Babylon kann er nicht verhindern.
586 v. Chr.	Im selben Jahr räumt Apries wieder Phönikien, und Nebuchadnezar beginnt mit der Belagerung von Tyros. Die Stadt kann sich durch ihre Seeverbindung dreizehn Jahre lang mit Erfolg verteidigen; sie muß sich schließlich erst 573 ergeben.
um 560 v. Chr.	König Amasis von Ägypten (569–526) kann Zypern besetzen, und die Cyrenaika wird Ägypten tributpflichtig. Er schließt Bündnisse mit König Kroisos von Lydien und Polykrates von Samos. Ägypten ist noch einmal für wenige Jahrzehnte die Vormacht im östlichen Mittelmeer.

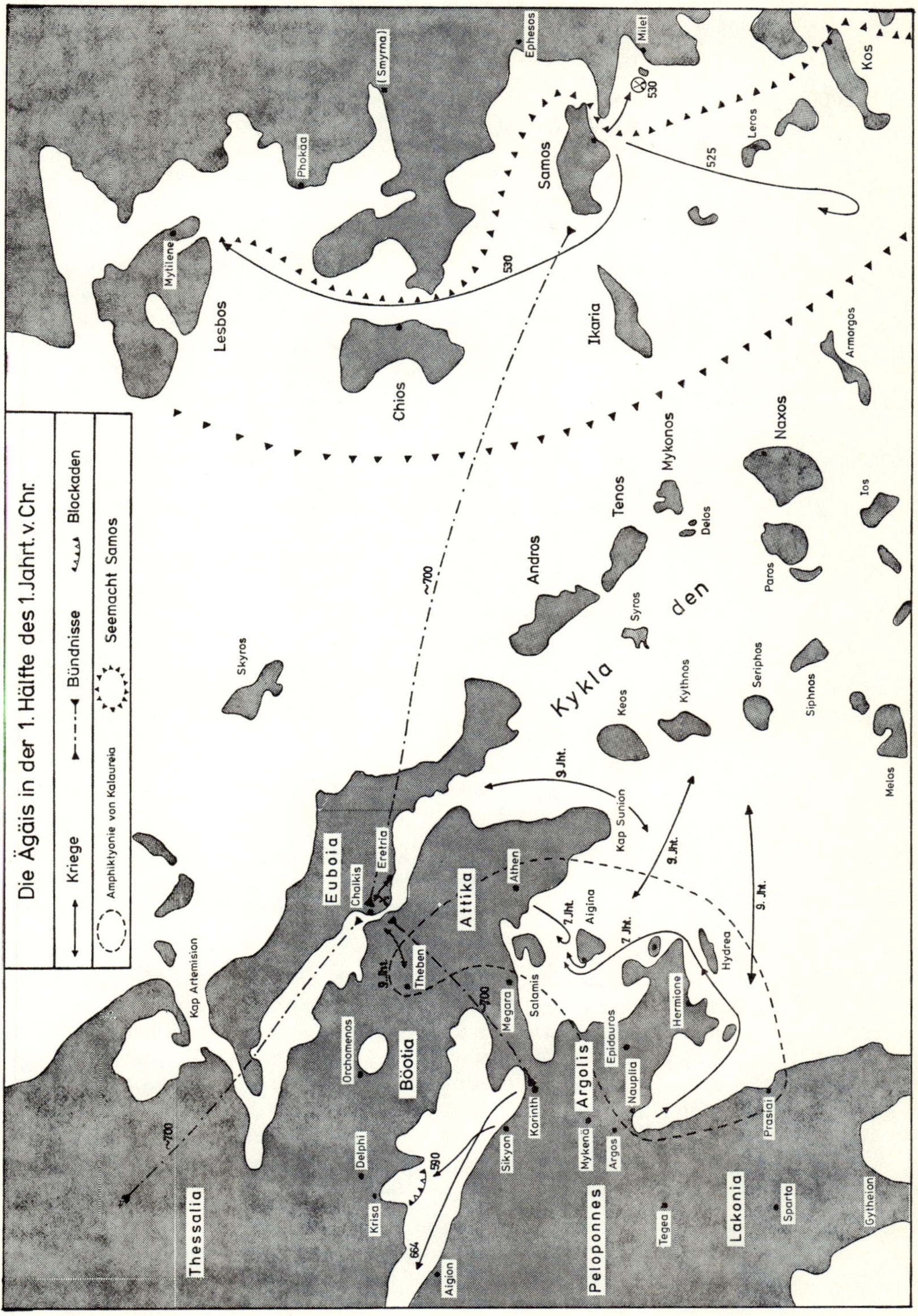
Die Ägäis in der 1. Hälfte des 1. Jahrt. v. Chr.
Kriege
Bündnisse
Blockaden
Amphiktyonie von Kalaureia
Seemacht Samos
Thessalia
Kap Artemision
Euboia
Chalkis
Eretria
Böotia
Orchomenos
Theben
Delphi
Krisa
Attika
Athen
Megara
Salamis
Aigina
Kap Sunion
Korinth
Sikyon
Aigion
Argolis
Mykenä
Argos
Nauplia
Epidauros
Hermione
Hydrea
Peloponnes
Tegea
Lakonia
Sparta
Prasiai
Gytheion
Skyros
Andros
Tenos
Mykonos
Delos
Syros
Keos
Kythnos
Seriphos
Siphnos
Paros
Naxos
Ios
Melos
Armorgos
Kykla den
Ikaria
Samos
Chios
Lesbos
Mytilene
Phokaa
(Smyrna)
Ephesos
Milet
Leros
Kos
~700
9. Jht.
7. Jht.
530
525
590
664

Mit der Eroberung Ägyptens durch die Perser (525) ist die letzte Seeherrschaft der Pharaonen zu Ende.

1200–1000 **Dorische Wanderung.** Diese bringt große Umwälzungen im Siedlungsgefüge der griechischen Welt rund um die Ägäis. Die Dorer besiedeln den Süd- und Ostteil der Peloponnes, Kreta und die Insel Rhodos mit dem angrenzenden Küstenstreifen von Kleinasien. Die Ioner sichern sich neben Samos und Chios die Küste Kleinasiens vom heutigen Smyrna bis Halikarnassos und die Aioler die Insel Lesbos mit dem benachbarten Küstenstreifen von Kleinasien.

9. Jh. v. Chr. Die Amphiktyonie von Kalaureia (dem heutigen Poros im Saronischen Golf) mit den Orten Ägina, Athen, Epidauros, Nauplia, Hermione, Prasiai und Orchomenos liegt in einer Auseinandersetzung zur See mit Euböa, den nördlichen Kykladen und Thessalien. Es wird vermutet (van Doorninck jr. in IJNA 1982, 277 ff.), daß damals der Anstoß zur Entwicklung der griechischen Kriegsschiffe mit Rammsporn der späteren Zeit gegeben war. Kontakte mit den im Schiffbau damals fortschrittlicheren Phönikiern zu dieser Zeit sind jedenfalls erwiesen.

ab 8. Jh. v. Chr. Beginn der griechischen Kolonisation. Die wachsende Bewohnerzahl kann von den begrenzten Anbaugebieten nicht mehr ausreichend ernährt werden. Die Gemeinden nützen daher ihre guten maritimen Fähigkeiten zum Aufsuchen von günstigen Plätzen für die Anlage von Pflanzstädten. Im Gebiet des Schwarzen Meeres werden vor allem die Ionischen Städte Kleinasiens aktiv, allen voran Milet. Es entstehen Sinope (812 erste Gründung), Kyzikos (757), Trapezus (756), Chalkedon (685), Abydos (675) und Byzantion (668). Im Westen wird zuerst Euböa aktiv, später vor allem auch Korinth, Rhodos und Phokäa. Die wichtigsten Gründungen dort sind Ischia (770), Cumae (760), Zankle/Messina (750), Rhegion (750), Katane (750), Kerkyra/Korfu (734), Syrakus (733), Tarentum (705), Himera (649), Kyrene (630), Massilia/Marseille (600) und Akragas (580). Das Handelszentrum Naukratis (670) im Nildelta wird von den Pharaonen der Spätzeit gefördert, dort werden 100 Jahre nach der Gründung alle Griechen aus Unterägypten zusammengezogen. Eine weitere Ausbreitung in das westliche Mittelmeer wird von den Puniern und den Etruskern verhindert.

Ende 8. Jh. v. Chr. Korinth ist die bedeutendste Seemacht in der griechischen Welt. Es sucht sich die besten Plätze zur Gründung von Tochterstädten wie Syrakus und Kerkyra, und sein Schiffsbaumeister Ameinokles baut die modernsten Kriegsschiffe seiner Zeit.

um 700 v. Chr. **Der Lelantinische Krieg.** Auf Euböa kämpfen die Städte Chalkis und Eretria um den Besitz der zwischen ihnen liegenden lelantinischen Ebene. Chalkis wird von Korinth, Samos und der Thessalischen Liga unterstützt, Eretria von Ägina, Milet und Megara. Da es wahrscheinlich auch um den Kolonialbesitz geht und Korinth in dieser Zeit seinen Schiffsbaumeister Ameinokles nach Samos schickt, um dessen Flotte aufzurüsten, kann man annehmen, daß es sich auch um einen See- und Kolonialkrieg handelt. Über die sicher stattgefundenen Seegefechte ist nichts überliefert, der Krieg wird nach jahrelangen Kämpfen durch einen Angriff der Reiterei aus Thessalien in der Lelantiner Ebene für Chalkis entschieden.

Anf. 7. Jh. Gegen eine drohende Invasion von Athen ruft Ägina Argos zu Hilfe. Gemeinsam wehren sie die Athener verlustreich ab. Athen spielt für fast zwei Jahrhunderte keine Rolle mehr zur See und ist seitdem mit Ägina in ständiger Feindschaft.

um 664 v. Chr.	Seeschlacht zwischen Schiffen aus Korinth und dessen Tochterstadt Kerkyra/Korfu. Erste bekannte Seeschlacht in der griechischen Geschichte.
Ende 7. Jh. v. Chr.	Während der Regierungszeit des Tyrannen Periander von Korinth (625–585) erreicht dessen Seeherrschaft die höchste Blüte. Im Westen beherrscht es die Schiffahrt nach Italien, in der Ägäis ist es als Verbündeter von Milet ebenfalls tonangebend. In den letzten Regierungsjahren Perianders läuft allerdings die Nachbarstadt Sikyon unter der Führung von Kleisthenes Korinth den Rang ab. Im Westen macht sich Kerkyra unabhängig, im Saronischen Golf wird Ägina eine gefährliche Rivalin.
590 v. Chr.	**Erster »Heiliger Krieg« um Delphi.** Dieser bricht aus, weil die Hafenstadt Krisa den Pilgern nach Delphi zu hohe Zölle auferlegt. Die Flotte von Sikyon blockiert erfolgreich Krisa und unterbindet damit seine Seeverbindungen im Golf von Korinth, wodurch es zu dessen Niederlage beiträgt.
1. Hälfte 6. Jh. v. Chr.	Phökäa in Kleinasien ist zu dieser Zeit die bedeutendste griechische Seestadt in der Ägäis. Sie hält enge Verbindungen mit ihren Tochterstädten Massilia, Emporion/Ampurias (gegr. 580) und Alalia auf Korsika (565); sie hat damit als einzige griechische Stadt Zugang zum westlichen Mittelmeer.
6. Jh. v. Chr.	König Kroisos von Lydien (560–546) bringt die griechischen Städte Kleinasiens unter seinen Einfluß. Ephesos wird erobert, mit Milet ein Vertrag geschlossen.
546 v. Chr.	Lydien wird vom Perserkönig Kyros d. Gr. erobert. Die Griechen Kleinasiens gelangen damit unter persische Oberhoheit.
ca. 538–522 v. Chr.	**Polykrates von Samos** baut eine Flotte von 100 Kriegsschiffen und errichtet seine Seeherrschaft in der östlichen Ägäis. Er siegt über die Geschwader von Milet und Lesbos (530) und schickt schließlich die Hälte seiner Schiffe nach Ägypten, um den Persern bei der Eroberung des Landes zu helfen. Die Besatzungen meutern jedoch und besiegen das Heimatgeschwader. Mit der Ermordung des Polykrates durch die Perser (522) ist die Seegeltung von Samos zu Ende.
6. Jh. v. Chr.	Das Reich von **Magadha** am Ganges wird der bedeutendste Staat in Vorderindien. Sein Herrscher Bimbisara (reg. ca. 540–490) erobert die Stadt Champa am Unterlauf des Ganges, dem damals wichtigsten Umschlagplatz zwischen der Flußschiffahrt und der Küstenschiffahrt im Golf von Bengalen.
6.–5. Jh. v. Chr.	Ein nordindisches Heer unter König Vijaya landet mit einer Flotte auf der Insel **Ceylon** und drängt die Ureinwohner in das Landesinnere.
um 510 v. Chr.	Der griechische Seefahrer Skylax von Karyanda fährt im Auftrag des Perserkönigs Dareius I. vom Indus in 30 Monaten um die Arabische Halbinsel bis nach Ägypten. Er verfaßt eine Küstenbeschreibung (einen Periplus); die nach ihm benannte heutige Fassung ist aber über 100 Jahre jünger und von späteren Autoren ergänzt.
um 325 v. Chr.	Pytheas von Massilia/Marseille, griechischer Seefahrer und Astronom, unternimmt von Cadiz aus eine Seereise nach Nordwesteuropa und beschreibt dessen Länder und Inseln. Mit seinem »Gnomon«, einem astronomischen Instrument, macht er eine ziemlich genaue Breitenbestimmung seiner Heimatstadt.

Die Seekriege der Griechen (500–240 v. Chr.)

Griechenland im heutigen Umfang mit der Küste Kleinasiens war im Altertum immer nur ein geographischer Begriff. Die Griechen hatten nie einen eigenen Staat gebildet. Die Natur des Landes begünstigte den Partikularismus. Die gemeinsamen Merkmale der Griechen waren in erster Linie die Sprache und die Religion. Eine gewisse Hegemonie hatten sich jedoch das dorische Sparta und das ionische Athen geschaffen.

Mit Beginn der griechischen Kolonisation in der ersten Hälfte des letzten Jahrtausends vor Christi trat ein neuer Machtfaktor zur See auf. Ursprünglich der See durchaus ablehnend gegenüberstehend, hatten die Griechen sich durch die Landesnatur (zerklüftete bergige Küstenlinien mit nur wenigen flachen Siedlungsebenen) relativ schnell mit der Seefahrt vertraut gemacht. Bei ihrer Kolonisation im zentralen und westlichen Mittelmeer waren sie rasch mit den Phönikern in Kontakt gekommen. Zunächst scheinen sie diesen nach Möglichkeit aus dem Weg gegangen zu sein, indem sie ihre Routen nach Westen entlang der Nordküste des Ionischen Meeres und durch die Straße von Messina genommen hatten, während die Phöniker ihre Handelsfahrten entlang der Nordküste von Afrika unternahmen. In den Bereichen Kreta, Zypern und Ägypten hatten sich ihre Interessensgebiete jedoch bald überschnitten. Da jedoch weder die Griechen noch die Phöniker einheitliche Machtzentren hatten, ist es zu keinen größeren Unternehmungen gegeneinander gekommen, sondern die Rivalität hatte in einem ständigen Kleinkrieg bestanden, wobei die Fahrzeuge der jeweils Anderssprachigen (der Barbaren) als Piraten angesehen wurden und damit Freiwild und legitimes Opfer waren.

Athen war bis zum 5. Jh. v. Chr. – wie Sparta – in erster Linie eine Landmacht. Ab dem 8. Jahrhundert waren Seestädte in Griechenland Korinth, Chalkis und Ägina sowie in Kleinasien Phokäa und Milet. Der erste Staatsmann der Geschichte, der zielbewußt seine Herrschaft auf eine Flottenrüstung aufbaute, war Polykrates von Samos (538–522 v. Chr.). Zu den ersten geplanten Kämpfen um die Seeherrschaft kam es jedoch in den großen Perserkriegen der Griechen. Mit der Eroberung der östlichen Küstengebiete des Mittelmeeres durch die Perser (Phönikien, Kleinasien, Ägypten und Zypern) wurde diese stärkste Landmacht ihrer Zeit auch zur Seemacht, denn es standen ihr nun die Flotten der damals bedeutendsten Seefahrstaaten zur Verfügung, wobei die Phöniker nur zu gern zum Kampf gegen ihre griechischen Erzrivalen bereit waren. Daß die Perser von der geplanten Eroberung von Karthago absehen mußten, weil die Phöniker sich weigerten, gegen ihre Blutsverwandten zu ziehen, zeigt, daß letztere die Abhängigkeit der Perser von den Flotten und seemännischen Kenntnissen der Küstenstädte erkannten.

Mit dem Vorstoß von König Dareius d. Gr. nach Thrakien 516 v. Chr. kam die Meerenge des Bosporus unter persische Kontrolle und damit auch die für die Getreideversorgung der griechischen Stadtstaaten wichtige Seeverbindung aus dem Schwarzen Meer, über welches die Verbindung mit den griechischen Kolonialstädten rund um die Halbinsel Krim hergestellt wurde und welche die reichen Kornanbaugebiete Südrußlands erschlossen hatten. Der persische Griff zum Bosporus mag daher auch zum Aufstand der Ionischen Griechenstädte beigetragen haben. Nach dem Sieg der Perser in der Seeschlacht bei Lade 494 brach der Aufstand rasch zusammen, die Perser beherrschten nun die Ägäis. Durch relativ milde Sanktionen gegen die Aufständischen (ausgenommen Milet), konnten die Perser auch die starken Flottenverbände der Ionischen Griechen für ihre weiteren Operationen verwenden. Im ersten Perserzug 492 v. Chr. gegen Griechenland unterstützten sich Heer und Flotte gegenseitig in der damals üblichen Art, indem das Heer entlang der Küste marschierte und der Flotte für die Übernachtungen die Liegeplätze sicherte, während die Flotte mit ihren Versorgungsschiffen für raschen Nachschub aufkam. Beim zweiten Zug wurden die Möglichkeiten der Seeherrschaft erstmals voll ausgenutzt und der Transport des Heeres von der Flotte durchgeführt. Die schnelle Reaktion der Athener unter Miltiades und das schwerfällige Manövrieren der Flotte hatte die im Grunde richtigen strategischen Überlegungen um den Erfolg gebracht. Der strategische und politische Weitblick von Dareius d. Gr. hat die gesamten Meere in seinem Herrschaftsbereich in seine Planung einbezogen, wie es der Auftrag nach Erkundung der Seewege von Indien über die Arabische Halbinsel nach Ägypten an den Seefahrer Skylax von Karyanda zeigt. Das neuerliche Instandsetzen des Verbindungskanales vom östlichen Mündungsarm des Nils zum Roten Meer sollte dann eine rasche Verschiebung der Flotten der persischen Vasallen im Mittelmeer in den Indischen Ozean und dadurch dieBildung von Kräftekonzentrationen ermöglichen.

Die nun folgenden Kriege zwischen Griechen und Persern waren die ersten großen kombinierten Land- und Seekriege. Das Streitmittel zur See waren die Galeeren mit zwei bis drei Riemenreihen übereinander (Biremen oder Trieren). Sie waren mit einem Rammsporn versehen, um den Gegner in den Grund bohren zu können. Eine weitere Taktik war das Abstreifen des Riemenwerkes im Vorbeifahren, wodurch der Gegner manövrierunfähig wurde. Neben diesen »Schlachtschiffen« wurden noch die kleineren Penteren verwendet, mit 25 Riemen an jeder Seite. Die Kriegsschiffe hatten einen flachen Boden, damit sie auf den Strand gezogen werden konnten.
In Athen hatte Themistokles die große Gefahr, die durch die Flotten der persischen Satellitenvölker drohte, erkannt und Athen zu seiner Flottenrüstung überredet, die nicht nur zur Rettung der Stadt im dritten Perserzug des Königs Xerxes bei Salamis 480 v. Chr. geführt hatte, sondern Athen schließlich zur größten Seemacht in der griechischen Welt machte.
Nach Salamis war die Flottenmacht der Perser, ähnlich wie die der uneinigen Griechen nach Lade, wie ein Kartenhaus auseinandergefallen. Die Flotten der Ionier und Zyprioten waren übergelaufen, die Ägypter waren wieder in Aufruhr, und nur die Phöniker waren noch bei der Stange zu halten, hatten aber bereits mit wesentlich weniger Begeisterung für ihre Herren gekämpft. Die nun das östliche Mittelmeer beherrschende griechische Flotte, damals noch unter dem Oberbefehl von Sparta, dann im Attischen Seebund unter der Leitung von Athen, hatte sich zunächst mit der Befreiung von Zypern vor Überraschungen aus dem Osten gesichert, dann aber als vordringlichste Aufgabe die Meerengen nach dem Schwarzen Meer wieder geöffnet.

Der zur Vertreibung der Perser aus der Ägäis gegründete Attische Seebund wurde durch das politische Übergewicht von Athen immer mehr zum Attischen Reich umgestaltet, abtrünnige Mitglieder von Athen unterworfen. Durch die Ablösung des Kriegsdienstes vieler Mitglieder mittels Geld konnte Athen diese Summen für weitere Flottenrüstung verwenden und diese dann mehr und mehr nach eigenem Gutdünken einsetzen. So wurde aus dem Verteidigungskampf ein attischer Imperialismus, der Athen immer mehr in Gegensatz zum Peloponnesischen Bund mit dessen Vormacht Sparta brachte. Zunächst war Athen aber noch gegen die Perser erfolgreich. Es siegte entscheidend am Eurymedon, seine Unterstützung des aufständischen Ägypten scheiterte aber kläglich. Nach dem Sieg bei Salamis auf Zypern 449 v. Chr. konnte mit Persien aber endlich ein Friede geschlossen werden. Die rivalisierenden Seestädte im Seebund Ägina (458) und Samos (439), wurden unterworfen.
Athen wurde schließlich 433 v. Chr. in die Kämpfe zwischen Korinth und Kerkyra/Korfu hineingezogen. Da Korinth ein Mitglied des Peloponnesischen Bundes war, führte nun der seit über zwanzig Jahren latente Gegensatz mit Sparta zum offenen Krieg. Dabei stand der stärksten Seemacht der Antike – Athen – die stärkste Landmacht gegenüber, beide galten auf ihrem Gebiet für unbezwingbar.
Die ersten Kriegsjahre brachten keine Entscheidung, Athen sicherte seine und störte die gegnerischen Seeverbindungen, indem es auch im Golf von Korinth ein ständiges Geschwader unterhielt, welches seine Verbündeten im Ionischen Meer unterstützte. Die Besetzung von Pylos im Gebiet der von Sparta unterworfenen Messenier brachte diese zum Aufstand und führte zur Niederlage der spartanischen Hopliten auf der Insel Sphakteria, ein für die griechische Welt unglaubliches Ereignis. Athen versäumte es in seinem Überlegenheitsgefühl, die von Sparta angebotenen günstigen Friedensbedingungen zu akzeptieren, willigte aber dann wegen seiner Mißerfolge in Thrakien doch in einen für beide Seiten unbefriedigenden Friedensschluß (421) ein. Angst vor einer Unterstützung von Sparta durch dessen Freunde in Syrakus führte zu der sizilianischen Expedition von Athen

auf Betreiben von Alkibiades, welche in einer Katastrophe und entscheidenden Schwächung der Machtstellung von Athen endete. Vor allem seine finanziellen Reserven waren nun weitgehend aufgebraucht. Aus Mangel an freien Bürgern war Athen auf die Anwerbung von bezahlten Ruderern angewiesen.

Nun brach der Peloponnesische Krieg erneut aus. Der zu Sparta übergegangene Alkibiades konnte sich die Hilfe der Perser sichern, mit deren finanzieller Unterstützung Sparta eine Flotte aufbaute. Als Alkibiades seinen Einfluß auf Sparta verlor, bereitete er geschickt seine Rückkehr nach Athen vor. Als Flottenführer Athens schlug er mehrfach die Spartaner und sicherte damit die Stellung von Athen erneut. Nachdem sein Stellvertreter gegen seine Anordnung bei Notion den Kampf gegen die Spartaner unter Lysandros annahm und schwer geschlagen wurde, konnten seine Neider in Athen Alkibiades wieder abberufen, welcher sich auf seine Besitzungen auf die thrakische Chersones zurückzog. Der Seesieg bei den Arginusen rettete noch einmal Athen und öffnete die Meerengen wieder für die Getreideversorgung aus dem Schwarzmeergebiet.

Der Verlust der Flotte in den Dardanellen nach der Niederlage bei Aigospatamoi durch Lysandros ließ jedoch die Stellung von Athen mit einem Schlag zusammenbrechen. Lysandros war es gelungen, sich die Unterstützung der Perser erneut zu sichern. Mit deren Geld konnte er den Athenern die Ruderknechte am »freien Markt« abwerben. Athen war nicht mehr im Stande, eine neue Flotte aufzustellen, da sämtliche finanziellen Mittel aufgebraucht waren.

Athen hatte die Möglichkeit, die ihm die maritime Politik von Themistokles und Perikles geschaffen hatte, weit überschätzt, den einzigen Mann, der das Abenteuer Sizilien und schließlich den Krieg gegen Sparta zu einem guten Ende hätte führen können, Alkibiades, hatte es aus Neid aus seinen Mauern vertrieben. Nutznießer des Krieges waren die Perser, die ohne eigene aktive Beteiligung ganz Kleinasien mit Zypern wieder unter ihre Oberhoheit brachten.

Die um 400 v. Chr. erneut rebellierenden Ionischen Städte in Kleinasien wurden diesmal von Sparta, welches nun die Ägäis beherrschte, unterstützt. Die phönikische Flotte der Perser, verstärkt von einem kleinen Geschwader aus Athen unter Konon, welcher bei Aigospotamoi entkommen war und sich nach Zypern zu König Evagoras geflüchtet hatte, vernichtete bei Knidos die Flotte von Sparta und beendete dessen kurzen Seemachtstraum. Athen konnte nun seine Befestigungen wieder aufbauen und seine alte Machtstellung zum Teil zurückgewinnen. Zwischen dem Perserreich, das durch interne Kämpfe zeitweise geschwächt wurde, Sparta und Athen hatte sich im östlichen Mittelmeer eine Art Kräftegleichgewicht herausgebildet.

Ein neues Machtzentrum entwickelte sich kurz danach im Norden Griechenlands mit dem Aufstieg Makedoniens unter König Philipp. Mit der Eroberung von Thrakien, der Chalkidike, der Westküste des Schwarzen Meeres und schließlich der Thrakischen Chersones (Halbinsel Gallipoli) brachte er die nördlichen Küsten in seinen Herrschaftsbereich und bedrohte die Getreideversorgung von Athen aus dem Pontusgebiet. Er geriet dadurch in krassen Gegensatz zu Athen, wo vor allem der Redner und Politiker Demosthenes in seinen als »Philippika« noch heute sprichwörtlichen Reden vor der makedonischen Gefahr warnte. Mit seiner äußerst geschickten Politik, einer Mischung aus Überredung, Bestechung und Gewalt, entzweite Philipp die griechischen Staaten und besiegte Athen in der Landschlacht bei Chaironeia. Durch seine rücksichtsvolle Behandlung der Unterlegenen konnte er ganz Griechenland zu seinem geplanten Zug gegen die Perser zur Befreiung der Griechen in Kleinasien hinter sich im »Korinthischen Bund« vereinen. König Philipp starb mitten in den Vorbereitungen für den Kriegszug gegen die Perser, sein Sohn Alexander führte das Unternehmen ohne Verzögerung fort. Er setzte, gedeckt durch die Bundesflotte, mit seinem Heer über den Hellespont, legte dann den Schwerpunkt seiner Offensive auf die Landoperation und löste vorübergehend sogar die Flotte auf. Als Persiens tüchtiger Söldnerführer Memnon aus Rhodos mit der persischen Flotte weit in die Ägäis vorstieß und die Meerengen bei den Dardanellen zu sperren drohte, ließ Alexander die Bundesflotte wieder aufstellen, doch wurde die Gefahr bereits durch den Tod von Memnon abgewandt. König Dareios III. zog die Flotte wieder aus der Ägäis ab und deren Marineinfanterie zur Verstärkung der Landtruppen an sich. Trotzdem unterlag er Alexander zu Lande nach der Niederlage am Granikos auch bei Issos und Gaugamela. Es war eine Wechselwirkung von Land- und Seekrieg wie im deutsch-französischen Krieg 1870/71. Die Flotte unterstützte dann Alexander bei der Eroberung von Syrien (Belagerung von Tyros), Palästina und Ägypten, wobei sie vor allem zur Sicherstellung der Versorgung eingesetzt wurde. Die persischen Geschwader der Seestädte des östlichen Mittelmeeres sind dabei nacheinander zu Alexander übergegangen, zunächst die von Sidon, Zypern und Rhodos, dann auch die übrigen. Erst nach der Sicherung der Verbindungslinien über das östliche Mittelmeer war Alexander zum Zug in das Herz Persiens aufgebrochen. Der Zug seiner am Indus erbauten Flotte unter Nearchos durch den Persischen Golf nach Mesopotamien sollte der Beginn der Eroberung des »Südmeeres« mit der Herstellung einer Verbindung von Mesopotamien um die Arabische Halbinsel nach Ägypten und daran anschließend einer Eroberung der Länder des westlichen Mittelmeeres sein.

Zur Zeit der Diadochen bauten sich die Ptolemäer im östlichen Mittelmeer eine Seemacht auf. Sie brachten Zypern, Teile der Küsten von Kleinasien und Inseln der Ägäis unter ihre Gewalt, konnten nach der Niederlage in der Seeschlacht bei Kos ihre Seegeltung zwar noch einmal festigen, nach der Niederlage bei Andros zwölf Jahre später aber ging ihre Seegeltung ständig zurück. Unter Philadelphos (285–246) wurde der Nilkanal zum Roten Meer wieder hergerichtet, die Fahrten nach Indien blieben jedoch nur Episode, eine direkte Handelsverbindung kam nicht zu Stande. Athens Versuch, zur See noch einmal eine Rolle zu spielen, wurde vor den Dardanellen in zwei Seeschlachten bei Abydos und Amorgos zunichte gemacht. Demetrios Poliorketes konnte sich mit seiner Flotte trotz der Rückschläge zu Lande seine Seeherrschaft in der Ägäis erhalten. In den Wirren der Diodochenkriege konnte sich Rhodos eine beachtliche Stellung als Seehandelszentrum aufbauen, sein Seerecht wirkte über Ostrom bis in die venezianische Seegesetzgebung. Als sich das Seleukidenreich unter Antiochos III. anschickte, im östlichen Mittelmeer wieder eine Seemacht aufzurichten, kam es bereits mit einem stärkeren Machtzentrum aus dem westlichen Mittelmeer in Konflikt – mit Rom.

500–448 **Die großen Perserkriege**

Die Kämpfe beginnen mit dem Aufstand der Ionischen Griechen Kleinasiens unter Aristagoras von Milet gegen die Perser. Sie erhalten Unterstützung von Athen und Euböa.

497 v. Chr. **Seeschlacht bei Zypern.** Die Griechen der Insel erheben sich gegen die Perser. Die Flotte der Phöniker bringt persische Truppen auf die Insel. Ein ionisches Geschwader besiegt zwar das phönikische Geschwader, Zypern wird aber von den bereits gelandeten Persern wieder unterworfen.

494 v. Chr. Die Perser starten eine neue Offensive, um die aufständischen Griechen in Kleinasien zu unterwerfen. Ihre phönikischen Geschwader werden von Schiffen aus Kilikien, Zypern und Ägypten verstärkt. Insgesamt rund 600 Kriegsschiffe aller Klassen sollen in die Ägäis ausgelaufen sein. Am Weg dorthin wird die Festung Lindos auf der Insel Rhodos erobert. Die unter sich uneinigen ionischen Griechen versammeln mittlerweile ein Geschwader von 350 Schiffen, davon 100 aus Chios, 80 aus Milet, 70 aus Lesbos, 60 aus Samos und rund 40 von den übrigen Städten. Das starke Ephesos beteiligt sich nicht am Kampf. Führer der Griechen ist Dionysios von Phokäa.

494 v. Chr. **Seeschlacht bei Lade.** Bei der kleinen Insel (heute bereits verlandet) vor Milet treffen die beiden Flotten zusammen. Das Geschwader aus Chios eröffnet erfolgreich die Schlacht. Als jedoch die Schiffe von Samos verräterisch den Kampf verweigern und fortsegeln, folgen ihnen diejenigen aus Lesbos. Der Rest der Griechen wird darauf trotz tapferer Gegenwehr von der persischen Flotte überwältigt. Bereits in dieser Schlacht zeigt sich die Schwäche einer Koalitionsflotte wegen der auseinanderstrebenden Interessen ihrer einzelnen Kontingente. Dionysios entkommt und geht in das westliche Mittelmeer, wo er für einige Jahre ein Freibeuterleben führt. Das Geschwader aus Lesbos unter Histiaios kämpft noch kurze Zeit in der Ägäis, bis sein Führer den Persern in die Hände fällt. Ionien wird von der persischen Flotte in kurzer Zeit unterworfen. Die Hilfeleistung Athens und Euböas für Milet, das von den Persern zerstört wird, ist der Anlaß für die Vergeltungszüge der Perser nach Griechenland.

Ein Mann in Athen erkennt die Gefahr und weiß, wie ihr zu begegnen ist.

493/92 v. Chr. Themistokles läßt die erste Kriegsflotte Athens erbauen und den Hafen von Piräus anlegen.

492 v. Chr. **Der Erste Perserzug.** Das Heer des Perserkönigs Dareius unter dem Feldherrn Mardonios geht über den Hellespont gegen die Thraker vor, um sich die Flanke für den Angriff auf Attika freizumachen. Diese wehren sich heftig; die das persische Heer begleitende Flotte scheitert im Sturm am Gebirge Athos. Mardonios bricht darauf den Feldzug ab. Sparta und Athen verweigern die verlangte Unterwerfung.

490 v. Chr. **Der Zweite Perserzug.** Diesmal wird das Heer des Dareios unter Datis und Artaphernes direkt nach Attika übergesetzt. Auf dem Weg dorthin werden Rhodos und Naxos unterworfen; auch Eretria auf Euböa wird erobert und zerstört. Zum Transport der Reiterei verwenden die Perser eigene Pferdetransportschiffe. Die Perser unternehmen damit die erste große, genauer überlieferte amphibische Operation der Geschichte. Die Landung erfolgt in der Gegend von Marathon. Der Weg nach Athen ist von dem griechischen Heer unter Miltiades gesperrt. Die Perser beginnen sich daher wieder einzuschiffen. Dabei werden sie von den Griechen angegriffen. Da die Reiterei schon verladen ist, erleiden die Perser eine Niederlage. Sieben der am Strand liegenden persischen Schiffe können die Athener erobern. Der Rest kann entkommen. Eine neue Landung bei Athen verhindert der schnelle Rückmarsch des griechischen Heeres. Die Perser ziehen sich darauf zurück.

Zur Abwehr weiterer Angriffe der Perser baut nun Athen auf den Rat des Themistokles eine starke Flotte. Der Bau wird mit dem Ertrag der Silbergruben von Laurion bei Kap Sunion finanziert.

487 v. Chr. Die neue Flotte von Athen, verstärkt durch 20 Schiffe aus Korinth, kämpft zweimal erfolgreich gegen die Flotte des bisher zur See überlegenen Ägina.

486 v. Chr. Tod des Perserkönigs Dareios.

Sein Sohn Xerxes I. (486–465) unternimmt den

480 v. Chr. **Dritten Perserzug.** Wie beim ersten Mal nimmt das Heer den Weg zu Lande über den Hellespont. Eine große Kriegsflotte mit zahlreichem Troß folgt zur See. Xerxes übernimmt selber den Oberbefehl. Die 1200 Kriegsschiffe, zum Teil bereits neue Trieren, der Rest Pentekonteren, werden von folgenden persischen

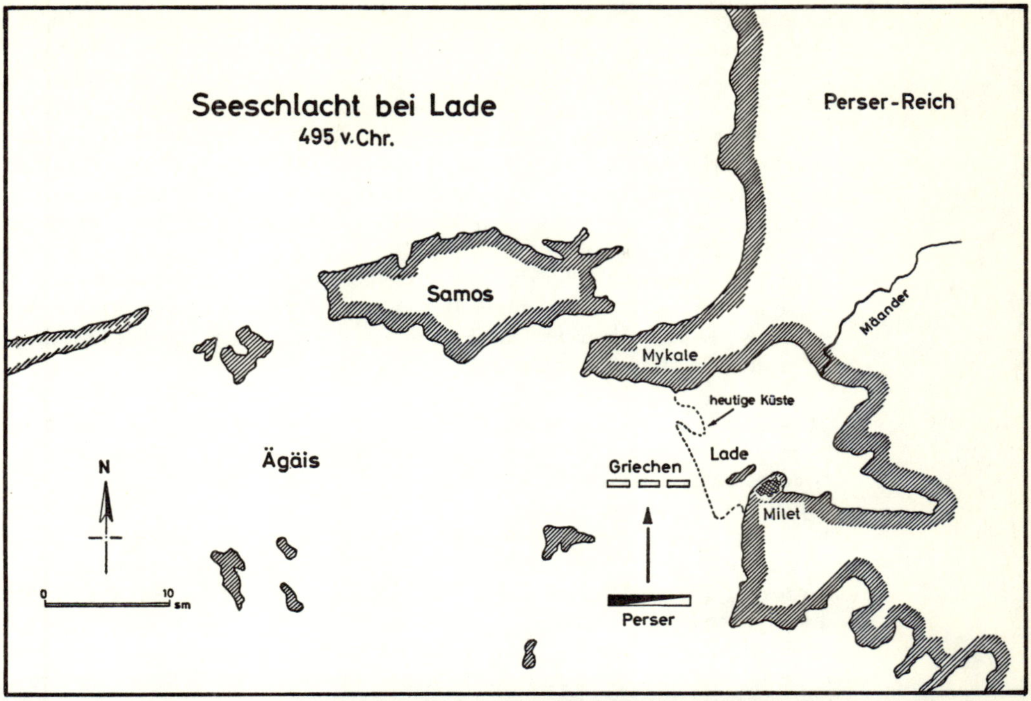
Seeschlacht bei Lade
495 v.Chr.
Perser-Reich
Samos
Mäander
Mykale
heutige Küste
Lade
Griechen
Milet
Ägäis
N
0
10
sm
Perser

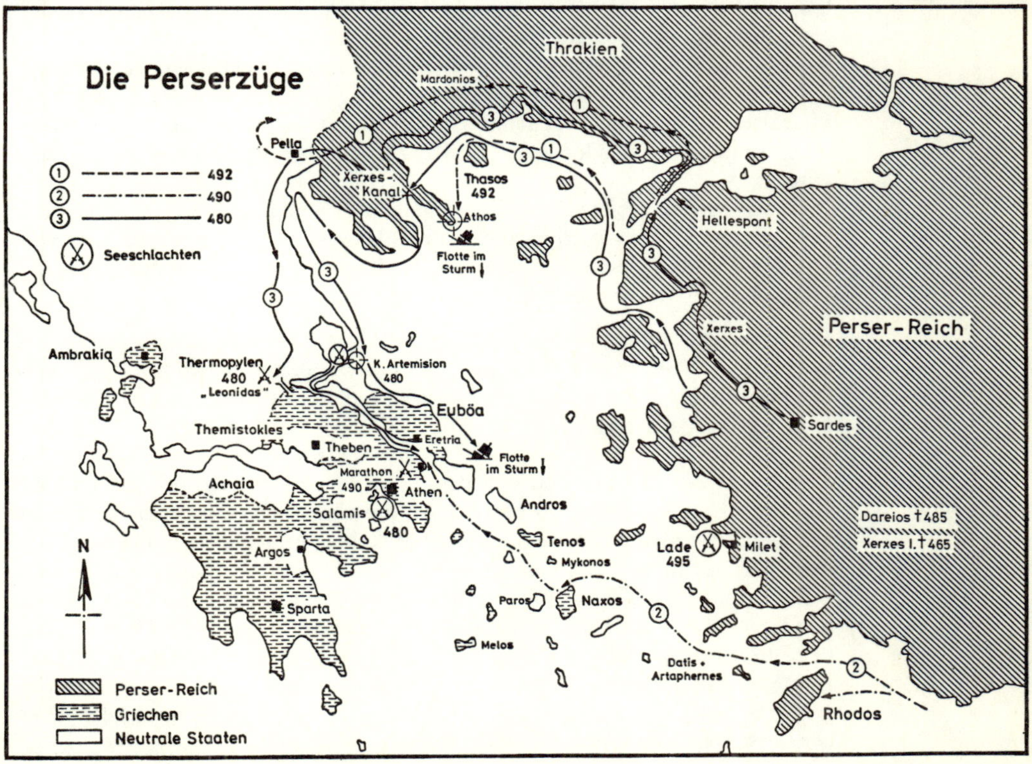
Die Perserzüge
Thrakien
Mardonios
Pella
Xerxes-Kanal
Thasos
492
Athos
Flotte im Sturm
Hellespont
① 492
② 490
③ 480
Seeschlachten
Ambrakia
Thermopylen
480
„Leonidas"
K. Artemision
480
Euböa
Themistokles
Theben
Eretria
Flotte im Sturm
Xerxes
Perser-Reich
Sardes
Achaia
Marathon
490
Athen
Salamis
480
Andros
Tenos
Mykonos
Lade
495
Milet
Dareios † 485
Xerxes I. † 465
Argos
Sparta
Paros
Naxos
Melos
Datis + Artaphernes
Rhodos
N
Perser-Reich
Griechen
Neutrale Staaten

Ländern gestellt: Phönikien (300), Ägypten (200), Zypern (150), Kilikien (100), Ionien (100), Hellespont (100), Karien (70), Lykien (50), der Rest von kleineren Städten. Dazu kommen 3000 Transporter und Nachschubschiffe. Bei einer Besatzung von 100 Mann pro Kriegsschiff und 20 pro Versorger kommt man auf 180000 Matrosen und Seesoldaten. Das Landheer soll ungefähr die gleiche Stärke umfaßt haben. Diese große Gefahr vor Augen, unterwerfen sich die meisten griechischen Staaten den Persern. Nur wenige unterstützen Athen und Sparta in ihrem Entscheidungskampf. Sparta übernimmt den Oberbefehl über das gemeinsame Heer.
Die Perser bauen zwei Schiffsbrücken über den Hellespont, graben einen Kanal durch den Athos-Isthmos, um den Marsch von Heer und Flotte zu beschleunigen. Das persische Heer wird am Engpaß der Thermopylen von den Griechen unter dem Spartaner Leonidas aufgehalten.

Aug. 480 v. Chr.

Seeschlacht bei Kap Artemision. Um die Stellung des Landheeres bei den Thermopylen zu decken, marschiert die griechische Flotte unter dem Spartaner Eurybiades beim Kap Artemision in einer Meerenge auf. Themistokles führt das starke Kontingent von Athen. Die 324 griechischen Kriegsschiffe, fast ausschließlich Trieren, werden von folgenden Städten gestellt: Athen (180), Korinth (40), Megara (20), Chalkis (20), Ägina (18), Sikyon (12), Sparta (10), Epidauros (8), Eretria (7), Troizen (5), Lokris (5), Kos (4) und Syra (2). Gegen die überlegenen Perser hat die griechische Flotte in ihrer Aufstellung links Deckung am Festland, rechts an der Insel Euböa. Ein Versuch der Perser, die Griechen mit einem Teil der Flotte durch Umfahren von Euböa von zwei Seiten anzugreifen, scheitert. In einem Sturm wird der Umgehungsflügel aufgerieben. Der gleiche Sturm vernichtet auch einige Dutzend Schiffe der persischen Hauptflotte beim Einlaufen in die Meerenge vor Kap Artemision. Die Griechen machen darauf einen Vorstoß und können einige versprengte Schiffe erobern. Das von der griechischen Hauptmacht gegen das Umgehungsgeschwader zur Enge bei Chalkis entsandte Geschwader von 53 Schiffen kehrt rechtzeitig für den Hauptkampf zurück.
Zwei Tage später greifen die Perser wieder an. Erneut behaupten die inzwischen verstärkten Griechen nach hartem Kampf das Schlachtfeld. Die Nachricht vom Fall der Thermopylen zwingt jedoch auch die griechische Flotte zum Rückzug. Dies ist die erste genauer bekannte Seeschlacht der Geschichte.

Die Griechen räumen auf Rat von Themistokles Athen, die Bevölkerung wird auf der Insel Salamis und in Troizen auf der Peloponnes in Sicherheit gebracht. Die griechische Flotte stellt sich zum Schutze in der Meerenge zwischen Salamis und dem Festland auf.

23. Sept. 480 v. Chr.

Seeschlacht bei Salamis. Auch in dieser Stellung kann sich die zahlenmäßige Überlegenheit der persischen Flotte nicht auswirken. Den 300 griechischen stehen noch immer rund 800 persische Kriegsschiffe gegenüber. Von diesen war jedoch ein Geschwader detachiert um am Westausgang des Megarasundes eventuell fliehende Griechenschiffe abzufangen, ein zweites, das pontische Geschwader, ist noch im Anmarsch und kommt zur Schlacht zu spät. Die Überlegenheit der Perser beträgt daher nicht einmal 1:2. Themistokles postiert die griechische Flotte so, daß der rechte Flügel bei Salamis weit vorgeschoben ist, der linke Flügel beim Festland zurückgezogen steht. Eine kleine Insel am Eingang der Meerenge erschwert noch den Angriff auf diese Stellung.

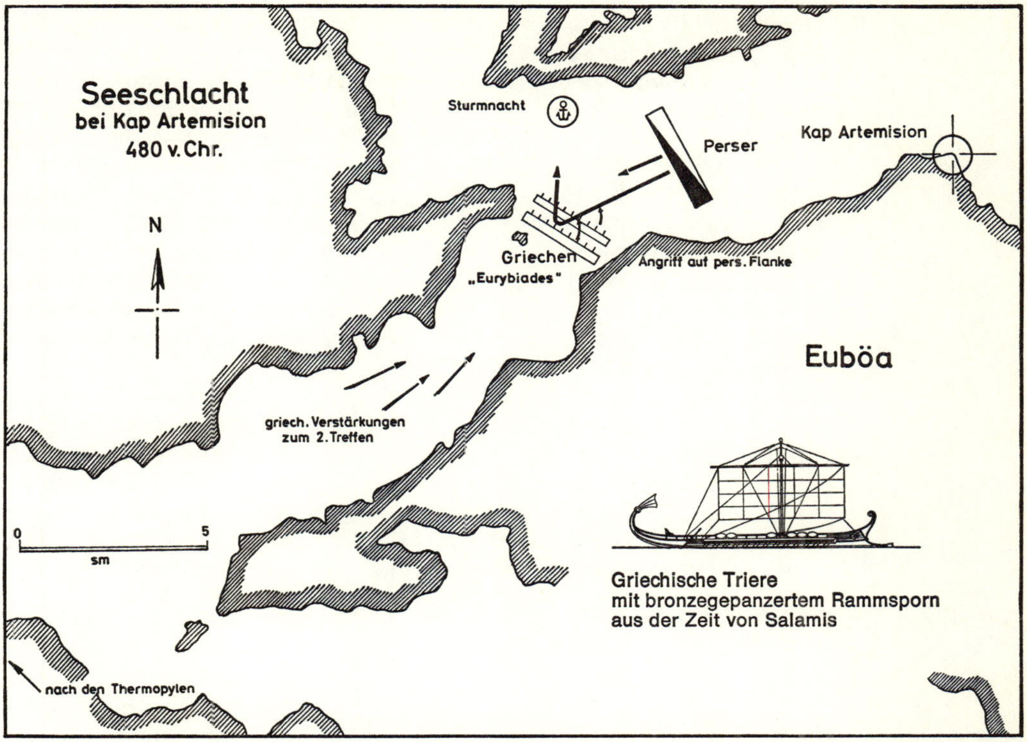
Seeschlacht
bei Kap Artemision
480 v. Chr.
Sturmnacht
Perser
Kap Artemision
N
Griechen
„Eurybiades"
Angriff auf pers. Flanke
Euböa
griech. Verstärkungen
zum 2. Treffen
0
5
sm
Griechische Triere
mit bronzegepanzertem Rammsporn
aus der Zeit von Salamis
nach den Thermopylen

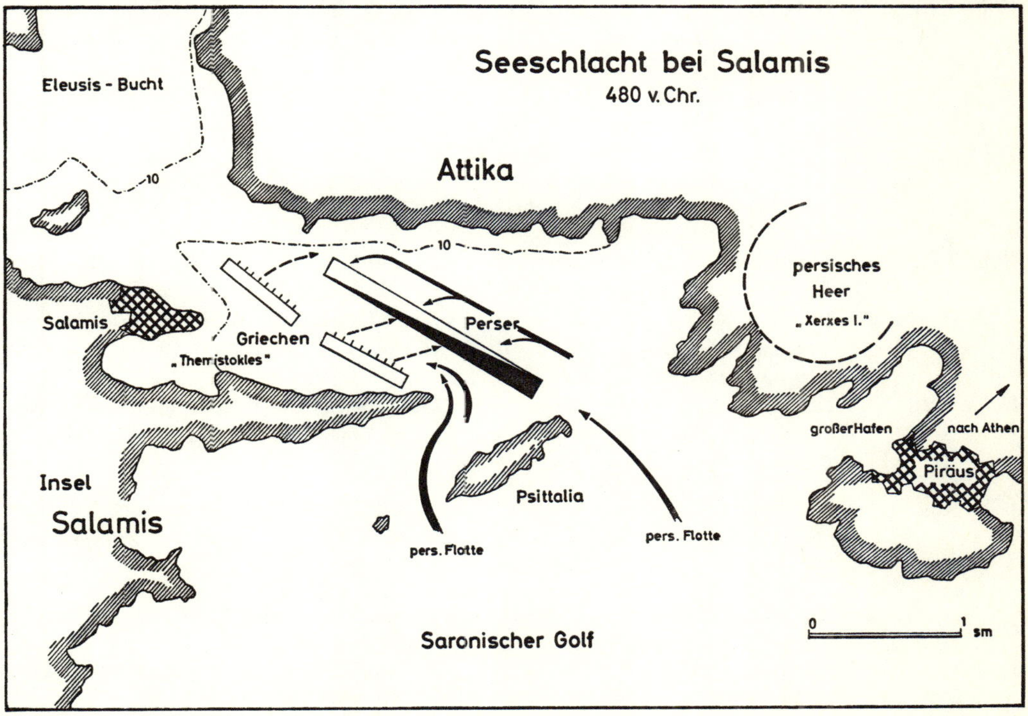
Seeschlacht bei Salamis
480 v. Chr.
Eleusis - Bucht
10
Attika
10
persisches
Heer
„Xerxes I."
Salamis
Griechen
„Themistokles"
Perser
großer Hafen
nach Athen
Piräus
Insel
Salamis
Psittalia
pers. Flotte
pers. Flotte
0
1
sm
Saronischer Golf

Xerxes befiehlt dennoch, durch geheime Botschaft von Themistokles verleitet, den Angriff. Auch seine Flotte muß den rechten Flügel vorziehen. Durch die Insel vor der griechischen Schlachtlinie wird die persische Schlachtordnung gestört. Sobald die Flotten auf ungefähr gleicher Höhe sind, greift Themistokles den schlecht geordneten linken Flügel der Perser mit seinem rechten Flügel scharf an. Dieser wird umfaßt und auf das rechte Treffen geworfen, das schon von der Abteilung aus Sparta heftig angegriffen wird. In dem Schiffsgemenge (Melée) kann sich die größere Zahl der Perser nicht entfalten. Sie erleiden schwere Verluste, werden aber nicht aufgerieben. Die Griechen verlieren rund 40 Schiffe, bei den Persern sind dagegen ungefähr 200 zerstört. Obwohl seine Flotte noch immer stärker als die griechische ist, befiehlt Xerxes den Rückzug nach Piräus. Der Rammsporn der griechischen Trieren erweist sich als die entscheidende Waffe.
Erstmals greift der Seekrieg in den Gang der Weltgeschichte ein. Die persische Gefahr für Griechenland ist gebannt. Die Seeherrschaft Athens, zunächst in der Ägäis, ist begründet. Griechenland ist ab jetzt für die Perser fast unangreifbar. Das persische Feldheer unter Mardonios kämpft noch ein Jahr in Attika und unterliegt dann bei Platää (479 v. Chr.). Im selben Jahr geht die griechische Flotte zum Angriff gegen die Perser bei Samos vor. Diese ziehen sich nach Kleinasien zurück und legen ihre Flotte bei Mykale auf.

Aug. 479 v. Chr. — **Schlacht bei Mykale.** Die Griechen unter dem Spartaner Leotychides und dem Athener Xanthippos siegen über die Perser, deren Schiffe an Land zerstört werden.

Die ionischen Städte in Kleinasien werden befreit.

478 v. Chr. — Die griechische Flotte unter Pausanias befreit die Griechen auf Zypern und erobert Byzanz am Bosporus. Der Seeweg zum Schwarzen Meer ist wieder frei. Sparta beruft Pausanias ab.
Bisher hatte Sparta den Oberbefehl über die griechische Flotte. Nun geht dieser auf Wunsch der ionischen Städte auf Athen über.

477 v. Chr. — Gründung des Ersten Attischen Seebundes durch Aristides zur Befreiung der Ägäis von den Persern unter der Führung von Athen. Ostrakismos (Scherbengericht) über Themistokles (474/73 v. Chr.).

466 v. Chr. — **Doppelschlacht am Eurymedon** Die griechische Flotte unter Kimon, dem Sohn des Miltiades, schlägt ein persisches Landheer und die persische Flotte, wobei rund 200 phönikische Schiffe der persischen Hauptflotte vernichtet oder erobert werden. Wenige Tage danach wird noch ein weiteres Geschwader von 80 Schiffen, das zur Verstärkung nachkommt, aufgerieben.

465 v. Chr. — Kimon vernichtet mit einem kleinen Geschwader das thrakisch/persische Geschwader in der nördlichen Ägäis und erobert die Halbinsel Gallipoli/thrakische Chersones.

464 v. Chr. — **Gefecht bei Thasos.** Ein starkes Geschwader unter Kimon besiegt die Flotte des gegen Athen aufständischen Thasos und zwingt die Insel nach zweijähriger Blockade zur Kapitulation.

Die wachsende Macht Athens bringt es in zunehmenden Gegensatz zu Sparta, der bisherigen militärischen Vormacht in Griechenland.

459–449 — Sparta greift wiederholt in die Kämpfe Athens mit widerspenstigen Bundesgenossen ein.

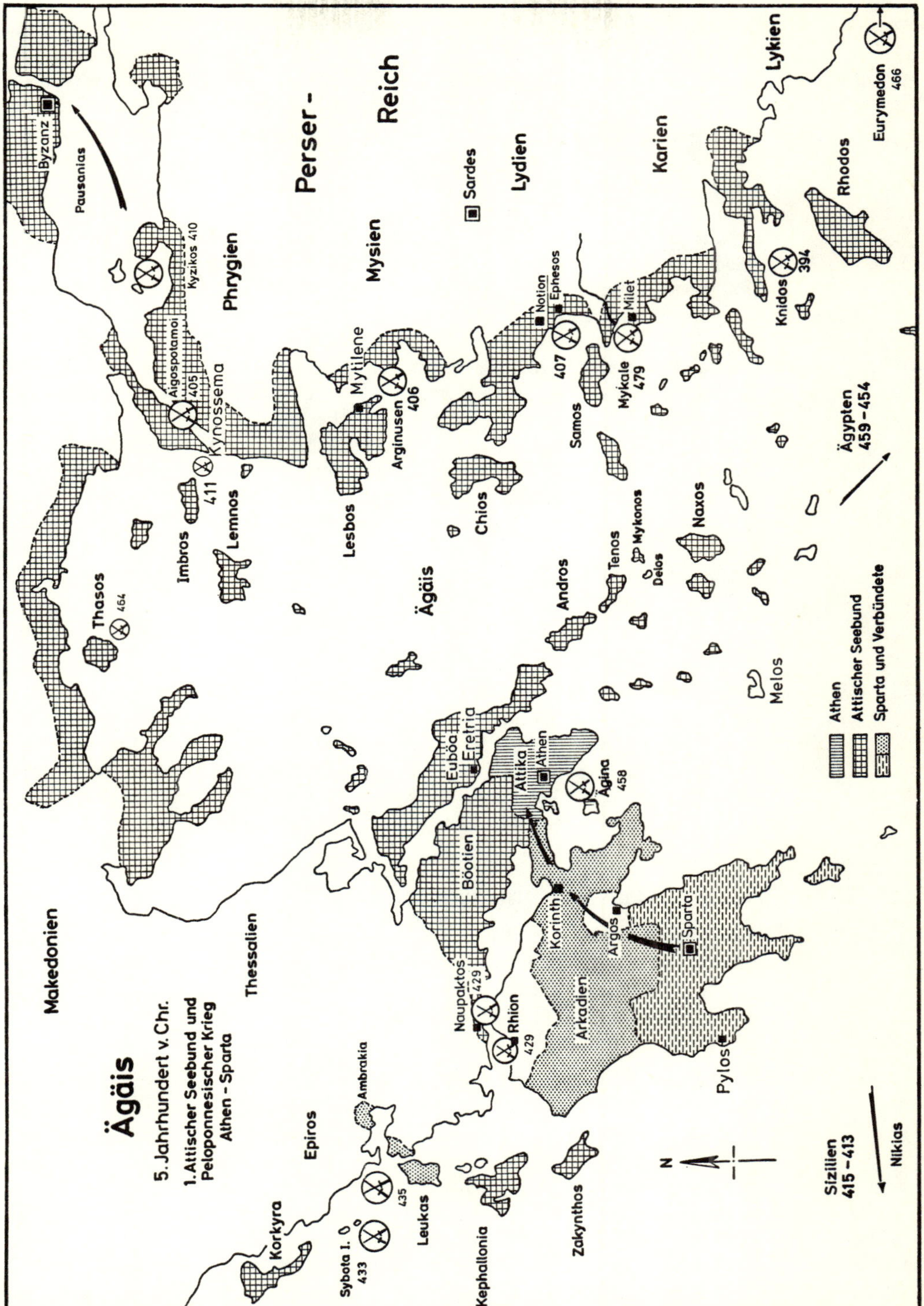
Ägäis
5. Jahrhundert v. Chr.
1. Attischer Seebund und Peloponnesischer Krieg Athen - Sparta
Makedonien
Thessalien
Epiros
Korkyra
Sybota I. O 433
435
Leukas
Ambrakia
Kephallonia
Zakynthos
Naupaktos 429
Rhion 429
Böotien
Korinth
Arkadien
Argos
Sparta
Pylos
Attika
Athen
Ägina 458
Euböa
Eretria
Thasos 464
Imbros
Lemnos
411
Kynossema
Aigospotamoi 405
Kyzikos 410
Byzanz
Pausanias
Phrygien
Perser - Reich
Mysien
Sardes
Lydien
Lesbos
Mytilene
Arginusen 406
Chios
Ägäis
Andros
Tenos
Mykonos
Delos
Naxos
Melos
Samos
Notion
Ephesos
407
Milet
Mykale 479
Karien
Knidos 394
Rhodos
Lykien
Eurymedon 466
Ägypten 459 - 454
Sizilien 415 - 413
Nikias
N
Athen
Attischer Seebund
Sparta und Verbündete

458 v. Chr. **Seeschlacht bei Ägina.** Die Flotte des Seebundes unter Leodorates schlägt die vereinigten Streitkräfte von Ägina und Korinth, die 70 Schiffe verlieren.

459–454 **Flottenexpedition nach Ägypten.** Der Aufstand der Ägypter gegen die Perser soll unterstützt werden. Anfängliche Erfolge bringen die griechische Flotte bis nach Memphis. Die Perser unter Artaxerxes erobern jedoch Ägypten zurück und reiben die ganze griechische Expeditionsflotte auf. Auch ein Hilfsgeschwader von 50 Schiffen wird vernichtet.

Die Kasse des Attischen Seebundes wird darauf aus dem exponierten Delos nach Athen gebracht.

455 v. Chr. Nach der Katastrophe von Ägypten sendet Athen ein Geschwader rund um die Peloponnes, welches das Arsenal von Sparta in Gythion zerstört, das Gebiet von Sikyon verheert und neue Verbündete am Eingang des Golfes von Korinth gewinnt.

449 v. Chr. **Doppelschlacht bei Salamis** (Zypern). Die Griechen schlagen nach dem Schlachtplan des kurz vorher gestorbenen Kimon die phönikisch-kilikische Flotte der Perser und zu Lande das persische Heer.

448 v. Chr. **Kalliasfriede mit Persien.** Die Griechen verzichten darauf, weitere Erhebungen gegen die Perser in Kleinasien zu unterstützen. Dafür sichern die Perser den griechischen Städten in Kleinasien Autonomie zu. Das Ziel des Attischen Seebundes ist damit erreicht. Perikles wandelt den Seebund zum Attischen Reich um.

446 v. Chr. Mit Sparta wird ein Friede auf dreißig Jahre abgeschlossen. Athen ist auf dem Höhepunkt seiner Macht.

Im Hafen von Piräus werden die großen Schiffshäuser für die Galeeren erbaut, deren Reste man noch heute im Marinemuseum sehen kann.

441–439 **Die Revolte von Samos.** Die Insel lehnt sich gegen die Bevormundung durch Athen im Attischen Seebund auf. Perikles zerniert die Insel mit mehreren Trierengeschwadern und liefert der Flotte von Samos mit 44 gegen 70 Schiffen einen unentschiedenen Kampf. Als weitere Verstärkungen aus Athen unter Phormio eintreffen, muß sich die Insel unterwerfen. Persische Unterstützung für Samos bleibt wirkungslos, da die persische Flotte keinen Kampf wagt.

435–433 Krieg Korinth gegen Kerkyra (Korfu)

Die von Kerkyra gegründete Stadt Epidamnus, Vorgängerin von Dyrrhachium/Durazzo, revoltiert gegen ihre Mutterstadt und wird von Korinth unterstützt, welches ein Geschwader von 75 Schiffen zu Hilfe schickt. Die Flotte von Kerkyra ist 120 Schiffe stark, von denen 40 die Blockade von Epidamnus aufnehmen.

Sommer 435 v. Chr. **Gefecht beim Vorgebirge Leucimne.** In der Nähe des historischen Actium trifft das Geschwader aus Korinth auf die restlichen 80 Schiffe von Kerkyra und erleidet eine klare Niederlage, wobei es 15 Schiffe verliert. Am selben Tag muß sich Epidamnus dem Blockadegeschwader aus Kerkyra ergeben.

Korinth rüstet im folgenden Jahr seine Flotte zu einem neuen Angriff aus, Kerkyra wendet sich an Athen um Hilfe, das mit ihm ein Verteidigungsbündnis schließt.

Sommer 433 v. Chr. Die Flotte von Korinth läuft in das Ionische Meer aus, Athen schickt seinem Verbündeten zunächst ein Geschwader von nur zehn, zwei Wochen später ein weiteres mit 20 Schiffen zu Hilfe.

Sept. 433 v. Chr. **Seeschlacht bei Sybota.** Die Flotte von Korinth, verstärkt durch 60 Schiffe seiner Verbündeten, 150 insgesamt, greift die 110 Schiffe von Kerkyra südlich der Insel trotz Anwesenheit der ersten zehn Schiffe von Athen, die sich zunächst passiv verhalten, an. In der folgenden Schlacht verliert Kerkyra 60 Schiffe, den Sieg vollständig auszunutzen, verhindert jedoch das Eintreffen des zweiten Geschwaders aus Athen am Abend des Schlachttages. Der Nimbus der Unbesiegbarkeit von Athen zur See war bereits so groß, daß die Flotte von Korinth am folgenden Tag die von den zahlenmäßig schwächeren Athenern angebotene Schlacht nicht annimmt und heimsegelt. Korinth drängt nun das auf die Macht von Athen eifersüchtige Sparta zum Kampf.

431–404 Der Peloponnesische Krieg

Es stehen sich der Attische Bund unter Athen und der Peloponnesische Bund unter der Führung von Sparta gegenüber. Seemacht steht gegen Landmacht. Die Flotte für den Peloponnesischen Bund wird von Korinth gestellt. Nach dem Kriegsplan von Perikles wird Attika den zu Lande stärkeren Spartanern preisgegeben, das Volk hinter den Mauern der Doppelfestung Athen-Piräus in Sicherheit gebracht. Mit der Flotte soll der Krieg offensiv geführt werden.

König Archidamos von Sparta eröffnet den Krieg zu Lande (Archidamischer Krieg 431–421). Sparta ergreift im Landkrieg sofort die Initiative und verwüstet Attika. Athen versäumt es, die überlegene Flotte sofort wirkungsvoll einzusetzen. Es ist nur bedacht, die Seeverbindungen offenzuhalten, von denen seine Existenz abhängt. Die Flotte wird im Kleinkrieg verzettelt.
Perikles stirbt an der Pest (429 v. Chr.).

431 v. Chr. Ein Geschwader von 100 Kriegsschiffen Athens macht einen Streifzug um die Peloponnes, verwüstet deren Küsten und gewinnt in Westgriechenland neue Verbündete.

430 v. Chr. Während in Athen schon die Pest ausbricht, verwüstet ein Geschwader von 150 Schiffen die Küste um Epidauros. Später fährt das Geschwader nach der Chalkidike, die Pest findet daher Verbreitung auch außerhalb Athens. Sparta versäumt es, die temporäre Schwäche Athens zur See auszunützen.

Im Golf von Korinth unterhält Athen ein Geschwader von etwa 20 Trieren unter Phormio. Sparta sendet eine Flotte von 45 Trieren dorthin.

429 v. Chr. **Seeschlacht bei Rhion.** Die Athener überrennen das in einer ungünstigen Igelstellung aufgestellte Geschwader von Sparta. Einige Schiffe werden versenkt, der Rest in die Flucht geschlagen.

429 v. Chr. **Seeschlacht bei Naupaktos.** Sparta schickt die ganze Flotte seiner Bundesgenossen unter Brasidas in den Golf von Korinth. Phormio wendet sich zunächst mit seinen 20 Schiffen vor den 77 des Gegners zur Flucht. Dann wirft er sich plötzlich auf die ersten der ungeregelt folgenden Feinde und schlägt sie in die Flucht. Sparta verliert sieben Schiffe gegen nur eines von Athen. Sparta ist gezwungen, die Offensive im Westen aufzugeben.

427 v. Chr. Athen schickt ein Geschwader von 20 Schiffen nach Sizilien, um seine Verbündeten gegen die Verbündeten von Syrakus zu unterstützen. Von seinem Stützpunkt in Rhegium/Reggio erobert es Messina und kontrolliert nach einem Seesieg bei Mylae (426) die Meerenge.

425 v.Chr. **Kampf um Pylos.** Ein kleines Geschwader von fünf Schiffen aus Athen unter dem General Demosthenes besetzt den strategisch wichtigen Hügel von Koryphasion am Golf von Pylos/Navarin an der Westküste der Peloponnes. Er unterstützt dort die gegen Sparta aufständischen Messenier und bewirkt damit den Abzug des spartanischen Heeres aus Attika. Sparta schickt gegen Demosthenes seinen besten General, Brasidas, mit fast 500 Hopliten, deren Angriff auf Pylos wird von diesem jedoch abgewiesen.

Juni 425 v.Chr. **Gefecht im Golf von Pylos/Navarin.** Ein Entsatzgeschwader von 40 Schiffen aus Athen siegt in der Bucht über das Geschwader aus Sparta und erringt dort mit einem Schlag für Athen die Seeherrschaft. Die auf der Insel Sphakteria verschanzten Hopliten Spartas sind damit vom Festland abgeschnitten. Sparta schließt darauf mit Athen einen Waffenstillstand, in welchem es für die Erlaubnis, seine Truppen auf Sphakteria zu versorgen, seine ganze Flotte an Athen zum Pfand gibt.

Die folgenden Friedensverhandlungen führen wegen der harten Bedingungen von Athen zu keinem Ergebnis, bei Wiederaufnahme der Kämpfe lehnt Athen aus nichtigem Vorwand die Rückgabe der Flotte von Sparta ab. Sparta kann seine auf Sphakteria blockierten Hopliten zunächst mit kleinen Booten und Schwimmern versorgen, diese unterliegen aber schließlich nach 72tägiger Belagerung einem Überraschungsangriff der Athener über die für unbesteigbar gehaltene Steilküste im Norden der Insel. Rund 300 Hopliten sind schließlich gezwungen zu kapitulieren, ein damals unerhörtes Ereignis.

425 v.Chr. Nach dem Erfolg vor Pylos plündert ein Geschwader Athens die Küsten von Korinth am Saronischen Golf.

424 v.Chr. Ein Geschwader von 60 Schiffen Athens unter Nikias verheert die Küste Lakoniens und erobert die strategisch wichtige Insel Kythera.

424 v.Chr. Spartanische Landtruppen unter Brasidas erobern nach einem Marsch durch Thessalien die Stadt Amphipolis an der Mündung des Strymon. Ein Entsatzgeschwader aus Athen unter Thukydides kommt zu spät. Dies war ein schwerer Schlag für Athen, welches von dort Münzmetall und Schiffbauholz bezogen hatte.

421 v.Chr. **Friede des Nikias** zwischen Athen und Sparta (»fauler Friede«). Der alte Gegensatz besteht weiter.

416 v.Chr. Die Insel Milos hat schon mehrmals gegen das harte Regiment von Athen aufbegehrt. Als abschreckendes Beispiel landet ein Geschwader von 38 Schiffen 3000 Mann Landungstruppen, welche die Insel erobern, alle Männer hinrichten und Frauen und Kinder in die Sklaverei verkaufen.

Segesta auf Sizilien ruft Athen zu Hilfe gegen Syrakus.

415–413 Die Sizilische Expedition Athens

Athen versammelt in Kerkyra/Korfu ein Expeditionsheer von 134 Trieren, davon 40 als Truppentransporter eingerichtet, 30 Versorgungsschiffe und 100 kleine Fahrzeuge. Zu den 25000 Mann Schiffsbesatzungen kommen 5100 Hopliten und 1300 Leichtbewaffnete. 34 Trieren stellen Chios und die übrigen Verbündeten.

415 v.Chr. Im Hochsommer trifft diese Armada unter der gemeinsamen Führung der Politiker Nikias und Alkibiades und des Generals Lamachus vor Sizilien ein. Alki-

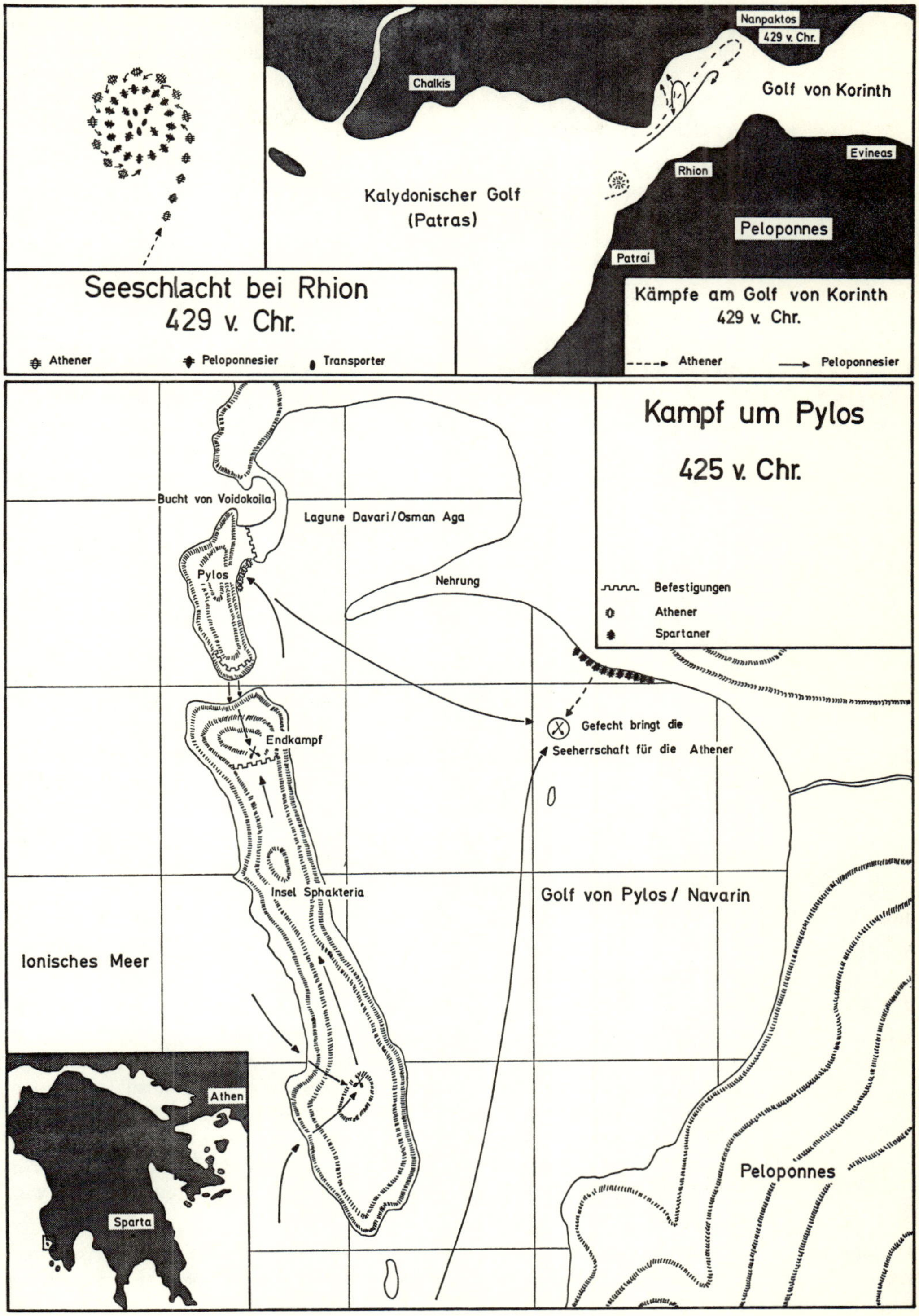
Chalkis
Nanpaktos
429 v. Chr.
Golf von Korinth
Evineas
Rhion
Kalydonischer Golf
(Patras)
Peloponnes
Patraí
Seeschlacht bei Rhion
429 v. Chr.
Athener
Peloponnesier
Transporter
Kämpfe am Golf von Korinth
429 v. Chr.
Athener
Peloponnesier
Kampf um Pylos
425 v. Chr.
Bucht von Voidokoila
Lagune Davari/Osman Aga
Nehrung
Pylos
Befestigungen
Athener
Spartaner
Endkampf
Gefecht bringt die
Seeherrschaft für die Athener
Insel Sphakteria
Golf von Pylos / Navarin
Ionisches Meer
Athen
Sparta
Peloponnes

biades wird wegen der Anklage, Religionsfrevel begangen zu haben, nach Athen zurückberufen und entflieht unterwegs nach der Peloponnes. Die Führung der Expedition geht schließlich auf Nikias allein über, der außer der Errichtung eines Stützpunktes in Catania den Rest des Jahres 415 mit nutzlosem Manövrieren vor der Küste vertut.

Mai 414 v. Chr. — Das Expeditionsheer von Athen landet nördlich von Syrakus und beginnt mit Unterstützung seiner sizilischen Verbündeten die Belagerung der Stadt. Bei den ersten Gefechten fällt Lamachus, den Athenern fehlt von nun an ein militärischer Fachmann in der Expeditionsleitung. Zur selben Zeit läuft die Flotte in den großen Hafen südlich von Syrakus ein und errichtet dort den Hauptstützpunkt des Expeditionsheeres.
Auf den Hilferuf von Syrakus sendet Sparta den General Gylippus und Korinth einige Schiffe zu Hilfe. Mit rund 3000 Mann trifft dieser im rechten Augenblick zum Entsatz ein und übernimmt dort den Oberbefehl.

414/413 — Im folgenden Winter verstärkt Gylippus die Flotte von Syrakus durch Neubauten und Errichtung eines geschützten Liegeplatzes im Nordende des großen Hafens, in dessen Südende die Schiffe aus Athen liegen, deren bisherige Verluste durch Abnützung mit zehn neueintreffenden Schiffen aus Athen nur zum Teil ausgeglichen werden.

Frühj. 413 v. Chr. — **Erste Seeschlacht im Hafen von Syrakus.** Die Flotte von Syrakus greift mit 35 Schiffen im Hafen und mit 45 Schiffen von außerhalb des Hafens an. Die Athener treten ihnen mit 60 Schiffen entgegen und können beide feindlichen Geschwader durch ihre überlegene Taktik zurückschlagen. Syrakus verliert elf Schiffe, Nikias nur drei. Gylippus gelingt es jedoch während der Seeschlacht, das Lager der Athener in einem überraschenden Angriff zu erobern.
Vor der Küste von Kalabrien erobert ein Geschwader von zwölf Schiffen aus Syrakus ein Versorgungsgeleit für Nikias mit Sold und Schiffbauholz.

Juni 413 v. Chr. — **Zweite Seeschlacht im Hafen von Syrakus.** Gylippus läßt die Flotte in Stärke von 80 Schiffen überraschend angreifen. Nikias kann ihnen 75 Schiffe entgegenstellen. Nach zwei Tagen Manöverieren kommt es am dritten Tag zu einem harten Kampf, in welchem die Syrakusaner mit verstärktem Rammsporn ihrer Schiffe sieben Schiffe der Athener vernichten und weitere schwer beschädigen. Sie selbst verlieren zwei Schiffe.

Juli 413 v. Chr. — Aus Athen trifft eine Verstärkung von 73 Trieren mit 15000 Mann, darunter 5000 Hopliten und 3000 Leichtbewaffnete, ein. Ein Versuch, Syrakus im Sturm zu nehmen, scheitert jedoch.

7. Sept. 413 v. Chr. — **Dritte Seeschlacht im Hafen von Syrakus.** Seine Flottenführer raten Nikias abzuziehen, ehe es zu spät ist. Dieser kann sich jedoch nicht dazu entschließen. Um den Abzug zu verhindern, läßt Gylippus seine Flotte in Stärke von 76 Schiffen angreifen. Obwohl die Athener diesen noch 86 Trieren entgegenstellen können, erleiden sie eine schwere Niederlage. Sie verlieren 18 Schiffe, können den Angriff der Landtruppen des Gylippus aber abwehren.
Die Syrakusaner haben nun die Seeherrschaft im großen Hafen und schließen dessen Einfahrt mit einer Schiffs- und Pilotensperre. Nur eine enge Einfahrt wird freigehalten.

10. Sept. 413 v. Chr. — **Vierte Seeschlacht im Hafen von Syrakus.** Nikias beschließt nun den Ausbruch. Alle noch fahrfähigen 110 Schiffe werden mit den besten Soldaten bemannt, der Rest der Truppen wird als verlorene Nachhut in engem Bogen um das Lager auf-

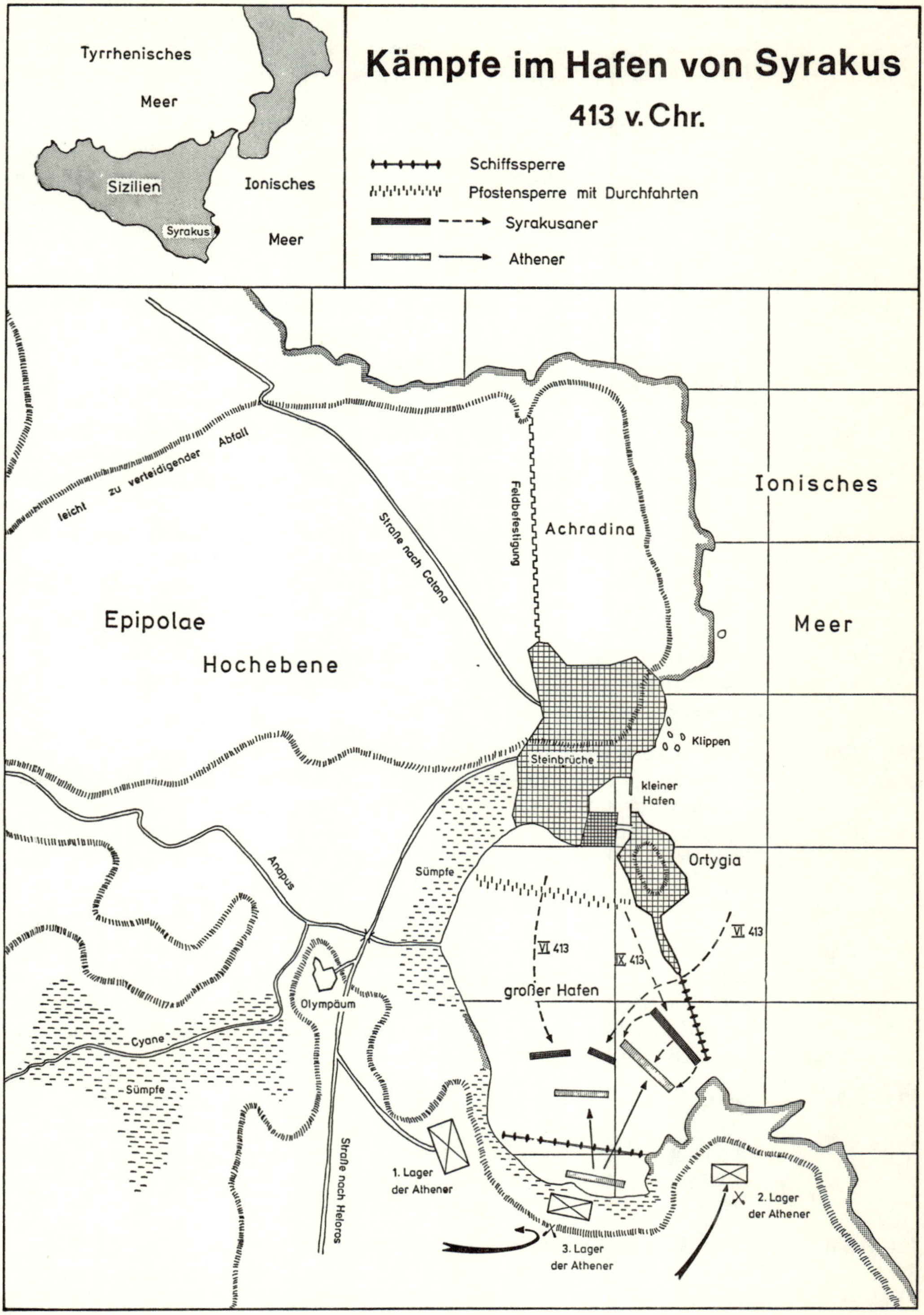
Kämpfe im Hafen von Syrakus
413 v. Chr.
Schiffssperre
Pfostensperre mit Durchfahrten
Syrakusaner
Athener
Tyrrhenisches
Meer
Sizilien
Syrakus
Ionisches
Meer
leicht zu verteidigender Abfall
Straße nach Catana
Feldbefestigung
Achradina
Ionisches
Meer
Epipolae
Hochebene
Klippen
Steinbrüche
kleiner
Hafen
Ortygia
Anapus
Sümpfe
VI 413
IX 413
VI 413
großer Hafen
Olympäum
Cyane
Sümpfe
Straße nach Heloros
1. Lager
der Athener
2. Lager
der Athener
3. Lager
der Athener

gestellt. Unter letzteren befindet sich auch Nikias. Beim Versuch, die Hafensperre zu forcieren, werden die Athener von den 76 Schiffen von Syrakus von allen Seiten angegriffen und erleiden eine schwere Niederlage. Ihre große Zahl konnte sich genausowenig wie die der Perser bei Salamis entfalten. Sie verlieren 50 Schiffe gegen rund 20 von Syrakus.
Beim folgenden Versuch, zu Lande zu entkommen, werden alle Athener entweder gefangen oder gehen zugrunde. Die Gefangenen werden in die Sklaverei verkauft oder verhungern in den Steinbrüchen.
Diese Katastrophe ist der Anfang des Niederganges der Seeherrschaft von Athen. Ein Bundesgenosse nach dem anderen fällt nun ab.

413–404 Sparta nimmt auf Betreiben von Alkibiades, der vor einem Sieg Athens über Syrakus warnt, den Kampf wieder auf (Dekeleischer Krieg). Es sichert sich die Unterstützung von Tissaphernes, dem persischen Satrapen von Lydien, für die Preisgabe der kleinasiatischen Griechen.

413 v. Chr. **Gefecht bei Erineus** (Golf von Korinth). 30 Schiffe aus Korinth unter Polyanthes treffen auf 33 Schiffe aus Athen unter Diphilus. Durch Rammstoß werden sieben Schiffe der Athener bei einem Verlust von drei Schiffen der Korinther zerstört.

412 v. Chr. Ein Geschwader aus Sparta unter Alkibiades bringt Chios, Lesbos, Ephesos und Milet zum Abfall von Athen. Dieses macht darauf Samos zu seinem Hauptstützpunkt in der östlichen Ägäis, erobert von dort Lesbos zurück, blockiert Chios und Milet und hält die Seeverbindung zum Schwarzen Meer aufrecht.

412 v. Chr. **Gefecht vor Milet.** Das Geschwader von Athen unter Phrynichos siegt über das Geschwader von Milet, muß sich dann aber vor der stärkeren Flotte der Peloponnesier nach Samos zurückziehen.

411 v. Chr. **Gefecht bei Eretria.** 42 peloponnesische Schiffe unter dem Spartaner Agesandrias unterstützen einen Aufstand in Eretria. Sie treffen dabei auf ein Geschwader aus Athen unter Thyokares, das in dem folgenden Kampf 22 Schiffe durch Entern verliert.
Nach dem letzten Mißerfolg ruft Athen den aus Sparta vertriebenen Alkibiades zurück, der sich zunächst zum persischen Satrapen Tissaphernes begeben und dort seinen Frontwechsel sorgfältig vorbereitet hatte.

411 v. Chr. **Seeschlacht bei Kynossema** (Kilid Bahr). In den Dardanellen treffen 76 Schiffe von Athen auf ein etwas stärkeres Geschwader von Sparta. Dank der besseren Schiffsführung ihrer Kapitäne bleiben in dem schwierigen Gewässer mit seinen wechselnden Strömungen die Schiffe Athens siegreich. Erster Erfolg nach der Katastrophe in Syrakus.

411 v. Chr. **Seeschlacht bei Abydos.** Alkibiades vereinigt sich mit seinem Geschwader aus Ionien mit dem bei Kynossema siegreichen Geschwader und verfügt nun über 74 Schiffe gegenüber 97 der Peloponnesier. Obwohl noch immer zahlenmäßig unterlegen, bringt er der persisch-spartanischen Flotte unter Mindaros eine vernichtende Niederlage bei, welche 30 Schiffe verliert.

410 v. Chr. **Seeschlacht bei Kyzikos.** Alkibiades siegt erneut über die Spartaner. Er lockt sie durch scheinbare Flucht aus dem Hafen, greift unvermutet an und vernichtet sie vollständig. Spartas Flottenführer Mindaros fällt.

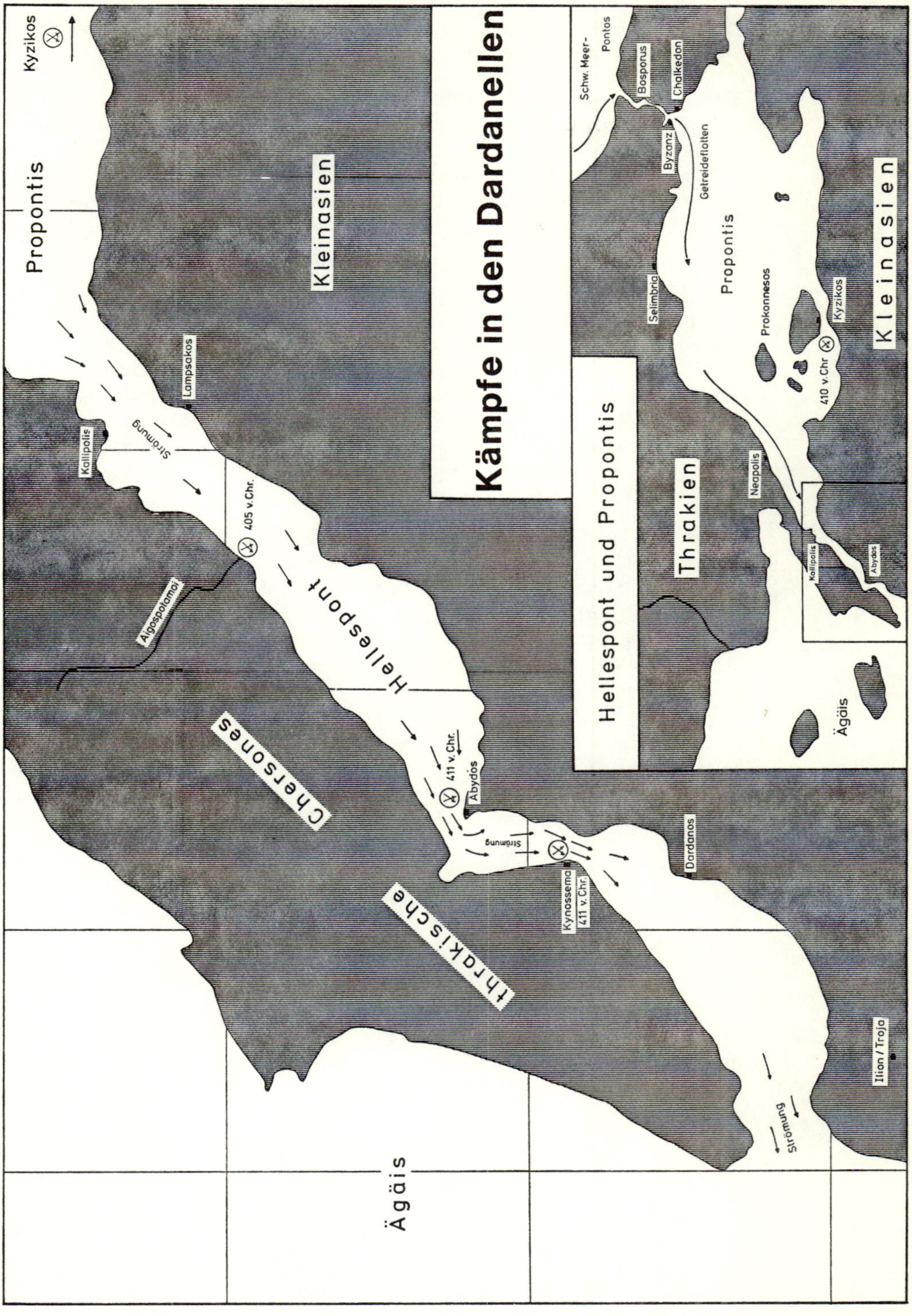
Kämpfe in den Dardanellen
Kyzikos
Propontis
Kleinasien
Lampsakos
Kallipolis
Strömung
405 v. Chr.
Aigospotamoi
Hellespont
Chersones
411 v. Chr.
Abydos
Strömung
Kynossema
411 v. Chr.
Dardanos
thrakische
Ilion / Troja
Strömung
Ägäis
Hellespont und Propontis
Schw. Meer-
Pontos
Bosporus
Chalkedon
Byzanz
Getreideflotten
Selimbria
Propontis
Prokonnesos
Kyzikos
410 v. Chr
Kleinasien
Thrakien
Neapolis
Kallipolis
Abydos
Ägäis

Die Getreidezufuhr aus dem Schwarzmeergebiet ist für Athen wieder gesichert, Sparta, ohne Flotte, wäre zum Frieden bereit, doch Athen lehnt ab.

407 v. Chr. **Seeschlacht bei Notion.** Die spartanische Flotte unter Lysandros siegt über die Athener unter Antiochos. Alkibiades wird darauf nicht wieder zum Strategen gewählt.
In Sparta wechselt das Flottenkommando jährlich, Nachfolger von Lysandros für das Jahr 406 als Nauarch (Flottenchef) wird Kallikratidas. Dieser möchte den Erfolg von Lysandros ausbauen und beginnt eine Offensive gegen den Hellespont.

Juli 406 v. Chr. **Gefecht vor Mytilene.** Kallikratidas läuft mit 170 Schiffen von Milet aus, der Athener Konon kann ihm von Samos nur mit 70 Schiffen folgen. Vor Mytilene treffen die beiden zusammen. Konon kann wohl mit 40 Schiffen den sicheren Hafen erreichen, 30 werden aber von der Flotte Spartas abgefangen.
Athen unternimmt nun größte Rüstungsanstrengungen, 110 Schiffe werden in Dienst gestellt und neben freien Bürgern auch mit Sklaven bemannt, denen man im Fall des Sieges die Freiheit verspricht. Acht Strategen werden mit dem Flottenkommando betraut. Unterwegs ziehen diese weitere 40 Schiffe von Samos an sich.

Aug. 406 v. Chr. **Seeschlacht bei den Arginusen.** Kallikratidas läßt 50 Schiffe zur Blockade von Konon zurück und tritt den 150 Schiffen aus Athen mit 120 Schiffen entgegen. Letztere sind den neu ausgehobenen Mannschaften aus Athen wohl an Seemannschaft überlegen, die besseren Flottenführer hat aber das attische Geschwader. Südlich von Mytilene treffen die beiden größten Flotten, die jemals Griechen selbst sich gegenübergestellt haben, aufeinander. Die Athener sind wie bei Artemision in zwei Treffen aufgestellt. Der Kampf beginnt an den beiden Flügeln mit Umfassungsversuchen, der linke Flügel der Athener ist zuerst erfolgreich, und als am rechten Flügel Kallikratidas fällt, ist die Schlacht für Athen gewonnen. Sparta verliert 69 Schiffe und rund 10 000 Mann, bei den Athenern sind 13 Schiffe versenkt, 12 weitere treiben manöverierunfähig in sinkendem Zustand. Die Führer der Flotte Athens sind sich über die nächsten Maßnahmen zunächst nicht einig. Sie versäumen daher, den Sieg durch eine energische Verfolgung total zu machen; in einem aufkommenden Sturm gehen die Besatzungen der 12 sinkenden Schiffe ebenfalls zugrunde.
Trotz der Erringung der Seeherrschaft werden die acht siegreichen Strategen für ihre Unterlassungen nach der Schlacht zum Tode verurteilt, der Exekution des Urteils können sich nur zwei durch Flucht entziehen. Sokrates hat vergeblich gegen das Urteil Einspruch erhoben.

405 v. Chr. Lysandros wird wieder Spartas Nauarch und nützt sein gutes Verhältnis zu den Persern, die ihm wieder Geldmittel für den Neuaufbau der Flotte geben. Mit dieser segelt er erneut in den Hellespont und unterbindet die Getreidezufuhr von Athen. Dies bringt sofort erneut die attische Flotte auf den Plan.

Sept. 405 v. Chr. **Seeschlacht bei Aigospotamoi.** Die Athener mit 180 Schiffen unter sechs Strategen bieten den Spartanern in der Mitte der Meerenge die Schlacht an, die Lysandros zunächst verweigert. Nach mehreren Tagen manöverieren legt die attische Flotte an der Küste beim »Ziegenfluß« (Aigospotamoi) zum Wassernehmen an. Alkibiades kommt von seinem Landsitz in der Chersones, um seine Landsleute vor dieser ungünstigen Lage zu warnen, wird aber brüsk abgewiesen. Tatsächlich greift Lysandros die ungenügend geschützten Schiffe der Athener an und erobert

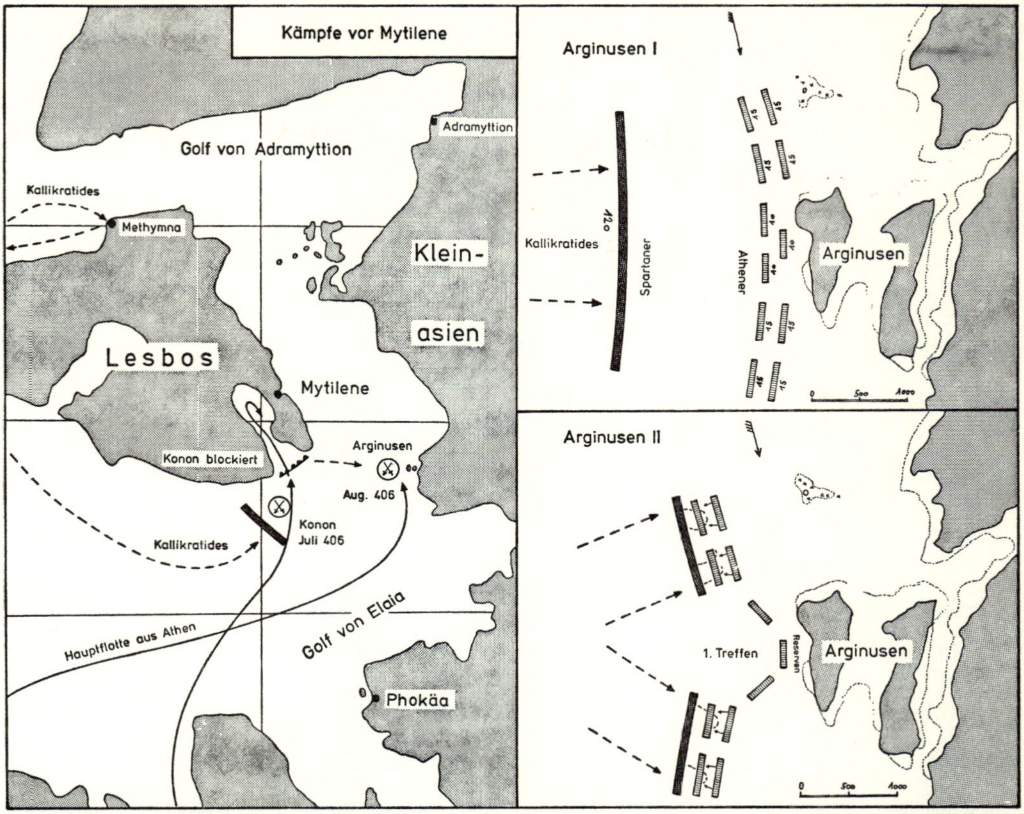
Kämpfe vor Mytilene
Golf von Adramyttion
Adramyttion
Kallikratides
Methymna
Klein-
asien
Lesbos
Mytilene
Konon blockiert
Arginusen
Aug. 406
Konon
Juli 406
Kallikratides
Golf von Elaia
Hauptflotte aus Athen
Phokäa
Arginusen I
Kallikratides
120
Spartaner
Athener
Arginusen
15
10
0 500 1000
Arginusen II
1. Treffen
Reserven
Arginusen
0 500 1000

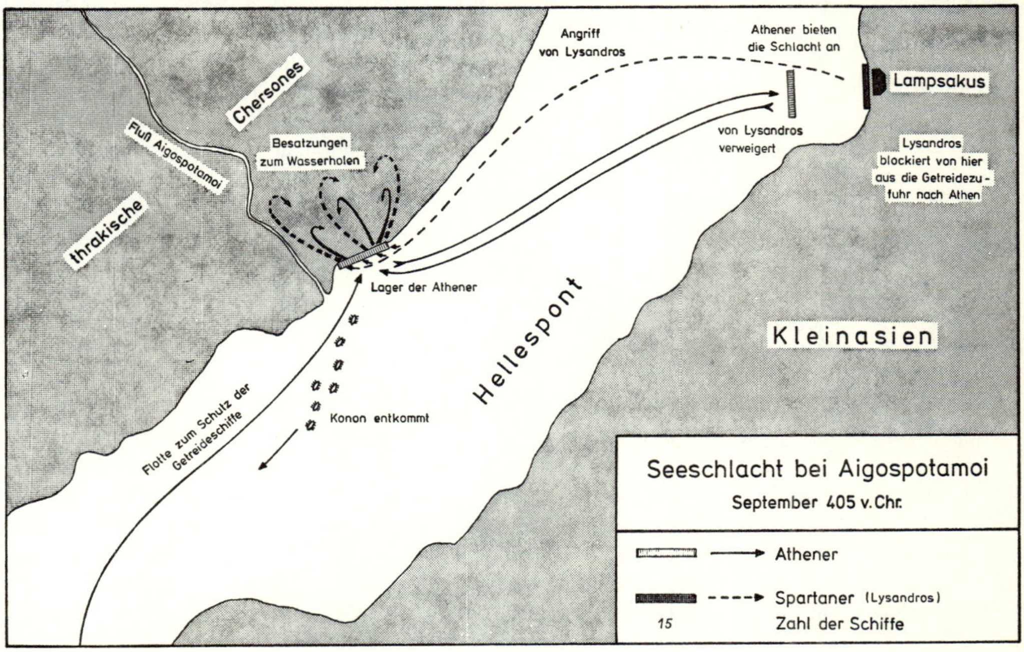
Chersones
Fluß Aigospotamoi
thrakische
Besatzungen
zum Wasserholen
Angriff
von Lysandros
Athener bieten
die Schlacht an
Lampsakus
von Lysandros
verweigert
Lysandros
blockiert von hier
aus die Getreidezu-
fuhr nach Athen
Lager der Athener
Hellespont
Kleinasien
Konon entkommt
Flotte zum Schutz der
Getreideschiffe
Seeschlacht bei Aigospotamoi
September 405 v. Chr.
Athener
Spartaner (Lysandros)
15 Zahl der Schiffe

mit einem Schlag die ganze feindliche Flotte. Nur neun Schiffe unter Konon können entkommen.

Athen wird nun zu Lande vom spartanischen Heer belagert, zur See von der Flotte unter Lysandros eng blockiert.

5. April 404 v. Chr. **Übergabe von Athen.** In der ersten richtig geleiteten Hungerblockade der Seekriegsgeschichte wird die Stadt zu Fall gebracht. Athen muß die Flotte ausliefern, die Mauern schleifen. Der Seebund wird aufgelöst. Die eigentlichen Sieger dieser Kämpfe sind die Perser, die ganz Kleinasien wieder zurückgewinnen.

395–386 Der Korinthische Krieg

Die Griechen in Kleinasien lehnen sich erneut gegen die persische Herrschaft auf. Sie rufen Sparta zu Hilfe, das ab 400 v. Chr. erfolgreich in die Kämpfe eingreift. Persien beruft darauf den bei Aigospotamoi entkommenen Admiral Konon zu seinem Flottenführer. Dieser macht 396 einen ersten Vorstoß an der Südküste Kleinasiens, erleidet zunächst einen Rückschlag, kann dann aber Rhodos zum Abfall von der Allianz mit Sparta bringen. Der persische Satrap Tissaphernes bringt darauf im folgenden Jahr ein Bündnis mit Theben, Korinth, Argos und Athen gegen Sparta zusammen. Dieses setzt sich zu Lande erfolgreich zur Wehr.

Aug. 394 v. Chr. **Seeschlacht bei Knidos.** Bei Rhodos bringt die persisch-griechische Flotte von 100 Schiffen unter Konon den 85 Schiffen von Sparta und seinen Verbündeten unter Peisander eine vernichtende Niederlage bei. Peisander fällt, Sparta verliert mit einem Schlag seinen Gewinn aus dem Peloponnesischen Krieg.

394 v. Chr. Die Flotte unter Konon erobert noch im selben Jahr fast alle Stützpunkte Spartas in Ionien.

393 v. Chr. Die persisch-griechische Flotte unter Konon verheert die Küste Lakoniens, erobert Kythera und schließt in Korinth ein Bündnis mit den Gegnern von Sparta.

390 v. Chr. Ein Geschwader von Sparta erobert Samos und Knidos.

389 v. Chr. Die Flotte von Athen sichert die Verbindung durch die Dardanellen und den Bosporus in das Schwarze Meer und hält das Geschwader von Sparta in Schach. Der Korinthische Bund wird darauf Persien zu mächtig. Dieses unterstützt nun Sparta.

387 v. Chr. Der persische Satrap Tiribazus zieht in der Ägäis ein Geschwader von 80 Schiffen aus Syrien, Sparta und Syrakus (von Dionysios geschickt) zusammen, welches in den Dardanellen die Verbindung von Athen mit dem Schwarzen Meer unterbricht. Athen und seine Verbündeten sind nun zum Frieden bereit. Persien behält Kleinasien und Zypern, alle übrigen Griechenstädte erhalten ihre Unabhängigkeit.

381 v. Chr. **Seeschlacht bei Kition** (Golf von Larnaka). An der Südküste der Insel Zypern schlagen die mit den Persern verbündeten Griechen die Flotte des aufständischen Zypern. Uneinigkeit bei den Persern macht ihren Erfolg zunichte.

376 v. Chr. **Seeschlacht bei Naxos.** Ein Geschwader von 60 Schiffen aus Sparta blockiert den Saronischen Golf und unterbricht die Getreideversorgung für Athen. Athen greift mit 80 Trieren an und bringt den Spartanern eine vernichtende Niederlage bei. Es sichert damit seine Seeherrschaft in der Ägäis für die nächsten 50 Jahre.

375 v. Chr. **Seeschlacht bei den Echinaden.** Ein Geschwader von Athen blockiert den Golf von Korinth und behindert damit das Heer Spartas am Angriff auf Theben. Ein

Peloponnesisches Geschwader von 55 Schiffen erscheint darauf vor dem Golf von Patras, wird aber von dem Geschwader Athens geschlagen. Athen festigt damit seine Seeherrschaft auch im Ionischen Meer und gewinnt Arkarnanien, Kerkyra und die Molosser als Verbündete.
Ein weiteres Geschwader macht im selben Jahr eine Kreuzfahrt in die nördliche Ägäis, sichert die Getreideversorgung aus dem Schwarzen Meer und die Lieferungen von Schiffbauholz aus Makedonien.

373 v. Chr. Mit Hilfe eines Geschwaders, welches Dionysios I. von Syrakus schickt, versucht Sparta, Kerkyra zu erobern. Das Geschwader von Kerkyra wird geschlagen, die Festung eng blockiert. Als einige Monate später ein Geschwader aus Athen erscheint, zieht sich das peloponnesische Geschwader ohne Kampf zurück, das Geschwader aus Syrakus wird in die Flucht geschlagen und Kerkyra befreit.

363 v. Chr. Theben baut auf Anraten von Epaminondas ein Geschwader von 100 Trieren, mit denen es unter seinem Kommando im Bosporus eine Getreideflotte von Athen aufbringt. Die Unsicherheit der Versorgung schwächt die Finanzkraft der Stadt. Theben wiederholt jedoch nicht seinen Versuch, Athen die Seeherrschaft in der Ägäis streitig zu machen.

362 v. Chr. Ein kleines Geschwader aus Pherai in Thessalien, mit Theben verbündet, unternimmt Kaperfahrten zu den Kykladen und kehrt mit einigem Erfolg zurück.

357–355 **Der Bundesgenossenkrieg gegen Athen**

Angestiftet durch Mausolos von Halikarnassos revoltieren die bisher im **Zweiten Attischen Seebund** mit Athen verbündeten Inseln Rhodos, Chios und Kos sowie Byzanz gegen ihre bisherigen Genossen.

357 u. 356 In zwei Seeschlachten vor der Insel Chios wird die Flotte von Athen von den Verbündeten abgewiesen. Der Zweite Attische Seebund fällt wieder auseinander.

357 v. Chr. König Philipp von Makedonien benützt die Gelegenheit, um sich der wichtigen Hafenstadt Amphipolis zu bemächtigen. Beginn der Auseinandersetzungen Athens gegen Makedonien.

351 v. Chr. Im sogenannten **Olynthischen Krieg** überfällt ein Geschwader von König Philipp II. von Makedonien die Inseln Lemnos und Imbros, erobert ein Geschwader aus Athen mit Getreide an Bord und schließlich am Strand von Marathon eine attische Staatsgaleere. Athen schickt darauf ein Geschwader zum Bosporus, um die Getreideversorgung sicherzustellen. Der Redner Demosthenes hält im folgenden Jahr die erste seiner berühmten »Philippika«, der Brandreden gegen König Philipp.

340–339 Philipp von Makedonien belagert Byzanz und nimmt eine dort liegende Getreideflotte aus Athen weg. Das Holz der Schiffe verwendet er zum Bau von Belagerungsmaschinen. Mit Unterstützung von Schiffen aus Athen, Rhodos, Kos und Chios kann die Stadt die Angriffe abwehren.

Alexander der Große wendet sich nach seinem Sieg am Granikos (334) in das Innere von Kleinasien und löst die ionische Flotte auf. Die persische Flotte unter Admiral Memnon († 333) kann daher ungehindert die Offensive ergreifen und Chios und Mytilene erobern. Bevor sich dies strategisch auswirkt, siegt Alexander entscheidend zu Lande.

Nach seinem Sieg über das persische Heer bei Issos 333 v. Chr., wendet sich Alexander der Große nach Süden, um mit den phönikischen Hafenstädten den Persern ihre Flottenstützpunkte zu entreißen.

332 v. Chr. Bei der Belagerung und Einnahme von Tyros setzt Alexander erstmals seine junge Flotte erfolgreich ein. Es stehen im dabei 230 Kriegsschiffe (davon 120 aus Zypern, 86 von Sidon, 10 von Rhodos, 10 aus Lykien, 3 aus Kilikien und eines aus Makedonien zur Verfügung.

326–324 Nachdem er Indien erreicht hat, läßt Alexander am Indus eine Flotte erbauen, welche das Heer bei seinem Vormarsch nach Süden bis zum Indischen Ozean unterstützt. Der kleinere Teil des Heeres nimmt den Rückweg auf der Flotte unter Admiral Nearchos nach Westen durch den Persischen Golf und trifft bei Susa wieder auf Alexander. Nearchos verfaßt einen Reisebericht, zu seiner geplanten Erkundungsfahrt rund um die Arabische Halbinsel kommt es wegen des Todes von Alexander nicht mehr.

Kämpfe zur See während der Diadochenkriege

322 v. Chr. Nach dem Tode Alexanders (323) erhebt sich Athen gegen die Makedonier. In zwei Seeschlachten bei Abydos und Amorgos siegen die Makedonier unter Admiral Kleitos über die Flotte von Athen, dessen kurze Seeherrschaft in der Ägäis zusammenbricht. 240 makedonischen Schiffen standen 170 aus Athen gegenüber.

320 v. Chr. Pisidien an der Südküste von Kleinasien erhebt sich gegen den Reichsverweser Antipater. Admiral Kleitos besiegt dessen Geschwader vor Rhodos und Zypern, worauf der Aufstand zusammenbricht.

318 v. Chr. **Seeschlacht vor dem Bosporus.** Antigonos' syrische Flotte unter Nikanor trifft auf die griechisch-makedonische Flotte unter Kleitos. Die Syrer verlieren beim ersten Zusammentreffen fast die Hälfte ihrer Schiffe. Wenig später überrascht Nikanor die Gegner, als sie ihre Flotte am Strand liegen haben. In einem Angriff von Land und See werden die Makedonier geschlagen, ihre Flotte wird vernichtet.

314 v. Chr. Ein Geschwader aus Ägypten erobert mit Unterstützung durch Schiffe aus Athen die Insel Lemnos in der Ägäis. Noch im selben Jahr erobert die Flotte des Antigonos die Insel zurück.

307 v. Chr. Die Flotte des Antigonos unter seinem Sohn Demetrios Poliorketes vertreibt die Makedonier aus Athen und Megara und erklärt die Städte für unabhängig. Anschließend ruft Antigonos seinen Sohn zurück zum Kampf gegen seinen Hauptfeind Ptolemaios von Ägypten. Das erste Angriffsziel ist die in dessen Besitz befindliche Insel Zypern. Bei der Belagerung der Stadt Salamis auf dieser Insel kommt es zu einer der bedeutenden Seeschlachten der Antike.

306 v. Chr. **Seeschlacht bei Salamis** (Zypern). Ptolemaios kommt mit einer Flotte von 140 Kriegsschiffen und Transportern dem belagerten Salamis zu Hilfe. Demetrios blockiert die im Hafen liegenden 60 ägyptischen Schiffe mit zehn Kriegsschiffen und tritt dem Ptolemaios mit 108 Kriegsschiffen und 57 bewaffneten Transportern entgegen. Er lehnt dabei seinen rechten Flügel an die Küste und stellt die Kontingente aus Athen und Phönikien an den linken Flügel. Diese, seine besten Schiffe, werfen das ihnen gegenüberstehende ägyptische rechte Geschwader auf das Zentrum, und die gesamte in Verwirrung gebrachte ägyptische Flotte wird auf den Strand getrieben und vernichtet oder erobert. Auf den ägyptischen Transportern werden 8000 Soldaten gefangen. Nur 20 ägyptische Schiffe kön-

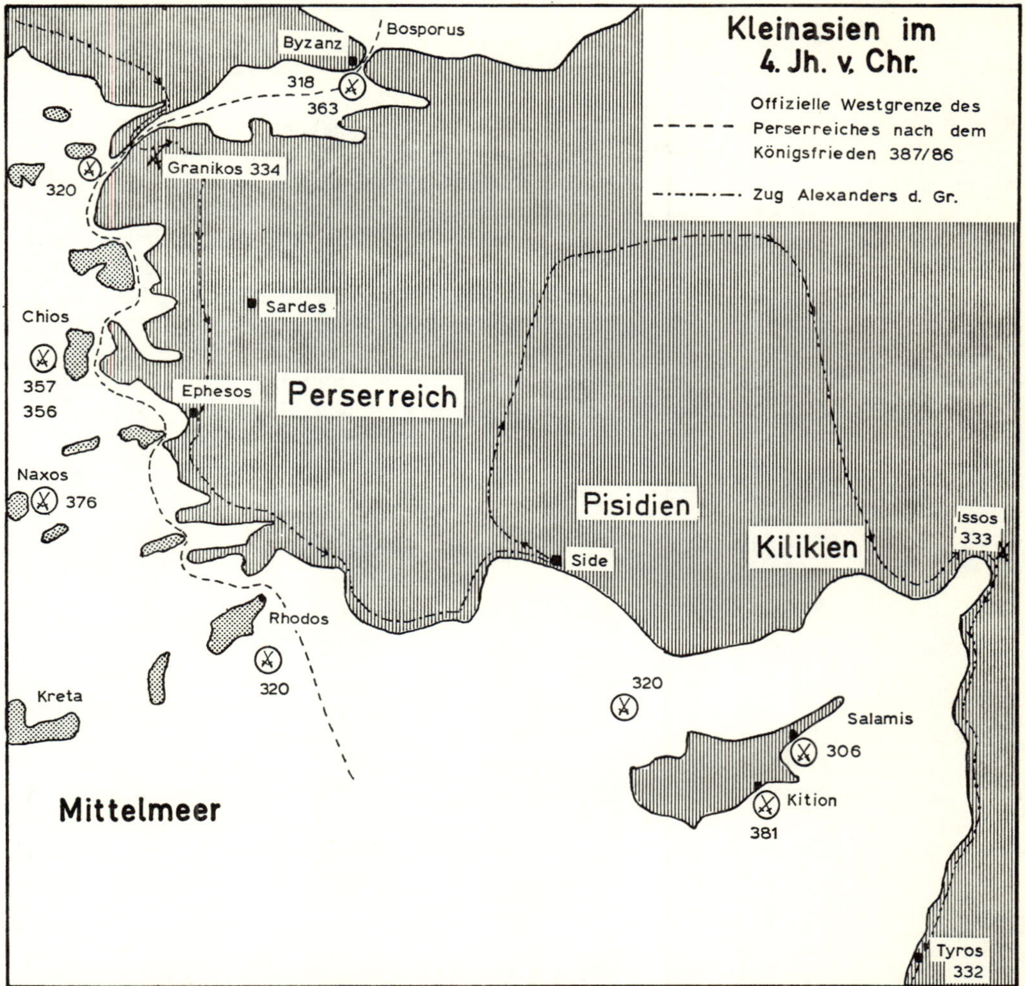
Kleinasien im
4. Jh. v. Chr.
Offizielle Westgrenze des Perserreiches nach dem Königsfrieden 387/86
Zug Alexanders d. Gr.
Byzanz
Bosporus
318
363
Granikos 334
320
Sardes
Chios
357
356
Ephesos
Perserreich
Naxos
376
Pisidien
Side
Kilikien
Issos
333
Rhodos
320
Kreta
320
Salamis
306
Kition
381
Mittelmeer
Tyros
332

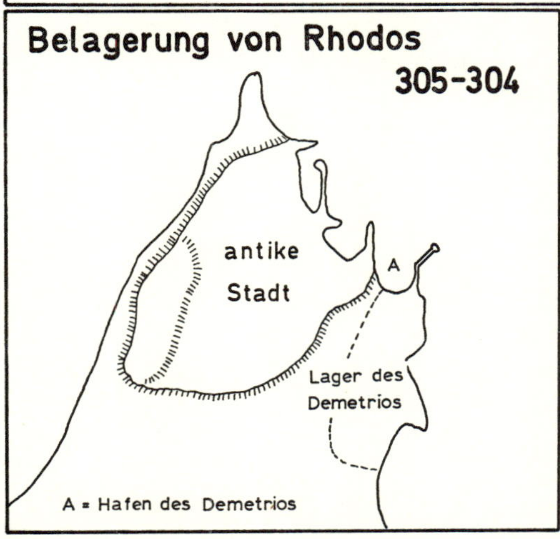
Belagerung von Rhodos
305-304
antike
Stadt
A
Lager des
Demetrios
A = Hafen des Demetrios

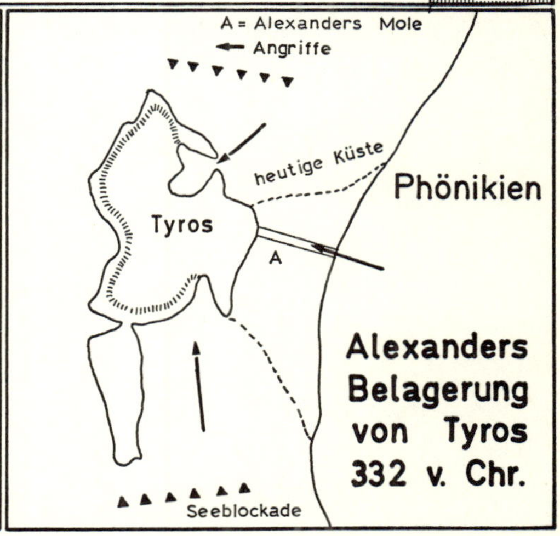
A = Alexanders Mole
Angriffe
heutige Küste
Phönikien
Tyros
A
Alexanders
Belagerung
von Tyros
332 v. Chr.
Seeblockade

	nen entkommen, die in Salamis liegenden 60 Schiffe müssen sich ebenfalls ergeben. Antigonos nimmt nach diesem glänzenden Erfolg den Königstitel an; diesem Beispiel folgen die übrigen Diadochen.
Winter 306/305	Der folgende Angriff von Antigonos auf Ägypten mit Heer und Flotte scheitert wegen mangelnder Vorbereitung bereits vor dem östlichen Nildelta.
305–304 v. Chr.	Die Insel Rhodos widersteht erfolgreich dem Invasionsversuch durch Demetrios Poliorketes. Blockadebrecher können die Insel mit dem Nötigsten versorgen.
302 v. Chr.	Demetrios überrascht vor dem Bosporus mit der Flotte einen Truppentransport des Kassander mit Verstärkungen für das Heer in Kleinasien und kann einen Teil der Schiffe abfangen. Trotzdem kommt es im folgenden Jahr bei Ipsos zur »Schlacht der Könige«; Antigonos verliert Reich und Leben, Demetrios kann jedoch entkommen.
295 v. Chr.	Mit Hilfe der ihm verbliebenen Flotte kann sich Demetrios in der Ägäis wieder eine Machtposition aufbauen. Er belagert und blockiert das aufständische Athen, ein Hilfsgeschwader aus Ägypten für die belagerte Stadt segelt angesichts seiner Flotte unverrichteter Dinge wieder ab. Athen muß sich ihm im folgenden Frühjahr ergeben.
283 v. Chr.	Sostratos von Knidos erbaut auf der Insel Pharos vor Alexandria den ersten Leuchtturm: dieser wird Namensgeber für alle späteren (Eines der sieben Weltwunder der Antike).
275 v. Chr.	Die syrische Flotte blockiert das auch von der Landseite belagerte Milet. Die ägyptische Flotte unter ihrem Admiral Kallikrates von Samos vertreibt das syrische Geschwader, kann Milet aber nicht von der Landblockade befreien.
274 v. Chr.	Die ägyptische Flotte unter Kallikrates von Samos verheert die Küste von Kilikien und beherrscht das östliche Mittelmeer. Im folgenden Frieden sichert sich Ägypten wichtige Stützpunkte in Kleinasien und in der Ägäis; es beherrscht damit die griechischen Gewässer.
259 v. Chr.	**Seeschlacht bei Ephesos.** Rhodos unterstützt Makedonien im Kampf gegen Ägypten. Vor Ephesos besiegt der rhodische Admiral Agathostratus ein ägyptisches Geschwader und ermöglicht den Makedoniern die Einnahme der Stadt.
258 v. Chr.	**Seeschlacht bei Kos.** Die Flotte Makedoniens unter König Antigonos II. Gonatas besiegt in einer großen Seeschlacht die überlegene ägyptische Flotte.
246 od. 245 v. Chr.	**Seeschlacht bei Andros.** Ein zweites Mal besiegt Antigonos II. Gonatas die Ägypter und beendet damit deren Seeherrschaft in der Ägäis, die seit ca. 280 v. Chr. bestanden hatte. Die ägyptische Flotte ist aber immer noch bedeutend genug, um im Krieg gegen Seleukos II. (245–242) die Küsten des östlichen Mittelmeeres zu verheeren und erfolgreiche Landungsoperationen an der syrischen und kilikischen Küste zu unternehmen.

Karte siehe Seite 47.

Die Seekriege Roms (und seiner Vorläufer) 1100 v. – 630 n. Chr.

Die von den Apenninen gebildete Halbinsel, das heutige Italien, beherrscht zwar durch ihre zentrale Lage fast das ganze Mittelmeer, war aber zur Zeit der Frühgeschichte trotzdem nie ein marinepolitisches Machtzentrum. Erst die – wahrscheinlich über See aus Kleinasien – zu Beginn des ersten Jahrtausends eingewanderten Etrusker hatten sich mit der See auseinandergesetzt. Sie wurden aber in ihrem Bewegungsraum durch die ebenfalls seit der letzten Jahrtausendwende v. Chr. im westlichen Mittelmeer auftretenden Phöniker eingeengt. Mit Beginn der griechischen Kolonisation im westlichen Mittelmeer, die sich in Kyrene/Cyrenaika, im östlichen Sizilien und Süditalien festsetzten, baute sich dort ein Spannungsfeld auf. Vor allem das Ringen um den Besitz von Sizilien, einer der Kornkammern des Mittelmeeres im Altertum und in strategisch bedeutender Lage, führte zu den Auseinandersetzungen der Großmächte im zentralen Mittelmeer.
Mit dem Niedergang der phönikischen Mutterstädte machte sich die Pflanzstadt Karthago, an strategisch günstig gelegener Stelle an der Enge Afrika – Sizilien gelegen, zum Vorkämpfer der Phöniker/Punier im westlichen Mittelmeer. Mitte des 6. Jahrhunderts wurden die griechischen Phokäer nach der Eroberung von Kleinasien durch die Perser zur Auswanderung genötigt und suchten sich ihren Tochterstädten auf Korsika anzuschließen. Gegen diese neue Bedrohung verbanden sich die Punier mit den Etruskern und wiesen die Phokäer in der Seeschlacht bei Alalia ab. Die Etrusker beschränkten sich in der Folge zunächst auf den Küstenhandel; mit Ausnahme der griechischen Städte Massilia in Gallien und Emporion/Ampurias in Spanien wurde das westliche Mittelmeer eine Handelsdomäne der Punier. In der Folge brachten die Karthager die Straße von Gibraltar und damit den wichtigen Metallhandel aus Cornwall unter ihre Kontrolle und begannen mit der Erkundung der afrikanischen Westküste. So manches punische Schiff mag dabei von der Meeresströmung unfreiwillig nach Mittelamerika getrieben worden sein.
Zu Anfang des 5. Jahrhunderts v. Chr. wurden die Punier wahrscheinlich durch die gegen Griechenland offensiv vorgehenden Perser angeregt, die im östlichen Sizilien sich ausbreitenden Griechen anzugreifen. Bei Himera, im Jahr 480 v. Chr., angeblich am Tag der Seeschlacht bei Salamis, haben die Punier eine schwere Niederlage erlitten. Die Existenz der Griechen auf Sizilien war damit gesichert, der Kampf um diese Insel, der bis in die neuere Zeit dauern sollte, hatte begonnen. Nur sechs Jahre später wurden die sich nach Süden ausbreitenden Etrusker von den sizilischen Griechen bei Cumae schwer geschlagen. Damit wurde auch diese Gefahr für die Griechen abgewendet. Syrakus entwickelte sich in der Folge zu so einer bedeutenden Macht auf Sizilien und im zentralen Mittelmeer, daß Athen versuchte, diesen Freund seines Gegners Sparta auszuschalten. Der Sieg von Syrakus über die damals stärkste Seemacht im östlichen Mittelmeer hatte seine Stellung weiter gestärkt. Der Tyrann Dionysios I. (405–367) machte Syrakus zur stärksten Militärmacht im Mittelmeer, um deren Unterstützung sich Athen und Sparta bemühten. Er beherrschte die Adria und das Tyrrhenische Meer, konnte bei seinen Kämpfen mit den Puniern diese aber nicht aus Sizilien vertreiben. Nach seinem Tode ging die Bedeutung von Syrakus durch Nachfolgekämpfe rasch zurück. Zu Ende des 4. Jahrhunderts v. Chr. nützte der Tyrann Agathokles von Syrakus die strategisch günstige Lage, um der von Land her belagerten Stadt durch einen riskanten Seezug vor die Tore von Karthago Entlastung zu verschaffen, was ihm auch gelang. Im folgenden Jahrhundert griff nun eine neue Macht in das Kräftespiel rund um Sizilien ein – Rom.

Die Römer waren kein Volk von Seefahrern. Seit jeher war ihre Stärke die politische und militärische Organisation als Landmacht. Rom hatte am Anfang seiner Geschichte auch keine Eroberungspolitik betrieben. Erst auf Ersuchen seiner Verbündeten um Waffenhilfe hatte es in die Kriege eingegriffen, die seine Macht begründet haben. Es hatte ihm aber auch das Streben gefehlt, über See offensiv vorzugehen. Seefahrt in bescheidenem Umfang wurde trotzdem betrieben. Mit Karthago wurden Verträge (509, 348 und 306) geschlossen, in denen Rom die Vorherrschaft der Seemacht im westlichen Mittelmeer anerkannte. Auch ein römischer Seesieg im Latinerkrieg 338 ist überliefert. Die dabei erbeuteten Schiffsschnäbel wurden am Forum als Rednertribünen (Rostra) aufgestellt.

Zu Anfang des 3. Jahrhunderts v. Chr. rief die griechische Handelsstadt Tarent in Süditalien König Pyrrhos von Epirus gegen Rom zu Hilfe. Pyrrhos landete in Süditalien, schlug die Römer in zwei Landschlachten (»Pyrrhussiege«) und ging dann nach Sizilien, um die dortigen Griechen gegen die Punier zu unterstützen. Rom und Karthago kämpften daher als Verbündete gegen die Griechen; Pyrrhos aber konnte die Punier nicht aus Sizilien vertreiben. Beim Rückmarsch nach Italien erlitt seine Flotte schwere Verluste, und er mußte auch Italien räumen. Er beteiligte sich anschließend an den griechischen Fraktionskämpfen auf der Peloponnes und fiel in Argos 272 v. Chr. im Straßenkampf. Rom unterwarf darauf ganz Süditalien, Tarent fiel noch im Jahr 272 v. Chr., und die Römer wurden nach Einverleibung von Etrurien Herren der gesamten italienischen Halbinsel.

Als sich Messina, die Stadt, welche die gleichnamige Meerenge beherrschte, um Hilfe an Rom wandte, da es sowohl von Syrakus als auch von Karthago bedrängt wurde, war es den Römern bewußt, daß ein Eingehen auf dieses Gesuch einen Vertragsbruch mit Karthago, der damals stärksten Macht im Mittelmeer, bedeutete. Nach dem Tod von Alexander dem Großen drohte den Puniern aus dem östlichen Mittelmeer keine Gefahr mehr, im westlichen Mittelmeer war es nach dem Niedergang von Syrakus die beherrschende Macht. Die Punier versäumten es, die Meerenge von Messina zu sperren, die römischen Legionen konnten daher, von Syrakus unterstützt, bald den Großteil von Sizilien überrennen. Die von der punischen Flotte versorgten starken Stützpunkte im Westen der Insel konnten sie jedoch ohne Flotte nicht blockieren. Da die Versorgung der römischen Truppen auf Sizilien durch die Angriffe der punischen Flotte ständig bedroht war, begann Rom sein berühmtes Flottenbauprogramm. Es konnte sich dabei die Erfahrung der nun in seinem Machtbereich liegenden griechischen Seestädte in Unteritalien zunutze machen, außerdem soll ein gestrandetes punisches Schlachtschiff als Baumuster gedient haben. Mit dieser Flotte errangen sie bei Mylae an der Nordküste von Sizilien ihren ersten Seesieg über die siegessicheren Punier. Sie operierten in der Folge mit Erfolg im Tyrrhenischen Meer, eine Entscheidung auf Sizilien konnte dadurch jedoch noch nicht herbeigeführt werden. Die Landung eines starken Expeditionsheeres in Afrika, wofür in der Seeschlacht bei Eknomos der Weg freigekämpft worden war, brachte ebenfalls noch keine Entscheidung, da die Landungstruppen Karthago nicht erobern konnten. Die Punier lehnten die harten römischen Friedensbedingungen ab und konnten das Expeditionsheer mit Unterstützung aus Sparta schlagen. Bei der Rückfahrt gingen die Reste des Expeditionsheeres in einem Sturm vor Sizilien zugrunde. Rom versuchte nach weiteren Schiffbrüchen seiner Geschwader den Krieg auf Sizilien erneut im Landkampf zu entscheiden, scheiterte jedoch wieder. Schließlich brachte der Bau einer durch private Mittel finanzierten Flotte die Möglichkeit einer engen Blockade der punischen Festungen in Westsizilien. Beim Versuch, diese Blockade zu brechen, erlitt die punische Flotte bei den Ägadischen Inseln eine schwere Niederlage, durch die der Kampf mit einem Schlag entschieden war. Die Landmacht Rom hatte dank ihrer Seerüstung die Seemacht Karthago bezwungen. Mit der Erwerbung Siziliens im folgenden Friedensvertrag und bald darauf von Sardinien und Korsika im Weg von Erpressung der durch interne Aufstände geschwächten Punier, wurde das Tyrrhenische Meer zu einem römischen Binnenmeer. Der folgende Sieg über die Illyrer brachte auch die Adria und das Ionische Meer in den römischen Machtbereich.

Karthago schaffte sich als Ausgleich für die verlorenen Gebiete ein neues Wirtschafts- und Machtzentrum in Spanien. Als der Zweite Punische Krieg im Streit um die Stadt Sagunt, ähnlich wie der Erste um Messina, ausbrach, führte Hannibal den Krieg zu Lande von Spanien nach Italien; er verzichtete auf eine Seeoffensive gegen das an Kriegsschiffen weit überlegene Römische Reich. Nach dem erfolgreichen Einmarsch in Italien sollte die punische Flotte von einem süditalienischen Hafen im Tyrrhenischen Meer, gedacht war an Neapel, die Versorgung von Hannibals Heer sicherstellen. Die Erfolge von Hannibal in Italien haben aber nicht den erhofften Abfall der römischen Bundesgenossen gebracht, womit der erste Teil des Kriegsplanes bereits zum Scheitern verurteilt war. Auch das Bündnis mit König Philipp V. von Makedonien, der mit seiner Flotte die Adria beherr-

schen sollte, führte nicht zum Ziel, da die Makedonen nicht einmal die römischen Stützpunkte in Illyrien erobern konnten. Die römische Flotte beherrschte weiter die Adria, statt Rom war nun Hannibal in Italien isoliert.
Die Aufgabe von Sizilien durch die römischen Legionen brachte Karthago keinen Vorteil. Die mit Hilfe der römischen Flotte, welche das Tyrrhenische Meer nach wie vor beherrschte, angesetzte Offensive unter Scipio gegen Spanien brachte dagegen den Ausfall der wichtigsten Nachschubbasis der Punier. Ohne gesicherte Versorgung über See und ohne die Möglichkeit, von Spanien über Gallien zu Lande Verstärkungen zu erhalten, war Hannibals Feldzug in Italien trotz seiner glänzenden Landsiege zum Scheitern verurteilt. Schließlich war die römische Position auch in Italien so gefestigt, daß Rom den Krieg nach Afrika tragen konnte, was von der punischen Flotte trotz einiger Teilerfolge nicht zu verhindern war. Hannibal mußte darauf Italien verlassen und den Entscheidungskampf vor Karthago annehmen, der nach sorgfältiger Vorbereitung von den Römern bei Zama für sie entschieden wurde. Hatte im ersten Punischen Krieg Rom seine Legionen zu Seesoldaten gemacht und eigentlich nur einen Landkrieg auf Schiffen geführt, so hatte es im zweiten Punischen Krieg bereits gelernt, die strategischen Möglichkeiten der See voll auszunützen und konnte dadurch den Gegner mit Truppenverschiebungen und Angriffen an seinen schwachen Flanken ausmanöverieren. Allein ein kleines Geschwader in der Ägäis konnte genügend griechische Städte im Kampf gegen die Makedonen unterstützen und dadurch den an sich starken Bündnispartner Hannibals, König Philipp V., vollständig neutralisieren. Im übrigen hatte Rom den Krieg mit seinem starken politischen Willen als Kampf um seine Existenz geführt, während Karthago die Auseinandersetzung nicht als Schicksalskampf betrachtet hatte. Es hatte daher geglaubt, sich die kostspielige Flottenrüstung ersparen zu können, und den Krieg, wie Miltner schreibt (Rom und Karthago S. 218), als »Spesenaufwand zur Sicherung der bisher gewohnten Lebensform« geführt. Karthago mußte sich Friedensbedingungen gefallen lassen, die es zur Bedeutungslosigkeit reduzierten, Rom war seit dem Zweiten Punischen Krieg die erste See- und Landmacht im Mittelmeer.

Im östlichen Mittelmeer bestanden zu dieser Zeit als Nachfolgestaaten des Alexanderreiches das Makedonische Reich in Europa, das Seleukidenreich in Asien und das Ptolemäische Reich in Ägypten. Daneben gab es eine Reihe kleinerer Herrschaften wie den Ätolischen und Achaiischen Bund sowie Athen und Sparta in Griechenland, Pergamon in Kleinasien und die lokale Seemacht Rhodos. Um einem neuen Angriff wie dem der Punier auf Italien vorzubeugen, suchte Rom die Großmächte im östlichen Mittelmeer durch Unterstützung der Kleinstaaten zu neutralisieren. Mit ihrer geschickten Politik gelang es dabei den Römern, ohne große Kämpfe diese Gefahren zu beseitigen. Im Zweiten Makedonischen Krieg wurde dann mit Unterstützung von Rhodos, Pergamon und Byzanz das Reich Philipps V. niedergeworfen und dadurch gleich für dessen Unterstützung der Punier Vergeltung geübt. Als sich König Antiochos III. von Syrien aus der Konkursmasse der Makedonier zu bereichern versuchte und nach Europa übergriff, wurde auch dieser mit Unterstützung von Pergamon und Rhodos in die Schranken gewiesen, wobei letzteres den Großteil der Flottenmacht stellte. Der Versuch von Philipp V., Makedonien wieder seine Großmachtstellung zu erringen, wurde im Dritten Makedonischen Krieg zunichte gemacht. Ägypten war durch dynastische Kämpfe innerlich zerrissen und bedeutete daher keine Gefahr für Rom.
Da Rom zur See im 2. Jahrhundert v. Chr. keinen den Puniern vergleichbaren Gegner hatte, ließ es die teure Flotte verfallen und stützte sich bei den genannten Kämpfen vornehmlich auf die Seestreitkräfte der Verbündeten. Mit dem Niedergang von Ägypten und Rhodos, letzterem durch die Förderung von Delos als Freihafen durch Rom, begann sich im östlichen Mittelmeer die Piraterie immer mehr auszubreiten. Indem Rom dem Gnaeus Pompeius außerordentliche Vollmachten zur Niederwerfung der Piraten übertrug, war der erste Schritt in Richtung Diktatur getan. In seiner Auseinandersetzung mit Gajus Julius Cäsar nahm er sich Themistokles zum Vorbild und räumte Italien wie dieser Attika, um den Krieg mit der Flotte von der Peripherie des Reiches zu führen. Cäsar nützte den Vorteil der inneren Linie, überquerte mit einer improvisierten Flotte überraschend

die Adria und siegte zu Lande, bevor sich die Seeherrschaft von Pompeius strategisch auswirken konnte. Cäsar hatte sich schon vorher eine Flotte zu Nutzen gemacht, als sein Geschwader an der Westküste von Gallien in der Bucht von Quiberon die Flotte der Veneter vernichtete. Der Handelsverkehr vor allem mit Zinn vom britischen Cornwall über die Bretagne nach Spanien wurde damit unterbrochen und nahm in der Folge seinen Weg über die engste Stelle des Ärmelkanals weiter im Osten.

Der beim Tod des Gnaeus Pompeius in Ägypten von dort entkommene Sohn Sextus baute sich eine eigene Herrschaft um die Inseln Sizilien, Sardinien und Korsika auf. Er konnte die Reste der Flotte seines Vaters an sich ziehen, diese mit Piraten verstärken und vor allem viele Opfer der Konskriptionen in Italien für sich gewinnen. Durch den gesellschaftlichen Umbruch war dort außerdem eine große Zahl von Bauern und kleinen Gewerbetreibenden arbeitslos geworden und entweder als Proletariat nach Rom geströmt oder hatte die Reihen der Piraten und Wegelagerer verstärkt. Damit war der Niedergang der Getreideproduktion in Italien und der höhere Getreidebedarf in der Stadt Rom verbunden. Dieses Getreide mußte nun entweder aus der Provinz Africa/Tunesien oder aus Ägypten importiert werden. Und genau diesen Transport konnte Pompeius mit seiner Flotte von seinen Besitzungen aus kontrollieren. Erst als Octavian seinem Freund Vipsanius Agrippa mit der Organisation einer neuen römischen Flotte beauftragte, konnte die Macht des Pompeius in der Seeschlacht bei Naulochos gebrochen werden.

Nach der Trennung des Antonius von seiner Gattin Octavia, der Schwester Octavians, und seiner Vermählung mit Kleopatra VII. entstand ein gespanntes Verhältnis zwischen den beiden Führern des Römischen Reiches. Antonius baute im Osten ein orientalisches Reich auf. Er ernannte Cäsarion – den Sohn der Kleopatra und Cäsars – zum Mitregenten und schenkte Kleopatra römisches Reichsgebiet.

Die Veröffentlichung des bei den Vestalinnen hinterlegten Testamentes des Antonius vor dessen Tode 33 v. Chr. durch Octavian führte zum Krieg zwischen West und Ost.

Agrippa führte diesen Seekrieg nicht mit den riesigen Schlachtschiffen der Zeit, sondern verwendete die leichten und wendigen Liburnen der Adriabewohner. Er begann mit glänzendem strategischen Geschick den bis zum Golf von Actium vorgerückten Antonius einzukreisen. Durch die Eroberung von Kerkyra und Patras wurde dieser von seinen wichtigen Seeverbindungen abgeschnitten; die Blockade brachte dessen Truppen in Unruhe, und er mußte schließlich die entscheidende Seeschlacht in ungünstiger taktischer Position annehmen und hatte sie prompt verloren. Das im Osten in der Entstehung befindliche neue hellenische Großreich unter Antonius und Kleopatra brach damit zusammen. Osten und Westen der Mittelmeerwelt waren wieder vereint. Unter dem neuen Kaiser Augustus, zu dem der Senat Octavian erhob, war das Mittelmeer nun ein römisches Binnenmeer und damit der größte Transportweg für Güter und Heere in und von allen Provinzen. Oktavianus Augustus sorgte auch durch einen permanenten Polizeidienst zur See für die Sicherheit des Verkehrs im Mittelmeer.

Augustus nützte aber seine Seemacht auch im Norden aus. Beim Versuch, die Reichsgrenze vom Rhein zur Elbe vorzuverlegen, spielte die Flotte eine wichtige Rolle. Um die für die Legionen fast undurchdringlichen norddeutschen Wälder zum Teil zu vermeiden, wurde vom Unterrhein zur Zuidersee ein Kanal gegraben und diese, die damals noch ein Binnensee war, durch einen Durchstich mit der Nordsee verbunden. Die römische Rheinflotte konnte dadurch auf kürzerem Wege in die norddeutschen Flußmündungen gelangen. Die germanischen Stämme an der Nordseeküste wurden im Rücken angegriffen, die dort operierenden römischen Legionen konnten durch die Mündungen von Ems, Weser und Elbe mit Nachschub versorgt werden. Die Stürme in der Nordsee machten aber den römischen Schiffen außerordentlich zu schaffen, und als ein Geschwader des Germanicus auf dem Rückweg von der Ems fast zur Gänze in einem Unwetter scheiterte und die Friesen sich erhoben, wurden die Nordseeküsten wieder aufgegeben.

Bei den Operationen des römischen Heeres auf den Britischen Inseln kam die Flotte mehrfach zum Einsatz, wobei sie in erster Linie die Flanken an der Küste zu schützen hatte und wieder die wichtige Transportfunktion übernahm.

Als Folge des wirtschaftlichen Aufschwungs im Mittelmeer nahm auch der Überseehandel durch den Indischen Ozean stark zu. Im ersten Jahrhundert n. Chr. durch Vermittlung der Araber, ab dem 2. Jh. im direkten Wege waren Handelsschiffe unter Ausnützung der Monsunwinde nach Indien gefahren. Zunächst wurden die nördlichen Küsten des Indischen Kontinentes angelaufen, später bereits die direktere Route zur Malabarküste genommen. Diese wurde schon damals, wie später zur Zeit der Ankunft der Portugiesen, der Umschlagplatz für die Gewürze aus Hinterindien und die Luxusgüter aus China. Geldverknappung im Römischen Reich sowie Vorstöße der Sassaniden und Äthiopier, welche nun das »Erythräische Meer« wieder beherrschten, ließen den Indienhandel im dritten Jahrhundert wieder zum Erliegen kommen.

Wie sehr die römische Reichsverteidigung auch zur See im dritten Jahrhundert n. Chr. bereits geschwächt war, zeigten die Seezüge der Goten und Heruler, welche die Meerengen an der Propontis fast ungehindert passieren konnten. Sie gelangten dabei bis Ephesos, Athen, Sparta und sogar nach Zypern. Die Nachfolgekämpfe nach dem Rücktritt von Kaiser Diokletian (305 n. Chr.) brachten wieder römische Kriegsflotten zum Kampf gegeneinander. In der Seeschlacht vor dem Hellespont wurde dieser Bürgerkrieg durch den Sieg der Flotte des Kaisers Konstantin für diesen entschieden. Byzanz wurde als Konstantinopel neue Reichshauptstadt, das Christentum zur Staatsreligion erhoben. Aber diese Kämpfe machten das Reich nur noch anfälliger für Einfälle der benachbarten Völker. Schließlich waren es die Vandalen, die durch ihre Eroberung von Africa, dem heutigen Tunesien, und den Aufbau einer Flotte die Seeherrschaft im westlichen Mittelmeer an sich rissen. Die Rolle von Westrom als politischem Machtfaktor war Mitte des 5. Jahrhunderts ausgespielt. Erst Kaiser Justinian d. Gr. von Ostrom konnte die Kraft des Ostreiches noch einmal soweit stärken, um den Versuch zu machen, das gesamte römische Reich noch einmal zu einigen. Mit Heer und Flotte gelang ihm zunächst die Vernichtung des Vandalenreiches. Das Gotenreich in Italien wurde ebenfalls, jedoch in langwierigen Kämpfen erobert, in Spanien konnte nur der südlichste Teil zurückgewonnen werden. Kurze Zeit beherrschte die oströmische Flotte wieder fast das ganze Mittelmeer. Nach dem Tode von Justinian brachten innere Unruhen das Reich um seine Kraft. Äußere Feinde wie Slawen und Langobarden überrannten das griechische Festland und den Großteil von Italien. Die Ostrom noch verbliebenen Besitzungen in Süditalien, auf Sizilien und in Africa/Tunesien konnten dem Reich nur durch die Flotte erhalten werden, da jegliche Landverbindungen abgerissen waren. Das Mittelmeer war weitgehend zum politischen Niemandsland geworden.

1100–260 v. Chr. **Die Ereignisse im westlichen Mittelmeer bis zum Eingreifen von Rom**

ab 1100 v. Chr.	Die Phöniker legen im westlichen Mittelmeer Handelskolonien an.
um 814 v. Chr.	Karthago (nahe Tunis) wird von Tyros aus gegründet. Karthago wird nach der Eroberung Phönikiens durch die Assyrer (6. Jh.) die Schutzmacht aller phönikischen Kolonien.
6. Jh. v. Chr.	Die Punier erobern das westliche Sizilien, Malta, Sardinien, Majorka und Menorka. Auf Ibiza besteht schon seit 654 v. Chr. ein Handelsstützpunkt.
540 v. Chr.	**Seeschlacht bei Alalia** (Korsika). Gemeinsam mit den verbündeten Etruskern besiegen die Karthager die griechischen Phokäer. Das Vordringen der Griechen im westlichen Mittelmeer wird damit gestoppt. Erste Seeschlacht, in der auf beiden Seiten der Rammsporn als taktische Waffe eingesetzt worden ist.

um 530 v. Chr.	Vor der Küste Galliens besiegen die Griechen ein Geschwader aus Karthago und sichern damit die Existenz der Kolonie Massilia.
um 510 v. Chr.	Die Karthager zerstören Tartessos in Südspanien. Der punische Handel geht von nun an über Gades (Cadiz) nach dem Westen. Er reicht bis zur Nordsee und nach Westafrika.
um 480 v. Chr.	Der Karthager Hanno umschifft Westafrika und gelangt bis Kamerun. Auf Sizilien ist Syrakus zur mächtigsten Stadt in Großgriechenland geworden.
Sept. 480 v. Chr.	**Schlacht bei Himera.** Die Schwäche der Griechen, verursacht durch den Einfall der Perser, benützt Karthago zu einem Angriff auf Sizilien. An der Nordküste der Insel verbrennt Gelon von Syrakus die am Strand liegende punische Flotte und bringt dem Heer eine schwere Niederlage bei.
474 v. Chr.	**Seeschlacht bei Cumae.** Die Flotte von Syrakus unter Hiero schlägt die Etrusker und stoppt deren Ausbreitung nach Süden.
466 v. Chr.	Nach dem Tod von Hiero von Syrakus wird der Kampf um die Nachfolge in einem Seegefecht vor der Stadt entschieden.
463 v. Chr.	Ein Versuch der unterlegenen Partei, die Herrschaft zurückzugewinnen, wird erneut in einem Seegefecht vor der Stadt vereitelt.
415–413	Syrakus weist den Angriff von Athen ab (siehe S. 26).
406 v. Chr.	**Belagerung von Akragas.** Die Punier benützen die Schwäche von Syrakus und greifen seit 409 griechische Besitzungen in Sizilien an. Ein punisches Geschwader lockt die Flotte von Syrakus nach Westen, wird aber beim Berg Eryx geschlagen. Gleichzeitig landet ein punisches Heer unbehindert westlich Akragas und beginnt mit der Belagerung der Stadt. Als das punische Geschwader einen Geleitzug aus Syrakus mit Getreide für die Belagerten erobert, können sich die Verteidiger nicht länger halten und geben auf.
398–396	**Krieg Syrakus gegen Karthago.** Dionysios I. von Syrakus greift nach starker Aufrüstung, darunter 300 Kriegsschiffe, die Besitzungen Karthagos im Westen von Sizilien an.
398 v. Chr.	Die Stadt Motya wird mit Hilfe von schwerem Belagerungsgerät erobert, ein Entlastungsangriff von Karthago abgewehrt.
397 v. Chr.	**Seeschlacht bei Catania.** Die Flotte von Karthago, 200 Schiffe gegen 180 stärkere Gegner, siegt über die Flotte von Syrakus, das die Hälfte seiner Schiffe verliert. Syrakus wird daraufhin belagert. Dionysios macht bei Nacht einen überraschenden Ausfall zur See und zu Lande. Die durch Seuchen bereits geschwächten Karthager schließen daraufhin Frieden.
367 v. Chr.	**Gefecht bei Drepanum.** Dionysios I. führt noch mehrere Feldzüge gegen das punische Sizilien. Bei seinem letzten Vorstoß in den Westteil der Insel verbrennen die Punier seine auf dem Strand liegenden 130 Kriegsschiffe.
356 v. Chr.	**Bürgerkrieg in Syrakus.** Die Demokraten erringen in einer Seeschlacht vor dem Hafen die Seeherrschaft und entscheiden damit die Auseinandersetzung für sich.
312–306	**Krieg Karthagos gegen Syrakus**
	Der Tyrann Agathokles von Syrakus erobert Messina und stößt anschließend in den Westen von Sizilien vor. Karthago tritt darauf auf die Seite seiner Gegner.

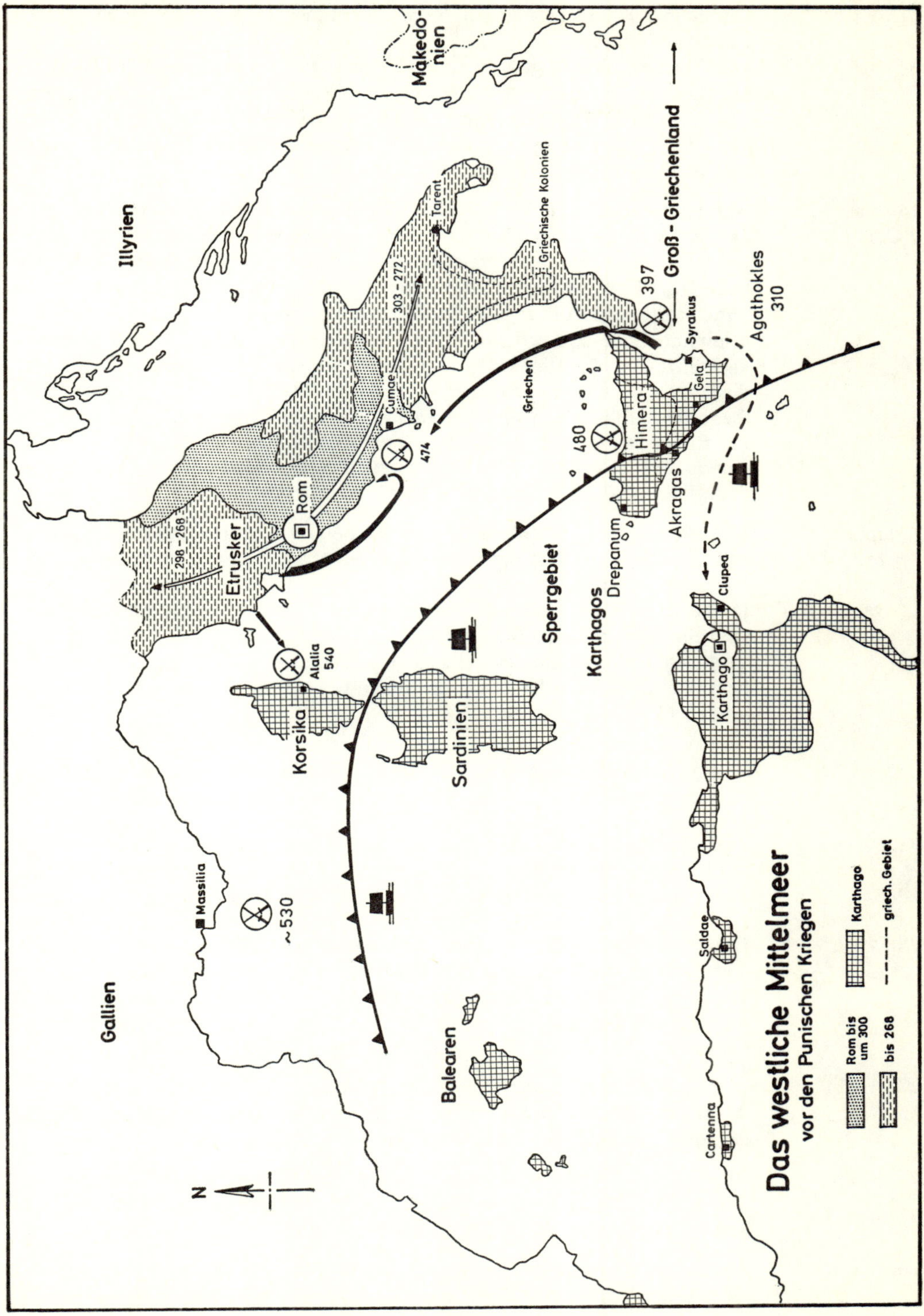
Das westliche Mittelmeer
vor den Punischen Kriegen
Rom bis um 300
bis 268
Karthago
griech. Gebiet
Gallien
Illyrien
Makedonien
Etrusker
Rom
298 - 268
303 - 272
Cumae
474
Tarent
Griechische Kolonien
Griechen
Groß - Griechenland
397
Syrakus
Agathokles
310
Gela
Himera
480
Akragas
Drepanum
Sperrgebiet
Karthagos
Alalia
540
Korsika
Sardinien
Massilia
~530
Balearen
Clupea
Karthago
Saldae
Cartenna
N

312 v. Chr.	Ein punisches Geschwader von 60 Schiffen hindert Agathokles an der Eroberung von Akragas.
311 v. Chr.	Die Flotte von Karthago bringt ein starkes Expeditionsheer nach Sizilien, verliert bei der Überfahrt aber unter anderem 60 Kriegsschiffe in einem Sturm. Trotzdem werfen die punischen Truppen Agathokles auf Syrakus zurück und beginnen mit der Belagerung der Stadt. Ohne Hilfe von außen entschließt sich Agathokles zu einem gewagten Unternehmen.
14. Aug. 310 v. Chr.	**Agathokles' Zug nach Afrika.** Mit 60 Schiffen und 14000 Mann durchbricht er die punische Belagerungsflotte, die durch ein gerade einlaufendes Versorgungsgeschwader mit Getreide abgelenkt wird, und landet beim Hermäischen Vorgebirge (Kap Bon). Angesichts der aufkreuzenden punischen Flotte verbrennt er seine Schiffe und stößt in das Landesinnere vor, wo er zahlreiche Überfälle unternimmt. Ende 310 errichtet er in Clupea einen Stützpunkt zur Verbindung nach Sizilien und schließlich gelingt ihm mit einem improvisierten Geschwader die Eroberung von Hippo (Bizerta), wodurch die Getreideversorgung von Karthago aus Sardinien bedroht wird. Im Frühjahr 307 kehrt Agathokles nach Syrakus zurück, um dort die Verteidigung zu übernehmen, und übergibt das Kommando in Afrika seinem Sohn. Im Sommer desselben Jahres zwingt ihn die Verschlechterung der Lage in Afrika, dorthin zurückzukehren.
Sommer 307 v. Chr.	**Gefecht vor Syrakus.** Mit einem Geschwader aus Etrurien und seinen eigenen Schiffen schlägt Agathokles das punische Blockadegeschwader vor Syrakus und landet wieder in Afrika. Dort erleidet er bei Tunis eine Niederlage und flüchtet allein nach Syrakus, worauf seine Truppen ihre Führer erschlagen und sich den Puniern ergeben. Trotzdem kann Agathokles im Frieden 306 seinen Besitzstand halten. Er hat dabei erkannt, daß Karthago nur zur See zu bezwingen ist und beginnt mit einer großen Flottenrüstung.
311 v. Chr.	Rom richtet die erste Marinebehörde ein. Die »duoviri navales« sind für die Aufstellung der ersten kleinen Küstenschutzflottillen verantwortlich.
ca. 300 v. Chr.	**Seeschlacht bei Kerkyra** (Korfu). Agathokles von Syrakus siegt über die Flotte des Kassander und erobert die Insel, die er kurz danach als Mitgift seiner Tochter dem Pyrrhus von Epirus übergibt.
282 v. Chr.	**Gefecht im Golf von Tarent.** Ein kleines römisches Geschwader läuft zur Unterstützung der von den Lukanern belagerten Stadt Thurii in den Golf von Tarent und bricht damit eine Vereinbarung mit den Tarentinern. Deren Flotte greift darauf die Römer an und versenkt vier Schiffe durch Rammstoß, eines wird erobert.
275 v. Chr.	Pyrrhus von Epirus kämpft in Sizilien gegen die mit Rom verbündeten Punier. Als er von Sizilien nach Süditalien übersetzt, verliert seine Flotte durch Angriffe der Punier und durch Stürme 70 Schiffe.
272 v. Chr.	Eine punische Flotte unterstützt Rom in seinem Kampf gegen das griechische Tarent. Die Blockade dieses Hafens verhilft den Römern zur Einnahme der Stadt und damit zur Herrschaft über Süditalien.
267 v. Chr.	Rom schafft die Stelle der vier Flottenquästoren, welche die Organisation der Flottenstreitkräfte der italienischen Bundesgenossen überwachen.

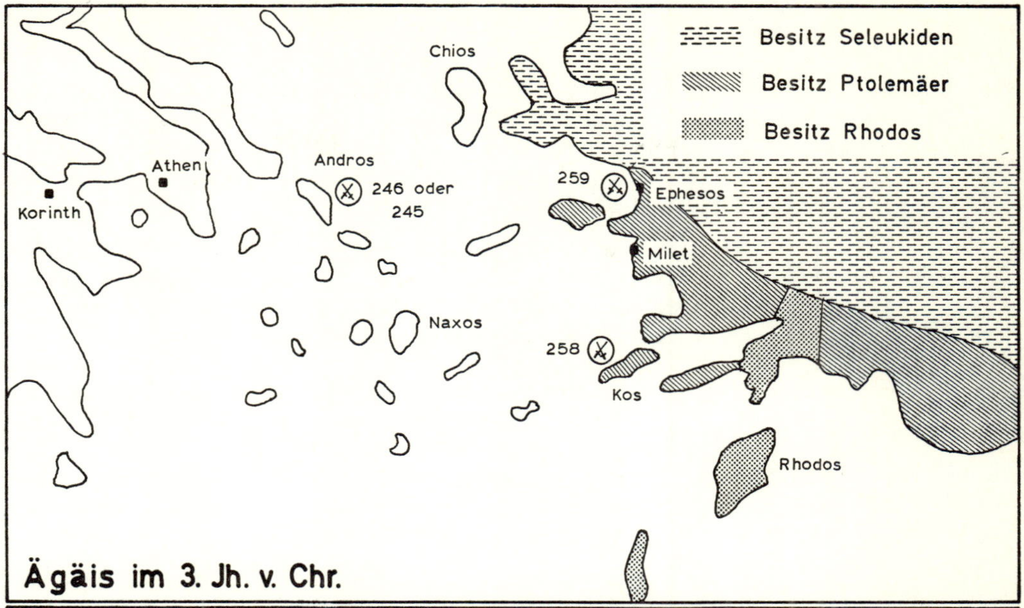
Besitz Seleukiden
Besitz Ptolemäer
Besitz Rhodos
Chios
Andros
246 oder
245
Athen
Korinth
259
Ephesos
Milet
Naxos
258
Kos
Rhodos
Ägäis im 3. Jh. v. Chr.

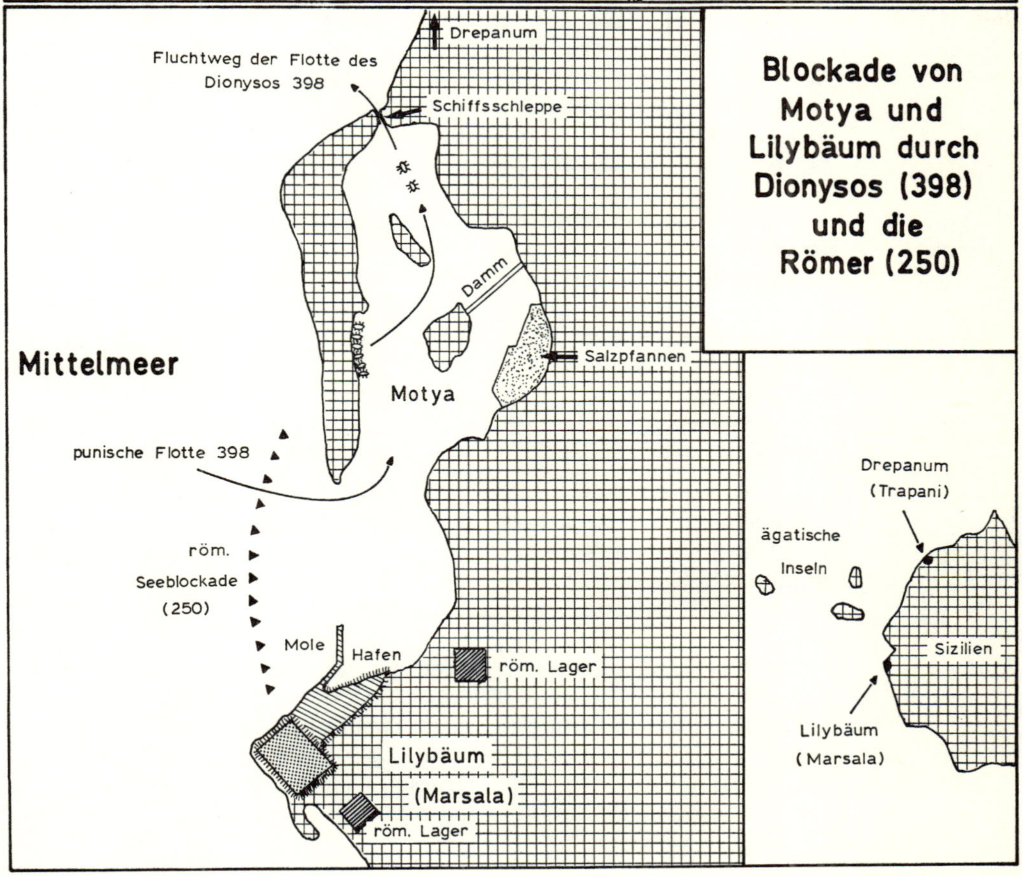
Drepanum
Fluchtweg der Flotte des
Dionysos 398
Schiffsschleppe
Blockade von
Motya und
Lilybäum durch
Dionysos (398)
und die
Römer (250)
Damm
Mittelmeer
Salzpfannen
Motya
punische Flotte 398
röm.
Seeblockade
(250)
Mole
Hafen
röm. Lager
Lilybäum
(Marsala)
röm. Lager
Drepanum
(Trapani)
ägatische
Inseln
Sizilien
Lilybäum
(Marsala)

264–241 **Der Erste Punische Krieg**

264 v. Chr. Ein römisches Heer wird von der Flotte der Bundesgenossen bei Messina auf Sizilien gelandet. Rom bricht dabei den Vertrag vom Jahr 306 mit Karthago. Die Flotte von Karthago unternimmt in den nächsten Jahren Vorstöße gegen die Küste von Italien, kann aber nicht die Versorgung der römischen Truppen auf Sizilien über die Straße von Messina unterbrechen.

Die Römer sind ihrem Gegner an Seemannschaft unterlegen. Durch die Erfindung der Enterbrücke (corvus = Rabe) machen sie die Schiffe selbst zum Kampfplatz. Sie übertragen damit die Taktik des Landkampfes auf den Seekrieg. Ihre Legionäre können dadurch wirkungsvoll eingesetzt werden.

260 v. Chr. **Gefecht bei den Liparischen Inseln.** Ein kleines römisches Geschwader unter Cn. Corn. Scipio wird von einem überlegenen punischen Geschwader überrascht, die Schiffe werden zum Großteil erobert.
Kurz nach dem Gefecht bei den Liparischen Inseln trifft ein punisches Aufklärungsgeschwader von 50 Schiffen vor der Straße von Messina auf die anmarschierende römische Hauptflotte, kann aber nach Verlust einiger Schiffe entkommen.

260 v. Chr. **Seeschlacht bei Mylae.** Zwei ungefähr gleich starke Flotten von je rund 130 Schiffen stehen sich gegenüber. Die Römer kämpfen unter Konsul Cajus Duilius, die Karthager unter Hannibal. Dieser unterschätzt die Neulinge zur See und greift regellos an. Die Enterbrücken entscheiden den Kampf zugunsten der Römer. Hannibal verliert rund 50 Schiffe, 3000 Tote, 7000 Gefangene und die Seeherrschaft im Tyrrhenischen Meer.

258 v. Chr. **Seeschlacht bei San Antioco.** (Südwestküste von Sardinien). Die römische Schlachtflotte, 125 Schiffe unter Konsul C. S. Paterculus, schlägt ein punisches Geschwader von 90 Schiffen, das fast die Hälfte seiner Zahl verliert.

257 v. Chr. **Seeschlacht bei Tyndaris.** Die römische Schlachtflotte, 155 Schiffe unter Konsul C. A. Regulus, überrascht die punische Flotte auf dem Weg von Palermo nach den Liparischen Inseln. Die römische Vorhut von zehn Schiffen können die Punier vernichten, dann werden sie aber von dem Gros in die Flucht geschlagen. Sie verlieren zehn Schiffe durch Entern, weitere acht werden versenkt.

Die Römer besetzen Korsika (259) und Malta (257). Da diese Nebenoperationen keinen Erfolg bringen, beschließt Rom eine Invasion in Afrika. An der Südküste von Sizilien wird ein Expeditionsheer bereitgestellt. Die verstärkte Kriegsflotte soll die Transportflotte bei der Überfahrt decken. Die punische Flotte erwartet den Gegner unter dem tüchtigen Hamilkar Barkas.

256 v. Chr. **Seeschlacht bei Eknomos.** Die römische Flotte unter den beiden Konsuln Atilius Regulus und L. Manlius Vulso zählt rund 330 Kriegsschiffe. Die Karthager unter Hamilkar Barkas sind etwa gleich stark. Jede Flotte ist in vier Geschwader geteilt. Die Römer marschieren mit zwei Geschwadern in Keilform voraus, das dritte Geschwader schleppt die Transporter, das vierte fährt zur Deckung am Schluß. Die Karthager kommen in breiter Formation – die vier Geschwader ne-

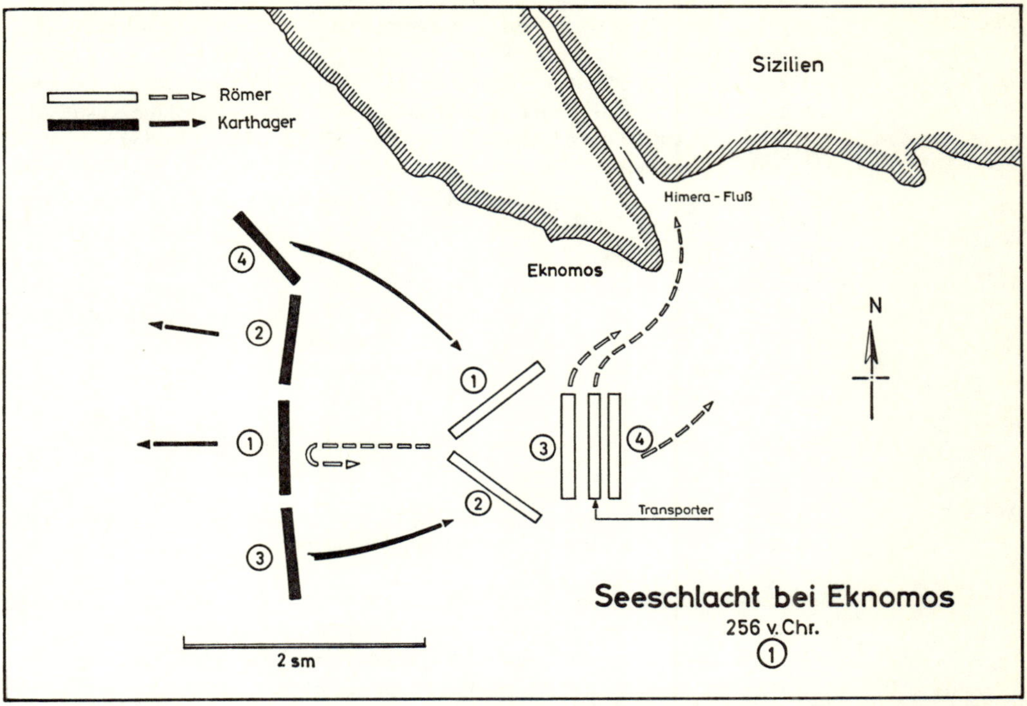

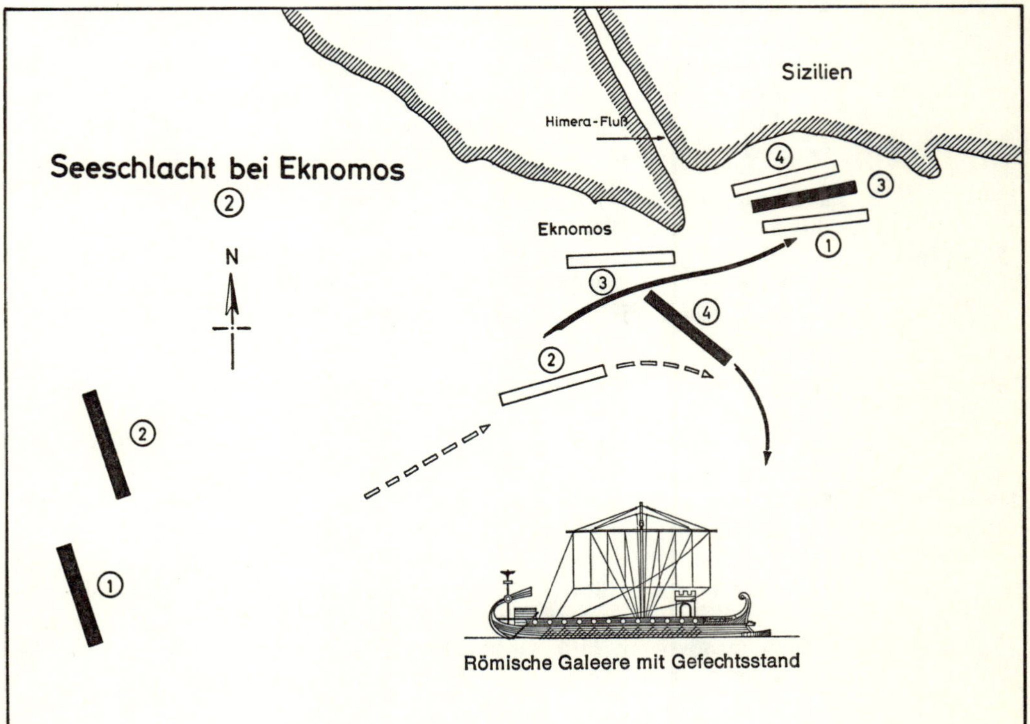

Römische Galeere mit Gefechtsstand

beneinander – entgegen. Sobald die Flotten zusammentreffen, täuschen die beiden mittleren Geschwader der Karthager Flucht vor und ziehen die beiden Spitzengeschwader der Römer hinter sich her. Die beiden Flügelgeschwader werfen sich auf die Transportflotte und ihre Deckung und drängen sie an die Küste. Atilius Regulus, der das eine Spitzengeschwader führt, bricht sofort den Kampf ab und eilt der Transportflotte zu Hilfe, gefolgt vom Geschwader zwei. Das eine punische Flügelgeschwader kann noch entkommen, das andere aber wird umstellt und fast vollständig aufgerieben. Die Karthager verlieren ungefähr 90 Schiffe (60 genommen, 30 versenkt). Die Römer verlieren 24 Schiffe (durch Rammstoß versenkt). Trotz taktisch guter Führung zur See verlieren die Karthager die Schlacht, da sie im Nahkampf gegen die Enterbrücke kein Mittel haben. Der Seeweg nach Afrika ist nun frei für die Römer.
Bei Clupea wird das Heer gelandet. Die Römer gelangen bis vor Karthago, das um Frieden bittet.

Die harten Friedensbedingungen Roms – Sizilien, Sardinien, Korsika und die Flotte auszuliefern – lehnt es aber ab.

255 v. Chr. Mit Hilfe griechischer Söldner unter dem Spartaner Xanthippos siegen die Karthager bei Tunis über das römische Expeditionsheer.

255 v. Chr. **Seeschlacht bei Kap Bon.** Die römische Schlachtflotte läuft nach Afrika, um die Reste des Heeres abzuholen. Die punische Flotte tritt ihr – wieder in Stärke von 200 Schlachtschiffen – entgegen und erleidet nach kurzem harten Kampf eine vernichtende Niederlage. Die Römer erobern 114 Schlachtschiffe, weitere 16 werden vernichtet. Ihre eigenen Verluste sind im Vergleich unbedeutend. Bei Clupea werden die Reste des Heeres eingeschifft. Auf der Rückfahrt gerät die riesige Armada an der Südküste von Sizilien jedoch in einen schweren Sturm und verliert fast 300 der rund 370 Schlachtschiffe (mit den erbeuteten punischen). Rund 100 000 Mann ertrinken. Es ist dies einer der größten Schiffbrüche in der Geschichte der Schiffahrt.

254 v. Chr. Eroberung von Panormus (Palermo). Eine neuerbaute römische Flotte unterstützt das Landheer bei der Einnahme der Stadt.

253 v. Chr. Auch diese Flotte geht beim Versuch, den Seekrieg nach Afrika auszudehnen, im Sturm verloren. Diese Schiffbrüche sind eine Folge der mangelnden seemännischen Erfahrung der Römer. Rom verzichtet nun auf den Kampf um die Seeherrschaft.

250 v. Chr. Sizilien ist bis auf Lilybäum, Drepanum und Eryx in der Hand der Römer. Zur Belagerung dieser Häfen wurden kleinere Geschwader unterhalten.
Römischer Seesieg bei Panormus.

249 v. Chr. **Seeschlacht vor Drepanum.** Das römische Blockadegeschwader unter Konsul P. Claudius Pulcher versucht den Hafen von Drepanum anzugreifen. Die dort liegende punische Flotte unter Adherbal, wie die Römer über 100 Schiffe stark, kann aber rechtzeitig die freie See gewinnen. Adherbal gelingt es, die Römer, die in langer Linie entlang der Küste herankommen, zwischen seine Schiffe und das Ufer zu manövrieren. In dieser ungünstigen Lage wird fast die ganze römische Flotte aufgerieben. Mit nur 30 Schiffen kann Pulcher entkommen.

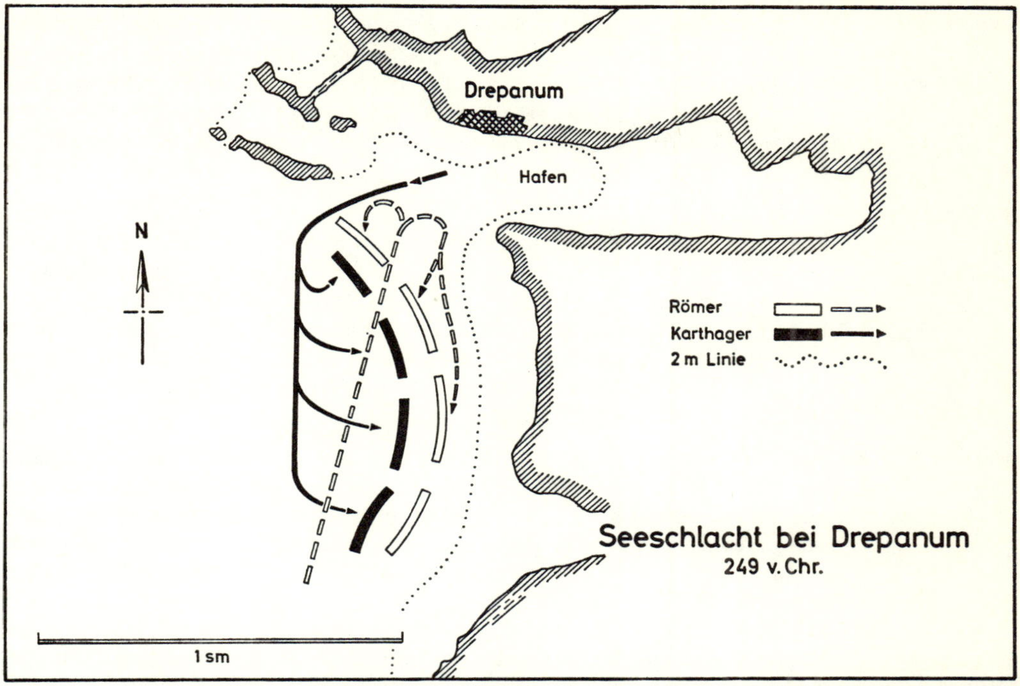
Drepanum
Hafen
N
Römer
Karthager
2 m Linie
Seeschlacht bei Drepanum
249 v. Chr.
1 sm

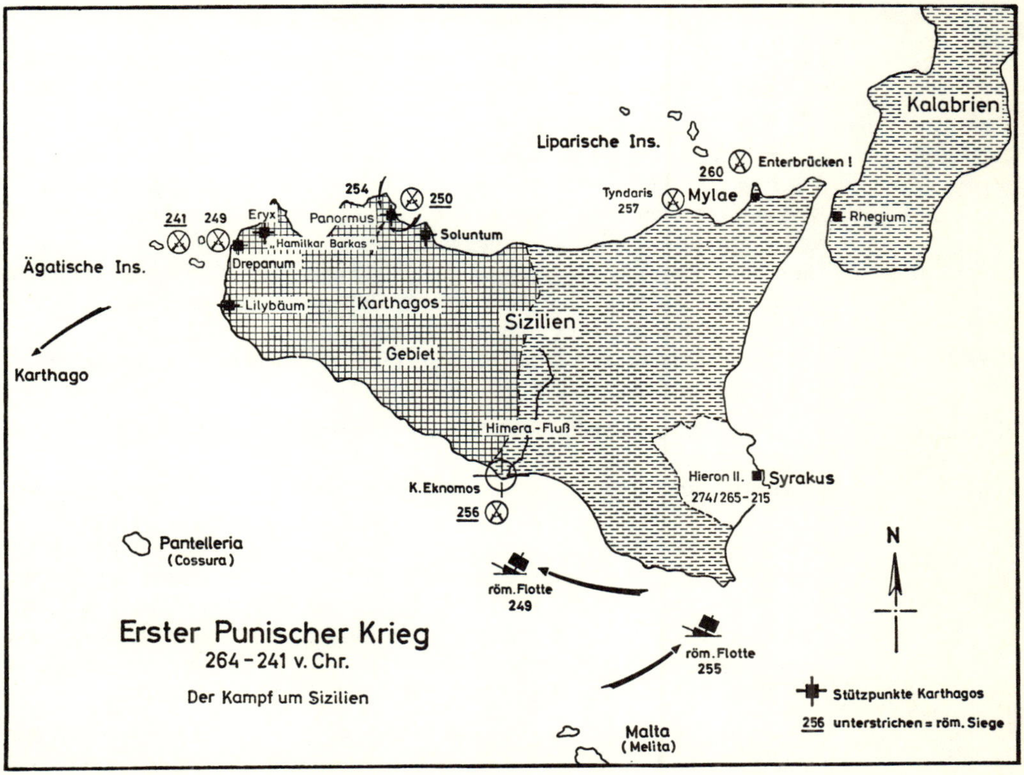
Kalabrien
Liparische Ins.
260 Enterbrücken !
Tyndaris
257
Mylae
254
250
Panormus
Soluntum
241
249
Eryx
„Hamilkar Barkas"
Drepanum
Ägatische Ins.
Lilybäum
Karthagos
Gebiet
Sizilien
Rhegium
Karthago
Himera - Fluß
K. Eknomos
256
Hieron II.
274/265-215
Syrakus
Pantelleria
(Cossura)
röm. Flotte
249
röm. Flotte
255
N
Erster Punischer Krieg
264 - 241 v. Chr.
Der Kampf um Sizilien
Stützpunkte Karthagos
256 unterstrichen = röm. Siege
Malta
(Melita)

Im selben Jahr schicken die Römer eine Transportflotte von angeblich 800 Schiffen um die Südspitze von Sizilien, um die Truppen im Westen der Insel zu versorgen. Südlich von Syrakus trifft die erste Hälfte davon auf die punische Schlachtflotte, wird auf den Strand getrieben und dort zur Gänze vernichtet. Die zweite Hälfte geht bald darauf nach dem Auslaufen aus Syrakus im Sturm an der Südküste verloren. Rom stellt darauf den Seekrieg ganz ein. Punische Kaper beunruhigen nun die ganze italienische Küste.

Die punische Flotte kann ungestört Verstärkungen nach Sizilien bringen, wo Hamilkar Barkas den Römern harte Kämpfe – besonders um Panormus und Lilybäum – liefert. Schließlich lassen römische Reeder, Großkaufleute und wohlhabende Bürger auf eigene Kosten eine Flotte von 200 Kriegsschiffen erbauen und bemannen. Als man in Karthago erfährt, daß die Römer mit einer neuen Flotte nach Sizilien in See gegangen sind, wird die punische Flotte zur Unterstützung von Hamilkar Barkas abgesandt.

März 241 v. Chr. **Seeschlacht bei den Ägadischen Inseln.** Der römische Konsul C. Lutatius Catulus stellt die Karthager vor der Westspitze von Sizilien. Diese erleiden eine schwere Niederlage. 50 punische Schiffe werden versenkt, etwa 70 von den Römern erobert, rund 100 können nach Afrika entkommen. L. Catulus hat mit einem Schlage die Seeherrschaft errungen. Ohne Nachschub kann Hamilkar Barkas seine Stellung auf Sizilien nicht halten. Von Karthago ermächtigt, schließt er mit L. Catulus Frieden.
Karthago muß auf Sizilien verzichten und 3200 Talente Kriegsentschädigung zahlen.

---

238 v. Chr. Sardische Söldner richten nach einem Aufstand gegen Karthago ein Hilfsgesuch an Rom, das erneut den Krieg erklärt. Karthago muß auch Sardinien und Korsika abtreten.

240–229 Unter ihrem König Agron und dessen Witwe Teuta beherrschen die **Illyrer** die Adria und das Ionische Meer. Wegen des Niederganges der ehemaligen Seestadt Kerkyra/Korfu und der Schwäche der Westgriechen zur See dehnen sie ihre Piratenfahrten bis zur südlichen Peloponnes aus.

229 v. Chr. **Gefecht bei Paxos.** Die Illyrer greifen Kerkyra an. Ein Hilfsgeschwader von acht Schlachtschiffen der Achäer wird von der Flotte der Illyrer geschlagen und verliert vier Schiffe. Kerkyra muß sich ergeben.

229–228 Rom besiegt nun die illyrischen Seeräuber in der Adria und bringt die ganze Küste unter seine Herrschaft.

237–227 Hasdrubal, aus der Familie der Barkiden, erobert Spanien bis zum Ebro für Karthago.

226 v. Chr. Ebrovertrag mit Rom. Karthago verzichtet auf weitere Eroberungen in Spanien.

218 v. Chr. **Seeschlacht bei Sidon.** Im vierten Krieg um Syrien (221–217) zwischen den Seleukiden und Ägypten kommt es zu einem Zusammentreffen der beiden Flotten. Die Syrer unter Diognetus und die Ägypter unter Perigenes trennen sich zwar ohne Entscheidung, in der gleichzeitig stattfindenden Schlacht der Landheere sind die Syrer zunächst erfolgreich. In der Landschlacht bei Raphia im folgenden Jahr werden die Syrer jedoch zurückgeschlagen.

Als Karthago das mit Rom verbündete Sagunt, südlich des Ebro, angreift und erobert, erklärt Rom den Krieg. Ehe Rom gegen Karthago vorgehen kann, muß es sich der aufständischen Kelten in Oberitalien und der Seeräuber in der Adria im Zweiten Illyrischen Krieg erwehren. Die Punier kommen den Römern aber zuvor und beginnen ihrerseits den unvermeidlichen Kampf.

218–201 **Der Zweite Punische Krieg**

Nachfolger in Spanien nach dem Tod Hasdrubals (221) ist Hamilkars ältester Sohn Hannibal. Von Spanien zieht Hannibal mit seinem Heer über die Alpen und trägt den Krieg nach Italien. Er siegt 218 am Ticinus und an der Trebia, 217 am Trasimenischen See und 216 in der Schlacht bei Cannae. Das römische Heer weicht darauf weiteren Kämpfen mit Hannibal aus. Die römische Flotte beherrscht jedoch die See.

217 v. Chr. **Gefecht an der Ebromündung.** Eine römische Flotte unter Cn. Cornelius Scipio siegt entscheidend über das punische Geschwader in Spanien, von welchem nur wenige Schiffe entkommen.
Es folgen wechselvolle Kämpfe in Spanien, Sizilien und Griechenland. Die Seeherrschaft macht den Römern schnelle Truppenverschiebungen möglich. Hannibal bringt die Griechen Süditaliens nur schwer zum Abfall von Rom.

215 v. Chr. Hannibal schließt ein Bündnis mit Philipp V. von Makedonien. Da die römische Flotte die Adria beherrscht, kann dieser in Italien nicht eingreifen.

212 v. Chr. Karthago schickt für das gegen Rom kämpfende Syrakus ein Versorgungsgeleit von 700 Transportern und 130 Kriegsschiffen. Als dieses auf ein römisches Geschwader von 100 Schiffen trifft, schickt der punische Admiral die Transporter zurück und überläßt die Stadt ihrem Schicksal, indem er die angebotene Schlacht nicht annimmt.

212 v. Chr. Der römische Konsul Marcellus erobert mit Heer und Flotte das mit Karthago verbündete Syrakus (Tod von Archimedes). Hannibal gelingt noch die Eroberung von Tarent und der Sieg bei Capua (211).

210 v. Chr. Gefecht bei Tarent. Ein griechisches Geschwader der Verbündeten Hannibals aus Tarent in der Stärke von 20 Schiffen vernichtet ein römisches Versorgungsgeleit für die römische Besatzung in der Zitadelle der Stadt.

210 v. Chr. Ein römisches Geschwader erobert die Insel Ägina im Saronischen Golf und stärkt die römischen Verbündeten in Griechenland gegen Makedonien.

209 v. Chr. Römische Land- und Seestreitkräfte erobern in Spanien Nova Carthago/Cartagena, wobei 18 Kriegsschiffe und 63 Transporter erobert werden.

208 v. Chr. **Erste Seeschlacht vor Karthago.** Ein römisches Geschwader greift die afrikanische Küste bei Clupea an und trifft dabei auf die Flotte von Karthago. Die Römer erobern 18 der 83 gegnerischen Schiffe.

207 v. Chr. **Zweite Seeschlacht vor Karthago.** Ein römisches Geschwader von 100 Schiffen trifft erneut auf die punische Flotte und erobert diesmal 17 Schiffe, vier weitere werden versenkt, die restlichen 53 entkommen.

207 v. Chr. Gefecht bei Gibraltar. Das aufständische Gades/Cadiz ruft ein römisches Geschwader zu Hilfe. Dieses trifft auf ein punisches Geschwader, versenkt drei Schiffe und vertreibt den Rest.
Hannibals Bruder Hasdrubal bringt Verstärkung über die Alpen, verliert aber die Schlacht am Metaurus bei Sena Gallica und fällt. (207 v. Chr.)

206 v. Chr.	P. Cornelius Scipio erobert ganz Spanien.
205 v. Chr.	Hannibals jüngster Bruder Mago kann mit dem Rest des spanischen Heeres bei Genua landen. Er versucht vergeblich, die Ligurier und Gallier noch einmal gegen Rom zu führen. Dies war die einzige größere offensive Operation der Karthager zur See im Zweiten Punischen Krieg.
205 v. Chr.	Ein punisches Versorgungsgeleit für Hannibal, 100 Schiffe ohne Geleitschutz, wird bei Sardinien von den Römern aufgerieben. Erobert werden 60 Transporter, 20 weitere werden versenkt, der Rest entkommt nach Karthago.
204 v. Chr.	Konsul P. Cornelius Scipio landet ein Heer von rund 30000 Mann mit einer Transportflotte von 400 Schiffen, gedeckt von 40 Kriegsschiffen in der Nähe von Karthago.
203 v. Chr.	Im Frühjahr greift die punische Flotte die am Strand liegende römische Transportflotte an, erobert zwar 60 Transporter, muß sich aber beim Nahen eines römischen Geschwaders wieder zurückziehen. Den Nachschub für das Expeditionsheer aus Sizilien und Spanien kann sie nicht unterbinden. Hannibal muß Süditalien auf einer improvisierten Transportflotte räumen.
202 v. Chr.	P. Cornelius Scipio besiegt das punische Heer bei Zama. Karthago muß Frieden schließen. Es verliert Spanien an Rom, Numidien wird selbständig; es muß Reparationen zahlen, alle Kriegsschiffe bis auf 10 ausliefern und darf ohne Bewilligung von Rom keine Kriege führen. Die einstige Seemacht Karthago hat in diesem Krieg keinen Versuch gemacht, die Seeherrschaft zu erringen. Die römische Flotte beherrschte damit fast kampflos das ganze Mittelmeer.
	Philipp V. von Makedonien hat in der Ägäis ein System von optischen Signalstationen und Leuchtfeuern verwendet, um die Bewegung der römischen Geschwader besser kontrollieren zu können.

204–197 **Der Zweite Makedonische Krieg**

	Philipp V. von Makedonien und Antiochos III. von Syrien wollen sich die Besitzungen der Ptolemäer in der Ägäis und Palästina teilen. Durch die Erfolge Philipps bei seinen Operationen in Kleinasien fühlen sich die Kleinstaaten in diesem Raum in ihrer Unabhängigkeit bedroht. Rhodos, Pergamon und Byzanz erklären daher Philipp den Krieg.
201 v. Chr.	Die Flotte Makedoniens erobert Samos und zerstört die dort liegenden ägyptischen Schiffe. Damit endet die Seemacht der Ptolemäer in der Ägäis.
201 v. Chr.	**Seeschlacht bei Chios.** Die verbündeten Flotten von Rhodos und Pergamon besiegen die makedonische Flotte. Philipp verliert 27 große und 65 kleine Schiffe, die Verbündeten im ganzen 7 Schiffe.
201 v. Chr.	Gefecht bei Lade. Ein Geschwader aus Rhodos trifft auf ein makedonisches Geschwader; das Treffen endet ohne Entscheidung.
201 v. Chr.	Auf Ersuchen der Verbündeten greift Rom, das soeben den Zweiten Punischen Krieg beendet hat, in den Kampf gegen Makedonien ein.
199 v. Chr.	Ein Geschwader der Verbündeten, bestehend aus Schiffen von Rom, Pergamon und Rhodos, operiert in der Ägäis und erobert Andros und Plätze auf Euböa und der Chalkidike.
198 v. Chr.	Die Flotte der Verbündeten in Stärke von rund 100 Schiffen erobert die Insel Euböa mit Ausnahme der Festung Chalkis. Nach der Niederlage bei Kynoskephalä (197) in Thessalien muß Philipp Frieden schließen und seine Flotte bis auf sechs Schiffe den Römern ausliefern.

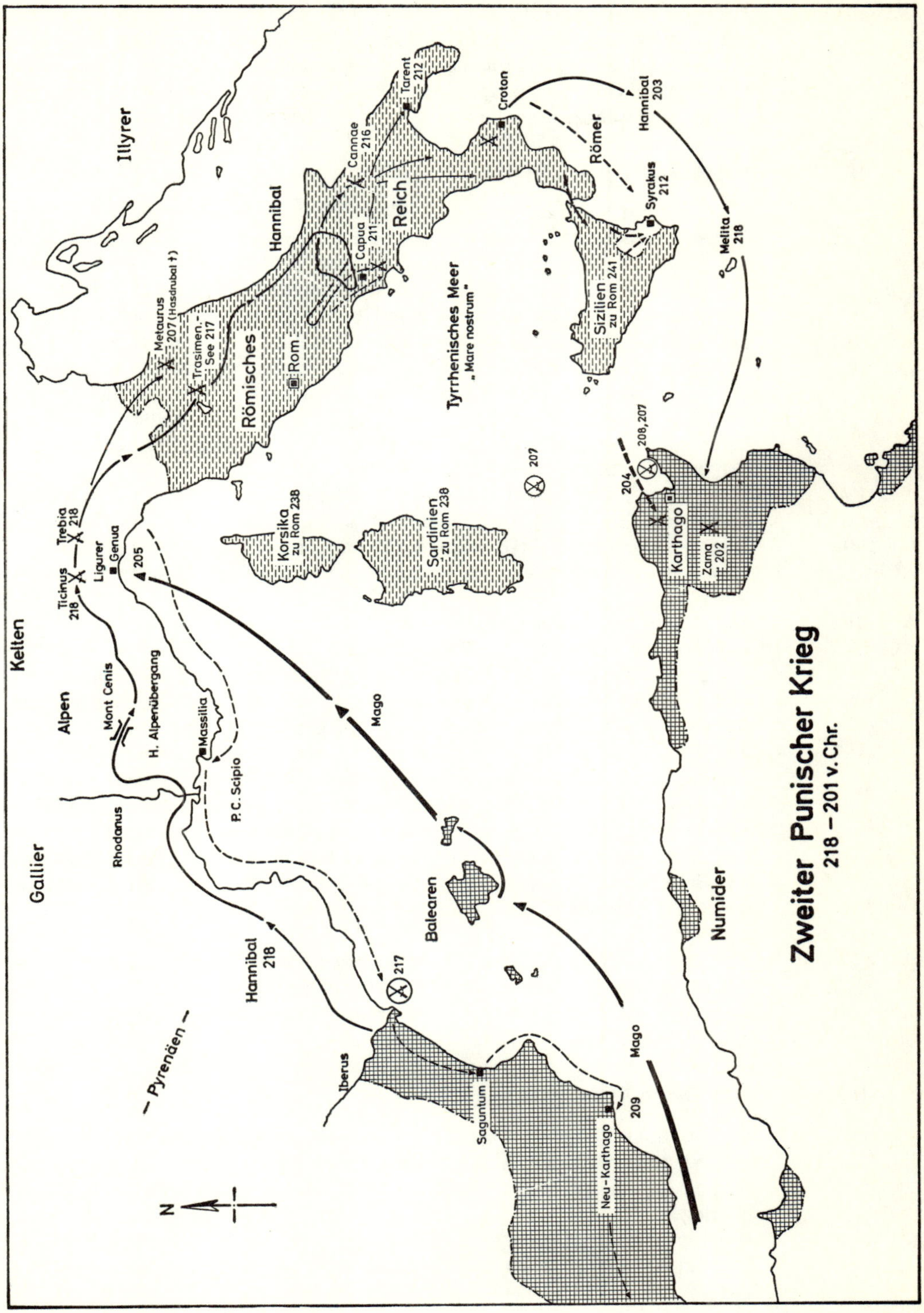
Zweiter Punischer Krieg
218 – 201 v. Chr.
Gallier
Rhodanus
Alpen
Kelten
Mont Cenis
H. Alpenübergang
Massilia
P. C. Scipio
Ticinus 218
Trebia 218
Ligurer
Genua
205
Mago
Balearen
Hannibal 218
– Pyrenäen –
Iberus
Saguntum
Neu-Karthago
209
Mago
217
Korsika zu Rom 238
Sardinien zu Rom 238
Römisches Reich
Rom
Metaurus 207 (Hasdrubal †)
Trasimen.-See 217
Hannibal
Capua 211
Cannae 216
Tarent 212
Illyrer
Croton
Römer
Hannibal 203
Syrakus 212
Melita 218
Sizilien zu Rom 241
Tyrrhenisches Meer „Mare nostrum"
207
204
208,207
Karthago
Zama 202
Numider
N

196–194 **Krieg gegen Sparta.** Unter anderem wegen seiner Unterstützung der Seeräuber auf Kreta wird Sparta von den Verbündeten Rom, Rhodos und Pergamon angegriffen. Die Flotte der Verbündeten erobert den Flottenstützpunkt Gythion am Lakonischen Golf, Sparta muß nach seiner Niederlage alle Schiffe bis auf zwei kleine Kriegsschiffe ausliefern.

192–188 Krieg Roms gegen Syrien

Nach Philipps Niederlage gegen die Römer eignet sich König Antiochos III. von Syrien dessen Eroberungen in Kleinasien an und beginnt, seine Herrschaft auch auf Thessalien und Griechenland auszudehnen. Zu Lande von den Römern bei den Thermopylen (191) geschlagen, kann nur seine Flotte die Römer und die mit diesen verbündeten Rhodier an einem Übersetzen nach Kleinasien hindern.

Sept. 191 v. Chr. **Seeschlacht bei Korykos.** Polyxenidas, der Admiral von Antiochos, versucht vergeblich die Vereinigung der Flotten von Rom und Pergamon zu verhindern. Seinen 70 großen Schiffen stehen 80 römische unter C. Livius Salinator und 25 aus Pergamon unter König Eumenes gegenüber. In dem folgenden Kampf verlieren die Syrer 23 Schiffe gegen nur eines der Verbündeten. Polyxenidas zieht sich auf seine Flottenbasis Ephesus zurück.

Apr. 190 v. Chr. Die syrische Flotte unter Polyxenidas siegt bei Panionion südlich Ephesus über ein Geschwader aus Rhodos, welches 20 seiner 27 Schiffe verliert.

Juli 190 v. Chr. Das wieder verstärkte Geschwader aus Rhodos unter Eudamas besiegt bei Side – nahe dem Eurymedon – ein aus Syrien kommendes Hilfsgeschwader für Antiochos.

Aug. 190 v. Chr. **Seeschlacht bei Myonnesos.** Da auf die Verstärkung aus Syrien nicht mehr gezählt werden kann, versucht Polyxenidas allein mit der in Ephesus liegenden Hauptflotte die Seeherrschaft in der Ägäis zurückzuerobern. Er verfügt über 89 Schiffe mit 24000 Mann. Diesen stehen 58 römische »Schlachtschiffe« unter Aemilius und 22 leichtere Schiffe aus Rhodos unter Eudamas mit zusammen 20000 Mann gegenüber. Während die schnelleren Schiffe aus Rhodos beweglich die Flügel decken, brechen die großen römischen Schiffe im Zentrum durch. Die Syrer verlieren die Schlacht sowie 13 versenkte und 29 genommene Schiffe. Die Verbündeten kostet der Sieg 2 römische Schiffe und ein Schiff aus Rhodos. Nach Erringen der Seeherrschaft tragen die Römer den Krieg nach Kleinasien und siegen entscheidend bei Magnesia (190). Antiochos muß im Friedensschluß seine Flotte bis auf 10 Schiffe an Rom ausliefern.

181 v. Chr. Römische Land- und Seestreitkräfte unterwerfen die Stämme an der Ligurischen Küste und sichern damit die Verbindung nach Spanien.

178 v. Chr. Römische Land- und Seestreitkräfte erobern Istrien und sichern den Seeweg nach Griechenland.

171–168 Der Dritte Makedonische Krieg

Perseus, Sohn Philipps V., sucht die Vorherrschaft Makedoniens in Griechenland wiederherzustellen. Auf Betreiben von Pergamon greift Rom in den Konflikt ein. Die Flotte Roms und seiner Verbündeten ist der Makedoniens weit überlegen.

171 v. Chr. Bei Kap Artemision können die Makedonier ein römisches Geleit überraschen. Die vier Begleitschiffe werden versenkt, die Transporter erobert oder vernichtet.

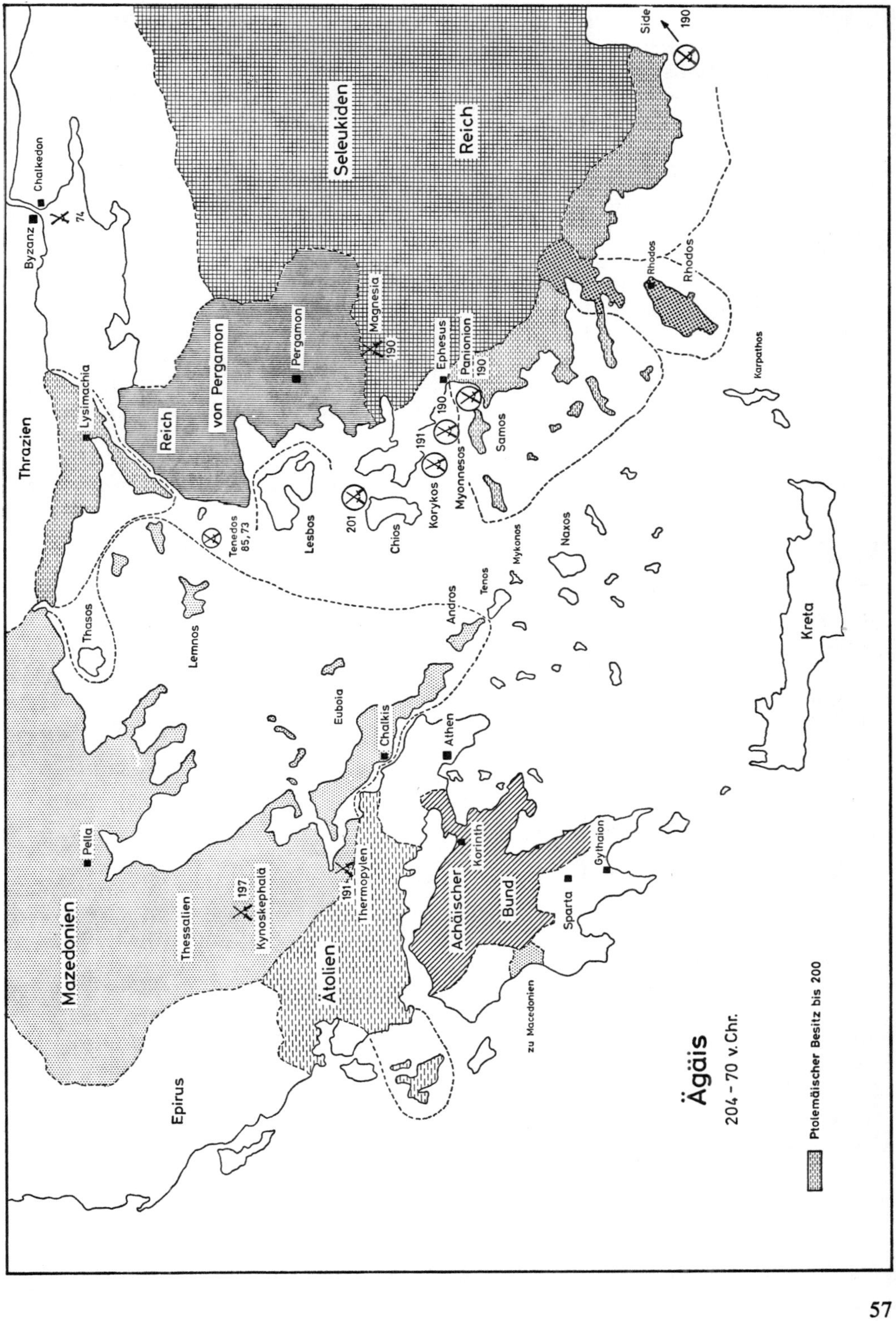

Ägäis
204 – 70 v. Chr.
Ptolemäischer Besitz bis 200
Seleukiden
Reich
Reich
von Pergamon
Pergamon
Magnesia
190
Ephesus
Panionion
190
Samos
Myonnesos
190
191
Korykos
201
Chios
Lesbos
Tenedos
85, 73
Byzanz
Chalkedon
74
Thrazien
Lysimachia
Thasos
Lemnos
Mazedonien
Pella
Thessalien
197
Kynoskephalä
191
Thermopylen
Ätolien
Epirus
Euboia
Chalkis
Athen
Achäischer
Bund
Korinth
Sparta
Gythaion
zu Macedonien
Andros
Tenos
Mykonos
Naxos
Kreta
Karpathos
Rhodos
Rhodos
Side
190

168 v. Chr. Bei Chios vernichten die Makedonier ein Truppengeleit mit 1000 keltischen Reitern an Bord sowie 35 Pferdetransporter.
Die Landschlacht bei Pydna (Juni 168) entscheidet den Krieg für die Römer. Die Flotte hatte dabei das Heer tatkräftig unterstützt. Da die schwachen makedonischen Streitkräfte nicht rechtzeitig ausgeschaltet wurden, hat es jedoch einige Rückschläge gegeben.
Die Insel Delos kommt wieder zu Athen, wird von Rom zum Zollfreihafen erklärt und damit zum Konkurrenten von Rhodos gemacht.

149–146 **Der Dritte Punische Krieg**

Die Römer eröffnen den Kampf mit der Landung eines Heeres von 35 000 Mann in Afrika.

147 v. Chr. Die römischen Belagerungsstreitkräfte unter P. C. Scipio Aemilianus sperren den Hafen von Karthago durch einen Damm. Im folgenden Jahr graben die Punier eine neue Ausfahrt. Beim Ausbruchversuch der punischen Flotte wird diese von den Römern verlustreich zurückgeworfen. Karthago wird anschließend erobert und die Stadt entvölkert.

138–136 Das römische Geschwader von Gades/Cadiz unterwirft die lusitanische Küste, das heutige Portugal, und richtet beim heutigen Lissabon einen Stützpunkt ein.

133 v. Chr. Rom erbt von König Attalos III. Pergamon und damit auch dessen Flotte.

123 v. Chr. Ein römisches Geschwader unter Quintus Metellus erobert die Balearen.

um 120 v. Chr. Ägypten schickt unter dem Griechen Eudoxus aus Kyzikos zur Erkundung der Reiserouten eine Expedition in den Indischen Ozean. Dabei sollen die Monsunwinde als Voraussetzung für einen Handelsverkehr erforscht werden.

88 v. Chr. Bei den zahlreichen dynastischen Kämpfen der Ptolemäer in Ägypten verliert Ptolemaius IX. Alexander I. in einer Seeschlacht Thron und Leben gegen die Anhänger von Ptolemaius VIII. Soter II.
Durch den Bundesgenossenkrieg in Italien (90–88) und den Kampf zwischen Marius und Sulla (88–84) scheint vielen das Römische Reich mehr geschwächt als es tatsächlich der Fall ist.

88–84 **Der Erste Krieg gegen Mithridates von Pontus**

König Mithridates VI. bringt die von römischen Steuereintreibern bedrückten Griechen Kleinasiens zum Aufstand. Seine durch die Piraten aus Kilikien verstärkte Flotte zerstreut das kleine römische Wachgeschwader vor dem Hellespont. Er erobert Euböa und Delos; Athen mit Piräus schließt sich dem Aufstand an.

Herbst 88 v. Chr. Mithridates versucht vergeblich, mit Heer und Flotte die Stadt Rhodos zu erobern.

86 v. Chr. Dem Konsul Sulla gelingt es, Athen mit Piräus zurückzuerobern und den Gegner in zwei Landschlachten zu schlagen.

85 v. Chr. Ein neu aufgestelltes römisches Geschwader unter L. L. Lucullus kann zusammen mit dem Geschwader aus Rhodos die meisten Inseln zurückerobern und das pontische Geschwader vor dem Hellespont in zwei Gefechten bei Tenedos schlagen.
Das römische Heer setzt darauf nach Kleinasien über und diktiert den Frieden, in welchem die Auslieferung der pontischen Flotte verlangt wird.

Im **Zweiten Krieg** gegen Mithridates (83–81), in dem es um die Erfüllung des Friedensvertrages nach dem Ersten Krieg gegangen war, haben keine nennenswerten Seeoperationen stattgefunden.

74–64 Der Dritte Krieg gegen Mithridates von Pontus

Im ersten Kriegsjahr kann die pontische Flotte aus dem Schwarzen Meer in die Ägäis vorstoßen.

74 v. Chr. Die pontische Flotte überrascht das römische Geschwader vor Chalkedon, vernichtet vier Schiffe und erobert die restlichen sechzig.

73 v. Chr. Ein Geschwader unter L. L. Lucullus schlägt die pontische Flotte in Gefechten bei Lemnos und Tenedos vernichtend und trägt den Krieg in das Schwarze Meer. Die restlichen Seestreitkräfte des Königs Mithridates werden von einem Sturm im Schwarzen Meer vernichtet.

66/65 v. Chr. Mithridates erobert mit einer neuen Flotte die Seeherrschaft im Schwarzen Meer zurück, er kann damit seine Besitzungen in Südrußland von seinem Sohn Machares, der sich den Römern unterworfen hatte, zurückgewinnen. Durch eine Revolte im Jahr 63 v. Chr. in die Enge getrieben, scheidet er freiwillig aus dem Leben, um sich nicht unterwerfen zu müssen.

ab 88 v. Chr. Die Ausübung der Seepolizei wird von Rom vernachlässigt. Seit dem Beginn der Bürgerkriege nimmt daher die Seeräuberei große Ausmaße an. Die Seeräuber haben ihre Schlupfwinkel vor allem in Kilikien an der Küste Kleinasiens sowie auf Kreta. Sie stören die Zufuhren nach Rom, sogar die Getreidelieferungen aus Afrika werden unterbunden. Rom wird zu einem richtigen Krieg gezwungen.

Roms Seekrieg gegen die Seeräuber

Prokonsul Servilius und Marcus Antonius d. Ältere kämpfen jahrelang mit wechselndem Erfolg.

67 v. Chr. Die Seeräuber überfallen in Ostia, dem Hafen von Rom, ein gegen sie in Ausrüstung befindliches Geschwader.

Pompeius wird darauf mit außerordentlicher Befehlsgewalt ausgestattet. 500 Schiffe und ein Heer von 120 000 Mann werden ihm zur Verfügung gestellt. In einer glänzend geleiteten Operation sichert Pompeius in drei Monaten zuerst das westliche Mittelmeer und schlägt dann die Seeräuber im Osten in ihren Schlupfwinkeln entscheidend. Es sollen 10 000 Seeräuber getötet, 20 000 gefangen worden sein.

Die Erteilung der außerordentlichen Vollmachten an Pompeius zur Führung des Seeräuberkrieges ist ein erster Schritt zur Diktatur.

60 v. Chr. Das **Erste Triumvirat** wird geschlossen (Pompeius, Cäsar und Crassus).

58–51 C. Julius Cäsar unternimmt nach seinem Konsulat (59 v. Chr.) die Eroberung von Gallien in seiner Eigenschaft als Prokonsul.

56 v. Chr. In der Bucht von Quiberon siegt die Flotte Cäsars über die großen Segelschiffe der gallischen Veneter. Bei der herrschenden Windstille sind die römischen Riemenschiffe ihrem Gegner an Manöverierfähigkeit überlegen.

55 v. Chr. Cäsar unternimmt die erste Invasion von Britannien. Zwei Legionen werden nördlich von Dover gelandet. Im folgenden Jahr folgt eine weitere Expedition mit fünf Legionen. Die Flotte hat dabei nur Transportfunktion, da die Briten über keine Kriegsschiffe verfügen.

49–46 **Bürgerkrieg Cäsars gegen Pompeius**

Zu Beginn der Auseinandersetzung verfügt Pompeius mit der Flotte auch über die Seeherrschaft, wodurch die Operationen Cäsars sehr behindert sind.

49 v. Chr. Bei der Blockade von Massilia/Marseille, das zu Pompeius hält, kommt es im Juni und Juli zu zwei Seegefechten, in welchen das Geschwader Cäsars siegreich bleibt. Massilia muß sich schließlich ergeben.

49 v. Chr. Gefecht bei Curicta/Krk in der nördlichen Adria. Truppen Cäsars auf der Insel werden durch ein Geschwader von 40 Schiffen unter G. C. Dolabella gedeckt. Zwei Geschwader des Pompeius unter Octavius und Libo besiegen Dolabella, die Truppen an Land gehen darauf zum Großteil zu Pompeius über.

Cäsar gelingt es in der Folge nur durch die Untätigkeit der Geschwader der Republikaner, seine Legionen von Brundisium nach Griechenland überzusetzen. (Jan. 48).

48 v. Chr. Im Hafen von Oricum am südlichen Ende der Bucht von Valona vernichtet Cn. Pompeius d. J. ein Geschwader Cäsars. Er läßt ein in der Hafeneinfahrt versenktes Blockschiff räumen und zusätzlich vier Biremen auf Rollen über die schmale Landzunge schleppen und vernichtet die aufgelegten Schiffe. Wenig später verbrennt er weiter nördlich 30 Transporter. Sein Vater verfügt darauf über die Seeherrschaft in der Adria, nützt sie aber nicht aus.

48 v. Chr. Vor Messina überrascht das syrisch-kilikische Geschwader unter C. C. Longinus ein Geschwader Cäsars von 35 Schiffen und vernichtet es durch Branderangriffe gänzlich.

Nach der Niederlage bei Pharsalus (Aug. 48) flieht Pompeius nach Ägypten und wird dort bei der Landung ermordet. Seine beiden Söhne Gnaeus und Sextus entkommen nach Spanien.

48 v. Chr. **Gefechte im Hafen von Alexandria.** Cäsar besiegt zunächst das ägyptische Geschwader, sein folgender Landeversuch wird aber vorerst mit beträchtlichen Verlusten abgewiesen.

47 v. Chr. In einem Gefecht vor der westlichen Nilmündung besiegt das Geschwader Cäsars unter Euphranor, der dabei fällt, die ägyptische Flotte endgültig.

47 v. Chr. In der Adria südlich der Insel Pharos/Hvar siegt ein Geschwader Cäsars über das letzte republikanische Geschwader unter Octavius. Cäsar verfügt nun auch über die Seeherrschaft.

Die Landschlacht bei Thapsus (46) in Tunesien entscheidet den Krieg endgültig zu seinen Gunsten.

46 v. Chr. Vor dem Hafen Carteia an der Südspitze Spaniens besiegt ein Geschwader Cäsars das von Afrika nach Spanien entkommene Geschwader der Pompeianer, welches darauf im Hafen blockiert wird. Cn. Pompeius d. J. versucht nach der Niederlage bei Munda (45 v. Chr.) mit diesen zu entkommen, verliert aber in einem Gefecht 20 Schiffe durch Brander, entkommt an Land und wird kurz darauf gestellt und getötet.

Auf die Ermordung Cäsars (44 v. Chr.) folgt

43 v. Chr. das **Zweite Triumvirat** (Antonius, Lepidus und Octavian).

43–42 **Krieg des Triumvirates gegen die Republikaner**

Die Cäsarmörder Brutus und Cassius bauen sich in den östlichen Provinzen eine Machtposition auf. Gleichzeitig unterbricht der von den Triumvirn auf die Konskriptionsliste gesetzte Sextus Pompeius die Getreideversorgung von Rom.

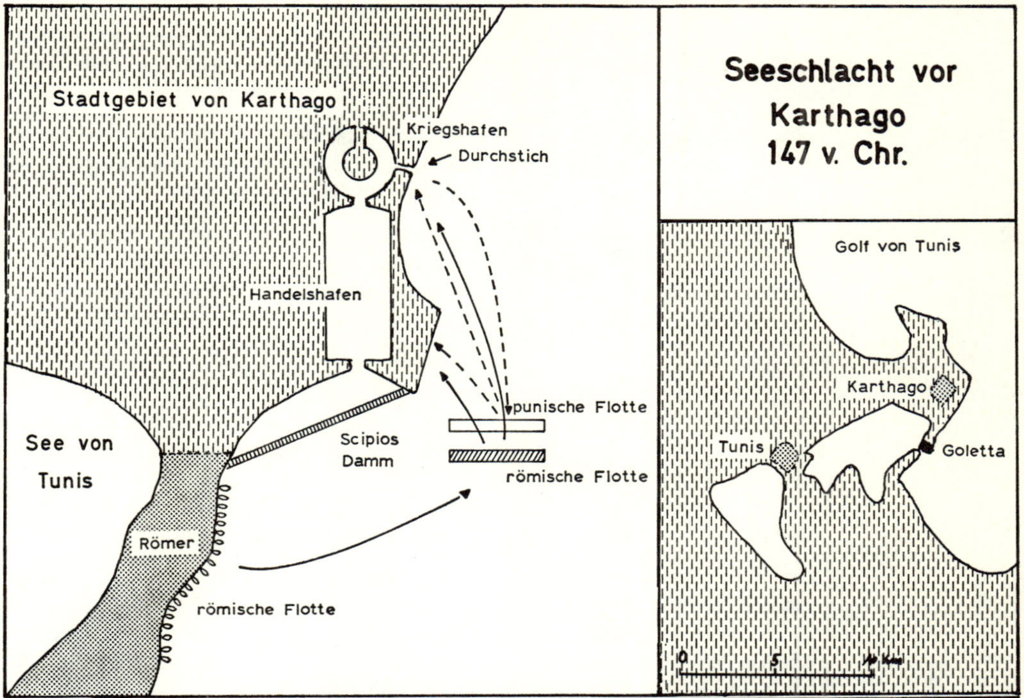
Seeschlacht vor Karthago 147 v. Chr.
Stadtgebiet von Karthago
Kriegshafen
Durchstich
Handelshafen
punische Flotte
römische Flotte
Scipios Damm
See von Tunis
Römer
römische Flotte
Golf von Tunis
Karthago
Tunis
Goletta
0
5

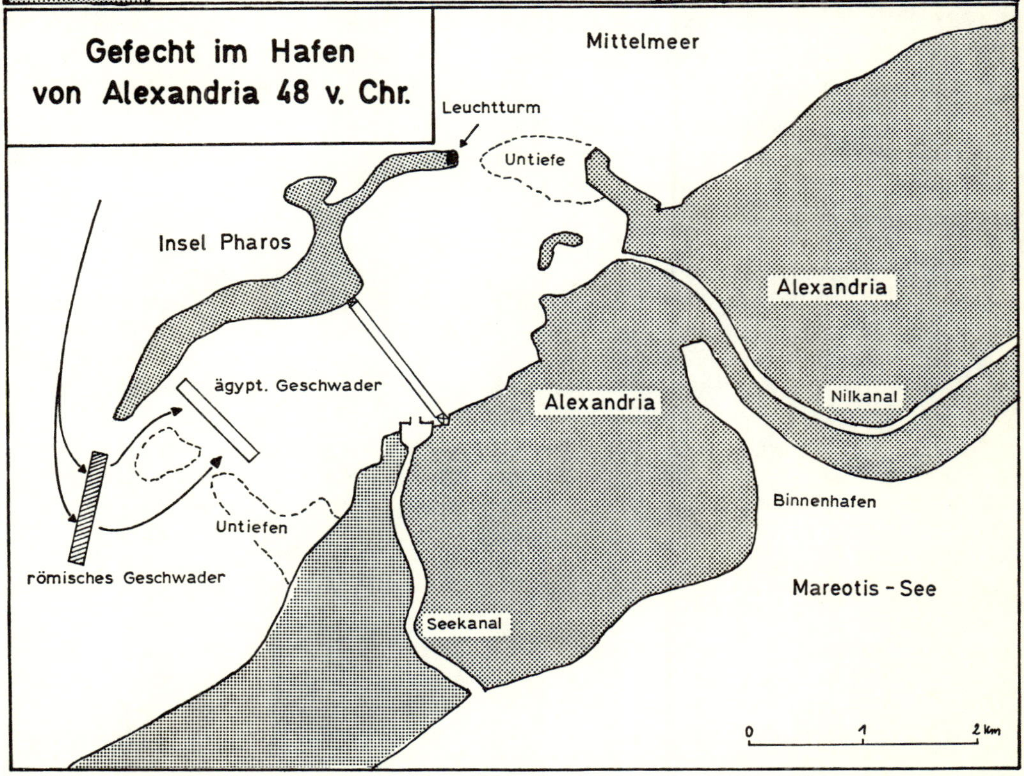
Gefecht im Hafen von Alexandria 48 v. Chr.
Mittelmeer
Leuchtturm
Untiefe
Insel Pharos
Alexandria
ägypt. Geschwader
Alexandria
Nilkanal
Untiefen
römisches Geschwader
Binnenhafen
Mareotis - See
Seekanal
0
1
2 km

Dieser hatte sich in Spanien, seinem Zufluchtsort, eine Flotte geschaffen und war nach dem Tod Cäsars vom Senat zum Flottenbefehlshaber ernannt worden, nach seiner Ächtung hatte er sich zunächst in Sizilien festgesetzt.

42 v. Chr. **Gefecht vor Messina.** Oktavian versucht eine Landung auf Sizilien, seine Flotte wird aber von Sextus Pompeius zurückgeschlagen. Oktavian wird darauf von Antonius gegen die gefährlicheren Feinde in die Adria gerufen.

42 v. Chr. **Zwei Seeschlachten vor Laodicea/Lattakie.** Das Geschwader der Triumvirn unter Cn. C. Dolabella schlägt an der Küste von Syrien das Geschwader des Cassius, wobei Dolabella fünf Schiffe erobert und mehrere erbeutet. Cassius kann sich mit Schiffen aus Zypern und Phönikien verstärken und schlägt wenig später Dolabella vernichtend.

42 v. Chr. **Gefecht bei Myndus.** Als Rhodos die Aufforderung des Cassius, gegen die Triumvirn zu kämpfen, ablehnt, schlägt er mit seinen 80 Schiffen die 33 Schiffe starke Flotte des Inselstaates, landet ein Heer und erobert die Insel nach kurzer Land- und Seeblockade der Hauptstadt.
Die überlegene Flotte der Republikaner sperrt in der Folge die Adria, kann aber zunächst ein Übersetzen des Heeres der Triumvirn nicht verhindern.

42 v. Chr. **Gefecht vor Brundisium.** Die Blockadeflotte unter Murcus und Ahenobarbus vernichtet ein Versorgungsgeleit mit über zwei Legionen an Bord für Antonius und Oktavian. Die 17 Trieren der Geleitsicherung und die Transporter werden erobert. Ohne Aussicht auf Nachschub forcieren die beiden Triumvirn die Offensive und siegen entscheidend bei Philippi (Ende 42 v. Chr.).

Ende 42 v. Chr. Nach der Schlacht bei Philippi greift ein Geschwader der Republikaner von 70 Schiffen unter Ahenobarbus den Hafen von Brundisium an und vernichtet die dort liegenden Schiffe der Triumvirn.

Ahenobarbus geht dann mit seinem Geschwader zu Antonius über, das Geschwader von Murcus und andere Kontingente kann Sextus Pompeius an sich ziehen.

40 v. Chr. Reichsteilung: Antonius erhält den Osten, Octavian den Westen, Lepidus erhält Afrika. Sextus Pompeius, der jüngste Sohn des Pompeius Magnus, hat mittlerweile auch Sardinien und Korsika in seine Hand gebracht. Er sichert sich nun im Vertrag zu Misenum (39 v. Chr.) Sizilien und Achaia und verspricht Getreidelieferungen an Rom. Wie schon sein Vater ist er einer der ersten Römer, die den Wert der Seeherrschaft erkennen. Mit seinen Besitzungen und der Flotte hat er das Schicksal von Italien in der Hand.

39 v. Chr. Einen ersten Rückschlag erleidet Pompeius, als sein Geschwaderführer Menodorus mit 60 Schiffen, drei Legionen und den von ihm gehaltenen Inseln Sardinien und Korsika zu Octavian übergeht.

38–36 Krieg gegen Sextus Pompeius

Octavian beginnt darauf, seine Flotte zu verstärken, um Sextus Pompeius die Seeherrschaft zu entreißen. Die »Schlachtschiffe« dieser Zeit sind größer als die zur Zeit der Punischen Kriege. Es werden größere Wurfmaschinen aufgestellt; die Schiffe erhalten Türme, um den Gegner von einer höheren Plattform aus zu bekämpfen.

38 v.Chr.	**Seeschlacht bei Cumae.** Sextus Pompeius schickt seinen Flottenchef Menekrates nach Norden. Dieser greift mit 100 Schiffen das ungefähr gleich starke feindliche Geschwader an und bringt es an den Rand einer schweren Niederlage. Als er jedoch fällt, nützt sein Vizeadmiral Demochares den schon errungenen Vorteil nicht aus und läuft nach Messina zurück.
38 v.Chr.	**Seeschlacht bei Scylletium** (Reggio). Octavian plant mit dem von Tarent kommenden Geschwader einen Angriff auf Messina; Pompeius greift ihn mit seinen eigenen 40 Schiffen und dem von Cumae rechtzeitig zurückgekehrten Geschwader an, und nur das Eintreffen des Geschwaders von Cumae unter Octavians Vizeadmiral Cornificius verhindern dessen Niederlage. Pompeius läuft in Messina ein, Oktavians Flotte wird aber auf offener Reede von einem schweren Sturm überrascht und verliert über die Hälfte ihrer Schiffe.
	Mit dem Aufbau einer neuen Flotte betraut nun Octavian seinen Jugendfreund Marcus Agrippa. Im Vertrage von Tarent (37 v. Chr.) überläßt auch Antonius dem Octavian seine Flotte zum Kampf gegen Sextus Pompeius. Agrippa läßt die Schiffe in der Wasserlinie mit Balken – zum Schutz gegen einen Rammstoß – verstärken (erster Gürtelpanzer). In der Nähe zum Kriegsschauplatz wird bei Cumae der Kriegshafen Portus Julius angelegt. Die Mannschaften werden besonders für die kommenden Kämpfe geschult. Agrippa besetzt eine der südlichen Liparischen Inseln, um die Flotte des Sextus Pompeius zu beobachten. Diese liegt in geringer Entfernung bei Mylae an der Nordküste von Sizilien unter dem Kommando von Demochares, einem Freigelassenen.
36 v.Chr.	Südlich von Sizilien fängt ein Geschwader des Pompeius einen Truppentransport des Lepidus nach Sizilien ab. Die Hälfte der Schiffe mit zwei Legionen an Bord werden vernichtet, der Rest kann nach Afrika entkommen. Der Westen Siziliens ist vorerst für Pompeius gesichert. Nach genauer Aufklärung geht Agrippa mit seiner Flotte zum Angriff vor.
Anf. Aug. 36 v.Chr.	**Seeschlacht bei Mylae.** Demochares nimmt den von Agrippa angebotenen Kampf an. Es entwickelt sich sofort ein Gefecht Schiff gegen Schiff. Agrippas Schiffe sind größer und stärker, die des Sextus Pompeius schneller und wendiger. Der Kampf verläuft einige Zeit unentschieden. Da die Rammstöße des Gegners an der Panzerung seiner Schiffe meistens versagen, gewinnt Agrippa langsam die Oberhand. Schließlich gelingt es ihm, das Flaggschiff des Demochares zu versenken. Dieser kann sich zwar auf ein anderes Schiff retten, bricht aber den Kampf ab. Agrippa hat seinen ersten Seesieg erfochten. Er verliert nur 5 Schiffe gegen 30 des Demochares.
Mitte Aug. 36 v.Chr.	**Seeschlacht bei Tauromenium (Taormina).** Octavian landet mit der Flotte des Antonius drei Legionen bei Tauromenium auf Sizilien. Pompeius hat inzwischen seine Flotte von Mylae herangezogen und läßt diese unter Demochares und Apollophanes angreifen. In einem erbitterten Kampf von der Frühe bis in die Nacht verliert Octavian 60 seiner 130 Schiffe gegen die 150 des Pompeius. Octavian selbst kann nur mit Mühe entkommen.
	Agrippa erobert nach seinem Sieg bei Mylae auch andere Punkte an der Nordküste Siziliens und deckt die Landung eines starken Heeres. Sextus Pompeius setzt darauf seine ganze Flotte ein, um die Seeherrschaft auch nördlich von Sizilien wieder zu erringen.

Ende Aug. 36 v. Chr.

Seeschlacht bei Naulochus. An die 300 Schiffe unter dem Befehl von Demochares und Apollophanes, ebenfalls einem Freigelassenen, kommen durch die Straße von Messina. Agrippa geht ihnen von Westen entlang der Küste entgegen. Auch er befehligt rund 300 Schiffe, die aber größer und stärker sind als die der Gegner. Agrippa verwendet in dieser Schlacht erstmals Brandpfeile und ein Entergeschoß: einen Balken mit Enterhaken, der an einem Tau auf das feindliche Schiff geschleudert wird, um es heranzuziehen.

Fast an derselben Stelle wie vor wenigen Monaten treffen die Flotten erneut aufeinander. Sie nähern sich in Dwarslinie (ein Schiff neben dem anderen), die südlichen Flügel an die Küste von Sizilien angelehnt. Die Flotte des Sextus Pompeius fährt enger geschlossen, sie wird daher vom Gegner auf der Seeseite überflügelt. Die enge Formation läßt die größere Beweglichkeit der leichteren Schiffe des Pompeius nicht zur Geltung kommen. Sie werden außerdem vom linken Flügel des Agrippa auf der Seeseite umfaßt und an die Küste gedrückt. Dadurch endet die Schlacht mit einer vollständigen Niederlage der Flotte des Pompeius. Nur 17 Schiffe entkommen nach Messina, 28 werden versenkt oder verbrannt, der Rest auf den Strand getrieben oder genommen. Demochares nimmt sich das Leben und Apollophanes ergibt sich. Agrippa verliert nur drei Schiffe durch Rammstoß.

Sextus Pompeius, der die Niederlage vom Land aus sieht, läßt sein Heer im Stich und flieht nach Asien, wo er im Gefängnis von Milet als Gefangener des Antonius stirbt. Das bereits in Sizilien gelandete Heer des Lepidus geht zu Octavian über. Dieser ist nun unumschränkter Herr des Westens.

32–30 v. Chr.

Krieg Octavian gegen Antonius

Antonius geht mit seinen Streitkräften in Begleitung von Kleopatra nach Griechenland, um von dort den Krieg zu führen. Sein Heer zählt 120 000 Mann Fußvolk und 12 000 Reiter. Die Flotte ist 170 Schlachtschiffe und rund 300 weitere Kriegsschiffe stark. Es waren die mächtigsten »Schlachtschiffe« ihrer Zeit, ähnlich denen des Agrippa bei Naulochus. Obwohl Octavian den Krieg mit Antonius bewußt herbeiführt, ist er nicht gerüstet. Zu seinem Glück vergeudet Antonius ein ganzes Jahr nutzlos in Griechenland. Er hält mit Kleopatra Hof in orientalischem Gepränge, das viele Römer seiner Gefolgschaft abstößt. Desertionen sind die Folge.

31 v. Chr.

Im Frühjahr ist Octavian mit seinen Rüstungen fertig und kann die Offensive ergreifen. In Brundisium und Tarent versammelt er ein Heer von 80 000 Mann zu Fuß und 12 000 Reitern. Die bei Naulochos siegreiche Flotte ist allerdings nicht mehr vorhanden, ihr Verbleib ist unbekannt. So große Schiffe waren nicht schnell zu bauen und sehr teuer. Agrippa bildet daher seine Flotte aus rund 260 Liburnen. Dies sind leichte und wendige Ein- und Zweiruderer, wie sie die illyrischen Liburner (daher der Name) verwenden.

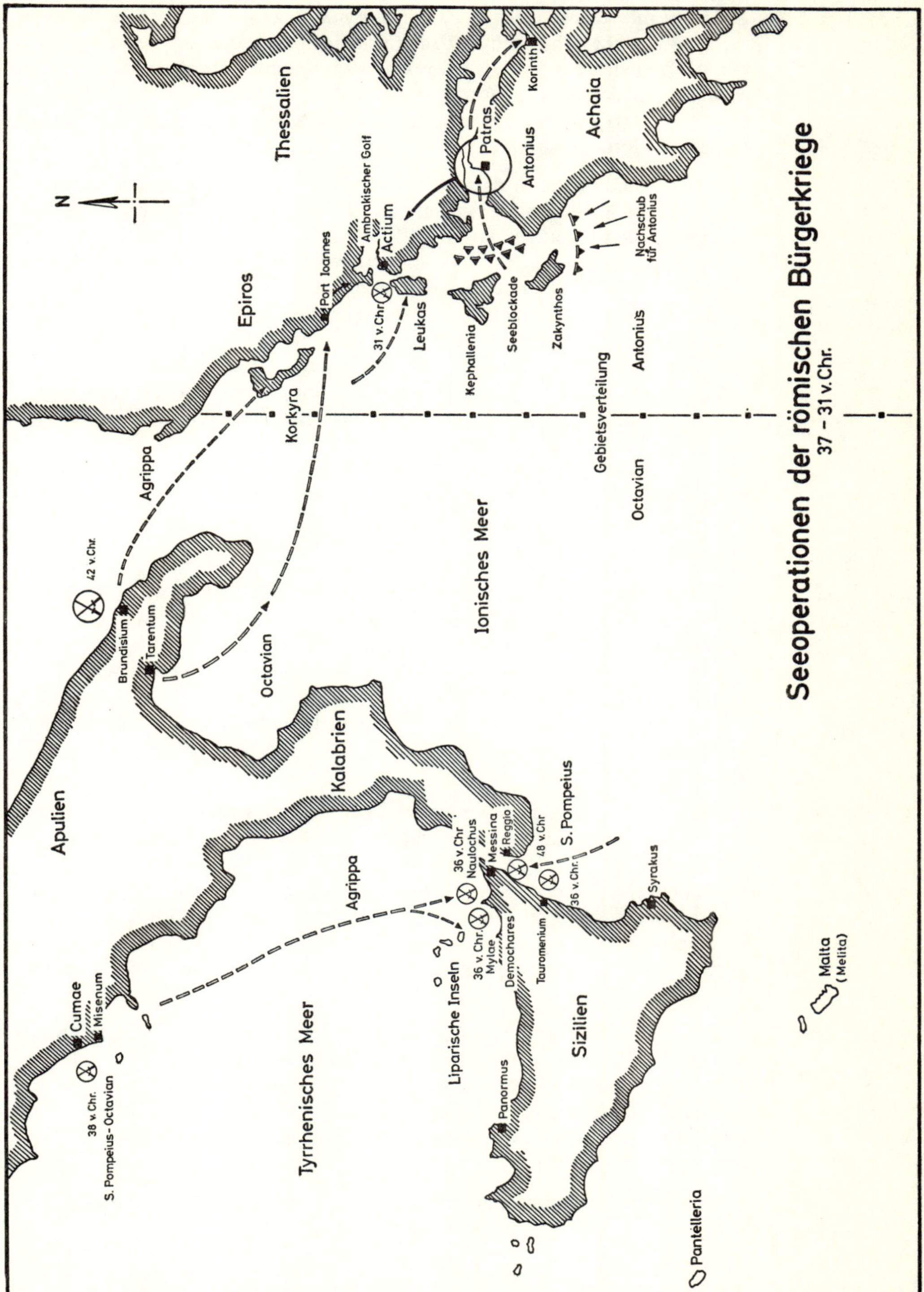

Seeoperationen der römischen Bürgerkriege
37 – 31 v. Chr.

Antonius mit seinem Heer in Patras war vom Nachschub über See abhängig. Agrippa beginnt daher den Feldzug mit einem Kreuzerkrieg. Seine schnellen Schiffe fangen die meisten Transporter des Antonius ab, dessen Heer unter Mangel zu leiden beginnt. Auch nimmt er Kerkyra (Korfu) in Besitz, um dem Heer des Octavian den Übergang über die Adria zu sichern. Antonius sammelt Heer und Flotte bei Actium.

Octavian landet nördlich davon bei Portus Ioannes und beginnt Antonius zu Lande einzuschließen, ohne sich auf eine Schlacht einzulassen. Agrippa erobert mit seiner Flotte Korinth, Patras und Leukas, wodurch Antonius umstellt ist. Seine Streitkräfte sind durch Versorgungsmängel, Krankheiten und Fahnenflucht so gelichtet, daß er nun den Kampf zu Lande nicht mehr wagt. Agrippa hat zur Bewachung der Einfahrt in den ambrakischen Meerbusen, an dem Actium liegt, ein Geschwader unter Aruntius zurückgelassen. Dieser weist einen Versuch, die Blockade zu sprengen, zurück. Die letzte Hoffnung des Antonius ist, mit der Flotte nach Ägypten durchzubrechen, um von dort den Kampf zu erneuern. Auch Kleopatra, die sich mit 60 Segelschiffen und ihrem Kriegsschatz bei der Flotte befindet, drängt zum Kampf zur See. Antonius nimmt 20 000 Legionäre an Bord und verbrennt die überzähligen Schiffe, für die es an Besatzungen mangelt. Auch die Flotte des Agrippa schifft über 30 000 Mann des Heeres von Octavian ein. Somit sind die Vorbereitungen zu einer der entscheidendsten Schlachten der Geschichte getroffen.

2. Sept. 31 v. Chr. — **Seeschlacht bei Actium.** Die Flotte des Antonius ist in drei Geschwader geteilt. Der rechte Flügel unter Gellius ist im Norden an die Küste gelehnt. Die Mitte kommandiert Justijus. Der linke Flügel unter Coelius lehnt sich an die Küste im Süden. Gegenüber kommandiert Agrippa selber die Mitte, Lucius den rechten südlichen Flügel, Aruntius den linken nördlichen Flügel. Agrippa hält mit dem Angriff zurück, da die großen feindlichen Schiffe mit kleinstem Abstand aufgestellt sind. Da sie an die Küste Anlehnung haben, können sie auch nicht umfaßt werden.

um 12 Uhr — Um die Mittagszeit kommt Nordostwind auf. Antonius muß diesen Rückenwind zum Durchbruch ausnützen. Seine Geschwader beginnen nun auch vorzugehen, die beiden Flügel schneller als die Mitte. Agrippa kämpft hinhaltend und geht langsam zurück. Je mehr sich der Kampf aus der Meerenge herauszieht, desto besser kann er seine größere Zahl zur Geltung bringen. Zu drei und vier umschwärmen die Liburnen die »Schlachtschiffe« des Antonius. Mit Brandpfeilen werden mehrere in Brand geschossen. Trotzdem ist der Kampf noch unentschieden.

um 13 Uhr — Da benützt Kleopatra eine Lücke zwischen zwei Geschwadern zum Durchbruch mit ihren Seglern. Antonius gelingt es, mit einigen schnellen Schiffen zu folgen. Trotzdem dauert es noch Stunden, bis die Schiffe des Antonius überwältigt sind. Nur wenige können zum Heer nach Actium fliehen, das Gros ist verbrannt oder genommen. Nach einer Woche ergibt sich auch das umzingelte Heer.

Der Westen hat über den Osten gesiegt, Rom bleibt der Mittelpunkt des Römischen Reiches. Antonius und Kleopatra nehmen sich nach der Landung Octavians im folgenden Jahr in Ägypten das Leben.

Agrippa gewinnt den Krieg durch seine gute Führung zur See. Kreuzer- und Blockadekrieg werden geschickt geführt, die geeigneten Waffen (Brandgeschos-

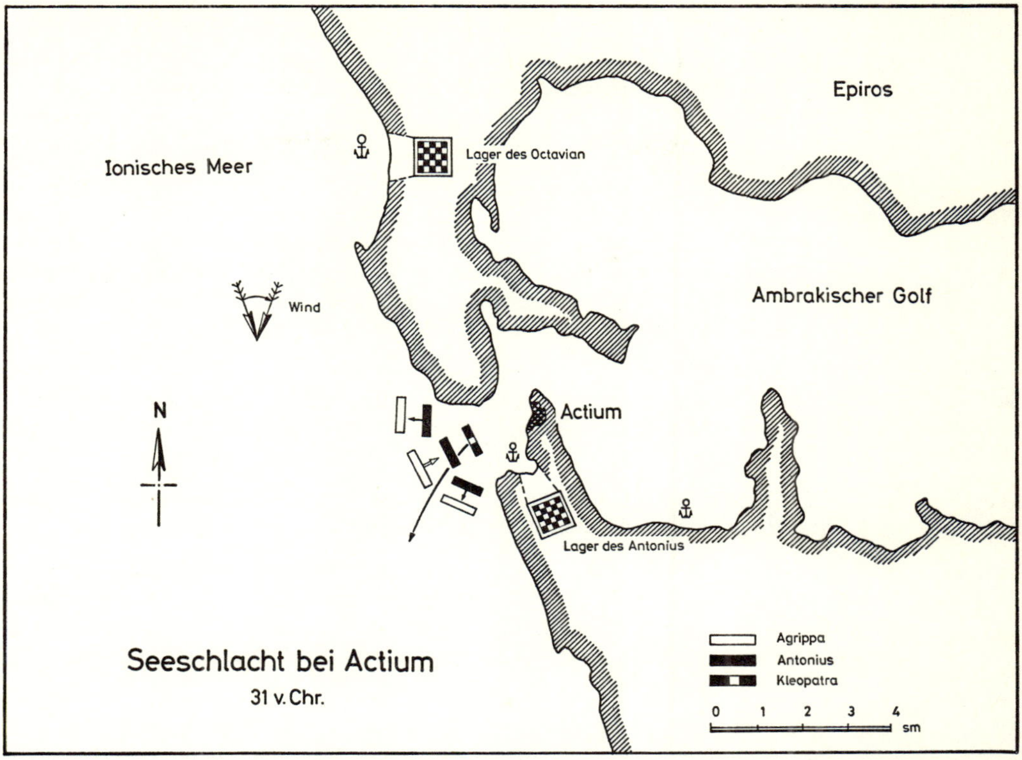
Epiros
Ionisches Meer
Lager des Octavian
Wind
Ambrakischer Golf
N
Actium
Lager des Antonius
Agrippa
Antonius
Kleopatra
0 1 2 3 4 sm
Seeschlacht bei Actium
31 v. Chr.

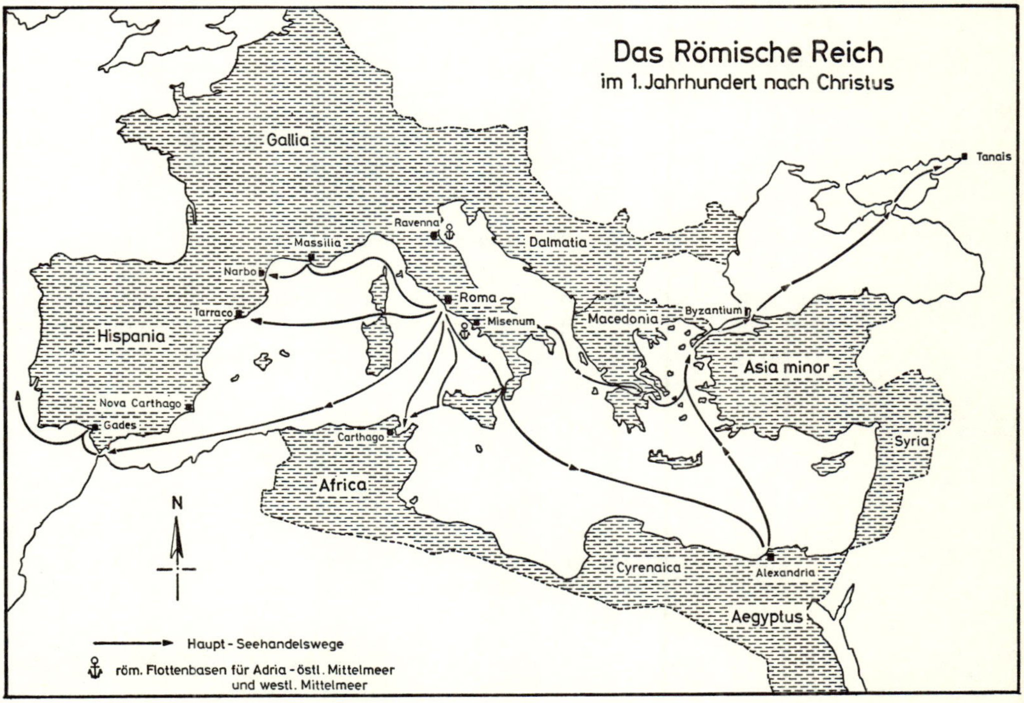
Das Römische Reich
im 1. Jahrhundert nach Christus
Gallia
Tanais
Ravenna
Dalmatia
Massilia
Narbo
Roma
Tarraco
Misenum
Macedonia
Byzantium
Hispania
Asia minor
Nova Carthago
Gades
Carthago
Syria
Africa
N
Cyrenaica
Alexandria
Aegyptus
Haupt - Seehandelswege
röm. Flottenbasen für Adria - östl. Mittelmeer
und westl. Mittelmeer

se) angewendet. Wie im Seekrieg gegen S. Pompeius bewährt sich wieder die gute Ausbildung der Mannschaft.
Die Zeit der Bürgerkriege und der Republik geht damit zu Ende.

Die römische Kaiserzeit

Mit Octavianus Augustus beginnt die Kaiserzeit. Die nächsten fünf Jahrhunderte beherrscht das Römische Reich das ganze Mittelmeer. Die Flotte hat daher in erster Linie Polizeiaufgaben durchzuführen und die zahlreichen Heere durch das Mittelmeer zu transportieren.

Augustus bildet zwei Hauptflotten:

Seit 22 v. Chr. Die Flotte für das westliche Mittelmeer in Misenum bei Neapel. Diese greift mehrmals in die Innenpolitik ein und erlangt ähnliche Bedeutung wie die Praetorianergarde.

Seit 29 n. Chr. Die Flotte in Ravenna für die Adria und das östliche Mittelmeer. Zum Schutze der Provinzen werden dort kleinere Flottenabteilungen unterhalten.

12 v. Chr. Drusus d. Ä. (38 v.–9 n. Chr.) läßt am Niederrhein eine Flotte bauen, mit der er die Friesen und Chauken im Nordseegebiet angreift. Dazu läßt er einen Kanal (Fossa Drusiana) graben, der eine kürzere und sichere Verbindung zur Nordsee darstellt. Die Germanen verfügen nur über kleine Fahrzeuge, ähnlich dem in Nordschleswig ausgegrabenen Hjortspringboot.

5 n. Chr. Die Rheinflotte unterstützt das Heer bei den Operationen bis zur Elbe. Die Flotte bringt dabei Nachschub in die Elbe, ein Erkundungsgeschwader stößt bis Kap Skagen vor.

6 n. Chr. Die Donauflotte mit ihrem Hauptstützpunkt in Carnuntum unterstützt Tiberius bei seinen Operationen gegen die Markomannen.

15 n. Chr. Die Rheinflotte bringt vier Legionen an die Emsmündung zur Unterstützung der Offensive des Germanicus. Als die römischen Truppen in Schwierigkeiten geraten, evakuiert die Flotte sechs Legionen wieder über den Seeweg.

16 n. Chr. Die Rheinflotte transportiert erneut ein römisches Heer von acht Legionen mit Hilfstruppen an die Emsmündung. Die Operationen verlaufen diesmal wohl erfolgreicher, beim Rücktransport aber geht der Großteil der Flotte mit den eingeschifften Truppen in den Herbststürmen verloren. Die Galeerengeschwader sind für die rauhe Nordsee wenig geeignet, und Rom verzichtet daher auf weitere Vorstöße nach Osten und Norden.

43 n. Chr. Unter Kaiser Claudius wird ein Großteil von Britannien erobert. Die Flotte unterstützt dabei das Heer mit überholenden Landungen.

69–71 Bei einem Aufstand der Rheingermanen fallen diesen alle römischen Hafenstädte nördlich von Mainz/Mogontiacum in die Hände. Sie erobern dabei auch eine Anzahl römischer Kriegsschiffe, die sie mit wechselndem Erfolg gegen die Römer einsetzen. Im Jahr 71 muß ihr Führer Julius Civilis vor den römischen Legionen kapitulieren.

60 n. Chr. Ein Grieche aus Ägypten verfaßt den »Periplus für das Erythräische Meer«. Dies ist ein Schiffahrtshandbuch für den Indischen Ozean.

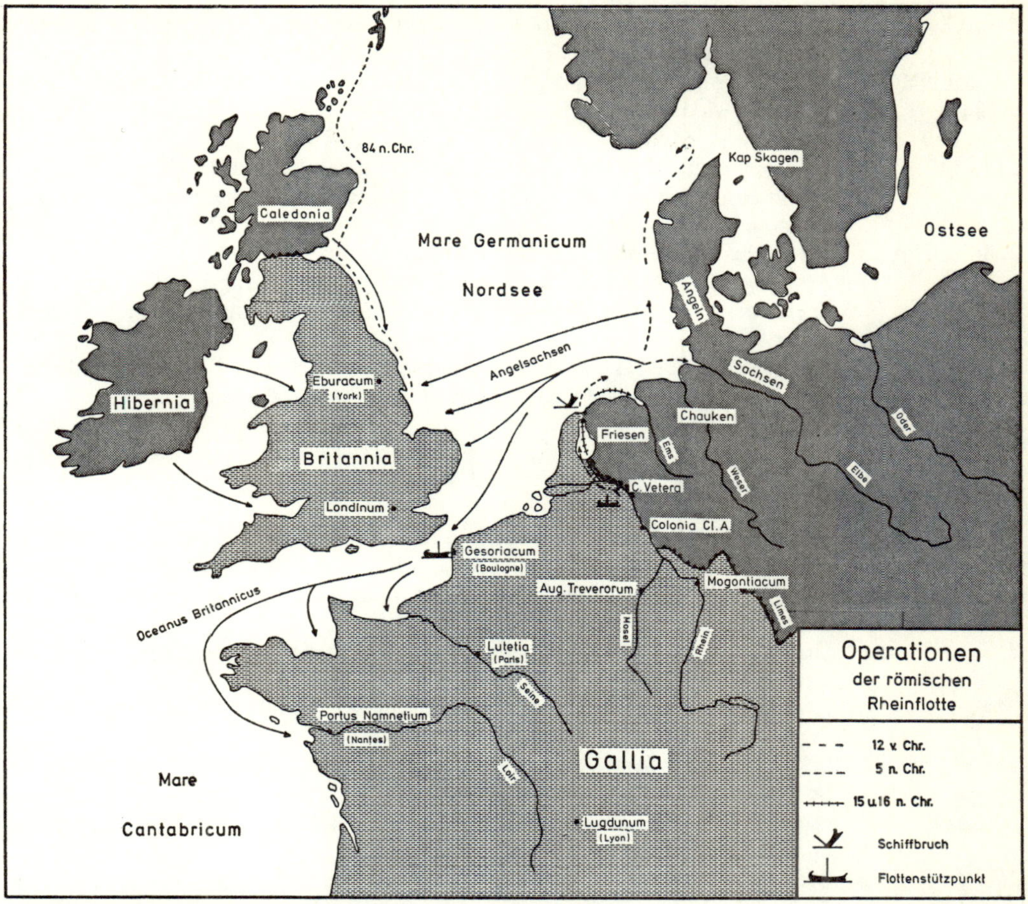
84 n. Chr.
Kap Skagen
Caledonia
Mare Germanicum
Nordsee
Ostsee
Angeln
Hibernia
Angelsachsen
Sachsen
Eburacum
(York)
Chauken
Friesen
Britannia
Ems
Weser
Oder
Elbe
C. Vetera
Londinum
Colonia Cl. A.
Gesoriacum
(Boulogne)
Aug. Treverorum
Mogontiacum
Oceanus Britannicus
Limes
Mosel
Rhein
Lutetia
(Paris)
Seine
Operationen
der römischen
Rheinflotte
Portus Namnetium
(Nantes)
Gallia
Loir
Mare
Cantabricum
Lugdunum
(Lyon)
12 v. Chr.
5 n. Chr.
15 u. 16 n. Chr.
Schiffbruch
Flottenstützpunkt

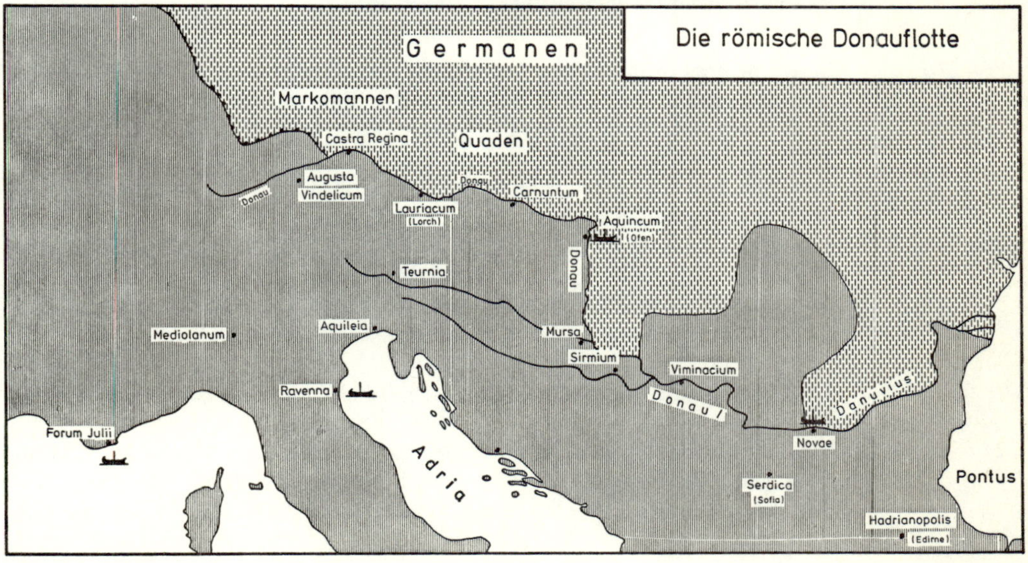
Germanen
Die römische Donauflotte
Markomannen
Castra Regina
Quaden
Donau
Augusta
Vindelicum
Carnuntum
Lauriacum
(Lorch)
Aquincum
(Ofen)
Donau
Teurnia
Mediolanum
Aquileia
Mursa
Sirmium
Viminacium
Ravenna
Donau / Danuvius
Forum Julii
Novae
Adria
Pontus
Serdica
(Sofia)
Hadrianopolis
(Edirne)

84 n.Chr.	Bei der Eroberung von Schottland umfährt ein römisches Geschwader erstmals dessen Nordspitze, entdeckt und besetzt die Orkneyinseln.
Ende 1. Jh. n.Chr.	Die Römer machen den längst verfallenen Kanal vom östlichen Nilarm zum Roten Meer wieder schiffbar. Zunahme des Handelsverkehrs durch den Indischen Ozean.
114–117	Im Krieg gegen die Parther läßt Kaiser Trajan am oberen Euphrat eine Flotte bauen und durch den von den Assyrern erbauten Verbindungskanal zum Tigris bringen. Die Schiffe sind maßgeblich an der Eroberung von Ktesiphon beteiligt.
2. Jh. n.Chr.	Römische Schiffe operieren im Indischen Ozean.
	Als Folge der Vernachlässigung der Flotte seit dem 3. Jahrhundert nimmt die Seeräuberei wieder zu, die Versorgungsschwierigkeiten und Teuerung in Italien bewirkt.
3. Jh. n.Chr.	Das aufstrebende Sassanidenreich sperrt den Persischen Golf, das neue Äthiopische Reich das Rote Meer für die römische Handelsflotte.
253–269	**Die Gotenkriege**
	Während das Reich durch Inflation und Pest geschwächt ist, wird es durch Angriffe seiner Nachbaren in Westeuropa, Nordafrika und Vorderasien erschüttert. Den Vorstößen der Ostgermanen in die Ägäis steht daher in den ersten Jahren keine ausreichende Abwehr entgegen.
253	Erster Seezug der Goten vom Schwarzen Meer in die Ägäis und Plünderung von Ephesus.
256	Zweiter Seezug der Goten und Plünderung von Chalkedon und Nicäa in der Propontis/Marmara Meer.
267 u. 268	Scharen verschiedener Stämme der Ostgermanen stoßen auf zum Teil eroberten Schiffen in die Ägäis vor und plündern Byzanz, Athen, Korinth und Sparta. Sie erleiden dabei fürchterliche Verluste durch römische Land- und Seestreitkräfte und durch Krankheiten.
269	Seezug der Heruler bis nach Zypern. Durch Erstarken der Reichsverteidigung Ende der Invasionen.
286–296	**Aufstand des Carausius.** Der Befehlshaber der britannischen Flotte sagt sich von Rom los und läßt sich zum Herrscher von Britannien ausrufen. Da Rom in diesen Gewässern über keine weiteren Seestreitkräfte verfügt, ist er zunächst unangreifbar. Eine weitere Flotte, die Rom gegen Carausius aufstellt, geht im Ärmelkanal im Sturm verloren. Die Flotte des Carausius kämpft erfolgreich gegen Raubgeschwader der Friesen, Franken und Sachsen.
296	Eine römische Transportflotte kann bei nebeligem Wetter ein Expeditionsheer an der Themsemündung landen. Das britische Wachgeschwader kann bei den Wetterbedingungen die Invasionsflotte nicht entdecken. Britannien wird in kurzer Zeit zurückerobert, Carausius war schon 294 ermordet worden.
	Im Kampf um die Alleinherrschaft zwischen den Kaisern Konstantin und Licinus kommt es zur
324	**Schlacht am Hellespont.** Die Flotte des Licinus unter Amandus sperrt die Einfahrt in den Hellespont. Crispus mit der Flotte von Konstantin soll die Durchfahrt nach Byzanz freimachen. Amandus stellt seine 300 Schiffe in enger Formation auf.

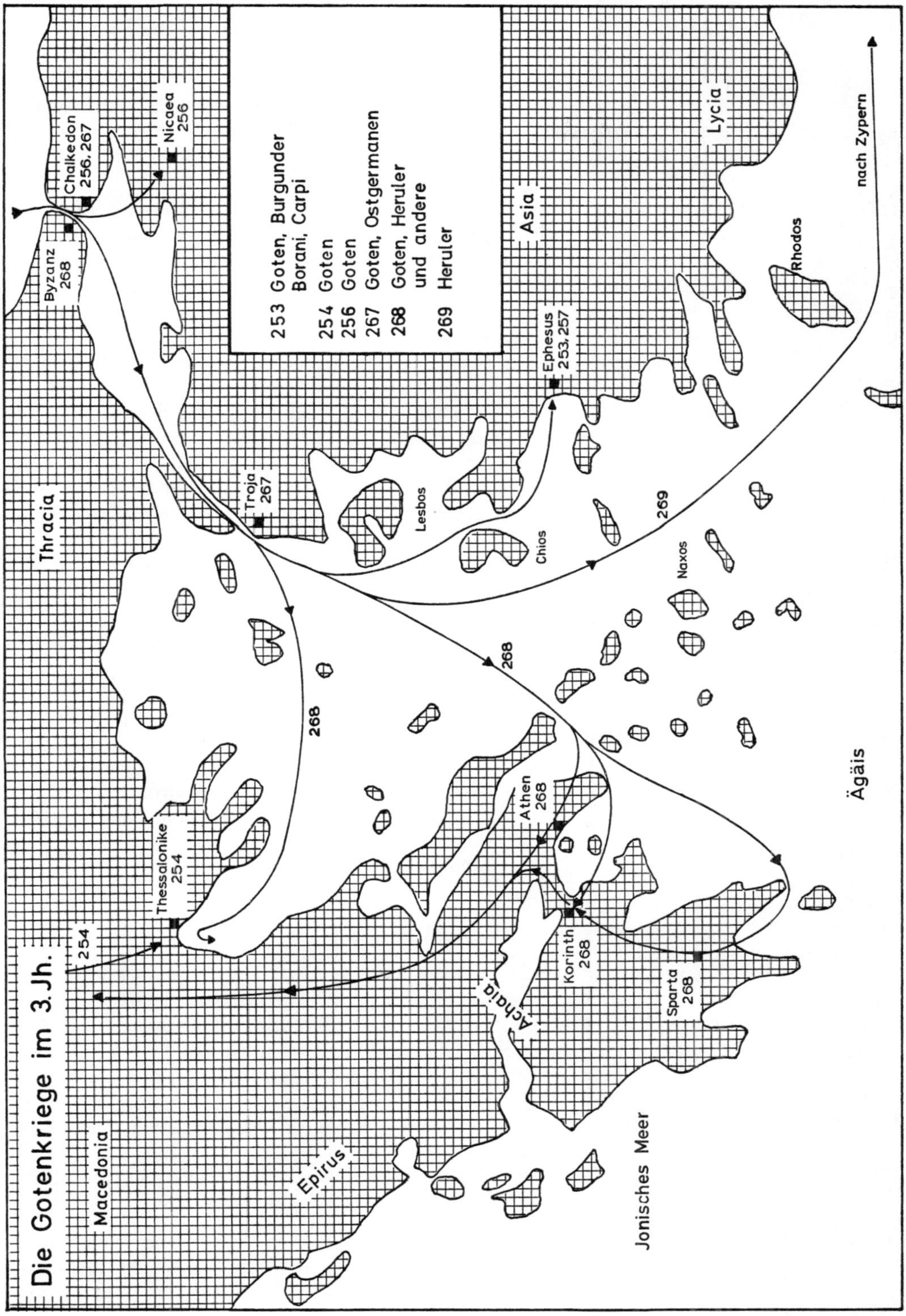
Die Gotenkriege im 3. Jh.
253 Goten, Burgunder Borani, Carpi
254 Goten
256 Goten
267 Goten, Ostgermanen
268 Goten, Heruler und andere
269 Heruler
Byzanz 268
Chalkedon 256. 267
Nicaea 256
Thracia
Troja 267
Asia
Lycia
Ephesus 253, 257
Lesbos
Chios
Naxos
Rhodos
nach Zypern
Thessalonike 254
Athen 268
Korinth 268
Sparta 268
Achaia
Ägäis
Macedonia
Epirus
Jonisches Meer
254
268
268
269

Crispus teilt seine Flotte in zwei Treffen. Diese greifen in lockerer Formation an. Das erste Treffen rennt gegen die Aufstellung des Gegners mit aller Wucht an und reißt die feindliche Stellung auf. Dann greift das zweite Treffen des Crispus ein. Die Schiffe des Gegners behindern sich gegenseitig durch ihre enge Aufstellung. Nach mehreren Stunden zieht sich Amandus in einen Hafen am asiatischen Ufer zurück. Am nächsten Tag will er den Kampf wieder aufnehmen, aber ein Sturm vernichtet fast die Hälfte seiner Schiffe.

324 Konstantin siegt bei Adrianopel und Chrysopolis über Licinus und wird Alleinherrscher. Byzanz wird zweite Hauptstadt und in Konstantinopel umgetauft.

326 Konstantin d. Gr. läßt in Konstantinopel ein großes Marinearsenal erbauen, welches der Hauptflottenstützpunkt – wichtiger als Misenum und Ravenna – wird.

351–353 Kaiser Constantius II. ergreift die Offensive gegen Magnentius, der den Westen des Reiches usurpiert hat. Nach dem Sieg in der Landschlacht bei Mursia an der Drau (351) unternimmt seine Flotte im folgenden Jahr Landungen auf der Appeninhalbinsel, wodurch Magnentius nach Gallien abgedrängt wird. Im selben Jahr bringen Truppenlandungen auch Africa zum Abfall von dem Usurpator. Eine weitere Landung im Jahr 353 an der Südküste von Gallien teilt das Herrschaftsgebiet von Magnentius erneut, dessen Herrschaft zusammenbricht. Nach der Landschlacht haben Landungsoperationen am richtigen Ort den Kampf entschieden.

368 Die britannische Flotte bleibt in mehreren Seegefechten gegen die seit Jahren angreifenden Sachsen siegreich. In diesen Jahren wird ein System aus Flottenstützpunkten und Kastellen mit Signalstationen entlang der Küste von Norfolk bis zur Insel von Wight fertiggestellt, die einem eigenen Befehlshaber unterstellt werden.

Seit vielen Jahren kämpft das Römische Weltreich mit barbarischen Völkern an seinen Grenzen. Im 4. Jahrhundert beginnt die Abwehrkraft zu erlahmen.

375 Mit dem Einfall der Hunnen und ihrem Sieg über die Ostgermanen beginnt die eigentliche Völkerwanderung. Alle Reichsgrenzen im Norden werden von Germanen und Hunnen überrannt. Die Goten dringen von Südrußland über den Balkan nach Westen vor. Sie bilden Reiche zuerst in Südgallien, dann in Spanien und Italien.

422–477 Die Seeherrschaft der Vandalen

Die verbündeten Vandalen und Alanen wandern Anfang des 5. Jahrhunderts von Pannonien durch das Donautal und Gallien nach Spanien, wo sie von den Römern Land zugewiesen erhalten. Unter ihrem König Gunderich siegen sie 422 über ein römisches Heer und erobern die spanische Ostküste, wo sie römische Schiffe erobern und mit Hilfe spanischer Mannschaften eine erste eigene Flotte ausrüsten.

425 Geschwader der Vandalen plündern erstmals die Balearen und möglicherweise auch die Küste Mauretaniens.

428 Die Stadt Sevilla wird erobert; im selben Jahr wird Geiserich nach seinem Halbbruder König der Vandalen und verstärkt die Flottenrüstung.

Mai 429 Geiserich schifft sich mit seinem Volk (ca. 80000 Menschen) in Julia Traducta/Tarifa bei Algeciras ein, landet in Tanger und bringt in wenigen Jahren die römische Provinz Africa in seine Gewalt.

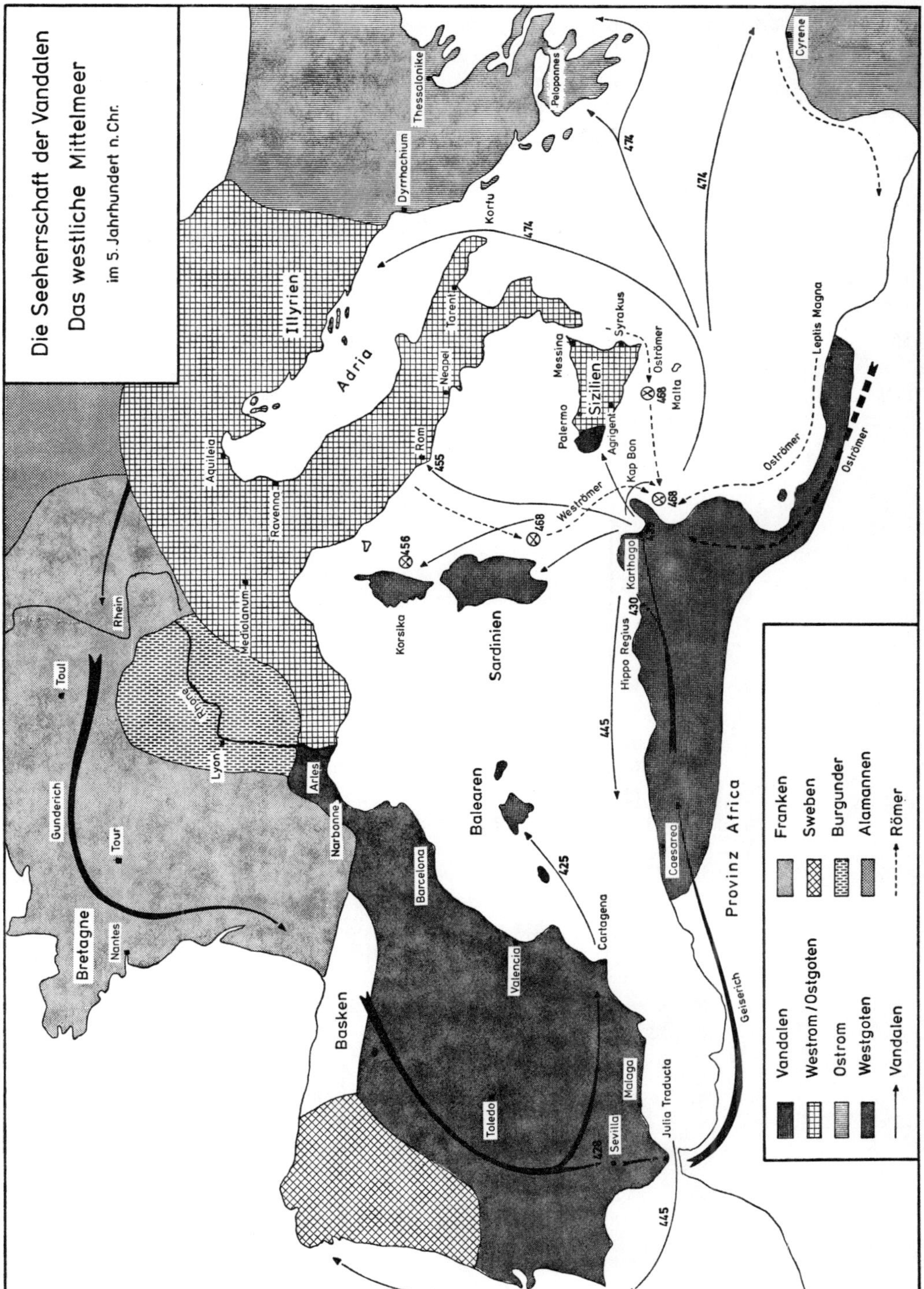
Die Seeherrschaft der Vandalen
Das westliche Mittelmeer
im 5. Jahrhundert n. Chr.
Illyrien
Adria
Dyrrhachium
Thessalonike
Peloponnes
Kortu
Cyrene
Leptis Magna
Tarent
Neapel
Rom
Messina
Syrakus
Palermo
Sizilien
Agrigent
Malta
Oströmer
Weströmer
Kap Bon
Karthago
Hippo Regius
Korsika
Sardinien
Aquileia
Ravenna
Mediolanum
Rhein
Rhone
Toul
Lyon
Arles
Narbonne
Tour
Gunderich
Bretagne
Nantes
Balearen
Barcelona
Valencia
Cartagena
Basken
Toledo
Malaga
Sevilla
Julia Traducta
Caesarea
Provinz Africa
Geiserich
474
455
456
468
430
445
425
428
Vandalen
Westrom/Ostgoten
Ostrom
Westgoten
Vandalen
Franken
Sweben
Burgunder
Alamannen
Römer

437 Die Vandalen beginnen mit Piratenzügen in größerem Umfang im westlichen Mittelmeer.

Okt. 439 Das bisher unter römischer Kontrolle verbliebene Karthago wird im Handstreich erobert und zur Hauptstadt des ab 442 endgültig unabhängigen Vandalenreiches.

440 Die Vandalen verstärken mit einer in dem jüngst eroberten Karthago ausgerüsteten Flotte ihre Angriffe auf Sizilien, Sardinien und das südliche Italien.

441 Eine aus Ostrom nach Sizilien zur Hilfe entsandte Flotte wird bald wieder zurückgerufen, da die eingeschifften Truppen zur Abwehr von Angriffen der Perser und Hunnen gebraucht werden.

445 Ein Geschwader der Vandalen unternimmt eine Kreuzfahrt in den Atlantik bis Nordwestspanien.

455 Nach der Ermordung des mit Geiserich verbündeten weströmischen Kaisers Valentinian III. erscheint Geiserich mit seiner Flotte vor Rom und plündert die Stadt. In der Folge erobert Geiserich das westliche Sizilien, Sardinien, Korsika und die Balearen.

456 Seegefecht bei Korsika. Der römische Heermeister Flavius Ricimer siegt über ein Geschwader der Vandalen, kann sie aber nicht an der Eroberung der Insel hindern.

458 Der weströmische Kaiser Maioranus (457–461) weist ein Geschwader der Vandalen vor der Tibermündung ab.

460 Er läßt in den nächsten Jahren in Cartagena eine große Flotte gegen die Vandalen ausrüsten. Geiserich erscheint darauf vor dem Hafen, es gelingt ihm, einen Teil der römischen Seesoldaten zur Desertion zu veranlassen und Teile der Flotte vor deren Fertigstellung zu zerstören.

468 **Seeschlacht bei Kap Bon** (Promontorium Mercurii). West- und Ostrom verbünden sich zur Vernichtung des Vandalenreiches. Ein oströmisches Heer dringt erfolgreich durch Tripolitanien bis Africa/Tunesien vor. Eine Flotte von über 1000? Schiffen greift in drei Geschwadern an. Eines gewinnt ein Gefecht bei Sardinien und kommt von Norden. Ein zweites siegt über die Vandalen südlich Sizilien und vereinigt sich mit dem dritten, welches das Heer von Ägypten nach Westen begleitet hatte, beim heutigen Kap Bon. Geiserich greift überraschend mit den Resten seiner Flotte und rasch ausgerüsteten Feuerschiffen an und bringt den Römern eine vernichtende Niederlage bei.

474 Die Vandalen unternehmen Raubzüge in das östliche Mittelmeer, plündern die Küsten von Illyrien, der Peloponnes und bedrohen Alexandria. Erst 476 kann Kaiser Zeno wieder Frieden schließen.

477 Tod von König Geiserich. Von da an tritt die Flotte der Vandalen als Machtfaktor nicht mehr in Erscheinung.

508 In den Auseinandersetzungen um die Anerkennung von Theoderich d. Gr. (493–526) als Mitkaiser im Westreich durch den oströmischen Kaiser Anastasius I. (491–518) unternimmt die Flotte von Byzanz einen Kriegszug in die Adria und plündert die Küsten von Kalabrien und Apulien.

515 **Gefecht vor Konstantinopel.** Nach einem Aufstand der thrakischen Armee (513) erscheint diese unter Vitalianus mit Unterstützung eines Flottengeschwaders vor der Hauptstadt. In einem Land- und Seetreffen wird der Angriff abgewiesen, Kaiser Anastasius kann sich bis zu seinem Tod 518 halten.

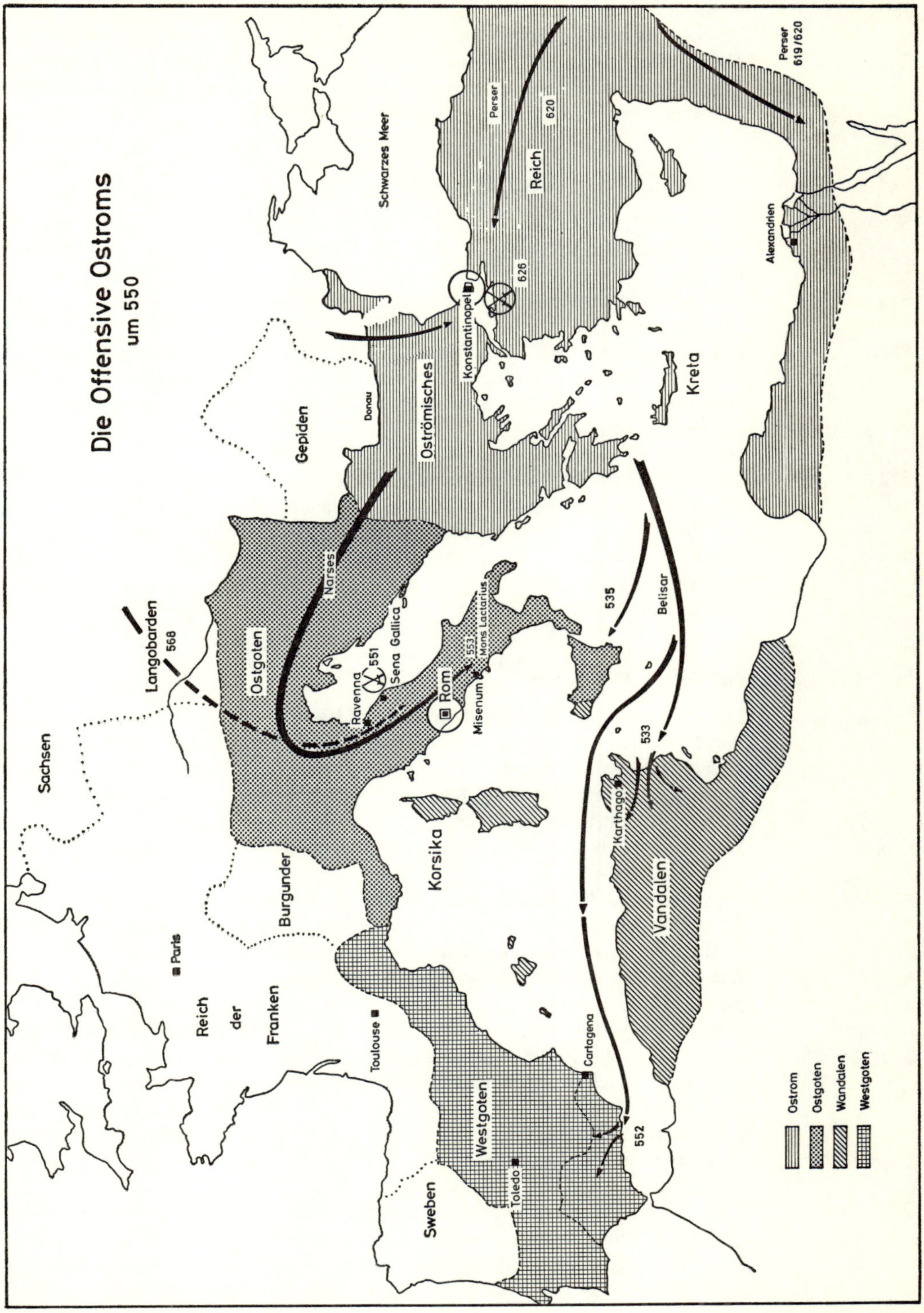
Die Offensive Ostroms
um 550
Schwarzes Meer
Perser
620
Reich
Oströmisches
Konstantinopel
626
Perser
619/620
Alexandrien
Kreta
Donau
Gepiden
Narses
Langobarden
568
Ostgoten
Ravenna
551
Sena Gallica
553
Mons Lactarius
Rom
Misenum
535
Belisar
533
Karthago
Vandalen
Sachsen
Burgunder
Korsika
Paris
Reich
der
Franken
Toulouse
Cartagena
Westgoten
Toledo
552
Sweben
Ostrom
Ostgoten
Wandalen
Westgoten

Sept. 533 — **Ende des Vandalenreiches**
Der oströmische Feldherr Belisar landet mit einem Heer von 21 000 Mann auf 600 Schiffen, darunter 100 Schlachtschiffe, beim heutigen Sousse. Nach wenigen Monaten hat er das Vandalenreich erobert. Ostrom hat nun die alleinige Seeherrschaft am Mittelmeer.

535–552 Der Gotenkrieg Ostroms

535 — Belisar landet auf Sizilien. Als die Goten zu Lande zu unterliegen drohen, bauen sie unter Totila eine Flotte und versuchen – zu spät – den Kampf um die Seeherrschaft.

549 — Totila stößt nach Sizilien vor. Seine Flotte plündert Korfu und mehrere griechische Küstenstädte.

551 — **Seeschlacht bei Sena Gallica.** Die oströmische Flotte unter Arrabanes besiegt die Goten entscheidend. Sie ist den Neulingen zur See klar überlegen.
Ein Jahr später unterliegen die Goten den oströmischen Truppen unter dem Feldherren Narses.

552 — Die oströmische Flotte ermöglicht die Eroberung von Südspanien für Ostrom. Die Vorherrschaft Ostroms im Mittelmeer dauert nicht lange. Im Osten kämpft es ständig gegen die Perser, vom Norden stoßen die Slawen vor.

568 — Die Langobarden erobern fast ganz Italien, wenige Jahre später geht auch Spanien wieder verloren. In den von den Germanen geräumten Balkan dringen die Slawen vor.

603–628 Krieg Ostrom gegen Persien

Die Ermordung des Kaisers Maurikios und Usurpation des Thrones von Byzanz durch Phokas ist der Anlaß für die Kriegserklärung des Perserkönigs Chusro II. Gegen Phokas empören sich die meisten Provinzen, der Sohn des Exarchen von Karthago erobert fast ohne Kampf Konstantinopel (610) und wird als Herakleios I. zum Kaiser gekrönt.

619 — Die Perser erobern mit Unterstützung einer improvisierten Flotte das Nildelta und Alexandria.

um 620 — **Seeschlacht vor Konstantinopel.** Mit einer verstärkten Flotte erscheinen die Perser vor Konstantinopel, werden dort aber von der byzantischen Flotte geschlagen und verlieren 4000 Mann und die meisten Schiffe.

623 — Die Perser erobern Rhodos, welches sie plündern, und im selben Jahr stoßen die Slawen bis Kreta vor.

29. Juli–9. Aug. 626 — **Belagerung von Konstantinopel.** Elf Tage lang berennen die mit den Persern verbündeten Slawen die Mauern der Stadt. Die Flotte von Byzanz hindert die bereits in Chalkedon stehenden Perser, diese zu unterstützen und vernichtet die Schiffe der Slawen, die darauf die Belagerung abbrechen müssen. Die Feldherrnkunst des Kaisers (Sieg bei Niniveh, Dez. 627) und die Seeherrschaft ermöglichen die Behauptung Ostroms.

7. u. 8. Jh. — Die in kleinen Gruppen in den Balkan eingewanderten **Slawen** machen mit ihren kleinen Schiffen die Küsten der Adria, des Ionischen Meeres und der Ägäis unsicher. Sie machen sich schließlich auf der Peloponnes in Süditalien und sogar auf Sizilien seßhaft.

Die Araber im Mittelmeer (7.–10. Jh.)

Eine gänzliche Neuorientierung des Kräfteaufbaues im Mittelmeer Mitte des 7. Jahrhunderts erfolgte durch den Einbruch der Araber. Diese, in der europäischen Literatur meist Moslems oder Mohammedaner nach ihrer Religion oder Sarazenen nach einem Stamm in Arabien und Mauren nach den Bewohnern Nordwestafrikas genannt, überfluteten in einem außergewöhnlichen Eroberungszug die Länder an den Küsten im Osten, Süden und Westen des Mittelmeeres. Sie errichteten in wenigen Jahrzehnten ein Weltreich, das wesentliche Teile von drei Kontinenten umfaßte. Es war dies die letzte der großen Eroberungswellen aus den Wüstengebieten der Arabischen Halbinsel. Sie wurde ausgelöst durch die religiöse und politische Ausrichtung der bis dahin in unzähligen Stammeskriegen neutralisierten Kräfte auf ein gemeinsames, nach außen gerichtetes und allen Glaubensgenossen erstrebenswertes Ziel. Diese religiöse, geistige, politische und soziale Einigung und völkische Selbstbesinnung (E. Zechlin; Maritime Weltgesch. S. 217) war aber nur eine Ursache für den Erfolg der Araber. Die zweite war die Schwäche ihrer Nachbarn. Zu Beginn ihrer Eroberungszüge hatten ihre bedeutendsten Nachbarn, das Byzantinische Reich und das Perserreich, einen kräftezehrenden Krieg gerade hinter sich gebracht, in Italien hatten die Langobarden ihre Herrschaft kaum gefestigt, in Spanien war das Westgotenreich kein über die Iberische Halbinsel hinausgreifender Machtfaktor, und das Frankenreich war noch in seiner ersten Entwicklungsphase.
Obwohl es einige an den Küsten lebende Stämme gab, die schon seit dem Altertum Seefahrt im Indischen Ozean betrieben, war die Lebensweise und damit auch die Kampfesart der Araber von der großen Wüste bestimmt. Es waren daher die Kamelreiter, welche die nordafrikanischen Länder schnell eroberten, und berittene Heere, welche die vorderasiatischen Wüsten und Hochebenen erstürmten und Spanien überrannten. Hartnäckiger Widerstand wurde ihnen dagegen in den Gebirgen Kleinasiens entgegengebracht, die Pyrenäen waren im Winter eine schwer zu überwindende Barriere.
Doch schnell machten sie sich die Erfahrungen der unterworfenen seefahrenden Völker an den eroberten Meeresküsten zu Nutze. Sofort nach der Eroberung der Gebiete um den Persischen Golf wurde der Handelsverkehr mit Indien, später auch mit den Gewürzinseln und mit China aufgenommen. Arabische Händler fuhren bald selbst (oft auf chinesischen Dschunken) bis zu den Sundainseln und unterhielten Handelskontore nicht nur an der Malabarküste, sondern auch in Hinterindien und China, wo vor allem Kanton zu einem bedeutenden Handelszentrum mit dem Westen wurde.
Schnell wurde erkannt, daß Ostrom nur zur See bezwungen werden konnte. Konstantinopel war von einem Landheer mit den damaligen Mitteln nicht einzunehmen, seine Landfront war mit den stärksten Befestigungen versehen. Die Seeseite war nicht nur befestigt, sondern auch von der Flotte, welche das ganze Mittelmeer beherrschte, geschützt. Diese deckte auch den Seehandel von Byzanz, welcher eine der Haupteinnahmen brachte und damit die Mittel zum Unterhalt der Flotte. Sie schützte aber auch die Besitzungen in Süditalien, auf Sizilien, in der Adria und in Nordafrika, die sonst keine Landverbindung mit Griechenland mehr hatten.
In Ägypten und an der Küste von Syrien und Palästina begannen die Araber mit einem Flottenbauprogramm, und noch vor der Mitte des Jahrhunderts starteten sie die Offensive zur See. Die Eroberungen von Zypern, Rhodos, Chios und Kyzikos markierten den Weg in die Propontis, das Marmarameer. Die machtvollen Vorstöße scheiterten jedoch 678 und 718 an der intakten Land- und Seeverteidigung von Konstantinopel und an einer neuen Geheimwaffe der Byzantiner, dem »Griechischen Feuer«.
Verheerte in der Folge die in Ägypten und Syrien beheimatete Flotte der Sarazenen die Küsten des östlichen Mittelmeeres und der Ägäis, so richteten sich die Angriffe der im heutigen Tunesien, dem römischen Africa und arabischen Ifriqiya, erbauten Flotte gegen das westliche Mittelmeer und die Adria. Ab dem 8. Jahrhundert wurden zunächst die Küsten von Sizilien, dann von Süditalien, Sardinien, Korsika und schließlich von Südfrankreich das Ziel ihrer Kaperfahrten. Mit der Eroberung

von Spanien und Südfrankreich wurde das westliche Mittelmeer fast ein arabisches Binnenmeer. Neben der Niederlage bei Tour und Poitiers durch Karl Martell brachte der Sturz der Omaijaden und der Wechsel zur neuen Dynastie der Abbasiden in Bagdad eine Abspaltung der spanischen Araber, dort Mauren (Moros) genannt, und damit einen ersten Rückschlag im Westen. Die Franken unter Pippin konnten die Mauren 759 über die Pyrenäen zurückdrängen, die Raubzüge ihrer Geschwader waren aber noch lange nicht zu Ende.

Nach der Eroberung von Sizilien griffen die Sarazenen immer energischer auf das italienische Festland über. Dies wurde ihnen zunächst von den italienischen Seestädten wie Neapel, Salerno, Amalfi, Gaeta und anderen erleichtert. Diese hatten in ihrem Bestreben, sich von der langobardischen Oberhoheit zu lösen, oft die Sarazenen um Unterstützung gebeten und ihnen damit Einfluß in Süditalien verschafft. Später waren es dann oft Handelsinteressen, die zu Bündnissen der Seestädte mit den Sarazenen führten, denn die süditalienischen Städte waren zu schwach, um ihre Handelsschiffe nach dem Orient zu schützen, sie waren auf den guten Willen der Araber angewiesen.

Mitte des 9. Jahrhunderts hatte auch im zentralen Mittelmeer der Vorstoß der Araber seinen Höhepunkt erreicht. Es begann die Gegenoffensive von **Byzanz,** welches zwar den Verlust von Sizilien nicht verhindern konnte, mit der Rückeroberung von Bari (871) und Kreta (961) konnte Byzanz aber seinen Besitzstand stabilisieren. Dazu war aber in immer größerem Umfang die Flottenhilfe von **Venedig** nötig. Dieses, zunächst ein Teil des byzantinischen Reiches, konnte zunächst durch das gegeneinander Ausspielen des karolingischen Kaiserreiches gegen Byzanz immer mehr politische Unabhängigkeit erringen. Mit dem Niedergang von Amalfi, dem wichtigsten Handelsstützpunkt für Byzanz nach dem Westen, wozu Venedig nicht wenig beigetragen hatte, übernahm die Lagunenstadt immer mehr dessen Funktion. Jede Flottenhilfe ließ es sich von Ostrom mit neuen Privilegien abkaufen, und die Handelsprivilegien brachten Venedig wieder vermehrten Reichtum, welcher zu weiteren Flottenrüstungen verwendet wurde. Die wirtschaftspolitische Macht der zukünftigen Herrin des östlichen Mittelmeeres begann sich schon zur Jahrtausendwende abzuzeichnen. Zu Ende des ersten Jahrtausends hatten die christlichen **Seestädte** an den Küsten des Tyrrhenischen Meeres und dem Golf von Lyon noch weiter unter den Angriffen der Sarazenen zu leiden. Ohne starke territoriale Macht hinter sich, das westliche Kaiserreich konnte ihnen keinen ausreichenden Schutz gewähren, der Kirchenstaat war noch weitgehend machtlos, waren sie gezwungen, zur Selbsthilfe zu greifen. Genua, Pisa, Marseille und Barcelona wurden zum Teil mehrmals zerstört, konnten sich aber immer wieder erholen. Zum Schutz ihres Handels mußten sie Flotten aufbauen, mit denen sie ihre Handelsschiffe vor Piraten schützen konnten. Aber mit diesen Flotten waren sie auch wertvolle Bündnispartner für die Territorialfürsten geworden und konnten sich weitgehend freispielen. Während Marseille und Barcelona bald Vororte größerer Territorialherrschaften wurden, konnten Genua und Pisa mit Beginn der Kreuzzüge eine weitgehend selbständige Politik betreiben.

Die riesige Ausdehnung des arabischen Reiches unter den Omaijaden und Abbasiden führte bald zu einem Zerfall in mehr oder minder unabhängige Teilreiche. Wie schon erwähnt, wurde das spanische Herrschaftsgebiet der **Omaijaden** schließlich zu einem selbständigen Emirat mit Sitz in Cordoba (seit 929 Anspruch auf das Kalifat). Im heutigen Marokko, Algerien und Tunesien bildeten sich drei selbstständige Dynastien, von denen die **Aghlabiden** in Ifriqija aktiv in die Kämpfe im westlichen Mittelmeer eingriffen und durch ihren Besitz von Sizilien Bedeutung erlangten. Alle drei unterlagen schließlich den **Fatimiden,** die mit der Eroberung von Ägypten (969) ganz Nordafrika wieder einigten. Noch vor der Wende zum zweiten Jahrtausend, machten sich deren Stadthalter in Ifriqija, die **Ziriden,** erneut selbständig. Diese Dynastien waren oft in Kämpfe untereinander verwickelt und hatten sich mehrmals mit christlichen Staaten gegen ihre Glaubensbrüder verbündet, wodurch eine nicht unbeträchtliche Minderung ihrer Angriffskraft eintrat. Die Fahrten der Geschwader der Sarazenen wurden immer weniger Eroberungszüge als Piratenfahrten aus wirtschaftlicher Not. Der Rückgang der Anbaufläche in Nordafrika machte die Ernährung immer schwieriger. Daher waren die nordafrikanischen Sarazenen trotz oft fürchterlicher Verluste durch die byzantinische Flotte gezwungen, immer wieder ihre Kaperfahrten aufzunehmen. Wenn die Geschwader der Sarazenen auch das Mittelmeer in allen Richtungen durchfuhren, den stürmischen Atlantik zu befahren, hatten sie nie gewagt. Ihre Scheu vor dem »finsteren Meer« hat auf der Iberischen Halbinsel noch lange nachgewirkt und die Entdeckungsfahrten der Portugiesen verzögert. Im Indischen Ozean haben sie jedoch die stetigen Monsunwinde genützt und neben ihren Handelsfahrten nach Süd- und Ostasien auch die Ostküste von Afrika befahren. In diesem politischen Machtvakuum haben sie sich nicht nur mit Handel begnügt, sondern feste Stützpunkte angelegt. Lamu (689), Kilwa (739), Mogadischu (908), Malindi, Sansibar und Sofala waren bald in ihrem Besitz, Mombasa folgte später.

Zur Jahrtausendwende beherrschten die Flotten der Araber die südlichen Küsten des Mittelmeeres, den ganzen Indischen Ozean und die Seewege nach Hinterindien. Der Großteil des maritimen Welthandels ging damit durch ihre Hände, ein Zustand, der während des ganzen Mittelalters anhalten sollte. Ihr Handelsimperium reichte von der Straße von Gibraltar im Westen bis zum Yangtse-kiang im Osten und von der Wolga im Norden bis nach Mozambique im Süden. Sie waren aber nicht nur die Handelsreisenden mit dem größten Horizont, sondern auch und gerade dadurch die Kulturmittler zwischen Asien, Europa und Afrika. Nicht nur die Handelsgüter, sondern auch technische und wissenschaftliche Erkenntnisse wurden von ihnen weitergegeben (Papiererzeugung, Kompaß, Indisches Zahlensystem, Baumwolle u. v. a.).

Das Schiffsmaterial zur Zeit der Sarazenenkriege unterschied sich nur unwesentlich von dem der Antike. Das »Schlachtschiff« dieser Zeit war die »Dromone«. Dies war eine starke gedeckte Galeere mit zwei Ruderreihen und 200–300 Mann Besatzung. Hilfsantrieb war ein Mast mit Lateinsegel.

Der Prophet Mohammed verkündet die Lehre des Islam. Bei seinem Tode (632) ist die ganze arabische Halbinsel bekehrt. Unter seinen Nachfolgern beginnt der »Heilige Krieg« zur Errichtung eines islamischen Weltreiches. Damaskus (635) und Jerusalem (638) werden erobert. Das 628 von Byzanz zurückgeworfene persische Sassanidenreich wird eine schnelle Beute der Araber (636–642). Ägypten wird 640 erobert, Alexandria 642 von den Byzantinern geräumt. Der Ansturm nach Norden scheitert an der Widerstandskraft des oströmischen Reiches.

648 Der Statthalter von Damaskus, Muawija (der spätere Kalif), läßt in Ägypten und Syrien eine Flotte bauen, um Byzanz die Seeherrschaft zu entreißen. Die Flotte der Sarazenen greift an den Lebensnerv von Byzanz, denn dessen Weltgeltung beruht auf der Seeherrschaft im Mittelmeer.

649 Zypern und Rhodos werden ein erstes Mal erobert.

652 Erster Raubzug der Flotte der Sarazenen nach Sizilien.
In Tripolis läßt Muawija eine starke Flotte zum Vorstoß in die Ägäis sammeln. Diese wird von christlichen Galeerensklaven in Brand gesteckt. Muawija läßt darauf eine neue Flotte ausrüsten.

655 **Seeschlacht der Masten.** Im Frühjahr läuft die arabische Flotte mit 200 Schiffen unter Abdallah b. Sad Richtung Konstantinopel aus. Vor der Küste von Kleinasien, beim »Berge Phönikos«, stellt sich ihr die Flotte von Ostrom entgegen. Kaiser Konstans II. führt persönlich die über 500 Schiffe starke Schlachtflotte. Die Araber greifen nach einigem Zögern den überlegenen Gegner an. Durch die bessere Taktik und Wendigkeit der Griechen geraten die Araber in eine schwierige Lage. Eine griechische Dromone kann nur im letzten Moment gehindert werden, das arabische Flaggschiff mit Enterhaken abzuschleppen. Die Araber verbinden darauf ihre Schiffe mit Ketten zu einer schwimmenden Festung (?,

entgegen jeder taktischen Erkenntnis) und beginnen, die Gegner Schiff für Schiff mit ihren Sturmtruppen zu überwältigen. Kaiser Konstans II. kann nur mit knapper Not entkommen. Die Araber erringen ihren ersten großen Seesieg. Der Weg nach Konstantinopel ist frei.

659 Der Tod des Kalifen Othman und der Streit um die Nachfolge zwischen Ali und Muawija zwingen letzteren zum Frieden mit Ostrom.

661 Muawija erringt das Kalifat und begründet die Dynastie der Omaijaden in Damaskus.

663 Muawija nimmt die Offensive gegen Ostrom wieder auf, sein Heer stößt durch Kleinasien bis zum Marmarameer durch.

670 Die arabische Flotte dringt durch die Dardanellen ins Marmarameer vor und besetzt auf der Halbinsel Kyzikos einen Stützpunkt zum Angriff auf Konstantinopel.
Zur Sicherung der rückwärtigen Verbindungen werden ferner die Inseln Rhodos, Chios und Kos in der Ägäis erobert.

Zur Ablenkung werden gleichzeitig Vorstöße in der Proconsularis (Tunesien) und Raubzüge gegen Sizilien von den Arabern gestartet.

674–678 **Der erste Angriff auf Konstantinopel**

Im Sommer 674 beginnen die Araber unter Jazid, dem Sohn des Kalifen, einen großangelegten Angriff auf die Hauptstadt des Oströmischen Reiches. Den ganzen Sommer über berennen die Araber von Land und See vergeblich die Stadt. Im Winter gehen sie auf Kyzikos ins Winterquartier. Dies wiederholt sich fünf Jahre lang bis 678. Das arabische Heer kann die starken Mauern der Stadt nicht bezwingen. Die griechische Flotte rettet schließlich die Hauptstadt mit einer neuen Waffe. Ein Syrer im Dienste Ostroms, Kallinikos, erfindet einen frühen Flammenwerfer. Ein Gemisch aus Salpeter, Pech, Schwefel und Erdöl, durch Wasser nicht zu löschen, wird durch »Siphone« auf die feindlichen Schiffe geschleudert, wodurch diese unrettbar in Brand gesteckt werden. Mit dieser Waffe, später »Griechisches Feuer« genannt, wird die Flotte der Araber so dezimiert, daß Jazid im Sommer 678 das Unternehmen abbricht. Beim Rückmarsch geht der Rest der arabischen Flotte im Sturm verloren. Der erste Großangriff des Islam auf Konstantinopel ist abgewiesen.

673 Beim ersten Versuch einer Landung in Südspanien (bei Algeciras) wird das Geschwader der Araber von der Flotte der Westgoten vernichtet.

693–698 **Der Kampf um die Proconsularis (Tunesien)**

Ein arabisches Heer beginnt mit der Eroberung der letzten oströmischen Provinz in Afrika. Mit dem Fall von Karthago (695) ist die ganze Provinz unter der Kontrolle der Sarazenen. Kaiser Leontios schickt eine starke Flotte unter dem Patrikios Ioannes nach Afrika zum Gegenangriff. Ioannes bricht die schwache Gegenwehr zur See, forciert die Hafeneinfahrt von Karthago und erobert die Stadt. Anschließend bringt er die übrigen Hafenstädte Tunesiens in seinen Besitz.
Im Landesinnern werden die Araber anschließend von den Berbern unter ihrer Prophetin, der »Kahena«, vernichtend geschlagen.
Der Kalif Abd el Malik schickt im nächsten Jahr ein neues Heer, diesmal von einer starken Flotte unterstützt, nach dem Westen.

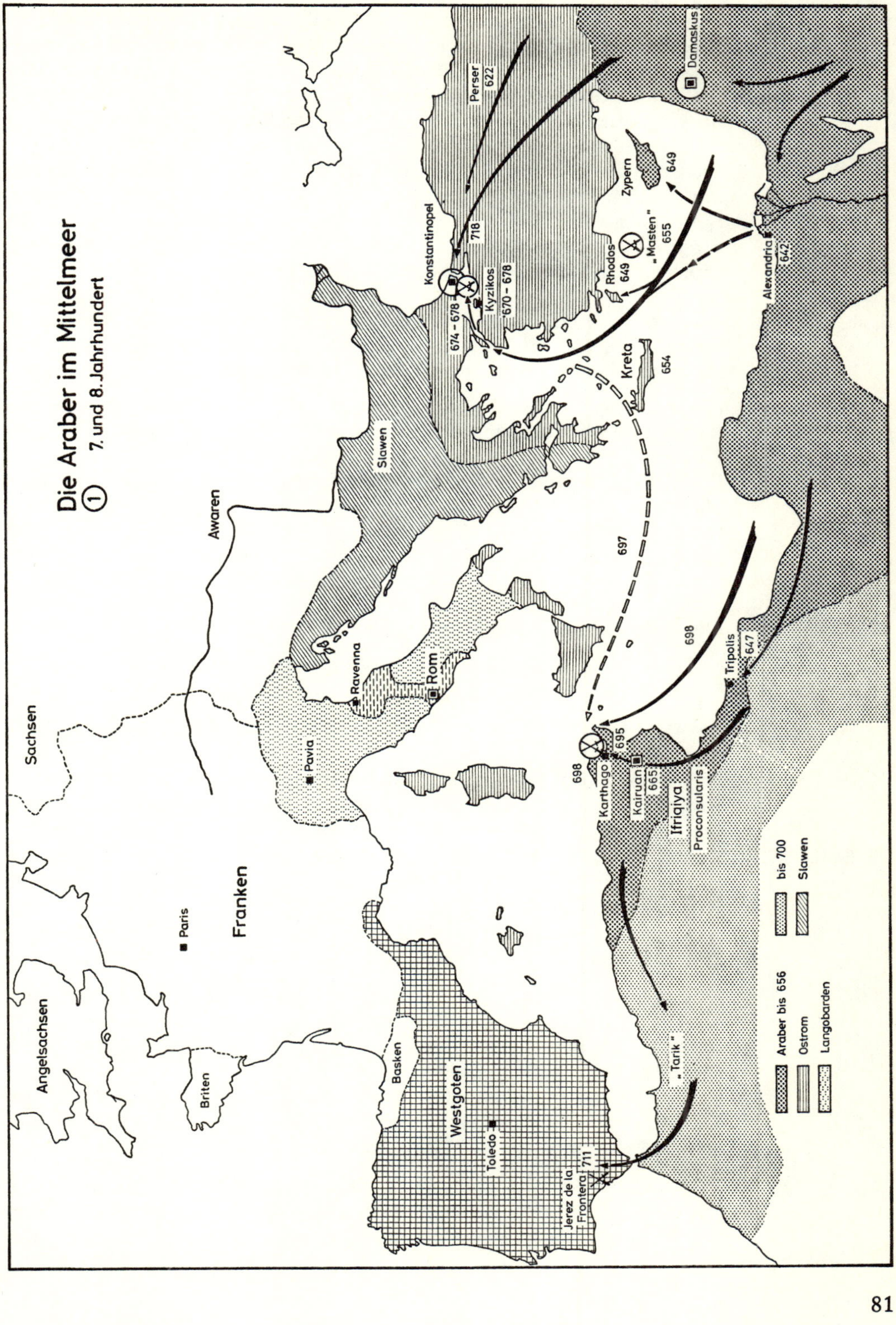
Die Araber im Mittelmeer
① 7. und 8. Jahrhundert
Angelsachsen
Sachsen
Briten
Paris
Franken
Awaren
Pavia
Ravenna
Rom
Basken
Westgoten
Toledo
Jerez de la Frontera
711
„Tarik"
Slawen
Konstantinopel
718
674 - 678
Kyzikos
670 - 678
Perser
622
Damaskus
Zypern
649
Rhodos
649
„Masten"
655
Alexandria
642
Kreta
654
697
698
Tripolis
647
Karthago
695
698
Kairuan
665
Ifriqiya
Proconsularis
Araber bis 656
Ostrom
Langobarden
bis 700
Slawen

698 **Seeschlacht von Karthago.** Vor der Hafeneinfahrt stellt sich Ioannes mit der griechischen Flotte den Arabern zum Kampf. Die Araber durchbrechen die gegnerischen Reihen und dringen in den Hafen ein, von wo aus die Stadt zu Fall gebracht wird. Ioannes kann mit einem Teil der Flotte entkommen. Die Provinz Ifriqija (Afrika) mit der arabischen Hauptstadt Kairuan ist fest in der Hand der Mohammedaner.

Die Reste der byzantinischen Flotte meutern am Heimweg bei Kreta und rufen den Geschwaderführer Apsimar als Tiberius III. (698–705) zum Kaiser aus. Dieser nimmt mit der Flotte die Hauptstadt im Handstreich und schickt den bisherigen Kaiser Leontios in ein Kloster. Als ehemaliger Seesoldat macht sich Tiberius um die Seeverteidigung der Hauptstadt verdient.

8. Jh. Basra und Bahrein werden Ausgangspunkte für Handelsreisen der Araber nach Indien, China und den Sundainseln. Sie müssen sich dabei anfangs den Seeweg gegen die Piraten des Persischen Golfes freikämpfen.

ca. 703 Ein arabisches Geschwader aus Ägypten plündert die Küsten von Sizilien. Mit reicher Beute beladen scheitert es in einem Sturm vor der Küste von Ifriqija/Tunesien.

704 Die neue arabische Flotte in Ifriqija beginnt ihre Kaperfahrten im westlichen Mittelmeer.

711 Der arabische Feldherr Tarik setzt nach Spanien über und vernichtet das Westgotenheer unter Roderich. Fast ganz Spanien wird in kurzer Zeit erobert.

717–718 **Der zweite Angriff auf Konstantinopel**

Im Frühjahr 717 beginnt Maslama, der Bruder des Kalifen, mit Heer und Flotte die Offensive gegen Konstantinopel.

15. Aug. 717 Das Heer setzt über die Dardanellen und schließt die Stadt von der Landseite ein.

1. Sept. 717 Eine große Flotte der Sarazenen unter Admiral Sulaiman erscheint vor der Hauptstadt. Die griechische Flotte liegt im Goldenen Horn, das von einer eisernen Kette gesperrt ist. Die Flotte ist daher von der Seeseite unangreifbar.

3. Sept. 717 Ausfall der griechischen Flotte unter der persönlichen Leitung von Kaiser Leon III., dem Isaurier. Rund 15 arabische Schlachtschiffe werden mit »Griechischem Feuer« vernichtet.

Den ganzen Winter über halten die Araber, unter großen Verlusten durch die Witterung, die Belagerung von Konstantinopel aufrecht.

Anf. 718 Eine arabische Hilfsflotte mit Nachschub aus Ägypten trifft vor Konstantinopel ein. Mit den Beibooten dieser Flotte flüchten eine Anzahl christlicher Seeleute zu den Griechen. Auf deren Rat unternimmt Leon III. einen weiteren Ausfall mit seinen Schlachtdromonen.

In einer erbitterten **Seeschlacht** erleiden die Araber eine schwere Niederlage. Ein großer Teil ihrer Flotte wird verbrannt. Die Seefront von Konstantinopel und die Zufuhrwege aus dem Schwarzen Meer sind wieder frei.

15. Aug. 718 Maslama hebt die Belagerung der Stadt auf. Das arabische Heer geht durch Kleinasien wieder zurück. Der Rest der arabischen Flotte wird auf der Heimfahrt im Marmarameer und in der Ägäis durch Stürme fast vollständig vernichtet.

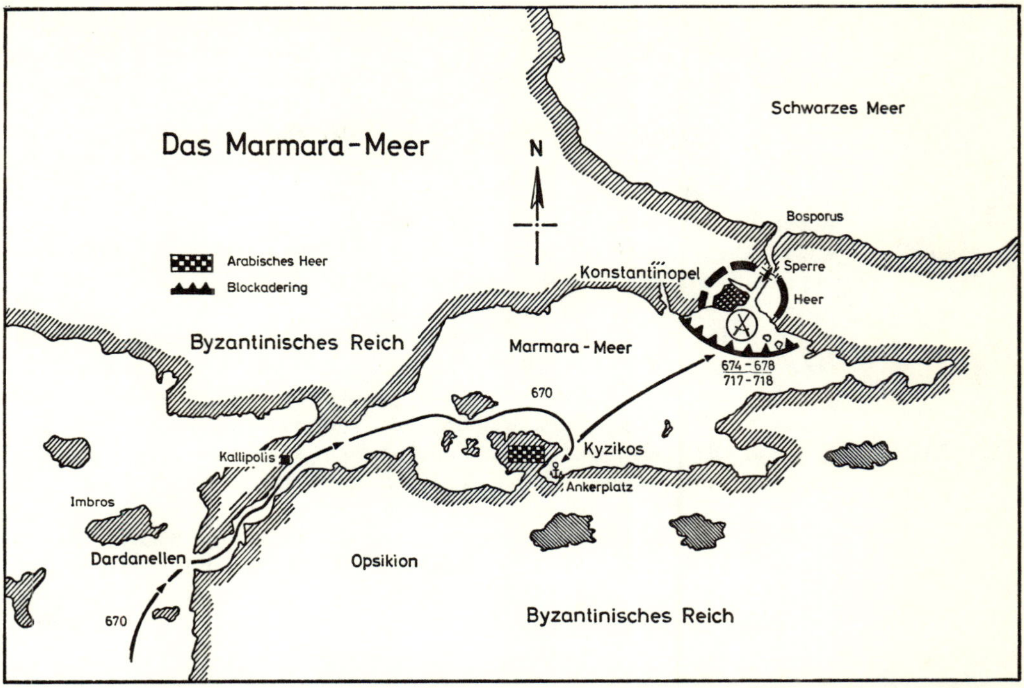
Das Marmara-Meer
N
Schwarzes Meer
Arabisches Heer
Blockadering
Bosporus
Sperre
Heer
Konstantinopel
Byzantinisches Reich
Marmara - Meer
674 - 678
717 - 718
670
Kallipolis
Kyzikos
Ankerplatz
Imbros
Dardanellen
Opsikion
670
Byzantinisches Reich

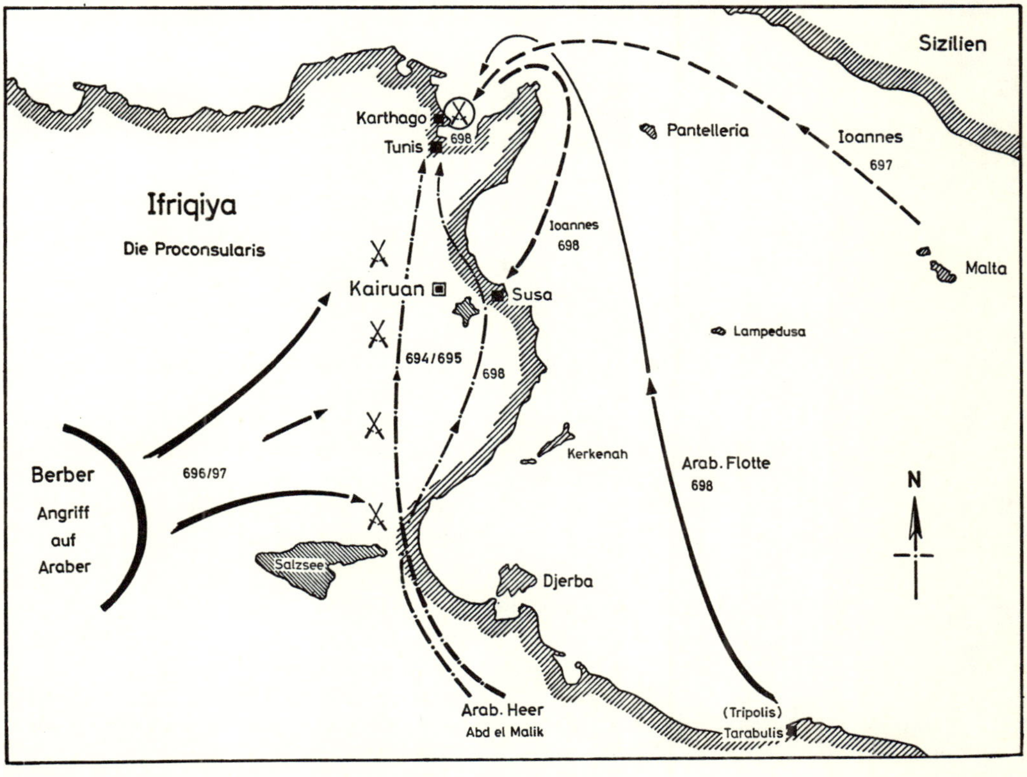
Sizilien
Karthago
698
Tunis
Pantelleria
Ioannes
697
Ifriqiya
Die Proconsularis
Ioannes
698
Malta
Kairuan
Susa
Lampedusa
694/695
698
Kerkenah
Berber
Angriff
auf
Araber
696/97
Arab. Flotte
698
N
Salzsee
Djerba
Arab. Heer
Abd el Malik
(Tripolis)
Tarabulis

	Wie im Ersten Punischen Krieg die Enterbrücke, so ist auch diesmal eine neue Waffe, das »Griechische Feuer«, im Seekrieg ausschlaggebend. Die Flotte von Ostrom erringt mit diesem Erfolg wieder die Seeherrschaft in der Ägäis.
Ab Anf. 8. Jh.	Die Sarazenen von Ifriqija unternehmen wiederholte Raubzüge im zentralen Mittelmeer. Ganze Flotten erleiden dabei in den Herbststürmen Schiffbruch. Ihren Mangel an Erfahrung in Seemannschaft müssen die Araber, wie die Römer in den Punischen Kriegen, teuer bezahlen.
18. April 727	Die griechische Provinzflotte der Ägäis revoltiert gegen Byzanz und wird in einer Seeschlacht von der Zentralflotte mit Hilfe des »Griechischen Feuers« geschlagen.
732	Nach der Eroberung der Stadt Ravenna, dem Sitz des byzantinischen Patriarchen in Italien, durch die Langobarden kann das oströmische Lagunengeschwader die Stadt in einem überraschenden Gegenangriff zurückerobern, da die Langobarden über keine Seestreitkräfte zur Abwehr verfügen.
733 u. 734	Zweimal kann das byzantinische Geschwader des Themas Sizilien Raubgeschwader der Sarazenen aus Afrika bei Plünderungszügen stellen und nach Kampf mit Verlusten heimschicken.
739	Ein byzantinisches Geschwader macht, wie schon drei Jahre vorher, einen Überfall auf das Nildelta und plündert diesmal die Stadt Damietta.
740	Die Flotte der Sarazenen aus Ifriqija landet ein Expeditionsheer auf Sizilien bei Syrakus und versucht die Einnahme der Stadt. Nach anfänglichen Erfolgen müssen die Sarazenen wegen eines Aufstandes der Berber in Afrika den Feldzug abbrechen.
743	Die arabische Flotte aus Ägypten überfällt die Insel Zypern und plündert sie gründlich. Viele Bewohner wandern aus.
747	**Seeschlacht bei Ceramea (Zypern).** Die Flotte von Ostrom vernichtet eine arabische Flotte von 100 Schiffen vollständig. Byzanz erobert mit diesem Sieg für über 50 Jahre die Seeherrschaft im Mittelmeer zurück.
30. Juni 763	Von 755 bis 763 unternimmt der oströmische Kaiser Konstantin V. mehrere Kriegszüge gegen die Bulgaren im östlichen Balkan. Nach mehreren Landschlachten mit unterschiedlichem Ausgang erringt er mit Heer und Flotte bei Anchialus, dem heutigen Burgas, seinen größten Sieg.
806	Ein arabisches Geschwader plündert Zypern und führt 16000 Bewohner in die Gefangenschaft. Diese werden aber bald wieder entlassen. Im folgenden Jahr wird die Insel Rhodos heimgesucht, die starke Festung kann aber nicht eingenommen werden.
807–809	Die Flotte von Ostrom verhindert die Eroberung von Venedig durch Kaiser Karl d. Gr., der schließlich die Adria als in der Machtsphäre von Byzanz liegend anerkennt (Friede von Aachen 812).
812	Dreizehn arabische Schiffe erobern bei Lampedusa sieben byzantinische Aufklärungsschiffe, fallen aber anschließend ihrerseits dem oströmischen Hauptgeschwader aus Sizilien in die Hände.
813	**Seeschlacht bei Majorka.** Bei den Balearen besiegt die Flotte Karls d. Gr. unter Ermengar, Graf von Ampurias, die Flotte der Araber aus Spanien und beendet damit für einige Zeit deren Raubzüge im westlichen Mittelmeer.
821	In Byzanz herrscht Bürgerkrieg. Die oströmischen Provinzflotten unterliegen in mehreren Gefechten der Zentralflotte vor Konstantinopel. Die Seeverteidigung von Ostrom wird dadurch geschwächt.

827	Landung der Sarazenen auf **Sizilien** und Beginn des bis 964 dauernden Kampfes um diese Insel.
828	Aufständische Araber aus Spanien landen auf Kreta und erobern in Kürze die ganze Insel. Mehrere Versuche der Byzantiner, in den folgenden Jahren Kreta zurückzuerobern, scheitern.
828	Ein karolingisches Geschwader aus der Toskana unter Bonifaz II., Graf von Lucca, macht einen Vergeltungszug gegen die Sarazenen von Ifriqija und landet zwischen Karthago und Utica. Nach verlustreichen Kämpfen wird die Heimfahrt angetreten.
829	Vor Thasos vernichten die Kreter ein byzantinisches Geschwader und beherrschen die nächste Zeit die südliche Ägäis.
831	Die Sarazenen erobern Palermo und machen es zu ihrer Hauptstadt auf Sizilien.
831	Ein Geschwader der Sarazenen aus Ifriqija verliert bei der Überfahrt nach Sizilien im Sturm einen Teil seiner Schiffe, der Rest fällt dem byzantinischen Geschwader vor der Insel in die Hände. Die Araber bringen darauf weitere Verstärkungen nach Palermo und setzen ihre Offensive entlang der Nordküste der Insel fort.
um 839	Die Sarazenen aus Ifriqija erobern Brindisi und plündern die Stadt bevor sie wieder abziehen.
Frühj. 841	**Seeschlacht vor Tarent.** Im Besitz von Tarent bedrohen die Sarazenen den Eingang der Adria. Ein Geschwader von 60 Schiffen aus Venedig greift vor der Stadt die Flotte der Araber an und erleidet eine schwere Niederlage. Der Großteil der Besatzungen fällt oder wird gefangen. Anschließend machen die Sarazenen einen Raubzug durch die ganze Adria, wobei sie Beute machen und weitere Schiffe erobern. Venedig beginnt nun eine verstärkte Flottenrüstung zum Schutz seiner Seeverbindungen.
842–850	Die Sarazenen setzen sich in Marseille fest und machen die Rhone aufwärts Vorstöße bis über Arles.
842	Eine starke arabische Flotte aus Syrien, die angeblich Konstantinopel zum Ziel hat, verliert vor der Südküste von Kleinasien einen Großteil der Schiffe im Sturm, der Rest wird von den Byzantinern vernichtet.
843	Durch den Erfolg ermuntert, versuchen die Byzantiner Kreta zurückzuerobern. Die Landung ist zwar erfolgreich, die Truppen auf der Insel werden aber aufgerieben.
843	Die Stadt Messina wird von den Sarazenen erobert. Diese hatten gleichzeitig von der Landseite und vom Hafen aus angegriffen und waren beim zweiten Sturm erfolgreich.
844	Die **Normannen** erscheinen ein erstes Mal vor Spanien. Mit 80 Schiffen tauchen sie zunächst vor dem Tajo auf, nehmen dann Cadiz ein und plündern Sevilla. Zu Lande geschlagen, entkommen sie mit einem Verlust von 30 Schiffen.
845	Herzog Sergius von Neapel kann ein Geschwader der Sarazenen abfangen und ihnen zehn Schiffe mit Beute aus Kampanien abnehmen.
845	Eine Flotte von 300 Schiffen der spanischen Omaijaden erobert von den Byzantinern die Balearen.
846	Eine Flotte der Sarazenen aus Palermo erscheint vor Rom. Ein Sturm auf die Stadt wird nicht versucht, aber die Umgebung von St. Peter geplündert.
849	**Seeschlacht bei Ostia.** Beim Versuch Rom anzugreifen, wird die Flotte der Sarazenen von Schiffen aus Neapel, Amalfi und Gaeta gestellt. Ein aufkommender

Sturm trennt die Kämpfenden. Die Christen können den rettenden Hafen erreichen, die meisten Schiffe der Sarazenen gehen aber zu Grunde.

Mai 853 Ein byzantinisches Geschwader von 100 Schiffen erobert die Stadt Damietta im Nildelta und kehrt mit reicher Beute und fast ohne Verluste heim. Dieses Unternehmen wird in den Jahren 854 und 859 erfolgreich wiederholt.

Frühj. 858 Die Flotte der Sarazenen von Palermo stößt in das Ionische Meer vor. Sie trifft dabei auf ein byzantinisches Geschwader. Beide verlieren im folgenden Kampf je zehn Schiffe. Beim Versuch sich auf Kreta zu verproviantieren, erleiden die Sizilianer von den Kretern eine Niederlage.

858 **See-Landschlacht bei Syrakus.** Zum Schutze der bedrohten Stadt landet Ostrom Verstärkungen auf 300 Schiffen. Die Araber greifen diese mit Land- und Seestreitkräften an. Beim überstürzten Einschiffen verlieren die Byzantiner 100 Schiffe.

860 Die Normannen plündern in der Provence und in Ligurien. La Spezia und Pisa werden geplündert, die ehemals reiche Handelsstadt Luni gänzlich zerstört.

Juni 860 Eine Flotte der Waräger aus Kiew versucht Konstantinopel zu erobern und wird abgewiesen.

867 Die Sarazenen plündern die Küsten von Illyrien und Griechenland.

868 Der byzantinische Adm. Niketas Oryphas geht mit 100 Schiffen gegen die arabischen Seeräuber vor. Vor der thrakischen Küste werden 20 arabische Schiffe vernichtet. Dann läßt Oryphas seine Schiffe über den Isthmus von Korinth schleppen und greift die im Golf von Korinth plündernden Sarazenen überraschend an. Diese werden vollständig aufgerieben.

Auf Sizilien erobern die Sarazenen Syrakus (878).

Febr. 871 **Einnahme von Bari.** Ein byzantinisches Geschwader von 400 Schiffen, die meisten aus dalmatinischen Küstenstädten und von den Slawen gestellt, blockiert ein Jahr lang die starke sarazenische Festung von der Seeseite und erleichtert dadurch den Truppen von Kaiser Ludwig II. die Eroberung. Dieser tritt die Stadt später an Byzanz ab.

872 Die Flotte von Byzanz vernichtet vor der Peloponnes ein arabisches Geschwader und erobert zwei Jahre später Zypern.

879 Im Golf von Neapel besiegt ein byzantinisches Geschwader ein Raubgeschwader der Sarazenen aus Sizilien.

880 Vor den Mauern der Stadt Chalkis auf Euböa wird ein Geschwader von 30 Schiffen aus Syrien durch griechisches Feuer zum Großteil vernichtet.

880 **Nachtgefecht bei Kephalonia (Peloponnes).** Eine Flotte der Sarazenen wird von den Griechen unter Nasaris vernichtet. Anschließend geht Nasaris mit seiner Flotte durch die Straße von Messina zur Nordküste von Sizilien.

Okt. 880 **Erste Seeschlacht von Milazzo.** Nasaris vernichtet eine arabische Flotte aus Palermo. Ostroms Position in Süditalien ist für einige Zeit wieder gestärkt.

Okt. 888 **Zweite Seeschlacht von Milazzo.** Diesmal gelingt den Sarazenen aus Palermo ein Sieg über eine Flotte von Ostrom. 5000 Griechen ertrinken.

902 Eine arabische Flotte plündert die Inseln der Ägäis und zerstört die Stadt Demetrias an der Küste von Thessalien. Im folgenden Jahr wird die Insel Lemnos verheert.

Juli 904 Die Stadt Thessalonike wird von einer Flotte der Sarazenen unter dem Renegaten Leo von Tripolis von See her erobert. An langen Rahen werden Kampfgondeln von den Schiffen über die Mauern der Seefront geschwenkt und so die Stadt bezwungen. Nach ausgiebiger Plünderung ziehen die Sarazenen wieder ab.

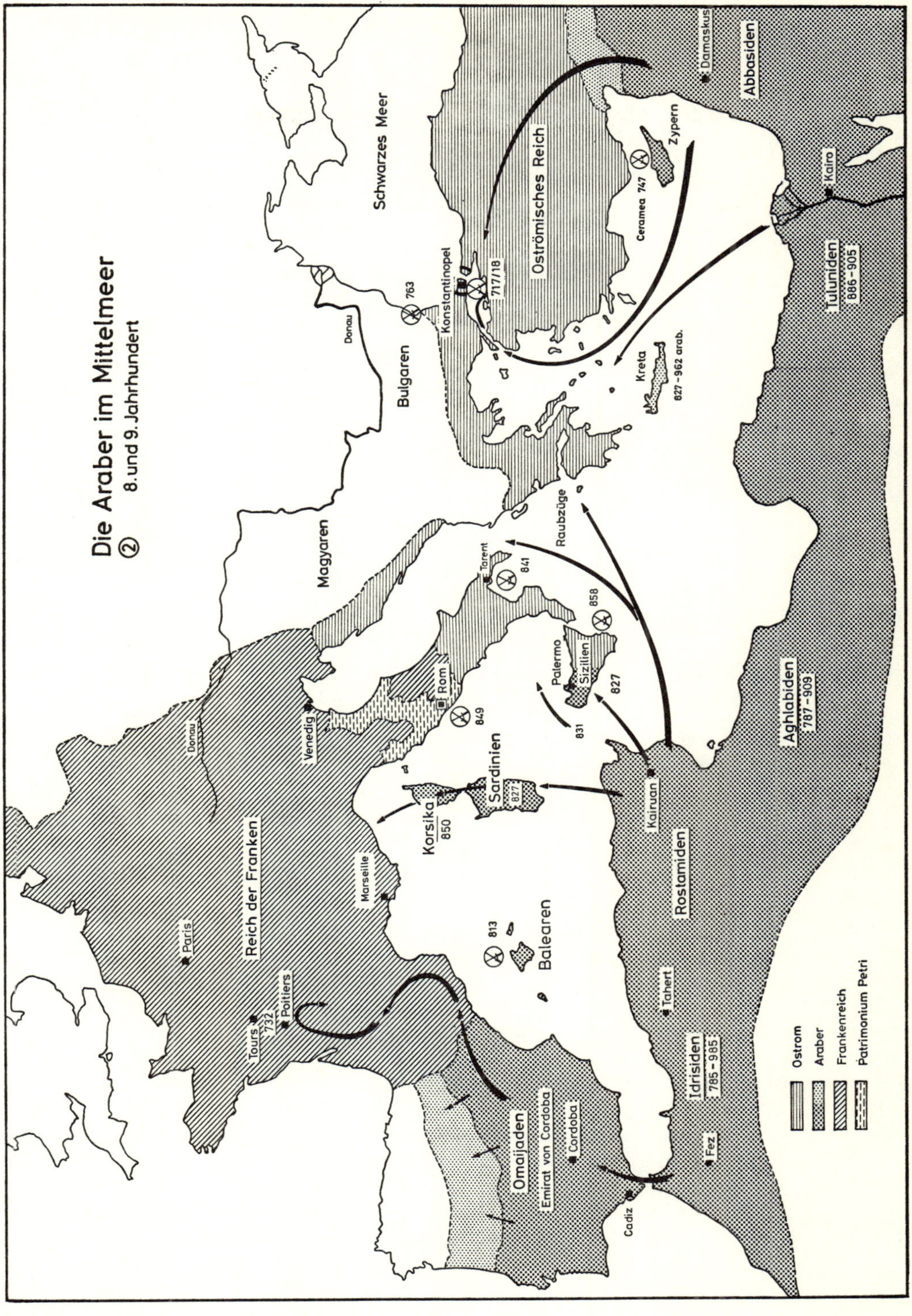

Die Araber im Mittelmeer
② 8. und 9. Jahrhundert
Schwarzes Meer
Oströmisches Reich
Abbasiden
Damaskus
Zypern
Ceramea 747
Kairo
Tuluniden
886–905
Konstantinopel
717/18
763
Donau
Bulgaren
Kreta
827–962 arab.
Raubzüge
Magyaren
Tarent
841
858
Palermo
Sizilien
827
831
Aghlabiden
787–909
Rom
849
Venedig
Sardinien
827
Korsika
850
Kairuan
Rostamiden
Reich der Franken
Donau
Marseille
Paris
Balearen
813
Tours
732
Poitiers
Tahert
Idrisiden
785–985
Omaijaden
Emirat von Cordoba
Cordoba
Fez
Cadiz
Ostrom
Araber
Frankenreich
Patrimonium Petri

Anf. 10. Jh. Venedig führt einen ständigen Kampf gegen die dalmatinischen Seeräuber.

907 Oleg von Kiew erscheint mit einer Flotte vor Konstantinopel und erwirkt günstige Handelsverträge für die Waräger Kaufleute.

910 Oleg von Kiew stößt mit seiner Flotte in das Kaspische Meer vor und plündert an dessen Südküste persische Sädte.

Okt. 908 **Seeschlacht in der Ägäis.** Die byzantinische Flotte unter Admiral Himerios siegt über die Sarazenen. Anschließend besetzt Himerios vorübergehend die Insel Zypern und fährt von dort Angriffe gegen die syrische Küste.

912 **Seeschlacht bei Chios.** Die syrisch-kilikische Flotte der Sarazenen unter Leo von Tripolis und Damian von Tarsos vernichtet ein byzantinisches Geschwader unter Himerios. Zypern war schon im Jahr vorher von Damian erobert worden.

10. Jh. Die Flotte der spanischen Omaijaden ist die stärkste Seemacht im westlichen Mittelmeer. Ihr Hauptstützpunkt ist Almeria. Spanische Sarazenen setzen sich auch in Fraxinetum/Frejus fest, von wo sie Raubzüge entlang der Küste Italiens und zu Lande weit in die Alpenländer unternehmen.

914 **Seeschlacht bei Monastir.** Das sarazenische Sizilien befindet sich im Kampf gegen die neue Dynastie der Fatimiden in Ifriqija. Nördlich der Seefestung Mahdia treffen die beiden Flotten aufeinander. Die Flotte der Fatimiden wird aufgerieben, ihr Admiral El-Hasan gefangen und erdrosselt. Anschließend wird Sfax verheert und ein weiteres kleines Geschwader vernichtet.

915 Die Flotte von Sizilien unternimmt einen weiteren Zug gegen Ifriqija, wird aber von der neu ausgerüsteten Flotte der Fatimiden gestellt und vernichtet. Sizilien, des Bürgerkrieges müde, erhebt sich darauf gegen seinen Herrscher und liefert ihn an die Fatimiden aus.

919 **Seeschlacht vor Rosetta.** Beim zweiten Versuch der Fatimiden, Ägypten zu erobern, wird das Heer von einem Geschwader von fast 80 Schiffen begleitet. Vor dem Nildelta wird dieses von dem Geschwader aus Tarsos in Stärke von 50 Schiffen angegriffen und mit großen Verlusten zurückgeschlagen. Die Eroberung von Ägypten scheitert zunächst.

934 Genua wird von Sarazenen aus Nordafrika geplündert.

941 **Seeschlacht vor dem Bosporus.** Die russische Flotte Igors von Kiew wird von der griechischen Flotte vernichtet. Mit nur 15 Dromonen kann der Patrizier Theophanes mit Hilfe des griechischen Feuers einen großen Teil der russischen Schiffe verbrennen, den Rest in die Flucht schlagen. Die schon gelandeten russischen Landtruppen werden aufgerieben.

943 **Gefecht vor Fraxinetum.** Spanische Sarazenen plündern von ihrem festen Stützpunkt Fraxinetum an der Küste der Provence aus die Alpenländer bis weit in die Schweiz und nach Schwaben und mit ihren Korsarenschiffen die Küsten von Italien. Ein byzantinisches Geschwader vernichtet im Hafen die Sarazenenschiffe mit griechischem Feuer. Da die Langobarden die gleichzeitige Belagerung zu Lande vorzeitig aufgeben, nehmen die Sarazenen die Raubzüge bald wieder auf.

955 Eine Flotte der Fatimiden aus Nordafrika greift den spanischen Flottenstützpunkt Almeria an und zerstört ein dort liegendes Geschwader der spanischen Araber.

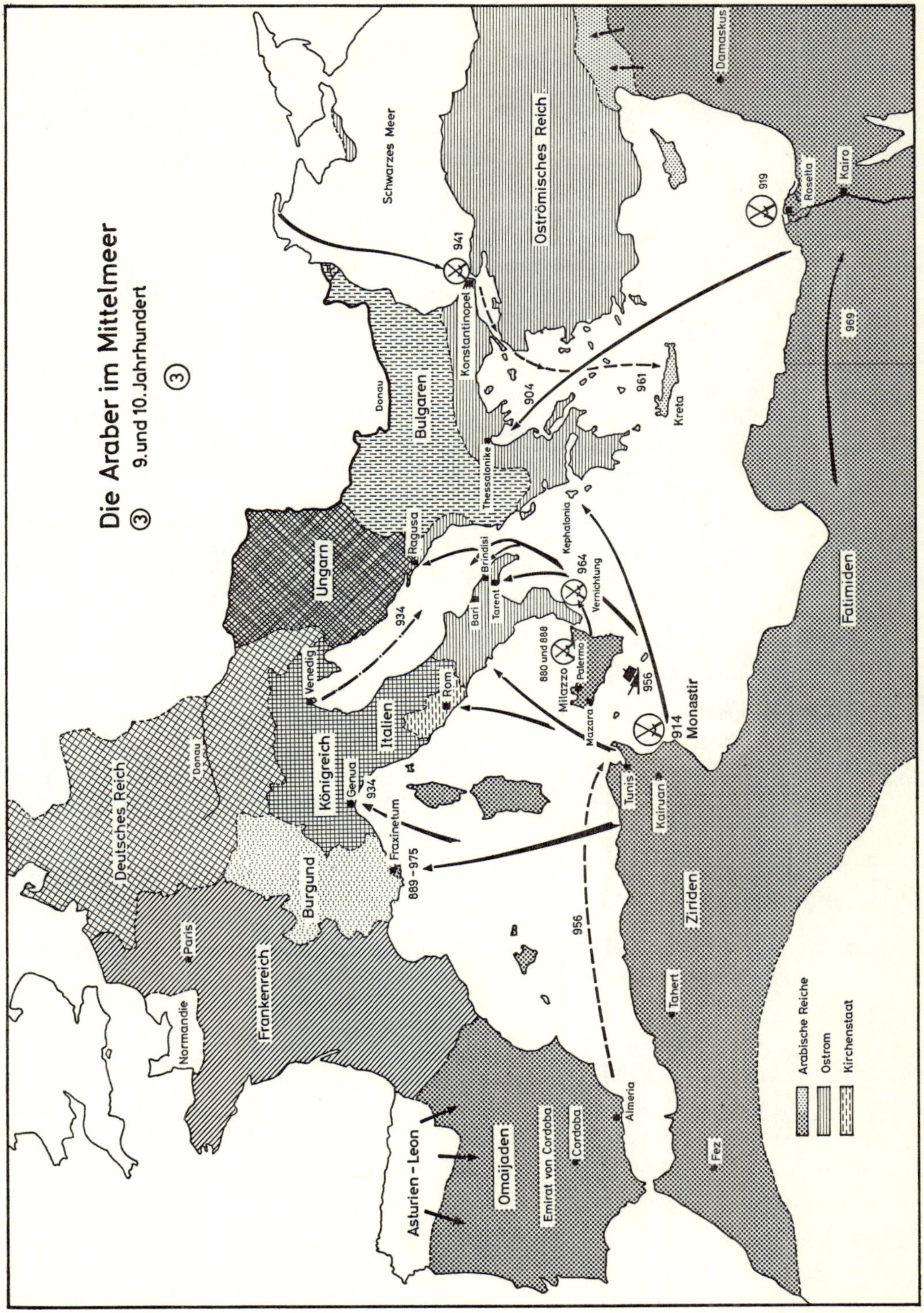

Die Araber im Mittelmeer
③ 9. und 10. Jahrhundert ③
Schwarzes Meer
Oströmisches Reich
Damaskus
Rosetta
Kairo
919
969
Fatimiden
941
Konstantinopel
Donau
Bulgaren
904
961
Kreta
Thessalonike
Ragusa
Ungarn
Kephalonia
964
Vernichtung
Brindisi
Bari
Tarent
934
880 und 888
Milazzo
Palermo
956
Mazara
914
Monastir
Venedig
Rom
Italien
Königreich
Genua
934
Deutsches Reich
Donau
Fraxinetum
889–975
Burgund
Tunis
Kairuan
Ziriden
956
Paris
Frankenreich
Normandie
Tahert
Almeria
Asturien-Leon
Omaijaden
Emirat von Cordoba
Cordoba
Fez
Arabische Reiche
Ostrom
Kirchenstaat

956–964	**Der Dreimächte-Seekrieg**
	Byzanz und die spanischen Omaijaden sind verbündet gegen die Fatimiden in Sizilien und Ifriqija.
956	Eine Flotte der Fatimiden aus Tunis wird auf der Fahrt nach Sizilien von einem Sturm dezimiert.
956	Eine neue Flotte aus Tunis wird von den Verbündeten vor Mazara geschlagen. Im selben Jahr sucht eine Flotte der Omaijaden die Küste von Ifriqija heim.
958	Eine Flotte aus Tunis liefert den Verbündeten vor der Straße von Messina ein unentschiedenes Gefecht. Vor Palermo geht auch diese Flotte im Sturm unter.
960	**Eroberung von Kreta.** Die byzantinische Flotte unter dem späteren Kaiser Nikephoros II. Phokas landet mit starken Heeresverbänden auf der Insel. Die Schiffe werden dabei mit Landebrücken ausgerüstet, so daß sogar die Reiterei direkt vom Schiff an den Strand und damit in das Gefecht reiten kann. Ein solches Landungsunternehmen findet erst im Zweiten Weltkrieg wieder eine vergleichbar sorgfältige Organisation. Im Frühjahr 961 fällt der letzte Stützpunkt der Sarazenen, das zu Land und zu Wasser blockierte Kandia. Byzanz verfügt mit Kreta wieder über den Schlüssel zur Seeherrschaft im östlichen Mittelmeer.
	Die Sarazenen erobern auf Sizilien Taormina (962) und die Festung Rametta (964), womit die ganze Insel in ihrer Hand ist.
964	**Seeschlacht der Vernichtung.** Eine Flotte unter Patrikios Niketas evakuiert die letzten Byzantiner von Sizilien. Eine arabische Flotte verlegt dieser vor der Küste von Kalabrien den Weg und vernichtet sie völlig. Arabische Kampfschwimmer stecken dabei mehrere griechische Dromonen in Brand.
969	Die Fatimiden erobern **Ägypten** und machen das neugegründete Kairo zu ihrer Hauptstadt.
Juli 971	Flotte und Heer von Byzanz siegen in der Donaumündung über ein russisches Heer.
992	Venedig unterstützt mit seiner Flotte Byzanz bei den Kämpfen in Unteritalien. Der Doge Peter II. Orseolo (961–1009) erhält dafür besondere Handels- und Gerichtsbarkeitsprivilegien im oströmischen Reich. Beginn des wirtschaftlichen Aufschwunges der Lagunenstadt.
1000	In einem groß angelegten Seezug unterwirft Peter II. Orseolo die dalmatischen Narentiner und sichert den venezianischen Handel in der Adria.
Anf. 11. Jh.	Arabische Seezüge gegen Griechenland scheitern unter großen Verlusten. Seit der Eroberung von Sizilien ist die Angriffskraft der Sarazenen erschöpft. In der Flotte der Byzantiner kämpfen bereits Waräger gegen die Araber.

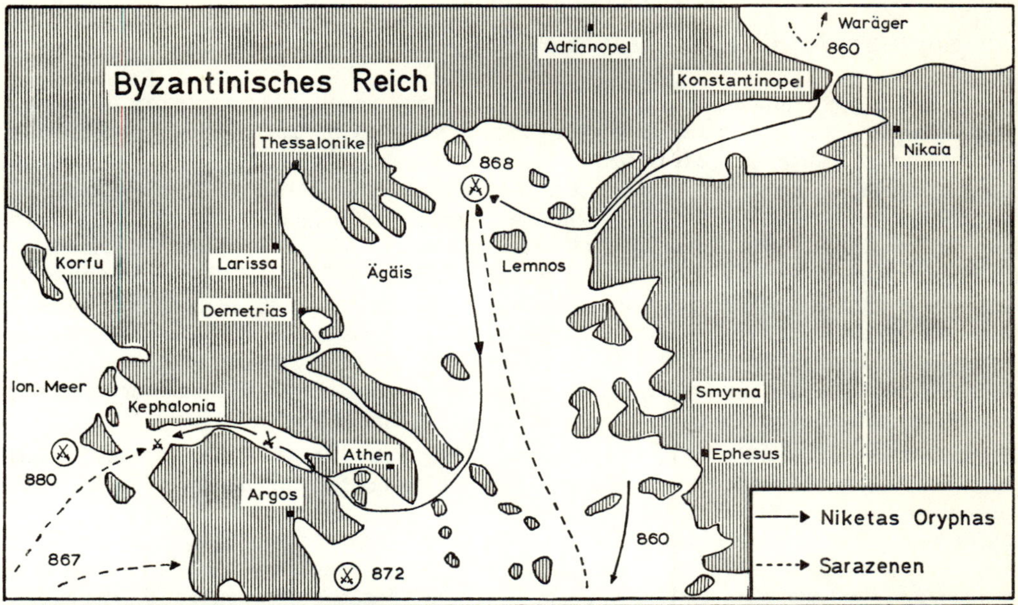
Byzantinisches Reich
Adrianopel
Waräger
860
Konstantinopel
Nikaia
Thessalonike
868
Korfu
Larissa
Ägäis
Lemnos
Demetrias
Ion. Meer
Kephalonia
Smyrna
880
Athen
Ephesus
Argos
860
867
872
Niketas Oryphas
Sarazenen

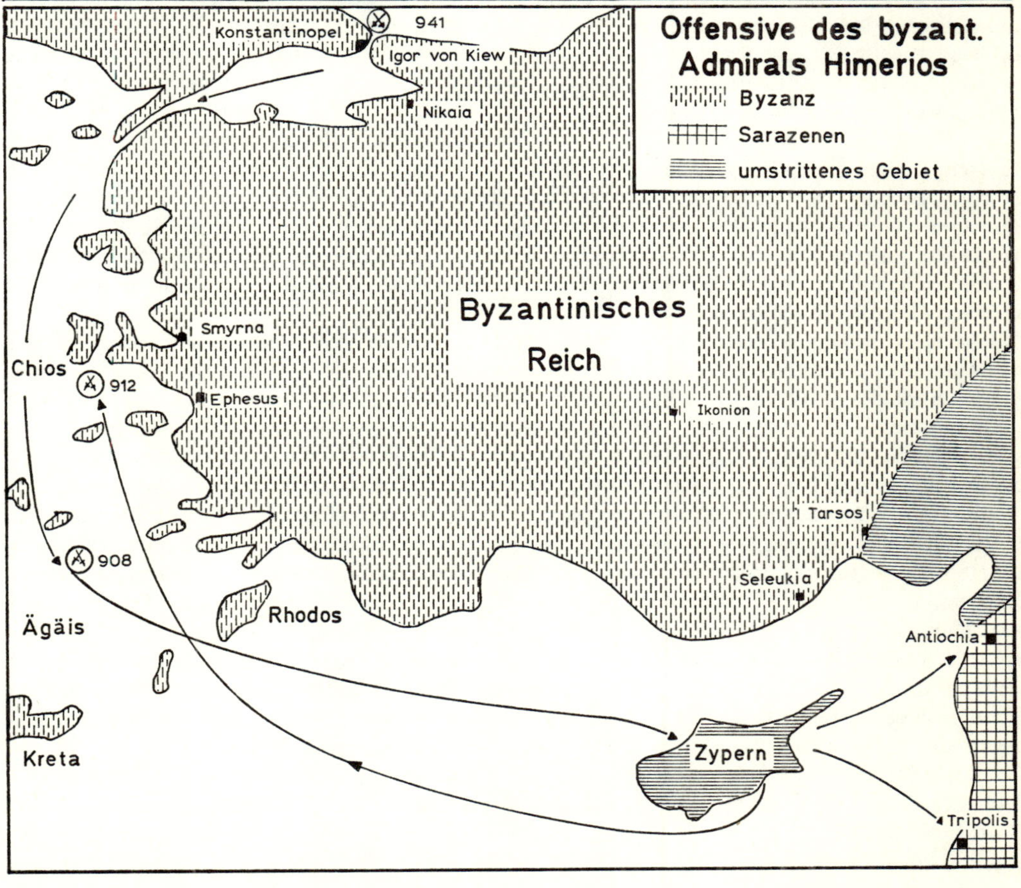
Konstantinopel
941
Igor von Kiew
Nikaia
Offensive des byzant. Admirals Himerios
Byzanz
Sarazenen
umstrittenes Gebiet
Byzantinisches Reich
Smyrna
Chios
912
Ephesus
Ikonion
Tarsos
908
Seleukia
Ägäis
Rhodos
Antiochia
Zypern
Kreta
Tripolis

Die Seezüge der Germanen und Wikinger

An den Küsten Nord- und Westeuropas hat die Schiffahrt mit wesentlich schwierigeren Bedingungen zu kämpfen als im Mittelmeer. Im Süden sind alle Punkte durch Fahrten entlang der Küste zu erreichen, kurze Fahrten über Meeresengen können den Weg wesentlich abkürzen. Vor allem im Sommer sind die Winde stetig, das Meer ist dann fast immer ruhig und kommt der Fahrt mit Riemenschiffen wie der mit Segelschiffen gleichermaßen entgegen. Im Norden ist dagegen das ganze Jahr über mit Stürmen und Nebel, im Winter auch mit Eis und Kälte zu rechnen. Eine Hochseeschiffahrt hat sich daher erst relativ spät entwickelt, die Fahrten der Vorgeschichte wurden nur entlang der Küstenlinie, innerhalb der Schären und auf den Flüssen unternommen. Nur die Ostsee war etwas ruhiger, im Winter manchmal vereist und daher dem Verkehr günstiger. Bis zum Ende der letzten Eiszeit lag die Küstenlinie auch viel weiter im heutigen Meer. Die Ostsee war ein Binnenmeer, England hatte eine Landverbindung mit dem Kontinent, und die Doggerbank war eine Insel, noch früher gab es wahrscheinlich eine Landbrücke von Dänemark nach England.

Trotzdem wurde schon früh in diesen Gewässern Seefahrt betrieben, wie der Fund eines Paddels aus dem 8./7. Jahrtausend v. Chr. in einem Moor in Schleswig-Holstein und die vielen Felsenritzungen von Booten in Skandinavien beweisen.

Die im heutigen Dänemark und Südschweden siedelnden Stämme der **Germanen** waren zu Ende des ersten Jahrtausends v. Chr., wahrscheinlich wegen Übervölkerung, aus ihren Heimstätten aufgebrochen und haben die langen Wanderungen nach Süden begonnen. Nur einige Stämme erhielten sich aber ihre Seefahrertradition. Die Goten und Heruler beherrschten im 3. Jahrhundert n. Chr. zeitweise das Schwarze Meer und die Ägäis, die Vandalen waren im 5. Jahrhundert die Herren des westlichen Mittelmeeres. Zur selben Zeit beunruhigten die in Norddeutschland gebliebenen Sachsen die Küsten von Westeuropa.

Als zu Beginn des Frühmittelalters Handel und Wandel wieder auflebten, waren es im Norden die Friesen, welche die ersten Handelswege zur See ausbauten. Ihre Schiffe fuhren die Küsten der Nordsee entlang nach Osten und über die Landenge von Schleswig, wo eine Schleppstrecke zur Ostsee den Umweg über das stürmische Kap Skagen vermied, nach Schweden. Die Stadt Haithabu verdankte diesem Weg ihre Blüte. Von ihrem Stapelplatz Dorestad im Rheindelta fuhren die Schiffe rheinaufwärts bis nach Süddeutschland und erreichten somit den Anschluß an den Handelsweg über die Alpen nach Venedig und damit zum Orient.

Nach der Eroberung von Ostfriesland durch Karl d. Gr. verlegten sich die Friesen noch mehr auf den Handel und wurden im 9. und 10. Jahrhundert die Waren- und Kulturmittler in Nordeuropa.

Gegen Ende des 8. Jahrhunderts begannen die Raubzüge der **Nordgermanen,** die nach der ersten germanischen Wanderung in Skandinavien verblieben waren. Diese wurden in Westeuropa Wikinger, später Normannen, in Osteuropa Waräger genannt. Es war dies die letzte Völkerwanderungsbewegung aus dem Norden, die auf Europa einen wesentlichen Einfluß ausübte. Und es war eine Wanderbewegung, die hauptsächlich zur See durchgeführt wurde. Das wesentlichste Moment, das diese Wanderbewegungen auslöste, war die beginnende Machtkonzentration bei einigen wenigen Fürsten, die versuchten, sich zu Königen über ganze Länder aufzuschwingen. Die übrigen Häuptlinge und Gegenkönige zogen oft den Weg in fremde Länder der Unterwerfung und Tributzahlung vor. Durch den Handel kannten sie den Reichtum der Länder jenseits des Meeres, in den elastischen Wikingerschiffen hatten sie ein wohl kleines, aber schnelles und leichtes Transportmittel, mit dem sie große Strecken rasch zurücklegen und überraschend auftreten konnten. Diese Schiffe konnten auch Flüsse weit aufwärts gefahren und gezogen werden, sie waren an jedem Strand aufzulegen und konnten sogar auf kurze Strecken über Land transportiert werden.

Zu Beginn waren die Fahrten reine Raubzüge um schnelle Beute, in erster Linie die Küsten entlang, doch auch auf kurze Strecken ins Landesinnere, aber immer waren zunächst die Schiffe ihr Stützpunkt. Diese Fahrten waren damit zunächst rein private Unternehmungen, hinter denen im Anfang keinerlei staatliche Autorität stand.

Im Gegensatz zur islamischen Eroberungswelle, wo eine politische und religiöse Einigung die Kräfte frei machte, war es hier das Gegenteil, das Auflehnen gegen die politische und religiöse Einigung (Auftreten des Christentums im Norden mit seiner Unterstützung der staatlichen Autorität). Es war daher auch anders als bei den Griechen, wo wirtschaftliche Gründe (der karge Boden) zur Kolonisation trieben. Die Kolonisation erfolgte bei den Wikingern auch erst in einem späteren Zeitraum. Nachdem die ersten Scharen mit reicher Beute belohnt wurden, hatten sich immer mehr Krieger den Raubzügen angeschlossen, die Ziele wurden immer weiter gesteckt, und schließlich mußten vorgeschobene Stützpunkte angelegt werden (Normandie, Noirmoutier). Dies führte zum Überwintern im fremden Land und schließlich zum Nachholen der Familien, die dann die Raubzüge mitmachten. Erst um die Mitte des 9. Jahrhunderts begannen die Wikinger mit dauernder Landnahme, vorwiegend auf den Britischen Inseln, in der Normandie und in Rußland. Die norwegischen Wikinger ließen sich meist in Irland, Schottland und auf den vorgelagerten Inseln nieder. Die dänischen Wikinger bevorzugten England und das Frankenreich, die schwedischen Waräger siedelten zunächst im Baltikum, dann in der Gegend von Moskau, später um Kiew. Die letzten beiden Plätze beherrschten die Wasserscheiden von der Ostsee über die Wolga in das Kaspische Meer und über den Dnjepr zum Schwarzen Meer. Über das Kaspische Meer und Persien fanden die Waräger in Mesopotamien Zugang zu den Handelsgütern aus Ostasien, die von dort in Bagdad eintrafen. Über das Schwarze Meer hatten sie schließlich Verbindung mit Ostrom. Mehrmals versuchten sie, Konstantinopel zu erobern, scheiterten aber jedes Mal.
Wie den um die gleiche Zeit vorstoßenden Arabern wurde auch den Wikingern der Einbruch in die Reiche von Mittel- und Westeuropa (Osteuropa war noch nicht organisiert) durch deren militärische Schwäche erleichtert. Nur das Fankenreich unter Karl d. Gr. konnte einigermaßen Widerstand leisten, nach der Erhebung der Söhne Ludwigs gegen ihren Vater aber lag den Wikingern das ganze Reich offen. Wie in Süditalien die Sarazenen, so wurden diese kriegerischen Scharen oft von lokalen Grafen gegen ihre Rivalen als Hilfstruppen ins Land gerufen (Plünderung von Nantes).
Die großen Heerhaufen der Wikinger waren mit ihren Familien und dem Hausrat immer schwerfälliger geworden und begannen endlich, sich seßhaft zu machen. Sie gingen schließlich in der übrigen Bevölkerung auf, da sie aus der Heimat keinen Nachzug an Neusiedlern erhielten. Denn in ihren Heimatländern bekamen die Anwärter auf den Königsthron mit der Auswanderung der Rivalen das Übergewicht. Das schon seit längerer Zeit bestehende dänische Königreich konnte sich festigen und auch territorial ausgreifen (zeitweilig bis Südschweden, Norwegen und sogar England), in Norwegen und später in Schweden bildeten sich die ersten absolutistischen Königreiche. Mit dieser Festigung der nordischen Königreiche ging die heroische Zeit der Wikinger zu Ende (11. Jh.), die mit der Plünderung des Klosters Lindisfarne (793) begonnen hatte. Die späteren Kriegszüge waren keine privaten Raubfahrten mehr, sondern entweder Bürgerkriege oder zentral organisierte staatliche Unternehmungen. Die Fahrten des ersten norwegischen Königs Harald Schönhaar (ca. 863–933) nach den Orkneys und Hebriden erfolgten nicht zur Unterstützung der dort siedelnden norwegischen Wikinger, sondern um sie für ihre Angriffe auch auf die Küste Norwegens zu bestrafen und sie botmäßig zu machen.

Der Übergang zur Jahrtausendwende zeigt sich deutlich an den beiden Wikingern Olaf Tryggvason aus Norwegen und Sven Gabelbart aus Dänemark. Beide kamen an der Spitze ihrer Wikinger, der eine aus dem Baltikum, der andere aus Dänemark; sie zogen von 980 an plündernd durch den Süden Englands. Beide errangen nach der Rückkehr in ihre Heimat dort den Königsthron und erschienen dann an der Spitze des staatlichen Heerbannes wieder im Ausland. Olaf unternahm einen Zug gegen die Wenden in der Ostsee (wo er in einer Seeschlacht fiel), Sven erschien nach der »dänischen Vesper« 1002 zweimal in England als offizieller Vertreter seines Königsreiches.
Die Einigung von Norwegen wurde erst mit dem Einsatz von organisierten Flotten ermöglicht. Das Land selbst ist zerklüftet wie Griechenland, und nur mit Schiffen war es möglich, rasch Truppenverschiebungen vorzunehmen. Die Einigungskämpfe haben daher im wesentlichen zur See stattgefunden.

Anfang des 11. Jahrhunderts versuchte der Graf (Jarl) der Orkney-Inseln und Hebriden Irland, wo die Kelten wieder die Herrschaft den Wikingern entrissen hatten, zu erobern, erlitt aber eine schwere Niederlage. In England dagegen konnten die Dänen unter Knut d. Gr., dem Sohn von Sven Gabelbart, die Herrschaft an sich reißen (1017). Dieser wurde im folgenden Jahr auch König in Dänemark und wenig später (1028) König von Norwegen. Er vereinigte damit in seiner Person die Länder um die Nordsee zu einem großen Seereich, das aber unter seinen Nachfolgern rasch wieder auseinanderfiel.

Aber nicht nur nach dem Süden sind die Wikinger gekommen, sondern auch in die nördlicheren Gegenden haben sie ihre Fahrten unternommen. Diese waren aber vom Anfang an mit dem Ziel der Landnahme begonnen worden, denn in den unbewohnten Ländern des Nordens war keine Beute zu machen. Eine Fahrt an die Küsten des Eismeeres (878), wo sie bis zur Mündung der Dwina gelangten, hatte keine Folgewirkung. Ab 874 begann die Besiedlung von Island, wo sich seit rund 50 Jahren einige irische Mönche befanden. Ab 984 wurde Grönland besiedelt, Siedlungsversuche in Nordamerika zu Beginn des 11. Jahrhunderts sind jedoch gescheitert. Auch die Kolonie auf Grönland konnte sich nicht halten. Eine Klimaverschlechterung und Druck der von Nordwesten kommenden wetterfesteren Eskimos führten zum Untergang der nordischen Bevölkerung auf der Insel im extremen Norden. Mit dazu beigetragen dürfte aber auch das mangelnde Interesse des norwegischen Mutterlandes haben, denn für die Exportartikel Grönlands, Felle und Walroßzähne, konnten preiswertere Bezugsquellen gefunden werden. Die Felle kamen nun aus Rußland, die Walroßzähne wurden durch afrikanisches Elfenbein ersetzt.

Im 15. Jahrhundert waren die letzten norwegischen Bewohner auf Grönland verstorben.

Mit ihren navigatorischen Leistungen waren die Wikinger echte Vorläufer der Entdeckungsreisenden des 15. und 16. Jahrhunderts, ihre Leistung auf langen Fahrten mit solch kleinen Schiffen ist nur mit den Fahrten der Polynesier durch den Pazifik zu vergleichen.

	Seit dem 2. Jahrhundert vor Christus sind die Germanen aus Südskandinavien nach Ost- und Mitteleuropa eingewandert. Ihr weiteres Vordringen nach Süden und Westen wird zunächst von den Römern gestoppt. Diese halten mit dem Besitz der Küsten der Iberischen Halbinsel, Galliens und Englands die Seeherrschaft in den Gewässern um Westeuropa (1.–4. Jh.).
3. Jh. n. Chr.	Die Sachsen beginnen ihre Raubzüge zur See an der Küste der Nordsee entlang bis in den Ärmelkanal. Auch die keltischen Iren vom Westen und die Pikten vom Norden beunruhigen die Küsten Englands.
367 n. Chr.	Römische Seestreitkräfte unternehmen eine Strafexpedition gegen die Pikten bis zu den Orkneys.
368 n. Chr.	Der römische Heermeister Theodosius vernichtet ein Geschwader der Sachsen und erhält dafür den Beinamen »Sachsenschreck«.
Seit 375	Mit dem Einfall der Hunnen beginnt die eigentliche »Völkerwanderung«. Die West- und Ostgermanen bilden auf dem Gebiet des zerfallenden Römischen Reiches Nachfolgestaaten.
Seit 400	Aufgabe der britischen Inseln durch die Römer und Beginn der Einwanderung der Angeln, Sachsen und Jüten. Die Briten werden nach Wales, Schottland und Cornwall sowie in die Bretagne abgedrängt.
5. Jh.	Nach dem Zusammenbruch der römischen Herrschaft in Nordeuropa sind die keltischen Iren und die Angelsachsen die vorherrschende Seemacht an den Küsten Nordwesteuropas. Sächsische Seeräuber stoßen von der Nordsee bis in die Biskaya vor. Nach dem Abwandern der germanischen Stämme nach Westen und Süden übernehmen die Suionen/Schweden und Dänen die Seeherrschaft in der Ostsee.

Die Wikingerzüge
im 8. und 9. Jahrhundert
Ein Drakkar,
das typische Kriegsschiff der Wikinger
Grönland 984
Vinland um 1000
Island
874
Färöer
≈ 800
Hjaltland
≈ 700
Lindisfarne
793
866/71
Hastings
1066
Normandie
896/911
Bretagne
Noirmoutier
Frankreich
Deutsches
Reich
Elbe
Rhein
Oder
Weichsel
Waräger
Reich von Kiew
886/909/941
Ungarn
Königreich
Italien
Burgund
Luna
Rom
859 - 862
Biskaya
Asturien - Leon
Emirat von Cordoba
ab 929 Kalifat
844
Araber
Donau
Bulgarien
Schwarzes Meer
941
Sinope
Konstantinopel
Byzantinisches Reich
Kalifat
Araber
Stammländer der Wikinger
eroberte Gebiete
Wikingerzüge
Angriffsräume

463	Ein Geschwader der Sachsen fährt durch den Ärmelkanal und rund um die Bretagne bis zur Mündung der Loire. Im Jahr 475 erreicht ein Geschwader der Sachsen die Mündung der Gironde.
585	Ein Geschwader der Franken aus Gallien unterstützt einen Aufstand der Sueben in Nordwestspanien gegen die Westgoten. In einem Gefecht im Golf von Biskaya vernichten die Schiffe des Gotenkönigs Leovigild dieses Geschwader.
6. u. 7. Jh.	In diesen beiden relativ friedlichen Jahrhunderten nimmt der Seehandel in den nordischen Gewässern einen langsamen, aber stetigen Aufschwung.
8. Jh.	Eine neue Auswanderungswelle erfolgt aus Skandinavien. Die **Normannen** (Wikinger, in Rußland Waräger) beginnen mit ihren Beutezügen. Technische Voraussetzung ist das Kielboot mit verstärktem Boden für Mast und Kiel (Funde in Gokstad, Oseberg, Roskilde und Sutton Hoo).
733–34	Die Franken unter Karl Martell erobern Westfriesland. Sie verwenden dabei eine eigene Kriegsflotte.
787	Völlig überraschend greifen norwegische Wikinger Dorchester an. Es ist deren erster Überfall an der Küste Englands.
8. Juni 793	**Plünderung des Klosters Lindisfarne** in Nordengland. Beginn der geplanten Raubzüge, die schließlich über die ganze Nordseeküste und den Ärmelkanal ausgedehnt werden.
ab 800	Kaiser Karl d. Gr. errichtet einen Küstenwarndienst und läßt im Kanal ein Geschwader zum Küstenschutz aufstellen. Beide Maßnahmen können manche Streifscharen abwehren. In den Kämpfen, die zu Ende der Regierungszeit Ludwigs des Frommen beginnen, bricht diese Küstenverteidigung zusammen.
804	Den Vorstoß Karls d. Gr. in Richtung Ostsee und Südjütland beantwortet der dänische König Gottfried mit der Zerstörung von Rerik/Lübeck, dem Bau des Danewerkes (eines Schutzwalles quer über die jütische Halbinsel) und Angriffen seiner Flotte gegen die friesischen Inseln.
810	Eine Flotte der Dänen von 200 Schiffen plündert die Inseln an der friesischen Küste.
814–819	Das Kloster Noirmoutier an der Mündung der Loire wird jährlich von den Wikingern überfallen.
838	Die Norweger erobern ein erstes Mal Dublin.
ab 840	Größere Scharen beginnen sich für längere Zeit an den Küsten und Flußmündungen festzusetzen.
842	Die Wikinger machen die Insel Noirmoutier zu ihrem Stützpunkt; sie überfallen von dort die Stadt Nantes und plündern die Küsten der Biskaya.
844	Die Normannen gelangen bis nach Spanien und Portugal.
845	Dänische Wikinger erscheinen ein erstes Mal auf der Seine vor Paris und plündern die Stadt. Im selben Jahr erscheinen 600 Wikingerschiffe vor Hamburg; die Stadt wird ebenfalls geplündert und verbrannt.
851	König Aethelwulf von Wessex vernichtet in Land- und Seekämpfen ein dänisches Heer, das zuvor London und Canterbury geplündert hatte. Erste Erwähnung anglo-sächsischer Seestreitkräfte in England.
851	Seegefecht im Lough Carlingford. Dänische Wikinger treffen bei einem Streifzug nach Irland auf bereits dort sitzende Norweger.
852	Die Norweger erobern den größten Teil von Irland und siedeln dort für die nächsten dreihundert Jahre.
859–862	Normannische Streifscharen gelangen durch die Straße von Gibraltar bis an die Küsten der Provence und der Toskana, die Stadt Luni wird zerstört.

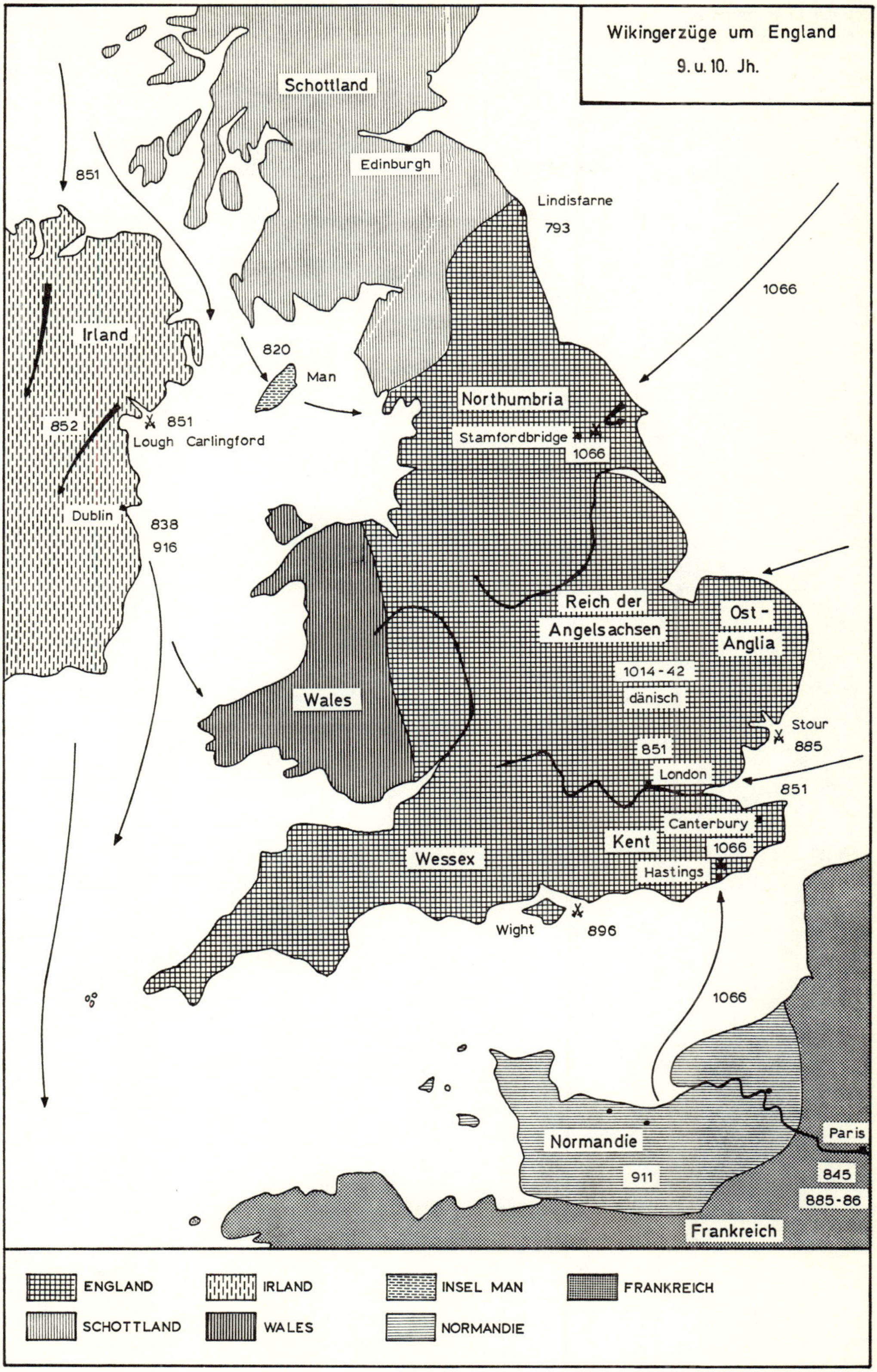

Wikingerzüge um England
9. u. 10. Jh.
Schottland
Edinburgh
851
Lindisfarne
793
1066
Irland
820
Man
Northumbria
852
851
Lough Carlingford
Stamfordbridge
1066
Dublin
838
916
Reich der
Angelsachsen
Ost-
Anglia
1014-42
dänisch
Wales
Stour
885
851
London
851
Canterbury
Kent
1066
Wessex
Hastings
Wight
896
1066
Normandie
911
Paris
845
885-86
Frankreich
ENGLAND
IRLAND
INSEL MAN
FRANKREICH
SCHOTTLAND
WALES
NORMANDIE

Ende 9. Jh.	Stärkere Gruppen der Normannen gehen zu dauernder Landnahme über.
ab 866	Dänische Normannen siedeln in England (Ost-Anglia und Northumberland = Danelag).
871–899	Der angelsächsische **König Alfred der Große** von Wessex baut eine erste englische Flotte und kann sich mit ihrer Hilfe der Dänen erwehren. Seine Schiffe sind den »Drachen«-Booten der Dänen an Größe überlegen.
885	An der Mündung des Flusses Stour, beim heutigen Harwich, trifft ein Geschwader der Flotte von König Alfred auf sechzehn Schiffe der dänischen Wikinger und kann alle erobern. Am Rückweg wird das Geschwader aber von der dänischen Flotte gestellt und erleidet eine Niederlage.
896	Vor der Insel Wight geraten neun Schiffe von König Alfred mit sechs dänischen zusammen. Während des Kampfes fallen die englischen Schiffe bei Ebbe trokken, die flacheren dänischen Schiffe können zunächst bis auf zwei entkommen, zwei weitere stranden später und werden ebenfalls erobert.
874	Norwegische Wikinger siedeln in Island.
885–886	Eine Flotte von 700 Schiffen der Wikinger mit 40 000 Mann belagert Paris. Die Stadt kann sich lange halten und kauft sich schließlich mit einer großen Summe Lösegeldes los.
878–891	Ein großer Heerhaufen dänischer Wikinger, bereits mit Kind und Kegel, verheert Westdeutschland und Westfranken. Städte wie Köln, Bonn, Aachen, Koblenz und Trier werden geplündert. Schließlich werden sie 891 von König Arnulf von Kärnten schwer geschlagen. Ihre Reste wenden sich nach England und unterliegen dort König Alfred.
892 (872?)	**Seeschlacht im Hafrsfjord.** Westlich Stavanger siegt Harald I. Schönhaar über rivalisierende Kleinkönige und einigt zum ersten Mal Norwegen.
896	Dänen siedeln an der Mündung der Seine und gründen die **Normandie.**
911	Der Normanne Rollo wird Vasall des fränkischen Königs und darauf erster Herzog der Normandie.
916	Eine große Flotte norwegischer Wikinger erobert das 901 verlorene Dublin erneut und errichtet auf Irland wieder eine Wikingerherrschaft, die Ende des Jahrhunderts den Iren wieder unterliegt.
974 (987?)	**Seeschlacht bei Hjørungavåg.** Die Flotte König Harald Blauzahns von Dänemark unterliegt südlich Nidaros, dem heutigen Drontheim, den Norwegern; diese sind darauf wieder einige Zeit unabhängig.
984	Norweger entdecken Grönland und siedeln für 500 Jahre auf dieser Insel.
991 u. 994	Eine große Wikingerflotte unter Olaf I. Tryggvason plündert die englische Ostküste, ein Versuch, London zu erobern, scheitert.
1000	**Seeschlacht bei Svolder.** In einer Meerenge (bei Rügen) unterliegt König Olaf Tryggvason von Norwegen auf der Rückkehr aus dem Wendenland den verbündeten Dänen und Schweden und stürzt sich mit seiner Rüstung ins Meer.
Um 1000	Von Grönland aus entdeckt Leif Eriksson Amerika. Der Versuch einer dauernden Besiedlung scheitert.
	Die Nachfolger von Alfred d. Gr. lassen die englische Flotte verfallen, die Dänen dringen daher erneut in England vor.
1007	In den Schären vor dem heutigen Stockholm besiegt der Norweger Olaf II. Haraldsson, der spätere König Olaf der Heilige, den schwedischen Wikingerhäuptling Sote in einem erbitterten Seegefecht.
1016	**Knut der Große** von Dänemark wird nach wechselvollen Kämpfen auch König von England und vereinigt 1018 beide Länder.

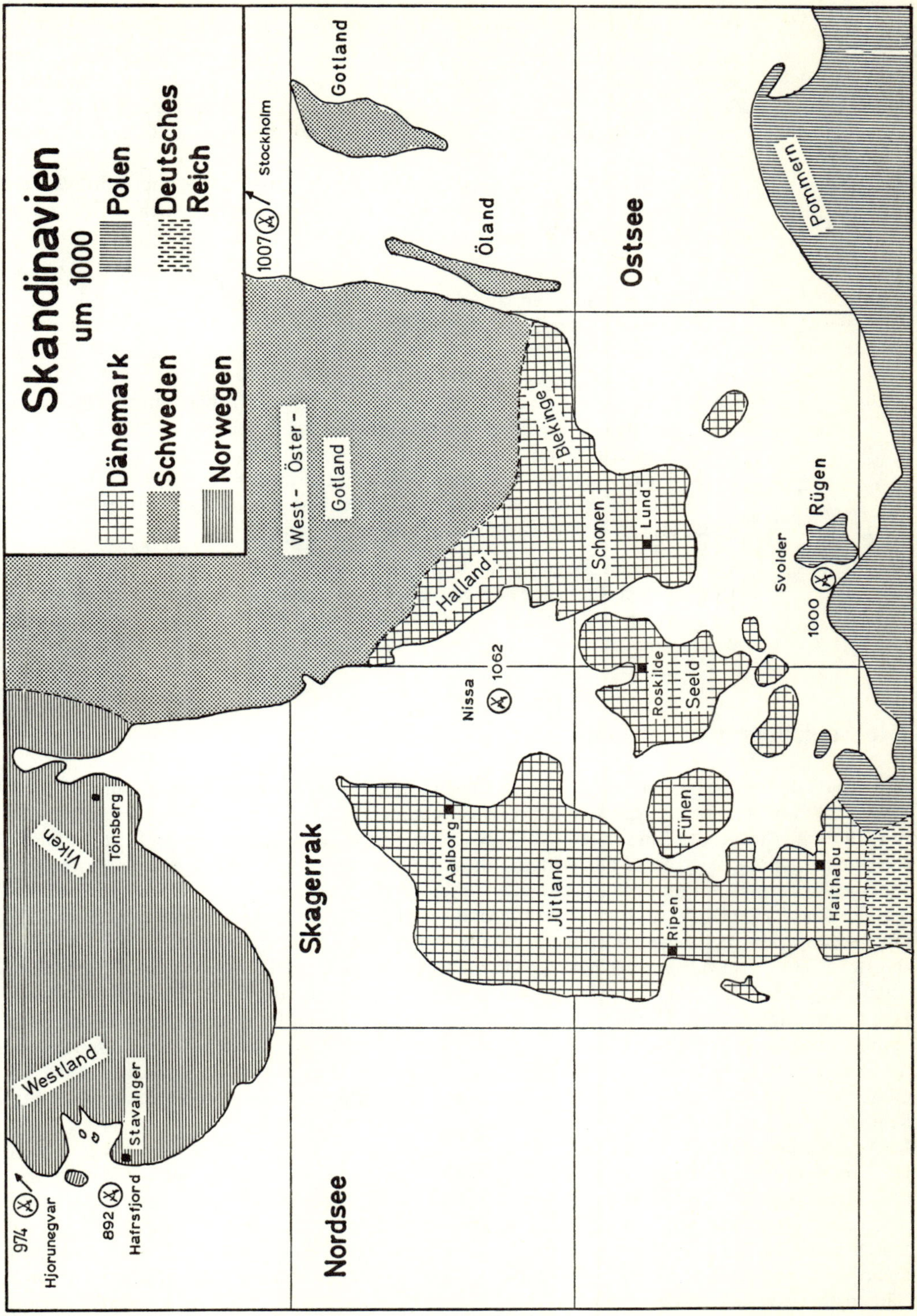
Skandinavien
um 1000
Dänemark
Schweden
Norwegen
Polen
Deutsches Reich
Gotland
Stockholm
1007
Öland
Ostsee
Pommern
West - Öster -
Gotland
Blekinge
Halland
Schonen
Lund
Rügen
Svolder
1000
Roskilde
Seeld
Nissa
1062
Fünen
Skagerrak
Aalborg
Jütland
Ripen
Haithabu
Tönsberg
Viken
Westland
Stavanger
974
Hjorunegvar
892
Hafrsfjord
Nordsee

1026 und 1028 König Knut II. d. Gr. (1018–35) von Dänemark und England (1016–35) siegt bei Stangeberg und Helgeaa über die verbündeten Schweden und Norweger und sichert sich dadurch die Herrschaft über Norwegen. 1028 hatten die Schweden die Dänen durch Aufstauen des Helgeflusses und Öffnen des Dammes nach Eintreffen des Gegners in große Gefahr gebracht, bevor sie vor der Übermacht weichen mußten.

1062 **Seeschlacht bei Nissa.** Harald III. Hardrade von Norwegen siegt mit 150 Schiffen im Kattegat über eine stärkere dänische Flotte unter Sven Estridsen. Es war dies eine der größten, bekannten Seeschlachten der Wikinger.

1066 König Harald von England siegt bei Stamfordbridge gegen ein norwegisches Heer. Zur gleichen Zeit landet Herzog Wilhelm von der Normandie mit einem starken Heer an der Südküste von England.

1066 Wilhelm siegt in der Schlacht bei **Hastings** über Harald und wird englischer König. Letzte erfolgreiche Invasion in England.

1069 Der dänische König Sven Estridsen (1047–1076) macht Wilhelm dem Eroberer die englische Krone streitig und läßt seine Flotte in Stärke von 240 Schiffen in England landen. Trotz Unterstützung vieler Angelsachsen kann er über den folgenden Winter nur einen kleinen Brückenkopf halten und segelt im folgenden Jahr wieder ab. Bei der Rückfahrt verliert er eine große Anzahl seiner Schiffe in einem Sturm. Wilhelms Herrschaft ist damit gefestigt.

11./12. Jh. Mit der Herausbildung und Stärkung nordischer Dynastien geht die Zeit der unorganisierten Raubzüge zu Ende. Die Regel werden zentral gelenkte Flottenorganisationen hochseefähiger Schiffe, die zur Zeit der Kreuzzüge erstmals nordische Seemacht in das Mittelmeer tragen.

Die Seekriege im Mittelmeer (11.–14. Jh.)

Mit Beginn des neuen Jahrtausends hatte die **Expansion der Mohammedaner im Mittelmeer** ihren Höhepunkt überschritten. Dynastische Streitigkeiten der einzelnen Herrschaften schwächten deren politische Macht, das Eindringen von Nomaden in die Kornanbaugebiete von Ifriqija (Tunesien) und Ägypten verursachte den wirtschaftlichen Niedergang dieser bisher blühenden Provinzen. Im Nordwesten konnten die Almoraviden im 11. Jh. die Besitzungen von der Iberischen Halbinsel bis nach Tripolitanien unter ihrer Herrschaft vereinigen. Mitte des 12. Jh. mußten sie den Almohaden weichen, deren Reich jedoch bereits zu Beginn des 13. Jh. zu zerfallen begann. Auf der Iberischen Halbinsel verblieb den Mauren nur mehr das relativ kleine Königreich Granada im Südosten. In Nordafrika zerfiel das Almohadenreich in kleine Herrschaften, vor allem um die Städte Fez, Oran, Algier, Tunis, Mahdia (Mehadia) und Tripolis. Deren Bewohner lebten neben dem Handel vor allem vom Seeraub. Diese Küstenherrschaften erhielten in den folgenden Jahrhunderten in Europa die Sammelbezeichnung Barbareskenstaaten. Ihre Bewohner entwickelten sich zu ausgezeichneten Seefahrern, die schließlich ab dem 16. Jahrhundert die besten Flottenführer und Schiffsbesatzungen für die Marine der Osmanen stellten.
In Ägypten und Palästina herrschten zunächst noch die Fatimiden, die 1171 von Saladin (Salah ad-Din), dem Begründer der Dynastie der Ajjubiden, gestürzt wurden. In der Folge rissen die Mameluken, ehemalige Gardesoldaten, die Herrschaft an sich. Diese wehrten den Ansturm der Mongolen im 13. Jh. ab und machten den Resten der Kreuzfahrerstaaten ein Ende.
Durch die Konsolidierung der europäischen Staaten und die Bildung größerer politischer Einheiten nahm der Welthandel einen großen Aufschwung. Die Haupthandelswege führten von den Hafenstädten im nördlichen Mittelmeer nach Byzanz und in den vorderen Orient. Dieser Handel brachte

den Staaten aber wieder die nötigen Mittel für größere organisierte Unternehmungen und stärkten sie im Kampf gegen die Mohammedaner.
Zu Beginn des 11. Jh. begann auf der **Iberischen Halbinsel** die Rückeroberung (Reconquista) von den Mohammedanern. Diese waren nach dem Zerfall des Kalifates von Cordoba geschwächt, die christlichen Reiche durch die Kirchenreform und Bildung nationaler Ritterorden zum Kampf motiviert. Portugal (seit 1140/43 Königreich) wurde bei der Eroberung von Lissabon durch Kreuzfahrer aus dem Norden unterstützt und hatte Mitte des 13. Jahrhunderts sein heutiges Staatsgebiet erreicht. Das Königreich Kastilien erreichte zur selben Zeit die Südküste mit der Eroberung von Sevilla und Cartagena. Geschwader seiner seefahrenden Bevölkerung von der Biskaya operierten dabei auf dem Guadalquivir. Das mit Katalonien vereinigte Königreich Aragon nahm zur selben Zeit die Stadt Valencia ein und eroberte die Balearen, es legte so den Grundstein zur künftigen Seemacht im Mittelmeer.
Im zentralen Mittelmeer trat den Sarazenen mit Beginn des 11. Jh. ein neues Element entgegen. Von einer Pilgerfahrt aus dem Heiligen Land zurückkehrend, nahmen Ritter aus der Normandie zunächst vorübergehend Dienst bei den langobardischen Herzögen in Süditalien zum Kampf sowohl gegen die Byzantiner als auch gegen die Sarazenen. Diese **Normannen** erhielten aus ihrer Heimat rasch Zuzug und eroberten unter ihrem Führer Robert Guiscard für sich den Großteil von Apulien, welches sie schließlich vom Papst auf der Synode zu Melfi (1059) als Herzogtum zum Lehen erhielten. Mit Hilfe einer neu aufgestellten Flotte entrissen sie schließlich den Byzantinern die bedeutende Seefestung Bari. Zusammen mit seinem Bruder Roger und mit Hilfe der Flotte eroberte Guiscard in den drei Jahrzehnten von 1061–91 von den Sarazenen die Insel Sizilien. Seine Flotte ermöglichte Guiscard, den Krieg gegen die Byzantiner nach Albanien hinüberzutragen. Dort trat ihm aber die Flotte von Venedig entgegen, mit der er sich mit wechselndem Erfolg schlug; sein Tod 1085 beendete aber vorerst diese Offensive. Schließlich vereinigte Roger II. Sizilien mit Kalabrien und Apulien und wurde 1130 vom Papst zum König gekrönt. Er schuf das modernste Königreich seiner Zeit, indem er Normannen, Griechen und Sarazenen voll in ein gut organisiertes Staatsgebilde integrierte. Eine der höchsten Verwaltungsbehörden war das Amt des Großadmirals, eine Rangbezeichnung, welche von hier ihren Weg in die Flotten der europäischen Staaten fand.

Den größten Aufschwung mit Beginn des neuen Jahrtausends in Italien nahmen die Hafenstädte Venedig, Genua und Pisa. An den Endpunkten der Seehandelsrouten aus dem Orient gelegen, wurden sie die großen Umschlagplätze für die Handelsgüter nach Mittel- und Westeuropa. Vor allem der Weg von der Levante und Byzanz durch die Adria und über die Alpen nach Bayern, die Rheinlande, nach Flandern und zu den Messen in der Champagne brachte der Lagunenstadt den großen wirtschaftlichen Aufschwung. **Venedig** schuf sich als erste eine stehende Flotte, mit deren Hilfe es die Seeräuber der dalmatinischen Küste in Schach hielt, Istrien eroberte und ab dem 11. Jh. aktive Seemachtpolitik betrieb. Nachdem es die Vorstöße der Sarazenen in die Adria gestoppt hatte, unterstützte es in den 80er Jahren des 11. Jh. Byzanz gegen die Normannen und konnte sich dafür bedeutende Handelsprivilegien im oströmischen Reich sichern. Durch seine Schaukelpolitik zwischen den römisch-deutschen Kaisern und Byzanz erlangte es Ende des 11. Jh. praktisch die volle Souveränität. Nicht auf Eroberungen, sondern auf Handelsvorteile erpicht, schützte Venedig seine Handelsschiffahrt mit der Flotte und betrieb seine Außenpolitik mit seiner hervorragenden Diplomatie, die erstmals ständige Gesandtschaften an allen wichtigen Höfen unterhielt.
Die aus Asien kommenden **Türken** unter Alp Arslan besiegten 1071 bei Manzikert die Byzantiner, deren Kaiser selbst in Gefangenschaft geriet. Sie überschwemmten in der Folge weite Teile von Kleinasien und Syrien, wo sie mehrere Sultanate gründeten. Ostrom, bedrängt auch von Petschenegen im Norden und den Normannen im Westen, wandte sich an Westeuropa um Hilfe, worauf schließlich Papst Urban II. 1095 auf der Synode von Clermont zum Kreuzzug gegen die Mohammedaner, mit dem Ziel der Eroberung der heiligen Stätten in Jerusalem, aufrief. Die Heerhaufen des **Ersten Kreuzzuges** nahmen den Landweg über den Balkan und Konstantinopel; sie krönten ihren Vormarsch durch Kleinasien mit der Eroberung von Jerusalem am 15. Juli 1099, das zu einem

Königreich erhoben wurde. Neben diesem errichteten die Kreuzfahrer weitere unabhängige Herrschaften entlang der Küsten von Palästina und Syrien. Bei deren Eroberung wurden sie von Hilfsflotten der italienischen Seestädte unterstützt, wofür diesen exterritoriale Handelsquartiere in den Hafenstädten zugeteilt wurden. Zur Versorgung der Kreuzfahrerstaaten und zum Schutz ihrer Handelsflotten unterhielten schließlich die Seestädte, zu denen auch Marseille und Barcelona kamen, zahlreiche Transportschiffe und Kriegsflotten. Trotz Verbot des oströmischen Kaisers nahm der Handel von dort mit den Arabern einen weiteren Aufschwung.

Auch der **Zweite Kreuzzug** (1147–49) unter der Führung des deutschen Königs Konrad III. und des französischen Königs Ludwig VII. nahm den Landweg. Ludwig VII. unterstützte gleichzeitig die Normannen, welche wieder über die Adria das Oströmische Reich angriffen, währenddessen Kaiser Michael Komnenos mit Konrad III. verbündet war. Die **Normannen** hatten nach der Eroberung von Sizilien bald auch ihre Offensive nach Nordafrika ausgedehnt. Bis 1148 wurden große Teile des Ziridenreiches im heutigen Tunesien und Tripolitanien erobert. Nach dem Angriff auf das Oströmische Reich 1147 wurde aber Nordafrika vernachlässigt, und bis 1160 gingen diese Eroberungen wieder verloren. Dank der Unterstützung durch die Flotte von Venedig konnte Ostrom den Angriff der Normannen abwehren und sogar zur Gegenoffensive in Süditalien übergehen. Mit Hilfe der Flotte konnten die Normannen die Byzantiner von Süditalien abweisen.

Nach der Eroberung von Jerusalem durch Sultan Saladin kam es zum **Dritten Kreuzzug** (1189–92). Das deutsche Reichsheer unter Kaiser Friedrich I. Barbarossa nahm den Landweg über den Balkan, die Dardanellen und durch Kleinasien. Die Engländer unter Richard Löwenherz kamen mit ihrer eigenen Flotte rund um die Iberische Halbinsel, machten Station in Marseille und Messina (wo sie mit den Normannen in Händel gerieten) und eroberten die Insel Zypern vom oströmischen Statthalter, bevor sie in Palästina eingriffen. Es war dies die erste Flotte aus einem nordeuropäischen Staat, ausgenommen die Raubgeschwader der Wikinger, welche im Mittelmeer machtvoll auftrat. Auch das französische Heer unter König Philipp II. August nahm den Seeweg. Es wurde von Schiffen aus Genua transportiert.

Venedig verfügte im 11. und 12. Jahrhundert neben seinem Handel mit Byzanz auch über einen zunehmenden Handelsaustausch mit Gütern aus Ostasien über Ägypten und war daher an guten Beziehungen mit den Fatimiden des Nillandes sehr interessiert. Das Ziel des **Vierten Kreuzzuges** (1202–04), Ägypten, war daher gegen seine Interessen gerichtet. Venedig, das allein den nötigen Schiffraum hatte, um die in Norditalien versammelten Kreuzfahrer zu transportieren, verlangte nun von den zahlungsunfähigen Rittern als Fuhrlohn die Eroberung der zu den Ungarn abgefallenen Seefestung Zara. Nach deren Einnahme gelang es der geschickten Politik des greisen Dogen Enrico Dandolo, unter Ausnützung der seit der Mitte des 11. Jh. bestehenden Kirchenspaltung (der Papst und der Patriarch von Konstantinopel hatten sich gegenseitig in Bann getan) und der Thronwirren in Ostrom, den Kreuzzug gegen Konstantinopel zu lenken. Angeblich im Interesse der Einheit der Christenheit wurde die Stadt mit Hilfe der Flotte von Venedig erobert und dort ein lateinisches Kaiserreich errichtet, wobei sich aber Venedig mit Kreta, Negroponte/Euböa und vielen Stützpunkten rund um die Ägäis wichtige Machtzentren behielt. Vor allem mit Pera und Gallipoli beherrschte es die Meerengen und damit den Zugang zum Schwarzen Meer und zu den Handelswegen nach Asien. Der griechisch-römische Kaiser wich nach Nicäa aus und begann von Kleinasien aus mit der schrittweisen Rückeroberung seines Reiches. Darin wurde er von Genua, das wegen Streitigkeiten in den Handelsquartieren von Palästina in den ersten Krieg mit Venedig verwickelt wurde, unterstützt. Es begann der bis zum Ende des 14. Jh. dauernde Zweikampf der beiden Seestädte um die erste Stelle im Seehandel des Mittelmeeres. Da es jedoch nur um Handelsvorteile ging, die Kriege aber nicht um die Seeherrschaft geführt wurden, gab es keinen endgültigen Sieger. Zunächst war **Genua** erfolgreich, denn es gelang dem griechisch-römischen Kaiser, Konstantinopel zurückzuerobern, Genua erhielt für seine Hilfe Handelsprivilegien und konnte im Schwarzen Meer eine Kette von Handelsstützpunkten aufbauen. Schon drei Jahre später gelang es jedoch der Diplomatie Venedigs, mit dem griechisch-römischen Kaiser ebenfalls ein Handelsabkommen zu schließen, da letzterer nicht allein auf Genua angewiesen sein wollte. Die erste Auseinandersetzung der beiden großen Rivalinnen endete daher ohne Vorteile für eine von beiden. Als Ergebnis dieses Kampfes verloren aber die **Kreuzfahrerstaaten** die wichtige Unterstützung der beiden Seestädte. Ohne genügenden Nachschub konnten diese sich nicht halten und wurden von den Mohammedanern bis zum Ende des 13. Jh. zurückerobert. Daran konnten auch die letzten Kreuzzüge nichts ändern. Der diplomatische Erfolg des mit dem Kirchenbann belegten römisch-deutschen Kaisers Friedrich II. im 5. Kreuzzug blieb nur Episode. König Ludwig IX. der Heilige von Frankreich unternahm den 6. Kreuzzug nach Ägypten, wo er nach einer schweren Niederlage in Gefangenschaft geriet. Mit hohem Lösegeld freigekauft, unternahm er den 7. Kreuzzug nach Tunis (1270) wo er mit dem Großteil seines Heeres umkam. Beide Züge unternahm er von dem extra für diese Unternehmungen angelegten ersten Hafen im Besitz der französischen Krone am Mittelmeer, von Aigues Mortes, welcher sich bis heute in seiner ursprünglichen Anlage erhalten hat.

Im westlichen Mittelmeer hatten im 11. Jh. die Städte Genua und Pisa mit Unterstützung des Papstes die Seeoffensive gegen die Sarazenen begonnen. Sizilien und Korsika wurden erobert, Vorstöße nach Sizilien und bis Tunis unternommen. Beide erlangten wie Venedig schließlich fast unbeschränkte Souveränität und ließen dies sogar ihre nominellen Herren, die **römisch-deutschen Kaiser** mehr als einmal spüren. Diese waren bei ihren Zügen nach Italien fast immer auf die Hilfe von Flotten angewiesen, welche ihnen nur die Seestädte bereitstellen konnten. Dies traf sowohl auf die Unternehmungen Kaiser Lothars gegen die Normannen, als auch noch mehr bei der Erbfolge von Kaiser Heinrich VI. im Normannenreich und dessen Besitznahme gegen rivalisierende Prätendenten zu. Vor allem aber in der Auseinandersetzung zwischen Papst und Kaiser war letzterer auf die Hilfe der Seestädte angewiesen und mußte ihnen dafür immer neue Privilegien einräumen. Nach der Mitte des 13. Jh. war das römisch-deutsche Kaiserreich mit dem Ende der Staufer im Niedergang, Frankreich im Kampf mit England gebunden, auf der Iberischen Halbinsel die Mächte erst im Aufbau, die Ungarn durch Thronwirren geschwächt und Byzanz nur mehr ein Spielball seiner Nachbarn. **Italien** hatte in diesen Jahren die Chance zur nationalen Einigung unter der Führung der Seestädte vergeben, denn »wenn sie sich zu gemeinsamen Handeln zusammengeschlossen hätten, wäre wohl der Weg zur Erringung der nationalen Einheit und nationalen Souveränität gebahnt« (Zechlin). So aber schwächten sie sich in immer neuen Kriegen um Handelsvorteile und Einflußgebiete. In mehreren Auseinandersetzungen rang Genua seine Rivalin Pisa nieder, deren Bedeutung auch durch die zunehmende Versandung des Hafens, der schließlich von den größer werdenden Schiffen nicht mehr angelaufen werden konnte, zurückging. Pisa war darauf in den Kriegen zwischen Venedig und Genua meist ein verläßlicher Verbündeter der Lagunenstadt.

Im 13. Jh. waren auch die Mauren auf der Iberischen Halbinsel so geschwächt und der Seeweg durch das westliche Mittelmeer soweit gesichert, nicht zuletzt durch die Eroberung der Balearen mit Hilfe von Schiffen aus Genua, daß letzteres seinen Seehandel rund um die Iberische Halbinsel bis nach Flandern ausdehnen konnte, wodurch es die durch hohe Zölle belasteten Wege über Mailand oder durch Frankreich vermeiden konnte.

Mit der **Vereinigung von Aragon und Katalonien** bildete sich im 13. Jh. im westlichen Mittelmeer ein neues maritimes Machtzentrum. Die Könige von Aragon hatten wegen ihrer Verwandtschaft mit den Staufern nie auf das Königreich Sizilien verzichtet, nachdem mit diesem Karl von Anjou vom Papst belehnt worden war. Nach der »Sizilianischen Vesper« und der Austreibung der Franzosen benützte Aragon die Gelegenheit, sich in den Besitz von Sizilien zu setzen, woraus die ständigen Kriege in Unteritalien zwischen Aragon (später Spanien) und Frankreich hervorgingen. Vorerst sicherte sich Aragon im Frieden von Caltabellota den Besitz der Insel. Die in dem Krieg um Sizilien beschäftigten Söldner, welche dann frei wurden, nahmen Dienst in Byzanz gegen die Türken (Katalanische Kompanie), wandten sich aber bald gegen ihre Auftraggeber und schufen sich schließlich in der Ägäis ihre eigene Herrschaft.

Aragon entriß mit Förderung des Papstes zu Anfang des 14. Jh. den Pisanern die Insel Sardinien und wurde zur ersten Seemacht im westlichen Mittelmeer. Der Handel von Aragon griff dann auch auf Nordafrika über, in Tunis und Ägypten konnte es sich Handelsstützpunkte errichten und auch in Konstantinopel setzte es sich fest. Im dritten Krieg zwischen Genua und Venedig unterstützte Aragon letzteres tatkräftig und drängte seine Rivalin im westlichen Mittelmeer weiter zurück. Die Hoffnung der oströmischen Dynastie der Paläologen in Konstantinopel – nach dessen Rückeroberung von den Lateinern (1261) – **Byzanz** wieder zu alter Blüte zu führen, erfüllte sich nicht. In Griechenland hielten sich lateinische Fürstentümer bis zur Eroberung durch die türkischen Osmanen, Venedig und Genua hatten den Handel in der Levante fest in der Hand. Den Versuch der Anjous, mit Unterstützung von Frankreich von Sizilien aus wieder ein lateinisches Kaiserreich in Konstantinopel zu errichten, konnte mit Unterstützung von Aragon und durch dessen Eroberung von Sizilien verhindert werden und Ostrom damit seinen letzten außenpolitischen Erfolg verbuchen. Mitte des 14. Jh. eroberten jedoch die Osmanen ganz Kleinasien, setzten sich 1354 mit der Eroberung der Halbinsel Gallipoli erstmals auf dem Balkan fest und schufen sich mit der kurz darauf erfolgenden Eroberung von Adrianopel ihre erste Hauptstadt auf europäischem Boden. Der Erfolg einer Flotte von Schiffen aus Vendig und Savoyen über ein türkisches Geschwader bei Gallipoli brachte zwar für kurze Zeit Teile der Schwarzmeerküste wieder unter byzantinische Hoheit, konnte aber das Schicksal nicht mehr wenden. Nur der Mongolensturm von 1402 und deren Sieg über die Osmanen gab Ostrom noch einmal eine Gnadenfrist von 50 Jahren.

Um 1000 Genua, Pisa und Venedig erlangen fast vollständige Selbständigkeit. Sie beginnen zum Schutze ihres Seehandels eigene Flotten aufzustellen.

Sept. 1004 Vor Bari siegt eine venezianische Flotte unter dem Dogen Peter II. Orseolo in einer dreitägigen Seeschlacht über die Sarazenen.

Aug. 1005 Eine Flotte von Pisa siegt bei Messina über die Araber. Beginn des Aufstieges der Stadt.

1015 Eine Flotte von 120 Schiffen der Sarazenen aus Spanien unterwirft das bisher unabhängige **Sardinien.** Noch im selben Jahr werden sie jedoch von einer Flotte der Städte Genua und Pisa wieder von der Insel vertrieben. Beginn des Aufstieges der Stadt Genua.

1016 Die spanischen Sarazenen erscheinen wieder im Tyrrhenischen Meer, erobern die Insel Sardinien erneut und zerstören die Stadt Luni endgültig. Die Haupthandelsrivalin von Pisa ist damit beseitigt.
Papst Benedikt VIII. bringt darauf erneut eine Allianz mit Pisa und Genua zustande. Eine starke Flotte wird von allen dreien ausgerüstet, welche das Geschwader der Sarazenen vor Sardinien gänzlich aufreibt. Die Insel wird unter der Handelshoheit von Pisa erneut selbständig.

Ab 1016 Ritter aus der Normandie nehmen Dienste bei den langobardischen Herzögen in Süditalien.

1025 Eine arabische Hilfsflotte aus Tunis für Sizilien scheitert im Sturm bei Pantelleria.

1032 Eine Flotte der Sarazenen aus Nordafrika verheert die Küsten Illyriens und die Ionischen Inseln. Das oströmische Geschwader der Peloponnes aus Nauplia bringt mit Unterstützung von Schiffen aus Ragusa diesen eine schwere Niederlage bei, der Rest wird auf dem Heimweg in einem Sturm aufgerieben.

1035 Im Mai und im Sommer werden Geschwader der Sarazenen, die in der Ägäis plündern, von der byzantinischen Flotte überrascht und vollständig vernichtet.

1043 Ein russisches Geschwader wird im Bosporus von den Byzantinern geschlagen.

1057–1085 Die Normannen unter Robert Guiscard erobern die byzantinischen Besitzungen in Süditalien und die meisten langobardischen Fürstentümer.

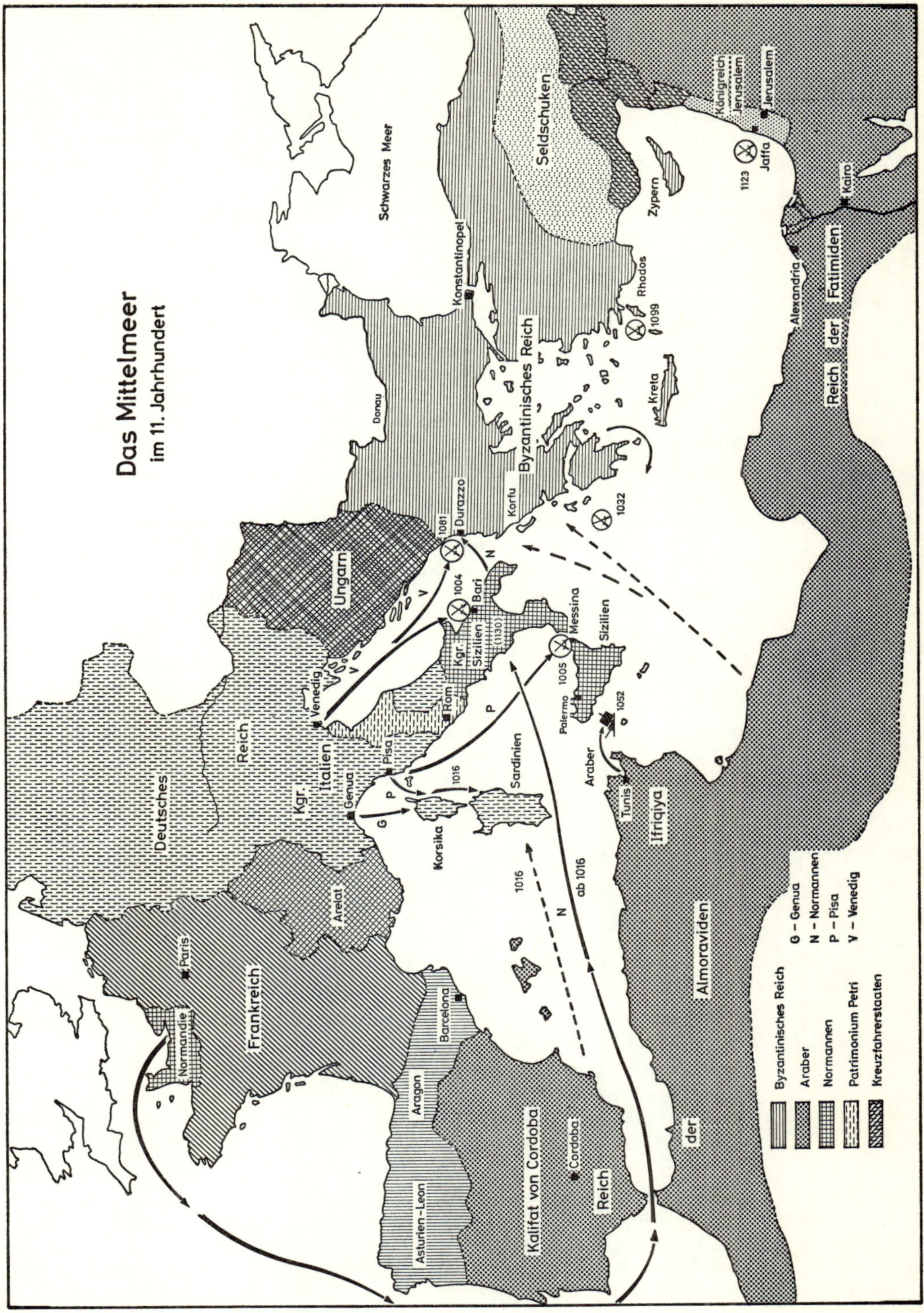
Das Mittelmeer
im 11. Jahrhundert
Schwarzes Meer
Seldschuken
Königreich Jerusalem
Jerusalem
Jaffa
1123
Zypern
Kairo
Alexandria
Reich der Fatimiden
Rhodos
1099
Kreta
Byzantinisches Reich
Konstantinopel
Donau
Durazzo
1081
Korfu
1032
Ungarn
1004
Bari
Kgr. Sizilien
(1130)
Messina
Sizilien
1005
Palermo
1052
Araber
Tunis
Ifriqiya
Venedig
Rom
Pisa
Genua
Kgr. Italien
Deutsches Reich
Sardinien
1016
Korsika
G
P
V
N
Arelat
Paris
Frankreich
Normandie
Barcelona
Aragon
Asturien-Leon
Kalifat von Cordoba
Cordoba
Reich der Almoraviden
ab 1016
Byzantinisches Reich
Araber
Normannen
Patrimonium Petri
Kreuzfahrerstaaten
G – Genua
N – Normannen
P – Pisa
V – Venedig

1061–1091	Die Normannen unter Roger I. erobern Sizilien von den Sarazenen. Für diese Eroberungen bauen die Normannen ihre eigenen Flotten auf.
Sommer 1061	Landung der Normannen auf Sizilien bei Messina.
Herbst 1061	Ein Hilfsgeschwader der Sarazenen aus Nordafrika für Sizilien geht bei Pantelleria im Sturm unter. Die Seeverteidigung der Insel ist damit entblößt.
Aug. 1063	Die Flotte von Pisa sprengt die Sperrketten des Hafens von Palermo und vernichtet dort einige Schiffe der Sarazenen. Zu einer Kooperation mit den Normannen kommt es nicht.
April 1071	**Eroberung von Bari.** Eine erste Flotte der Normannen schlägt im Februar ein Versorgungsgeschwader der Byzantiner, wobei acht Schiffe erobert werden. Vom Nachschub abgeschnitten, muß sich die Stadt nach dreijähriger Belagerung ergeben.
Sommer 1071	Die Flotte der Normannen erobert Catania auf Sizilien und beginnt noch im Herbst mit der Blockade von Palermo.
Jan. 1072	Palermo muß sich den Normannen unter Roger und Robert Guiscard ergeben, nachdem ein Entsatzgeschwader aus Afrika vor Palermo geschlagen worden ist.
Dez. 1076	Bei der Belagerung von Salerno durch Robert Guiscard blockieren Schiffe aus Amalfi die Stadt von der Seeseite und ermöglichen dadurch die Einnahme nach Aushungerung.
1080–1085	**Angriff der Normannen auf Ostrom.** Robert Guiscard landet mit einem Heer von 17000 Mann und 2000 Pferden in Albanien. Korfu wird erobert.
16. Juni 1081	**Seeschlacht vor Durazzo.** Ein Geschwader von 60 Schiffen aus Venedig schlägt die Flotte der Normannen und versorgt die belagerte albanische Stadt.
1082	Venedig erhält für seine Flottenhilfe vor Albanien Handels- und Justizprivilegien im Byzantinischen Reich. Die Seeherrschaft von Byzanz geht auch im östlichen Mittelmeer zu Ende.
1083	Die Flotte von Venedig erobert Korfu und Durazzo zurück.
Herbst 1084	**Seeschlacht bei Korfu.** Nach den Rückschlägen greift Robert Guiscard erneut in Griechenland an. Seine Flotte wird zunächst in zwei Treffen vor der Küste von Albanien von der Flotte von Venedig zurückgeschlagen, beim dritten Zusammentreffen erringen die Normannen einen klaren Seesieg vor Korfu, die Insel fällt darauf in ihre Hand.
1085	Mit dem Tod von Robert Guiscard endet der Krieg gegen Ostrom.
1084	Die Flotte des Emirs von Syrakus, Benavert, verheert die Küste von Kalabrien, Nicotera wird zerstört, die Vorstädte von Reggio geplündert.
25. Mai 1085	**Gefecht in der Bucht von Syrakus.** Roger I. greift mit der Flotte aus Messina an und schlägt das Geschwader der Sarazenen, wobei sich die normannischen Armbrustschützen auszeichnen. Benavert fällt auf seinem Flaggschiff, die Stadt muß sich im Oktober den Belagerern ergeben.
Juli 1091	Die Flotte der Normannen besetzt kampflos Malta.
1087/88	Eine Flotte der Städte Genua und Pisa plündert Mahdia in Tunesien.
1080–1090	In Westanatolien schafft sich Tschaka, der türkische Emir von Smyrna, eine Flotte und erobert die Inseln Lesbos, Chios, Samos und Rhodos.
1090	**Seeschlacht vor den Dardanellen.** Am Eingang in das Marmarameer schlägt Kaiser Alexios I. Kemnenos (1081–1118) die Flotte des Emirs von Smyrna und sichert sich wieder die Seeherrschaft in der Ägäis. Es sollte weitere drei Jahrhunderte dauern, bis die türkischen Geschwader erneut zu einer Gefahr in der Ägäis werden.
1096–1099	**Erster Kreuzzug nach Palästina.** Die Kreuzritter nehmen den Weg über Konstantinopel und kämpfen sich durch Kleinasien nach Syrien vor. Für den Nachschub an Menschen und Verpflegung sind sie vom Seeweg nach dem Westen abhängig, welcher aber von der Flotte der Fatimiden in Ägypten beherrscht wird.

Okt. 1097 In der Bucht von Mersin in Kilikien trifft ein Geschwader ehemaliger Freibeuter aus Friesland, Dänemark und Flandern unter der Führung von Guynemer von Boulogne ein, bringt den Kreuzfahrern erste Flottenhilfe und erobert noch im selben Jahr die Hafenstadt Latakia.
Bald darauf treffen auch Geschwader aus Genua, Pisa und Venedig ein und beginnen mit der Unterstützung der Kreuzfahrer.

Ende 1099 **Gefecht bei Rhodos.** Ein Geschwader aus Venedig schlägt eines aus Pisa im beginnenden Kampf um die Vorherrschaft in der Levante zwischen den italienischen Seestädten.
Die Venezianer unterstützen die Kreuzfahrer dann bei der Eroberung von Haifa (Juli 1100), Sidon (Dez. 1110) und Tyros (Juli 1124) und sichern sich damit Handelsvorrechte im Königreich Jerusalem. Das Levantegeschwader von Genua sichert sich gleiche Vorrechte für die Unterstützung bei der Eroberung von Cäsarea (Mai 1101), Gibelet/Byblos (1103), Akkon (Mai 1104) und Beirut (Mai 1110).

1101 Gefecht bei Ithaka. Am Heimweg von Palästina, wo es mit viel Erfolg die Kreuzfahrer unterstützt hatte, trifft ein Geschwader aus Genua auf ein byzantinisches Geschwader von 60 Schiffen (Chelandinen) und besiegt es.

1113–1115 **Der Graf von Barcelona,** Raymond-Berengar III., erobert mit Unterstützung von Pisa ein erstes Mal die Balearen und macht sie tributpflichtig. Er ist der Begründer der späteren Seemacht von Aragon/Katalonien.

1119–1133 Genua besiegt Pisa in einer Auseinandersetzung um die Vorherrschaft im westlichen Mittelmeer. Unterbrochen von Verhandlungen, werden Handelsschiffe weggenommen und die feindlichen Küsten überfallen.

1122 Sarazenische Seeräuber aus dem westlichen Nordafrika überfallen die Stadt Nicotera und die umliegende Küste von Kalabrien und liefern dadurch den Normannen einen Vorwand, in Tunesien einzugreifen.

1123 **Seezug gegen Mahdia.** Die Flotte der Normannen unter Admiral Christodulos, mit angeblich 300 Schiffen, 30000 Mann und 1000 Pferden, läuft aus Marsala aus, wird in einem Sturm zerstreut und sammelt sich vor Pantelleria. Die Landung in Afrika erfolgt nördlich Mahdia, das Fort al-Dimas kann besetzt werden, aber ein Gegenangriff der Araber treibt die Normannen wieder auf die Schiffe. Die Flotte muß die Festungsbesatzung ihrem Schicksal überlassen und verliert bei der Heimfahrt fast ein Drittel ihrer Stärke im Sturm (Zahlen nur nach arabischen Quellen).

Ende Mai 1123 **Seeschlacht bei Jaffa.** Vor der Küste von Syrien trifft ein Geschwader von 18 Galeeren und einer Anzahl Transportern unter dem Dogen Domenico Michiel (1118–29) auf ein weit stärkeres Geschwader der Sarazenen aus Ägypten. Nach einer blutigen Schlacht werden mehrere Schiffe der Ägypter versenkt, vier Galeeren und fünf Segelschiffe erobert. Der Gegner wird bis vor die Küste von Ägypten verfolgt, wo noch zehn Handelsschiffe erobert werden. Die Christen verfügen nun über die Seeherrschaft vor der Küste von Syrien und die Existenz des Königreiches von Jerusalem ist gesichert.

1124/25 Ein Geschwader aus Venedig verwüstet die Küsten der Ägäis und zwingt damit Byzanz, ihm seine Handelsvorrechte erneut zu bestätigen.

1127 Die Sarazenen aus Tunesien plündern Syrakus und Catania.

Aug. 1129 Die Flotte der Normannen unterstützt das Heer mit 60 Schiffen bei der Einnahme des aufständischen Bari.

1130 Die normannischen Besitzungen in Sizilien und Süditalien werden von **König Roger II.** zu einem Reich vereinigt.

1130 Die Flotte der Normannen unter Rogers II. Flottenführer Georg von Antiochia vernichtet die Flotte von Amalfi, welches unter Rogers Oberhoheit gelangt.

1134 Die Flotte der Normannen unter Georg von Antiochia unterstützt das Heer bei der ersten Eroberung von Neapel.

Die Normannen in Nordafrika

1134 Der Ziriden-Emir Hassan von Mahdia ruft König Roger II. gegen Aufständische zu Hilfe, Roger schickt ein Geschwader von 20 Schiffen nach Afrika.

1135 Die Flotte der Normannen erobert die Insel Djerba in der Syrte, welche zu einem ersten Stützpunkt ausgebaut wird.

1141/42 Nach Beendigung der Kämpfe in Süditalien bringt die Flotte der Normannen unter Georg von Antiochia den Emir Hassan in die Abhängigkeit der Normannen.

1143 Ein erster Angriff auf Tripolis scheitert. Die Stadt Djidjelli westlich Tunis wird geplündert.

1145 Die Insel Kerkenna wird von den Normannen erobert.

Juni 1146 Die Flotte der Normannen unter Georg von Antiochia erobert nach dreitägiger Belagerung Tripolis.

Juni 1148 Die Flotte der Normannen unter Georg von Antiochia erobert Mahdia, die Hauptstadt des Ziridenreiches. Die Offensive in Afrika ist damit zu Ende. 1156 erheben sich die Araber in Nordafrika gegen die Normannen, in drei Jahren gehen fast alle Besitzungen wieder verloren, der Versuch eines normannischen Geschwaders, die in Mahdia Belagerten zu unterstützen, scheitert, nachdem es im Sturm schwere Verluste erlitten hatte. Mahdia muß im Januar 1160 kapitulieren, womit der letzte Stützpunkt der Normannen in Nordafrika verloren ist.

Aug. 1135 In den Auseinandersetzungen um die Vorherrschaft im westlichen Mittelmeer verheert die Flotte von Pisa die süditalienische Hafenstadt Amalfi, ein Schlag, von welchem sich diese nicht mehr erholt.

1137 **Zug Kaiser Lothars nach Süditalien.** Von der Kurie in Rom und normannischen Aufständischen angeregt, geht der Römische Kaiser gegen Süditalien vor. An der Adria unterstützt ihn die Flotte von Venedig, im Tyrrhenischen Meer die Flotte von Pisa.

Mai 1137 **Gefecht vor Trani.** Ein Geschwader der Normannen von 33 Schiffen versucht, in die Kämpfe um die Stadt einzugreifen, wird aber mit einem Verlust von acht Schiffen abgewiesen.

Juli/Aug. 1137 Die Flotte von Pisa in der Stärke von 100 Schiffen erobert Ischia, Amalfi und andere Orte und unterstützt die Kaiserlichen bei der Belagerung und Einnahme von Salerno. Nach dem Abzug von Kaiser Lothar kann König Roger II. seine Besitzungen wieder zurückerobern.

1143 **Portugal** erlangt die Anerkennung als selbständiges Königreich. Nach Abschluß der Reconquista im folgenden Jahrhundert wird das Land zu einer der führenden Seemächte im Atlantik (Prinz Heinrich der Seefahrer).

1147 König Alfons I. von Portugal erobert mit Hilfe einer Kreuzfahrerflotte von 200 Schiffen Lissabon von den Arabern. Beteiligt sind vor allem Kreuzfahrer aus England, Deutschland und den Niederlanden.

1146 Genua unternimmt eine Offensive gegen die spanischen Sarazenen. Ein Geschwader von 22 Galeeren und sechs kleinen Schiffen erringt Erfolge auf der Insel Menorca, wird aber vor dem Hafen **Almeria** abgewiesen.

1147 Genua entsendet darauf im nächsten Jahr den Großteil seiner Flottenmacht, 63 Galeeren und 163 Lastschiffe unter Ansaldo Doria nach Spanien. Im Zusammenwirken mit Kastilien und Barcelona wird die Seefestung Almeria nach dreimonatiger Belagerung zu Land und zur See (Aug.–Okt.) von den Verbündeten erobert. Entscheidende Schwächung der spanischen Sarazenen.

1148 Ein Geschwader aus Genua unterstützt den Grafen von Barcelona bei der Einnahme von Tortosa.

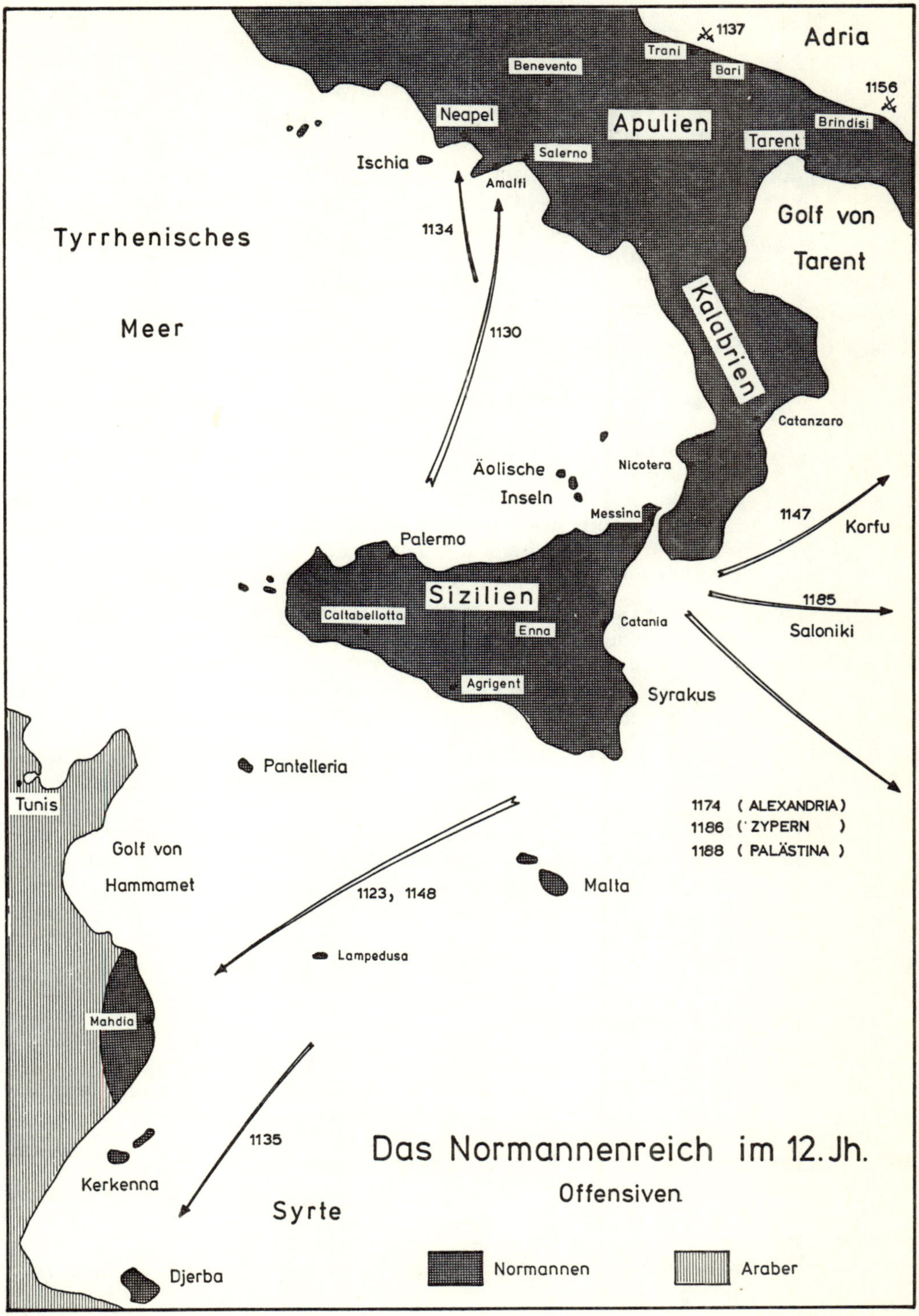

Das Normannenreich im 12. Jh.
Offensiven

Der Krieg Sizilien gegen Byzanz

1147–1158 König Roger II. benutzt die Schwäche des Byzantinischen Reiches während des **Zweiten Kreuzzuges** zum Angriff auf Griechenland.

1147 Korfu und die Ionischen Inseln werden besetzt, die Küsten der Peloponnes von der Flotte der Normannen unter Georg von Antiochia verwüstet.

1148 Byzanz unterzeichnet mit Venedig einen Vertrag, in welchem sich die Republik zur Unterstützung von Ostrom im Kampf gegen die Normannen verpflichtet, wofür die Handelsprivilegien von 1082 im Oströmischen Reich wesentlich erweitert werden und Byzanz die Kriegskosten weitgehend decken soll.

Herbst 1148 Die Flotten von Byzanz und Venedig vereinigen sich vor Korfu und beginnen mit der Belagerung der Festung.

Frühjahr 1149 **Gefecht in der Ägäis.** König Ludwig VII. von Frankreich kehrt auf dem Seeweg vom Kreuzzug – verfeindet mit den Griechen – zurück. Sein Geschwader wird von griechischen Schiffen angegriffen, die Flotte der Normannen erscheint auf dem Kampfplatz, nimmt die Besatzungen der Schiffe des Königs und der Königin an Bord und bringt sie nach Süditalien in Sicherheit. Das Gros der Flotte der Normannen setzt seinen Vorstoß gegen Konstantinopel fort.
Die Flotte der Normannen unter Georg von Antiochia läuft durch die Dardanellen bis vor Konstantinopel. Dieses wird ohne Erfolg beschossen, ein Aufstand kann nicht provoziert werden. Auf dem Rückweg trifft die Flotte der Normannen auf die von Korfu herbeigeeilte Flotte der Verbündeten.

1149 **Seeschlacht bei Kap Malea.** Die vereinigte Flotte von Venedig und Byzanz siegt über die Flotte der Normannen. Im gleichen Jahr erobert Byzanz Korfu zurück.

1155 Byzanz geht zur Offensive über und greift auf italienischem Boden in Apulien an. Ancona, Bari und Trani werden genommen. Venedig, um seine Herrschaft in der Adria besorgt, schließt darauf mit den Normannen Frieden.

Mai 1156 **Gefecht vor Brindisi.** Die Flotte der Normannen erobert vor der Stadt das byzantinische Blockadegeschwader von 30 Galeeren. Die Byzantiner müssen die Belagerung aufgeben.
Die Normannen vertreiben anschließend die Byzantiner aus ganz Apulien.

1157 Die Flotte der Normannen unter Stefan von Bari unternimmt mit 140 Galeeren einen Raubzug in die Ägäis.

1158 Ohne die Unterstützung durch die Flotte von Venedig kann sich Byzanz in Apulien nicht halten und schließt Frieden.

1162–1175 Krieg Genua gegen Pisa

Die beiden Seestädte geraten um den Besitz von Sardinien in Streit.

Juli 1166 Vor der Insel Elba schlägt die Flotte von Pisa ein genuesisches Geschwader. Ein Heer der mit Pisa verbündeten Kaiserlichen wird 1167 von der Pest hinweggerafft.

1168 Im Golf von Lyon siegt Genua über die Flotte von Pisa.

1169 Pisa willigt zunächst in einen ungünstigen Friedensschluß, nimmt aber bald die Kampfhandlungen wieder auf.

Aug. 1169 Bei den Hyerischen Inseln siegt Genua erneut über die Flotte von Pisa. Als der Kaiser 1172 schließlich Pisa seine Unterstützung entzieht, muß dieses die Friedensbedingung von 1169 anerkennen.

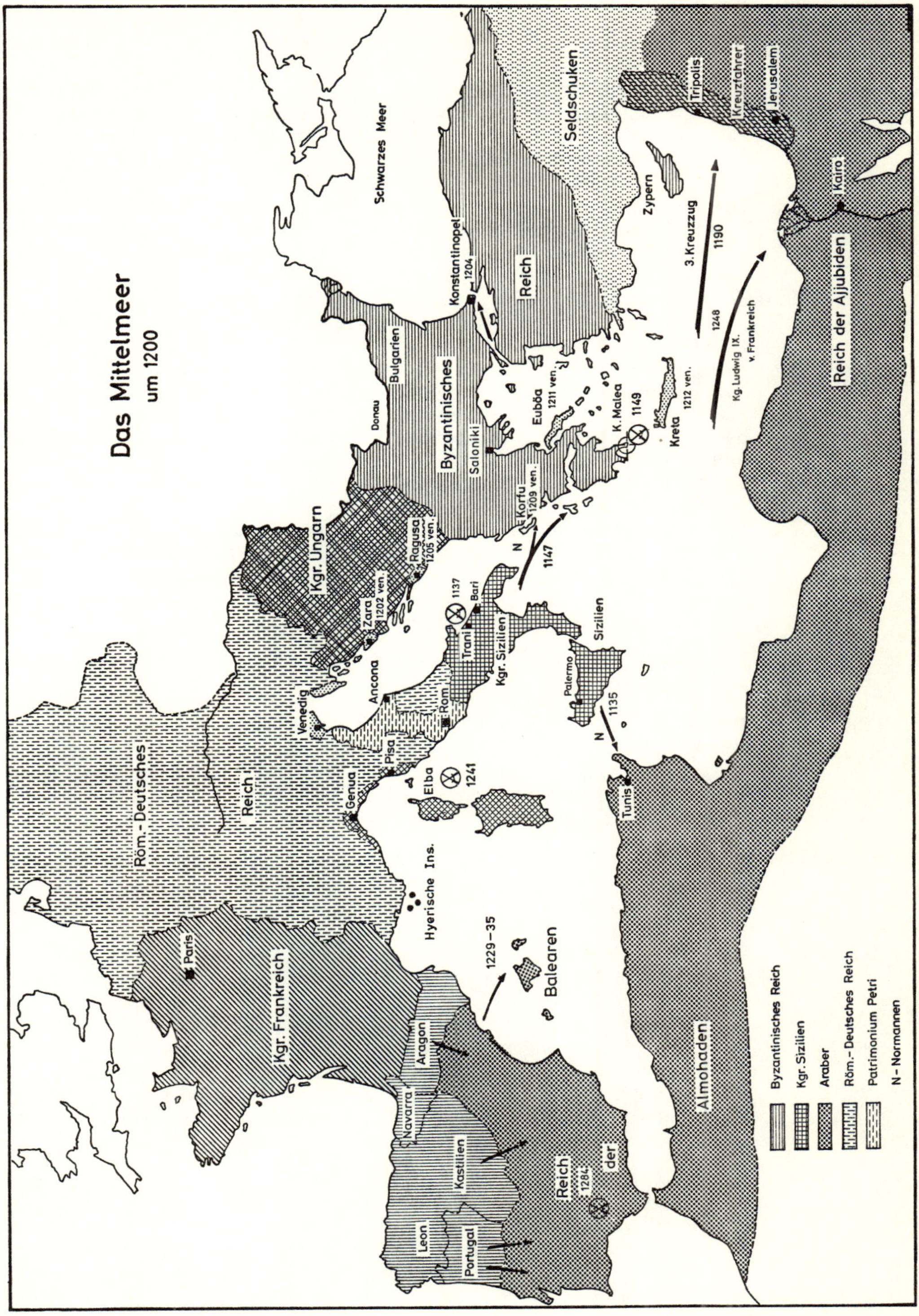
Das Mittelmeer
um 1200
Schwarzes Meer
Seldschuken
Tripolis
Kreuzfahrer
Jerusalem
Zypern
Kairo
3. Kreuzzug
1190
1248
Kg. Ludwig IX.
v. Frankreich
Reich der Ajjubiden
Konstantinopel
1204
Byzantinisches
Reich
Bulgarien
Donau
Saloniki
Euböa
1211 ven.
K. Malea
1149
Kreta
1212 ven.
Korfu
1209 ven.
Kgr. Ungarn
Ragusa
1205 ven.
Zara
1202 ven.
1137
Bari
Trani
Kgr. Sizilien
Sizilien
Palermo
1135
N
1147
Ancona
Venedig
Rom
Pisa
Genua
Elba
1241
Tunis
Röm.-Deutsches
Reich
Hyerische Ins.
1229–35
Balearen
Paris
Kgr. Frankreich
Aragon
Navarra
Kastilien
Leon
Portugal
Reich
der
Almohaden
1284
Byzantinisches Reich
Kgr. Sizilien
Araber
Röm.-Deutsches Reich
Patrimonium Petri
N - Normannen

Okt.–Dez. 1169 König Amalrich von Jerusalem versucht mit Unterstützung durch ein byzantisches Geschwader unter Großherzog Kontostephanos die Stadt Damietta im Nildelta zu erobern und wird abgewiesen.

Juli 1174 Die Flotte der Normannen unter Tankred von Lecce, angeblich 200 Kriegsschiffe, 36 Pferdetransporter und 40 Versorgungsschiffe stark, landet bei Alexandria zu einem Angriff auf Ägypten. Da die Landtruppen der Kreuzfahrer nicht wie versprochen eintreffen, müssen sich die Normannen unter Verlusten wieder einschiffen.

1182–1183 Die Franken Palästinas bringen Kriegsschiffe in den Golf von Akaba und unternehmen von dort eine Kreuzfahrt in das Rote Meer. Küstenstädte werden geplündert, Handels- und Pilgerschiffe aufgebracht, schließlich werden sie von einem ägyptischen Geschwader gestellt und vernichtet.

1185 Die Normannen von Sizilien unternehmen einen großangelegten Kriegszug gegen Ostrom. Als einzigen Erfolg erobern Heer und Flotte die Stadt Saloniki, die ausgiebig geplündert wird.

1186 König Wilhelm II. von Sizilien schickt seine Flotte unter Margaritus von Brindisi nach Zypern zur Unterstützung des dortigen byzantinischen Gegenkaisers Isaak. Ein Geschwader von 70 Schiffen aus Konstantinopel landet seine Truppen auf der Insel, die Sizilianer können die meisten der Schiffe am Strand erobern und bringen sie nach Italien.

Sultan Salah ad Din (Saladin) siegt bei Hattin über die Kreuzfahrer und erobert Jerusalem zurück (1187).

1188 Wilhelm II. schickt darauf seine Flotte unter Margaritus von Brindisi den von Saladin hart bedrängten Palästinensern zu Hilfe. Dieser bricht die Blockade von Tyros, erobert im Hafen von Tripolis ein Geschwader der Sarazenen und rettet die Stadt vor dem sicheren Fall. Lange vor Eintreffen des neuen Kreuzzuges sichert damit die Flotte der Normannen die wichtigsten Küstenplätze in Palästina.

1189 Die Flotte Portugals macht einen ersten Vorstoß bis an die Südküste der Iberischen Halbinsel.

1189–1192 **Dritter Kreuzzug.** Die deutschen Ritter unter Kaiser Friedrich Barbarossa kommen zu Lande. König Richard Löwenherz von England und König Philipp August von Frankreich kommen zu Schiff nach Palästina. Erstmals erscheinen große Flotten von Reichen aus dem Atlantik im Mittelmeer. Richard Löwenherz erobert Zypern, das bis 1489 ein selbständiges Königreich bleibt.

1189–1191 **Rückeroberung von Akkon.** König Guido von Jerusalem versucht, zunächst mit den noch in Palästina vorhandenen Truppen die Stadt zurückzuerobern und schlägt sein Lager vor ihren Mauern auf. Er wird jedoch seinerseits vom Heer Sultan Saladins eingeschlossen.

Sept. 1189 Als erste Verstärkung aus dem Westen trifft ein Geschwader von Dänen und Friesen ein, das nach Abzug der Flotte von Sizilien weiter die Seeherrschaft sichert.

Okt. und Dez. 1189 Die Flotte von Saladin durchbricht die Blockade und versorgt die belagerte Stadt. Schließlich erringen die Sarazenen die Seeherrschaft vor Akkon, und die eingeschlossenen Franken geraten in Gefahr, ausgehungert zu werden.

Juni 1191 Eintreffen der englischen Flotte unter Richard Löwenherz. Das sarazenische Geschwader vor Akkon wird vernichtet, die Seeherrschaft wieder sichergestellt, und die Stadt muß daher am 12. Juli 1191 kapitulieren.

1191 Als **Kaiser Heinrich VI.** seine Erbschaft im Königreich Sizilien antreten will, stellt sich ihm ein Großteil des Landes unter Tankred von Lecce entgegen. Die von Heinrich belagerte Stadt Neapel kann sich halten, da die Flotte aus Sizilien das kaiserliche Blockadegeschwader aus Pisa vertreibt. Im Jahr 1194 unterstützen die Flotten von Genua und Pisa Heinrich VI. bei der Besitzergreifung im Königreich Sizilien.

1193 In Konstantinopel geraten Venedig und Pisa in Streit um ihre Handelsquartiere. Die Venezianer vertreiben darauf Pisa aus seinem Stützpunkt in Pola (1195) und anschließend bis 1199 aus der ganzen Adria, die nach der Niederlage der Normannen 1194 gegen Kaiser Heinrich VI. zu ihrem mare nostrum wird.

1202–1204 **Vierter Kreuzzug.** Venedig übernimmt den Transport des Kreuzfahrerheeres und stellt seine Flotte. Als Gegenleistung fordert es die Einnahme von Zara, welche am 15. November erfolgt.

Juli 1203 Die Kreuzfahrer erobern zum ersten Mal Konstantinopel.

12. April 1204 Zweite **Einnahme von Konstantinopel** durch die Kreuzfahrer und Plünderung der Stadt. Die Flotte von Venedig unter dem Dogen Enrico Dandolo ist bei der Einnahme maßgeblich beteiligt. In Konstantinopel wird ein lateinisches Kaiserreich errichtet (bis 1261). Venedig sichert sich wichtige Stützpunkte in der Ägäis wie Koron, Modon/Methoni und Negroponte/Euböa. Einen Teil des Oströmischen Reiches erhalten die Führer der Kreuzfahrer als selbständige Fürstentümer. Die orthodoxen Kaiser beginnen von Nicäa aus mit der Rückeroberung des Reiches.

Auf Kreta hatte sich ein genuesischer Freibeuter, Enrico Pescatore, festgesetzt und die Insel gegen die Venezianer mit Unterstützung aus Genua zunächst erfolgreich verteidigt. Venedig vernichtet schließlich seine Flotte und sichert sich die Insel in zwei Verträgen mit Genua (1212 u. 1218).

1207 Ein Großteil der Flotte von Genua scheitert im Sturm an der ligurischen Küste.

Nov. 1219 Mit Hilfe einer Flotte aus Friesland erobert ein fränkisches Heer die Stadt Damietta im Nildelta, muß sie aber zwei Jahre später nach einer schweren Niederlage zu Lande wieder räumen.

Sommer 1220 **Gefecht vor Limassol.** Ein Geschwader aus Ägypten erscheint vor Zypern und vernichtet dort eine ganze Flotte der Kreuzfahrer.

Juni 1228 Kaiser Friedrich II. startet von Apulien mit seiner starken sizilianischen Flotte zu dem **fünften Kreuzzug** nach Palästina. Er kann in einem Vertrag mit dem Sultan von Ägypten die Überlassung der heiligen Stätten erhandeln und erlangt die Krone des Königreiches Jerusalem für seinen Sohn. Er kehrt im Juni 1229 nach Brindisi zurück.

1229–1235 Jakob I. von **Aragon** erobert mit einer Flotte von 155 Segelschiffen und Galeeren, darunter auch solchen aus Genua, Marseille und Narbonne, die Balearen. Mallorca und Ibiza werden sofort in das Reich eingegliedert, Menorca ist zunächst unter einem maurischen Emir tributpflichtig, wird aber 60 Jahre später ebenfalls annektiert. Die Handelsflotte Barcelonas kann sich nun ungestört entfalten.

1233 Die Flotte des oströmischen Kaisers von Nicäa kann die Insel Rhodos zurückerobern.

1234 **Gefecht bei Abydos.** Der oströmische Kaiser von Nicäa versucht mit einem Geschwader unter L. Gabala Konstantinopel anzugreifen. Ein venezianisches Geschwader von 25 Galeeren unter L. Quirino und M. Gussoni kommt den Lateinern zu Hilfe und erobert fast das ganze Geschwader von Nicäa.

1236 Die Flotte von Gottfried II. von Achäa vertreibt die das lateinische Byzanz belagernde Flotte des griechischen Kaisers von Nicäa. Auch zwei Jahre später unternimmt seine Flotte mehrere erfolgreiche Operationen gegen Nicäa.

1240 Bei einem erneuten Angriff auf Konstantinopel durch den Kaiser von Nicäa greift wieder ein Geschwader aus Venedig ein und erobert zehn feindliche Schiffe.
In dem Machtkampf zwischen Kaiser und Papst in Italien kommt es auch mehrfach zu Seegefechten.

Herbst 1240 Ein venezianisches Geschwader von 25 Schiffen siegt bei Ancona über zwölf Schiffe aus Sizilien und verheert dann die Adriaküste.

3. Mai 1241 **Seeschlacht bei der Insel Giglio** (südl. Elba). Im Kampf Kaiser Friedrichs II. gegen den Papst siegt die mit dem Kaiser verbündete Flotte von Pisa unter Adm. Ansald de Mari über die genuesische Flotte. Eine Anzahl auf dem Weg zum Konzil nach Rom befindlicher Kardinäle und Bischöfe werden gefangen.

1242 **Eroberung von Zara.** Die Stadt sagt sich von Venedig los und erhält Unterstützung vom König von Ungarn. Nach hartem Kampf um die starken Stadtmauern und mit der ungarischen Reiterei erobert Venedig die Stadt mit tatkräftiger Unterstützung durch die Flotte zurück.

1248 Ein Geschwader Kastiliens von 18 Schiffen unter Admiral Ramón Bonifacios aus Burgos vernichtet die Flotte der Sarazenen auf dem Guadalquivir und erleichtert damit die Eroberung von Sevilla. Erste Verwendung des Titels »Admiral« in Kastilien (in Aragon 1263).

1248 König Ludwig IX. von Frankreich unternimmt einen Kreuzzug nach Ägypten. Genua hilft die französische Flotte auszurüsten. Die Stadt Damietta im Nildelta kann erobert werden, nach einer schweren Niederlage zu Lande gerät Ludwig in Gefangenschaft und muß sich nach Zahlen eines riesigen Lösegeldes nach Palästina zurückziehen.

1249 Ein Geschwader aus Genua versucht mit Unterstützung des lateinischen Fürsten von Morea/Peloponnes Rhodos zu erobern. Ein Gegenangriff der Flotte des Kaisers von Nicäa vertreibt sie wieder von der Insel.

1253 Ein starkes venezianisches Geschwader unter G. Quirino rettet Konstantinopel bei einem weiteren Angriff des Kaisers von Nicäa.

1257–1270 Der erste Krieg Venedig gegen Genua

In der Levante geraten die Venezianer und Genuesen in ihren Quartieren in der Stadt Akkon in Streit, aus dem sich ein nicht erklärter Krieg entwickelt. Venedig wird im wesentlichen von Pisa und der Provence, Genua vom Herrn von Tyros unterstützt.

1257 Die Genuesen nehmen vor Akkon einige venezianische Schiffe weg.

Okt. 1257 **Gefecht vor Tyros.** Das venezianische Geschwader von 18 Schiffen unter Lorenzo Tiepolo trifft auf das genuesische Geschwader von 17 Schiffen und erobert davon vier.
Beide Seiten verstärkten ihre Geschwader in der Levante.

24. Juni 1258 **Seeschlacht vor Akkon.** Die Venezianer unter Tiepolo und Andrea Zeno verfügen über 40 Galeeren, vier große und zehn kleine Schiffe, die Genuesen unter Rosso della Turca über 50 Galeeren und vier Schiffe. Die Genuesen erleiden eine schwere Niederlage, verlieren die Hälfte ihrer Galeeren und 1700 Mann an Toten und Gefangenen. Die Venezianer vertreiben darauf die Genuesen aus deren Quartier in Akkon. Die nächsten drei Jahre herrscht Waffenstillstand. Genua schließt sich dem griechisch/römischen Kaiser von Nicäa an.

25. Juli 1261 Mit Hilfe der Genuesen erobert der Kaiser von Nicäa Konstantinopel zurück, Genua verdrängt damit die Venezianer aus der Stadt. Der lateinische Kaiser von Konstantinopel räumt mit den Venezianern das Feld.

1262 Venedig und Genua senden starke Geschwader in die Ägäis, doch kommt es vorerst zu keinen Kämpfen.

Juni 1263 **Gefecht bei Settepozzi/Spetsai.** Vor der Bucht von Nauplia siegt die Flotte von Venedig, 32 Galeeren unter Gilberto Dandolo, über die Genuesen.

1264 Bei Saseno vor Valona (Albanien) erobert die Flotte von Genua unter Simone Grillo die warenbeladene venezianische Levanteflotte mit Ausnahme der großen Galeere »Roccaforte«.
Venedig schließt ein Bündnis mit Byzanz und erlangt auch im griechischen Kaiserreich wieder seinen Einfluß. Glänzender Erfolg seiner Diplomatie.

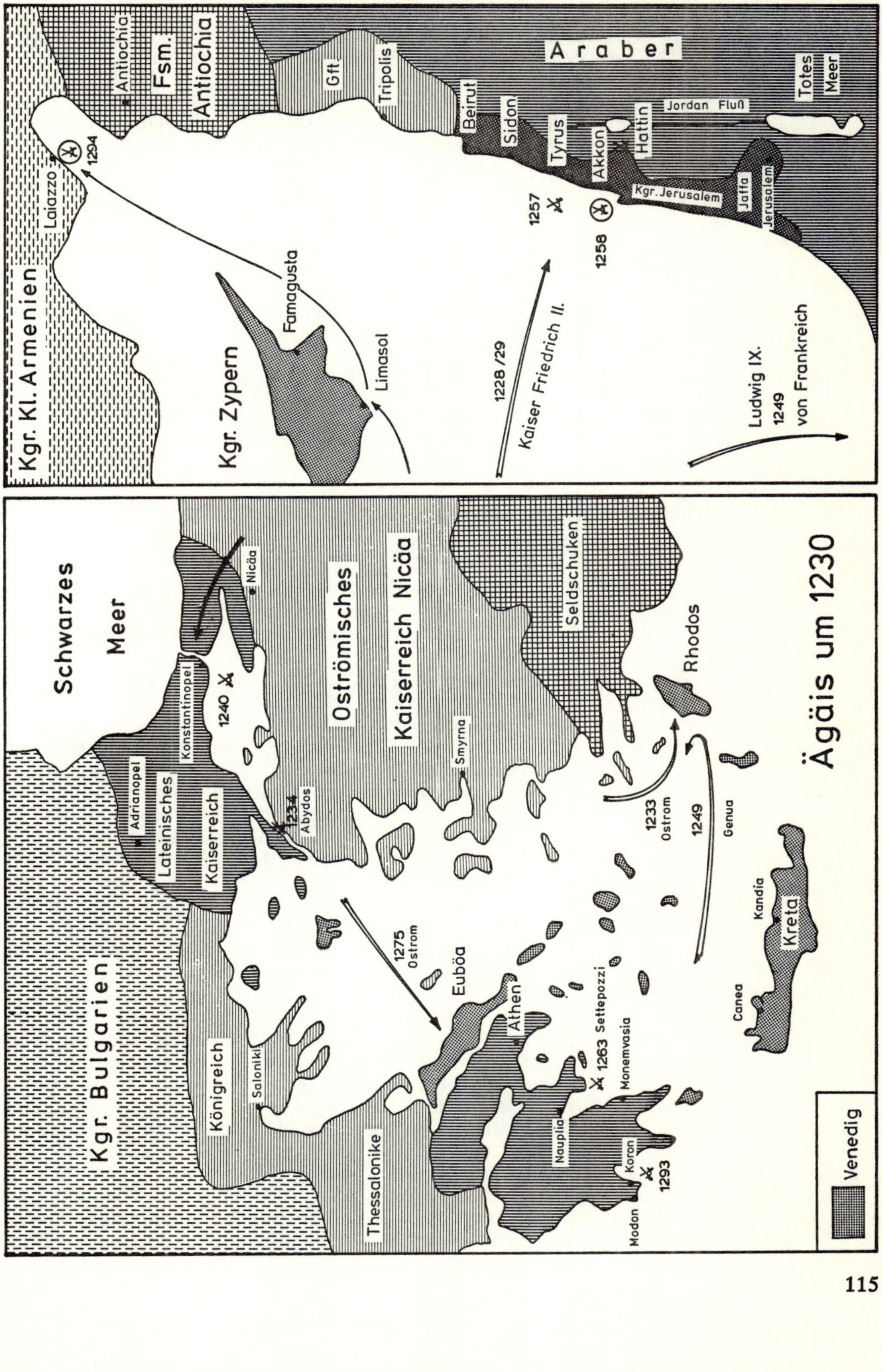
Ägäis um 1230
Schwarzes Meer
Kgr. Bulgarien
Lateinisches Kaiserreich
Adrianopel
Konstantinopel
Oströmisches Kaiserreich Nicäa
Nicäa
Seldschuken
Rhodos
1240
1234
Abydos
Smyrna
Königreich
Thessalonike
Saloniki
1275 Ostrom
Euböa
Athen
1263 Settepozzi
Monemvasia
Nauplia
Koron
1293
Modon
1233 Ostrom
1249
Genua
Kandia
Kreta
Canea
Venedig
Kgr. Kl. Armenien
Laiazzo
1294
Fsm. Antiochia
Antiochia
Gft
Tripolis
Araber
Beirut
Sidon
Tyrus
Akkon
Hattin
Jordan Fluß
Totes Meer
Kgr. Jerusalem
Jaffa
Jerusalem
1257
1258
Kgr. Zypern
Famagusta
Limasol
1228/29
Kaiser Friedrich II.
Ludwig IX.
1249
von Frankreich

Juni 1266 Bei Trapani siegt ein venezianisches Geschwader über die Genuesen, welche 28 Galeeren verlieren.

Sept. 1266 Ein Geschwader aus Genua unter Oberto Doria erobert und plündert die Stadt Kanea auf Kreta.

1267 Vor der Küste von Palästina kämpfen Geschwader aus Genua unter L. Grimaldi und Venedig unter M. Morosini mehrere Gefechte. Der endgültige Verlust des Heiligen Landes an die Sarazenen (1291) wird dadurch beschleunigt.

Nov. 1270 Karl von Anjou plant einen Kriegszug gegen Byzanz. Seine im Hafen von Trapani versammelte Flotte wird von einem Sturm vernichtet, ein Großteil der Besatzungen ertrinkt.

1275 Byzanz erobert Euböa/Negroponte und einige Inseln in der Ägäis zurück und sichert sich damit wieder die Seeverbindung zu seinem Besitz in der östlichen Peloponnes.

Juli 1279 **Gefecht bei Algeciras.** Die Araber aus Nordafrika besiegen ein von englischen Schiffen unterstütztes Geschwader aus Kastilien.

um 1280 Der **Marinekodex** »Llibre del Consolat« wird unter König Peter III. d. Gr. (1276–85) in Barcelona verfaßt. Er war in den vorhergehenden Jahrzehnten von berühmten Seefahrern und Kaufleuten erarbeitet worden. Er ist so allgemeingültig und international anwendbar, daß er in kurzer Zeit von fast allen seefahrenden Nationen übernommen wird.

1282–1288 Krieg Genua gegen Pisa

Kriegsgrund ist erneut der Streit um die gemeinsamen Besitze auf Korsika und Sardinien.

Mai 1283 Ein Geschwader aus Genua erobert die Insel Pianosa vor Elba und fängt pisanische Handelsschiffe ab.

Mai 1284 Vor der Ostküste von Sardinien verlieren die Pisaner in einem Gefecht 13 Galeeren.

Juli 1284 Nach großen Rüstungsanstrengungen stellen die Pisaner eine Flotte von 70 Galeeren neben kleineren Fahrzeugen auf, welche unter Alberto Morosini zu einer Demonstration vor Genua aufkreuzt. Die zunächst in zwei Geschwader unter Oberto Doria und Benedetto Zaccaria geteilte Flotte Genuas verweigert anfangs den Kampf, nimmt dann aber die Verfolgung der abziehenden Pisaner auf.

6. Aug. 1284 **Seeschlacht bei Molara** (Insel vor der Arnomündung). Morosini nimmt den Kampf mit dem Geschwader von O. Doria auf und entdeckt zu spät das als Reserve eintreffende zweite Geschwader unter Zaccaria. Die Pisaner erleiden eine schwere Niederlage, sie verlieren 36 Galeeren und 9000 Gefangene. Genua hat mit einem Schlag die Seeherrschaft errungen.
In den folgenden Jahren werden die Pisaner von der genuesischen Flotte von ihren Überseebesitzungen abgeschnitten. Ab Frühjahr 1287 kreuzen zwei Geschwader unter den Admiralen Thomas Spinola und Orlando Ascheri vor der Küste von Palästina und bringen jedes Schiff aus Pisa auf.

31. Mai 1287 **Gefecht vor Akkon.** Das Geschwader unter Ascheri besiegt das pisanische Geschwader der Levante, und nur das Eingreifen der Venezianer verhindert die Eroberung des pisanischen Flottenstützpunktes in Akkon. Im folgenden Friedensschluß (1288) muß Pisa auf seinen Anteil an Korsika verzichten.
Mit dieser Niederlage und der Versandung seines Hafens geht die Bedeutung von Pisa als Seestadt rasch zu Ende. 1406 wird es von Florenz erobert und verliert seine Selbständigkeit, Livorno tritt die Nachfolge als Hafen der Toskana an.

1282–1287 und 1299–1302 Krieg um Sizilien

Karl von Anjou wird nach dem Tode Kaiser Friedrichs II. vom Papst mit dem Königreich Sizilien belehnt und erobert dieses im Jahre 1266. Nach der Sizilianischen Vesper (1282) besetzt der mit den Staufern verwandte Peter III. von Aragon mit Hilfe seiner Flotte die Insel. Karl versucht im Bunde mit Frankreich, von Neapel aus Sizilien zurückzuerobern.

Sept. 1282 **Seeschlacht bei Messina.** Die Flotte von Aragon unter Jakob Perez siegt über die Flotte Karls von Anjou unter dessen Admiral Henry de Murs. Perez erobert 22 Galeeren und vernichtet 80 Transporter. Die beabsichtigte Gegenlandung ist vereitelt.

Juli 1283 Vor Malta fängt Aragons neuer Flottenchef Roger di Lauria mit 18 Galeeren ein Versorgungsgeschwader von 20 Galeeren der Anjous für die Insel ab und kann 10 Galeeren erobern.

Juni 1284 **Seeschlacht vor Neapel.** Roger di Lauria besiegt einen Teil der Flotte Neapels unter dem gleichnamigen Sohn Karls, welcher zehn Galeeren verliert und selbst in Gefangenschaft gerät. Lauria kann darauf einen Teil Kalabriens und der Basilicata erobern. König Philipp III. der Kühne von Frankreich fällt darauf mit Heer und Flotte im Mai 1285 in Katalonien ein.

Sommer 1285 **Gefecht bei Rosas.** In dem Hafen nahe der französischen Grenze erobern elf katalonische Galeeren sieben von 25 französischen Schiffen, bevor sie sich vor der Hauptmacht des Gegners zurückziehen müssen.

9./10. Sept. 1285 **Seeschlacht bei Las Hormigas.** Vor der Küste von Katalonien überfällt Roger di Lauria mit 48 Galeeren die 40 Schiffe des französischen Hauptgeschwaders und reibt sie fast gänzlich auf. Fast 5000 Franzosen fallen oder werden gefangen. Ohne Unterstützung durch die Flotte müssen die französischen Landtruppen Katalonien wieder räumen.

Juni 1287 **Seeschlacht bei Castellamare di Stabia.** In der Bucht von Neapel siegt Roger di Lauria ein zweites Mal über die Flotte der Anjous und erobert 42 Schiffe. Durch Laurias Seesiege ist Sizilien fest in der Hand von Peters III. († 1285) Sohn Jakob.

1288 Roger di Lauria stößt bis in die Ägäis vor und erobert Malvasia an der Ostküste der Peloponnes und die Insel Chios.

um 1290 In die Thronkämpfe in Kastilien unter König Sancho IV. (1284–95) greifen auch die Mauren aus Nordafrika ein. Sancho vernichtet die Flotte der Mauren vor Tanger und hindert damit deren Hauptmacht, nach Spanien überzusetzen. In den nächsten Jahren verlieren die Mauren aus Marokko ihre letzten Stützpunkte in Spanien.

1293–1299 Der zweite Krieg Venedig gegen Genua

Der Krieg dreht sich vornehmlich um Stützpunkte in der Ägäis und dem Schwarzen Meer zur Sicherung des wichtigen Handelsweges nach Zentralasien und China.

Im westlichen Mittelmeer wird Venedig durch Pisa unterstützt.

Juli 1293 Noch vor Kriegsausbruch greifen bei Koron vier venezianische Galeeren sieben genuesische an und werden geschlagen.

Anf. Mai 1294 Das venezianische Levantegeschwader überfällt die genuesische Kolonie in Limassol auf Zypern und wendet sich dann an die syrische Küste.

Mai 1294 **Seeschlacht bei Laiazzo.** In der Levante siegt ein Geschwader aus Genua über eines aus Venedig, welches 25 von 68 Schiffen verliert.

Juli 1296 Die Flotte von Venedig überfällt den genuesischen Handelsstützpunkt Galata in Konstantinopel. Byzanz wird dadurch in den Krieg hineingezogen.

Sept. 1298 **Seeschlacht bei Curzola** (Dalmatien). Eine Flotte von Venedig mit 95 Schiffen unter Andrea Dandolo trifft auf eine um 30 Schiffe schwächere Flotte aus Genua unter Lamba Doria. Die Venezianer erleiden eine schwere Niederlage. Unter den Gefangenen befindet sich auch der Weltreisende Marco Polo.

Nach dem Friedensschluß mit Byzanz 1299 erscheint ein venezianisches Geschwader vor Konstantinopel und erzwingt 1302 eine hohe Kriegsentschädigung. Weitere Schwächung des Oströmischen Reiches.

Jakob von **Sizilien** folgt nach dem Tod seines ältesten Bruders Alfons (1291) diesem auf den Thron von Aragon. König in Sizilien wird sein jüngerer Bruder Friedrich. Um sich vom Kirchenbann zu befreien, schließt Jakob mit Frankreich und den Anjous Frieden (1295) und unterstützt sie beim Versuch, Sizilien zurückzugewinnen.

Juli 1299 **Seeschlacht bei Kap Orlando.** Vor der Nordküste von Sizilien bringt die vereinigte Flotte von Aragon und Neapel unter Roger di Lauria der Flotte Siziliens eine schwere Niederlage bei. Friedrich selbst kann mit nur 17 Galeeren entkommen.

Juni 1300 **Seeschlacht bei der Insel Ponza.** Lauria vernichtet die Reste der Flotte Siziliens unter dem Befehl des Genuesen Conrado Doria; nachdem eine große Landungsflotte Neapels vor der Westküste Siziliens in einem Sturm scheitert, kann sich Friedrich trotzdem erfolgreich zu Lande zur Wehr setzen und sogar einige Stützpunkte in Kalabrien halten. Im **Frieden von Caltabellotta** (Sept. 1302) kann sich Friedrich den Besitz Siziliens sichern.

31. Mai 1305 **Gefecht im Marmara-Meer.** Nach Beendigung der Kämpfe in Italien (Friede von Caltabellotta) ruft der byzantinische Kaiser die Söldnertruppe der »Katalanischen Kompanie« gegen die Türken in Kleinasien zu Hilfe. Diese verheeren nicht nur türkisches, sondern auch byzantinisches Territorium, ihr Geschwader wird schließlich von den Genuesen vernichtet. Zu Lande ziehen sie darauf über Thrakien nach Griechenland und erobern dort das fränkische Fürstentum Athen.

1306–1309 Die Ritter des **Johanniterordens** erobern Rhodos und die umliegenden Inseln. Um 1099 im Heiligen Land gegründet, ist ihre Hauptaufgabe die Betreuung von Pilgern und Kranken und der Kampf gegen den Islam. Nach Verlust des Heiligen Landes (1291) bauen sie eine straff organisierte Kriegsmarine auf.

1309 Mit Unterstützung der Flotte von Aragon kann Kastilien ein erstes Mal den Felsen von Gibraltar erobern, verliert ihn aber 24 Jahre später noch einmal an das Emirat von Granada.

1309 Die Mauren von Marokko haben die Hafenstadt Ceuta an ihre Glaubensgenossen im Königreich Granada verloren. Ein Geschwader aus Aragon unterstützt die Afrikaner bei der Rückeroberung der Stadt. König Jakob II. (1291–1327) von **Aragon** erhält darauf Handelsprivilegien in Marokko, und seine Flotte kann Ceuta für Vorstöße in den Atlantik benützen.

1309/10 Venedigs erster Versuch, sich mit der Eroberung von Ferrara einen italienischen Festlandsbesitz zu schaffen, endet mit einem Fiasko. Bei der vergeblichen Belagerung der Stadt und bei den Kämpfen der Seestreitkräfte auf dem Po verliert Venedig 6000 Mann und 200 Schiffe.

1312 Die Galeeren des Johanniterordens von Rhodos vernichten vor Amorgos ein türkisches Geschwader von 23 Schiffen.

1312 Ein Geschwader von Galeeren aus Rhodos und Zypern vernichtet vor Ephesus ein türkisches Geschwader.

1314–1341 König Robert I. von Neapel versucht mehrfach (1314, 1316, 1325 und 1338–41), die Insel Sizilien für sein Königreich zurückzugewinnen, wird aber jedesmal abgewiesen.

März 1318– Okt. 1320 **Belagerung von Genua.** Im Bürgerkrieg zwischen den großen Familien der Hafenstadt können die Vertriebenen mit auswärtiger Hilfe Genua von der Landseite einschließen. Unterstützt werden sie schließlich von Sizilien, dessen Flotte die Stadt auch von der Seeseite blockiert. König Robert von Anjou, als Herr von Neapel und Marseille, ist um seine Seeverbindung besorgt und schickt schließlich 1320 seine Flotte zum Entsatz von Genua. Die Flotte von Sizilien weicht dem überlegenen Gegner aus, es kommt nur zu einigen unbedeutenden Gefechten entlang der Ligurischen Küste. Obwohl der Bürgerkrieg noch drei Jahre weiterdauert, hat das Eingreifen der Flotte diesen entschieden.

1319 Ein Geschwader der Johanniter von vier Galeeren und 20 kleinen Fahrzeugen schlägt zusammen mit sechs genuesischen Galeeren vor Chios ein türkisches Geschwader.

1320 Eine türkische Landungsflotte von 80 Schiffen wird auf Rhodos von den Ordensrittern fast zur Gänze erobert.

Kampf um Sardinien

1323–1325 Ermuntert von Papst Bonifaz VIII. entschließt sich König Jakob II. von Aragon, die Insel den Pisanern zu entreißen.

Juni 1323 Eine Transportflotte, gedeckt von 60 Galeeren, unter dem Infanten Don Alfonso und Admiral Franzesco Carros, landet starke Truppeneinheiten auf der Insel. Noch im selben Jahr kann Pisa mit 35 Galeeren Verstärkungen auf Sardinien landen.

1324 Pisa schickt ein weiteres Geschwader von 52 Galeeren mit Verstärkungen auf die Insel. Vor Cagliari werden diese in Kämpfen zu Lande und zu Wasser aufgerieben.

Dez. 1325 **Gefecht vor Cagliari.** Ein Geschwader von 33 Galeeren aus Pisa wird von der Flotte Aragons geschlagen.
Pisa muß sich mit dem Verlust der Insel abfinden und sinkt zur politischen Bedeutungslosigkeit ab.

1329 Byzanz versucht sich von der Hegemonie Genuas in der Ägäis freizumachen. Mit letzten Mitteln wird ein Galeerengeschwader ausgerüstet und damit die Insel Chios und einige weitere Stützpunkte Genuas in der Ägäis erobert.

Sept. 1334 Ein fränkisches Geschwader von Schiffen aus Frankreich (8), Venedig (14) und Rhodos (10) besiegt vor Smyrna ein türkisches Geschwader.

1337 **Gefecht bei Konstantinopel.** Ein osmanisches Geschwader von 24 Schiffen plündert die Orte westlich der Hauptstadt. Kaiser Andronikos III. und der Großdomestikos Johannes Kantakuzenos vernichten mit ihren Land- und Seestreitkräften den Großteil des Gegners. Die Osmanen verlieren fast alle Schiffe sowie 1000 Mann an Toten und Gefangenen.

1340 Die Miriniten aus Marokko unternehmen zur Unterstützung ihrer Glaubensbrüder in Granada eine Invasion in Südspanien. Die Flotte der Mauren schlägt das Geschwader von Kastilien, dessen Admiral fällt. Ein Galeerengeschwader aus Genua blockiert darauf die gelandeten Truppen, König Alfons XI. (1312–50) schlägt die Mauren vernichtend am Rio Salado (30. Okt. 1340) und nimmt ihnen die wenige Jahre vorher verlorenen Stützpunkte Algeciras und Gibraltar endgültig ab.

um 1340 Der türkische Emir Omar von Aydin baut sich eine Flotte auf und macht von seinem Stützpunkt Smyrna aus die Ägäis unsicher. Unter der Führung der Johanniter von Rhodos ziehen die Christen eine Flotte zu seiner Bekämpfung zusammen. Rund 30 Schiffe aus Venedig (10), der Johanniter (6), von Genua (5), des Papstes (4), und von Zypern (4) werden aufgeboten.

Mai 1344 **Gefecht vor Smyrna.** In der Hafeneinfahrt besiegt das Geschwader der Christen unter der Führung des lateinischen Patriarchen von Konstantinopel, Heinrich von Asti, das türkische Geschwader unter Emir Oman und erobert darauf Smyrna, welches bis 1402 unter der Verwaltung der Johanniter bleibt.

Dez. 1346 **Eroberung von Zara.** Venezianische Land- und Seestreitkräfte erobern nach achtzehnmonatiger Belagerung die von den Ungarn unterstützte aufständische Stadt zurück.

1346 Genua erobert Chios zurück. Als Byzanz erneut ein Geschwader ausrüstet, wird dieses von einem genuesischen Geschwader bereits im Bosporus vernichtet.

1347 Die Johanniter aus Rhodos besiegen bei Imbros ein türkisches Geschwader.

1347–1348 Schon seit zwanzig Jahren unterstützt Genua Aufstände in Sardinien gegen die Herrschaft von Aragon. Nachdem die Flotte von Aragon in mehreren Gefechten gegen die Genuesen den kürzeren gezogen hat, schließt König Peter IV. (1336–87) 1351 ein Bündnis mit Venedig und greift in dessen Krieg gegen Genua ein.

1350–1355 Der dritte Krieg Venedig gegen Genua

1350 Genua eröffnet die Feindseligkeiten, indem es ein Geschwader unter Filippo Doria in die Adria schickt, das die Küsten Venedigs verheert.

Febr. 1352 **Seeschlacht im Bosporus.** Ein Geschwader Genuas liefert einem Geschwader, bestehend aus Verbänden von Venedig und Aragon sowie einigen Schiffen von Byzanz, eine unentschiedene Schlacht.

Aug. 1353 **Seeschlacht bei Alghero.** Vor der Westküste von Sardinien trifft die vereinigte Flotte von Venedig und Aragon unter Niccolo Pisani auf die etwas stärkere Flotte von Genua. In der Flotte der Verbündeten befinden sich drei große Karavellen. Als zu Beginn der Schlacht eine starke Brise aufkommt, rennen die Segelschiffe eine Anzahl von Galeeren Genuas nieder und entscheiden damit die Schlacht für die Verbündeten.

1354 König Peter IV. blockiert mit einer starken Flotte die Festung Alghero auf Sardinien. Nach über einem Jahr Belagerung übergeben die Genuesen den Stützpunkt und räumen die Insel. Aragon muß aber noch mit den Einwohnern Sardiniens bis 1421 kämpfen, bis es fest im Besitz der Insel ist.

4. Nov. 1354 **Seeschlacht von Porto Longo.** Im Hafen von Modon im Ionischen Meer siegt die Flotte von Genua unter Pagano Doria über die Venezianer unter Niccolo Pisani. Das gesamte venezianische Geschwader von 35 Schiffen wird von den Genuesen erobert, Pisani gerät in Gefangenschaft. Venedig bequemt sich darauf zum Friedensschluß.

1354 Auf Veranlassung von König Peter IV. von Aragon verfaßt sein Flottenchef Admiral Bernardo de Cabrera die **»Ordenanzas Navales«**, in denen die Marineorganisation, die Taktik, Segelanweisungen und Besoldung der Seeleute festgelegt werden.

Das seit 1192 unter der Herrschaft der Lusignans selbständige **Zypern** erreicht unter König Peter I. (1359–1369) seinen politischen Höhepunkt. Peter unternimmt eine Reise an die europäischen Fürstenhöfe und versucht zu einem neuen Kreuzzug gegen den Islam aufzurufen.

1361 Ein Geschwader aus Zypern besiegt bei Adalia/Satalia ein türkisches Geschwader; auch vier Galeeren der Johanniter aus Rhodos sind am Kampf beteiligt. König Peter kann darauf die am Festland liegenden Hafenstädte Satalia und Korykos besetzen.

Okt. 1365 Unter König Peters Führung erobert eine Flotte von 115 Schiffen aus Zypern, Rhodos und Venedig mit 10000 Mann die Stadt Alexandria. Nach ausgiebiger Plünderung, mit 70 Lastschiffen an Beute und 5000 Gefangenen wird die Stadt wieder geräumt.

1372–1374 Aus einem Streit um Privilegien in Zypern zwischen den Handelskolonien aus Venedig und Genua entsteht ein regelrechter Krieg Genua gegen Zypern. Ein Geschwader mit Landungstruppen aus Genua unter Pietro di Campo Fregoso erobert in einjährigen Kämpfen die Insel, welcher eine riesige Kriegsentschädigung und ein jährlicher Tribut auferlegt wird. Blüte und Unabhängigkeit der Insel gehen zu Ende.

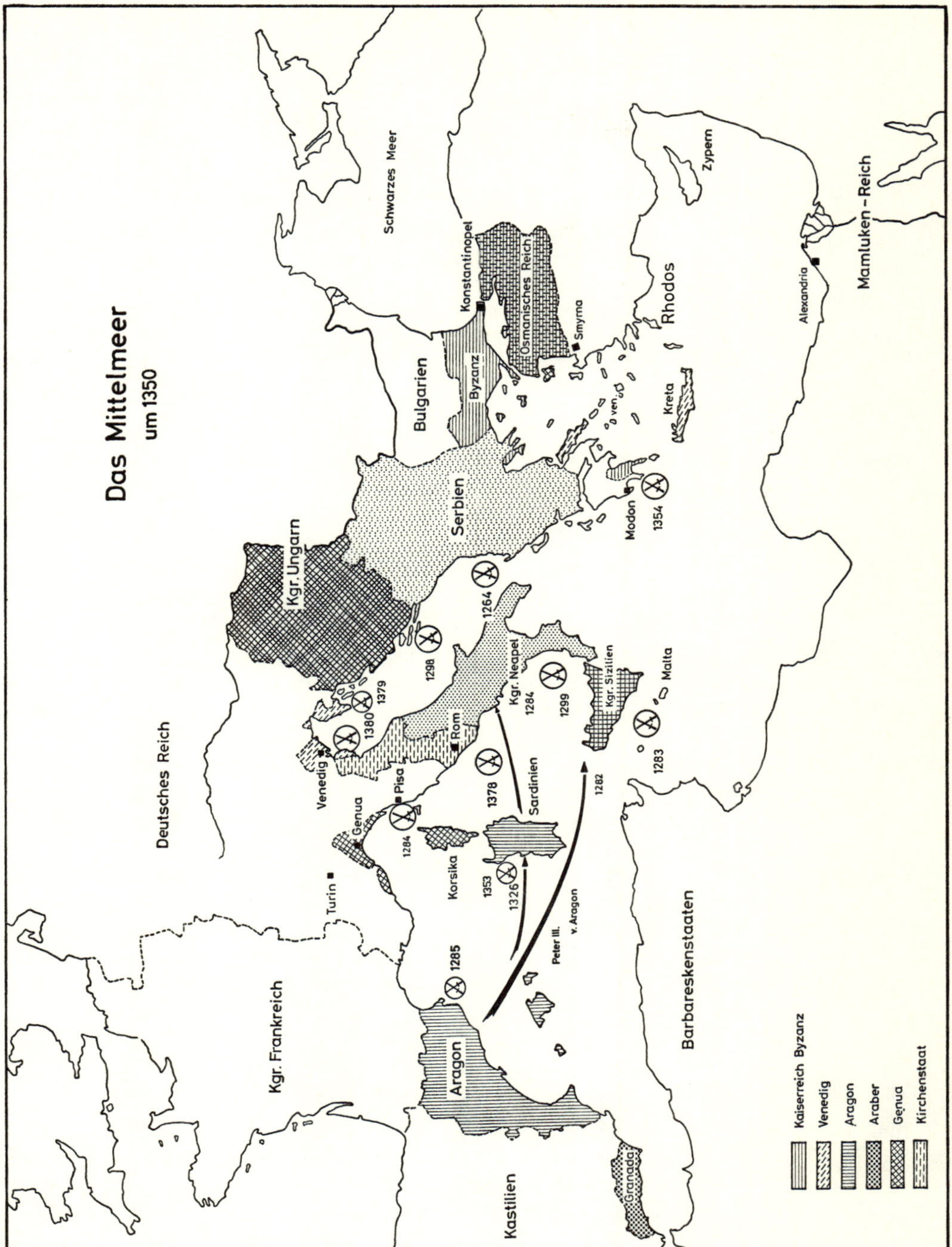
Das Mittelmeer
um 1350
Schwarzes Meer
Konstantinopel
Osmanisches Reich
Smyrna
Rhodos
Zypern
Kreta
ven.
Mamluken-Reich
Alexandria
Bulgarien
Byzanz
Serbien
Kgr. Ungarn
Modon
1354
1264
1298
1379
1380
Kgr. Neapel
1284
1299
Kgr. Sizilien
Malta
1283
1282
Rom
Venedig
Pisa
Genua
1284
Korsika
Sardinien
1378
1353
1326
Peter III. v. Aragon
1285
Aragon
Turin
Deutsches Reich
Kgr. Frankreich
Kastilien
Granada
Portugal
Barbareskenstaaten
Kaiserreich Byzanz
Venedig
Aragon
Araber
Genua
Kirchenstaat

1366–1367 Eine fränkische Flotte von Schiffen aus Frankreich (Amadeus VI. von Savoyen) und Venedig (Doge Corner) kommt dem von den Osmanen bedrängten Byzanz zu Hilfe. Die Türken werden bei Gallipoli geschlagen, dieses und die Schwarzmeerküste der Balkanhalbinsel wieder unter die Herrschaft Ostroms gebracht.

1378–1381 **Der vierte Krieg Venedig gegen Genua (Chioggiakrieg)**

Streitigkeiten im Königreich Zypern und um den Besitz der Insel Tenedos führen zum letzten und entscheidenden Krieg um die Vormachtstellung im östlichen Mittelmeer zwischen den beiden Stadtrepubliken. Venedig wird von Mailand und Zypern, Genua von Ungarn und mehreren italienischen Fürsten unterstützt.

30. Mai 1378 **Seeschlacht bei Kap Anzio.** Ein in das tyrrhenische Meer entsandtes venezianisches Geschwader unter Vettore Pisani schlägt südlich der Tibermündung ein genuesisches Geschwader unter Luigi Fiesco, der in Gefangenschaft gerät. Am Rückweg in die Adria erobert Pisani von den Ungarn Cattaro/Kotor.

Aug. 1378 Die Flotte Genuas unter Luciano Doria erscheint in der Adria, weicht aber zunächst einem Kampf mit der überlegenen gegnerischen Flotte aus und wird von dieser im Hafen von Trau blockiert. Zwei Versuche der Venezianer, Trau im Sturm zu erobern mißlingen.

Anf. 1379 Pisani geleitet Getreideflotten von Apulien nach Venedig, bei einer dieser Fahrten kommt es zu einem kurzen Treffen mit der wieder in der Adria erschienenen Flotte Genuas.

29. Mai 1379 **Seeschlacht bei Pola.** Luciano Doria überrascht mit 22 Galeeren Pisani mit seinen 21 Schiffen und bringt ihm eine schwere Niederlage bei. Venedig verliert 15 Galeeren, Pisani wird seines Postens enthoben und eingekerkert. L. Doria fällt im Kampf.

16. Aug. 1379 Die Flotte von Genua, 53 Galeeren unter Pietro Doria, forciert die Einfahrt nach Chioggia und erobert nach kurzem Kampf die Stadt. Auch Grado können die Genuesen mit Hilfe der Ungarn erobern. Venedig ist damit von seinen Seeverbindungen abgeschnitten.

24. Dez. 1379 Der Doge Andrea Contarini erscheint mit 34 Galeeren und dem wieder zum Flottenchef ernannten Vettore Pisani vor Chioggia, wo die Venezianer die Hafeneinfahrt mit versenkten Schiffen blockieren und damit das Geschwader Genuas lahmlegen.

Jan. 1380 Ein in das Tyrrhenische Meer zum Handelskrieg gesandtes venezianisches Geschwader kehrt zurück; dadurch wird die Belagerungsflotte von Chioggia auf über 50 Galeeren gebracht. In ständigem Kleinkrieg wird die Stellung der Genuesen um Chioggia immer mehr eingeschnürt.

Mai 1380 Ein Hilfsgeschwader aus Genua kann keine Erleichterung bringen.

Juni 1380 **Seeschlacht bei Chioggia.** Die Besatzung der Stadt versucht auf kleinen Schiffen aus der Umklammerung der Venezianer auszubrechen, sie wird in erbitterten See- und Landkämpfen aufgerieben. Chioggia muß kapitulieren, die Venezianer erobern 21 Galeeren und 4000 Gefangene.

Das genuesische Geschwader unter Matteo Maruffo hat in die Kämpfe nicht eingegriffen, erobert aber anschließend Triest (26. Juni) und Capo d' Istria (1. Juli). Pisani erobert Capo d' Istria wieder zurück, blockiert das von den Genuesen im Vorjahr eroberte Zara und sichert dann die Seeverbindung nach Apulien. Dort liefert er den Genuesen ein kurzes, unentschiedenes Treffen.

1381 Erneut erscheint ein Geschwader aus Genua in der Adria. Als die Flotte von Venedig in großer Stärke unter Carlo Zeno im Ligurischen Meer erscheint, räumen die Genuesen die Adria. Im **Frieden von Turin** (8. Aug. 1381) sichert sich Venedig trotz einiger Opfer die Vormachtstellung im östlichen Mittelmeer.
Bei den Kämpfen um Chioggia werden in Italien erstmals Feuerwaffen mit Erfolg eingesetzt. Admiral Pietro Doria verliert am 22. Januar 1380 sein Leben durch eine Geschützkugel.

1382 Das von Venedig zurückeroberte **Triest** empört sich gegen die Lagunenstadt und unterstellt sich der Oberhoheit des Hauses Österreich.

1382 In einer Auseinandersetzung mit Portugal blockiert die Flotte von Kastilien einen ganzen Sommer vergeblich den Hafen von Lissabon. Dieser nimmt in den folgenden Jahren durch Förderung der Regierung einen großen Aufschwung.

1400 Wegen wiederholter Raubzüge der Sarazenen aus Afrika wird die Hafenstadt Tetuan von einem Geschwader aus Kastilien erobert und zerstört.

1402 Die französischen Abenteurer Jean de Bethencourt und Gadifer de la Salle nehmen die Kanarischen Inseln für die Krone von Kastilien in Besitz.

Die Seekriege im Ärmelkanal und der Biskaya (13.–15. Jh.)

Zu Beginn des zweiten Jahrtausends nahm auch in Westeuropa der Handel einen großen Aufschwung. Vor allem der Seeverkehr durch die Biskaya und den Ärmelkanal erlangte ab dem 12. Jh. wieder eine große Bedeutung. Von Spanien und Südwestfrankreich wurden Metalle, Wolle und Wein nach Flandern und England transportiert, das Salz aus den Solen der südlichen Bretagne fand den Weg nach Brügge. Im Gegenverkehr wurden vor allem Tuche aus Flandern, aber auch die Handelsgüter aus dem Ostseeraum transportiert. Dazu kamen seit dem 13. Jh. die Genuesen, aber auch die Katalanen aus dem Mittelmeer, welche auf dem Seeweg das wachsende Handels- und Industriezentrum in Flandern direkt aufsuchten. Dieser Verkehr hatte sich zunächst vorwiegend friedlich abgewickelt. In der zweiten Hälfte des 12. Jh. hatten jedoch die Könige von England vorwiegend durch Erbschaften den größten Teil von Westfrankreich erworben. Da diese Gebiete aber der Lehenshoheit der französischen Könige unterstanden, war ein ständiger Konfliktstoff für die nächsten drei Jahrhunderte gegeben. Die Kämpfe spielten sich wohl fast ausschließlich auf dem Boden Frankreichs ab, doch kam der Beherrschung des Ärmelkanals große Bedeutung zu. England war auf den sicheren Transport seiner Heere auf das Festland angewiesen, Frankreich hatte die Möglichkeit, mit einer Seeherrschaft im Ärmelkanal die Verbindung zwischen den beiden englischen Landesteilen empfindlich zu stören. Es gab jedoch zunächst noch keine den Kronen direkt unterstehenden Flotten. Die Engländer stützten sich vor allem auf bewaffnete Handelsschiffe, welche die Häfen der »Cinque Ports« zur Verfügung stellen mußten, darüber hinaus wurden fallweise königliche Galeeren in Portsmouth und London ausgerüstet. Frankreich charterte ebenfalls zunächst private Schiffe, die Normannenschiffe, aus welchen sich schließlich die Segelkriegsschiffe der Neuzeit entwickelten. Darüber hinaus nahm es oft auch Galeeren aus Genua in Sold, welche sich aber in den rauheren Gewässern des Nordens wenig bewährten. Genua befand sich seit dem 14. Jh. zeitweise in politischer Abhängigkeit von Frankreich.

Zu Beginn des 13. Jh. gelang es König Philipp II. August von Frankreich, vor allem durch den Sieg in der Schlacht bei Bouvines 1214, den Engländern alle Gebiete nördlich der Loire zu entreißen. Während sich die Macht der französischen Krone ständig stärkte, wurde England durch innere Kämpfe und den Gegensatz mit Schottland ständig geschwächt. Die Franzosen versuchten sogar, in England selbst einzugreifen, mit einigen Seesiegen konnten die Engländer dies jedoch verhindern. Während ein französisches Geschwader 1242–43 die Schiffe der »Cinque Ports« in Schach halten konnte, blockierten englische Schiffe – von Stützpunkten auf den Inseln vor der französischen Biskayaküste aus – den wichtigen Hafen von La Rochelle. Stürme verhinderten jedoch eine Schlacht mit dem französischen Biskaya-Geschwader. Gegen Ende des 13. Jh. versuchte Frankreich, eine Wirtschaftsblockade gegen England aufrechtzuerhalten, indem es mit mehreren Geschwadern den Handel nach den englischen Hafenstädten behinderte. Mit dem Sieg einer englischen Flotte 1293 im Kanal wurde dies verhindert. Flandern, das eng mit dem englischen Handel verbunden war, hatte sich gegen diese Blockade gewandt und wurde darauf von den Franzosen überfallen. In der Seeschlacht bei Zierikzee siegten die Franzosen, der gefangene Graf von Flandern mußte die Lehenshoheit des französischen Königs anerkennen. Nach dem Tod des letzten Kapetingers folgte mit Philipp VI. auf dem französischen Thron der erste Vertreter des Hauses Valois. Edward III. von England machte darauf aufgrund seiner engen verwandtschaftlichen Beziehungen zum letzten französischen König Ansprüche auf den Thron geltend. Er benützte dies in erster Linie als Vorwand, um mit Hilfe von unzufriedenen französischen Untertanen, vor allem der Flandern, die alte Machtstellung im französischen Reich wieder zu erlangen, nachdem der englische Besitz auf französischem Boden von ehemals über 50 Prozent auf die rund 5 Prozent des Gebietes um Bordeaux (Guyenne) zurückgegangen war. Die Kriegshandlungen zogen sich über das ganze französische Staatsgebiet hin und brachten abwechselnd beiden Seiten Vorteile. Zur See wurde im Kanal und der Biskaya mit Flotten von teilweise beträchtlicher Zahl von allerdings noch kleinen Schiffen gekämpft.

Die Aufgaben der Flotten waren vornehmlich Truppentransporte, Blockaden, Angriffe auf Hafenstädte und Handelskrieg, der von Piraterie oft nicht zu unterscheiden war. Frankreich wurde zeitweise mit viel Erfolg von der Flotte des aufstrebenden Kastilien unterstützt. Frankreichs Großadmiral Jean de Vienne organisierte die erste königliche Flotte, die nach seinem Tod jedoch bald wieder verfiel. Nach dem Auftreten von Jeanne d' Arc konnten die Franzosen bis zur Mitte des 15. Jh. ihre Gegner aus dem ganzen Königreich, mit Ausnahme von Calais, vertreiben. Der Krieg endete wegen beiderseitiger Kriegsmüdigkeit ohne eigentlichen Friedensschluß.

Mai 1213 **Schlacht bei Damme** (Brügge). Frankreich sammelt seine Flotte im Hafen von Brügge, um gegen den Grafen von Flandern vorzugehen. England schickt dem Grafen eine Flotte zu Hilfe. Die französischen Schiffe sind nur schwach bemannt, da das Heer mit der Belagerung von Gent beschäftigt ist. Den Engländern gelingt es, einige französische Schiffe wegzunehmen, ein großer Teil der Flotte wird am Strand zerstört.

Aug. 1217 **Seegefecht bei Dover.** Der französische Dauphin kämpft in Südengland mit Hilfe der englischen Barone um die englische Krone. Eine französische Hilfsflotte unter Eustach dem Mönch soll Verstärkungen zur Themse bringen. Die französische Flotte ist rund 80 Schiffe stark. Der königstreue Gouverneur der »Cinque Ports« (die englischen Häfen Dover, Romney, Hythe, Hastings und Sandwich), Hubert de Burgh, greift die Franzosen in der Kanalenge mit rund 40 Schiffen an. Er passiert den NO segelnden Gegner auf Gegenkurs. Anschließend schwenkt er ins Kielwasser der Franzosen und greift die feindlichen Schiffe von hinten nacheinander an. Durch die englischen Bogenschützen werden die Franzosen niedergehalten, die Schiffe anschließend geentert. Nur 15 französische Schiffe können entkommen. Hier wird erstmals eine Segelschiffstaktik angewendet.

Mai 1293 **Gefecht im Kanal.** Ein englisches Geschwader von 60 Schiffen trifft auf eine Flotte von 200 normannischen, französischen und genuesischen Schiffen. Die Engländer erringen einen totalen Sieg und machen reiche Beute.

1294–1297 Edward I. versucht die Besitzungen seiner Vorfahren in Frankreich zurückzuerobern. Dazu stellt er drei Flotten auf; eine in Yarmouth für den Hoofden und die Nordsee, eine in Portsmouth für den Kanal und eine in Milford Haven für die Irische See. Trotz seiner Seeherrschaft bleibt er zu Lande erfolglos.

10. u. 11. Aug. 1304 **Seeschlacht bei Zierikzee.** Der Graf von Flandern belagert zu Lande und mit einer starken Flotte die Stadt Zierikzee in der Scheldemündung. Frankreich schickt eine Entsatzflotte unter dem Adm. Raigner de Grimaldi aus Genua zu Hilfe (erste Nennung des Titels »Admiral« im Norden). Die Flotte besteht aus Schiffen der Normandie, Spaniens und aus Galeeren von Genua. In einem zweitägigen Kampf wird die flämische Flotte geschlagen, eine Anzahl ihrer Schiffe genommen, darunter das Flaggschiff des Grafen von Flandern, der in Gefangenschaft gerät. In dem engen Fahrwasser sind die besser manövrierenden Galeeren den Segelschiffen noch überlegen. Erste Anwendung von Brandern im Norden.

1332 Im Hafen von Perth in Schottland besiegt ein englisches Geschwader ein schottisches Geschwader von zwölf Schiffen.

1338–1453 Der Hundertjährige Krieg England gegen Frankreich

1338 König Philipp VI. von Frankreich eröffnet die Kampfhandlungen gegen England. Eine gemietete Flotte genuesischer Galeeren jagt die englischen Schiffe im Kanal (die großen Schiffe »Christopher« und »Edward« werden erobert).

1339 Schiffe der »Cinque Ports« unter Robert Morley verjagen ein französisches Geschwader von Dover, verfolgen den Gegner bis Boulogne und zerstören die dort liegenden Schiffe.

1339 Französische Schiffe brandschatzen Hastings, Plymouth und Bristol, da die englische Flotte in Flandern und gegen die Schotten gebunden ist.

24. Juni 1340 **Seeschlacht bei Sluis.** Edward bereitet mit einer starken Flotte eine Landung in Frankreich vor. Die französische Flotte nimmt in der Westschelde nahe Sluis eine starke Stellung ein. Sie ist in drei Geschwader geteilt: zwei Abteilungen Segelschiffe unter Adm. Quiriet und Schatzmeister Balmuchet sowie eine Abteilung Galeeren unter dem Genuesen Barbenoire. Die französischen Segelschiffe gehen im Scheldearm vor Anker, die Schiffe der einzelnen Treffen mit Ketten verbunden. Defensive Stellung mit Verzicht auf Beweglichkeit. Die Galeeren stehen dahinter als Reserve. Die englische Flotte unter Edward III. und Adm. Morley greift mit über 200 Schiffen an. Morley eröffnet mit seinen stärksten Schiffen den Kampf. Dank der freien Manövrierbarkeit der englischen Flotte wird das erste französische Treffen Schiff für Schiff überwunden. Die übrigen französischen Segler werden von ihren Besatzungen im Stich gelassen. Nur Barbenoire kann mit seinen Galeeren mit Mühe entkommen. Als Folge dieser Schlacht werden die Kämpfe des Hundertjährigen Krieges zwischen England

und Frankreich auf dem Boden des letzteren ausgetragen. Auch ohne stehende Flotte verfügt England im Notfall immer über die nötige Seeherrschaft im Kanal.

1342 **Seeschlacht bei Guernsey.** Ein französisches Geschwader von 33 Schiffen, vorwiegend aus Genua, greift einen englischen Truppentransport mit Verstärkungen für die Bretagne überraschend an. Die Franzosen erobern vier bis fünf Schiffe. Die übrigen englischen Schiffe können ihre Truppen an Land setzen.

1346 Ein starkes englisches Heer unter König Edward III. landet im Juli in der Normandie und rückt gegen Osten vor. Die englische Flotte verheert dabei die Küste von Cherbourg bis Rouen und vernichtet über 100 Schiffe, darunter bereits eine Anzahl Kriegsschiffe mit Bug- und Heckkastellen.

1347 Einnahme von Calais. Die wirksame Blockade des Hafens durch die englische Flotte führt nach fast einjähriger Belagerung zur Übergabe.
Da keine stehenden Flotten Polizeiaufgaben erfüllen, herrscht auf den Handelswegen das Recht des Stärkeren. Die Handelsschiffe sind daher fast durchwegs bewaffnet und fahren in größeren Geleitzügen.

Aug. 1350 **Seegefecht bei Winchelsea** (»L' Espagnol sur Mer«). Zwischen Dungeness und Hastings wird ein Konvoi von 40 bewaffneten Kauffahrern aus Spanien unter Don Carlos de la Cerda von einer englischen Flotte unter Edward III. angegriffen. In einem scharfen Gefecht erobern die Engländer ungefähr 20 spanische Schiffe. Sie selbst verlieren zwei Schiffe, darunter das Flaggschiff »Thomas«. Edward III. kann sich auf einer zuvor genommenen spanischen Prise in Sicherheit bringen.

1371 Frankreich stellt ein Ansuchen um Flottenhilfe an das befreundete Kastilien.

22. und 23. Juni 1372 **Seeschlacht vor La Rochelle.** Die Engländer schicken eine Flotte unter dem Grafen Pembroke nach Südfrankreich, um das belagerte La Rochelle zu entsetzen. Beim Versuch, die Hafeneinfahrt zu forcieren, werden sie von einer französisch-kastilischen Flotte unter Adm. Ambrosio Bocanegra überraschend angegriffen. Am ersten Tag endet der Kampf unentschieden. Am zweiten Tag wird Pembroke gefangen und die englische Flotte vollständig aufgerieben.

1374 Jean de Vienne, als »Admiral von Frankreich«, läßt in Rouen erstmals spezielle Kriegsschiffe unter königlicher Flagge ausrüsten, da Kastilien vorübergehend Frieden mit England schließt, und um nicht immer auf bewaffnete Kauffahrer und die Spanier angewiesen zu sein.

1377–1379 Während der Regierung des minderjährigen Königs Richard II. verwüstet die französische Flotte unter Jean de Vienne mehrfach die Südküste von England.

Juli 1378 **Gefecht bei Cherbourg.** Das königlich französische Geschwader von zwölf Schiffen unter Jean de Vienne trifft auf ein zahlenmäßig stärkeres englisches Geschwader. Als auch ein verbündetes spanisches Geschwader eintrifft, schlagen die Verbündeten die Engländer mit schweren Verlusten in die Flucht.

1379 Ein englisches Geschwader von 25 Schiffen geht im Sturm an der irischen Küste zugrunde.

1380 Ein Geschwader von 20 Galeeren aus Kastilien unter Admiral Fernán Sanchez de Tovar fährt in die **Themsemündung,** verbrennt Gravesend und erreicht fast London. Das kühne Unternehmen ist vergleichbar mit de Ruyters Vorstoß 1667.
In diesem Jahr beherrschen die Schiffe aus Frankreich und Spanien den englischen Kanal. Winchelsea, Hastings und Portsmouth werden zerstört, sogar Scarborough verwüstet und die Kanalinseln Jersey und Guernsey erobert.

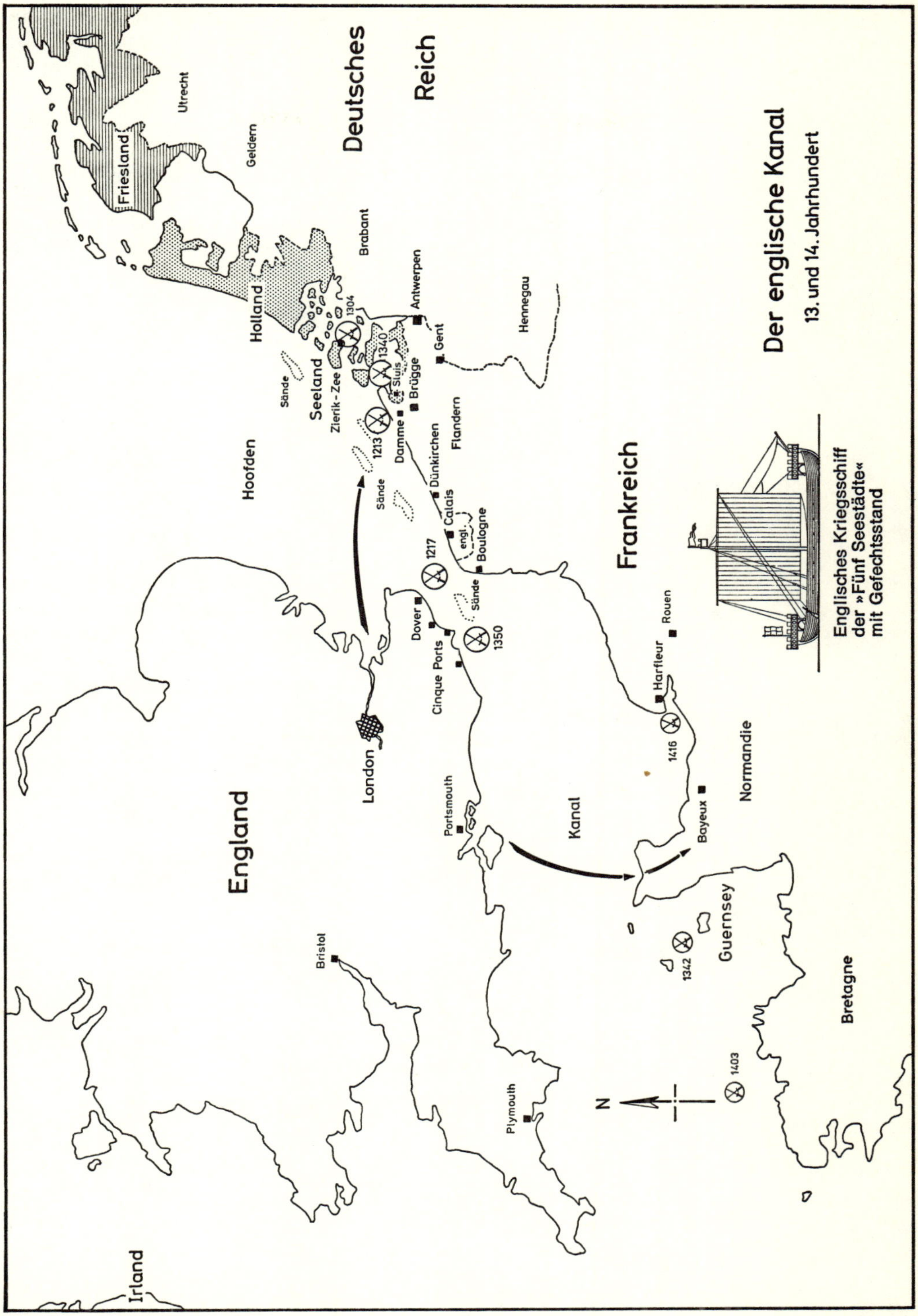
Der englische Kanal
13. und 14. Jahrhundert
Englisches Kriegsschiff der »Fünf Seestädte« mit Gefechtsstand
Friesland
Utrecht
Geldern
Deutsches Reich
Holland
Brabant
Antwerpen
Hennegau
Gent
Seeland
Zierik-Zee
Sluis
Brügge
Damme
Flandern
Sände
Hoofden
Dünkirchen
Calais
engl.
Boulogne
Frankreich
Rouen
Harfleur
Normandie
Bayeux
Dover
Cinque Ports
London
England
Portsmouth
Kanal
Guernsey
Bretagne
Bristol
Plymouth
Irland
N
1304
1340
1213
1217
1350
1416
1342
1403

Juli 1380 **Gefecht bei Kinsale.** An der irischen Küste siegen die Engländer über ein französisch/kastilisches Geschwader, erobern fünf Schiffe und weisen mit Hilfe der Iren den Angriff auf die Hafenstadt ab. 24 englische Schiffe werden dabei zurückerobert.

Sept. 1385 In zwei Gefechten vor Calais am 17. und 20. erobern bzw. vernichten die Engländer 22 meist kleinere französische Schiffe.

1386 Ein englisches Heer von 3000 Mann unter dem Herzog von Lancaster, welcher über seine Frau Ansprüche auf den Thron von Kastilien erhebt, landet in Galizien (Nordwest-Spanien). Kastilien schließt darauf im folgenden Jahr endgültig Frieden mit England. Admiral Jean de Vienne versucht als Gesandter Frankreichs vergeblich diesen Friedensschluß zu verhindern.

Juli 1403 **Gefecht vor der Bretagne.** Ein Geschwader von 30 Schiffen aus der Bretagne besiegt ein stärkeres englisches Geschwader, das 40 kleinere Schiffe und 500 Mann verliert.

1403/07 Französische Geschwader verwüsten wieder die englische Südküste. Die »Cinque Ports« und Plymouth rüsten daher wieder eigene Geschwader aus. Sie vernichten ein französisches Hilfsgeschwader für die aufständischen Walliser in Milford Haven, erobern zwei große Handelsflotten und verwüsten Städte an der bretonischen Küste.

Aug. 1416 Der von den Engländern 1415 eroberte Hafen von Harfleur wird von den Franzosen zu Lande und zur See blockiert. Ein englisches Hilfsgeschwader schlägt die französische Blockadeflottille und hebt damit die Blockade auf.

Juli 1417 **Gefecht im Kanal.** Die englische Flotte besiegt vor der Seine-Mündung die französische und sichert damit die anschließende Landung eines Heeres in Frankreich. Bewußter Kampf um die Seeherrschaft zur Sicherung einer Landeoperation.

1419 In der Biscaya vor La Rochelle erobert ein Geschwader aus Kastilien ein hansisch-niederländisches Geleit von 40 Schiffen.

Dez. 1419 Die Frankreich treu gebliebene Flotte der Normandie zieht sich vor den Engländern nach La Rochelle zurück und schlägt dort mit Unterstützung von Schiffen aus Kastilien ein englisches Geschwader. Es gelingt ihr auch, die Verbindung zu den verbündeten Schotten zumindest teilweise aufrecht zu erhalten.

In den letzten Jahren des Hundertjährigen Krieges besitzt Frankreich keine eigene königliche Flotte. Die Seeoperationen werden von Schiffen der Adeligen und von Freibeutern durchgeführt.

Unter der Regierung von Karl VII. (1422–61) von Frankreich werden die Engländer mit Ausnahme von Calais vom französischen Festland vertrieben (Jeanne d' Arc).

In der zweiten Hälfte des 15. Jahrhunderts ist England mit seinen internen Kämpfen, bekannt als die Rosenkriege, beschäftigt.

Skandinavien und die Deutsche Hanse (12.–16. Jh.)

Als erste deutsche Hafenstadt an der Ostsee wurde 1143 vom Grafen von Holstein die Handelsstadt **Lübeck** gegründet. Nach einer Zerstörung durch die Wenden von Heinrich dem Löwen 1160 noch großzügiger neu errichtet, zog sie bald den Handel der westdeutschen Kaufleute über die Ostsee nach Rußland an sich und löste damit das dänische Schleswig ab. Lübeck, seit 1226 freie Reichsstadt, wurde der bedeutendste Platz für den deutschen Nordlandhandel.

In **Norwegen** kam es gegen Ende des 12. Jh. zu einem Bürgerkrieg zwischen dem Klerus, welcher das Recht der Königswahl beanspruchte, und dem Führer der antiklerikalen Partei der »Birkenbeine«, Sverre Sigurdson. Dieser Krieg wurde hauptsächlich zur See ausgetragen, Sverre siegte schließlich als der geschicktere Stratege und Taktiker.

Zu Beginn des 13. Jh. konnte **Dänemark** unter König Waldemar II. dem Sieger (1202–41) sein Herrschaftsgebiet fast über die ganze Ostsee ausdehnen. Norwegen wurde vorübergehend erobert, der Großteil der Südküste der Ostsee, Kurland und Estland kamen unter dänische Herrschaft. Die dänische Flotte beherrschte mehrere Jahrzehnte die Ostsee, die Seeräuberei der Wenden wurde weitgehend eingeschränkt. Bald geriet Dänemark in Konflikt mit dem aufstrebenden Lübeck.

In wenigen Jahrzehnten hatte diese Stadt den dänischen und wendischen Seehandel fast vollständig aus der Ostsee verdrängt, ein Ereignis, das mehrfache Ursachen hatte. Zunächst war es die Förderung durch Heinrich den Löwen, welcher der Stadt zu einem Handelsstützpunkt auf der verkehrstechnisch und strategisch günstig gelegenen Insel Gotland verhalf. Weiter hatte er ein Interesse, daß sein Vorstoß zu Lande nach Osten Deckung an der linken Seeflanke fand. Ferner war die nach der Art der westdeutschen Städte aufgebaute Organisation (das lübische Stadtrecht war beispielgebend) und der Zusammenhalt der Fernhandelskaufleute der Stadt der Handelsorganisation der Konkurrenten weit überlegen. Dann hatte Lübeck den wirtschaftlich bedeutenden Nordwestdeutschen Kreis als Basis hinter sich. Und schließlich waren die Koggen der Lübecker an Fassungsvermögen den leichten Schiffen der Dänen und Wenden weit überlegen und konnten daher den immer größeren Güteranfall schneller transportieren, womit sie sowohl für die Handelspartner in Nordwesteuropa als auch für jene im Baltikum und Rußland begehrte Zwischenhändler wurden. Es kam nun bereits im 12. Jh. zu Zusammenschlüssen der »Kaufleute des Römischen Reiches, die Gotland besuchen« und der »Deutschen, die Gotland besuchen«. Diese Fahrtgemeinschaften hatten sich meist in Lübeck gebildet und von dort über Visby in Gotland die Handelsplätze an der östlichen Ostsee und deren Hinterland, wie z. B. Nowgorod, besucht. Ein weiterer Impuls für die Ausbreitung des deutschen Osthandels war die Christianisierung des Baltikums. Mit der Gründung von Riga (1201) wurde ein neuer Handelsweg in das Innere von Rußland, nämlich über Witebsk und Smolensk erschlossen.

Mitten in diese Entwicklung stieß nun die oben genannte Eroberungspolitik des dänischen Königs Waldemar II. Dagegen schlossen sich nun Hamburg, Lübeck, der Herzog von Sachsen, der Erzbischof von Bremen und mehrere Grafen zusammen und besiegten die Dänen 1227 in der Schlacht bei Bornhöved entscheidend. Lübeck konnte nun die Nachfolge von Dänemark als erste Seemacht in der Ostsee antreten. Hier hatte eine Landschlacht den Lauf der Geschichte auf See bestimmt. Entlang der Südküste der Ostsee wurde nun bis zur Mitte des 13. Jh. eine Reihe von Hafenstädten wie Wismar, Rostock, Stralsund, Stettin, Danzig, Elbing und Memel durch die Deutschen gegründet, von welchen aus das Hinterland dem deutschen Handel erschlossen wurde. In diesen, aber auch in Städten fremder Länder gründeten die deutschen Kaufleute Niederlassungen und bildeten wirtschaftliche Interessengemeinschaften, genannt Hansen, welche bald zu dem einen **Hansebund** norddeutscher Kaufleute mit dem Führungsort Lübeck zusammengefaßt wurden. Seit 1356 traten sie als die »stede van der dudeschen Hanse« gemeinsam auf und erlangten neben der wirtschaftlichen auch eine große politische und kulturelle Bedeutung. Die Hanse war zunächst eine lose Vereinigung von Kaufleuten, später von Städten, in der Blütezeit bis zu 200, vor allem aus dem nord- und westdeutschen Raum. Sie hatten keine Verfassung und keine eigene Exekutive.

Im Ausland unterhielt die Hanse eigene Handelskontore mit besonderen Privilegien, vor allem in London (Stalhof), Nowgorod (Peterhof), Bergen (deutsche Brücke) und in anderen Städten. Weitere bedeutende Seehandelszentren im Norden wurden zu dieser Zeit Hamburg als Treffpunkt der Handelswege von der Ostsee über Lübeck, aus Mitteldeutschland die Elbe abwärts und von der Nordsee, und dann vor allem Brügge, wo die Handelsströme aus dem Ostseeraum, aus Deutschland über den Rhein und aus dem Mittelmeer vom Ärmelkanal zusammentrafen. Der Sieg bei Bornhöved hatte auch den Sund für die Hanse geöffnet. Norwegen, Dänemark und Schweden wurden voll in das Wirtschafts- und Handelssystem der Hanse eingegliedert. Die Wirtschaft dieser Länder nahm einen großen Aufschwung. In Schweden gelangte der Bergbau zur Blüte, Stockholm wurde gegründet. Der Transport von Getreide nach Bergen verbesserte in Mittelnorwegen die Ernährungsbasis, Stockfisch war das wichtigste Austauschprodukt. Die jährlichen großen Heringsmärkte auf Schonen wurden erst durch den Antransport von großen Mengen an Holz (für Fässer) und an Salz (zum Einpökeln) möglich. Und alle diese Güter wurden auf den Koggen der Hanse transportiert. Es war nur natürlich, daß die Hanse diese wirtschaftliche Macht auch in politische Macht umzusetzen versuchte. Aus dem Widerstand der nordischen Länder gegen diesen Machtanspruch entsprangen in den folgenden drei Jahrhunderten die meisten der Seekriege in Nordeuropa.

In Dänemark konnte die Hanse aufgrund schwacher Könige und innerer Zwistigkeiten immer mehr Einfluß gewinnen. Als schließlich der dänische König Waldemar IV. Atterdag (1340–75) die dänische Position stärkte und eine aktivere Außenpolitik zu betreiben begann (er eroberte 1361 Gotland und schränkte dort und in Schonen die hansischen Privilegien ein), fühlte sich die Hanse bereits stark genug, um den Kampf mit einer Territorialmacht aufzunehmen. Nachdem dieser zunächst zuungunsten von Lübeck verlief, schloß es 1367 bei der Tagung in Köln mit den westdeutschen Städten sowie mit Holstein und Mecklenburgern ein Bündnis. Dieser vereinten Macht unterlag Dänemark schließlich und mußte im Frieden von Stralsund die alten Privilegien nun für die gesamte Hanse bestätigen und darüber hinaus für 15 Jahre die Sundschlösser und ein Drittel der Einnahmen an die Hanse verpfänden. Ferner behielt sich die Hanse das Recht vor, die dänischen Könige zu bestätigen. Die Hanse war damit am Höhepunkt ihrer Macht angelangt. In allen Staaten rund um die Ostsee konnte gegen ihren Willen nichts mehr geschehen. Lübeck als die anerkannte Hauptstadt der Hanse trat mit seinen Vertretern an den Fürstenhöfen fast wie eine territoriale Großmacht auf.

Sie wurde damit in fast alle Auseinandersetzungen der nordischen Staaten hineingezogen. Da ihr aber der Rückhalt des mehr nach Süden orientierten deutschen Kaiserreiches, welches darüber hinaus ständig an Macht verlor, fehlte, mußte es die Lasten immer mehr auf die eigene Kaufmannschaft abwälzen. Diese war jedoch mehr am Handel als an großer Politik interessiert, und es begannen immer mehr Städte, Lübeck die Gefolgschaft zu kündigen.

Während ihrer Seeherrschaft in der Ostsee wurde eine der wichtigsten Aufgaben der Hanse die Sicherung der friedlichen Handelsschiffahrt gegen Angriffe der Seeräuber und Freibeuter; diese Aufgabe konnte sie weitgehend erfolgreich lösen. Beträchtlichen Schaden erlitt jedoch die Schiffahrt der Hanse in Richtung zu den Häfen der Biscaya und der Iberischen Halbinsel im Zuge des 100jährigen Krieges zwischen England und Frankreich.

Eine noch größere Gefahr erwuchs der Hanse, als Dänemark, Schweden und Norwegen in der Kalmarer Union unter einem König vereinigt wurden. König Erich VII. (1412–39) begünstigte den niederländischen und englischen Handel in der Ostsee, um sich von der Abhängigkeit der Hanse zu lösen. Diese antwortete mit einer Blockade, aus welcher sich ein reiner Seekrieg entwikkelte. Im Frieden von Vordingborg 1435 konnte die Hanse nur eine Reduzierung des Sundzolles, aber nicht mehr dessen Abschaffung erreichen.

Die auf lange Sicht aber tödliche Gefahr für den Bestand der Hanse war das politische Erstarken der **Niederlande.** Mit der Bildung des burgundischen Staates in den ersten Jahrzehnten des 15. Jh. wurden die Handels- und Hafenstädte des niederländischen Kreises der Hanse in ein mächtiges Staatsgebiet, welches weit in das Innere Europas reichte, einbezogen. Die Territorialherren begünstigten natürlich ihre Häfen, welche nun in hartem Wettbewerb um den Handel in der Ostsee mit den Hansestädten Norddeutschlands traten, wobei hinter ihnen eine bedeutende staatliche Macht stand. Dies zeigte sich sofort in einem Wirtschaftskrieg, der in einen Kaperkrieg ausartete, und in welchem die Hanse wegen ihrer inneren Uneinigkeit unterlag. Sie mußte 1441 den Niederländern volle Gleichberechtigung im Ostseehandel zugestehen. Darüber hinaus profitierten diese durch die Bevorzugung in den skandinavischen Staaten, welche die Holländer als ein willkommenes Gegengewicht gegen die Macht der Hanse ansahen. Eine weitere Stärkung für die Niederländer war das Ausbleiben der Heringschwärme in der Ostsee, wodurch der Handel mit dem Nordseehering für die Niederländer größte Bedeutung erlangte und zur wichtigsten Einnahmequelle wurde.

Noch konnte die Hanse in der Auseinandersetzung zwischen Dänemark und Schweden Gustav Wasa auf den Thron in Stockholm führen und Christian II. von Dänemark absetzen, doch war dies der letzte große außenpolitische Erfolg.

Als nach dem Tod des von der Hanse eingesetzten dänischen Königs Friedrich I. (1523–33) die sogenannte Grafenfehde ausbrach, überschätzte der lübische Bürgermeister die Kraft der Hanse bei weitem. Sein Versuch, die alte Oberhoheit in den nordischen Ländern wieder zu errichten, scheiterte, weil auch Schweden sich gegen die Hanse wandte und die Flotte der Hanse mehrere Niederlagen erlitt.

Zu diesem Rückschlag kamen auch mehrere außenpolitische Niederlagen. Nachdem bereits 1494 der Peterhof in Nowgorod von Großfürst Iwan III. geschlossen worden war, folgten im 16. Jh. einschneidende Handelsbeschränkungen auch in Burgund und in England. In England hatte die Hanse große Teile des Handels beherrscht. Mitte des 15. Jh. machten sich dort Tendenzen breit, den Handel der Hanse einzuschränken und deren Privilegien zu beschneiden. Als die englische Krone dann begann, ihren eigenen Handel in die Ostsee auszuweiten, kam es zum offenen Konflikt. Obwohl die Hansestädte selbst keineswegs einig waren, konnten sie unter Einsatz ihrer Flotte und durch die geschickte Diplomatie des lübischen Bürgermeisters Hinrich Castorp, der die Auseinandersetzungen der weißen und roten Rose in England ausnützte, den Kampf in ihrem Sinn beenden, indem sie den exilierten König Edward IV. bei seiner Rückkehr auf den Thron unterstützten. Dieser bestätigte im Frieden von Utrecht 1474 noch einmal die Privilegien der Hanse. Noch König Heinrich VIII. förderte die Hanse, die ihn beim Aufbau seiner Flotte für den Krieg gegen Frankreich 1544/45 unterstützte. Elisabeth I. jedoch förderte bedingungslos die eigene Wirtschaft und kündigte die Hanseprivilegien; dagegen hatte diese keine Machtmittel mehr. 1598 wurde der Stalhof in London endgültig geschlossen.

Die Hanse hatte mittlerweile im nordischen Siebenjährigen Krieg weiter an Macht und Ansehen verloren. Doch waren Niederlagen in kriegerischen Auseinandersetzungen nicht die eigentliche Ursache des Niederganges der Hanse. Der tiefere Grund war, daß hinter der Hanse keine starke Territorialmacht stand und die einzelnen Teile des Städtebundes immer mehr ihren eigenen Interessen folgten und diese über das Gesamtinteresse stellten. Mit dem Erstarken der Staaten im Handelsbereich der Hanse und deren Bevorzugung der eigenen Wirtschaft hatte die Hanse gegen deren Machtmittel nichts gleichwertiges einzusetzen. Das Ausbleiben der Heringzüge bedeutete dazu einen wesentlichen Einnahmenausfall. Die Verlagerung der Welthandelswege in Folge der Entdekkungsreisen nach Asien und Amerika konnte keinen Rückschlag mehr bedeuten, denn die Weichen zum Niedergang der Hanse waren zu der Zeit, als sich dies wirtschaftlich auswirkte, bereits gestellt.

1099	König Magnus III. Barfuß von Norwegen erobert die Orkneys, die Hebriden und die Insel Man. Sein Sohn Sigurd I. (1103–1130) macht Raubzüge nach England und bis Portugal; er besiegt bei Gibraltar ein Geschwader der Mauren. Er fährt dann über Sizilien bis nach Jerusalem.
1135	Eine Flotte der Wenden von 250 (?) Schiffen plündert die Küste Norwegens. Neben den 44 Mann Besatzung werden auf jedem Schiff 2 Pferde mitgeführt. Die Dänen und Norweger nehmen in der Folge ebenfalls 4 Pferde pro Schiff mit.
Jan. 1156	Vor der Westküste Schottlands siegt eine Flotte der Kelten von 58 Schiffen über ein Geschwader der Norweger.
1168	Die Dänen unter Bischof Absalon von Roskilde erobern die Insel Rügen endgültig und beseitigen damit den wichtigsten Piratenstützpunkt der Wenden.
1160–1240	In den bürgerkriegsähnlichen Kämpfen dieser Zeit in **Norwegen** kommt es zu einer Anzahl von Gefechten in den Küstengewässern und auf den Seen. Vor allem Sverre Sigurdson (ca. 1150–1202), König seit 1177, zeichnet sich als tüchtiger Flottenführer aus.
Mai 1180	Im Gefecht bei Ilevollen siegt Sverre über König Magnus V. Erlingsson und nimmt ihm einige Schiffe ab.
Sommer 1181	Im Gefecht bei Nordenes bei Bergen siegt Sverre mit 16 Schiffen über die doppelt starke Flotte von Magnus.
Herbst 1181	**Seeschlacht bei Nidaros/Drontheim.** Magnus siegt über Sverre und erobert dessen 33 Schiffe. Sverre läßt darauf im folgenden Jahr eine neue Flotte bauen.
15. Juni 1184	**Seeschlacht bei Fimreite oder Norefjord.** Im Sognefjord nördlich Bergen schlägt Sverre mit seinen 20 Schiffen die Flotte von Magnus, welcher fällt, und erobert 26 Schiffe. Sein Flaggschiff ist eines der größten Wikingerschiffe, die »Mariasuden« mit 320 Mann Besatzung.
Juni 1199	König Sverre siegt im Strindsfjord durch seine geschickte Taktik bei Drontheim über von der Kirche unterstützte Aufständische.
1184	**Seeschlacht bei Stralsund.** Die dänische Flotte unter Bischof Absalon bringt den Wenden eine vernichtende Niederlage bei. Fast 450(?) Schiffe werden erobert oder zerstört. Nur 35 Schiffe entkommen in die Peene. Die Seeherrschaft der Wenden in der mittleren Ostsee ist gebrochen.
1202	Eine Flottille von 16 Schiffen der Esten von der Insel Ösel macht einen Raubzug in die dänischen Besitzungen von Südschweden. Um diese Züge zu verhindern und dem Deutschen Ritterorden die Erschließung der baltischen Länder nicht allein zu überlassen, erobern die Dänen unter Waldemar II. (1202–1241) Ösel und Estland (1219).
Anf. 13. Jh.	Dänemark beherrscht die Ostsee. Es verfügt über 1400 Kriegsschiffe, die größten mit 120 Mann Besatzung.
1248	In den Kämpfen um Schleswig erobert die Flotte Lübecks Kopenhagen und zerstört das Schloß.
1263	König Alexander III. von Schottland besetzt die bisher norwegischen Hebriden. König Håkon IV. von Norwegen (1217–1263) versucht diese zurückzuerobern. Ein Teil seiner Flotte geht jedoch im Sturm verloren, er selbst stirbt kurz darauf auf den Orkneys.
1295	In einem Gefecht im Grünen Sund, zwischen den Inseln Falster und Mön, siegt die Flotte König Erichs IV. von Dänemark über die Schiffe des aufständischen Herzogs Waldemar von Südjütland.
Aug. 1342	In den dynastischen Kämpfen nach Regierungsantritt von Waldemar IV. von Dänemark siegen bei Kalundborg am Großen Belt einige große Schiffe Herzog Heinrichs von Holstein über die zahlreichen kleinen königlichen Schiffe.

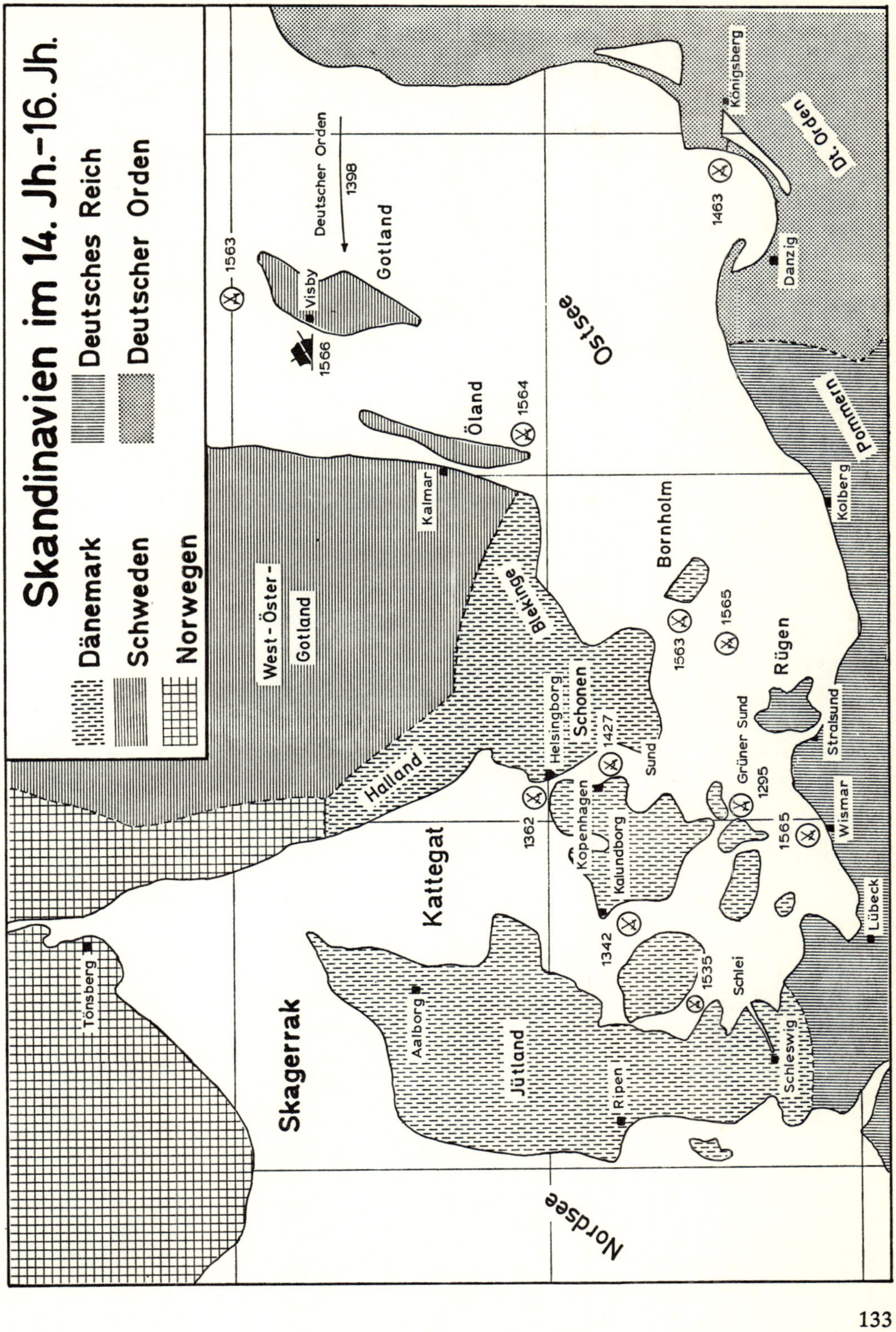
Skandinavien im 14. Jh.–16. Jh.
Dänemark
Schweden
Norwegen
Deutsches Reich
Deutscher Orden
West-Öster-
Gotland
Kalmar
Öland
1564
Gotland
Visby
1566
1563
Deutscher Orden
1398
Ostsee
Königsberg
Dt. Orden
1463
Danzig
Pommern
Kolberg
Bornholm
Blekinge
Schonen
Helsingborg
Halland
1427
Sund
1563
1565
Rügen
Stralsund
Grüner Sund
1295
Wismar
1565
Lübeck
Kopenhagen
1362
Kalundborg
Kattegat
1342
1535
Schlei
Schleswig
Jütland
Aalborg
Ripen
Skagerrak
Tönsberg
Nordsee

1361–1365 **Krieg Dänemark gegen die Hanse und Schweden**
1368–1370

Juli 1361 Die Dänen unter Waldemar IV. erobern Gotland und zerstören die Stadt Visby. Die Bedeutung dieses wirtschaftlichen Handelszentrums der Hanse in der Ostsee ist damit zu Ende.

Juli 1362 Die Flotte der Hanse unter Wittenberg wird von den Dänen vor Hälsingborg geschlagen. Mehrere große Koggen gehen verloren.

1365–1368 unstabiler Frieden

Mai 1368 Die Flotte der Hanse erobert Kopenhagen und Helsingör; sie zwingt den dänischen König Waldemar IV. Atterdag, das Land zu verlassen.

1370 Friede zu Stralsund. Die Hanse erhält neben Handelsprivilegien das Recht, die dänischen Könige zu bestätigen.

1398 Der **Deutsche Orden,** mit Besitzungen in den Baltischen Ländern, erobert mit einer Flotte von 80 Schiffen und 4500 Mann unter seinem Hochmeister Konrad von Jungingen die Insel Gotland, welche aber zehn Jahre später an Dänemark abgetreten wird.

um 1400 Kämpfe der Hanse gegen nordische Seeräuber, die Vitalienbrüder (oder Likendeeler), die den Handel der Hanse schwer schädigen.

1402 Gefangennahme und Hinrichtung des Führers der Vitalienbrüder, Klaus Störtebeker.

1420–1435 **Krieg der Hanse gegen Dänemark**

Die Hanse greift mit Unterbrechungen in die Kämpfe Dänemarks um den Besitz in Schleswig und Holstein ein.

Juli 1426 König Erich VII. von Dänemark belagert die Stadt Schleswig. Seine Flotte versucht in die Schlei einzulaufen und wird dabei von den Schiffen Herzog Heinrichs von Holstein schwer geschlagen.

Juli 1427 **Seeschlacht im Sunde.** Bei Kopenhagen treffen 36 Schiffe der Hanse auf 33 dänische Schiffe. Einige hamburgische Schiffe geraten auf Grund und werden von den Dänen erobert. Die Lübecker erobern zwar zwei dänische Schiffe, müssen sich dann aber zurückziehen. Ein wenige Stunden später aus der Nordsee eintreffendes Handelsgeleit der Hanse wird von den Dänen nach heftiger Gegenwehr aufgerieben, 40 Handelsschiffe erobert.

April 1428 Die Flotte der Hanse zerstört die dänische Flotte in Kopenhagen, ein Versuch, die Hafeneinfahrt mit Blockschiffen zu sperren, scheitert.

1428 In diesem und dem folgenden Jahr plündern Schiffe der wendischen Städte den Hafen von Bergen in Norwegen.

Sommer 1429 Schiffe aus Wismar und Rostock erobern ein dänisches Geschwader mit Steuern und Abgaben aus dem schwedischen Reichsteil.

Sept. 1429 Ein dänisches Geschwader strandet in einem Sturm im Sund.

1435 Beim Friedensschluß erreicht die Hanse eine Reduzierung des Sundzolls.

1448 Englische Freibeuter kapern eine Flotte von 110 Handelsschiffen, die auf dem Weg von der Biscaya nach der Ostsee sind. Die 50 Schiffe der Hanse werden als Beute zurückbehalten, die übrigen wieder entlassen.

1463 Am Frischen Haff vernichtet eine Flotte der preußischen Städte die Flotte des Deutschen Ordens, dessen Herrschaft 60 Jahre später zu Ende geht.

1474 Eine Flotte der Hanse verheert die Ostküste von England und zwingt König Edward IV., die aufgehobenen Privilegien wieder zu bestätigen.

Anf. 16. Jh. Zunehmende Westorientierung des Handels der Städte am Niederrhein und deren Ausscheiden aus der Hanse. Aufstieg der Niederlande.

1523 Gustav Wasa von Schweden flieht vor Christian II. von Dänemark nach Lübeck. Die Flotte der Hanse zwingt die Dänen in Stockholm zur Übergabe und setzt Gustav Wasa als Gustav I. in Schweden ein.

1524 Die Flotte der Hanse erobert Seeland und Kopenhagen, setzt Christian II. ab und übergibt Dänemark an Friedrich I. von Holstein.

1526 Das Geschwader von zehn Schiffen des dänischen Gouverneurs von Gotland, Admiral Norrby, wird von einem schwedisch-lübischen Geschwader vernichtet.

1533–1536 Krieg Lübeck gegen Dänemark und Schweden

Nach dem Tod Friedrichs I. von Dänemark greift Lübeck in die Thronstreitigkeiten Dänemarks ein und macht sich damit auch Schweden zum Feind.

Juni 1535 **Gefecht bei Bornholm.** 20 Schiffe der Verbündeten, darunter auch einige preußische Schiffe, unter dem dänischen Admiral Peder Skram, Flaggschiff »Stora Krafvel« (S), besiegen neun Schiffe aus Lübeck, die sich nach dem in der Hand der lübischen Partei befindlichen Kopenhagen zurückziehen.

Juni 1535 **Gefecht im Kleinen Belt.** Peder Skram erscheint mit seinem Geschwader noch im selben Monat vor Travemünde, wo er ein Kriegsschiff und mehrere Handelsschiffe erobert. Dann überrascht er bei der Insel Fünen ein lübisches Geschwader von zehn Schiffen, von denen er neun erobert und eines vernichtet. Anschließend beginnt er die Seeblockade der Lübecker in Kopenhagen.

Aug. 1536 Nach dem Fall von Kopenhagen muß Lübeck seinen dänischen Thronprätendenten fallen lassen und schließt im folgenden Jahr auch mit Schweden Frieden.

1563–1570 Der Nordische Siebenjährige Krieg

Dieser Krieg ist ein Kampf um die Seeherrschaft in der Ostsee zwischen Schweden unter Erich XIV. und Dänemark unter Friedrich II.

9. Juni 1563 **Gefecht bei Bornholm.** Zwölf schwedische Schiffe unter J. Bagge treffen auf acht dänische Schiffe, von welchen sie drei erobern.

Sommer 1563 Ein zweites schwedisches Geschwader kapert in der Ostsee alle dänischen und lübischen Handelsschiffe, Lübeck erklärt darauf Schweden den Krieg.

21. Sept. 1563 **Treffen bei Gotland.** Am Nachmittag treffen die Flotten der beiden Länder aufeinander und liefern sich bis zur Dämmerung ein unentschiedenes Artillerieduell.

9. und 10. Juni 1564 **Seeschlacht bei Öland.** Westlich der Insel siegt die Flotte der Verbündeten, 21 dänische und 6 lübische Schiffe unter Admiral Herluf Trolle, über die schwedische von 23 Schiffen. Den Lübeckern gelingt es, das schwedische Flaggschiff »Mars« zu erobern, welches jedoch in Brand gerät und in die Luft fliegt. Schwedens Admiral J. Bagge gerät in Gefangenschaft.

22. Juli 1564 Vor Warnemünde sprengt sich ein großes schwedisches Kriegsschiff in die Luft, um sich nicht drei dänischen Schiffen ergeben zu müssen.

25. Juli 1564 Vor Bornholm erobern die Schweden einen lübischen Geleitzug von 21 Handelsschiffen.

22. und 23. Aug. 1564 **Seeschlacht bei Öland.** Die schwedische Flotte unter Klas Horn und die dänische unter H. Trolle kämpfen zwei Tage lang rund um die Insel. Die Schweden erobern drei dänische Schiffe und verlieren eines durch Strandung.

10. Juni 1565 Bei Rügen trifft die schwedische Flotte auf ein kleines dänisches Geschwader. Vier Schiffe des letzteren setzen sich auf Strand und werden verbrannt, ein Schiff können die Schweden erobern.

14. Juni 1565	**Seeschlacht vor Wismar.** Den ganzen Tag kämpften die beiden Flotten, die Verbündeten unter H. Trolle, Flaggschiff »Jegermesther« (90), die Schweden unter K. Horn, Flaggschiff »St. Erik« (90), ohne Entscheidung. Keine Seite verliert ein Schiff. H. Trolle wird tödlich verwundet.
17. Juli 1565	**Seeschlacht zwischen Rügen und Bornholm.** In dieser blutigsten Schlacht des Krieges stehen sich 36 Schiffe der Verbündeten (darunter 14 Lübecker) und 49 schwedische Schiffe gegenüber. Vom Mittag bis zum Abend wird erbittert gekämpft. Die Verbündeten verlieren ihr Flaggschiff, die »Jegermesther«, und zwei weitere Schiffe, auch die Schweden verlieren drei, allerdings kleinere Schiffe.
5. Aug. 1566	**Treffen bei Öland.** Die Flotten der beiden Parteien trennen sich nach einem mehrstündigen Artillerieduell ohne Entscheidung.
7. Aug. 1566	Vor Visby auf Gotland wird die Flotte der Verbündeten von einem schweren Sturm überrascht. Sie verliert elf dänische und drei lübische Schiffe. Rund 4000 Dänen und an die 2000 Lübecker ertrinken. Nur 82 Mann der gesunkenen Schiffe können gerettet werden.
Sommer 1569	Ein Geschwader der Verbündeten erobert vor Reval ein schwedisches Kriegsschiff, 50 Handelsschiffe und vier polnische Freibeuter.
Dez. 1570	Die allgemeine Erschöpfung der beiden Seiten, in Schweden wütet auch die Pest, führt zum Frieden von Stettin.

Die Seekriege im Mittelmeer (15.–16. Jh.)

Venedig blieb nach dem Frieden von Turin (1381) als letzte der unabhängigen Seehandelsstädte in Italien übrig. Genua war immer mehr unter den Einfluß des aufstrebenden Mailands geraten und suchte darauf verstärkt Anlehnung an Frankreich. **Florenz** hatte mit der Unterwerfung von Pisa (1406) und der Erwerbung von Livorno (1421) begonnen, ein Seehandelsimperium aufzubauen, welches durch ein mächtiges Territorialgebiet Rückendeckung hatte. Unter der Führung des Welthandelshauses der Medici unterhielt Florenz Handelskontore in Konstantinopel, Alexandria und Brügge, besaß Filialen in den wichtigsten europäischen Handelsstädten und hatte Wirtschaftsbeziehungen bis nach China.

Mit der Erstarkung der Territorialmächte Mailand, Florenz und Neapel, neben dem Kirchenstaat, war nun auch **Venedig** gezwungen, sich eine territoriale Basis zu schaffen. Es zog damit zwar einen großen Teil seiner Finanzkraft von der Seerüstung und Flottenpolitik ab, ohne gesichertes Hinterland war es aber immer mehr vom guten Willen seiner Nachbarn zu Lande abhängig. Sichere Handelswege über die Alpen, die Schiffahrt auf dem Po und die Frischwasserversorgung vom Festland waren für die ständig wachsende Stadt immer mehr eine Lebensnotwendigkeit. In der ersten Hälfte des 15. Jh. wurde mit der Erwerbung von Padua, Treviso, Vicenza, Verona und schließlich mit Friaul diesem Erfordernis Rechnung getragen. Ende des 15. Jahrhunderts reichte Venedigs Territorium von den Alpen im Nordosten bis Bergamo im Westen und dem Po im Süden. Während Venedig zu Lande den Höhepunkt seiner Macht erreichte, trat im Osten des Mittelmeeres jene Macht auf, die den Niedergang seines Seeimperiums verursachen sollte, die Osmanen. Venedigs Seehandelsimperium mußte schließlich wie jenes der Hanse zusammenbrechen, da es keine staatliche Macht hinter sich hatte und wie jenes der Punier nur auf Handelsvorteile aus war und nicht die im Handel erworbenen Mittel in politische Ziele, wie zum Beispiel die Einigung Italiens, umzusetzen versuchte. Es befleißigte sich im Interesse seines Handels auch gegen die aufstrebende Macht der Osmanen einer Beschwichtigungspolitik, um den Gegner nicht zu reizen, mußte aber dann doch gegen dessen Übergriffe eine Reihe von verlustreichen Seekriegen führen.

Die **Osmanen** erholten sich sehr rasch von der Niederlage, die sie 1402 von den Horden Timur Lenks erlitten hatten. Bereits 1430 entrissen sie den Venezianern Thessaloniki und in den folgenden Jahren überschwemmten sie den Balkan. Am 29. Mai 1453 gelang ihnen mit der Eroberung von Konstantinopel, welches seitdem Istanbul heißt, der größte Erfolg gegen die Christenheit. In den folgenden Jahren wurden von den Osmanen die meisten Besitzungen der Christen in der Ägäis und im Schwarzen Meer erobert. Venedig suchte sich durch einseitige Handelsverträge deren Gunst zu erkaufen, konnte damit aber ihr Vordringen nicht verhindern und ermutigte sie nur zu immer neuen Übergriffen.

Venedig mußte schließlich den unaufhaltsam vordringenden Osmanen 1463 den Krieg erklären. Nach anfänglichen Erfolgen, nicht zuletzt durch die Unterstützung der Skipetaren unter Skanderbeg in Albanien, brachte es bis 1469 den Gegner mit seiner Flotte in der Ägäis in einige Bedrängnis. Der Tod von Skanderbeg und Flottenrüstungen der Osmanen ermöglichten diesen Vorstöße bis vor Zara und die Eroberung der Insel Negroponte. Zum Entsatz der Verteidiger der Insel kam die Flotte Venedigs zu spät. Der Krieg zog sich noch neun weitere Jahre hin. Schließlich mußte Venedig im Friedensvertrag von 1479 auf Skutari, Negroponte und Lemnos verzichten, die übrigen Besitzungen in der Ägäis konnte es noch behalten. Schon im folgenden Jahr unternahmen die Osmanen ihren ersten Vorstoß nach Italien und eroberten Otranto. Wie die übrigen italienischen Staaten Venedig in seinem letzten Krieg gegen die Osmanen im Stich gelassen hatten, so beteiligte sich jetzt Venedig nicht an der Rückeroberung von Otranto. Als Ausgleich für die Verluste konnte Venedig zunächst noch durch geschickte Diplomatie im Erbwege 1488 die Insel Zypern erwerben, einen wertvollen Stützpunkt für den Handel nach Ägypten.

Neben der Expansion auf dem Balkan richtete sich die Stoßrichtung der Osmanen zu Beginn des 16. Jahrhunderts zunächst nach Süden. Syrien wurde 1516, Ägypten im folgenden Jahr erobert. Nach mehrmonatiger Belagerung mußte der Stützpunkt des Johanniterordens, die Inselfestung Rhodos, ein Bollwerk gegen die Expansion der Osmanen in das Mittelmeer, vor dem Belagerungsheer kapitulieren. Nach einigen Irrfahrten erhielten die Johanniter schließlich 1530 von Spanien die Insel Malta als neuen Sitz übertragen. Mesopotamien wurde von den Osmanen 1534 erobert, 1538 folgte ein Vorstoß bis nach Aden. Entgegen dem Ratschlag seiner Geschwaderführer im Roten Meer und Persischen Golf brach Sultan Sulaiman II. die vielversprechende Offensive gegen die Portugiesen im Indischen Ozean ab und wandte sich seinen Gegnern im Mittelmeer zu.

Dort war mit dem Zug König Karls VIII. von Frankreich nach **Neapel** 1494 der Kampf um Italien auf höherer Ebene, zwischen Spanien und Frankreich, neu entbrannt. Aragons Seemacht war mit der Eingliederung in das spanische Reich an die zweite Stelle der Bedeutung für die Könige von Kastilien und Aragon, Isabella und Ferdinand, getreten. Nach der Niederlage der Flotte von Aragon 1435 gegen Genua war das Königreich von Neapel in der Hand einer Nebenlinie nur von lokaler Bedeutung. Mit dem Versuch, die alten Herrschaftsansprüche der Anjou auf den Thron von Neapel wieder durchzusetzen, eröffnete Karl VIII. den Zweikampf, nicht nur um die Herrschaft in Italien, sondern in ganz Europa. Der Zug nach Neapel wurde für den französischen König ein Mißerfolg. In den folgenden Jahren verbündeten sich jedoch Spanien und Frankreich und eroberten gemeinsam das Königreich Neapel, welches in einen nördlichen französischen und einen südlichen spanischen Besitz aufgeteilt wurde. Um die Grenzziehung kamen beide bald in Streit, und Spanien nahm seinem kurzzeitig Verbündeten dessen Hälfte in einem raschen Feldzug ab, wobei die Beherrschung der See, über welche ungehindert Verstärkungen aus Spanien herangebracht werden konnten, den Ausschlag gab.

Zur gleichen Zeit mußte Venedig einen weiteren Krieg gegen die Osmanen führen, in welchem es seine starken Festungen auf der Peloponnes verlor. Spanien startete nach dem Erfolg in Italien eine Offensive gegen die Sarazenen in Nordafrika, die dadurch veranlaßt wurden, sich enger an die Osmanen anzulehnen. Mit der Wahl des Habsburgers Karl V. zum deutschen Kaiser, der damit Spanien, Burgund und große Teile im Deutschen Reich beherrschte, kam der Gegensatz zu Frankreich, dessen König Franz I. in der Kaiserwahl unterlegen war, zum Höhepunkt. Trotz seiner Schwierig-

keiten in Spanien (Aufstände) und im Reich (Religionskonflikt mit den Protestanten) nahm Karl V. den Kampf um Italien an. Dabei war sein Herzensanliegen der Kampf gegen den Islam, er benutzte jede Gelegenheit, sich als Vorkämpfer der Christen gegen die Mohammedaner hervorzutun. In mehreren Feldzügen (1521–44), unterbrochen von Friedensschlüssen, die eher Waffenstillstände waren, kämpfte Karl V. mit wechselndem Erfolg in Italien. Solange Genua auf Seite der Franzosen war, wurde den Spaniern die Seeherrschaft erfolgreich streitig gemacht. Als aber Andrea Doria 1528 auf die Seite der Kaiserlichen wechselte, waren diese in Italien im Vorteil. Frankreich suchte zum Ausgleich die Osmanen als neuen Partner, welche den Habsburgern auf dem Balkan in den Rücken fallen sollten und deren Flotte im westlichen Mittelmeer die Franzosen direkt unterstützen konnte. Die mit Hilfe des algerischen Piraten Chair ad Din Barbarossa reorganisierte osmanische Flotte errang 1538 bei Prevesa die Seeherrschaft und operierte nun in den nächsten Jahrzehnten im westlichen Mittelmeer zum Schrecken aller nichtfranzösischen Länder. Der Rückschlag vor Malta 1565 brachte dem Siegeslauf der osmanischen Flotte einen ersten Halt. Sultan Sulaiman stoppte darauf die Offensive im westlichen Mittelmeer und erneuerte den Kampf auf dem Balkan mit einem weiteren Vorstoß nach Ungarn, wo er im folgenden Jahr vor Szigetvar starb. Sein Nachfolger Selim II. beendete den Kampf gegen das Kaiserreich und Spanien, da er sich Rückenfreiheit zum Kampf gegen Venedig, das sich seit der Niederlage bei Prevesa aus den Kämpfen herausgehalten hatte, und dem er die Insel Zypern zu entreißen gedachte, sichern wollte.
In Spanien wurde mit dieser Entwicklung gerechnet. Da es nach dem Tod von Andrea Doria fast unmöglich war, daß sich die Flottenchefs des Kirchenstaates und Venedigs dem Kommando spanischer Admirale unterstellten, vor allem die päpstlichen Flottenführer wollten, obwohl ohne Erfahrung zur See, immer den Oberbefehl, wurde der Halbbruder des spanischen Königs, Don Juan d'Austria, wegen seiner hohen Geburt, zum spanischen Flottenchef ernannt. Dieser wurde von allen Teilen der Flotte der Heiligen Liga als Oberbefehlshaber anerkannt. Nach der Landung auf Zypern mußten die Türken schließlich die vernichtende Niederlage bei Lepanto gegen die Geschwader der Heiligen Liga hinnehmen. Die Verluste nach der Niederlage bei Lepanto konnten die Osmanen materiell schnell ausgleichen, die Bedeutung des Sieges der Christen in dieser Seeschlacht war daher der Prestigegewinn und die moralische Aufrüstung zum Kampf gegen deren nun nicht mehr unbesiegliche Flotte.
Mit der Abdankung von Kaiser Karl V. und der Aufteilung seines Reiches war der Kampf um die Hegemonie, soweit er im Mittelmeer ausgetragen wurde, zunächst zu Ende. Dieses war nach den Entdeckungsreisen aus dem Mittelpunkt des Welthandelsgeschehens entrückt worden, und auch die großen weltpolitischen Entscheidungen fielen nun woanders. »Spanien beschränkte sich ab 1574 im Mittelmeer auf die Defensive. Die Kämpfe in den Niederlanden und die Erbfolge in Portugal 1580 nahmen seine militärische Macht in Westeuropa und im Atlantik voll in Anspruch.« (Pemsel, Die Seeschlacht bei Prevesa in: Marine-Rundschau 1981/439–43).
Mit Lepanto 1571 wurde auch die letzte Seeschlacht zwischen Galeerenflotten gefochten, ab dem 17. Jahrhundert beherrschten auch im Mittelmeer die Segelflotten die Szene.

1403	Ein Geschwader von ca. 20 Schiffen aus Genua unter dem französischen Gouverneur de Boucicault macht im Sommer einen Streifzug in die Levante, wo es mehrere türkische Hafenstädte plündert; auch venezianisches Eigentum wird nicht geschont. Im Oktober wird es am Rückweg vor Navarin von einem gleich starken Geschwader aus Venedig gestellt und verliert drei Galeeren.
16. Mai 1410	**Gefecht bei Molara/Meloria.** Ludwig II. von Anjou versucht mit Hilfe des Papstes, dem König Ladislaus die Herrschaft in Neapel zu entreißen. Vor der Arnomündung siegen die Neapolitaner mit Unterstützung von Genua über Ludwig.
März 1416	**Seeschlacht in den Dardanellen.** Die erste Flotte der Türken im Mittelmeer wird von den Venezianern unter Pietro Loredan bei Gallipoli entscheidend geschlagen.

1420 Königin Johanna II. von Neapel ruft Alfons V. von Aragon gegen Ludwig III. von Anjou zu Hilfe. Dessen Flotte bringt der Flotte Ludwigs vor Neapel eine schwere Niederlage bei (1421).

1423 Die Flotte von Aragon unterwirft einen Aufstand auf Sardinien, ein Geschwader davon unterstützt die Königin Johanna II. von Neapel gegen die Anjou. Am Rückweg wird Marseille angegriffen und in Brand gesteckt.

Aug. 1435 **Seeschlacht bei der Insel Ponza.** Westlich von Neapel erobert die Flotte Genuas unter Visconti die ganze Flotte Aragons. Trotzdem kann Alfons nach dem Tode von Johanna II. durch Verhandlungen das Königreich Neapel an sich bringen.

1427 Die Flotte des griechischen Prinzipates von Morea besiegt die Seestreitkräfte der lateinischen Grafschaft von Andravida in der westlichen Peloponnes. Drei Jahre später haben die Griechen mit der Eroberung von Patras die ganze Peloponnes/Morea wieder zurückerobert. Nur die venezianischen Festungen Modon, Koron, Nauplia und Argos überdauern auch die bald (1460) folgende Eroberung von Morea durch die Türken.

Sept. 1440 Bei Rhodos stellen die Johanniter ein plünderndes ägyptisches Geschwader von 16 Galeeren. Die Ritter greifen mit acht Galeeren und mehreren kleinen Fahrzeugen an und jagen den Gegner mit Verlusten in die Flucht.

29. Mai 1453 **Fall von Konstantinopel.** Sultan Mohammed II. bereitet den Angriff auf die gänzlich isolierte Stadt sorgfältig vor. Er versammelt sein Heer im April vor der Stadt. Diese erhält durch nur zwei genuesische Galeeren im letzten Augenblick eine geringe Verstärkung. Die Türken greifen zunächst von der Landseite mit Artillerieunterstützung an und werden abgewiesen. Dann versuchen sie in das durch eine eiserne Kette gesperrte Goldene Horn einzudringen, werden aber am 20. April beim Versuch, die Kette zu sprengen, in einem Seegefecht zurückgeschlagen. Zwei Tage später können sie eine Anzahl Schiffe über Land vom Bosporus zum Goldenen Horn schleppen und dort die Blockade auch von der Seeseite beginnen. Nach mehrwöchigen ununterbrochenen Angriffen von allen Seiten sind die Verteidiger erschöpft, und den Janitscharen gelingt es schließlich, die Mauern zu überwinden. Der letzte byzantinische Kaiser Konstantin XI. fällt kämpfend in der Stadt. Konstantinopel wird als Istanbul die Hauptstadt des Osmanischen Reiches.

1453–1470 In den Jahren nach dem Fall von Konstantinopel erobern die Türken die Reste des Oströmischen Reiches in Griechenland, die lateinischen Fürstentümer auf der Peloponnes und in Attika, vertreiben die Genuesen aus dem Schwarzen Meer und von den meisten ägäischen Inseln und entreißen den Venezianern in einem erbitterten Kampf die Insel Negroponte/Euböa.

14. Juli 1456 Die Türken stoßen mit Heer und Flotte Richtung Ungarn vor. Bei Belgrad erleiden ihre Schiffe durch die ungarische Donauflottille eine vernichtende Niederlage. Sie verlieren 200 Schiffe und 300 Kanonen. Ihre Offensive ist abgeschlagen.

1472 Ein Geschwader von 89 Schiffen aus Venedig unter Pietro Mocenigo, darunter auch Schiffe des Kirchenstaates, deren Kommandant, Kardinal Caraffa, den nominellen Oberbefehl führt, und aus Neapel greift Satalia an und erobert von See und Land her Smyrna, das geplündert wird.

März 1480 Sultan Mohammed II. greift Rhodos mit starken Streitkräften an, muß aber nach mehrmonatiger Belagerung der geschickt verteidigten Festung die Insel wieder räumen.

11. Aug. 1480 **Eroberung von Otranto.** Eine türkische Flotte von 90 Galeeren und zwanzig Transportern landet Truppen, welche nach zwei Wochen Belagerung die schwach besetzte starke Festung nach tapferer Gegenwehr erobern. Nach dem Tod von Sultan Mohammed II. im folgenden Jahr nur schwach verteidigt, kann sie von den Christen im Sept. 1481 zurückerobert werden.

1489 Venedig gelangt durch Erbvertrag in den Besitz des Königreiches Zypern.

1494–1497 Italienkrieg Frankreichs

König Karl VIII. von Frankreich beruft sich auf die alten Besitzansprüche der Anjous auf das Königreich Neapel und marschiert in Italien ein.

Sept. 1494 **Treffen bei Rapallo.** Die französische Flotte, bestehend aus 98 zum großen Teil gemieteten Schiffen unter dem Herzog von Orleans, vertreibt ein gleich starkes neapolitanisches Geschwader.
Die französische Flotte besetzt darauf die Häfen der Toskana und sichert den Marsch des Landheeres.

Febr. 1495 Als sich die Franzosen Neapel nähern, räumt König Alfons die Stadt und dankt zugunsten seines Sohnes ab. Die Werft und die dort liegenden nicht fahrfähigen Schiffe werden verbrannt.
Da sich Kaiser Maximilian, Spanien, Mailand, Genua und Venedig mit dem Papst in der Liga von Venedig gegen die Franzosen stellen, räumt Karl VIII. Neapel und läßt nur Besatzungstruppen zurück.
Von Sizilien aus erobert König Ferdinand II. mit Heer und Flotte und Unterstützung spanischer Truppen Neapel zurück (Sommer 1495).

Juli 1495 Im Golf von Rapallo fällt den Neapolitanern ein französisches Geschwader von zwölf Schiffen in die Hände.

Okt. 1496 **Gefecht bei der Insel Ponza.** Ein venezianisch-neapolitanisches Geschwader siegt über ein französisches Geschwader, als dieses versucht, die noch in französischer Hand befindlichen Festungen in Süditalien zu versorgen.

Okt. 1496 **Gefecht bei Livorno.** Ein französisches Geschwader kann das Geschwader Kaiser Maximilians zum Rückzug zwingen. Den Fall der Festungen um Neapel aber kann es nicht verhindern.
Im Februar 1497 wird Frieden geschlossen. Während des Krieges unterhält Spanien ein Geschwader in der Biskaya und dem Ärmelkanal, damit der lebenswichtige Woll- und Weinhandel mit Flandern aufrecht erhalten werden kann.

Aug. 1496 Von Lareodo, westlich von Santander, bringt eine große Flotte die spanische Prinzessin Johanna (die Wahnsinnige) zur Heirat mit Erzherzog Philipp dem Schönen von Burgund nach Flandern. Da sich die Hochzeitsfeierlichkeiten in die Länge ziehen, muß die schlecht ausgerüstete Flotte dort überwintern und verliert durch den strengen Winter 9000 Mann.

1499–1503 Krieg Venedig gegen die Türkei

Nach einjährigen Grenzzwischenfällen und wegen der Bindung von Venedig in den Kriegen in Italien ergreift Sultan Bajezid im Sommer die Offensive.

12. Aug. 1499 **Seeschlacht bei der Insel Sapienza.** Die türkische Flotte unter dem Kapudan Pascha Burrak Reis schlägt die schlecht geführte und mangelhaft ausgerüstete Flotte von Venedig unter Antonio Grimani. Wenige Tage später trifft die von Frankreich versprochene Unterstützung, je ein Geschwader der Johanniter aus Rhodos unter Guido von Blancheport und aus Frankreich unter Prégent de Bidoux, ein.

22. Aug. 1499 **Seeschlacht vor der Bucht von Navarin.** Die beiden Flotten treffen erneut aufeinander, und wieder bleiben die Türken erfolgreich.

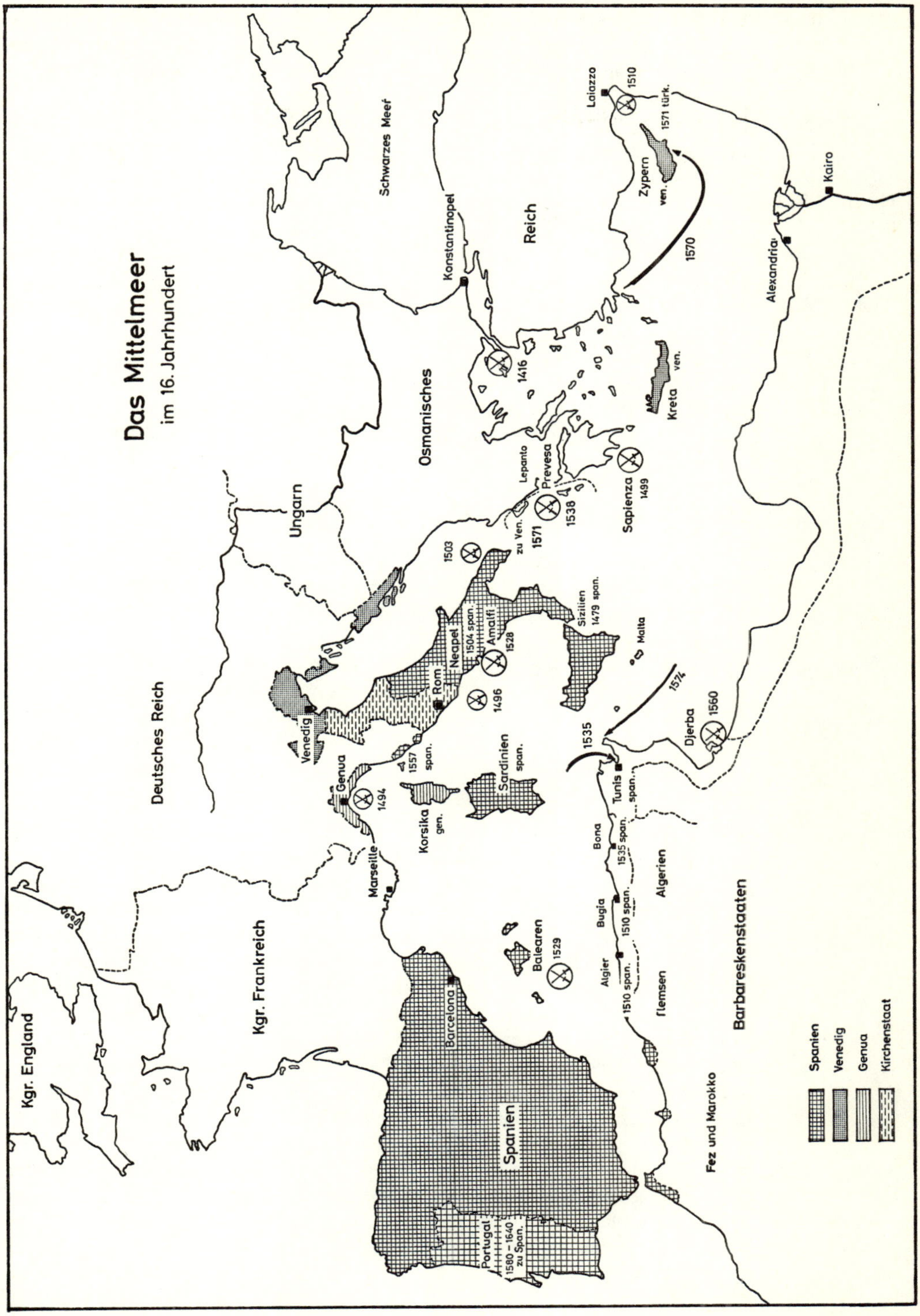
Das Mittelmeer
im 16. Jahrhundert
Kgr. England
Kgr. Frankreich
Deutsches Reich
Ungarn
Osmanisches
Reich
Schwarzes Meer
Konstantinopel
Laiazzo
1510
Zypern
ven.
1571 türk.
1570
Kairo
Alexandria
1416
Kreta
ven.
Lepanto
Prevesa
1538
1571
zu Ven.
Sapienza
1499
1503
Sizilien
1479 span.
Malta
Neapel
1504 span.
Amalfi
1528
Rom
1496
Venedig
Genua
1494
1557
span.
Korsika
gen.
Sardinien
span.
Marseille
Tunis
span.
1535
1574
Djerba
1560
Bona
1535 span.
Bugia
1510 span.
Algier
1510 span.
Algerien
Tlemsen
Barbareskenstaaten
Balearen
1529
Barcelona
Spanien
Portugal
1580–1640
zu Span.
Fez und Marokko
Spanien
Venedig
Genua
Kirchenstaat

25. Aug. 1499	**Seeschlacht im Golf von Lepanto.** Beim dritten Aufeinandertreffen erleiden die Venezianer, vor allem wegen der mangelhaften Unterstützung durch die Franzosen, eine schwere Niederlage. Die vom Sultan zu Lande belagerte Festung Lepanto muß sich darauf wenige Tage später ergeben.
9. Aug. 1500	Die vor der Küste der Halbinsel Morea operierende Flotte von Venedig kann den Fall der Festung Modon nicht verhindern. Wenig später müssen sich auch Koron und Navarin ergeben.
Herbst 1500	Ein starkes spanisches Geschwader mit Landungstruppen unter dem Generalkapitän Gonzalo de Córdova trifft zur Unterstützung der Venezianer ein.
Dez. 1500	Die Verbündeten landen auf Kephalonia und erobern die Festung St. Georg und die ganze Insel.
Okt. 1501	Ein venezianisch-französisches Geschwader macht einen erfolglosen Angriff auf die Insel Lesbos.
30. Aug. 1502	Venedig erobert die Insel Sta. Maura.
Dez. 1502	Waffenstillstand. Im folgenden Friedensvertrag vom August 1503 muß Venedig auf die in Griechenland verlorenen Seefestungen verzichten. Die Türkei hat sich als eine zu beachtende Seemacht im östlichen Mittelmeer etabliert.

1501–1504	**Krieg um das Königreich Neapel**
	Im Vertrag von Granada (Nov. 1500) vereinbaren Frankreich und Spanien die gemeinsame Eroberung des Königreiches Neapel, wobei Kalabrien und Apulien an Spanien, der Rest an Frankreich fallen sollen. Das Land wird fast ohne Widerstand erobert.
1. März 1502	Bei der Eroberung von Taranto durch die von Kephalonia kommenden Truppen unter Gonzalo de Córdova läßt dieser 40 Schiffe über die Landzunge in den inneren Hafen schleppen und erobert damit die starke Festung. Franzosen und Spanier geraten in Streit um die Aufteilung der Beute. Córdova muß sich zunächst in die Hafenfestungen Barletta, Bari und Taranto zurückziehen, wo er von der Flotte versorgt wird.
Febr. 1503	**Gefecht im Hafen von Otranto.** Ein französisches Geschwader von sechs Schiffen droht die Verbindung zu unterbrechen. Ein spanisches Geschwader von vier Schiffen unter Juan de Lezcano verfolgt diese in den in neutralem venezianischen Besitz befindlichen Hafen von Otranto und vernichtet sie dort. Das Heer Córdovas kann verstärkt werden und erobert in kurzer Zeit fast ganz Neapel mit Ausnahme der Festung Gaeta. Diese wird von einem spanischen Geschwader unter Bernardo de Villamarin blockiert. Ein französisch-genuesisches Geschwader bricht die Blockade, bringt Verstärkungen, und Córdova muß zunächst die Belagerung aufheben. Ende Dezember 1503 siegt Córdova über das französische Heer entscheidend am Garigliano, das verstärkte spanische Geschwader blockiert Gaeta erneut eng, die Festung muß sich daher am 1. Januar 1504 ergeben. Ganz Süditalien ist damit endgültig fest in spanischer Hand.
Aug. 1503	Die Galeeren der Johanniter von Rhodos besiegen ein türkisches Geschwader von 16 Galeeren. Diese hatten vorher Küstenorte der Insel angegriffen, verlieren aber in dem Kampf acht Schiffe.
1505–1510	Nach Beendigung des Krieges in Italien (1504), welcher es in den endgültigen Besitz des Königreiches Neapel bringt, startet Spanien eine Offensive in Nordafrika. Die treibende Kraft ist Kardinal Francisco Ximenes de Cisneros.

Sept. 1505 Die spanische Flotte von 140 Schiffen unter Ramón de Cardona landet 10 000 Mann bei Mers-el-Kebir, welches nach kurzer Belagerung kapituliert.

Juli 1508 Ein spanisches Geschwader unter Pedro Navarro erobert im ersten Anlauf die Inselfestung Velez de Gomera. Navarro verwendet dabei von ihm entworfene »Schwimmende Batterien«, mit mehreren Geschützen bestückte Flöße.

Mai 1509 Die spanische Flotte landet 14 000 (20 000?) Mann bei Mers-el-Kebir, welche Oran von der Landseite erobern. Die Flotte unterstützt diese wirkungsvoll durch die Beschießung der Stadt von der Seeseite. Kardinal Ximenes nimmt persönlich an den Operationen teil.

Jan. 1510 Ein spanisches Geschwader unter Pedro Navarro erobert die Stadt Bougie gegen geringen Widerstand. Um dem gleichen Schicksal zu entgehen, unterwirft sich darauf Algier noch im selben Monat. Die Spanier besetzen darauf die Inselfestung vor dem Hafen.

Juli 1510 Die Spanier unter Pedro Navarro erobern mit 150 Kriegs- und Transportschiffen und 15 000 Soldaten an Bord noch im selben Jahr Tripolis, ihr Angriff Ende August auf die Insel Djerba scheitert jedoch mit großen Verlusten, bei der Rückfahrt gehen im Sturm eine Anzahl Schiffe verloren. Dieser letzte Rückschlag veranlaßt Spanien, die Offensive in Nordafrika einzustellen, Vorrang haben nun endgültig die Kriege in Europa und die Eroberungen in der Neuen Welt.

1513 Um nicht hinter Spanien zurückzustehen, erobert Genua Djidjelli in Nordafrika, verliert es aber schon im folgenden Jahr an die Brüder Barbarossa.

1510 **Gefecht bei Laiazzo/Ayas.** In der Nähe von Alexandrette greift ein starkes Geschwader der Johanniter aus Rhodos, bestehend aus Galeeren und Seglern, ein ägyptisches Geschwader an und erobert elf Segelschiffe und vier Galeeren. Landungstruppen zerstören die Schiffbauvorräte im Hafen. Diese waren zur Ausrüstung eines Geschwaders gegen die Portugiesen im Roten Meer bestimmt.

Juli 1515 **Gefecht bei Pantelleria.** Ein spanisches Geschwader von neun Galeeren unter Don Luis de Requesnes trifft auf 13 Fustas der Barbaresken und kann nach zweistündigem Kampf drei versenken und sechs erobern. Fast 1000 Gegner werden gefangen.

Sept. 1517 Ein spanisches Geschwader von 35 Schiffen bringt 7000 Mann zur Unterstützung der Inselfestung nach Algier. Arudj Barbarossa bringt den Landtruppen eine schwere Niederlage bei, die Spanier verlieren 3000 Mann, das Geschwader erleidet in einem Sturm schwere Verluste.

Aug. 1519 Ein spanisches Geschwader aus Sizilien von 40 Schiffen mit 5000 Mann Landungstruppen greift Algier an. Die Truppen werden von Barbarossa zu Land geschlagen, beim Einschiffen kommt ein Sturm auf, in welchem 26 Schiffe stranden, deren Besatzungen werden fast vollzählig niedergemacht.

1521–1529 Erster Krieg Kaiser Karl V. gegen Franz I. von Frankreich

Im ersten Teil des Kampfes um die Hegemonie in Europa zu Beginn der Neuzeit spielt die Seeherrschaft im westlichen Mittelmeer eine wesentliche Rolle.

1524 Das von den Kaiserlichen zu Lande belagerte Marseille kann sich dank der Hilfe durch die französische Flotte bis zum Entsatz halten.

April 1528 **Gefecht bei Amalfi.** Die Franzosen belagern die Stadt Neapel, von der Seeseite wird sie von einem genuesischen Geschwader unter Filippino Doria, einem Neffen von Andrea Doria, blockiert. Vor Amalfi bringt F. Doria einem spanischen

Entsatzgeschwader eine Niederlage bei. Kurz darauf bringt Andrea Doria Genua zum Abfall von den Franzosen und ruft seinen Neffen mit dem Bockadegeschwader zurück, wodurch Neapel gerettet ist.
Andrea Doria wird von Kaiser Karl V. nominell zum spanischen Flottenchef ernannt, Genua ist in Zukunft ein wichtiger Stützpunkt für Spanien.
Frankreich sieht sich zum **Frieden von Cambrai** (1529) gezwungen, der jedoch nicht lange hält.

Juni–Dez. 1522 Sultan Sulaiman II. der Prächtige greift Rhodos mit 400 Schiffen und nach und nach 300 000 Mann an und zwingt die Verteidiger nach sieben Monaten Belagerung zur Übergabe. Die Johanniter müssen Rhodos verlassen.

Juli 1529 Die ganze spanische Mittelmeerflotte geleitet Karl V. zur Kaiserkrönung nach Italien. Das westliche Mittelmeer ist daher vor den Raubzügen der Barbaresken ungeschützt.

Okt. 1529 **Gefecht bei Formentera** (Balearen). Ein Geschwader aus Algier unter Chair ad Din Barbarossas Kapitän Caccia Diabolo plündert die spanische Küste bei Valencia. Ein spanisches Geschwader von acht Galeeren stellt die Barbaresken, verliert aber nach hartem Kampf sechs Schiffe. Diabolo kehrt mit reicher Beute heim.

Juli 1530 Ein spanisches Geschwader unter Andrea Doria greift den Barbareskenstützpunkt Cherchell – westlich von Algier – an. Doria befreit eine Anzahl Christen und zerstört die im Hafen liegenden Schiffe.

Okt. 1530 Die Johanniter erhalten von Kaiser Karl V. die Insel Malta mit Gozo und Camina als neuen Ordenssitz. Dazu gehört auch die Festung Tripolis in Libyen.

1531 Die große Karake »Sant Anna« (50) der Johanniter schlägt allein ein türkisches Geschwader von 25 Schiffen in die Flucht.

1531 Ein spanisches Geschwader unter Alvaro de Bázan d. Ält. landet Truppen bei Honeine, westlich von Oran, und erobert die Stadt. Die Barbaresken verlieren dabei 7000 Mann.

1532 Bei einem Raid gegen Sardinien gerät Barbarossas Geschwader unter Caccia Diabolo in einen Sturm und verliert 1200 Mann.

Sept. 1532 Ein spanisches Geschwader von 44 Galeeren und 50 Transportern mit über 10 000 Mann Landungstruppen unter Andrea Doria erobert die Festung Koron in der südlichen Peloponnes. Anschließend erobert er noch Patras und die Festungen am Eingang in den Golf von Korinth. Die Malteser sind an dem Unternehmen mit ihrer großen Karake »Sant Anna« und sechs Galeeren beteiligt.

Aug. 1533 **Gefecht bei Koron.** Andrea Doria greift mit 30 Galeeren das türkische Blockadegeschwader vor der Festung an und schlägt es in die Flucht. Er versäumt es jedoch, den schwächeren Gegner zu vernichten.
Die zu exponierten Stützpunkte in der Peloponnes werden im folgenden Jahr von den Spaniern geräumt.

1534 Im Sommer plündert Barbarossa mit der türkischen Flotte die Küste von Kalabrien und vertreibt im August den unter spanischer Oberhoheit stehenden Sultan von Tunis. Ein Stützpunkt der türkischen Schlachtflotte so weit westlich ist für Spanien und seine Verbindungen zu den Besitzungen in Italien eine schwere Bedrohung.

Juni–Juli 1535 **Zug Kaiser Karls V. gegen Tunis.** Mit rund 100 Kriegsschiffen und 300 Transportern werden 30 000 Mann Landungstruppen herangebracht. Karl V. führt persönlich den Oberbefehl, die Flotte kommandiert Andrea Doria. Nach drei

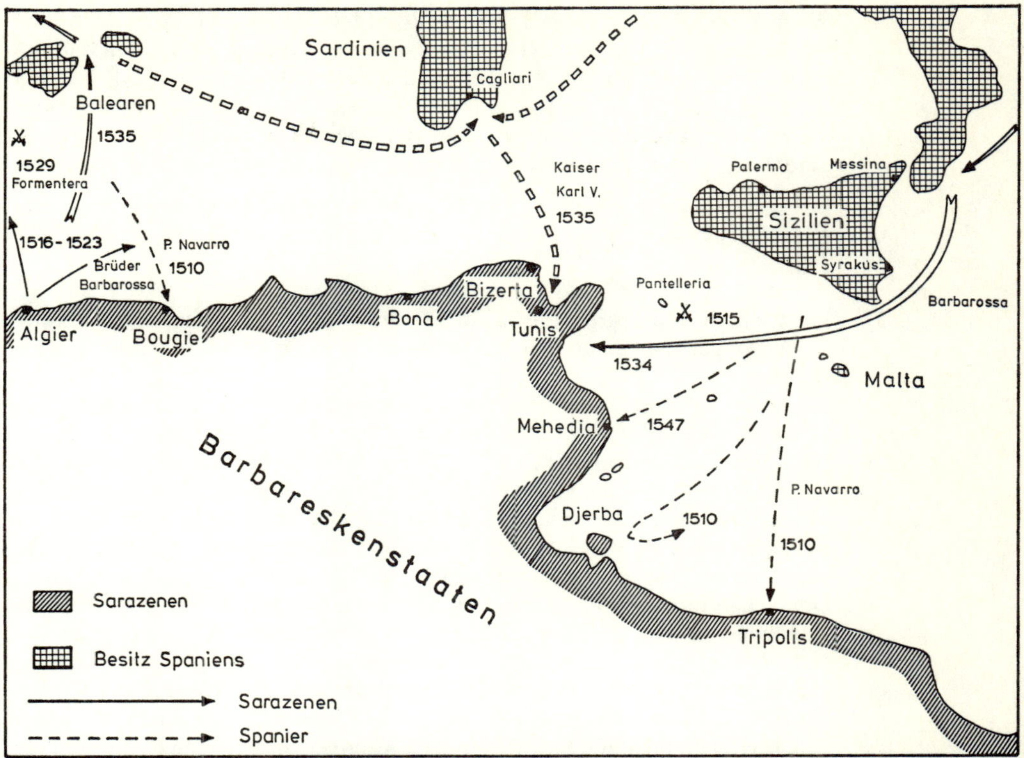
Sardinien
Cagliari
Balearen
1535
1529
Formentera
1516-1523
Brüder
Barbarossa
P. Navarro
1510
Kaiser
Karl V.
1535
Palermo
Messina
Sizilien
Syrakus
Pantelleria
1515
Barbarossa
Algier
Bougie
Bona
Bizerta
Tunis
1534
Malta
Mehedia
1547
Barbareskenstaaten
Djerba
1510
P. Navarro
1510
Tripolis
Sarazenen
Besitz Spaniens
Sarazenen
Spanier

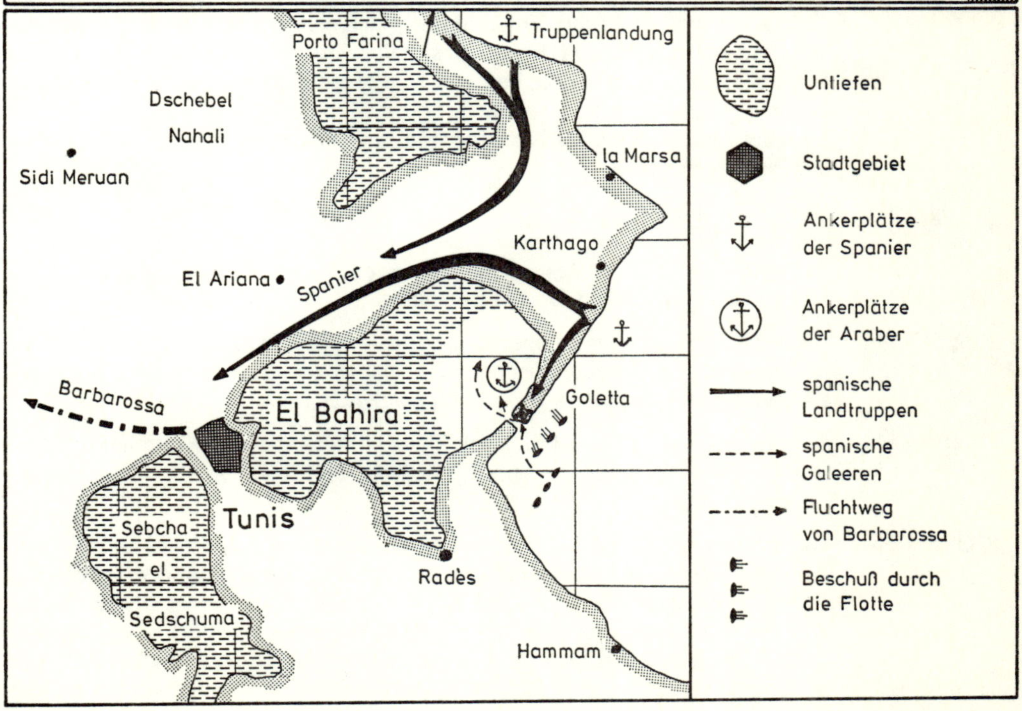
Porto Farina
Truppenlandung
Dschebel
Nahali
Sidi Meruan
la Marsa
Karthago
El Ariana
Spanier
Barbarossa
El Bahira
Goletta
Tunis
Sebcha
el
Sedschuma
Radès
Hammam
Untiefen
Stadtgebiet
Ankerplätze
der Spanier
Ankerplätze
der Araber
spanische
Landtruppen
spanische
Galeeren
Fluchtweg
von Barbarossa
Beschuß durch
die Flotte

Wochen Beschießung durch Heer und Flotte fällt die Festung La Goletta, welche die Einfahrt nach Tunis beherrscht. Die große Karake »Sant Anna« der Malteser ist mit ihrer Feuerkraft maßgeblich an dem Erfolg beteiligt. Bis auf fünfzehn werden alle Schiffe des Geschwaders von Barbarossa im Hafen erobert. Wenige Tage später ist auch Tunis selbst in der Hand der Christen. Karl V. übergibt die Stadt wieder seinem früheren Vasallen und läßt eine Besatzung in La Goletta.

Aug.–Sept. 1535 Der bei Tunis entkommene Chair ad Din Barbarossa unternimmt mit einem Geschwader aus Algier einen Raubzug nach den Balearen und an die spanische Ostküste.

1536/37 Die türkische Flotte greift die Südküste von Italien und das venezianische Korfu an. Als Gegenmaßnahme ziehen **Spanien und Venedig** starke Seestreitkräfte zusammen.

22. Juli 1537 **Gefecht vor Paxos.** Doria trifft in der Ägäis mit 34 Galeeren auf ein kleines türkisches Geschwader von 12 Galeeren und kann sie alle erobern.

1538 Im folgenden Jahr läuft die türkische Flotte unter Barbarossa zu einem großen Unternehmen aus. Eine Reihe venezianischer Stützpunkte in der Ägäis werden erobert, Kreta verheert und dann in das Ionische Meer vorgestoßen.

26. Sept. 1538 **Seeschlacht bei Prevesa.** An der Westküste Griechenlands trifft die türkische Flotte unter Chair ad Din Barbarossa auf die Flotte der Christen unter Andrea Doria. Die türkische Flotte zählt 90 Galeeren, 60 kleinere Kriegsschiffe, 550 Kanonen und 22000 Mann. Die Flotte der Christen setzt sich wie folgt zusammen. 49 spanische Galeeren unter Flottenchef Andrea Doria, 55 venezianische Galeeren unter Vincenzo Cappello, 27 päpstliche Galeeren unter Marco Grimani, ca. 40 große Segelkriegsschiffe, über 200 kleine Schiffe mit Landungstruppen, insgesamt über 400 Schiffe mit 1000 Kanonen, die leichten Relingbüchsen nicht gerechnet, und rund 50000 Mann. Nach einem gescheiterten Landungsversuch bei der Festung Prevesa zieht sich die christliche Flotte zurück. Chair ad Din stößt nach und kann nach heftigem Kampf mit der Nachhut der Christen sieben gegnerische Schiffe erobern.

Venedig schließt einen Sonderfrieden mit den Türken, die nun das östliche Mittelmeer beherrschen.

Aug. 1539 Die türkische Flotte in Stärke von 200 Schiffen unter Barbarossa blockiert die von der Landseite angegriffene starke Festung Castelnuovo im Golf von Cattaro. Nach sechswöchiger Belagerung nehmen die Türken die Festung ein, ein Entsatzversuch von Andrea Doria ist erfolglos.

Juni 1540 An der Küste von Korsika überraschen die Spanier ein Geschwader aus Algier und erobern elf Galeeren, darunter zwei bei Prevesa verlorene. Barbarossas Geschwaderchef Turgut Reis gerät in Gefangenschaft.

Sept. 1540 Ein Geschwader von 16 Schiffen aus Algier plündert die Stadt Gibraltar und zerstört die im Hafen liegenden Schiffe. Die Festung hält aus, die Barbaresken kehren nach Velez de Gomera zurück.

1. Okt. 1540 **Gefecht bei Alborán.** Die Barbaresken treffen auf ein spanisches Geschwader von 13 Schiffen unter Bernardino de Mendoza. In einem besonders erbitterten Kampf erobern die Spanier zehn Schiffe der Barbaresken, eines wird versenkt. Die Araber verlieren 700 Mann Tote und Verwundete und 400 Gefangene, 700 christliche Sklaven werden befreit. Die blutigen Verluste der Christen sind kaum geringer.

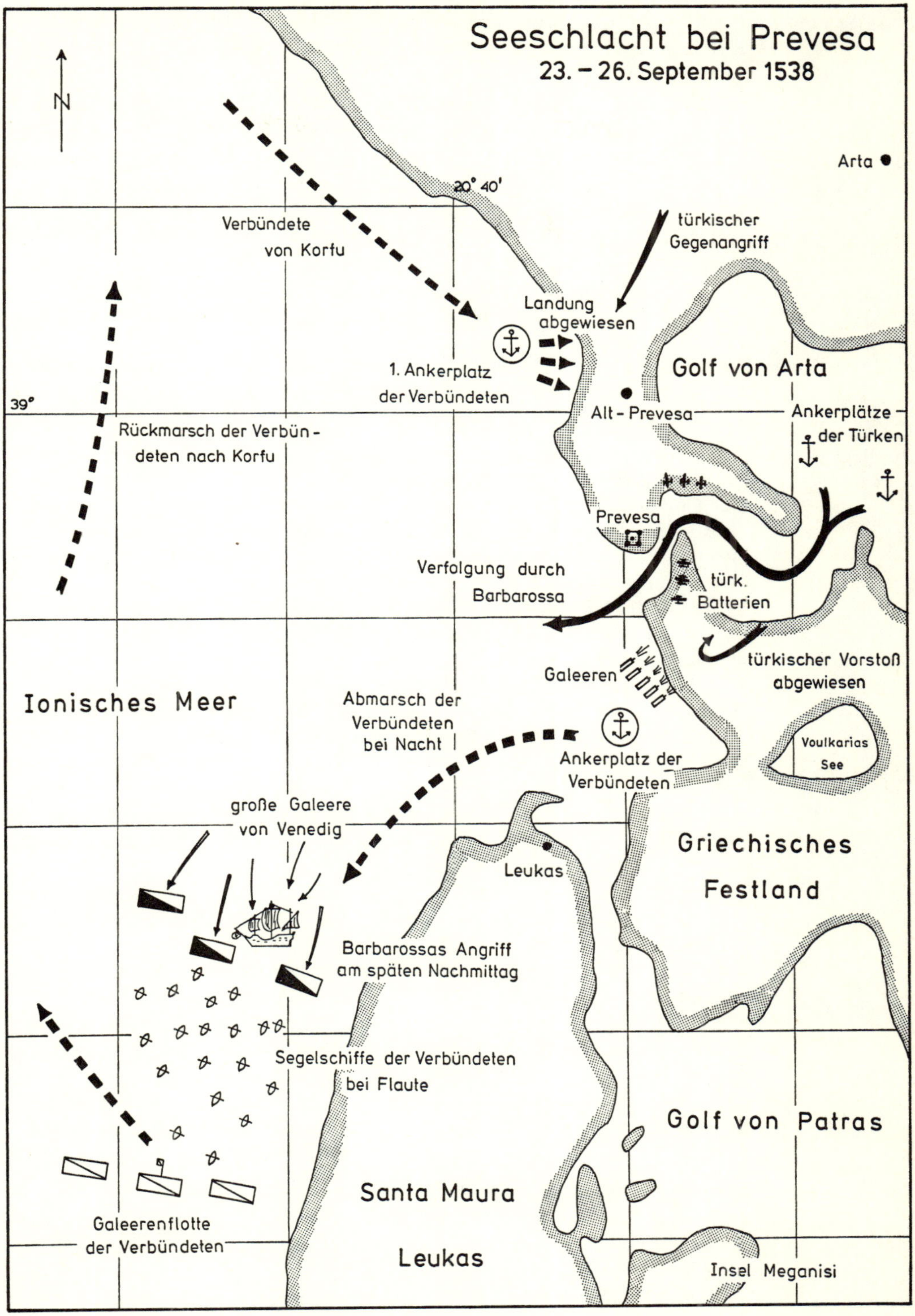
Seeschlacht bei Prevesa
23. – 26. September 1538
N
Arta
20° 40'
Verbündete
von Korfu
türkischer
Gegenangriff
Landung
abgewiesen
1. Ankerplatz
der Verbündeten
Golf von Arta
39°
Alt - Prevesa
Ankerplätze
der Türken
Rückmarsch der Verbün-
deten nach Korfu
Prevesa
Verfolgung durch
Barbarossa
türk.
Batterien
türkischer Vorstoß
abgewiesen
Galeeren
Ionisches Meer
Abmarsch der
Verbündeten
bei Nacht
Ankerplatz der
Verbündeten
Voulkarias
See
große Galeere
von Venedig
Griechisches
Festland
Leukas
Barbarossas Angriff
am späten Nachmittag
Segelschiffe der Verbündeten
bei Flaute
Golf von Patras
Santa Maura
Leukas
Galeerenflotte
der Verbündeten
Insel Meganisi

Okt. 1541 Beim Versuch, **Algier** zu erobern, wird die Galeerenflotte Kaiser Karls V. im Sturm fast zu einem Drittel vernichtet. 8000 von 25 000 Mann ertrinken oder geraten in Gefangenschaft.

Ende 1542 Frankreich schließt mit den Osmanen ein Bündnis gegen Kaiser Karl V.

Mai 1543 Die spanisch-italienische Flotte geleitet Kaiser Karl V. von Barcelona nach Genua. Ungefähr zur selben Zeit läuft die türkische Flotte unter Barbarossa in Stärke von 110 Galeeren und 40 Segelschiffen zum Angriff in das westliche Mittelmeer aus dem Hafen von Modon/Methoni auf der Peloponnes aus.
Unterwegs plündert sie Reggio in Kalabrien, Terracina, Civitá-Vecchia und Piombino und vereinigt sich in Marseille mit den französischen Galeeren.

1543 Die vereinigten Flotten von Frankreich unter dem Herzog von Enghien und der Türkei unter Chair ad Din erobern Nizza. Die Türken überwintern anschließend in Toulon.

1544 Im folgenden Jahr kehrt die türkische Flotte heim. Am Rückweg plündert sie die spanischen Städte an der italienischen Westküste sowie die Insel Lipari und erreicht mit 7000 Gefangenen Istanbul.

10. Sept. 1547 **Eroberung von Mehedia.** Seit Juni belagern die Spanier vergeblich die starke Seefestung. Ein Entsatzversuch von Turgut Ali (Dragut), der seinen Zug durch den Golf von Genua unterbricht, wird abgeschlagen. Schließlich wird nach Anweisung von Garcia de Toledo eine schwimmende Batterie, eine befestigte Plattform über zwei Galeeren, gebaut. Deren schwere Artillerie schießt die Mauern der Festung schließlich von der Seeseite sturmreif.

1547–1559 Während der Regierungszeit König Heinrichs II. von Frankreich operiert die türkische Flotte unter den Paschas Sinan und Piali auf Veranlassung und mit Unterstützung Frankreichs erneut im westlichen Mittelmeer und verheert die in spanischem Besitz befindlichen Küsten.

Juli 1551 Nach der Eroberung der Stadt Augusta auf Sizilien greift Sinan Pascha die Johanniter auf Malta mit 106 Kriegsschiffen, 20 Transportern und 14 000 Mann an. Von der Insel abgewiesen, erobert er Gozo und verschleppt 6000 Einwohner nach Nordafrika. Anschließend entreißt er den Maltesern Tripolis.

1552 Andrea Doria kann den 140 türkischen Galeeren im Tyrrhenischen Meer nur 40 gegenüberstellen. Er kann wohl eine Schlacht vermeiden, den Türken fallen aber trotzdem sieben Galeeren in die Hände.

1553 Mit Unterstützung der türkischen Flotte landen die Franzosen auf Korsika und erobern die Insel. Nach Abfahrt der türkischen Flotte beginnt Genua mit der Rückeroberung.

1555 Ein türkisches Geschwader erobert das spanische Bougie an der nordafrikanischen Küste, ein Angriff im folgenden Jahr auf Oran scheitert jedoch.

1558 Die türkische Flotte in Stärke von 100 Galeeren und 20 Galeoten unter Piali Pascha verwüstet die italienischen Küsten im Tyrrhenischen Meer und die Balearen.

1559 Der **Friede von Cateau-Cambrésis** beendet den Kampf zwischen Frankreich, England, Spanien und dem Reich. Fast alle Eroberungen werden zurückgegeben. Der Kampf gegen die Türken geht jedoch weiter.

11. Mai 1560 **Seeschlacht bei der Insel Djerba.** Im Herbst 1559 zieht Spanien zur Eroberung von Tripolis auf Sizilien starke Streitkräfte unter dem Herzog von Medinaceli zusammen. Die Landungstruppen stehen unter General Alvaro de Sande, die Seestreitkräfte unter Gianandrea Doria, dem 20jährigen Großneffen von Andrea Doria. Doria selbst kommandiert das genuesische Geschwader, das Geschwader

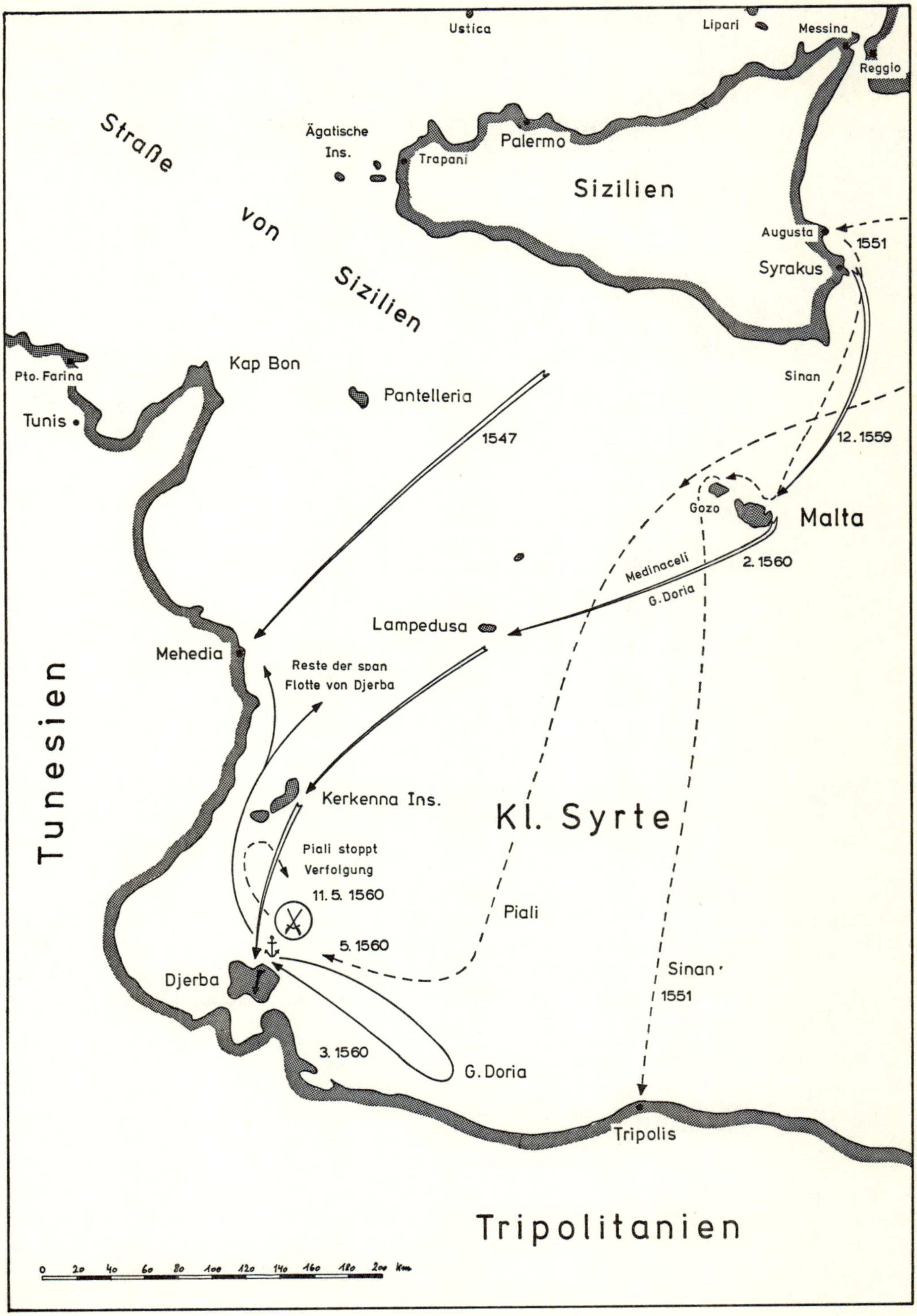
Ustica
Lipari
Messina
Reggio
Straße von Sizilien
Ägatische Ins.
Trapani
Palermo
Sizilien
Augusta
1551
Syrakus
Pto. Farina
Kap Bon
Tunis
Pantelleria
Sinan
1547
12.1559
Gozo
Malta
Medinaceli
G. Doria
2.1560
Lampedusa
Mehedia
Reste der span Flotte von Djerba
Tunesien
Kerkenna Ins.
Kl. Syrte
Piali stoppt Verfolgung
11.5.1560
Piali
5.1560
Djerba
Sinan
1551
3.1560
G. Doria
Tripolis
Tripolitanien
0 20 40 60 80 100 120 140 160 180 200 Km

aus Neapel kommandiert Generalkapitän Sancho de Leyva, das Geschwader aus Sizilien Generalkapitän Berenguer de Requesnes, das Geschwader des Papstes Flaminio de Languillera, das Geschwader aus Malta Carlo Tessiéres. Insgesamt verfügen die Spanier über rund 50 Galeeren und 60 Segelschiffe. Nach einem Aufenthalt in Malta startet die Armada im Februar nach Afrika und errichtet im März auf der Insel Djerba in der kleinen Syrte einen befestigten Stützpunkt. Die Türken haben mittlerweile ihre Flotte unter Großadmiral Piali Pascha zusammengezogen und erscheinen am Morgen des 11. Mai mit über 100 Galeeren vor der Insel. Obwohl die Segelschiffe der Christen die Stärke etwas ausgleichen, ist deren Gefühl der Unterlegenheit so stark, daß sie in panischer Angst die Flucht ergreifen. In den folgenden Einzelgefechten erobern die Türken 27 Galeeren und rund 20 Segelschiffe. Die Festung auf der Insel hält sich noch knapp zwei Monate und muß dann ebenfalls kapitulieren. Insgesamt verlieren die Christen 18 000 Mann an Toten und Gefangenen. Unter letzteren befinden sich Alvaro de Sande, Berenguer de Requesnes und Sancho de Leyva. Der Kapitän des päpstlichen Geschwaders ist unter den Toten. Die beiden Oberbefehlshaber konnten auf kleinen Segelschiffen entkommen. Die türkische Flotte hatte den Höhepunkt ihrer Macht im Mittelmeer erreicht.

1561 Im Tyrrhenischen Meer erobern acht türkische Galeeren unter Turgut Reis ein Geschwader von sieben Galeeren aus Sizilien.

18. Okt. 1562 An der spanischen Mittelmeerküste östlich von Malaga gerät ein spanisches Geschwader von 28 Galeeren in einen Sturm. Nur drei Schiffe können gehalten werden, ca. 4000 Mann ertrinken, darunter der Geschwaderchef Don Juan de Mendoza.

Mai–Juni 1563 Vizekönig Hassan von Algier greift das spanische Oran von der Landseite an, während ein Geschwader unter Turgut die Stadt von der Seeseite blockiert. Gerade rechtzeitig erscheint ein spanisches Geschwader von 34 Galeeren unter Francisco de Mendoza und entsetzt die Belagerten. Das türkische Blockadegeschwader war gerade nicht auf seinem Posten.

Juni 1563 **Gefecht vor Mers-el-Kebir.** Die spanische Besatzung der Festung wird seit zwei Monaten von türkischen Land- und Seestreitkräften unter Chair ad Dins Sohn Hassan angegriffen. Ein Geschwader von 34 Galeeren unter Francisco de Mendoza schlägt das türkische Blockadegeschwader, erobert dabei neun türkische Schiffe und schlägt die Blockadestreitkräfte in die Flucht.

Sept. 1564 Eine spanische Flotte unter Garcia de Toledo, dem Nachfolger von Andrea Doria als spanischer Flottenchef im Mittelmeer, erobert die Inselfestung Penon Velez de Gomera an der afrikanischen Küste gegenüber von Malaga. Über 100 Schiffe von Lissabon bis Malta und 16 000 Mann Landungstruppen sind daran beteiligt.

Mai–Sept. 1565 **Kampf um Malta.** Die Ritter des Johanniterordens verteidigen die Insel Malta mit Erfolg gegen das gelandete türkische Heer unter den Paschas Mustafa und Piali. Die Verluste der Christen betragen rund 7000, die der Türken mindestens 25 000 Mann. Die spanischen Schiffe von Sizilien landen mehrmals Verstärkungen auf der Insel, vermeiden aber den Kampf mit der weit überlegenen türkischen Flotte.

1566 Die türkische Flotte unter Piali Pascha entreißt die Insel Chios in der Ägäis den Genuesen. Anschließend unternimmt sie einen Vorstoß in die Adria, der einer Machtdemonstration gegenüber Venedig gleichkommt, und plündert schließlich Küstenplätze in Apulien.

1567 Die türkische Flotte besetzt die Insel Naxos in der Ägäis, welche bisher im Privatbesitz einer venezianischen Familie war.
Im selben Jahr übergibt Garcia de Toledo den Oberbefehl über die Seestreitkräfte Spaniens im Mittelmeer an den Halbbruder von König Philipp, Don Juan d' Austria. Dieser ist zunächst mit der Niederwerfung eines Aufstandes der Mauren in Spanien beschäftigt.

Febr. 1570 **Kampf um Zypern.** Der türkische Gesandte in Venedig verlangt von der Republik die Übergabe der Insel Zypern; das Ansinnen wird glatt abgelehnt. Letzter Anlaß für diese Forderung war möglicherweise ein Brand im Arsenal von Venedig, bei dem vier Galeeren vernichtet wurden. Gerüchte hatten aber das Ausmaß des Schadens weit übertrieben, in Istanbul wurde von einer Vernichtung der Flotte von Venedig gesprochen.

1. Juli 1570 Die türkische Flotte in Stärke von 160 Galeeren und fast 200 Segelschiffen, vorwiegend Transportern unter Piali Pascha, landet das Expeditionsheer an der Südküste der Insel.
Venedig mobilisiert seine Flotte, die zunächst bis Kreta vorstößt, aber allein gegen die Türken keine Chance hat.
Das Ersuchen um Hilfe an die christlichen Nationen wird vom Papst kräftig unterstützt, materielle Hilfe kommt aber im selben Jahr nicht zum Tragen. Nachdem sich die einzelnen Kontingente bei Kreta vereinigt haben, wird der ganze September mit nutzlosen Verhandlungen vertan. Im Oktober gehen durch einen Sturm 13 venezianische Galeeren und drei des Papstes verloren. Ein Geschwader von ca. 30 Galeeren überwintert auf Kreta, der Rest der christlichen Flotte geht heim zum Überwintern.

15. Juli 1570 Südlich von Sizilien überraschen die Türken die vier maltesischen Galeeren und können drei erobern.

Ende Jan. 1571 **Gefecht vor Famagusta.** Ein venezianisches Geschwader von vier Segelschiffen und zwölf Galeeren überrascht das schwächere türkische Blockadegeschwader (die Hauptflotten sind um diese Jahreszeit im Hafen), erobert zwei Versorgungsschiffe und versenkt drei Galeeren. Der türkische Flottenchef Piali wird darauf von seinem Stellvertreter Ali Pascha abgelöst.

Mai 1571 Bündnis zwischen Philipp II. von Spanien, Papst Pius V. und Venedig gegen die Türken. **(Heilige Liga)**

Juni 1571 Die türkische Flotte erscheint in der Sudabuch auf Kreta. Zur selben Zeit beginnen sich die Seestreitkräfte der Heiligen Liga in Messina zu versammeln. Erst Anfang September sind jedoch alle Kontingente eingetroffen.
Die türkische Flotte unternimmt in der Folge einen Vorstoß in die Adria, verheert die Insel Korfu, ohne die starke Festung einnehmen zu können, und kehrt im September in den Golf von Patras zurück. Nach langen Verhandlungen und Debatten trifft auch die Flotte der Heiligen Liga über Korfu dort Anfang Oktober ein.

4. Aug. 1571 Der letzte Stützpunkt auf Zypern, die Festung Famagusta, muß sich den türkischen Belagerern ergeben.

7. Okt. 1571 **Seeschlacht bei Lepanto.** Von den Verbündeten wird eine Flotte von 206 Galeeren unter Don Juan d' Austria, dem Halbbruder des spanischen Königs, zusammengezogen. Diese besteht zum Großteil aus Galeeren mit einer Besatzung von je 200–400 Mann, davon sind rund 100 Seesoldaten. Die Galeeren haben im Bug eine Plattform mit 5–7 Geschützen. Venedig stellt daneben auch 6 Galeassen, das sind große Galeeren mit 4 Masten mit Lateinsegel und einer Bewaffnung von 50 Geschützen.

Die einzelnen Kontingente stammen von: Venedig (108), Neapel (29), Spanien (13), dem Papst (12), G. A. Doria (11), Sizilien (7), Lomellini (4), Negroni (4), Genua (3), Savoyen (3), Malta (3), N. Doria (2), Imperiale (2), Grimaldi (2), De Mari (2) und Sauli (1).

Die türkische Flotte unter dem Kapudan Pascha (Flottenchef) Ali Pascha + ist rund 220 Schiffe stark, lauter Galeeren, mit nur wenig Kanonen bestückt. Don Juan d'Austria stellt die christliche Flotte in drei Treffen auf: Das Zentrum, gebildet aus Schiffen Spaniens und Venedigs unter Don Juans persönlichem Befehl, den linken Flügel aus Venezianern unter Barbarigo +, den rechten Flügel aus Schiffen Venedigs und Spaniens unter dem Genuesen Gianandrea Doria. Ein gemischtes Geschwader unter dem Spanier Alvaro de Bázan, Marquis de Santa Cruz, steht hinter dem Zentrum. Der Befehlshaber der Flotte Venedigs, Venier, hat sein Flaggschiff im Zentrum neben Don Juan. Je zwei Galeassen werden vor jedem Treffen aufgestellt. Auch die Türken bilden drei Geschwader. Das Zentrum, 90 Schiffe unter der persönlichen Leitung von Ali Pascha +, der linke Flügel, rund 90 Schiffe unter dem Renegaten Uluch Ali, vorwiegend Algerier, der rechte Flügel, 60 Schiffe unter Mohammed Scirocco +. Die Besatzung der verbündeten Flotte besteht aus fast 80 000 Mann, davon rund 40 000 Ruderer. Die türkische Flotte hat ungefähr die gleiche Besatzungsstärke, die Ruderer bestehen zum größten Teil aus christlichen Sklaven.

Beim Morgengrauen sichten sich die beiden Gegner am Eingang des Golfes von Patras. In kaum gekrümmter Sichelformation, die Flügelgeschwader leicht vorgezogen, nähern sich die Flotten. Die nördlichen Flügel haben Anlehnung an die Küste. Die Schlacht wird von den venezianischen Galeassen mit ihrer Artillerie eröffnet. Eine Anzahl türkischer Galeeren werden von ihnen wirkungsvoll getroffen, einige sogar versenkt. Um die Mittagszeit sind die Flotten auf Nahkampfentfernung aneinander. Im Zentrum und bei den nördlichen Flügelgeschwadern beginnt der Enterkampf. Doria weicht zunächst nach Süden aus und läßt eine Lücke zum Zentrum entstehen. In diese Lücke stößt Uluch Ali hinein und bringt zunächst das Zentrum der Christen in arge Bedrängnis. Nur der Einsatz der Reserve kann dessen Vernichtung verhindern. Am Nord-Flügel gelingt es den Türken, das venezianische Geschwader von außen zu umfassen. Auch hier wird die Lage der Christen kritisch. Die Geschwaderführer beider Parteien, Barbarigo und Scirocco, fallen. Im Zentrum jedoch gelingt es Don Juan, das Übergewicht zu erlangen. Seine Galeeren können an das türkische Flaggschiff herankommen, das mit Erfolg geentert wird. Als Ali Pascha fällt, verlieren die Türken den Mut. Das Zentrum und der rechte Flügel der türkischen Flotte werden von den Christen überwältigt. Nur Uluch Ali mit seinen Algeriern führt ein erfolgreiches Rückzugsgefecht und kann mit dem Großteil seiner Schiffe entkommen. Die Türken verlieren über 150 Schiffe, davon sind rund 30 gestrandet und 110 von den Christen erobert. Ferner kostet die Schlacht die Türken rund 25 000 Tote, 5000 Gefangene, 12 000 christliche Rudersklaven werden befreit. Auf der Flotte der Christen zählt man rund 8000 Tote und über 20 000 Verwundete. 12–15 Schiffe der Christen gehen verloren, meist am rechten Flügel durch die Angriffe von Uluch Ali.

Lepanto war eine der größten Seeschlachten der Geschichte, die letzte große Galeerenschlacht und für lange Zeit die letzte entscheidende Seeschlacht im Mittelmeer. Die Schlacht zeitigt keine strategische Dauerwirkung, da die christliche Koalition bald wieder auseinanderfällt.

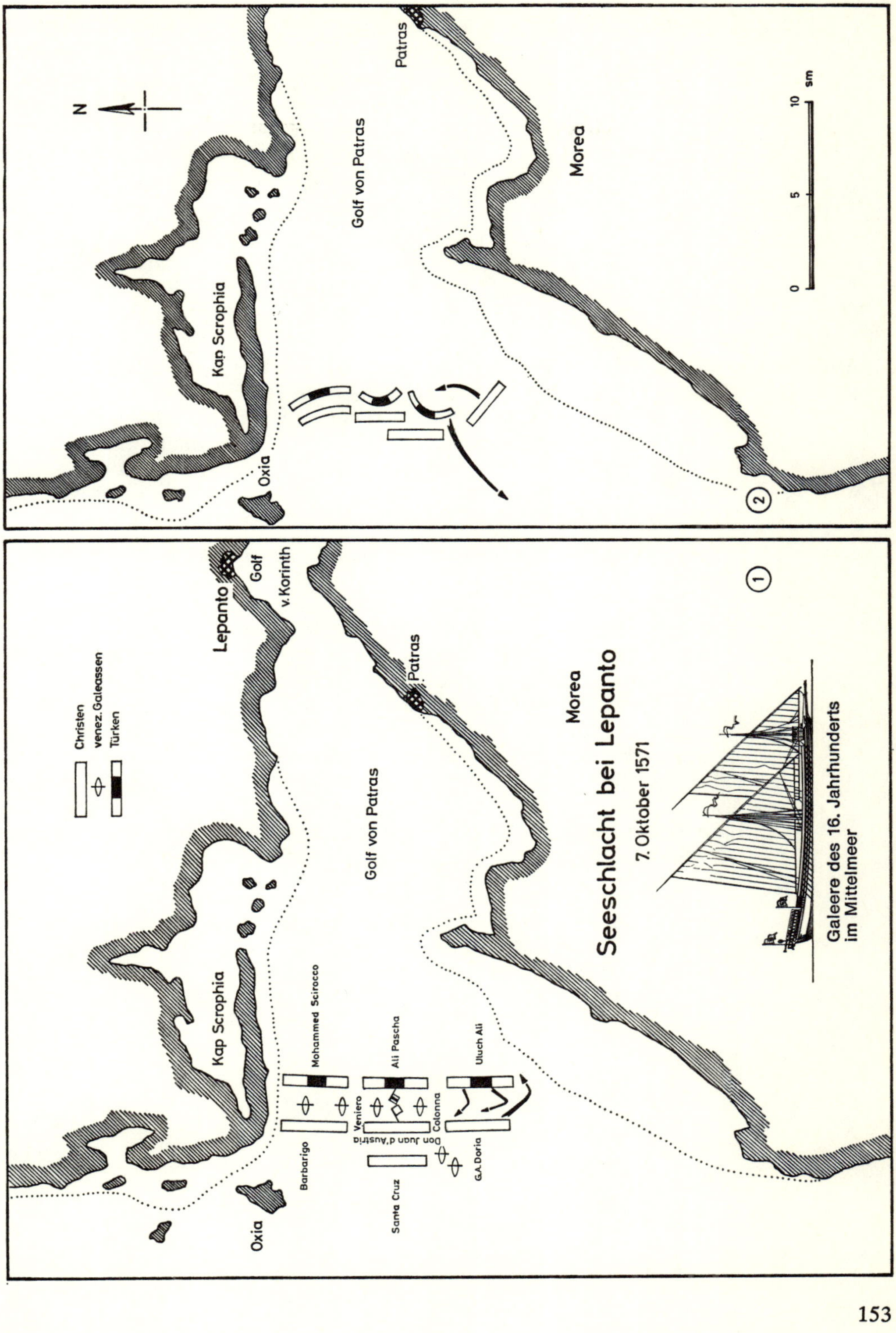
N
Patras
Golf von Patras
Kap Scrophia
Oxia
Morea
0
5
10
sm
2
Christen
venez. Galeassen
Türken
Lepanto
Golf
v. Korinth
Patras
Golf von Patras
Morea
Seeschlacht bei Lepanto
7. Oktober 1571
Kap Scrophia
Mohammed Scirocco
Ali Pascha
Uluch Ali
Barbarigo
Veniero
Colonna
Don Juan d'Austria
G.A. Doria
Santa Cruz
Oxia
Galeere des 16. Jahrhunderts
im Mittelmeer
1

1572	Die Führer der Flotte der Heiligen Liga können sich noch weniger als im Jahr vorher zu einem einheitlichen Vorgehen durchringen. Don Juan erhält erst im Juli aus Spanien die Erlaubnis, nach dem Osten auszulaufen. Man fürchtet ein Eingreifen von Frankreich auf der Seite der aufständischen Niederlande und wollte daher die Flotte im Westen zur Verfügung haben. Die Flotten von Venedig und des Kirchenstaates waren mittlerweile unter dem Kommando von Marc Antonio Colonna bis zur südlichen Peloponnes vorgestoßen.
10. Aug. 1572	**Treffen bei Kap Matapan.** An der Südspitze der Peloponnes trifft Colonna mit den ihm zur Verfügung stehenden 127 Galeeren, sechs Galeassen und 24 Segelschiffen auf die türkische Flotte unter Kilitch (Uluch) Ali in Stärke von rund 225 Galeeren. Keine Seite greift ernsthaft an, und nach einem längeren Artillerieduell brechen die Türken den Kampf ab. Trotz einiger Schäden gibt es keine Schiffsverluste.
31. Aug. 1572	Colonna trifft vor Korfu mit dem spanischen Geschwader zusammen, und Don Juan d' Austria übernimmt wieder den Oberbefehl. Mehrfach kommt in der Folge die vereinigte Flotte vor der Peloponnes in Kontakt mit der türkischen Flotte, ohne daß es neuerlich zu einer Schlacht kommt. Einige unbedeutende Geplänkel sind die letzten gemeinsamen Aktionen der Heiligen Liga.
7. März 1573	Venedig schließt einen Separatfrieden mit der Pforte. Die Heilige Liga ist damit automatisch zerfallen.
Okt. 1573	Die spanische Flotte unter Don Juan d'Austria erobert das kurz vorher abgefallene Tunis.
Juli 1574	Die türkische Flotte unter Kilitch (Uluch) Ali erobert mit starken See- und Landstreitkräften Tunis zurück. Beteiligt sind daran 230 Galeeren und eine große Transportflotte mit 70000 Mann Landungstruppen unter Sinan Pascha, dem späteren Nachfolger von Uluch Ali als Flottenchef.
ab 1575	Die seit Ferdinand und Isabella andauernden Versuche der Spanier, sich in Nordafrika festzusetzen, sind damit endgültig gescheitert. Spanien wendet sein Augenmerk in der Folge stärker nach dem Westen, wo es mit der Thronfolge in Portugal (1580) und den Schwierigkeiten mit den Niederlanden voll beschäftigt ist. Die Türkei kann diesen Vorteil nicht ausnützen, da sie der Perserkrieg von 1578–90 in Anspruch nimmt.
Juli 1586	Plünderung von Lanzarote. Vor dieser Insel der Kanaren erscheinen sieben Galeeren aus Algier, plündern die Insel und nehmen 200 Gefangene mit.

Die Seekriege in Ostasien (bis zum 16. Jh.)

In **Indien** hatten sich sicherlich, ebenso wie am Nil, Euphrat und Tigris bereits in der Steinzeit die Bewohner mit der Flußschiffahrt befaßt, doch ist darüber bisher nichts bekannt geworden. Zu Mitte des 3. Jahrtausends v. Chr. entstand jedoch an den Ufern des Indus eine bedeutende Kultur, welche auch weitreichende Seefahrt betrieb. Ob die Bewohner mit den Stadtzentren Harappa, Mohenjo Daro und Lothal ein großes Reich bildeten oder nur die gleiche Kultur besaßen, ist bis heute nicht geklärt. Tatsache ist jedoch, daß ihre Schiffe nicht nur die großen Flüsse, sondern auch den Indischen Ozean bis nach Mesopotamien befuhren. Zahlreiche Hinweise auf diesen Handelsverkehr fanden sich vor allem in der Hafenstadt Lothal am Golf von Cambay, welcher sogar über ein gemauertes großes Hafenbecken mit Schleusen verfügte. Diese Kultur endete fast abrupt um die Mitte des 2. Jahrtausends v. Chr., wahrscheinlich durch den Einbruch der Arier nach Indien. Für das nächste Jahrtausend ist im Bereich von Vorderindien nichts über einen Handelsverkehr zur See bekannt, schon gar nicht über Reiche mit Seemachtbestrebungen. Im 6. Jahrhundert v. Chr. bildete sich aber im Flußgebiet des Ganges das Reich von Magadha, das die Schiffahrt auf den Flußgebieten und dem angrenzenden Golf von Bengalen beherrschte. Schon im folgenden Jahrhundert landete eine Flotte ein nordindisches Heer auf Ceylon. Diese beiden Fälle sind bisher die einzigen bekannten Beispiele, wo Völker des indischen Kontinentes Seeherrschaft ausgeübt hatten. Diese Zurückhaltung vor Unternehmungen über See ist geografisch bedingt und bildet ein bedeutendes Charakteristikum der Geschichte von Indien. Der Handel, der zeitweise in großem Umfang die Seerouten entlang der Küste Indiens benützte, wurde meist von anderen Völkern besorgt. Schon vor Christi Geburt hatten die Stämme Südarabiens die Regeln der Monsunwinde erkannt; sie wurden die Träger des Küstenhandels im westlichen Indischen Ozean. Sie fanden aber nie zu einem Seeimperium zusammen, und auch der Vorstoß der Assyrer zu Beginn des 7. Jh. v. Chr. in den Persischen Golf blieb nur Episode. Alexander d. Gr. fand bei seinem Zug bis Indien wohl zu Land heftigen Widerstand vor, seine am Indus gebaute Flotte fand aber zur See keinen Gegner. Das mehrfache Unterbrechen der Handelswege, die von China durch Innerasien nach Europa führten, gab immer neue Impulse, die Güter Ostasiens auf dem Seeweg in das Mittelmeer zu transportieren. Bis Vorderindien reichten die Fahrten der Araber, von Vorderindien fehlte zunächst aber die Verbindung nach Ostasien. In der zweiten Hälfte des ersten Jahrtausends n. Chr. begannen nun die Bewohner der Küsten von Bengalen bis Ceylon diesen Handel aufzunehmen. In der Folge bildeten sich dort einige Seemächte lokaler Natur, wie die Reiche von Chola und Ceylon, die Stützpunkte an der Straße von Malakka errichteten und sich mit den Reichen in Hinterindien öfters zur See bekriegten. Diese Seezüge waren aber keine geplanten Kämpfe um die Seeherrschaft, sondern ergaben sich aus den Reibereien, die durch den Handelskontakt entstanden. Zu Beginn des 16. Jh., als die Portugiesen die Seeherrschaft im Indischen Ozean an sich rissen, waren ihre Hauptgegner zur See die Araber. Die Inder verfügten zwar über zahlreiche Küstenschiffe, konnten mit diesen aber den großen portugiesischen Schiffen nichts anhaben. Als die Türken ihren Vorstoß in den Indischen Ozean nach der Eroberung von Ägypten begannen, wären sie sicher ein gefährlicher Gegner für die Portugiesen geworden, doch die Entscheidung von Sultan Sulaiman d. Gr., seine Seeoffensive in das Mittelmeer zu verlegen, befreite die Portugiesen von ihrem gefährlichsten Feind. Sie konnten ihre Kämpfe mit den indischen Fürsten in der Folge nur durch den gesicherten Nachschub zur See überstehen. Indien, das sich nie ernsthaft um eine Hochseeschiffahrt bemüht hatte, mußte in der Folge die Seeherrschaft im Indischen Ozean den europäischen Mächten überlassen.

Die Inselwelt des heutigen **Indonesien** begünstigte die Seefahrt ganz besonders. Schon in vorgeschichtlicher Zeit fuhren die Bewohner dieser Inseln mit ihren Auslegerbooten bis nach Australien und besiedelten schrittweise die Inseln der Südsee. Aber erst im ersten nachchristlichen Jahrtausend, mit dem Eindringen des Hinduismus und indischer Kultur, begannen sich Königreiche herauszubilden, die über das lokale Stammeswesen hinausreichten. Das Königreich von Srivijaya bildete sich im 7. Jh. auf Sumatra und dehnte seinen Einfluß nach Java und auf die Halbinsel von Malakka aus. Es kontrollierte schließlich den Gewürzhandel von den Molukken nach Indien und China und war die erste Seemacht in Indonesien. In der Folge machte sich Java wieder unabhängig, es entstanden dort mehrere lokale Königreiche, von denen Kediri mit der Kontrolle über den Gewürzhandel in diesem Raum die Seeherrschaft aufrichtete.

Im 13. Jahrhundert wiesen die Könige von **Java** die Versuche von Kublai Khan, Indonesien seinem chinesischen Reich zu unterwerfen, ab. Im folgenden Jahrhundert nützte das Königreich Majapahit die Schwäche von Srivijaya und einte ganz Java unter seiner Herrschaft. Es konnte dank seiner Flotte auch Teile von Sumatra und der Halbinsel Malakka erobern. Im 14. Jahrhundert erreichte die Islamisierung von Indonesien ihren Höhepunkt. Als Folge davon errichtete eine Anzahl arabischer Sultane lokaler Herkunft Herrschaften, die dem Reich von Majapahit ein Ende bereiteten. Die Ankunft der Portugiesen beschleunigte den Fall von Majapahit, die Europäer nützten die Kämpfe der lokalen Herrscher geschickt zur Stärkung ihrer eigenen Position aus. Auf Java bildeten sich – neben einigen anderen – die Reiche von Banten und Mataram, die sich zum Teil bis in das 19. Jahrhundert halten konnten. Vor allem im Gebiet der Straße von Malakka, auf Java und auf den Molukken hatten die Europäer heftige Kämpfe mit den Eingeborenen zu bestehen, doch hatten diese mit ihren Booten zur See keine Chance gegen die Schiffe der Europäer.

Das Gebiet des heutigen **Hinterindien** war bis zum ersten Jahrtausend vor Christi von Völkern primitiver Steinzeitkulturen bewohnt. Durch die Expansion der Chinesen wanderten aus dem heutigen Südchina in der Folge Thaivölker ein und bildeten mehrere Staaten fortschrittlicher Prägung und hoher Kultur. Das um die Mündung des Mekong gegründete Reich von Funan wurde die erste Seemacht in Hinterindien; sein Einfluß reichte von der Halbinsel Malakka bis nach Südchina. Dieses wurde in dieser Rolle von dem benachbarten Reich von Tschampa abgelöst, das mehrfach in Seekriege mit Java verwickelt wurde und mit dem Reich der Khmer am Mekong und an den Binnenseen um die Vorherrschaft kämpfte. Um die Wende vom ersten zum zweiten Jahrtausend wurde das Kaiserreich von Annam im heutigen Nordvietnam zur See aktiv. Es wies Angriffe von Tschampa ab und unternahm selbst Vorstöße nach dem südlichen Hinterindien. Es konnte sich mit Hilfe seiner Flotte erfolgreich den Versuchen Kublai Khans, Hinterindien der Herrschaft von China zu unterwerfen, widersetzen. Als im 15. Jh. das chinesische Kaiserreich eine offensivere Außenpolitik betrieb, welche von einer starken Flotte unterstützt wurde, mußten die Staaten Hinterindiens zeitweise dessen Oberhoheit anerkennen. Die zu dieser Zeit gegründete Hafenstadt Malakka wurde von China gefördert; sie beherrschte den Handel durch die gleichnamige Straße bis zur Eroberung durch die Portugiesen.

Das erste größere Reichsgebiet im heutigen **China** entstand im Flußgebiet des Hoang-Ho (Huanghe), es reichte bis zum Yang-tse-kiang (Changjiang). Es zerfiel im ersten Jahrtausend v. Chr. in mehrere Teilreiche, die in jahrhundertelangen Kämpfen um die Vorherrschaft stritten. Dabei wurden vielfach Flußstreitkräfte eingesetzt. Die Hohe See wurde von den Chinesen jedoch nicht befahren, der umfangreichere Güterverkehr wurde auf Flüssen und Kanälen abgewickelt. Im heutigen Ost- und Südchina siedelten bis ins erste Jahrtausend v. Chr. Thaivölker und Malaien. Die Küstenbewohner dieser Völker, von der Mündung des Yang-tse-kiang bis zum Golf von Tonkin, betrieben schon früh Küstenschiffahrt und entwickelten sich zu guten Seeleuten und Schiffsbauern. Mit der Gründung des ersten chinesischen Kaiserreiches im 3. Jh. v. Chr. begann dieses eine starke Expansionskraft zu entwickeln und unterwarf in Kämpfen, die sich über mehrere Jahrhunderte hinzogen, ganz Süd- und Ostchina.

Ab dem 4. Jh. n. Chr. wurde in China die aus Bambus stabil gebaute Dschunke entwickelt. Sie verfügte über Unterteilungen in mehrere wasserdichte Abteilungen, hatte mehrere Segelmaste, Mittelruder und war mit Hilfe eines primitiven Kompasses ein Fahrzeug, welches in vieler Hinsicht seinen europäischen Zeitgenossen technisch voraus war. Es wurden auch früher als in Europa nautische Tabellen verwendet und erste Metallpanzerungen eingeführt.

Mit der Zunahme des Seetransportes wurde die Seeräuberei zu einer Plage an allen Küsten von China und ganz Ostasien. Dies führte dazu, daß zeitweise die Küstenschiffahrt von China gänzlich verboten wurde. Zur besseren Erschließung des riesigen Reiches ließ daher Kaiser Yang den großen Kaiserkanal vom Hoang-Ho zum Yang-tse-kiang anlegen. Obwohl das Reich immer wieder in einzelne Teilreiche zerfiel, betrieb es ab dem ersten Jahrtausend n. Chr. eine aggressivere Außenpolitik. Mehrmals wurden Korea und die Reiche in Hinterindien unterworfen, welche aber immer wieder ihre Unabhängigkeit erringen konnten. Nach der Eroberung des chinesischen Reiches durch die Mongolen unter Kublai Khan setzte dieser die von den Chinesen zu stellende Flotte zu mehreren Eroberungszügen ein. Hinterindien konnte teilweise wieder tributpflichtig gemacht werden. Der Seezug nach Java brachte keinen dauernden Erfolg, und die zweimaligen Versuche, Japan zu erobern, endeten in einem Fiasko. Nach dem Tode von Kublai Khan verzichteten die Mongolen auf Eroberungen zur See und wandten sich ausschließlich ihren kontinentalen Problemen zu. Zu Beginn des 15. Jh. schuf die Ming-Dynastie innerhalb weniger Jahre eine Flotte, welche die Seegebiete von Japan bis zum Indischen Ozean beherrschte. Anlaß war die Unterbrechung der Handelswege durch Innerasien nach dem Westen und der Wunsch, diesen über die See wieder in Gang zu bringen. Hinterindien wurde fester an das Reich gebunden, auf Sumatra ergebene Fürsten eingesetzt, das neu gegründete Malakka als befreundeter Handelsstützpunkt gefördert und wissenschaftliche und handelspolitische Expeditionen bis nach Afrika unternommen. Schließlich konnten einige Reeder aus der Gegend von Schanghai (Shanghai), ehemalige Piraten, durch ihre großen Gewinne im Seetransport eine bedeutende private Hausmacht aufbauen, welche dem Kaiserhof so gefährlich erschien wie die chinesischen »Warlords« der Bürgerkriegszeit zwischen den beiden Weltkriegen. Der Hochseetransport wurde darauf erneut verboten, die Reeder enteignet, zum Teil zum Tode verurteilt und der Transport wieder auf die Binnenwasserstraßen verlegt. Da der Handelsweg durch Innerasien mittlerweile wieder frei war, bedeutete dies keinen Nachteil für das Reich. Japanische Reeder, die das Handelsverbot nicht hinnehmen wollten, besetzten darauf Stützpunkte an der Küste des chinesischen Festlandes, und japanische Seeräuber machten die Küsten bis in die südchinesische See unsicher. Mit dem Auftreten des europäischen Handels in Ostasien lösten Chinesen aus den südlichen und östlichen Küstengebieten des Reiches die Japaner als Seeräuber in diesen Gewässern ab.

Die Insellage von **Japan** führte schon zeitig dazu, daß große Teile der Bevölkerung mit der Seefahrt vertraut waren. Nach der ersten Errichtung eines einheitlichen Reiches um die Mitte des ersten Jahrtausends n. Chr. griff dieses gleich nach dem Festland (koreanische Halbinsel) über und setzte sich dort fest. Schon bald darauf wurden die Japaner von den Chinesen aus Korea vertrieben und beschränkten sich in der Folge auf die innere Entwicklung. In den Bürgerkriegen wurden manchmal auch Seestreitkräfte eingesetzt, doch erreichten diese Kämpfe – außer in der Seeschlacht bei Dan-no-ura – keinen Einfluß auf deren Ausgang. Der zweimalige Invasionsversuch von Kublai Khans mongolisch-chinesischer Flotte konnte mit Festigkeit und Glück abgewehrt werden. Trotz Niedergang der Zentralgewalt und Kämpfen rivalisierender Fürsten nahmen Handel und Gewerbe im 15. Jh. einen großen Aufschwung. Mit China wurde ein geregelter Handelsaustausch zur See vereinbart, der bis zur Mitte des 16. Jh. florierte. Nach dem Verbot des Seehandels in China besetzten die Japaner zeitweilig einige Plätze am Festland, und japanische Freibeuter unterhielten für einige Zeit eine fast lückenlose Blockade der Küsten des chinesischen Festlandes. In der zweiten Hälfte des 16. Jh. kamen die ersten Europäer nach Japan. Von diesen übernahmen sie vor allem die Feuerwaffen und weitere technische Errungenschaften. Nachdem der Versuch des Reichskanzlers (Shogun) Hideyoshi, Korea zu erobern, gescheitert war, zog sich Japan wieder in seine alte Isolation zurück und beschränkte den Verkehr – vor allem mit dem Westen – auf ein Minimum.

Australien war wegen seiner abweisenden Küsten im Westen, Norden und Osten von allen seefahrenden Stämmen gemieden worden, und seine Bewohner blieben daher isoliert auf der Stufe der Steinzeitmenschen. Die weite Inselwelt der **Südsee** wurde dagegen von Stämmen aus Südostasien trotz der großen Entfernungen über die hohe See besiedelt. Es ist dabei erstaunlich, welche großen Strecken offenen Meeres die Menschen mit ihren kleinen Auslegebooten gezielt bewältigen konnten.

Mitte 6. Jh. v. Chr.	Zwischen den Flußstreitkräften der Reiche Wu und Chu in China kommt es mehrfach zu Kämpfen, bei welchen es um die Kontrolle der Flüsse und der ersten Kanäle, über die sich der meiste Gütertransport abwickelt, geht.
485 v. Chr.	Ein Angriff zur See des um die Yang-tsemündung liegenden Reiches Wu wird an der Küste der Halbinsel Shantung vom Reich Chi abgewiesen.
Ende 3. Jh. v. Chr.	Mit der Vereinigung der rivalisierenden Reiche im heutigen Nordchina entsteht das erste **Chinesische Kaiserreich,** welches einen universalen Machtanspruch erhebt.
um 210 v. Chr.	In Kanton wird eine große Werft mit drei Trockendocks errichtet.
111 v. Chr.	Kaiser Wu Ti (Wu Di, 141–87) der Han-Dynastie schickt eine erste Flottenexpedition über die Hohe See nach Süden bis zur Insel Hainan. Dabei werden erstmals »befestigte« (gepanzerte?) Kriegsschiffe eingesetzt.
109 v. Chr.	Ein von der Flotte transportiertes Expeditionsheer von Kaiser Wu Ti unterwirft ein erstes Mal Korea.
190/220–265 n. Chr.	Nach dem Untergang der Han-Dynastie kämpfen die drei Königreiche Wei, Shu und Wu um die Vorherrschaft in China. Alle verfügen über nicht unbeträchtliche Flußstreitkräfte.
209 u. 222 n. Chr.	In zwei Flußschlachten siegt die Flotte von Wu über die Streitkräfte von Wei. Es werden unter anderem auch Feuertöpfe und Flammenwerfer eingesetzt.
um 230 n. Chr.	Das Reich Wu unternimmt mit einer Expeditionsflotte mit 10000 Mann Besatzung einen Vorstoß nach der Insel Taiwan. Noch keine Landnahme.
1. Jtd. n. Chr.	Die Bewohner Vorderindiens dehnen ihren Handel schrittweise bis zur Arabischen Halbinsel im Westen und bis über die Straße von Malakka im Osten aus. Unter Ausnützung der Monsunwinde entwickelt sich ein zwar im Umfang geringer, aber weitreichender Handelsverkehr zur See vorwiegend mit Luxusgütern. In der Straße von Malakka errichten die Inder Stützpunkte in Penang, Atjeh und Kedah, die Chinesen an deren Südausgang in Palembang und Klang. Dort treffen sie auch auf den von den Molukken über Java kommenden Handelsweg mit Gewürzen.
3. Jh. n. Chr.	Das Reich **Funan** ist die erste Seemacht im heutigen Hinterindien. Seine Kriegsschiffe beherrschen den Golf von Siam, das Südchinesische Meer und die Straße von Malakka. Sein Haupthafen ist Oc Eo im heutigen Kambodscha. Funan unterhält diplomatische Beziehungen mit China und Indien.
5. Jh. n. Chr.	König Simhala von Vorderindien unternimmt einen Seezug nach Ceylon. Für den Transport seiner Kavallerie läßt er Schiffe als Pferde- und Elefantentransporter herrichten (Fresken der Klosterhöhlen von Ajanta).
6. Jh.	In Japan erringt die Provinz **Yamato** eine beschränkte Hegemonie über ihre Nachbarn und bringt damit erstmals eine gewisse Machtkonzentration zustande. Japan errichtet eine Kolonie in der Provinz Mimana in Korea und greift dort in die Kämpfe der rivalisierenden Königreiche ein. Nach der Vereinigung der koreanischen Reiche werden die Japaner aus der Halbinsel vertrieben und müssen ihren Hauptstützpunkt Nihonfu/Pusan 562 aufgeben.
604–610	In China läßt Kaiser Yang der Sui-Dynastie den großen Kaiser-Kanal zur besseren Verbindung von Nord und Süd des Reiches erbauen. Der Kanal verbindet die Hauptstadt Peking über den Hoang-Ho mit dem Yang-tse-kiang (Chang jiang).

644/45 Kaiser Tai Tsung (Tai Zong) (627–649) der Tang-Dynastie interveniert mit Heer und Flotte in Korea. Eine Flotte von 500 Kriegsschiffen soll ein Heer von 100000 Mann auf 400 Transportern nach Korea gebracht haben. Die Halbinsel Liaotung (Liaudong) wird besetzt und ist seither im Besitz Chinas.

um 650 Die Japaner werfen mit Hilfe einer Flotte von 180 Schiffen einen Aufstand der Ureinwohner auf Honshu nieder.

663 In einer Seeschlacht bei Hakuson-Ko vereiteln die Streitkräfte Chinas und Koreas einen japanischen Invasionsversuch. Korea gerät unter chinesische Oberhoheit. Japan zieht sich endgültig vom Festland zurück.

7. Jh. Das Königreich **Srivijaya** mit Zentrum in Sumatra beim heutigen Palembang entwickelt sich zu einer Seemacht und löst darin Funan ab. Es unterdrückt die Seeräuber und unterhält Handelsbeziehungen nach China, Indien und Arabien.

744 Im südöstlichen Indochina hat das Reich von **Tschampa** eine Seeherrschaft im Südchinesischen Meer errichtet. Als eine Flotte aus Java einen Plünderungszug gegen Tschampa unternimmt, wird sie von dessen Flotte gestellt und fast vollständig aufgerieben.

787 Eine Flotte aus Java unternimmt erneut einen, diesmal teilweise erfolgreichen, Kriegszug gegen Tschampa.

10. Jh. Das Reich von **Chola** an der Südostküste von Vorderindien verfügt über eine starke Flotte und dehnt seine Seeherrschaft über den Golf von Bengalen bis nach Sumatra aus.

1017–1070 Mit Hilfe seiner Flotte erobert Chola den Großteil von Ceylon. Es steht am Höhepunkt seiner Macht.

10. Jh. Das Königreich Srivijaya steht am Höhepunkt seiner Macht. Es schickt mehrere Gesandtschaften zur Tang-Dynastie nach China und beherrscht über Ostjava den wichtigen Gewürzhandel. In der Folge beginnt jedoch der Niedergang seiner Seeherrschaft.

1025 König Rajendra I. aus Südindien unternimmt einen Kriegszug gegen Srivijaya. Die Stadt Palembang wird geplündert, eine Reihe seiner Vasallenstaaten wie Kedah, Trang, Atjeh, Tambralinga und die Nikobaren werden erobert.

1044 Wegen Plünderung seiner Küstengebiete baut der Kaiser von Annam eine Flotte und unternimmt einen Strafzug gegen Tschampa.

1068 Wegen erneuter Übergriffe unternimmt der Kaiser von Annam einen zweiten Kriegszug gegen Tschampa. Starke Land- und Seestreitkräfte landen nahe der Hauptstadt und bringen dem Gegner eine schwere Niederlage bei.

1126 In der Schlacht von Chinchiang weist die Flußflottille der südlichen Sung (Song)-Dynastie am Yang-tse-kiang den Angriff des Steppenvolkes der Kin (Jin) ab.

1161 Die Kin greifen erneut an und werden wieder von der Flußflottille des Yang-tse-kiang geschlagen. Die Chinesen verwenden bei diesen Kämpfen Schiffe mit von Menschenhand angetriebenen Schaufelrädern. Im folgenden Jahr erleiden die Kin bei Tsaoshih (Zaoshi) eine weitere Niederlage und ziehen sich endgültig zurück.

12. Jh. Das Königreich **Kediri** in Ostjava errichtet eine Seeherrschaft, die sich schließlich über Südborneo, Südcelebes und die Kleinen Sundainseln erstreckt. Es kontrolliert damit den Gewürzhandel der Molukken und hat Handelsbeziehungen bis Ostafrika.

	Das Königreich Srivijaya verliert weitere Besitzungen und kontrolliert nur mehr Sumatra und die südliche Halbinsel von Malakka. Mit der Kontrolle über diesen Handelsweg ist es aber noch immer einer der bedeutenden Seehandelsstaaten.
1180	Die Flotte von **Ceylon** unternimmt einen Kriegszug gegen das Königreich Pagan im heutigen Burma, da dieses eine Prinzessin aus Ceylon am Weg zum Hofe nach Angkor abgefangen hatte. Ein Sturm zerstreut die Flotte, die sich daher mit der Plünderung einiger Küstenplätze zufrieden geben muß.
um 1180	Das Königreich **Tschampa/Vietnam** schickt eine große Flottille von Ruderbooten mit kupferverstärkten Rammsporn den Mekongfluß aufwärts gegen das Königreich der **Khmer.** In dem großen See Tonle Sap mitten in Kambodscha kommt es zu einem großen Seegefecht. Die Khmer unter König Jayavarman VII. bleiben siegreich und erobern ihrerseits einen großen Teil von Tschampa.
1185	**Seeschlacht von Dan-no-ura.** Zusammentreffen der Seestreitkräfte der Klane Minamoto und Taira um die Herrschaft in Japan. Nach heftigem Kampf der mehreren hundert Kriegsdschunken siegen die Minamotos unter der seemännischen Führung von Yoshitsuné.
12.–13. Jh.	Die in Südchina herrschende **Sung-Dynastie** erbaut eine bedeutende Flotte und dehnt ihre Herrschaft bis Indochina aus.
13. Jh.	Der Ansturm der **Mongolen** unter Kublai Khan (1260–1295) vernichtet das Reich der Chin in Nordchina.
1273	Ein erster Versuch der Mongolen, Japan mit 900 Schiffen zu erobern, scheitert vor allem an stürmischem Wetter. Die Schiffe der Invasionsflotte mußten die Chinesen und Koreaner stellen.
1276	Bei ihrem Vorstoß nach dem Süden schlagen die Mongolen auf dem Yang-tse-kiang die starke Flußflottille der Chinesen und erobern darauf die Städte Nanking (Nanjing) und Hang-tschau (Hangzhou).
1279	Die Mongolen wenden sich nun nach Süden und bereiten unter anderem durch einen Seesieg bei Kanton über die Flotte der Sung dieser Dynastie ein Ende. Die letzten geflüchteten Prinzen stürzen sich mit dem Flottenführer in die See.
1280	Mit einer Flotte von 3500 Schiffen versuchen die Mongolen eine zweite Invasion in Japan. Nach anfänglich wechselvollen Kämpfen vernichtet ein großer Taifun (Kamikaze = Götterwind) fast die ganze Invasionsflotte. Das gelandete Heer wird von den Japanern aufgerieben, die Reste geraten in die Sklaverei.
1284	Bei der Invasion durch die Mongolen unter Kublai Khan bringt die Flotte des Kaiserreiches Annam dem Gegner mehrere Niederlagen bei.
1287	Die Flotte des Kublai Khan (Shih Tsu [Shi Zu] als Kaiser von China seit 1280) vernichtet im Golf von Tonkin eine Flotte des Kaiserreiches Annam in Stärke von 400 Schiffen, wovon 300 versenkt und 100 erobert werden. 4000 Gegner werden getötet oder geraten in Gefangenschaft.
1293	Nach der Weigerung Javas, die Oberhoheit Kublai Khans anzuerkennen, unternimmt dessen Flotte eine Strafexpedition. Die Flotte von Java wird vernichtet, die Landungstruppen ziehen aber mit rund 100 prominenten Gefangenen ab und müssen auf eine Unterwerfung mangels ausreichender Streitkräfte verzichten.
1275	König Kertanagara (1268–92) von Java sichert sich Stützpunkte auf Ostsumatra und der Malaiischen Halbinsel. Weiterer Niedergang von Srivijaya.
Anfang 14. Jh.	Die Mongolen in China (Yüan-Dynastie) verzichten auf Seegeltung. Mit dem Ausbau des großen Binnenkanals von Yangtse nach Peking leisten sie einen bedeutenden Beitrag zur Integration des Riesenreiches.

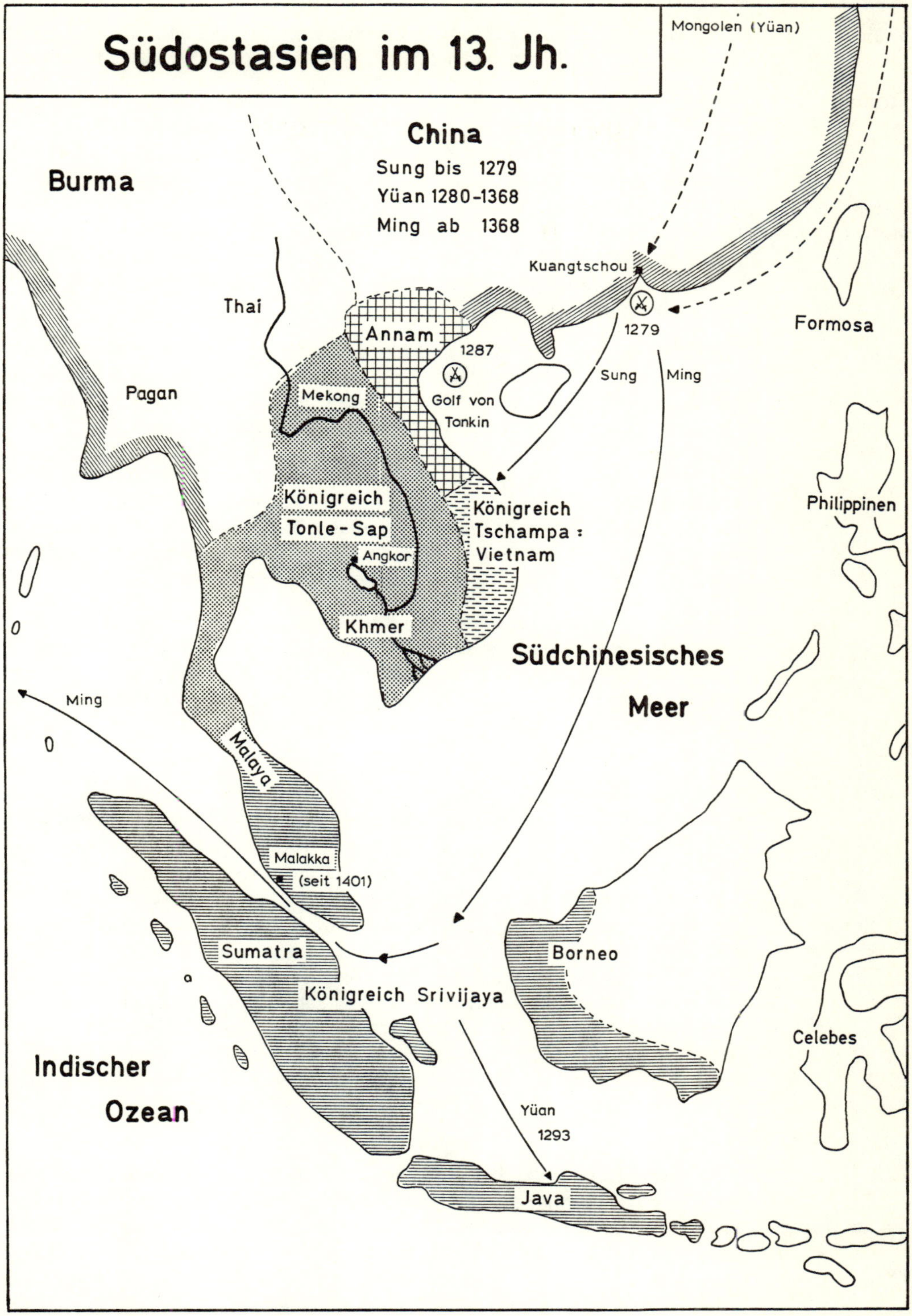
Südostasien im 13. Jh.
Mongolen (Yüan)
China
Sung bis 1279
Yüan 1280-1368
Ming ab 1368
Burma
Kuangtschou
1279
Formosa
Thai
Annam
1287
Golf von Tonkin
Sung
Ming
Pagan
Mekong
Königreich Tonle-Sap
Königreich Tschampa = Vietnam
Philippinen
Angkor
Khmer
Südchinesisches Meer
Ming
Malaya
Malakka (seit 1401)
Sumatra
Borneo
Königreich Srivijaya
Celebes
Indischer Ozean
Yüan 1293
Java

14. Jh. — Das Reich von **Majapahit** auf Java beherrscht den größten Teil von Sumatra und der Malaiischen Halbinsel und hat damit die Nachfolge von Srivijaya angetreten.

1401 — Gründung der Hafenstadt **Malakka** durch den späteren König Paramesvara. 1403 wird es von einer chinesischen Flotte unter Adm. Yin-ching (Yin Jing) besucht, 1405 vom Kaiser von China zum Königreich erhoben, 1409 wird es von der chinesischen Flotte unter Adm. Cheng Ho (Zeng He) angelaufen und in seiner Stellung bestärkt.

Mitte 15. Jh. — König Masur Shah (1459–1477) dehnt die Herrschaft von Malakka über die ganze Malaiische Halbinsel aus und erwirbt einen Stützpunkt am gegenüberliegenden Ufer auf Sumatra. Es beherrscht damit den bedeutenden Handel durch die Straße von Malakka.

Anfang 15. Jh. — Die **Ming-Dynastie** macht China zu einer Seemacht. Seine beachtliche Flotte kontrolliert das Chinesische Meer und unternimmt unter Flottenchef Cheng Ho zahlreiche Fahrten in den Indischen Ozean und nach Südostasien. Admiral Cheng Ho erreicht dabei 1407 Vorderindien, 1414 den Persischen Golf und das Rote Meer, 1417 und 1432 die Ostküste von Afrika bis südlich des Äquators und 1421 möglicherweise Australien. Wegen der hohen Erhaltungskosten der Hochseeflotte und den zunehmenden Angriffen der japanischen Seeräuber wird der große Binnenkanal wieder reaktiviert und der Handelsverkehr auf die Binnenwasserwege umgeleitet. Bei Ankunft der Portugiesen Anfang des 16. Jahrhunderts in Südostasien ist diese Flotte daher bereits verfallen.

1407 — **Gefechte vor Palembang.** Am Rückweg von seiner ersten Expedition besiegt Cheng Ho vor der Küste von Sumatra in mehreren Gefechten und in Kämpfen zu Lande einen chinesischen Piratenführer und bringt ihn gefangen heim. Die Piratenstreitkräfte verlieren 5000 Mann, in Palembang wird ein neuer Vertreter Chinas eingesetzt, die Schiffahrt durch die Straße von Malakka vorerst wieder sichergestellt.

1420 — **Gefecht im Roten Fluß.** Aufständische in Hinterindien vernichten ein chinesisches Geschwader der Ming-Dynastie. Die steigenden Kosten der Führung des Guerillakrieges führen sieben Jahre später zum Rückzug der Chinesen aus Hinterindien und der Wiedererrichtung des Kaiserreiches von Annam.

15. Jh. — Der Handel in Japan nimmt einen großen Aufschwung. Händler und Freibeuter fahren nach China und Korea und behindern den lokalen Küstenverkehr. 1401/02 vereinbart eine Handelsdelegation aus Japan mit China einen regelmäßigen, kontrollierten Handelsverkehr mit staatlichen Geleitzügen. Nach 1530 bricht dieser geregelte Handel wieder zusammen und die chinesischen Küstengewässer werden wieder von den Freibeutern beherrscht.

1511 — Mit der Eroberung von Malakka durch die Portugiesen beginnen die Europäer die Seeherrschaft auch in den Gewässern von Südostasien zu erringen (siehe S. 167 ff.)

1523 — Nach Reibereien mit den Japanern wird diesen das Anlaufen von Häfen in China verboten. Die Japaner gehen daher immer mehr zur Seeräuberei über.

um 1540 — Die Japaner besetzen mehrere Häfen in der Provinz Fukien (Fujian), aus denen sie die Chinesen erst rund 50 Jahre später vertreiben können.

1552 — Die Piraten segeln den Yang-tse-kiang hinauf und plündern eine Reihe von Städten. Drei Jahre später belagern sie sogar Nanking.

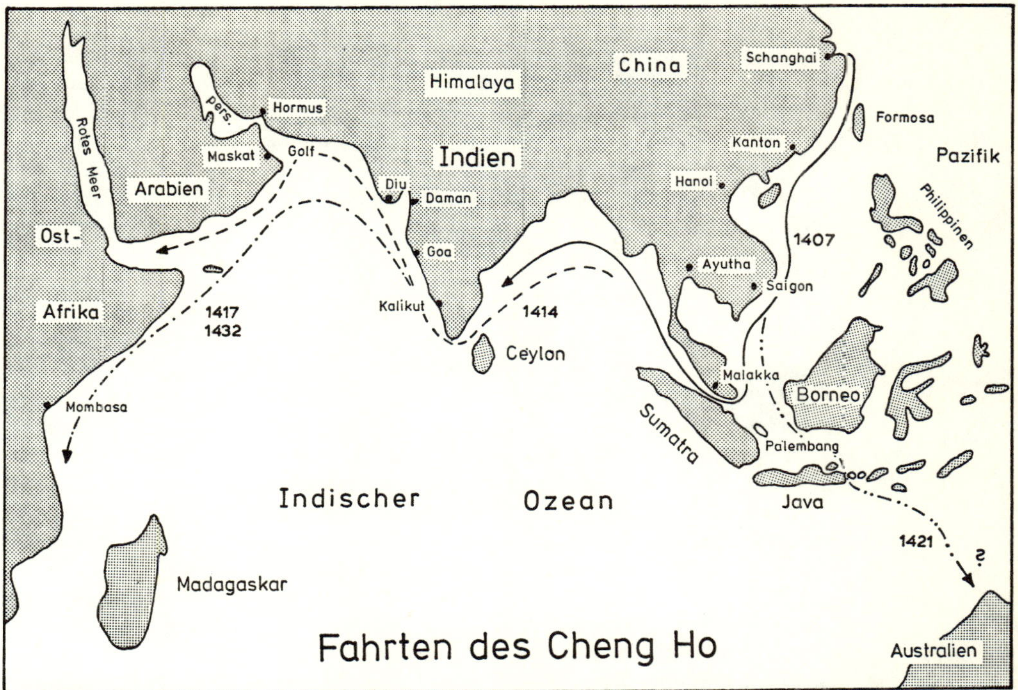

China
Schanghai
Himalaya
Formosa
Pazifik
Hormus
Pers.
Golf
Kanton
Indien
Maskat
Rotes Meer
Arabien
Hanoi
Philippinen
Diu
Daman
Ost-
1407
Goa
Ayutha
Saigon
Afrika
1417
1432
Kalikut
1414
Ceylon
Malakka
Borneo
Mombasa
Sumatra
Palembang
Indischer
Ozean
Java
1421
?
Madagaskar
Fahrten des Cheng Ho
Australien

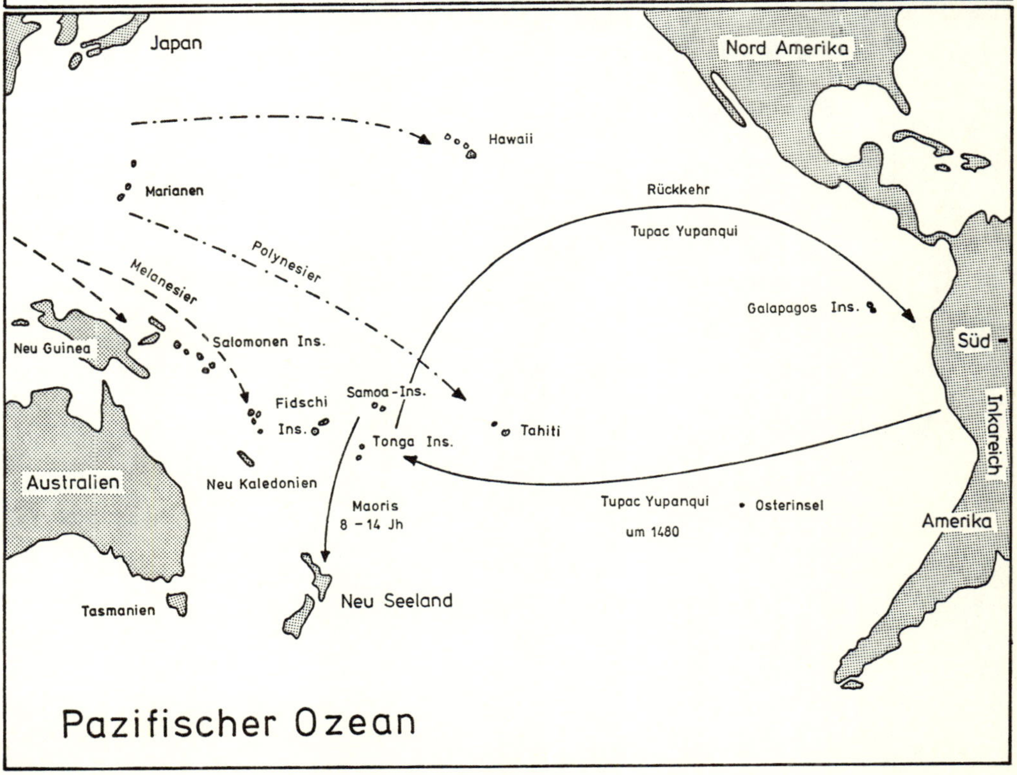

Japan
Nord Amerika
Hawaii
Marianen
Rückkehr
Tupac Yupanqui
Polynesier
Melanesier
Galapagos Ins.
Neu Guinea
Salomonen Ins.
Süd-
Samoa-Ins.
Fidschi
Ins.
Tahiti
Tonga Ins.
Inkareich
Australien
Neu Kaledonien
Tupac Yupanqui
um 1480
Osterinsel
Maoris
8 – 14 Jh
Amerika
Neu Seeland
Tasmanien
Pazifischer Ozean

Ozeanien

14. Jh. Die **Maoris** wandern von Polynesien in Neuseeland ein. Sie besiegen die einheimischen Stämme und errichten mit ihren Kriegskanus einen Wachdienst auf den Flüssen und in Küstennähe.

um 1480 Der Inka Tupac Yupanqui (1471–1493) läßt nach der Eroberung der Küsten der heutigen Länder Peru und Ekuador mit einer großen Flottille von Balsaflößen eine Expedition nach Polynesien unternehmen, die nach rund einem Jahr zurückkehrt.

1592–1598 Krieg Japan gegen Korea

Das unter dem Shogun Hideyoshi geeinte Japan versucht Korea zu unterwerfen. Rund 140 000 Mann Invasionstruppen werden bereitgestellt. 800 Schiffe stehen zur Verfügung. Die Flotte von Korea zählt zwar nur 80 Ruderkriegsschiffe, darunter befinden sich aber die ersten Kampfschiffe mit Eisenpanzerung, die wie ein Schildkrötenpanzer das ganze Schiff umwölbt und es daher gegen die damals übliche Entertaktik uneinnehmbar macht. Die meisten Schiffe führen auch bereits leichte Kanonen und Schleudern für glühende Eisenpfeile an Bord. In den schärenartigen Gewässern an der Südküste von Korea sind die Ruderkriegsschiffe den japanischen Seglern gegenüber durchaus im Vorteil.

Anf. 1592 Die Japaner landen fast ohne Gegenwehr bei Pusan und stoßen ins Landesinnere vor.

Mai 1592 **Seeschlacht bei Okpo.** Die Flotte Koreas unter Adm. Yi Sun Sin stellt ein japanisches Nachschubgeschwader und vernichtet 26 Schiffe. Am folgenden Tag werden bei Jokjimpo weitere 13 japanische Schiffe zerstört.

Juni 1592 In zwei weiteren Gefechten bei Sachon und Tangpo vernichtet Adm. Yi Sun Sin 12 bzw. 21 japanische Schiffe ohne eigene Verluste.

Juni 1592 **Seeschlacht bei Tanhangpo.** Adm. Yi Sun Sin trifft auf ein weiteres japanisches Geschwader und vernichtet 30 Schiffe.

Juli 1592 Bei **Kyonneryang** vernichtet Adm. Yi Sun Sin ein großes japanisches Nachschubgeleit. 59 Schiffe werden versenkt. Bei Angolpo werden aus einem weiteren Geleit 42 Schiffe versenkt. Eine Versorgung der bereits bei Pjöngjang stehenden japanischen Truppen über See ist unmöglich.

Aug. 1592 **Seeschlacht bei Pusan.** Adm. Yi Sun Sin greift die im japanischen Nachschubhafen liegenden 500 Schiffe an und vernichtet davon über 130. Die japanische Armee ist aus Nachschubmangel gezwungen, Nord- und Mittelkorea zu räumen.

Juli 1597 Die Flotte von Korea unter Adm. Won Kyun wird bei Kodok von den Japanern geschlagen.

Sept. 1597 **Gefecht bei Chin Do.** Mit nur 12 Schiffen siegt Yi Sun Sin über ein 133 Schiffe starkes japanisches Geschwader.

Nov. 1598 **Seeschlacht bei Noryang.** Adm. Yi Sun Sin greift nacheinander zwei japanische Geschwader an. Das erste verliert 50 Schiffe. Das zweite wird mit einer neuen Art Flammenwerfer (oder Feuerpfeile?) fast vollständig vernichtet. Yi Sun Sin fällt kurz vor Ende der Schlacht.

Ende 1598 Die Japaner räumen Korea.

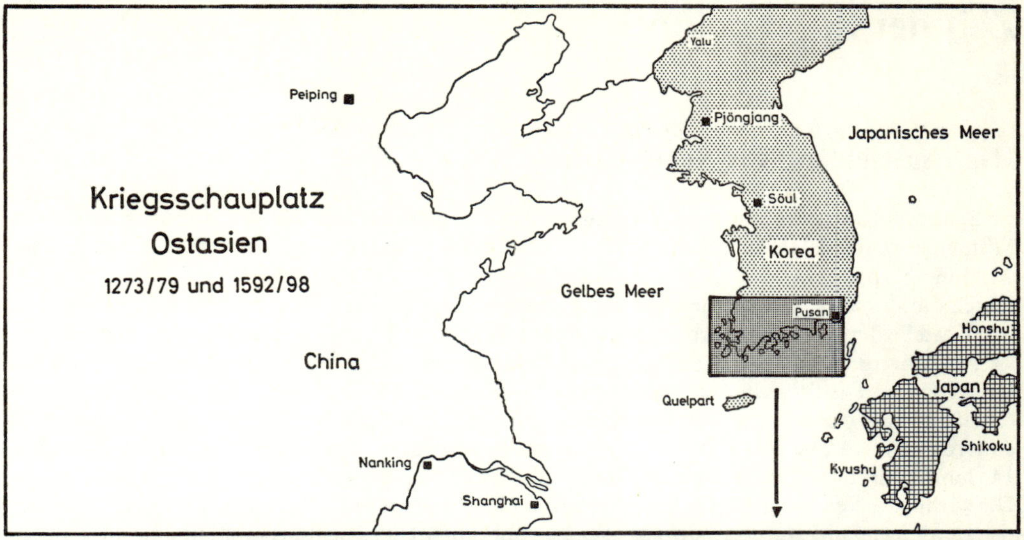

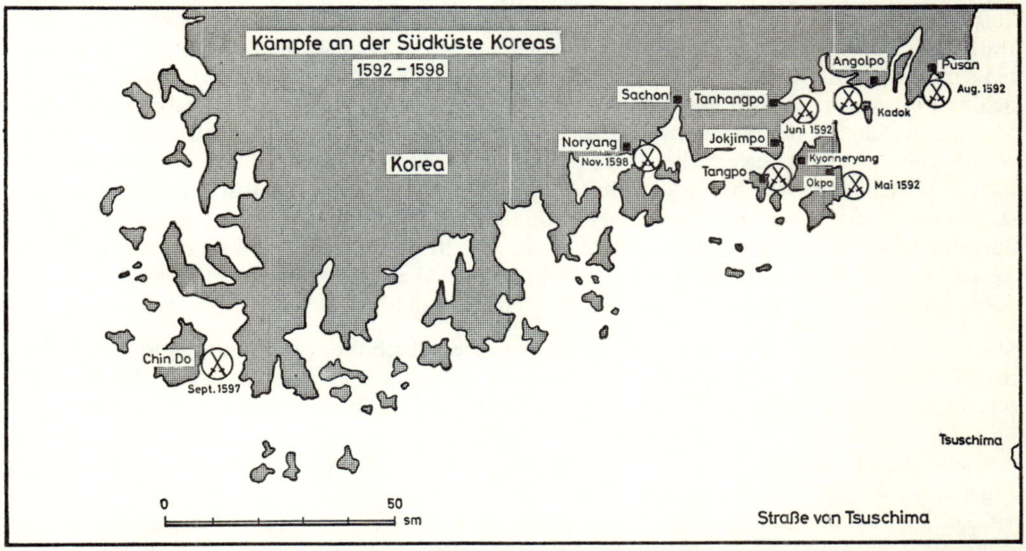

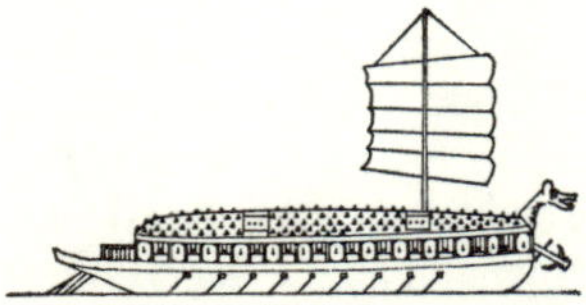
Koreanisches »Schildkrötenschiff« mit Panzerung über das Oberdeck

Japanisches Kriegsschiff

Zeit der Segelschiffe

Die Entwicklung der Segelschiffe

Im Spätmittelalter entstanden aus den frühen einmastigen Segelschiffen der Normannen und des Mittelmeeres die getakelten Breitseitschiffe der Neuzeit. Mehrere Umstände führten diese Entwicklung herbei.
Durch die Zunahme des Handels wurden ab dem 13. Jahrhundert die Schiffe größer und völliger. Die Kastelle der Normannenschiffe auf dem Vor- und Achterschiff verschmolzen mit dem Schiffskörper. Daraus entstanden die Koggen des Nordens und die Karaken, Karavellen und Naos des Mittelmeeres. Die Schiffsgröße wuchs von durchschnittlich 100 auf 300 t. Die großen Segelschiffe erhielten bis zu vier Masten, zum Großteil mit Rahsegeln getakelt. Die Segeleigenschaften wurden dadurch sehr verbessert. Statt des bisherigen Steuerruders an »Steuerbord« wurde seit dem 14. Jahrhundert das feste Ruder am Heck, mit einer Pinne bewegt, eingeführt.
Die wichtigste Neuerung war die Einführung des Schiffskompasses. Die Nordweisung einer magnetisierten Eisennadel wurde schon seit dem 12. Jahrhundert zur Richtungsbestimmung ausgenützt. 200 Jahre später war der Schiffskompaß durchkonstruiert und weitgehend eingeführt. Durch ihn wurden die Fahrten über die Ozeane erst möglich. Mit seiner Hilfe wurden auch die ersten Seekarten hergestellt. Zur Messung der Sonnenhöhe wurde das Astrolabium verwendet. Immer genauere Schiffschronometer werden ebenfalls ein wichtiges Hilfsmittel zur genauen Ortsbestimmung.
Mit der Einführung der **Kanonen** ab dem 15. Jahrhundert kam eine Waffe an Bord, die weiter reichte und mehr Wirkung erzielte als die bisherigen Katapulte und Schleudern. Zunächst wurden nur die Kastelle mit ihnen bestückt, später wurden die schweren Stücke mittschiffs an Deck aufgestellt. Dem Franzosen Decharges wird die Erfindung der Stückpforten (1501) zugeschrieben. Dadurch konnten die schweren Geschütze tiefer aufgestellt werden, die Stabilität der Schiffe wurde wesentlich verbessert. Eines der größten Schiffe im frühen 16. Jahrhundert war die englische »Henry Grâce à Dieu« (kurz »Great Harry« genannt), die bereits rund 1500 t groß war.

Die Gliederung des vorliegenden Werkes in die Hauptabschnitte prähistorische Seefahrt, Riemen(Ruder)schiffe, Segelschiffe, Dampfschiffe und elektronisches Zeitalter beruht auf der taktischen Einsatzfähigkeit der Schiffe (siehe Kapitel Taktik, S. 669). Die Trennung der Hauptabschnitte drei und vier war durch die Einführung der Dampfkraft im zweiten Viertel des 19. Jahrhunderts einfach gegeben. Eine Trennung zwischen den Teilen zwei und drei ist dagegen viel schwerer, da Segelschiffe schon im Altertum verwendet wurden, Ruderkriegsschiffe andererseits bis in das 19. Jahrhundert in Küstengewässern im Einsatz waren. Es hat sich nun allgemein eingebürgert (Stenzel, Meurer etc.), die Trennung zwischen den Seeschlachten bei Lepanto 1571 und im Ärmelkanal 1588 zu ziehen. Erstere war die letzte große Seeschlacht, welche zwischen Galeerenflotten gefochten wurde, letztere die erste große Seeschlacht zwischen Flotten, die fast ausschließlich mit Segeln manövriert hatten. Ich wollte nun die Trennung nicht so streng ziehen, habe mich aber im allgemeinen an diese Einteilung angelehnt. Als wichtigstes Charakteristikum erscheint es mir, ob die Schiffe während des Kampfes mit Segeln oder noch mit den Riemen manövrierten.
In den nordischen Gewässern hat dieser Übergang jedoch schon im 14. Jahrhundert begonnen und war im 15. Jahrhundert vollzogen. Die Hochseeflotten waren von da an die Segelflotten, alle Ostseeanlieger unterhielten jedoch noch bis zum 19. Jahrhundert sogenannte Schärenflottillen für die mit zahllosen Inseln zergliederten Küstengewässer, wo das geruderte kleine Kampfschiff bis zur Einführung der Dampfmaschine Einsatzmöglichkeiten gefunden hat. Die Trennung für die Ostsee habe ich daher etwas abweichend in die Mitte des 16. Jahrhunderts, dem Ende der Seegeltung der Hanse und dem Höhepunkt der Rivalität zwischen Schweden und Dänemark gelegt; in den Gewäs-

sern um die britischen Inseln jedoch schon früher an die Wende vom 15. zum 16. Jahrhundert, ab welchem Zeitpunkt das Segelschiff diese Gewässer dominiert hat.
Im Mittelmeer bin ich bei der Trennung mit Ende des 16. Jahrhunderts geblieben. Erstens ist nach dem Kampf um Zypern dort für fast ein halbes Jahrhundert relative Kampfesruhe eingetreten. Zweitens haben ab dem Beginn des 17. Jahrhunderts auch dort die Segelflotten die Galeerengeschwader verdrängt, ein Prozeß, der zu Ende dieses Jahrhunderts abgeschlossen war. Galeeren sind dann nur mehr in Nebenfunktionen, zuletzt in Venedig als Gefängnisse verwendet worden.
In Ostasien, wo Riemenschiffe – außer in Flüssen und auf Seen – nie eine große Rolle gespielt hatten, habe ich rein aus historischen Gründen die Grenze am Ende des 16. Jahrhunderts gezogen. Der größte Seekrieg zwischen Völkern des Fernen Ostens war da zu Ende, ab dem 17. Jahrhundert haben – mit dem verstärkten Auftreten der Europäer in Ostasien – sich die dortigen Völker immer mehr von der See abgewandt und den Europäern notgedrungen deren Beherrschung überlassen.

Die Fahrten der Entdecker (15. und 16. Jh.)

Für die großen Entdeckungsfahrten zur See, durch die Amerika mit den wissenschaftlichen, politischen und ökonomischen Grundlagen der Alten Welt verbunden wurde und der rationellere und daher billigere Transportweg nach Süd- und Ostasien und schließlich über den Pazifik erschlossen wurde, waren zwei Voraussetzungen nötig. Äußerer politischer und wirtschaftlicher Druck mußte die alte Scheu, sich in unbekannte Meere zu wagen, überwinden, und es mußten die Schiffe in ihrer technischen Entwicklung so weit gediehen und die nautischen Fähigkeiten so weit entwickelt worden sein, daß mit einiger Aussicht auf Erfolg große und lange Reisen über die Hohe See unternommen werden konnten.
Der wirtschaftliche Druck entstand durch den Abbruch der relativ guten Handelsbeziehungen mit Ostasien an der Wende vom 14. zum 15. Jahrhundert. Dies war im Fernen Osten durch die Ablöse der liberalen mongolischen Dynastie in China durch die fremdenfeindliche einheimische Mingdynastie und im Nahen Osten durch den Vorstoß der osmanischen Türken nach dem Rückschlag im Mongolensturm von 1402 auf dem Balkan und der Eroberung von Konstantinopel der Fall. Der Seeweg durch das Schwarze Meer und Zentralasien war damit zunächst unterbrochen, die Verbindung durch das Rote Meer nach dem Indischen Ozean von der Gnade der Araber und der Mameluken in Ägypten abhängig. Die wirtschaftliche Entwicklung Europas aber war schon so weit fortgeschritten, daß eine große Nachfrage nach den Handelsgütern des Fernen Ostens entstanden war, diese konnte jedoch wegen der hohen Zollbelastungen und des außerordentlichen Handelsrisikos nur für wenige Begüterte befriedigt werden. Die Versuchung wuchs daher, diese Handelsbarriere im Nahen Osten zu umgehen und einen direkten Handelsweg nach Ostasien zu suchen.
Die politischen Voraussetzungen dazu entstanden im Südwesten von Europa. Während in den übrigen Ländern dynastische Kämpfe und Seuchen wie die Pest die Staaten schwächten, waren in Portugal, Kastilien und Aragon die Kräfte durch die Kämpfe gegen die Mauren und deren Vertreibung von der Iberischen Halbinsel nicht geschwächt, sondern sogar immer neu angefacht worden. Portugal, das als erster Staat dieses Ziel erreicht hatte, war auch der erste, der gezielt über sein Territorium hinausgriff. Waren die Vorstöße der Iberer und Italiener an die afrikanische Nordküste nur Antworten auf die Angriffe der Sarazenen nach Europa, so war die Eroberung von Ceuta durch Portugal ein gezielter Schritt, die eigene Wirtschaftskraft zu stärken und die der Mauren zu schwächen. Dabei wurde auch der Wunsch geboren, den Weg zu den Quellen der Schätze, über welche die Mauren verfügten (Gold, Elfenbein etc.), zu finden. Das Ziel der Portugiesen war es daher, zunächst einen Seeweg nach Ostafrika, von wo man annahm, daß diese Schätze herkamen, zu suchen

und dort mit dem sagenhaften Reich des christlichen Priesters Johannes Kontakt aufzunehmen und die Mohammedaner von zwei Seiten anzugreifen.

Daß der Kreuzzugsgedanke noch eine wichtige Rolle spielte, ersieht man daraus, daß für alle Eroberungen vom Papst der Segen eingeholt wurde. Daß er die Nationen mit den zu erobernden Ländern belehnte, zeigt auch, daß handfeste machtpolitische Überlegungen die Hauptrolle spielten.

Träger des Gedankens der Aufnahme von Forschungsfahrten zur See war der vierte Sohn des portugiesischen Königs, Prinz Heinrich, später »der Seefahrer« genannt, obwohl er selbst nie an Forschungsfahrten teilgenommen hatte. Er sammelte alle erreichbaren Nachrichten und Unterlagen über ferne Länder und Meere, berief die besten Geographen, Astronomen, Seefahrer und Kartographen in seine Umgebung und ließ die Fahrten mit wissenschaftlicher Genauigkeit planen. Dazu ließ er von den portugiesischen Schiffsbauern ein Segelschiff konstruieren, das besonders für das Befahren der küstennahen Gewässer an der afrikanischen Westküste geeignet war und doch über eine große Tragfähigkeit und Seeausdauer verfügte, die Karavelle. Weiter war es ihm gelungen, den Seefahrern die Scheu vor den unbekannten Seegebieten zu nehmen. Es herrschte der Glaube, daß die Gewässer nach dem Kap Bojador nicht befahrbar wären, die Sandbänke, häufigen Nebel und Sandstürme aus der Wüste schienen dem Menschen des Mittelalters das Ende der Welt anzuzeigen. Nur der ausdrückliche Befehl des Prinzen und schließlich das Ausholen nach dem Westen führten zur Überwindung dieser Barriere, wonach eine wesentliche psychologische Sperre überwunden war.

Der verunglückte Feldzug gegen Tanger 1437 unterbrach zunächst die Fahrten; die ersten Kontakte mit den von Schwarzen besiedelten Ländern Westafrikas und die ersten Funde von Gold brachten die Fahrten aber bald wieder in Fluß. Schließlich wurde 1444 mit der Lagos-Kompanie die erste der europäischen überseeischen Handelskompanien gegründet, und die Forschungsfahrten kosteten nicht mehr nur Geld, sondern begannen sich bereits zum Teil selbst zu finanzieren. So wurden die Fahrten auch nach dem Tode des Prinzen Heinrich fortgesetzt.

Diese Erfolge waren für Kastilien, das im Begriff war, sich durch die Heirat von Isabella mit Ferdinand von Aragon zum spanischen Reich zu vereinigen, ein Alarmsignal. Nach der Eroberung von Konstantinopel durch die Osmanen waren die Handelsrouten Aragon/Spaniens durch das östliche Mittelmeer bereits stark beeinträchtigt, und dieses suchte ebenfalls nach neuen Wegen. Nach dem Westen um Afrika war ihm aber nun Portugal zuvorgekommen. Im kastilischen Erbfolgekrieg (1474–79), in dem sich der König von Portugal als Thronprätendent sofort einmischte, ging es daher außer um die Thronfolge auch um die Expansionsmöglichkeiten über die See. Der Krieg war daher auch ein Seekrieg mit Blockade der Küste von Kastilien durch die portugiesische Flotte und mit Angriffen der Spanier auf die portugiesische Schiffahrt aus Afrika und durch die Straße von Gibraltar. Erst der Friede von Alcaçovas 1479 brachte den Verzicht Portugals auf den Thron von Kastilien und die Anerkennung des ausschließlichen Rechtes der Portugiesen, die afrikanische Küste zu erkunden. Die Kanarischen Inseln blieben jedoch spanisch.

Von Portugal wurde in der Folge die Fortführung der Erkundungsfahrten mit erneuter Energie betrieben. Vor allem König Johann II. (1481–95) nützte das im Stützpunkt von El Mina eingetauschte Gold zur Ausrüstung der Expeditionen. Er ließ wie Prinz Heinrich Kartenzeichner, Kosmographen, Kapitäne und Piloten ausbilden und für die Hochseenavigation Kompaß, Quadrant und Astrolabium verbessern. In den neuentdeckten Ländern wurden nun an markanten Punkten der Küsten steinerne Wappensäulen (Padraos) aufgestellt, die zum Teil bis heute erhalten sind. Die Erkenntnisse der Entdeckungsfahrten wurden noch mehr einer strengen Geheimhaltung unterworfen. Erfolge der Fahrten sollten nicht den Neid der anderen Nationen erwecken.

Die Portugiesen vermuteten im Atlantik neben den Azoren noch weitere Inseln, und es wurden auch Fahrten unternommen, diese aufzufinden. Von den Azoren aus verhinderten allerdings die westlichen Winde und der entgegenstehende Golfstrom ein weites Vordringen. Das Ersuchen von Christoph Kolumbus für eine Lizenz zur Fahrt nach Westen, um auf diesem Weg Ostasien zu erreichen, wurde von Portugal abgelehnt. Die Gründe waren wahrscheinlich seine zu hohen Forderungen und die richtige Vermutung, daß er sich bei der Berechnung des Umfanges der Erde geirrt hatte und Ostasien direkt nicht zu erreichen war.

Eine der wichtigsten vorbereitenden Reisen zur Erkundung der Seewege nach Indien war die des Portugiesen Pedro de Covilha. Dieser reiste 1487 von Lissabon ab, erreichte über Rhodos, Aden, mit einem heimkehrenden Pilgerschiff von Mekka Kalikut und Goa in Vorderindien, überquerte den Indischen Ozean in westlicher Richtung und folgte der Ostküste von Afrika bis nach Sofala, besuchte am Rückweg Moçambique, Mombasa und Melinde, schickte von Kairo einen genauen Bericht nach Portugal und reiste dann über Mekka nach Äthiopien an den Hof des Negus, wo er bis zu seinem Tode eher unfreiwillig blieb. Seine genauen Berichte gaben Portugal gute Kenntnis von den Handelswegen im Indischen Ozean. Mittlerweile hatte die Forschungsfahrt des Bartolomeu Dias um die Südspitze von Afrika das Tor nach Vorderindien aufgestoßen.

Nicht lange danach war es Kolumbus schließlich gelungen, Isabella und Ferdinand von Spanien dazu zu bringen, daß sie ihn mit einer Forschungsfahrt nach dem Westen im Namen von Kastilien beauftragten und dabei weitgehend seinen Forderungen entsprachen. Seine Entdeckungen weit im Westen führten zu dem Vertrag von Tordesillas, in welchem die Interessensphären zwischen Spanien und Portugal abgegrenzt wurden.

Die Erforschung (und Eroberung) der damit zugeteilten Weltgegenden erfolgte daher ohne Reibereien zwischen den beiden Ländern. Einzige Ausnahme waren die Philippinen, da über eine Abgrenzung in Ostasien kein befriedigender Kompromiß gefunden werden konnte. In der Neuen Welt, bald nach dem Seefahrer Amerigo Vespucci Amerika genannt, erkundeten die Spanier zunächst die Inselwelt und die Festlandsküsten von Westindien (der Name ist geblieben nach der ersten Vermutung, Indien im Westen gefunden zu haben, wie auch der Name Indianer diese Erklärung hat). Nach der Entdeckung der Südsee durch Balboa, wonach bestätigt wurde, daß sich im Westen von Amerika ein weiteres großes Meer ausdehnt, begann die intensive Suche nach einer Durchfahrt und damit die Erkundung der Ostküste des neuen Kontinentes. Die erste Erdumsegelung zeigte schließlich die gewaltige Ausdehnung des Pazifik und bestätigte, daß die Berechnungen der Geographen Portugals richtig waren und die des Kolumbus falsch war. Nach der Eroberung von Mexiko begann Spanien mit der Erkundung der Westküsten von Amerika, die schließlich zur Eroberung des Inkareiches führte. Bei den Erkundungsfahrten über den Pazifik fanden die Spanier einen Teil der Inselwelt und entdeckten die Wind- und Meeresströmungen, die eine halbwegs sichere Überquerung des Pazifik in beiden Richtungen ermöglichten. Die Fahrten führten schließlich auch zum Erwerb der Philippinen. Mit Ende des 16. Jahrhunderts waren die Länder der Neuen Welt den Spaniern bereits so weit bekannt und in ihren wertvollen Teilen in Besitz genommen, daß die Erkundungsfahrten zur See vorerst zu Ende gingen.

Im Unterschied zu den Spaniern, welche die ertragreichen Gebiete für die Krone in Besitz nahmen, erkannten die Portugiesen schnell, daß dies in den von ihnen erschlossenen Weltteilen nicht möglich war. Diese Länder waren zu weit auseinander liegend und von kulturell und wirtschaftlich hochstehenden Völkern bewohnt, es wäre dies eine Unmöglichkeit für das an Einwohnerzahl kleine Land Portugal gewesen. Es war daher vor allem das Verdienst von Vizekönig Afonso de Albuquerque, daß er die portugiesische Herrschaft nicht auf Landbesitz, sondern auf die Seemacht gründete. Er sicherte Portugal die wichtigsten Stützpunkte an den Küsten des Indischen Ozeans von Sofala über Hormus, Goa, Kotschin bis Malakka. Nur Aden blieb in der Hand der Araber. Mit dem Indiengeschwader konnten schnell Truppen an die gefährdeten Punkte verlegt und damit mit weniger Aufwand ein größeres Gebiet kontrolliert werden. Von Vorderindien wurden dann die mehr erfolgreichen Erkundungsfahrten nach den Molukken und die weniger erfolgreichen nach

China und Japan unternommen. Sobald aber der wichtige Handel aus Ostasien nach Europa weitgehend von den Portugiesen kontrolliert wurde, nahmen ihre Forschungsfahrten ebenfalls ein Ende. Der Stützpunkt El Mina an der Küste von Westafrika war nur kurz Versorgungsstützpunkt für die Indienfahrten und wurde bald ein Handelszentrum für die Güter des Hinterlandes, vor allem Gold und Sklaven. Brasilien übernahm schon zu Beginn des 16. Jahrhunderts diese Funktion und behielt sie für rund 50 Jahre, bis auch die Franzosen sich dort festzusetzen begannen. Dann begann Portugal mit der Erschließung des in seine Interessensphäre fallenden Teiles von Südamerika.
Das Hauptziel beider Nationen war die Erlangung von Reichtümern und damit die Aufwertung von Macht und Ansehen ihrer Dynastien. Spanien betrieb dies durch den direkten Zugriff zu den Bodenschätzen der Neuen Welt, Portugal durch sein Handelsmonopol und damit indirekt zu den Reichtümern, die über den Gewinn aus dem Handel zu ziehen waren. Daneben war es aber auch ein echtes Anliegen, die heidnischen Völker, aber auch die Anhänger anderer Religionen zum katholischen Glauben zu bekehren. Dies ist den Spaniern nur zum Teil gelungen, die Protugiesen hatten dabei fast gar keinen Erfolg.
Zu Ende des 16. Jahrhunderts endete die erste große Welle der Entdeckungsfahrten. Erst um die Wende des 16. zum 17. Jahrhunderts waren es vor allem die Niederländer, welche die Gebiete um das heutige Australien erforschten und die Existenz eines – wenn auch viel kleiner als vermutet – Südkontinentes nachwiesen. Eine neue Welle von Forschungsfahrten setzte erst im 18. Jahrhundert wieder ein, die nun bereits auf wissenschaftlicherer Basis die noch unbekannten Teile der Weltmeere zu ihrem Ziel hatten.

20. Aug. 1415 **Eroberung von Ceuta.** Der Großteil der portugiesischen Heeresmacht, 12000 Mann, wird von Lissabon auf fast 400, zum Großteil für dieses Unternehmen von anderen seefahrenden Nationen gemieteten oder gekauften, Schiffen nach Algeciras transportiert und erobert von dort aus in einem Anlauf die reiche maurische Hafenstadt. Dieses Unternehmen ist der Start zu den Erkundungsfahrten der Portugiesen entlang der afrikanischen Westküste. Treibende Kraft ist der an der Eroberung von Ceuta beteiligte vierte Sohn des portugiesischen Königs, Prinz Heinrich »der Seefahrer«.

1419/20 Die Kapitäne Zarca und Teixeira nehmen die Insel Madeira für Portugal in Besitz, die Prinz Heinrich besiedeln läßt, um sie für die Forschungsfahrten nützen zu können.

1432 Die bereits seit dem Altertum bekannten, aber weitgehend wieder vergessenen und unbesiedelten Azoren werden 1427 von den Portugiesen wiederentdeckt. Prinz Heinrich läßt darauf mit der Besiedelung beginnen und erwirbt damit für Portugal einen der wichtigsten Stützpunkte für die Überseereisen.

1434 Der Kapitän Gil Eanes umschifft erstmals das Kap Bojador. Er durchbricht damit die psychologische Barriere, da im Mittelalter das Seegebiet südlich davon für nicht befahrbar galt. Erstmalig erreichen damit Europäer, die auch wieder zurückkehren, das Seegebiet südlich der Kanarischen Inseln.

1441 Die portugiesischen Kapitäne Tristão und Gonçalves erreichen mit ihren Karavellen das Kap Blanco, von wo an die Westküste Afrikas bereits einen südlichen Verlauf nimmt. Sie bringen die ersten gefangenen Schwarzen mit nach Portugal und geben damit den Anstoß zu dem gewinnbringenden Negerhandel von Westafrika.

1456 Der Venezianer Cadamosto fährt im Auftrag von Prinz Heinrich die Westküste entlang zur Mündung des Gambia-Flusses und entdeckt dabei zufällig die Kapverdischen Inseln. Portugal beginnt fünf Jahre später mit deren Besiedelung.

1460 Tod von Prinz Heinrich dem Seefahrer. Die Forschungsfahrten entlang der afrikanischen Küste werden in der Folge von den portugiesischen Königen angeordnet. Die Unternehmen selbst werden dabei an Privatpersonen verpachtet.

1470–1475 In vier Fahrten erkunden portugiesische Kapitäne die afrikanische Westküste bis zum Golf von Guinea, entdecken mehrere der dort liegenden Inseln und überschreiten erstmals, knapp, den Äquator.

1479 **Vertrag von Alcaçovas.** Dort wird der Erbfolgekrieg zwischen Kastilien und Portugal beendet. Kastilien anerkennt die bisherigen und zukünftigen Eroberungen von Portugal an der afrikanischen Küste. Portugal verzichtet auf seine Ansprüche auf die Kanarischen Inseln, die ein wichtiger Stützpunkt Spaniens für die Fahrten über den Atlantik werden.

1482 Die Portugiesen errichten an der heutigen Goldküste das Fort und den Handelsstützpunkt El Mina, von wo sie die weiteren Erkundungen betreiben und welcher eine wichtige Station auf dem Wege nach Asien wird.

1482/83, 1485 In zwei Reisen erkundet der Portugiese Diogo Cão die afrikanische Küste vom Golf von Guinea bis zum heutigen Südwestafrika. Dabei entdeckt er auch die Mündung des Kongo.

Juli 1487– Dez. 1488 **Erste Umsegelung der Südspitze von Afrika.** Aus Lissabon bricht Bartolomeu Dias mit drei Schiffen, der »São Cristovão«, der »São Pantaleão« und einem Versorgungsschiff auf, erreicht im Januar 1488 die Küste des Kaplandes, wird von einem Sturm nach Süden getrieben, wendet darauf auf Nordkurs und trifft östlich von Kap Agulhas wieder die Küste. Er vergewissert sich, daß die Küstenlinie sich weiter nach Nordosten zieht und damit der Indische Ozean erreicht ist und kehrt um das von ihm benannte Kap der Stürme, das heutige Kap der Guten Hoffnung, wieder nach Lissabon zurück.

3. Aug. 1492– 15. März 1493 **Erste Fahrt des Christoph Kolumbus.** Im Auftrag von Kastilien verläßt er Spanien vom Hafen Palos mit den Karavellen »Sta. Maria«, »Nina« und »Pinta«, trifft am 12. Oktober in der Bahamagruppe das Gebiet der Neuen Welt, erreicht am 27. Oktober Kuba, gründet auf dem am 6. Dezember entdeckten Hispaniola/Haiti die erste Siedlung und erreicht über Lissabon wieder Spanien. Kolumbus glaubt die Inseln vor Ostasien gefunden zu haben.

Sept. 1493– Juni 1496 Mit 17 Schiffen und 1500 Mann unternimmt Kolumbus seine zweite Reise, bei der er die kleinen Antillen, Puerto Rico und Jamaica entdeckt. Seine dritte Reise (1498–1500) bringt ihn an die Küste von Südamerika, die vierte Reise (1502–1504) nach Mittelamerika. Kolumbus glaubte bis zuletzt, den Seeweg nach Indien in Richtung Westen gefunden zu haben.

7. Juni 1494 **Vertrag von Tordesillas.** Auf Vermittlung des Papstes einigen sich Spanien und Portugal in eine Teilung der entdeckten und noch zu entdeckenden Länder. Die Trennungslinie soll der Längengrad ca. 370 Meilen westlich der Azoren sein. Alle übrigen europäischen Länder sind von den neuen Gebieten ausgeschlossen.

Mai–Aug. 1497 Der in englischen Diensten stehende Italiener John Cabot (Caboto) erreicht mit seinem Schiff »Matthew« (50) in der Gegend von Labrador das nordamerikanische Festland.

8. Juli 1497– 10. Juni 1499 **Erschließung des Seeweges nach Indien durch Vasco da Gama.** Dieser vollendet die fast 100jährige Suche der Portugiesen nach einem Seeweg um Afrika in den Indischen Ozean. Er startet mit den Schiffen »S. Gabriel« (120)F, »S. Raphael« (100), »S. Michael« und einem Transportschiff und 150 Mann von Lissabon, passiert am 22. November das Kap der Guten Hoffnung, folgt der ostafrikani-

schen Küste nach Norden bis Melinde, überquert die Arabische See und erreicht Mitte Mai 1498 bei Kalikut Vorderindien. Nach dreimonatigem Aufenthalt tritt er die Rückreise an, passiert am 20. März 1499 das Kap der Guten Hoffnung erneut und erreicht im September 1499 über die Azoren wieder Lissabon. Eines seiner Schiffe war schon am 10. Juni auf direktem Wege dort eingetroffen.

1499–1500 Der Spanier Vicente Pinzon und mehrere andere erkunden die Küste Südamerikas von der Ostspitze bis nach Mittelamerika und entdecken den Amazonasstrom.

1500 Der Portugiese Cabral entdeckt bei seiner Fahrt nach Indien die Küste des heutigen Brasilien.

1511 Ein kleines portugiesisches Geschwader unter Antonio de Abreu erreicht über Sumatra und Java erstmals die Molukken.

Sept. 1513 Der Spanier Vasco Nuñez de Balboa überquert die Landenge von Panama und sichtet als erster Europäer den Pazifik, den er Südsee nennt. Er läßt im Pazifik die ersten Kriegsschiffe zu dessen Erforschung bauen.

Okt. 1515–Febr. 1516 Der spanische Chefpilot Juan Diaz de Solis erkundet die Küste Südamerikas vom heutigen Rio de Janeiro bis zur Mündung des Rio de la Plata, wo er von Indianern erschlagen wird.

1517 Der Portugiese Tomé Pires segelt mit einem Geschwader von vier Schiffen unter de Adrade nach Kanton, um als Gesandter Kontakt mit dem Kaiser von China aufzunehmen. Die Reise wird ein Mißerfolg, Pires stirbt in China im Gefängnis.

Aug. 1519–Sept. 1522 **Erste Weltumsegelung.** Der Portugiese in spanischen Diensten Fernão de Magalhães startet von Sevilla mit den Schiffen »Trinidad« (110)F, »San Antonio« (120), »Conception« (90), »Victoria« (85) und »Santiago« (75). Im Oktober 1520 entdeckt er die Straße, die noch heute seinen Namen trägt, erreicht im März 1521 die Philippinen und fällt dort am 27. April 1521 im Kampf mit Eingeborenen. Sein Stellvertreter Juan Sebastian Elcano bringt das letzte übrige Schiff, die »Victoria«, mit nur noch 18 Überlebenden, aber einer reichen Gewürzladung nach Sevilla.

1526 Die Spanier Loyasa und Elcano erreichen von Amerika aus die Marschall-Inseln.

1537–1558 Der Spanier Fernan Mendez Pinto bereist den Fernen Osten und erreicht bereits 1542 Japan.

1577–1580 Zweite Weltumsegelung durch den Engländer Francis Drake.

1598–1601 Erste Weltumsegelung der Niederländer unter van Noort.

16. Jh. Mit der Entdeckung der reichen Fischgründe vor Neufundland mehren sich die Reisen nach Nordamerika, und es beginnt die Suche nach einer Nordwestpassage nach Ostasien. Hervorragend daran beteiligt sind Sebastian Cabot (1509), Giovanni de Verrazano, der 1524 von Dieppe aus die Küsten um das heutige New York und Neuengland erkundet, der Franzose Jacques Cartier, der 1535 von St. Malo aus den St. Lorenzstrom bis zu den Stromschnellen befährt, der Engländer Martin Frobisher, der ab 1576 die See zwischen Labrador und Grönland erkundet, der Engländer John Davys, der 1587 die gleichen Gewässer erkundet, der Engländer Henry Hudson, der 1610 die nach ihm genannte Bucht entdeckt und William Baffin, der 1616 die Baffin Bucht bis zum Lancaster Sund erkundet, dann aber ebenfalls vom Eis abgewiesen wird. Eine Durchfahrt wird damals noch nicht gefunden.

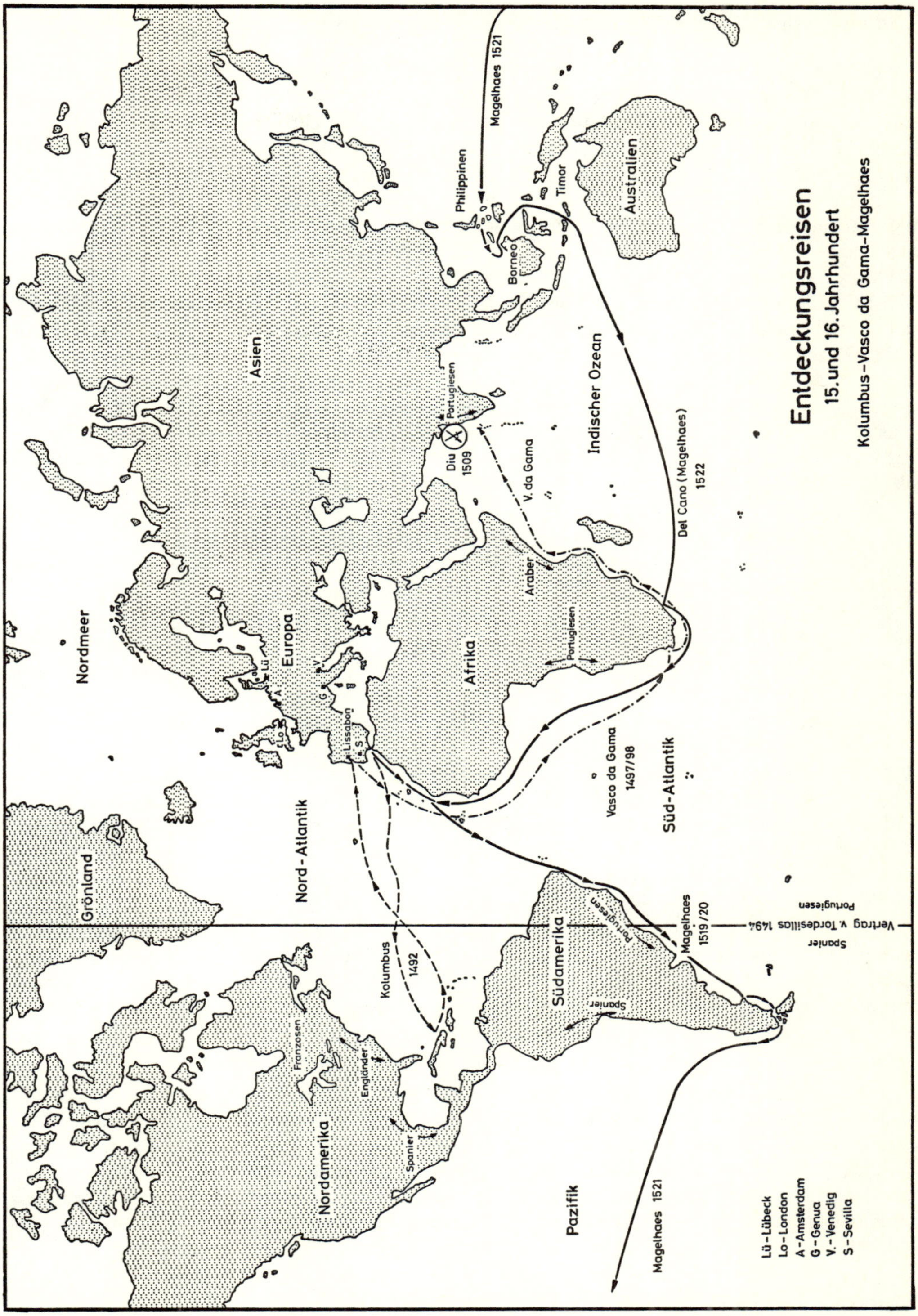
Entdeckungsreisen
15. und 16. Jahrhundert
Kolumbus-Vasco da Gama-Magelhaes
Asien
Europa
Afrika
Australien
Nordamerika
Südamerika
Grönland
Nordmeer
Nord-Atlantik
Süd-Atlantik
Indischer Ozean
Pazifik
Philippinen
Borneo
Timor
Magelhaes 1521
Diu 1509
Portugiesen
V. da Gama
Del Cano (Magelhaes) 1522
Araber
Vasco da Gama 1497/98
Magelhaes 1519/20
Kolumbus 1492
Vertrag v. Tordesillas 1494
Spanier
Franzosen
Engländer
Lissabon
Lü-Lübeck
Lo-London
A-Amsterdam
G-Genua
V.-Venedig
S-Sevilla

Spanien und Portugal erobern ihre Überseereiche (16. Jh.)

Mit den Entdeckungsreisen an der Wende vom 15. zum 16. Jahrhundert wurde das geopolitische Weltbild vollkommen verändert. Neue Handelsrouten wurden erschlossen, und die traditionellen Handelswege verloren teilweise stark an Bedeutung. Die Schiffahrtsroute von der Levante nach Südeuropa war nur mehr von geringer strategischer Bedeutung, da sie von dem nun ertragreicheren Weg um die Südspitze von Afrika übertroffen wurde. Aus der Neuen Welt wurden die Route der Silberschiffe von Westindien über die Azoren nach Spanien sowie die Fahrten der Fischerflotten Westeuropas nach den reichen Fischgründen auf den Neufundlandbänken von größter wirtschaftlicher und damit auch politischer Bedeutung. Für die großen Häfen des Mittelmeeres und der Ostsee wie Venedig, Genua, Barcelona und Lübeck begann daher der allmähliche Niedergang. Der Aufstieg der Häfen von Westeuropa wie Sevilla, Lissabon, Antwerpen, Amsterdam und London begann; traditionelle Häfen in Asien wie Hormus, Kalikut und Malakka wurden zu den größten Umschlagplätzen der Welt; neue Hafenplätze in den entdeckten Gebieten wie Santo Domingo, Havanna, Porto Bello, Cartagena in Westindien, Callao, Panama, Acapulco und Manila im Pazifik erlangten große Bedeutung. Es entstanden damit nun neue kritische Konfliktzonen auf den Weltmeeren, die Auseinandersetzungen erhielten eine neue, nun weltweite Dimension. Durch den Vertrag von Tordesillas (1494) wurden zwar die Interessengebiete zwischen Spanien und Portugal abgegrenzt, die übrigen seefahrenden europäischen Nationen fühlten sich daran jedoch keineswegs gebunden.

Portugal hatte es bei dem Aufbau seines maritimen Weltreiches zunächst jedoch mit den hochentwickelten Kulturen in Südasien zu tun. Es brach dort in den seit Jahrhunderten friedlich laufenden Handel zwischen den Arabern und den Völkern Süd- und Ostasiens ein. Während die Fürsten von Vorderindien ihnen zunächst abwartend gegenüberstanden, ihnen konnte es ja egal sein, ob Araber oder Portugiesen ihre Waren nach Europa weiter transportierten, erkannten die Araber sofort die Gefahr, daß ihnen der ertragreiche Handel durch den Persischen Golf und das Rote Meer entrissen werden sollte. Durch ihre langen guten Kontakte konnten sie daher bald ihre Handelspartner gegen die Portugiesen beeinflussen. Diese sahen aufgrund ihrer geringen Zahl als einzige Möglichkeit, ihre Mission zu erfüllen, die Anwendung von brutaler Gewalt. Sofort kam es zu Kämpfen mit den einheimischen Fürsten, welche nun tatkräftig von den Arabern unterstützt wurden. Durch Ausnützen von Rivalitäten unter den einzelnen Fürstentümern in Vorderindien und mit Hilfe ihrer Feuerwaffen konnten die Portugiesen den ersten Widerstand brechen. Da sie an Zahl zu schwach waren, um ganze Landstriche nicht nur zu erobern, sondern dann auch zu verteidigen, gingen sie dazu über, ihr Imperium auf die Seeherrschaft zu gründen. Entlang der Küsten von Südamerika und Afrika wurden befestigte Versorgungsstützpunkte wie El Mina in Westafrika, Pernambuco in Brasilien sowie Sofala und Moçambique in Ostafrika erbaut. Im Indischen Ozean wurden an den wichtigsten strategischen Punkten befestigte Häfen angelegt, von denen aus ein ständiges Asiengeschwader die Seerouten kontrollieren konnte und Verstärkungen rasch an die gefährdeten Plätze transportiert werden konnten. Es waren dies vor allem Maskat und Hormus am Eingang zum Persischen Golf, Diu und Goa in Vorderindien und Malakka an der Malaiischen Halbinsel. Da die Eroberung von Aden mißlang, blieb dieser Weg für die Mohammedaner weitgehend offen.

Ab Mitte des 16. Jahrhunderts lebte daher der Handel mit Orientwaren durch das Rote Meer und auch den Persischen Golf wieder auf. Ursachen waren die Eroberung von Syrien, Ägypten und Mesopotamien durch die Osmanen, welche Stützpunkte in Aden (1538) und Basra (1546) errichteten, sowie das Überdehnen der portugiesischen Besitzungen von Brasilien über Afrika und Indien bis zu den Molukken. Die Portugiesen mußten ihre Seeherrschaft gegen Angriffe der Flotten der Einheimischen und den Vorstoß der Türken um die Mitte des 16. Jahrhunderts in einer Reihe von Seeschlachten und Gefechten verteidigen, konnten aber bis zum Ende des Jahrhunderts alle Angriffe erfolgreich abwehren. Erst der Vorstoß der Engländer und Niederländer zu Beginn des 17. Jahrhunderts entriß den Portugiesen dort die Seeherrschaft.

In Amerika hatten Spanien und Portugal dagegen keine Gegner zur See zu überwinden. Dafür trafen sie dort schon bald auf die Konkurrenz der übrigen europäischen Seefahrernationen, woraus sich in Kürze Zusammenstöße ergaben.
Vor allem aus Dieppe und St. Malo stießen bald **französische Seefahrer** zunächst nach Nordamerika, später sogar nach Brasilien und bis Sumatra vor. Im Frieden von Crepy (1544) verzichtete die französische Krone aber auf koloniale Unternehmungen zugunsten von Portugal und Spanien. Im Gegensatz dazu förderte jedoch der Admiral von Frankreich Coligny die Auswanderung und Ansiedlung französischer Hugenotten in Amerika, die schließlich zur Vertreibung der Franzosen aus dem späteren Rio de Janeiro durch die Portugiesen und die grausame Liquidierung ihrer Siedlung in Florida durch die Spanier führte.
Die einzige maritime Opposition, welche **Spanien** in Amerika zu überwinden hatte, war die Vernichtung der Flotte von Kriegskanus der Azteken im See von Tenochtitlan bei der Eroberung der aztekischen Hauptstadt durch Cortés. Größere Schwierigkeiten bekamen die Spanier aber bald durch die **Engländer.** Wenn sich auch die Krone den größten Teil des 16. Jahrhunderts an kolonialen Unternehmungen desinteressiert zeigte, waren es schon sehr früh private Unternehmer, die zu Reisen in Richtung Westen aufbrachen. Schon zu Zeiten von Kolumbus suchten Seefahrer aus Bristol den Weg nach Ostasien. Aber erst unter Königin Elisabeth I. begannen Fahrten in größerem Stil.
Humphry Gilbert und später sein Stiefbruder Walter Raleigh suchten nach einer Nordwestpassage und unternahmen erste Siedlungsversuche in der Neuen Welt. Mit den zunehmenden konfessionellen Gegensätzen in Europa nahm vor allem der Gegensatz zwischen England und Spanien immer mehr zu. Die englische Krone unternahm daher nicht nur nichts gegen die zunehmenden Fahrten von Freibeutern nach Amerika, sondern begann diese sogar zunächst insgeheim, später immer mehr offen zu fördern und sich schließlich sogar daran zu beteiligen, bis es zum Krieg kam. Schließlich wurden die Weltmeere bei allen europäischen Kriegen der nächsten beiden Jahrhunderte zu einem beliebten Tummelplatz der Freibeuter und Handelsstörer.

Das portugiesische Kolonialreich

März 1500–Juli 1501 Mit der Expedition unter Pedro Alvarez Cabral beginnt Portugal mit dem Aufbau seines Handelsimperiums. Cabral startet am 9. März mit dreizehn Schiffen und 1500 Mann Besatzung aus Lissabon, entdeckt unterwegs die Küste des heutigen Brasilien, verliert im Mai im Südatlantik im Sturm vier Schiffe, darunter jenes mit Kapitän Bartolomeu Dias an Bord und erreicht im September Vorderindien.
Der Einbruch der Portugiesen in das Handelsmonopol der Araber und das harte Vorgehen der Portugiesen führen sofort zu kriegerischen Auseinandersetzungen.

1502–1504 Auf seiner zweiten Fahrt nach Indien errichtet Vasco da Gama an der ostafrikanischen Küste den Stützpunkt Sofala und in Indien die Faktoreien Kananor und Kotschin.

1502 **Seeschlacht vor Kalikut.** Eine Flottille von über 100 indischen und arabischen Fahrzeugen versucht, das portugiesische Indiengeschwader abzufangen, wird aber von rund 15 Schiffen unter Vasco da Gama – vor allem durch Geschützfeuer – fast vollständig aufgerieben.

März 1505 Der erste portugiesische Vizekönig von Indien, Francisco de Almeida, startet mit 22 Schiffen und 2500 Mann, darunter 1500 Marinesoldaten, von Lissabon nach Indien. Im folgenden Jahr stößt sein Sohn Lorenço bis Ceylon vor.

März 1506 **Seeschlacht vor Kananor.** An der Küste von Vorderindien, südlich von Kalikut, bringen die Portugiesen unter Lorenço Almeida der Flotte des Fürsten von Kalikut eine vernichtende Niederlage bei.

1507 Afonso de Albuquerque erobert mit seinem Geschwader von fünf Schiffen den am Eingang zum Persischen Golf gelegenen, strategisch bedeutenden Stützpunkt Hormus. Schon im Jahr vorher hatte er die Insel Sokotra am Eingang zum Roten Meer erobert, diese mußte aber mangels Unterhaltsmöglichkeiten wieder aufgegeben werden.

März 1508 **Gefecht bei Dabul.** Die vereinigte indisch-arabische Flotte besiegt südlich Bombay ein portugiesisches Geschwader. In diesem Kampf fällt Lorenço Almeida.

3. Febr. 1509 **Seeschlacht im Hafen von Diu.** Das portugiesische Indiengeschwader unter Francisco Almeidas persönlicher Führung vernichtet die indisch-ägyptische Flotte und erringt damit die Seeherrschaft im Indischen Ozean. Diese ist in der Folge zwar nicht unbestritten, kann aber von Portugal über das ganze 16. Jahrhundert mit Erfolg verteidigt werden. Erst das Auftreten der Engländer und Niederländer macht ihr ein Ende. Für Almeida war es die persönliche Genugtuung, seinen Sohn gerächt zu haben. Er übergibt darauf die Regentschaft an den neuen Vizekönig Afonso de Albuquerque. Dieser beginnt sofort seinen Plan, Südasien durch ein Netz von Stützpunkten mit der Flotte zu kontrollieren, in die Tat umzusetzen.

3. Jan. 1510 Ein Angriff von Albuquerque auf den wichtigen Handelsstützpunkt Kalikut an der Malabarküste scheitert. Im selben Jahr gelingt die Eroberung von Goa, welches das Zentrum der portugiesischen Besitzungen bis nach dem Zweiten Weltkrieg bleibt.

Aug. 1511 Den Portugiesen gelingt nach blutigem Kampf die Eroberung des an der gleichnamigen Meerenge gelegenen wichtigen Handelsstützpunktes Malakka. Portugal kontrolliert von dort aus die Seewege von China und den Gewürzinseln in den Indischen Ozean. Albuquerques Flaggschiff, die »Flor de la Mar«, erleidet bei der Rückfahrt Schiffbruch, der Admiral kann sich mit Mühe retten.

1513 Der Angriff der Portugiesen auf die Hafenstadt Aden scheitert am harten Widerstand der Araber. Der Eingang zum Roten Meer und dieses selbst bleiben in der Folge in arabischem Machtbereich.

1513/14 Die Portugiesen nehmen den direkten Handelsverkehr mit den Gewürzinseln auf, ihr Versuch, auch in China Fuß zu fassen, scheitert jedoch zunächst. Erst 1557 können sie in Macao eine Faktorei einrichten.

Der Handelsverkehr mit dem Gebiet des heutigen Indonesien geht jedoch nicht ohne Kämpfe mit den Königreichen und Fürstentümern Ostasiens ab. Im Januar 1513 vernichten die Portugiesen eine große Flotte von Kriegsdschunken vor Malakka; 1514, 1518, 1538 und 1572–75 sind sie in weitere Kämpfe mit den Flottillen der Einheimischen verwickelt.

1517 Der Versuch der Portugiesen, Dschidda am Roten Meer von See aus zu erobern, wird von den Mohammedanern verlustreich abgewiesen.

1521/22 Wegen ihres anmaßenden Auftretens werden die Portugiesen von den Chinesen des Landes verwiesen, jeder Handelsverkehr wird verboten. Die Portugiesen antworten mit einer Blockade von Kanton. In mehreren Gefechten mit den Dschunkengeschwadern der Chinesen ziehen die Portugiesen den kürzeren.

1526 Der aus seiner Hauptstadt vertriebene Sultan von Malakka errichtet einen neuen Regierungssitz auf der Insel Bintang. Ein Geschwader der Portugiesen vernichtet diesen und bereitet damit der Herrschaft des Sultans ein Ende. Nach der Eroberung von Ägypten (1514–17) und Mesopotamien mit dem Hafen Basra (1534–35) durch das Osmanische Reich gefährdet dieses für kurze Zeit die portugiesische Seeherrschaft im Indischen Ozean.

1538 In einem Gefecht vor Diu wehren die Portugiesen den Angriff eines türkischen Geschwaders ab.

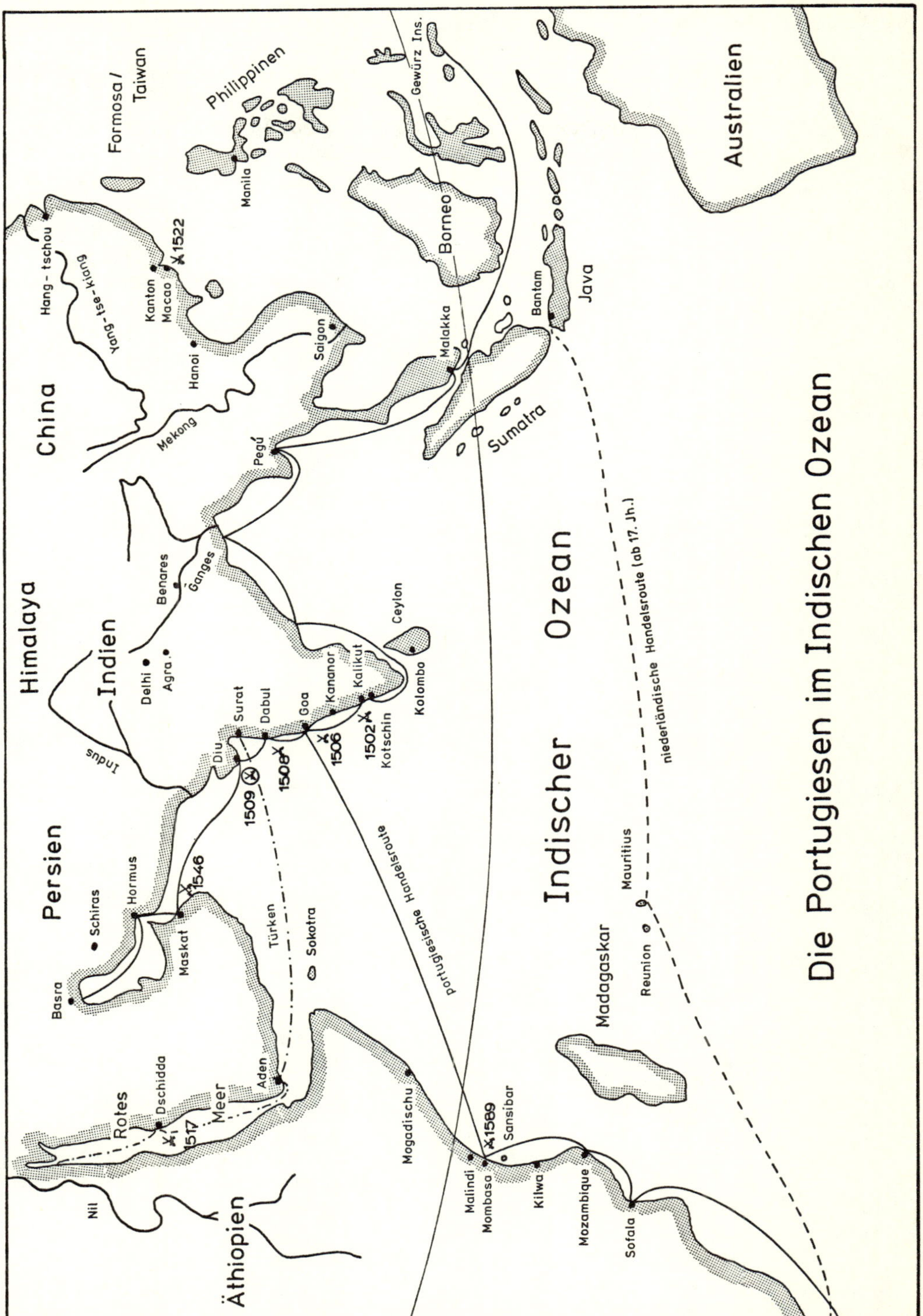
Die Portugiesen im Indischen Ozean
China
Himalaya
Indien
Persien
Äthiopien
Nil
Rotes Meer
Dschidda
1517
Aden
Türken
Sokotra
Basra
Schiras
Hormus
Maskat
1546
Indus
Diu
1509
Surat
Dabul
1508
Goa
1506
Kananor
Kalikut
1502
Kotschin
Delhi
Agra
Benares
Ganges
Ceylon
Kolombo
Pegú
Mekong
Hanoi
Saigon
Kanton
Macao
1522
Hang-tschou
Yang-tse-kiang
Formosa / Taiwan
Philippinen
Manila
Borneo
Gewürz Ins.
Malakka
Sumatra
Bantam
Java
Australien
Indischer Ozean
portugiesische Handelsroute
niederländische Handelsroute (ab 17. Jh.)
Mauritius
Reunion
Madagaskar
Mogadischu
Malindi
Mombasa
1589
Sansibar
Kilwa
Mozambique
Sofala

1546 In einem Seegefecht wird ein Angriff der Türken auf den Hafen Maskat von den Portugiesen abgewehrt.

1551–1554 Der türkische Admiral Piri Reis verheert mit einem Geschwader von über 20 Galeeren den Hafen Maskat und blockiert den wichtigen Stützpunkt Hormus, bis er von einem portugiesischen Geschwader im August 1554 vertrieben wird. Die portugiesischen Segelschiffe sind den türkischen Galeeren auf Hoher See jedoch klar überlegen. Nachdem Istanbul ab Prevesa 1538 den Schwerpunkt seiner maritimen Anstrengungen in das Mittelmeer verlegt, können die Portugiesen ihre Vorherrschaft im Arabischen Meer behaupten. Der Handelsweg durch das Rote Meer nach Ägypten bleibt jedoch in türkischer Hand.

1585/86 Dem türkischen Freibeuter Mir Ali Bey gelingt mit einem einzigen Schiff eine Kaperfahrt entlang der ostafrikanischen Küste, wobei er 20 portugiesische Schiffe erobert und mit reicher Beute fast ohne Verluste heimkehrt.

1589 Ein türkisches Geschwader wird an der Küste von Ostafrika bei Mombasa von den Portugiesen vernichtet. Es war der letzte türkische Vorstoß in diese Gewässer.

Nach der Entdeckung der Küste von **Brasilien** (1500) durch Cabral, welche nach dem Teilungsvertrag von Tordesillas unter die Hoheit von Portugal fällt, nützt es diese zunächst nur als Versorgungsstation für die Flotten nach Indien.

1530 Die Brüder de Sousa unternehmen die erste genauere Erkundung der unter portugiesische Hoheit fallenden Küstengebiete. In der Folge beginnt auch die wirtschaftliche Erschließung der Kolonie.

1549 Die Stadt Bahia/São Salvador wird gegründet, welche bis 1763 die Hauptstadt Brasiliens bleibt. In der ersten Hälfte des 16. Jahrhunderts treiben auch die Franzosen Handel mit den Eingeborenen Brasiliens. Als sie zur Besiedlung übergehen, treffen sie auf die Opposition der Portugiesen.

1555 Zwei französische Schiffe unter Admiral Coligny bringen 600 Mann in die Bucht von Rio de Janeiro, wo deren Anführer, der Malteserritter Villegaignon eine Ansiedelung gründet.

15. März 1560 Ein portugiesisches Geschwader von zwei großen und acht kleinen Schiffen unter dem Gouverneur Mem de Sá erstürmt das französische Fort Coligny und gründet an dessen Stelle das spätere Rio de Janeiro.
Mit der Personalunion von Spanien und Portugal unter Philipp II. (1580) werden die portugiesischen Kolonien ebenfalls in die Kämpfe Spaniens gegen die Niederlande und England hineingezogen.

Das spanische Kolonialreich

Ohne wesentlichen Widerstand erfolgen die ersten Städtegründungen der Spanier in Westindien mit Santo Domingo (1496) auf Hispaniola/Haiti, Nombre de Dios (1510) und Darien (1510) in Mittelamerika sowie Santiago de Cuba (1514) auf Kuba.

1519–1521 **Eroberung von Mexiko.** Hernan Cortés startet im Februar 1519 von Kuba mit elf Schiffen, ca. einem Dutzend Kanonen, sechzehn Pferden und 600 Soldaten.

25. März 1519 An der Küste von Yucatan wehrt er den Angriff einer großen Zahl Indianer erfolgreich ab.
Im April gehen die Spanier beim heutigen Vera Cruz an Land und beginnen vier Monate später – nach Verbrennen der Schiffe, um jeden Gedanken an Rückzug auszuschalten – den Vormarsch in das Landesinnere.

Mai–Aug. 1521 Zur Eroberung der mitten in einem großen See liegenden Hauptstadt der Azteken, Tenochtitlan/Mexiko, läßt Cortés eine Flottille von 13 Brigantinen, zum Segeln und Rudern eingerichtet, mit je einer Kanone bestückt, erbauen. Mit diesen vernichtet er im Mai die rund 1500 Kriegskanus zählende Flotte der Azteken und erobert damit die Seeherrschaft um die Hauptstadt. Nach zweimonatigen Straßenkämpfen wird diese – von der Umwelt abgeschnitten – erobert. Nach Cortés eigenen Angaben waren die Brigantinen der Schlüssel zum Erfolg.

Jan. 1531 Nach zwei Erkundungsfahrten von Panama die Pazifikküste entlang nach Süden startet Francisco Pizarro mit 180 Mann und 27 Pferden zur Eroberung des Inkareiches.

März 1536 Eine Expedition aus Spanien unter Pedro de Mendoza gründet ein erstes Mal Buenos Aires am Rio de la Plata. Die Siedlung wird zunächst aufgegeben, weiter oberhalb am Rio Paraguay wird die Stadt Asunción gegründet. Fünfzig Jahre später folgt erneut die Gründung von Buenos Aires.

1565 Petro Menéndez de Avilés wird zum Gouverneur von **Florida** ernannt. Seine Hauptaufgabe ist, den dort von französischen Hugenotten errichteten Stützpunkt, von wo auch Kaperfahrten nach Westindien unternommen werden, zu eliminieren. Er startet am 29. Juni von Cadiz mit zehn Schiffen und 1500 Mann, errichtet das Fort Augustin, vertreibt das französische Geschwader nach kurzem Gefecht und erstürmt am 20. September dessen Stützpunkt. Alle Gefangenen werden als Piraten niedergemacht. Drei Jahre später nehmen die Franzosen Revanche, indem ein Geschwader den spanischen Stützpunkt San Mateo auf Florida zerstört und die Gefangenen ebenfalls umbringt.

ab Mitte 16. Jh. Gegen die ständigen Angriffe von Freibeutern auf ihre Silberschiffe aus Westindien errichten die Spanier einen jährlichen Geleitdienst, die »Armada Real«. Diese Geleite sind ein beliebtes Angriffsziel in den Kriegen der kommenden Jahrhunderte. Für die Organisation der Verteidigung dieser Geleite, vor allem in Westindien, macht sich Menéndez de Avilés verdient.

Die Spanier in der Südsee. Nach der Entdeckung durch Balboa 1513 beginnen bald die ersten Erkundungsfahrten, welche zur Eroberung des Inkareiches im heutigen Peru und Ecuador sowie von Chile führen. Hauptwerft für das spanische Südseegeschwader wird Guayaquil, wo 1557 die ersten Galeeren, später auch größere Galeonen zum Handelsschutz gebaut werden, denn von der Küste Perus laufen die reichbeladenen Silberschiffe nach Panama. Diese werden ab zweiter Hälfte des 16. Jahrhunderts das Angriffsziel feindlicher Geschwader und zahlreicher Freibeuter.

Spanien erwirbt die Philippinen. Nach Magalhães erster Fahrt über den Pazifik unternehmen die Spanier Loyasa, Saavedra und Villalobos von Neu-Spanien aus Fahrten zu den Philippinen, die aber erfolglos bleiben. Der Vizekönig von Mexiko organisiert darauf ein sorgfältig geplantes Unternehmen unter Manuel López de Legazpi und dem Navigator Urdañete. Diese starten im November 1564 mit den Schiffen »San Pedro« (500), »San Pablo« (300), »San Juan« (80) und

Febr. 1565 »San Lucas« (40), erreichen nach 74 Tagen die Philippinen und gründen auf der Insel Cebu die erste Stadt.

In den folgenden Jahren müssen sie Angriffe der Portugiesen von den Molukken und der mohammedanischen Sultanate von den südlichen Philippinen abwehren.

Juni–Okt. 1567 Urdañete kehrt mit dem Flaggschiff nach Mexiko zurück und erschließt die von den Winden begünstigte Ostroute in den nördlichen Breiten.

Legazpi gründet 1571 auf Luzon die Stadt Manila, welche der neue Verwaltungssitz wird. Diese Stadt wird auch der Umschlagplatz für den Handel zwischen China und Spanien über Mexiko, da der Weg durch den Indischen Ozean von den Portugiesen gesperrt ist. Legazpi organisiert ab 1572 die jährliche Handelsverbindung zwischen Manila und Acapulco, wobei amerikanisches Silber gegen chinesische Seide und Porzellan ausgetauscht wird.

Sept. 1568 **Gefecht vor San Juan d'Ulloa.** John Hawkins (E) wird bei seinem dritten Freibeuterzug nach Westindien von einem spanischen Geschwader gestellt und verliert nach hartem Kampf sein Flaggschiff »Jesus von Lübeck« (700) und kann auf einem kleinen Schiff mit Mühe entkommen.

Mai 1572– Aug. 1573 Francis Drake unternimmt seine dritte Fahrt nach Westindien mit zwei kleinen Schiffen, von der er nach Plünderung von Nombre de Dios mit reicher Beute heimkehrt.

Nov. 1574 **Philippinen.** Der chinesische Piratenführer Li-Ma-Hong versucht, auf den Philippinen eine eigene Herrschaft einzurichten. Er greift den spanischen Stützpunkt Manila mit 60 Dschunken und 2000 Mann an und kann vom dortigen Truppenführer Juan de Salcedo nur mit Mühe abgewiesen werden.
Li-Ma-Hong errichtet darauf einen befestigten Stützpunkt im nördlichen Luzon.

Juli–Aug. 1575 Salcedo greift den Stützpunkt von Li-Ma-Hong mit seinem Geschwader an und vernichtet dessen Streitkräfte in mehrtägigen Kämpfen.

13. Dez. 1577– 26. Sept. 1580 **Weltumsegelung von Francis Drake.** Drake startet von Portsmouth mit fünf Schiffen, »Pelican« (100)F, »Elisabeth« (80), »Marygold« (30), »Swan« (50) und »Christopher« (15). Sein Ziel ist der Angriff auf den spanischen Schiffsverkehr in der Südsee an der Westküste von Südamerika. In den Stürmen vor der Magellanstraße kehrt die »Elisabeth« um, die übrigen kleinen Schiffe gehen verloren. Drake ändert den Namen seines Flaggschiffes auf »Golden Hind«, läuft im September 1578 in die Südsee ein und plündert auf seinem Weg nach Norden die spanischen Hafenorte. Er macht zwei Prisen mit reicher Ladung, vor allem die »Cacafuego« führt eine große Menge an Gold und Silber an Bord, segelt die Küste nach Norden bis zum 48. nördlichen Breitengrad und beginnt die Heimfahrt nach Westen, da er mit einer Überwachung der Magellanstraße durch die Spanier rechnet. Er erreicht im November 1579 die Palau-Inseln, im März 1580 Java, passiert im Juni das Kap der Guten Hoffnung und erreicht mit seiner Beute Plymouth.
Als Folge von Drakes Zug in die Südsee errichten die Spanier an der Magellanstraße eine befestigte Siedlung unter Pedro Sarmiento, die aber aus Mangel an Nachschub zugrunde geht.

Dez. 1582 Vor der Küste von Brasilien trifft ein englisches Geschwader von drei Schiffen unter Kpt. Edward Fenton auf drei spanische Kriegsschiffe. In einem Nachtgefecht wird eines der spanischen Schiffe versenkt.

Sept. 1585– Juli 1586 Drake unternimmt einen halboffiziellen Seezug nach Westindien. Mit Martin Frobisher als Vizeadmiral, 25 Schiffen und über 2000 Mann plündert er unterwegs Vigo, erobert und erhebt Kontribution in Santo Domingo auf Hispaniola, hat den gleichen Erfolg in Cartagena und kehrt über Florida und Virginia mit reicher Beute zurück.

April–Nov. 1587 Thomas Cavendish (E) erscheint mit drei Schiffen an der Westküste von Südamerika, erobert eine Reihe kleiner spanischer Schiffe, zerstört die Stadt Puna vor Guayaquil und erobert schließlich vor Mexiko die von den Philippinen kommende, reich beladene Galeone »Sta. Ana« (700), bevor er seine Reise über den Pazifik fortsetzt.

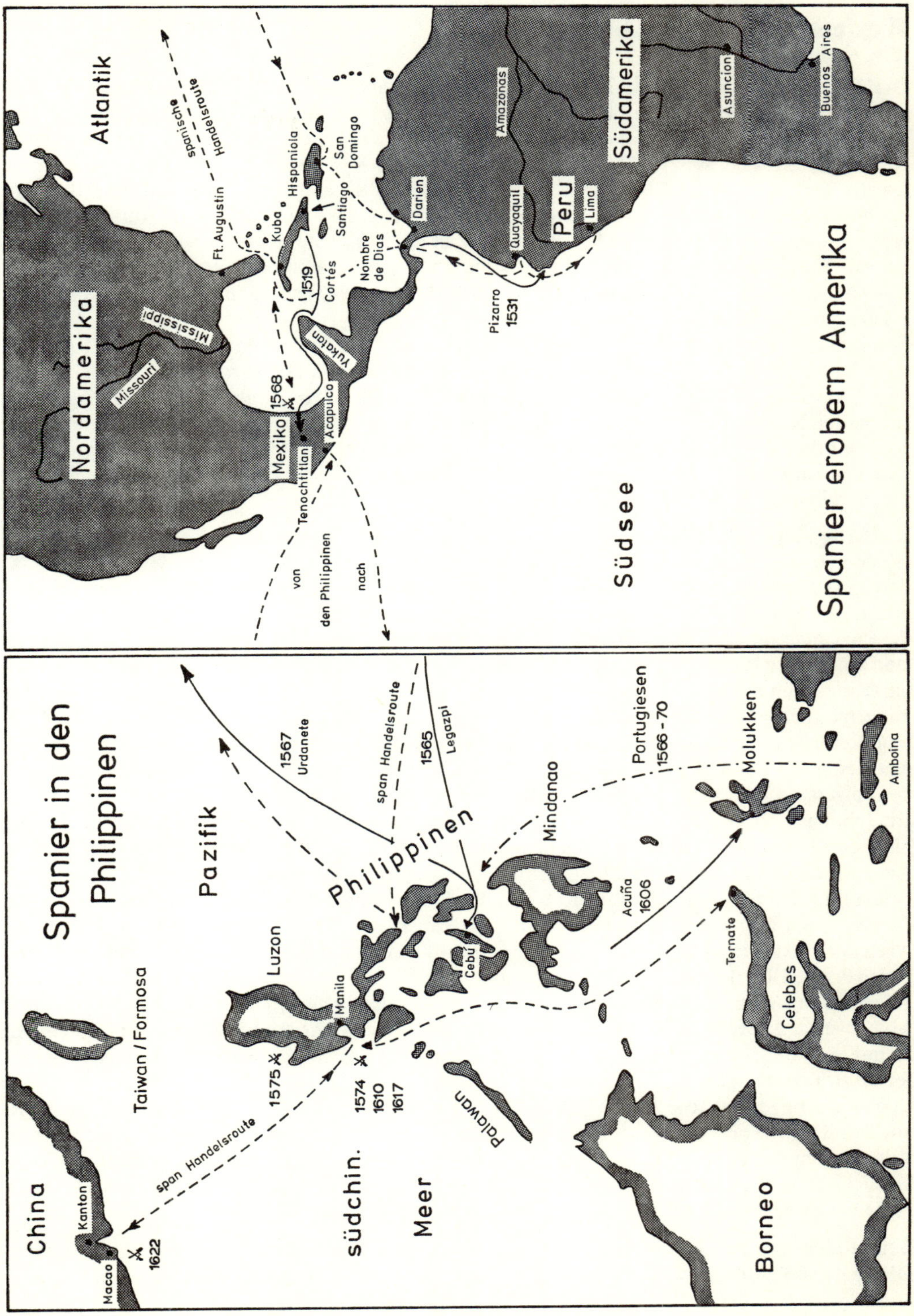
Spanier erobern Amerika
Atlantik
spanische Handelsroute
Nordamerika
Missouri
Mississippi
Ft. Augustin
Kuba
Hispaniola
San Domingo
Santiago
1519
Cortés
Nombre de Dias
Darien
Yukatan
Mexiko
Tenochtitlan
1568
Acapulco
von den Philippinen nach
Südsee
Südamerika
Amazonas
Peru
Quayaquil
Lima
Pizarro 1531
Asuncion
Buenos Aires
Spanier in den Philippinen
China
Kanton
Macao
1622
span Handelsroute
Taiwan / Formosa
Luzon
1575
Manila
1574 1610 1617
südchin. Meer
Palawan
Pazifik
Philippinen
1567 Urdanete
span Handelsroute
1565 Legazpi
Cebu
Mindanao
Portugiesen 1566 - 70
Molukken
Amboina
Acuña 1606
Ternate
Celebes
Borneo

Westeuropa im 16. Jahrhundert

Drei Faktoren waren für die zahlreichen Kriege, die in ständig wechselnden Allianzen im 16. Jahrhundert in Europa geführt wurden, verantwortlich. Erstens die Auseinandersetzung um die Hegemonie in Europa zwischen Spanien unter Kaiser Karl V. und Frankreich unter Franz I. und dessen Nachfolgern. Zweitens der schließlich gescheiterte Versuch von Kaiser Karl V., der Kaiserwürde die von Karl dem Großen hergeleitete Vorherrschaft über die anderen Könige und Herrscherhäuser wieder zu verschaffen. Und drittens die Reformation und die darauf folgende Aufspaltung Europas in einen protestantischen Norden und einen katholischen Süden.
Soweit diese Kriege den Mittelmeerraum betreffen, wurden sie bereits hier behandelt. In einem, wenn auch geringeren Maße haben sie aber auch zu kriegerischen Auseinandersetzungen an den Küsten von Westeuropa geführt.
Frankreich war in den letzten Jahrhunderten traditionell der Freund von Navarra und Kastilien, aber der Feind von Aragon. Nach der Vereinigung der beiden großen spanischen Königreiche und dem Tod von Isabella von Kastilien (1504) benützte Ferdinand von Aragon die erste Gelegenheit, sich in den Besitz des strategisch wichtigen **Navarra** zu setzen. Das mit diesem verbündete Frankreich wurde durch ein Bündnis mit Heinrich VIII. von England neutralisiert. Als Ferdinand in Navarra einmarschierte, schickten die Engländer Hilfstruppen, und die Flotte unternahm Angriffe auf die französische Küste.

Die **Kriege zwischen Spanien und Frankreich** dauerten mit Unterbrechungen von 1521 bis 1559 (Friede von Cateau-Cambrésis). Nach der Ermordung zweier Gesandter Frankreichs in Norditalien 1541 flammte der Krieg nach kurzer Unterbrechung wieder auf. Heinrich VIII. von England griff erneut auf der Seite von Spanien gegen Frankreich ein, welches wie so oft die Schotten gegen die Engländer unterstützte. Die Engländer griffen mit der Eroberung von Boulogne auf dem Festland an, ihre Flotte kam mehrfach mit der französischen ins Gefecht. Der Friede von Crepy 1544 unterbrach den Kampf nur ganz kurz. Frankreich holte nach dem Verlust von Boulogne Verstärkungen aus dem Mittelmeer und machte den Engländern 1545 die Seeherrschaft im Kanal mit Erfolg streitig, konnte diesen aber nicht auf Dauer nutzen. Die Kräfteverschiebung vom Mittelmeer in den Kanal war durch die Übereinkunft mit den Osmanen ermöglicht, deren Flotte in diesen und den folgenden Jahren im westlichen Mittelmeer operierte (siehe S. 148 bis S. 150).
Ein Jahr nach dem Regierungsantritt von Königin Maria I. der Katholischen von England heiratete diese den Thronfolger Philipp von Spanien. Als das spanische Geschwader mit Philipp an Bord im Kanal erschien, erzwang der englische Lord High Admiral William Howard, Lord Effingham, mit einem scharfen Schuß den Flaggengruß und damit die Anerkennung der Hoheitsrechte über die Gewässer um England. Philipp kam dieser Forderung nach, um die Heirat nicht zu gefährden.
Nach der Thronbesteigung von Philipp erhielt dieser von England aktive Unterstützung im Kampf gegen Frankreich, die auch von Elisabeth I. nach dem Tod seiner Gemahlin Maria I. (1558) bis zum Frieden von Cateau-Cambrésis fortgesetzt wurde. Der Krieg zwischen England und Frankreich lebte zwar in den folgenden Jahren noch mehrmals kurz auf, führte aber zu keinen bedeutenden Kampfhandlungen mehr. Königin Elisabeth I. führte England in das protestantische Lager und entfernte sich so immer mehr von Spanien.
In diesen Kriegen zeigte sich erneut die Unbrauchbarkeit von Galeeren in den rauhen Gewässern vor den Küsten von Westeuropa. England, später auch Frankreich und die Niederlande stützten sich daher in der Folge auf Segelschiffe mit möglichst starker artilleristischer Bewaffnung. Diese Umstellung wurde von Spanien zu spät eingeleitet und trug zu den Rückschlägen in den folgenden Auseinandersetzungen bei.

Beim Kampf um die **Thronfolge in Portugal** war die spanische Flotte mit Erfolg im Atlantik tätig. Die Segelgeschwader bewährten sich bei der Eroberung der Azoren und trotzdem wurden immer noch die mannschaftsaufwendigen Galeeren gebaut und ausgerüstet.

Der achtzigjährige **Unabhängigkeitskrieg der Niederlande (1568–1648)** zerfällt in zwei Teile. Der erste Teil ist der bis zum Waffenstillstand 1609 dauernde Kampf um die nationale Souveränität. Der zweite Teil nach dem Ende des Waffenstillstandes 1621 die Verteidigung dieser Unabhängigkeit bis zu der Anerkennung durch Spanien im Westfälischen Frieden. Hier wird nun der erste Teil behandelt, der zweite Teil wird im Rahmen des umfangreicheren Dreißigjährigen Krieges beschrieben.

Seit den Entdeckungsreisen und der Bildung großer überseeischer Kolonialreiche in Amerika und Indien durch Spanien und Portugal nahm der Seeverkehr gewaltig an Umfang zu. Große Segelflotten brachten die Reichtümer aus Übersee nach der Iberischen Halbinsel und wurden von dort über die in spanischem Besitz befindlichen Niederlande nach dem übrigen Europa weitergeleitet. Die anderen Nationen waren dabei von der Teilnahme an dem gewinnbringenden Überseehandel ausgeschlossen. Spanische Silberflotten liefen jährlich aus Westindien in Cadiz ein, und die Gewürzflotten der Portugiesen füllten die Lagerhäuser von Lissabon. Noch größer aber waren die Gewinne, die der Zwischenhandel der Niederlande diesen einbrachte. Deren Flotten besorgten im 16. Jahrhundert fast den ganzen Handel von Spanien bis in die Ostsee (Nachfolger der Hanse). Weiterer Reichtum strömte in die Niederlande durch die ertragreiche Fischerei in der Nordsee.

Diesen blühenden und selbstbewußten Provinzen gewährte nun König Philipp II. keine konfessionellen und politischen Freiheiten, wogegen sie, geführt von dem zunächst durchaus königstreuen Adel, in zunehmendem Maße aufbegehrten und schließlich revoltierten. Mit der Hinrichtung der Niederländer Egmont und Hoorne und 20 weiterer Adeliger 1568 begann der Kampf um die Unabhängigkeit der Niederländer zunächst unter Wilhelm von Oranien, nach dessen Tod unter seinen Söhnen.

In diesem Kampf erlangte der Besitz der Seeherrschaft bald eine entscheidende Bedeutung. Zu Lande konnten die Spanier die Aufständischen bald unterwerfen, aber die niederländischen Freibeuter zur See führten den Krieg zunächst von Schlupfwinkeln auf den Inseln, in England und von La Rochelle aus weiter. Mit der Eroberung von Briel konnten sie den ersten wichtigen Stützpunkt auf eigenem Boden erringen, und bald waren fast die ganzen Provinzen Holland und Seeland in ihrer Hand; sie wurden von den Stadtverwaltungen auf eine solide finanzielle Basis gestellt. Dies war nur möglich, da im Schutze von bewaffneten Fahrzeugen der Seehandel bald wieder in normalen Bahnen lief. Diese Freibeuter und Kaperkapitäne, von den Spaniern verächtlich Wassergeusen = Wasserbettler genannt, bildeten den Rückhalt für den erfolgreichen Befreiungskampf. Bereits 1581 konnten sich die Nordprovinzen für unabhängig erklären. Der Handel begann sich von den unter spanischer Kontrolle verbleibenden Südprovinzen nach dem Norden zu verlagern.

Weitere Hilfe erhielten die Niederlande durch die zunehmende Entfremdung von Spanien und England. Elisabeth I. unterstützte, zunächst nur verdeckt, später immer offener die Niederlande, aber auch die protestantischen Hugenotten in Frankreich. Schließlich wurden die englischen Freibeuter bei ihren Fahrten nach Westindien mit königlichen Kaperbriefen ausgestattet. Namen wie Drake, Hawkins und Frobisher wurden der Schrecken des spanischen Handels in und von Westindien. Je mehr England sah, welcher Nutzen aus dem Westindienhandel zu ziehen war, desto mehr war es entschlossen, das spanische Handelsmonopol zu brechen.

Nachdem es Spaniens Statthalter seit 1578, Alessandro Farnese, Herzog von Parma und Piacenza, vor allem mit der Eroberung von Antwerpen gelungen war, den spanischen Halt in den Niederlanden zu festigen und sogar eine gänzliche Unterwerfung nicht ausgeschlossen schien, beschloß Philipp die Invasion in England. Äußerer Anlaß dazu war die Hinrichtung von Maria Stuart 1587. Im Kanal traf die spanische große Armada auf eine englische Flotte, deren Schiffe an Größe und Zahl der Soldaten hoffnungslos unterlegen war, die sich aber aus diesem Grund für den Kampf auf ihre bessere artilleristische Bestückung stützte. Durch Vermeiden des Nahkampfes und ständiges Belästigen des Gegners mit Artillerieüberfällen wurde die spanische Flotte in das Verderben getrieben.

Durch den Zwang, ihre Handelsschiffe aus Westindien und nach den Niederlanden schützen zu müssen, waren die Spanier ständig in die Defensive gedrängt und mußten daher den Engländern die Initiative überlassen. Die Vereinigung von Spanien und Portugal in Personalunion ab 1580 brachte für Spanien eine weitere Kraftanspannung und später für England und die Niederlande neue Gebiete, in die sie ihre Vorstöße unternehmen konnten.

Unter König Heinrich IV. von **Frankreich** wurde mit dem Edikt von Nantes (1598) der blutige Bürgerkrieg mit den Hugenotten beendet, und Frankreich stieg schnell zu einer bedeutenden Macht auf. Als nun 1604 der Nachfolger von Königin Elisabeth I., Jakob I., mit Spanien Frieden schloß, war Spanien zu erschöpft, um in den Niederlanden erneut die Initiative zu ergreifen. Die Niederländer andererseits sahen die Südprovinzen lieber unter dem fernen Spanien als womöglich in der Hand des aufstrebenden Frankreichs. Somit waren die Voraussetzungen für einen Waffenstillstand, wenn schon nicht für einen Friedensschluß zwischen Spanien und den Generalstaaten, wie sich die Nordprovinzen nannten, gegeben.

Mai 1512 — Zur Unterstützung der verbündeten Spanier geleitet ein englisches Geschwader unter Lord High Admiral Edward Howard spanische Transporter mit englischen Hilfstruppen nach Nordspanien. Das englische Geschwader kreuzt anschließend vor der Bretagne.

10. Aug. 1512 — **Gefecht vor Brest.** Ein englisches Geschwader von 25 Schiffen unter Lord Edward Howard kämpft unentschieden gegen ein französisches Geschwader unter Jean de Thénouënel. Dabei fliegen die beiden Bord an Bord liegenden Schiffe »Regent« (E) und »Marie de Cordeliere« (F) in die Luft.

25. April 1513 — Lord Howard greift mit 24 Schiffen die französische Flotte in Brest an. Howard fällt nach Entern eines gegnerischen Schiffes, und die Engländer werden unter Verlusten abgewiesen.

Während der Kriege Frankreichs gegen Kaiser Karl V. zwischen 1521 und 1559 (siehe Seekriege im Mittelmeer S. 143) kommt es auch im Golf von Biskaya zu mehreren Kämpfen zur See. Französische Freibeuter greifen mehrfach den spanischen Handelsverkehr nach Flandern an. Die Spanier stellen darauf ein Geleitgeschwader zum Schutz der Handelsschiffe nach Flandern und Westindien auf.

1543 — Ein französisches Geschwader treibt von den spanischen Küstenplätzen am Golf von Biskaya Kontributionen ein, es gelangt dabei bis zum Kap Finisterre.

25. Juli 1543 — **Seeschlacht bei Muros.** In der Bucht von Muros stellt das spanische Kantabriengeschwader von rund 25 Schiffen unter Admiral Alvaro de Bázan das gleich starke französische Geschwader. Nach zweiständigem erbitterten Kampf sind die Franzosen überwältigt, nur ein Schiff kann entkommen. Die Verluste der Franzosen sollen 3000 Tote betragen haben, die Spanier verlieren 300 Tote und 500 Verwundete.

14. Juli 1544 — Ein englisches Geschwader landet Truppen unter der persönlichen Führung von König Heinrich VIII. bei Calais. Diese beginnen die Belagerung von Boulogne, während die Flotte den Hafen von der Seeseite blockiert. Am 14. September muß die Stadt kapitulieren.
Im selben Jahr plündert ein englisches Geschwader Edinburgh und weitere Städte an der schottischen Küste.

19. Juli 1545 **Treffen auf der Reede von Spithead.** Die französische Flotte in Stärke von rund 50 Galeonen, über 100 kleinen Segelschiffen und 25 Galeeren unter dem Admiral von Frankreich d'Annebaut greift die in Portsmouth liegende englische Flotte unter Lord High Admiral Lisle an. Nach kurzem Artillerieduell trennen sich die beiden Flotten ohne wesentliche Gefechtsschäden. Beim Auslaufen war eines der größten englischen Schiffe, die »Mary Rose«, mit großen Menschenverlusten auf der Reede gekentert.
In den folgenden Tagen plündern die auf der französischen Flotte eingeschifften Truppen Orte auf der Insel Wight und an der Südküste bis vor Dover. Anschließend werden sie bei Boulogne gelandet, um diesen Platz wieder zurückzuerobern.

15. Aug. 1545 **Treffen im Kanal.** Die beiden Flotten treffen erneut aufeinander und trennen sich nach kurzem Artillerieduell wieder ohne Entscheidung und ohne große Verluste. Es zeigt sich bei diesen Operationen die Verwundbarkeit der Galeeren mit ihrem niedrigen Freibord in der rauhen See der nördlichen Breiten.

18. Mai 1546 **Gefecht vor Boulogne.** Je acht englische und französische Kriegsschiffe treffen aufeinander. Die Engländer erobern eine Galeere mit 180 Soldaten und 140 Ruderern an Bord.

Sept. 1547 Ein englisches Geschwader verheert erneut die schottische Ostküste und vernichtet die kleine schottische Flotte.

1580 Nach dem Tod des kinderlosen portugiesischen Königs Heinrich muß König Philipp II. von Spanien seine Thronfolgerechte mit Gewalt durchsetzen. Die spanische Flotte unter Alvaro de Bázan, Marquis von Sta. Cruz, erobert die Hafenstädte im südlichen Portugal und unterstützt das Heer bei der Einnahme von Lissabon.

1581 Der Versuch eines spanischen Geschwaders, die Azoren für Philipp II. in Besitz zu nehmen, scheitert zunächst am Widerstand der Portugiesen auf der Insel Terceira, welche der wichtigste Stützpunkt des rivalisierenden Thronprätendenten Antonio, Prior von Crato, bleibt.

26. Juli 1582 **Seeschlacht vor Punta Delgada.** Nach dem Mißerfolg im Jahr zuvor schickt Spanien 1582 seinen tüchtigsten Flottenführer, Alvaro de Bázan, Marquis de Santa Cruz, mit einem starken Geschwader und 8000 Mann Landungstruppen zur Besetzung der Insel Terceira. Aus Frankreich war mittlerweile ein Geschwader von 60 Schiffen zur Unterstützung der Portugiesen bei den Azoren eingetroffen. Vor der Insel San Miguel treffen diese auf die 25 stärkeren Schiffe der Spanier und erleiden nach hartem Kampf eine schwere Niederlage. Sie verlieren zehn Schiffe: vier erobert, vier versenkt und zwei verbrannt, 2000 Mann an Toten, darunter den Geschwaderchef Philipp Strozzi, und 400 Gefangene, die Bázan als Aufrührer hinrichten läßt. Die spanischen Verluste betragen 800 Tote und Verwundete. Es war dies ein glänzender Seesieg der Spanier über einen zahlenmäßig viel stärkeren Gegner, der international große Beachtung fand. Weiter war dies die erste Seeschlacht im Atlantik und die erste, die vornehmlich mit der Artillerie ausgefochten wurde.

Juli 1583 Im folgenden Jahr erscheint Alvaro de Bázan erneut mit einem Geschwader und mit 8000 Mann Infanterie bei den Azoren, landet die Truppen auf den Inseln und nimmt sie nach Kampf für Philipp II. in Besitz.
Diese Ereignisse veranlassen Spanien, das Schwergewicht der Seerüstung auf die Segelflotten zu verlegen.

1568–1609 **Der Freiheitskampf der Niederlande** (1. Teil)

Mit der Hinrichtung von Egmont und Hoorne und weiteren Niederländern 1568 beginnt der offene Kampf gegen die spanische Herrschaft.

1. April 1572 **Eroberung von Briel.** Der niederländische Freibeuter Wilhelm de la Marck erobert im Kanal zwei spanische Handelsschiffe und erscheint mit diesen vor Briel, welches den Spaniern nach kurzem Kampf entrissen wird. In den folgenden Tagen schließen sich eine Reihe weiterer Küstenstädte dem Aufstand an, vor allem das wichtige Vlissingen, das die Zufahrt nach Antwerpen beherrscht.

Okt. 1573 **Seeschlacht bei Enkhuizen.** Ein spanisches Geschwader von 30 Schiffen versucht den aufständischen »Wassergeusen« die Seeherrschaft in der Zuidersee zu entreißen. Die Spanier erleiden eine Niederlage und verlieren sechs Schiffe.

Jan. 1574 **Seeschlacht bei Romerswael.** Ein spanisches Geschwader versucht das von den Niederländern belagerte Middelburg zu entsetzen. Ein Geschwader der »Wassergeusen« bringt den Spaniern eine schwere Niederlage bei, letztere verlieren 15 Schiffe, Middelburg muß sich ergeben.

3. Okt. 1574 **Entsatz von Leiden.** Nach verzweifelter Gegenwehr der belagerten Niederländer wird die Stadt von flachgehenden Schiffen der »Wassergeusen« über die überschwemmten Felder entsetzt. Einer der Wendepunkte des Kampfes.

1581 Die sieben Nordprovinzen sagen sich endgültig von Spanien los.

Febr.–Aug. 1585 **Belagerung von Antwerpen.** Im Februar schließen die Spanier die Schelde und unterbrechen damit die letzte Versorgungsmöglichkeit für die belagerte Festung. Mehrere Versuche der Belagerten, die Sperren mit schwimmenden Batterien und von dem Italiener Gianibelli konstruierten Treibminen zu zerstören, scheitern. Die Stadt muß sich schließlich ergeben und bleibt beim spanischen Süden.

Nach den letzten Erfolgen in den Niederlanden unter dem Stadthalter Alessandroi Farnese sieht König Philipp II. in England seinen Hauptfeind und beginnt eine Invasion vorzubereiten. In England drängt Drake darauf, dem Gegner zuvorzukommen und ihn im eigenen Land anzugreifen.

29. April–1. Mai 1587 **Überfall auf Cadiz.** Mit sechs königlichen Schiffen und 17 bewaffneten Kauffahrern greift Francis Drake die spanische Flotte in ihrem Ausrüstungshafen Cadiz an. Er schlägt die sichernden Galeeren zurück und zerstört im Hafen in drei Tagen den Großteil der spanischen Schiffe, darunter sechs mit über 1000 t, vier Schiffe mit Versorgungsgütern nimmt er als Prisen mit.

Anschließend macht Drake noch einen Kaperzug zu den Azoren, wo er einen besonders reich beladenen portugiesischen Ostindienfahrer kapert; Drake ist nach drei Monaten fast ohne Verluste wieder in England. Der spanische Angriff muß um ein Jahr verschoben werden, weil eine neue Flotte ausgerüstet werden muß.

1588 **Der Seezug der großen Armada.** Nach mehrfachen Verzögerungen trifft die spanische Flotte im englischen Kanal ein. Sie steht unter dem Oberbefehl von Herzog Medina-Sidonia und umfaßt sechs Geschwader Segelschiffe, ein Geschwader Galeeren und ein Geschwader Troßschiffe. Königin Elisabeth übergibt die englische Flotte dem Lord High Admiral Howard, ihm zur Seite stehen Drake, Hawkins und Frobisher.

Die spanische Flotte umfaßt rund 130 Schiffe und 30 000 Mann Besatzung, davon 2/3 Soldaten. Die Artillerie besteht aus einer großen Zahl Kanonen von kleinem Kaliber, in den hohen Kastellen der Galeonen aufgestellt. Im Galeerengeschwader befinden sich vier große Rudergaleassen. Die Spanier verlassen sich

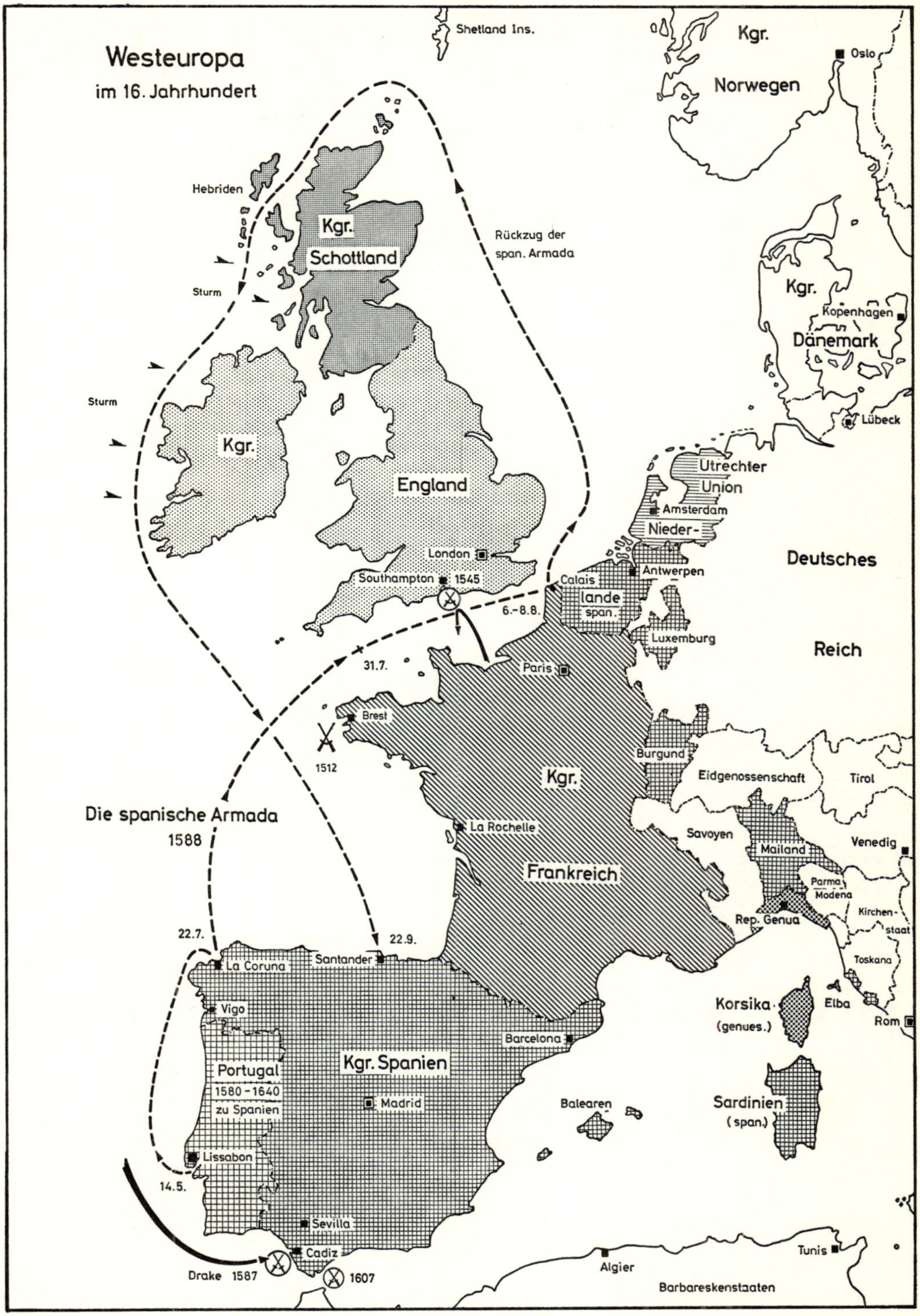
Westeuropa
im 16. Jahrhundert
Shetland Ins.
Kgr.
Norwegen
Oslo
Hebriden
Kgr.
Schottland
Rückzug der
span. Armada
Sturm
Sturm
Kgr.
Dänemark
Kopenhagen
Lübeck
Kgr.
England
Utrechter
Union
Amsterdam
Nieder-
lande
span.
London
Southampton
1545
Calais
Antwerpen
Deutsches
Reich
6.-8.8.
Luxemburg
31.7.
Paris
Brest
1512
Kgr.
Frankreich
Burgund
Eidgenossenschaft
Tirol
Die spanische Armada
1588
La Rochelle
Savoyen
Venedig
Mailand
Parma
Modena
Kirchen-
staat
Rep. Genua
22.7.
22.9.
La Coruna
Santander
Toskana
Vigo
Korsika
(genues.)
Elba
Rom
Barcelona
Portugal
1580-1640
zu Spanien
Kgr. Spanien
Madrid
Balearen
Sardinien
(span.)
Lissabon
14.5.
Sevilla
Cadiz
Drake 1587
1607
Algier
Tunis
Barbareskenstaaten

wie bei Lepanto auf ihre Stärke im Enterkampf. Die Artillerie wird als Nebenwaffe betrachtet. Die Engländer bieten fast 200 Schiffe auf, zum großen Teil kleine bewaffnete Kauffahrer. Die Besatzung beträgt 15 000 Mann, darunter 1/3 Soldaten. Die Schiffe, durchwegs Segler, führen bereits Kanonen größeren Kalibers in der Breitseitaufstellung.
Der Größenvergleich der Flotten:

		Spanier	Engländer
Segelschiffe	über 1000 t	7	2
Segelschiffe	500–1000 t	50	11
Segelschiffe	100– 500 t	20	150
Segelschiffe	bis 100 t	25	30

31. Juli Sobald die Armada gesichtet wird, läuft die englische Flotte aus Plymouth aus. Die Spanier nähern sich in einer Mondsichelformation. Mit ihren besser segelnden Schiffen umfahren die Engländer die Gegner und bringen den Schlußschiffen der Spanier durch ihr Artilleriefeuer erhebliche Verluste bei. Dabei vermeiden sie jeden Enterkampf.

1. Aug. Die Engländer nehmen zwei zurückgebliebene Havaristen, die »Nuestra Señora del Rosario« und »Nuestra Señora de Rosa«, zwei der größten spanischen Schiffe.

2. Aug. Die Engländer ergänzen an diesem Tag ihre Munition.

3. Aug. Howard kämpft mit seinem Flaggschiff »Ark Royal« gegen mehrere spanische Schiffe.

4. Aug. Die spanische »Sta. Ana« strandet bei Le Havre.

6. Aug. Die spanische Flotte ankert vor Calais. Howard holt das englische Themsegeschwader unter Seymours zu sich.

7./8. Aug. Die Engländer unternehmen einen nächtlichen Branderangriff auf die feindliche Flotte. Acht alte Segler, mit leicht brennbaren Stoffen beladen, werden angezündet und treiben auf die Spanier zu. Diese kappen die Ankertaue und suchen sich entlang der flachen Küste in Sicherheit zu bringen, wobei mehrere festkommen.

8. Aug. Die spanische Flotte liegt weit verstreut bei Gravelines. Unter Drakes Führung greifen die Engländer energisch an. Die Spanier werden auf die flandrischen Sände gedrängt und erleiden Verluste durch Artilleriefeuer und Strandung. Erst Winddrehung auf Süd läßt die stark mitgenommene spanische Flotte in die Nordsee entkommen. Bei den Kämpfen im Kanal verlieren die Spanier 20 Schiffe mit rund 5000 Mann.

Da der Rückweg durch den Kanal von der englischen Flotte kontrolliert wird, die Häfen in den Niederlanden in der Hand der Holländer sind, entschließt Sidonia sich zur Rückfahrt rund um die britischen Inseln. Dabei verliert er in Stürmen die Hälfte der verbliebenen Schiffe. Mit 65 Schiffen und 10 000 Mann kehrt der Herzog Ende September nach Spanien zurück. Dies war die erste Seeschlacht, die nur durch den Kampf der Artillerie entschieden worden ist. Mit ihren besser segelnden Schiffen konnten die Engländer den Enterkampf vermeiden. Die Vormachtstellung der spanischen Flotte war seit diesem Jahr gebrochen.

Mai–Juni 1589 **Seezug gegen Spanien.** Die Engländer Drake und Norris führen eine englisch-niederländische Flotte zu einem Raubzug gegen die Iberische Halbinsel. Beteiligt sind rund 130 Schiffe, die meisten von privaten Unternehmern gestellt, mit rund 15 000 Mann. Zunächst wird die Stadt La Coruña erobert, wo sich die ge-

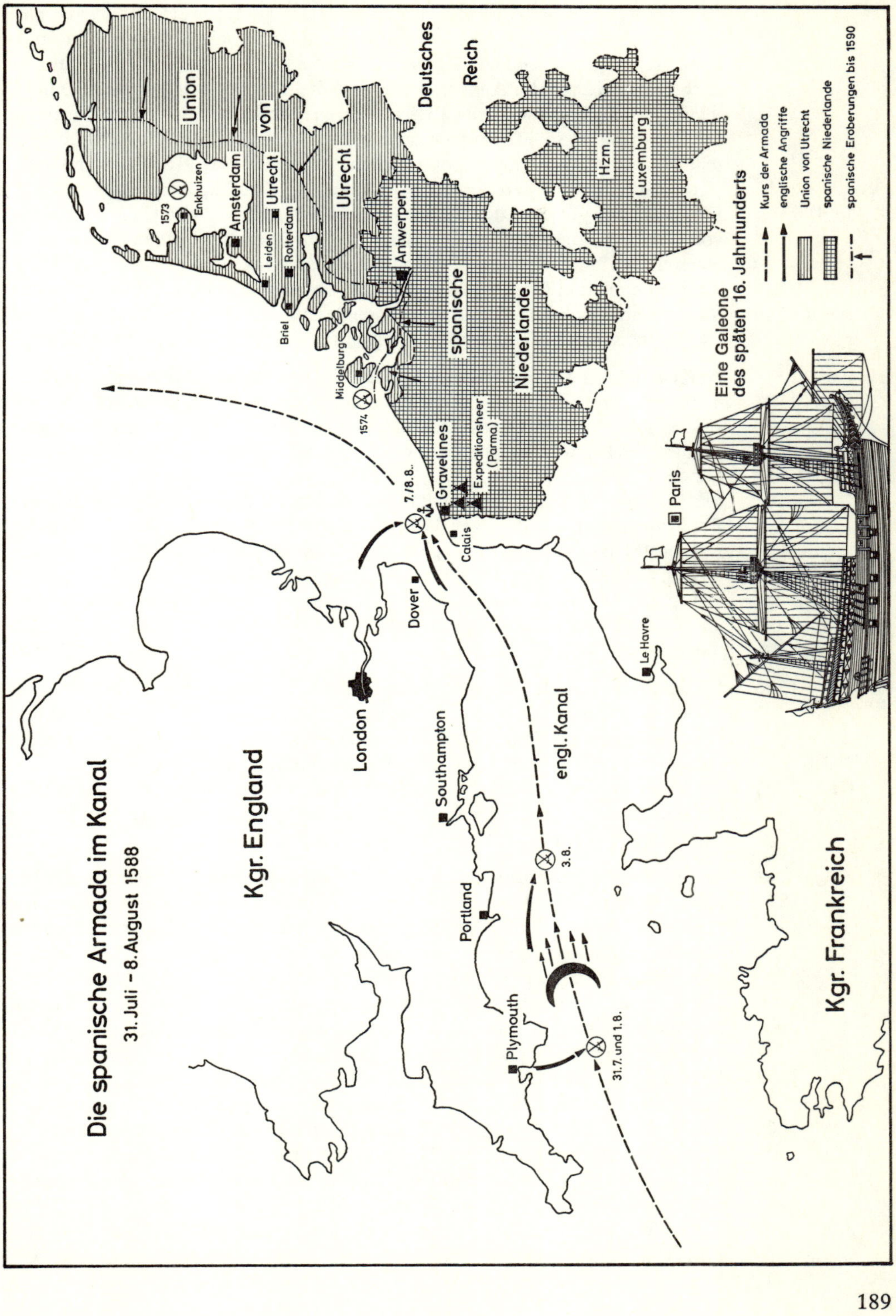
Die spanische Armada im Kanal
31. Juli - 8. August 1588
Kgr. England
London
Southampton
Portland
Plymouth
31.7. und 1.8.
3.8.
engl. Kanal
Dover
Calais
Gravelines
7./8.8.
Expeditionsheer
(Parma)
Le Havre
Paris
Kgr. Frankreich
Union
von
Utrecht
Deutsches
Reich
Enkhuizen
1573
Amsterdam
Utrecht
Leiden
Rotterdam
Briel
Middelburg
1574
Antwerpen
spanische
Niederlande
Hzm.
Luxemburg
Eine Galeone
des späten 16. Jahrhunderts
Kurs der Armada
englische Angriffe
Union von Utrecht
spanische Niederlande
spanische Eroberungen bis 1590

landeten Truppen so betrinken, daß sie sich nach großen Verlusten wieder einschiffen müssen. Dann landen die Truppen mit dem portugiesischen Thronprätendenten Don Antonio nördlich von Lissabon. Die Portugiesen verweigern jedoch Don Antonio die Anerkennung, und die Truppen werden wieder eingeschifft. Vor Lissabon werden neben mehreren spanischen Schiffen ein Geleitzug der Hanse mit 60 Schiffen aufgebracht und am Rückweg die Stadt Vigo gebrandschatzt. Der relativ geringen Beute stehen der Verlust von 30 Schiffen und mehreren Tausend an Toten durch die Kämpfe und Krankheiten gegenüber.

Juni 1589 Ein englisches Geschwader von sieben Schiffen unter George Clifford, Herzog von Cumberland, startet von Plymouth zu einer Kreuzfahrt gegen die spanische Handelsschiffahrt. Vor dem Kanal und der spanischen Küste werden einige Prisen genommen, auf den Azoren die Insel Fayal und weitere Schiffe erobert.

April 1590 Vor Gibraltar wehren zehn bewaffnete englische Handelsschiffe den Angriff von zwölf spanischen Galeeren mit Verlusten für die Angreifer erfolgreich ab.

10. und 11. Sept. 1591 **Gefecht bei den Azoren.** Sieben englische Schiffe werden bei den Azoren von einem starken spanischen Geschwader unter Alonso de Bázan überrascht. Nur die »Revenge«, Richard Grenville, stellt sich der Übermacht und muß sich nach heroischem Kampf ergeben. Grenville stirbt auf dem spanischen Flaggschiff an seinen Verwundungen.

1594 Mit Unterstützung aufständischer Bretonen landen die Spanier Truppen in der Bucht von Morbihan, besetzen wichtige Punkte der Bretagne und gefährden den Flottenstützpunkt Brest. Ein englisches Geschwader unter Martin Frobisher unterstützt die Franzosen bei der Vertreibung der Spanier.

Juli–Aug. 1595 Ein spanisches Geschwader von vier Galeeren verheert die Küste von Cornwall und führt auf dem Rückweg ein Gefecht mit der Sicherung eines niederländischen Geleits von 46 Schiffen.

Juli 1596 **Einnahme von Cadiz.** Eine englisch-holländische Flotte von 60 Schiffen mit 15000 Soldaten unter dem gemeinsamen Oberbefehl von Lord Howard und Graf Essex erobert Cadiz. Nach Vernichtung der spanischen Schiffe und Hafenanlagen sowie der Versorgungsdepots wird die Stadt wieder geräumt.

Okt. 1596 Ein starkes spanisches Geschwader läuft zur Unterstützung der Katholiken in Irland aus, gerät jedoch in einen schweren Sturm und verliert neben einem Teil der Schiffe 2000 Mann. Das Unternehmen wird abgebrochen.

Aug.–Okt. 1597 **Seezug gegen die Azoren.** Ein englisches Geschwader von 20 Schiffen mit 770 Kanonen und 5000 Mann Besatzung unter dem Grafen Essex plündert die Städte der Azoren, erobert einige Schiffe, verfehlt aber den heimkehrenden Westindiengeleitzug und tritt die Heimreise an. Gleichzeitig läuft ein starkes spanisches Geschwader aus, um eine Landung an der Küste von Cornwall durchzuführen. Kurz vor dem Zusammentreffen der beiden Flotten zerstreut ein Sturm das spanische Geschwader, welches einige Schiffe verliert, die Engländer erreichen gerade noch die Häfen im Ärmelkanal.

1599 Eine holländische Flotte von 73 Schiffen unter Pieter van der Doos plündert die spanischen Stützpunkte auf den Kanaren.

1601 Die Spanier landen Truppen in Irland, die sich aber bald ergeben müssen.

1602 Im Kanal vernichten englische Galeonen unter Robert Mansell ein Geschwader von neun spanischen Galeeren. Nur die Flaggaleere unter dem Genuesen Federico Spinola kann nach Dünkirchen entkommen.

Juni 1602 Ein kleines englisches Geschwader greift den befestigten Hafen von Coimbra, Portugal, an und vernichtet dort eine große Karake und mehrere Galeeren.

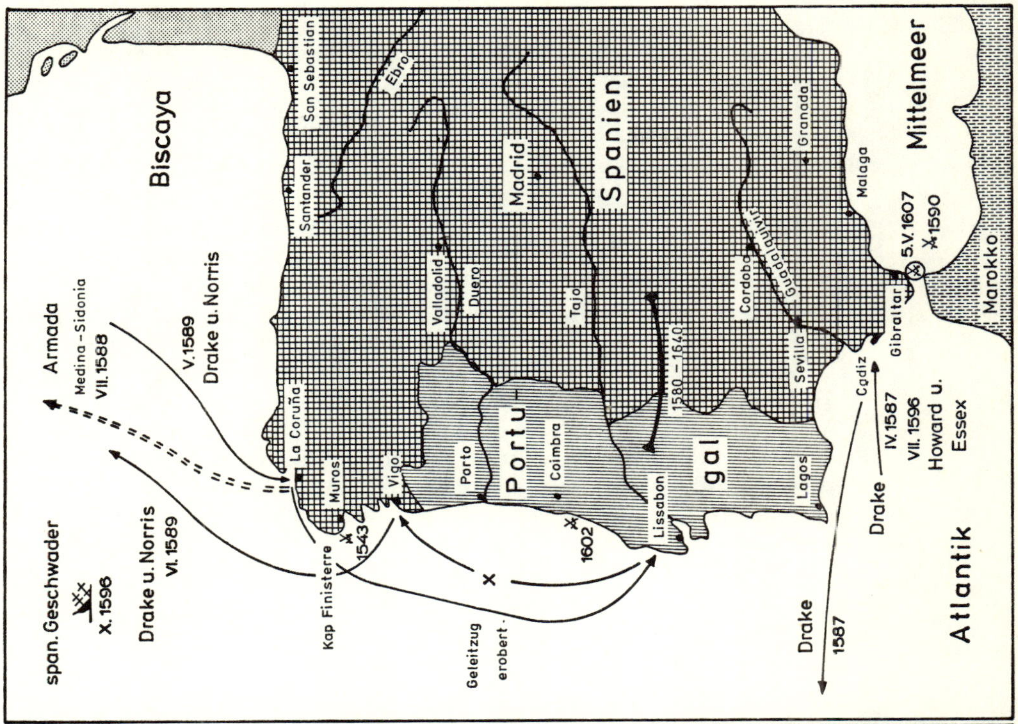
Biscaya
San Sebastian
Santander
Ebro
Madrid
Spanien
Mittelmeer
Granada
Malaga
5.V.1607
1590
Marokko
Valladolid
Duero
Tajo
Cordoba
Guadalquivir
1580 – 1640
Sevilla
Gibraltar
Cadiz
Armada
Medina-Sidonia
VII.1588
V.1589
Drake u. Norris
La Coruña
Muros
Vigo
Porto
Portu-
gal
Coimbra
Lissabon
Lagos
IV.1587
VII.1596
Howard u.
Essex
Drake
span. Geschwader
X.1596
Drake u. Norris
VI.1589
Kap Finisterre
1543
1602
Geleitzug
erobert
Drake
1587
Atlantik

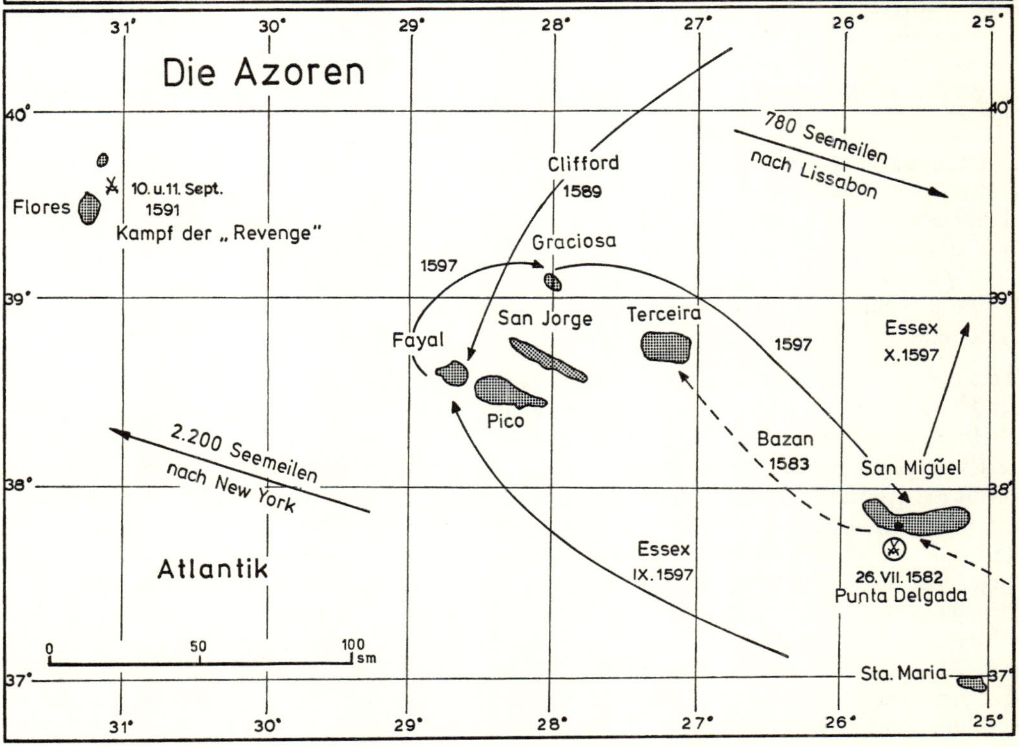
Die Azoren
31°
30°
29°
28°
27°
26°
25°
40°
39°
38°
37°
Flores
10. u. 11. Sept.
1591
Kampf der „Revenge"
Clifford
1589
780 Seemeilen
nach Lissabon
Graciosa
1597
Fayal
San Jorge
Terceira
1597
Essex
X.1597
Pico
Bazan
1583
San Migũel
2.200 Seemeilen
nach New York
Essex
IX.1597
26. VII. 1582
Punta Delgada
Atlantik
0
50
100
sm
Sta. Maria

Mai 1603 Ein spanisches Geschwader von acht Galeeren unter Federico Spinola trifft in der Schelde auf ein niederländisches Geschwader von zwei Galeeren und drei großen sowie mehreren kleinen Seglern. Nach Kampf trennen sich beide ohne Entscheidung, die Niederländer verlieren ein Schiff, ihre blutigen Verluste sind ebenfalls größer.

1604 Elisabeths Nachfolger, Jakob I. von England, schließt mit Spanien Frieden. Die Niederlande setzen den Krieg gegen das bereits geschwächte Spanien allein fort.

24. Mai 1605 **Gefecht im Kanal.** Ein starkes niederländisches Geschwader vernichtet ein spanisches Geschwader von zehn Schiffen, der spanische Geschwaderchef Pedro de Zubiaur fällt auf seinem Flaggschiff nach tapferer Gegenwehr.

5. Mai 1607 **Seeschlacht auf der Reede von Gibraltar.** Ein niederländisches Geschwader von 26 Schiffen unter Jakob van Heemskerk greift das dort liegende spanische Geschwader von größeren Schiffen an und vernichtet es fast vollständig. Obwohl Heemskerk fällt, bedeutet dies einen schweren Schlag für die spanische Flotte.

1609–21 **Waffenstillstand** zwischen Spanien und den Niederlanden; er wird jedoch in den Kolonien nicht eingehalten. Großer Aufschwung des holländischen Handels in dieser Friedenszeit. In diesem Übereinkommen wird erstmals festgestellt, daß zu einer Anerkennung von Souveränität über neueentdeckte Länder die effektive Inbesitznahme notwendig ist (Fortsetzung S. 198).

Die Seekriege zur Zeit des Dreißigjährigen Krieges

Die Seekriege der ersten Hälfte des 17. Jahrhunderts stehen alle mehr oder weniger in Zusammenhang mit dem Dreißigjährigen Krieg; sie sind daher unter dieser Überschrift wie folgt zusammengefaßt.

1) Der letzte Hugenottenkrieg in Frankreich
2) Die Kämpfe in der Ostsee
3) Seekrieg Spanien gegen die Niederlande, 2. Teil des Unabhängigkeitskrieges
4) Die Seekriege in Übersee
5) Der Krieg Spanien gegen Frankreich
6) Die Kämpfe im Mittelmeer neben den großen Kriegen
7) Kämpfe zur See während des englischen Bürgerkrieges

Die europäischen Kriege dieser Zeit zeigen den allmählichen Übergang von den Religionskriegen des 16. Jahrhunderts zu den Auseinandersetzungen der Nationalstaaten. Die Hugenottenkriege des 16. Jahrhunderts und der erste Teil des Unabhängigkeitskrieges der Niederlande waren noch stark von religiösen Emotionen bestimmt, und auch im ersten Teil des Dreißigjährigen Krieges waren die Parteien noch in konfessionelle Lager geteilt. Mit dem Eingreifen Frankreichs 1635 trat jedoch endgültig das nationalstaatliche Prinzip in den Vordergrund. Darüber hinaus bezeichneten die Friedensschlüsse 1648 und 1659 das endgültige Ende der Hegemoniebestrebungen der Habsburger, der erste für die österreichische Linie, der zweite für die spanische.
Richelieu, seit 1624 erster Minister und damit für die französische Innen- und Außenpolitik verantwortlich, brachte den Krieg gegen die **Hugenotten** mit der Eroberung von La Rochelle zu Ende. Er ließ ihnen im Vertrag von Alais 1629 gewisse religiöse Freiheiten, verlangte und überwachte aber auch absolute Unterwerfung in politischen Angelegenheiten unter die königliche Autorität. Er schuf damit im Inneren Ruhe und konnte mit seiner aktiven Außenpolitik beginnen.

Sein Ziel war es dabei, Frankreich von der Umklammerung durch die Habsburger im Norden, Osten und Süden zu befreien. Er griff daher in lokale Auseinandersetzungen in Oberitalien (Erbfolgekrieg von Mantua) an der Seite der Gegner Habsburgs ein und unterstützte die Protestanten im **Dreißigjährigen Krieg** zunächst durch finanzielle Zuwendungen. Als die Katholiken 1635 im Frieden von Prag die Oberhand erhielten, griff Frankreich aktiv in den Krieg ein und begann damit auch den Kampf mit den spanischen Habsburgern, welcher noch elf Jahre über den Dreißigjährigen Krieg hinaus dauern sollte.

Richelieu (1642 †) konnte den Erfolg seiner Politik nicht mehr erleben, sein Nachfolger Mazarin setzte diese jedoch in der gleichen Linie mit Erfolg fort. Ohne die Unterstützung von außen hätten die protestantischen Länder des Deutschen Reiches gegen die Macht der Habsburger nicht bestehen können. Durch das Eingreifen zunächst der Dänen, später aber vor allem der Schweden und Franzosen endete der Krieg in Deutschland ohne militärische Entscheidung, aber mit der gesicherten Existenz der Protestanten.

Der Krieg in **Deutschland** war naturgegeben fast ausschließlich ein Landkrieg. Wallenstein erkannte jedoch, daß mit einer Flotte und gesicherten Stützpunkten in der Ostsee dort die Seeherrschaft hätte errungen werden können. Damit hätte man die Unterstützungen, welche die norddeutschen Länder über die See erhielten, unterbinden und den Krieg in kurzer Zeit entscheiden können. Schon der Ansatz, dieses Ziel zu verwirklichen, ist vor Stralsund 1628 mißlungen. Unter den damaligen Umständen wäre es jedoch gegen die starken Flotten von Schweden und Dänemark nicht zu verwirklichen gewesen. Auch wäre eine kaiserliche Flotte in den nordischen Gewässern sofort von England und den Niederlanden bekämpft worden, da sie deren Interessen in der Ostsee gefährdet hätte. Englands Verhalten den Seegeltungsbestrebungen des Großen Kurfürsten gegenüber zeigt dies deutlich. So blieb gegen Ende des Dreißigjährigen Krieges die Auseinandersetzung zwischen Dänemark und Schweden um die Vorherrschaft in der Ostsee, welche letzteres für sich entschied. Schweden ging daher aus diesen Kriegen als eine neue europäische Großmacht hervor.

England verfolgte in diesen Jahren seine eigene Politik der Bündnisse des augenblicklichen Nutzens. Zugute kam ihm dabei die insulare Lage, die es nicht direkt in die Auseinandersetzungen verwickelte und zugleich zu einem begehrten Bündnispartner machte. Indem es von da an auf Erwerbungen auf dem europäischen Festland, im Gegensatz zu den vorhergehenden Jahrhunderten verzichtete und sich den Ländern in Übersee zuwandte, legte es die Basis für das britische Imperium. Dabei war es zunächst durch den Bürgerkrieg 1642–49 im Inneren beschäftigt, griff aber unter Oliver Cromwell um so energischer in die europäische Politik ein. Cromwell wandte damit die bewährte Politik an, von inneren Unzulänglichkeiten durch äußere Erfolge abzulenken.

Spanien führte den **Kampf gegen die Niederlande** als Kleinkrieg mit Belagerungen und Kaperfahrten. Als es sich zu einer großen Anstrengung aufraffte und den Niederländern mit einer neuen Flotte die Seeherrschaft im Kanal streitig zu machen versuchte, erlitt es in den Downs 1639 die Niederlage, die mehr als 1588 das Ende der spanischen Seeherrschaft signalisierte.

Die **Kämpfe in Übersee** erlangten mit dem Beginn des 17. Jahrhunderts eine neue Dimension. Die Aufteilung der neu entdeckten Länder zwischen Spanien und Portugal im Vertrag von Tordesillas war von den übrigen Nationen nie anerkannt worden. Im 16. Jahrhundert setzten daher bald die Kaperfahrten zunächst privater, später staatlich lizensierter Freibeuter ein. Mit dem Übereinkommen von 1609, wonach zu einem Souveränitätsanspruch die effektive Inbesitznahme des Territoriums notwendig war, begannen nun England und Frankreich, später auch die Niederlande mit der Kolonisation in Amerika und der Errichtung von Stützpunkten an strategisch wichtigen, noch nicht besetzten Punkten. Schon 1600 wurde die englische Ostindische Kompanie gegründet, 1602 folgte die niederländische Vereinigte Ostindische Kompanie und 1621 die niederländische Westindische Kompanie. Frankreich gründete durch Jean B. Colbert erst 1664 je eine Westindische Kompanie mit Sitz in Le Havre und eine Ostindische Kompanie mit Heimathafen Lorient. Diese Gesellschaften führten die Kolonisation und den Erwerb von Handelsstützpunkten in großem Stil durch. Dabei unterhielten sie eigene Flotten und führten Kriege auf eigene Rechnung. Die ersten Stützpunkte im

Westen wurden 1625 auf den Westindischen Inseln errichtet, denen in den nächsten Jahren zahlreiche weitere folgten. Spanien mußte schließlich nach dem Spanischen Erbfolgekrieg im Frieden von Utrecht (1713) diese Besitzansprüche anerkennen.
Zu dieser Zeit begannen zunächst Franzosen, meist aus der Bretagne und der Gascogne, sich in Westindien, in erster Linie an der Nordküste von Hispaniola, festzusetzen, von wo aus sie vor allem Seeraub betrieben. Unter dem Namen **»Flibustier«** wurden sie der Schrecken der spanischen Handelsschiffahrt. Sie wurden oft von den Franzosen, später auch von anderen Nationen meist zum Kampf gegen die Spanier in Dienst genommen, da sie die dortigen Gewässer gut kannten und durch ihre straffe innere Organisation mit ihren schnellen Schiffen eine bedeutende Unterstützung waren. Später stießen auch Seeleute anderer Nationen zu ihnen; ab dem 18. Jahrhundert wurden sie eine Plage für alle seefahrenden Nationen und mußten schließlich in regelrechten Feldzügen ausgerottet werden.

Zu Beginn des 17. Jahrhunderts begann der Vorstoß der Engländer und Niederländer nach Süd- und Südostasien. Die **Niederländer** umgingen dabei die portugiesische Route nach Indien entlang der Küste von Ostafrika und segelten dank der verbesserten geographischen und astronomischen Kenntnisse von der Südspitze von Afrika direkt nach Indonesien. Da sie Malakka nicht gleich erobern konnten, machten sie Batavia/Djakarta zu ihrem Hauptstützpunkt und breiteten sich von dort systematisch aus. Es gelang ihnen auch, in Japan eine Faktorei zu errichten, welche der einzige Handelsstützpunkt der Europäer in diesem Land bis zum 19. Jahrhundert bleiben sollte. Vorstöße in die Philippinen wurden von den Spaniern abgewehrt. Die Portugiesen wurden jedoch aus fast ganz Südasien vertrieben. Die Stützpunkte Malakka, Ceylon und Goa wurden durch regelrechte Seeblockaden neutralisiert. Die **Engländer** gingen zunächst ebenfalls nach Indonesien; dort gerieten sie aber bald mit den Niederländern in Streit. Der Zwischenfall von Amboina 1623, von den Engländern zu einem Massaker aufgebauscht, machte in England großen Eindruck; er war später einer der Gründe, warum die Öffentlichkeit bereitwillig den ersten Seekrieg gegen die Niederlande 1652 befürwortete. Aus Indonesien vertrieben, konzentrierten sich die Engländer zunächst auf den westlichen Indischen Ozean und entrissen den Portugiesen dort das Handelsmonopol.
Der **Südatlantik** war im 16. Jahrhundert praktisch ein portugiesisches Binnenmeer. Die Handelsflotten der Portugiesen nahmen bei der Ausreise den Weg entlang der Küste von Südamerika nach Süden, bis sie die westlichen Passatwinde erreichten, mit denen sie das Kap der Guten Hoffnung ansteuerten und umrundeten. Auf der Rückreise nahmen sie von der Südspitze Afrikas die Route an der Westküste nach Norden unter Ausnützung der dort herrschenden nördlichen Meeresströmungen. Versorgungsstützpunkte befanden sich sowohl an der Ostküste von Südamerika wie an der Westküste von Afrika. Französische Versuche, sich im heutigen Brasilien festzusetzen, wurden zurückgewiesen: die Spanier begannen erst allmählich mit der Erschließung des La Plata-Gebietes. Zu Beginn des 17. Jahrhunderts begannen nun die Niederländer, sich an der Ostspitze von Südamerika festzusetzen. In zehnjährigen Kämpfen konnten sie ein beträchtliches Gebiet von Recife/Pernambuco nach Nordwesten erringen. Mit dem Beginn des Unabhängigkeitskampfes Portugals von Spanien 1640, in welchem es von den Niederländern unterstützt wurde, kam das Ende der Kämpfe. Mit Beginn des ersten Seekrieges gegen England räumten die Niederländer ihre Eroberungen in Brasilien als zu kostspielig in der Erhaltung. Bei diesen Kämpfen vor der Küste von Brasilien kamen erstmals große Kriegsflotten europäischer Seemächte in fernen Meeren zum Schlagen.
In **Westafrika** sicherten sich England, Frankreich und die Niederlande nur einzelne Stützpunkte, die ausreichten, um sich an dem gewinnbringenden Sklavenhandel nach Amerika beteiligen zu können. Diese Unternehmen waren ein Dreiecksgeschäft. Von Europa wurde billiger Tand nach Afrika gebracht und dort gegen Sklaven eingetauscht. Die Sklaven wurden in Amerika gegen Edelmetalle, Zuckerrohr, Tabak und andere landwirtschaftliche Produkte eingetauscht, die dann in Europa gegen gutes Geld verkauft werden konnten.

Frankreichs aktives Eingreifen in den Dreißigjährigen Krieg brachte auch für **Spanien** eine neue Front zu Lande in den Pyrenäen (neben Flandern und Deutschland) und zur See im Mittelmeer.

Für diese Seefront hatte Richelieu mit der Aufstellung eines königlichen Geschwaders vorgesorgt und in der Person des jungen Maillé-Brezé den geeigneten Flottenführer gefunden. Dieser griff mit der französischen Flotte im Mittelmeer ein und trug zum Erfolg der Aufstände in Spanien bei. Dort hatte der Leiter der Außenpolitik, der Graf von Olivares, Herzog von Sanlúcar, wie Richelieu in Frankreich versucht, das zentralistische Regierungssystem einzuführen, ohne über die politischen und staatsmännischen Fähigkeiten seines französischen Rivalen zu verfügen. Das Ergebnis war 1640 der Aufstand in Katalonien, das den König von Frankreich zu seinem Grafen wählte, ein weiterer Aufstand in Andalusien und noch im selben Jahr der Abfall von Portugal. Spanien, von den folgenden inneren Kämpfen zerrissen, schied als Machtfaktor in Europa aus. Mit dem Tod von Richelieu 1642 verlor die französische Flotte jedoch ihren Förderer, und in der Seeschlacht bei der Insel Giglio 1646 fiel ihr tüchtiger Admiral. Dieser Krieg dauerte daher über den Westfälischen Frieden hinaus noch weitere elf Jahre. Frankreich konnte trotz der Rückenfreiheit im Norden und Osten vorerst den Krieg zu keinem guten Abschluß gegen das geschwächte Spanien bringen, da es selbst durch den jahrelangen Krieg der Fronde im Inneren geschwächt war. Schließlich brachte der Pyrenäenfrieden auch diesen Krieg zum Abschluß. Spanien mußte sich zu Gebietsabtretungen bequemen. Das für die Zukunft wichtige Ergebnis war jedoch die Hochzeit Ludwigs XIV. mit der ältesten Tochter von Philipp IV. Diese verzichtete zwar gegen Bezahlung einer Mitgift von 500000 Goldtaler auf ihre Erbrechte, da Spanien diese Summe jedoch nie bezahlen konnte, war hier schon der Anlaß für den Spanischen Erbfolgekrieg geschaffen.

Die Kämpfe zur See im **Mittelmeer** zu dieser Zeit waren vorwiegend von Freibeuterkämpfen gekennzeichnet. Sowohl die Mohammedaner als auch die Christen betrachteten die Schiffe der Andersgläubigen meist als vogelfrei und damit als gute Beute. Dadurch herrschte ein ständiger Kleinkrieg, der mehr durch wirtschaftliche als religiöse Motive verursacht war. Vor allem die Barbareskenstaaten Nordafrikas auf der einen, wie die christlichen Ritterorden auf der anderen Seite zeichneten sich dabei aus. Nordafrikanische Freibeuter und Piraten fuhren zu dieser Zeit bis in den Ärmelkanal und an die Atlantikküste von Nordamerika. Verschärft wurde die Situation durch die Austreibung von rund einer halben Million Mauren aus Spanien, welche sich in Nordafrika ansiedelten und dort die Reihen der Korsaren verstärkten. Gegen diese Überfälle gab es dann regelmäßig »Strafexpeditionen«, die jedoch zu keinem Ergebnis führten.

In der Auseinandersetzung zwischen Venedig und den Habsburgern in Italien im zweiten Jahrzehnt dieses Jahrhunderts kam es zu Operationen des Geschwaders des spanischen Vizekönigs von Sizilien in der Adria, ohne daß sich größere Kämpfe entwickelten.

Venedig mußte sich außerdem gegen die von Österreich unterstützten Raubzüge zur See der dalmatinischen Uskoken erwehren.

Die Kämpfe zur See im Mittelmeer während des Krieges Spanien gegen Frankreich 1635–59 und während des ersten Seekrieges Englands gegen die Niederlande 1652–54 und der Krieg um Kreta sind im nächsten Abschnitt beschrieben.

Hier wird jedoch der noch in der ersten Hälfte des 17. Jahrhunderts begonnene **Krieg um Kreta** (1645–69) behandelt.

Die Türkei begann dessen Eroberung von dem bereits im Niedergang befindlichen Venedig in einer Zeit der eigenen Schwäche. Der Kampf zog sich daher zunächst ohne Entscheidung über zwei Jahrzehnte hin. Venedigs Flotte konnte die Zufuhr für die auf der Insel kämpfenden türkischen Truppen nicht gänzlich unterbinden, obwohl sie mehrfach versuchte, die Dardanellen zu sperren. Die Türken waren zunächst zu schwach, um die starke Hauptfestung auf der Insel, Kandia, zu erobern. Erst als in der Türkei der neue Großwesir Mohammed Köprülü (1656–61) an die Macht kam, nahm das Land wieder einen Aufschwung, und der Krieg konnte erfolgreich beendet werden. Venedig behielt nur einige kleine Stützpunkte im Nordwesten der Insel.

Noch in die erste Hälfte des 17. Jahrhunderts fällt der **englische Bürgerkrieg**, in welchem die Seeoperationen zwar nur eine geringe Rolle spielten, der aber große politische Folgewirkungen hatte. Der Krieg entstand aus dem Machtkampf zwischen Krone und Parlament und dauerte im engeren

Sinn von 1642 bis 1646. Nach der Gefangennahme des Königs ging ein Teil der zunächst dem Parlament ergebenen Flotte zu den Royalisten über. Sobald die neue Regierung in England gefestigt war, ergriff sie energische Maßnahmen. Adm. Blake jagte das royalistische Geschwader unter Prinz Rupert aus dem Kanal und rund um die Iberische Halbinsel, wobei es aufgerieben wurde. Adm. Popham sicherte im Kanal den Handelsverkehr gegen royalistische Freibeuter. Adm. Deane besorgte das gleiche in den Downs und den Hoofden. Adm. Ayscue ging nach Nordamerika und zwang die Kolonisten zum Abfall von den Royalisten. Dies und die Besetzung der Inseln um England nahm die Flotte bis 1651 voll in Anspruch. Der Aufstieg der englischen Flotte unter dem Commonwealth wird im Kapitel über die zweite Hälfte des 17. Jahrhunderts dargelegt.
Das Ergebnis der Kriege, die mit dem **Westfälischen Frieden** und dem **Pyrenäenfrieden** abgeschlossen wurden, war der Aufstieg der neuen Handelsmacht der Niederlande, deren große Geleitzüge nun alle Weltmeere befuhren, sowie das Erstarken Englands, das sich von seinem alten Landbesitz am Kontinent endgültig gelöst hatte und wie die Niederlande seine Zukunft auf den Weltmeeren und im Seehandel suchte. England holte dabei gegenüber den Niederlanden schnell auf und nützte seine insulare Lage geschickt aus. Weitere Ergebnisse waren die Festigung der Macht des französischen Königs und durch die Zentralisierung des Landes der Aufstieg Frankreichs zur stärksten Landmacht der nächsten Jahrhunderte, ferner der Niedergang Spaniens als Großmacht in Europa, zunächst bei Erhaltung seines Kolonialreiches in Amerika und im Pazifik, die Erringung der Unabhängigkeit Portugals und der Verlust seines asiatischen Kolonialreiches bei Erhaltung des Besitzes in Afrika und Brasilien und schließlich das Ende des imperialen Hegemoniestrebens der römisch deutschen Kaiser und die Stärkung der fürstlichen Territorialgewalten im Deutschen Reich.

In England wurde zu dieser Zeit (1636/37) der erste Dreidecker, die »Sovereign of the Seas« von 1520 t Wasserverdrängung gebaut. Das Standard-Linienschiff aber wurde der Zweidecker von 50–80 Kanonen. Vor allem gegen die Kaperschiffe wurden schnellere Schiffe entwickelt, die Fregatten von rund 400 t und 30–40 Kanonen in einer Batterie. Diese Schiffe bewährten sich für Kreuzerkriege und Aufklärung.
Schon 1624 baute der Niederländer Cornelius Drebbel das erste erfolgreiche Unterwasserfahrzeug und unternahm Tauchfahrten auf der Themse. Trotzdem gab es in den nächsten beiden Jahrhunderten auf diesem Gebiet keine Weiterentwicklung.

1620–1629 **Frankreichs letzter Hugenottenkrieg**

In der letzten der bewaffneten Auseinandersetzungen zwischen den französischen Protestanten und der Zentralgewalt (1562–1629) kommt es mehrfach zu Gefechten zwischen den Geschwadern der beiden Parteien. Die Kämpfe drehen sich vornehmlich um den Hauptstützpunkt der Hugenotten, den festen Hafen La Rochelle.

Okt. 1622 **Gefecht bei der Insel Ré.** Ein königliches Geschwader, bestehend aus bewaffneten Handelsschiffen und von aus dem Mittelmeer geholten Galeeren, kämpft unentschieden gegen die Schiffe aus La Rochelle.

Anf. 1625 Bei Lorient erobert die Flotte der Hugenotten ein Geschwader von sechs Schiffen der Königlichen.
Richelieu, seit kurzem an der Macht, verstärkt darauf die königliche Flotte durch gemietete Schiffe aus England und den Niederlanden.

Sept. 1625 **Gefecht bei der Insel Ré.** In einem erbitterten Kampf erleiden die Hugenotten eine empfindliche Niederlage. Sie verlieren elf Schiffe gegen vier der Königlichen. Die Engländer und Niederländer ziehen nun ihre Schiffe ab. England beginnt 1627 die Hugenotten aktiv zu unterstützen.

1627 Ein Versuch des Herzogs von Buckingham, die Insel Ré zu besetzen, scheitert kläglich.

Richelieu läßt nun die Land- und Seeblockade von La Rochelle verstärken. Die Hafeneinfahrt wird durch zwei Dämme fast vollkommen zugeschüttet; diese werden mit Artillerie besetzt.

Mai 1628 Ein Versuch der Engländer, die belagerte Stadt von See aus zu entsetzen, scheitert.

Sept. 1628 Auch ein zweiter, energischer durchgeführter Versuch der Engländer erleidet das gleiche Schicksal. Dabei setzen die Engländer eine Art primitiver Treibminen (Infernal machines) ein. Im Oktober muß sich La Rochelle schließlich nach heroischer Verteidigung ergeben. Der Vertrag von Alais 1629 beendet die Kämpfe. Die Macht des französischen Königs ist nun absolut, Richelieu hat die Hand frei, um allmählich aktiv in den Dreißigjährigen Krieg einzugreifen.

1618–1648 Die Kämpfe in der Ostsee

Sept. 1621 König Gustav Adolf von Schweden landet mit seiner Flotte 20000 Mann bei Riga und erobert nach einem Monat die von den Polen besetzte Stadt und in der Folge ganz Livland zurück.

Juni 1626 Gustav Adolf landet mit 150 Schiffen 13 Regimenter und neun Schwadronen gegen symbolischen Widerstand der Preußen bei Pillau und stößt von dort nach Westen vor.

28. Nov. 1627 **Gefecht bei Olivia** (Reede von Gdingen). Die polnische Flotte von zehn Schiffen siegt über ein schwedisches Blockadegeschwader von sechs Schiffen; eines wird erobert, eines fliegt in die Luft. Im übrigen beherrscht während des Krieges die schwedische Flotte die Ostsee.

23. Mai bis 4. Aug. 1628 **Belagerung von Stralsund.** Wallenstein versucht, die wichtige Hafenstadt in seine Gewalt zu bringen. Diese wird von den protestantischen Seemächten erfolgreich verteidigt, Wallenstein muß ohne Erfolg abziehen. Ohne eigene Seemacht kann er die Versorgung der Stadt nicht verhindern und muß schließlich seine Pläne zum Aufbau einer Flotte in der Ostsee aufgeben.

Aug. 1628 In den Schären vor Stockholm kentert das neue schwedische Linienschiff »Wasa« (64). Mitte des 20. Jahrhunderts gehoben, ist sie eines der bedeutendsten historischen Museumsschiffe.

1643–1645 **Krieg Schweden gegen Dänemark**

Die beiden nordischen Reiche verfügen in der ersten Hälfte des 17. Jahrhunderts über ständige Segelflotten, die denen der westlichen Seemächte kaum nachstehen. Auch in diesem Kriege, wie in anderen vor- und nachher, geht es um die Vorherrschaft in der Ostsee, hier im Rahmen des Dreißigjährigen Krieges.

Mai 1644 Die dänische Flotte unter König Christian IV. besiegt westlich von Jütland ein in den Niederlanden für die Schweden ausgerüstetes Geschwader.

11. Juli 1644 **Treffen bei Fehmarn.** Die schwedische Flotte mit rund 40 Schiffen unter Clas Fleming trifft auf die ungefähr gleich starke dänische Flotte unter Jörgen Wind. Der dänische König nimmt auf der »Trefoldigkeit« (48) am Kampf teil. Dieser endet nach zehn Stunden ohne Entscheidung. Schiffe gehen keine verloren, Admiral Fleming fällt.

23. Okt. 1644 **Seeschlacht bei Laaland.** Die schwedische Flotte unter Wrangel mit 42 Schiffen trifft bei den südlichen dänischen Inseln ein dänisches Geschwader von 17 Schiffen unter Pros Mund. In einem Kampf von sechs Stunden wird das dänische Geschwader vernichtet. Nur drei Schiffe können entkommen, Mund fällt. Die Schweden verlieren nur ein Schiff von 22 Kanonen.

1645 Im Frieden von Brömsebro erhält Schweden Gotland und Ösel sowie Befreiung vom Sundzoll. Da die Niederländer die Schweden aktiv unterstützt hatten, erhalten auch sie eine Erleichterung bei der Abgabe des Sundzolles, sehr zum Mißvergnügen der englischen Konkurrenten.

Im Westfälischen Frieden 1648 erwirbt Schweden zahlreiche Besitzungen in Norddeutschland.

1621–1648 **Seekrieg Spanien gegen die Niederlande**

Nach Ende des Waffenstillstandes mit den Niederländern greifen die Spanier deren Handelsschiffahrt in das Mittelmeer in der Straße von Gibraltar an.

10. April 1621 In einem ersten Gefecht erobern die Spanier zwei Prisen, der Großteil des Geleites kann die Meeresenge jedoch passieren.

Okt. bis Dez. 1625 **Expedition gegen Cadiz.** England befindet sich von 1624 bis 1630 erneut im Kriegszustand mit Spanien. Ein englisches Geschwader von rund 100 Kriegsschiffen und Transportern unter Edward Cecil, Graf Wimbledon, unternimmt einen Angriff auf die spanische Seefestung. Das schlecht geführte, schlecht organisierte und ausgerüstete Unternehmen endet ohne Erfolg und mit großen Verlusten durch Krankheiten. Auch der Versuch, die zu dieser Zeit einlaufende Silberflotte aus Westindien abzufangen, mißlingt.

1626–1634 Spanische Freibeuter aus Dünkirchen erobern in diesen Jahren 1500 Schiffe und versenken weitere 336, meist niederländische, bei einem eigenen Verlust von 15 königlich spanischen Schiffen und 105 Kapern.

Sept. 1631 Die Spanier rüsten in Antwerpen ein Geschwader zum Angriff auf die Niederlande aus. Den Holländern gelingt es jedoch, dieses in einem nächtlichen Überfall fast vollständig zu zerstören.

1635 Frankreich tritt an die Seite der Gegner von Spanien (siehe Seite 206).

März bis April 1638 Ein spanisches Geschwader unter Lope de Hoces kreuzt im Kanal und kann eine Reihe von niederländischen und französischen Handelsschiffen aufbringen.

22. Aug. 1638 Auf der Reede von Guetaria bei San Sebastian wird das Geschwader von Lope de Hoces von den Franzosen vernichtet (siehe S. 206).

18. Febr. 1639 **Seeschlacht bei Dünkirchen.** Auf dem Weg nach Spanien trifft kurz nach dem Auslaufen ein spanisches Geschwader von zwölf Schiffen auf ein gleich starkes der Niederländer unter Adm. Maarten H. Tromp. Nach erbittertem Kampf erobern die Niederländer zwei Schiffe, ein weiteres wird verbrannt. Die Spanier verlieren 1600 Mann, auch das niederländische Geschwader ist schwer mitgenommen.

Sept. 1639 Unter dem Oberbefehl von Adm. Oquendo, Flaggschiff »Santiago«, erscheint das spanische Atlantikgeschwader im Kanal. Es umfaßt rund 70 Kriegsschiffe, darunter mehr als ein Dutzend mit über 1000 t Wasserverdrängung (die »Santa-Teresa« hat 2400 t). Die Besatzung beträgt 24 000 Mann einschließlich der Seesoldaten auf den Transportern.

16. und 17. Sept. 1639 **Treffen im Kanal.** Mit 20 durchwegs kleineren Schiffen greift der holländische Adm. Maarten H. Tromp die Spanier an. In einem reinen Artilleriekampf drängt er die Spanier an die englische Küste. In den Downs geht Oquendo vor Anker, um die Verpflegung zu ergänzen und die Schäden auszubessern. Um die Neutralität zu überwachen, ankert ein englisches Geschwader unter Adm. Penington ebenfalls in den Downs, Tromp beobachtet und blockiert die Spanier auf ihrem Liegeplatz. Dabei wird er laufend durch weitere Schiffe aus Holland verstärkt.

21. Okt. 1639 **Seeschlacht in den Downs.** Den 70 spanischen Schiffen stehen schließlich fast 100 holländische, allerdings durchwegs kleinere Schiffe gegenüber. Adm. Tromp (Flaggschiff »Amelia«) teilt seine Flotte in sechs Geschwader, eines davon, unter de With, wird zur Beobachtung der Engländer abgestellt. 11 Brander werden bereitgestellt. Am Morgen des 21. Oktober – bei günstigem Wind – greift Adm. Tromp an. Die Spanier, die nicht damit rechnen, unter den Augen der Engländer angegriffen zu werden, können kaum die Ankertaue kappen. Ihre

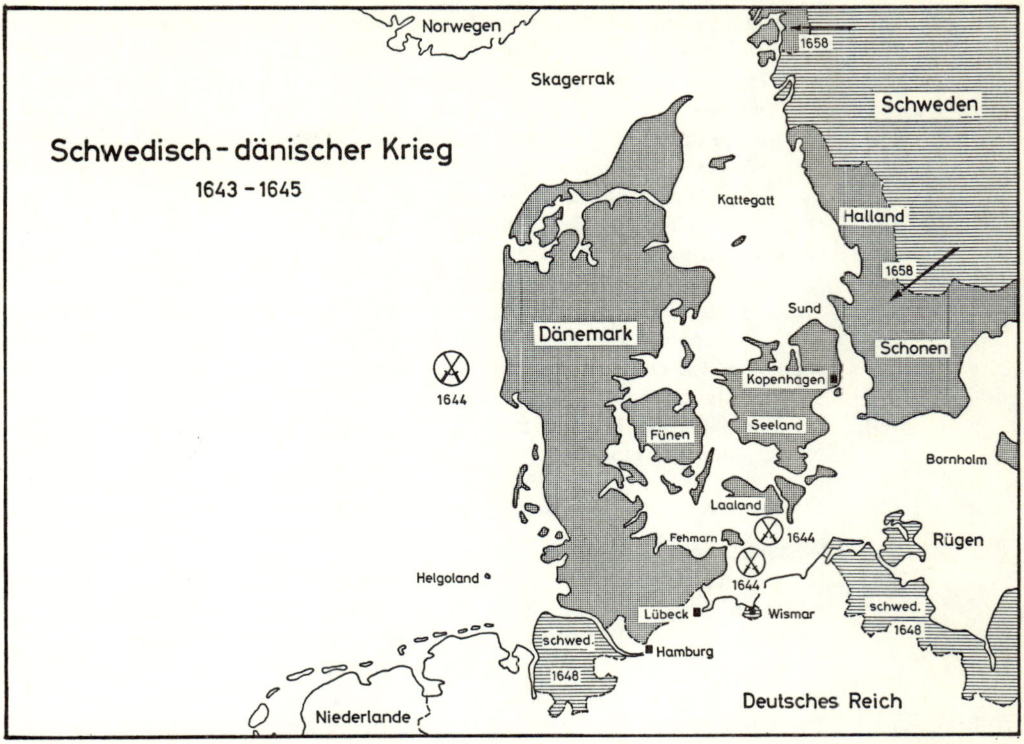
Schwedisch-dänischer Krieg
1643 - 1645
Norwegen
Skagerrak
Schweden
1658
Kattegatt
Halland
1658
Sund
Dänemark
Schonen
Kopenhagen
1644
Seeland
Fünen
Bornholm
Laaland
Fehmarn
1644
Rügen
1644
Helgoland
schwed.
1648
Lübeck
Wismar
schwed.
1648
Hamburg
Deutsches Reich
Niederlande

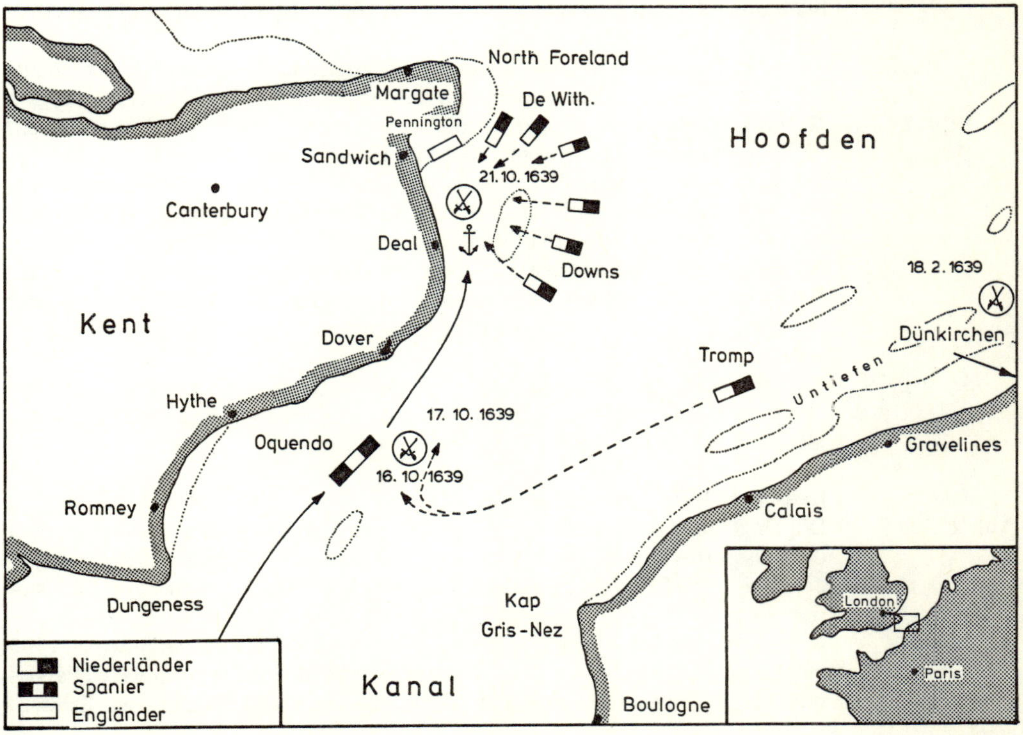
North Foreland
Margate
De With.
Pennington
Hoofden
Sandwich
21.10.1639
Canterbury
Deal
Downs
18. 2. 1639
Kent
Dünkirchen
Dover
Tromp
Untiefen
Hythe
17. 10. 1639
Oquendo
Gravelines
16. 10. 1639
Romney
Calais
London
Dungeness
Kap
Gris-Nez
Paris
Niederländer
Spanier
Engländer
Kanal
Boulogne

Flotte gerät vollkommen in Unordnung. Die holländischen Brander finden eine Anzahl Opfer. Ein Großteil der spanischen Schiffe treibt auf den Strand und wird dort von den Holländern vernichtet. Oquendo kann mit nur einem Dutzend Schiffen entkommen. Die Holländer bringen 14 Prisen ein. Der Rest ist vernichtet oder gestrandet. Die spanischen Verluste betragen ferner 7000 Tote und Verwundete sowie 1800 Gefangene. Tromp kostet dieser Erfolg nur ein Schiff und 500 Tote. Penington macht keinen ernsthaften Versuch, die englische Neutralität zu wahren. Spaniens Rolle als bedeutende Seemacht ist nach dieser Niederlage zu Ende.

1640 Die holländische Flotte unterstützt Portugal bei seinem Abfall von Spanien.

1641 **Gefecht vor Lissabon.** Ein niederländisches Geschwader von 20 Schiffen versucht eine spanische Silberflotte abzufangen. Es trifft jedoch auf ein stärkeres spanisches Geschwader und muß sich nach Kampf zurückziehen. Beide Seiten verlieren je ein Schiff.

1648 Im **Westfälischen Frieden** muß Spanien endgültig die Unabhängigkeit der Niederlande anerkennen.

1. Hälfte 17. Jh. Die Seekriege in Übersee

Westindien und Nordamerika

1595 Ein englisches Geschwader von 26 Schiffen mit 2500 Mann unter Francis Drake und John Hawkins fährt nach Westindien zum Angriff auf die spanischen Stützpunkte. Nach dem Tod beider Führer kehren die Schiffe ohne Erfolge um. Vor der Küste von Kuba treffen sie auf ein gleich starkes spanisches Geschwader und müssen sich den Rückweg in einem zweistündigen Gefecht freikämpfen.

Anf. 17. Jh. Die unter dem Namen »Flibustier« bekannten Seeräuber machen von ihren Schlupfwinkeln in Westindien aus die dortigen Gewässer in zunehmendem Maße unsicher.

ab 1625 England, Frankreich und später auch die Niederlande beginnen mit der Anlage von Stützpunkten in Westindien und der Atlantikküste von Nordamerika.

8. Sept. 1628 **Gefecht bei Matanzas.** An der Nordküste von Kuba, östlich von Havanna, stellt der niederländische Geschwaderchef Piet Hein mit 24 Schiffen die von Mexiko auf dem Heimweg befindliche spanische Silberflotte von 20 Schiffen unter Juan de Benavides. In einem Nachtgefecht kann Hein fast alle Schiffe erobern, nur drei können entkommen. Mit den Schätzen, die Hein im November nach den Niederlanden bringt, können die Seeoperationen der nächsten Jahrzehnte finanziert werden. Piet Hein wird zum Leutnant-Admiral befördert. Es war dies der einzige Fall, wo eine ganze Silberflotte aus der Neuen Welt erobert werden konnte.

Sept. 1629 Ein spanisches Geschwader unter Fadrique de Toledo erobert die englischen und französischen Stützpunkte auf Nevis und St. Christobal und schickt die 3200 Gefangenen auf sechs Schiffen nach Europa zurück.

Indischer Ozean und Pazifik.

Anf. 17. Jh. Die Engländer stoßen in den westlichen Indischen Ozean vor und bekämpfen dort das portugiesische Handelsmonopol. Zur selben Zeit suchen die Niederländer die Kontrolle über die Anbaugebiete der Gewürze auf den Inseln in Südostasien zu erlangen.

30. Juni bis 2. Juli 1594 **Gefecht vor der Bucht von San Mateo.** Richard Hawkins jun. war im April 1593 mit der »Dainty« (350) zu einer Kreuzfahrt in die Südsee gestartet. Nach Passieren der Magellanstraße plündert er Valparaiso und macht einige Prisen. Schließ-

lich wird er von einem spanischen Geschwader von sechs Schiffen unter Beltrán de Castro vor der Küste von Peru gestellt und nach dreitägigem, verzweifelten Widerstand muß er sich, mehrfach verwundet, der Übermacht ergeben.

1605 Die Niederländer können sich auf den portugiesischen Gewürzinseln Tidore und Amboina festsetzen.

Jan. bis April 1606 Die Spanier versammeln auf den Philippinen ein Geschwader von 18 Segelschiffen, sieben Galeeren und vielen Dschunken und Sampans mit 3100 Mann und 75 Kanonen unter Pedro de Acuñha. Mit diesen vertreiben sie die Niederländer aus Tidore und anderen Stützpunkten der Molukken.

1607 **Seegefecht vor Malakka.** Die Niederländer versuchen den wichtigen portugiesischen Stützpunkt Malakka zu erobern. In zwei Gefechten werden sie von dem portugiesischen Geschwader abgewiesen.

24. April 1610 **Erstes Gefecht bei Playa Honda.** Bei Manila besiegt der spanische Gouverneur der Philippinen, Juan de Silva, mit einem Geschwader von sechs Segelschiffen und zwei Galeeren mit 70 Kanonen und 750 Mann Besatzung das niederländische Ostindiengeschwader unter F. de Wittert. Das niederländische Flaggschiff und ein weiteres Schiff werden erobert, de Wittert fällt. Der Angriff der Niederländer auf den wichtigen spanischen Handelsstützpunkt Manila ist damit abgewehrt.

1612 **Gefecht bei Bombay.** Ein englisches Geschwader siegt über ein portugiesisches. Die Engländer setzen sich darauf in Surat fest. Zwei Jahre später wird ein portugiesischer Gegenangriff in einem weiteren Seegefecht zurückgewiesen.

17. bis 18. Juli 1615 **Gefecht bei Cañete.** Der Niederländer J. van Spilbergen trifft bei seiner Weltumsegelung ca. 150 km südlich von Callao auf das spanische Südseegeschwader unter Rodrigo de Mendoza. Spilbergen war im August 1614 von Holland mit sechs Schiffen ausgelaufen und beginnt den Kampf mit noch fünf Schiffen mit 108 Kanonen und 800 Mann gegen das ungefähr gleich starke spanische Geschwader. Nach über 24 Stunden harten Kampfes müssen sich die Spanier mit großen Verlusten zurückziehen. Spilbergen erreicht über die Philippinen und Afrika herum 1617 wieder die Niederlande.

1615 In einem Gefecht vor Malakka weisen die Portugiesen einen weiteren Angriff der Niederländer auf diesen wichtigen Stützpunkt ab.

15. April 1617 **Zweites Gefecht bei Playa Honda.** Das spanische Philippinengeschwader von sieben Segelschiffen und drei Galeeren mit 150 Kanonen unter Juan Ronquillo siegt über ein niederländisches Geschwader, das zwei Schiffe verliert.

1618 Die Niederländer machen Batavia/Djakarta auf Java zu ihrem Hauptstützpunkt in Indonesien.

1619 Nach einem Angriff der Engländer auf die niederländischen Stützpunkte Bantam und Batavia auf Java werden sie von deren Gouverneur Jan Pieterzoon Coen aus Indonesien vertrieben und konzentrieren sich auf den Indischen Ozean.

Nov. 1620 **Gefecht bei Jask.** Am Eingang zum Persischen Golf besiegen vier Schiffe der englischen Ostindischen Kompanie ein portugiesisches Geschwader von 21 allerdings kleineren Schiffen nach längerem Kampf.

April 1622 **Eroberung von Hormus.** Ein Geschwader der englischen Ostindischen Kompanie unter den Kapitänen Blyth and Weddell erobert mit Hilfe persischer Landtruppen die Hafenfestung. Diese wird von Persern und Engländern ausgiebig geplündert und wieder geräumt. Von diesem Schlag erholt sich der Hafen nicht mehr. Das Schiff der Ostindischen Kompanie mit der Beute an Bord geht vor Surat verloren, trotzdem muß die Kompanie der Krone und dem Lord High Admiral deren je 10 Prozent Anteil an der (verlorenen) Beute bezahlen.

Juni 1622 Ein niederländisches Geschwader von 15 Schiffen unter K. Reyerszoon greift das portugiesische Macao an und wird verlustreich abgewiesen. Der Geschwaderchef und ein Drittel der Niederländer fallen. Die übrigen besetzen die Pescadores-Inseln; von dort aus erobern die Niederländer schließlich Formosa.

10. bis 24. Febr. 1625 **Gefecht im Arabischen Meer.** Ein Geschwader von je vier englischen und niederländischen Schiffen unter Kpt. John Weddell (E) führt ein mehrtägiges Gefecht gegen ein portugiesisches Geschwader in ungefähr gleicher Stärke. Der Kampf zieht sich von Surat bis vor die Küste von Arabien. Die Portugiesen verlieren schließlich zwei Schiffe und rund 500 Mann, die Verbündeten ca. 60 Mann an Toten.

1628 **Gefecht bei Malakka.** Ein portugiesisches Geschwader vernichtet mit Unterstützung von 100 kleinen Schiffen des Königs von Pahang eine Flotte von 250 Fahrzeugen mit 20000 Mann des Königs von Acheen auf Sumatra.

1636 **Blockade von Goa.** Die Niederländer beginnen eine mehrjährige enge Blockade dieses wichtigsten portugiesischen Stützpunktes im Indischen Ozean. Das portugiesische Geschwader versucht mehrmals, die Blockade zu brechen. Nach mehreren Jahren ist Goa zwar nicht erobert, aber zur wirtschaftlichen Bedeutungslosigkeit abgesunken.

1640 Mit der Inbesitznahme von Madras setzen sich die Engländer auch im Golf von Bengalen fest.

Jan. 1641 **Fall von Malakka.** Nach elfjähriger Blockade ist die Verteidigung von Malakka so geschwächt, daß die Niederländer den Stützpunkt ohne große Anstrengung erobern können.

1650 Sultan Ibn Saif von **Oman** vertreibt die Portugiesen aus ihrem Stützpunkt Maskat in Südarabien und errichtet eine lokale Seeherrschaft im Arabischen Meer. Mit seiner Flotte erlangt das Sultanat immer größeren Einfluß in Ostafrika.

1652 Die niederländische Ostindiengesellschaft läßt durch ihren Arzt Jan van Riebeeck **Kapstadt** gründen, um die Ostindienfahrer mit Frischgemüse gegen den Skorbut versorgen zu können.

23. Jan. 1654 Während des ersten englisch-niederländischen Seekrieges (1652–1654) besiegt vor dem Persischen Golf ein niederländisches Geschwader ein englisches, welches zwei Schiffe verliert.

Im **Kampf um Ceylon** zwischen den Niederländern und den Portugiesen kommt es zu zwei entscheidenden Seegefechten.

23. März 1654 **Gefecht vor Colombo.** Das portugiesische Indiengeschwader von fünf Schiffen besiegt drei niederländische Schiffe, verliert aber seinen tüchtigen Geschwaderführer Antonio Pereira.

2. bis 6. Mai 1654 **Gefecht südlich Goa.** Die Portugiesen treffen auf die niederländische Hauptmacht von elf Schiffen und werden nach mehrtägigen Kämpfen alle vernichtet. Die Niederländer verlieren nur ein Schiff.

Portugals Seeherrschaft im Indischen Ozean ist endgültig zu Ende.

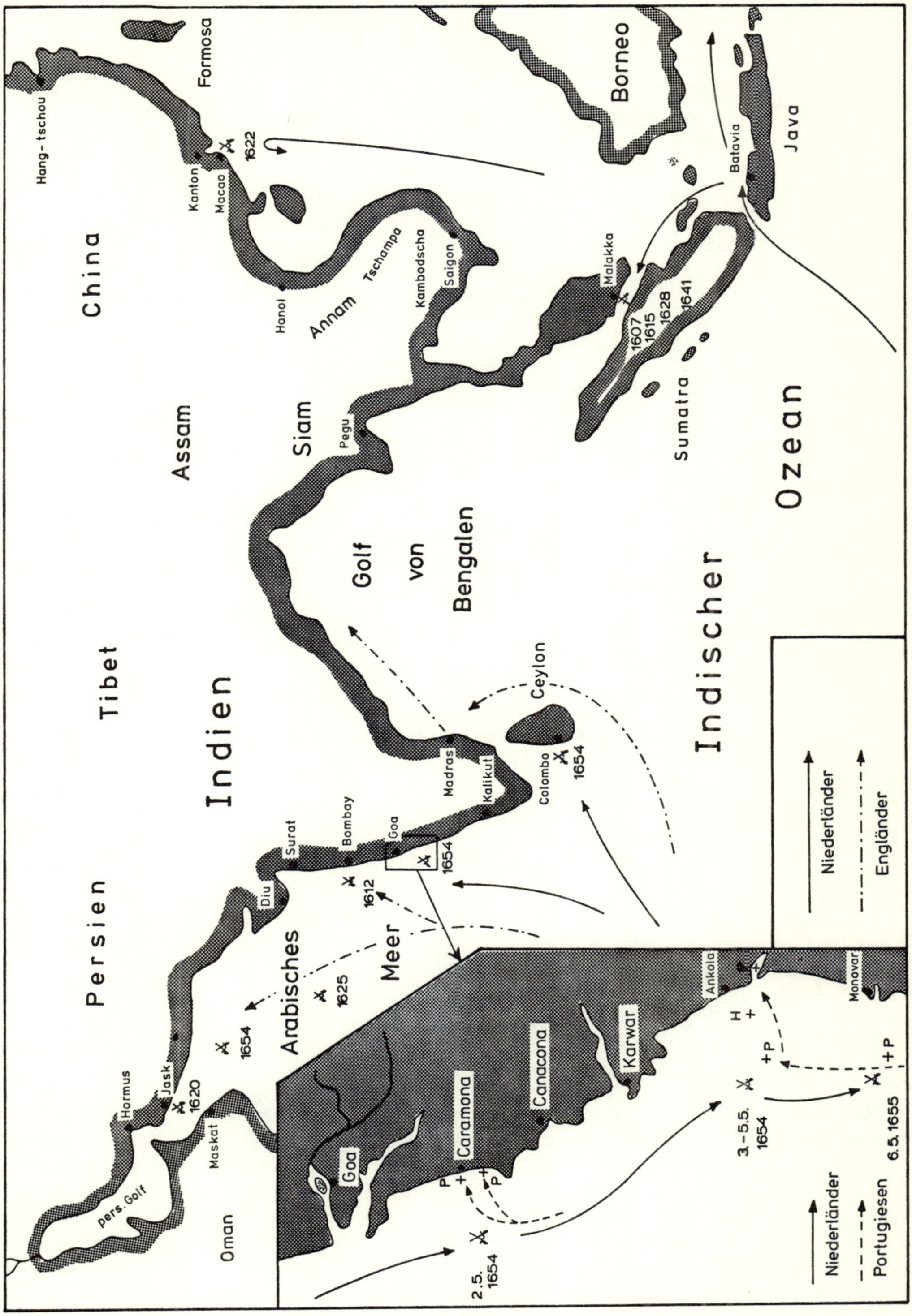
China
Hang-tschou
Formosa
Kanton
Macao
1622
Borneo
Java
Batavia
Hanoi
Annam
Tschampa
Kambodscha
Saigon
Malakka
1607
1615
1628
1641
Sumatra
Assam
Siam
Pegu
Golf von Bengalen
Indischer Ozean
Tibet
Indien
Ceylon
Colombo
1654
Madras
Kalikut
Bombay
Goa
Surat
Diu
1654
1612
Persien
Arabisches Meer
1625
1654
Hormus
Jask
1620
Maskat
pers. Golf
Oman
Niederländer
Engländer
Goa
Caramona
Canacona
Karwar
Ankola
Monovar
2.5. 1654
3.-5.5. 1654
6.5.1655
H
P
Niederländer
Portugiesen

1655 Die Flotte von Oman erobert ein erstes Mal Mombasa und fährt Angriffe auf Stützpunkte der Europäer in Vorderindien.

Südatlantik

März 1617– Juni 1618 Walter Raleigh unternimmt mit zwei Schiffen seinen erfolglosen Freibeuterzug nach Südamerika. Auf Klage des spanischen Botschafters in London wird er dort zum Tode verurteilt und hingerichtet.

1623–1626 Vorstoß eines niederländischen Geschwaders (der Nassauflotte) von elf Schiffen unter Jacques L'Hermite in die Südsee. Zunächst werden die spanischen Stützpunkte an der Westküste von Südamerika angegriffen. Vor Callao stirbt L'Hermite, sein Vizeadmiral Schapenham führt das Unternehmen fort, entdeckt erneut Guam und Yap und kehrt durch den Indischen Ozean heim. Vorher unterstützt er noch im Südatlantik das Geschwader von Willekens beim Kampf um Brasilien.

1624–1654 **Vorstoß der Niederländer nach Südamerika**

Mai 1624 Die niederländische Westindische Kompanie erobert mit einem Geschwader von 35 Schiffen unter Jakob Willekens Bahia, die Hauptstadt von Brasilien.

April 1625 Ein spanisch-portugiesisches Geschwader von 52 Schiffen mit 1185 Kanonen und 12 500 Mann unter dem Oberbefehl von Fadrique de Toledo, das größte, das bis dahin den Atlantik überquert hatte, erobert Bahia zurück. Ein niederländisches Entsatzgeschwader kommt zu spät.

1626–27 Ein niederländisches Geschwader unter Piet Hein führt erfolgreich Kreuzerkrieg vor der Küste Brasiliens.

1630 Die Niederländer erobern Recife und Olinda in der reichen Zuckerprovinz Pernambuco. Im folgenden Jahr schicken beide Seiten neue Geschwader nach Brasilien. Die Iberer bringen Soldaten nach Pernambuco und sollen ein Zuckergeleit zurückbringen, die Niederländer verstärken ihre Garnisonen.

12. Sept. 1631 **Seeschlacht vor der Abrolhos-Bank.** Die beiden Geschwader treffen ca. 400 Seemeilen SSO von Bahia aufeinander. Die Iberer unter VAdm. Oquendo verfügen über 34 Schiffe mit 430 Kanonen und 5000 Mann. Die Niederländer unter Adm. Adriaan Pater sind 16 Schiffe mit 470 Kanonen und 2800 Mann stark. Die beiden Admiralsschiffe und einige weitere legen sich zum Nahkampf Bord an Bord, die übrigen führen ein Artillerieduell. Nach sechsstündigem erbitterten Kampf verlieren die Iberer zwei gesunkene und ein geentertes Schiff sowie 700 Mann. Die Niederländer verlieren zwei Schiffe mit 500 Mann, darunter befindet sich aber das in die Luft geflogene Admiralsschiff, auf dem Pater fällt. Die Iberer bringen ihr Geleit von 20 Zuckerschiffen nach Hause.

1634 Den Niederlanden gelingt die Einnahme von Curaçao.

1637 Die Niederländer erobern den wichtigen portugiesischen Stützpunkt El Mina an der afrikanischen Westküste und werden deren Nachfolger im einträglichen Sklavenhandel nach Westindien.

12. bis 15. Jan. 1640 **Seeschlacht vor Recife.** Eine spanisch-portugiesische Flotte von 41 Schiffen versucht, den Niederländern ihren Stützpunkt in Brasilien zu entreißen. In viertägigen Kämpfen kann das holländische Brasiliengeschwader von 36 Schiffen unter Adm. Loos den Angreifern beträchtliche Verluste beibringen und den Angriff abschlagen.

1654 Während des ersten englisch-niederländischen Seekrieges müssen die Niederländer ihre Stützpunkte in Brasilien räumen. Das Festhalten dort hatte sich als zu kostspielig erwiesen.

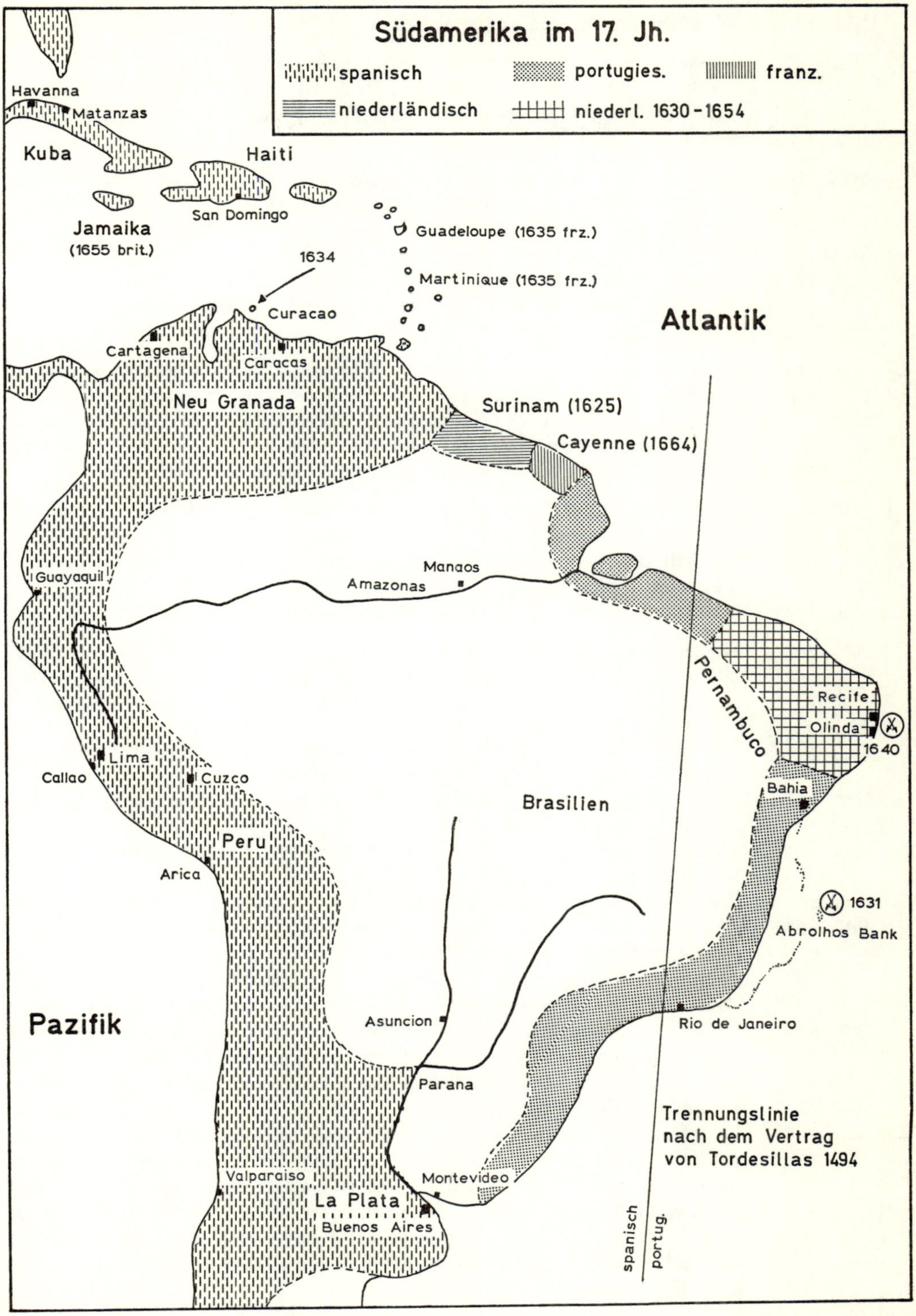
Südamerika im 17. Jh.
spanisch
portugies.
franz.
niederländisch
niederl. 1630-1654
Havanna
Matanzas
Kuba
Haiti
Jamaika
(1655 brit.)
San Domingo
Guadeloupe (1635 frz.)
1634
Martinique (1635 frz.)
Curacao
Atlantik
Cartagena
Caracas
Neu Granada
Surinam (1625)
Cayenne (1664)
Manaos
Amazonas
Guayaquil
Pernambuco
Recife
Olinda
1640
Lima
Callao
Cuzco
Bahia
Brasilien
Peru
Arica
1631
Abrolhos Bank
Pazifik
Asuncion
Rio de Janeiro
Parana
Trennungslinie
nach dem Vertrag
von Tordesillas 1494
Valparaiso
Montevideo
La Plata
Buenos Aires
spanisch
portug.

1635–1659	**Seekrieg Frankreich gegen Spanien**
21. Mai 1635	Ein spanisches Geschwader von 10 Segelschiffen und 35 Galeeren erscheint vor der Küste der Provence, um dort einen Aufstand zu unterstützen. In einem schweren Sturm verliert es zwei Segelschiffe und neun Galeeren; es muß die Unternehmung abbrechen.
Sept. 1635	Eine gemischte spanische Flotte, bestehend aus Galeeren und Segelschiffen, nimmt die Leridischen Inseln (vor der Küste der Provence) in Besitz. Diese werden von Spanien zu einem starken Flottenstützpunkt ausgebaut.
März bis Mai 1637	Eine starke französische Flotte unter dem Befehl von Erzbischof de Sourdis und Flottenchef Graf d'Harcourt – bestehend aus Segelschiffen, Galeeren und Brandern – landet ein Heer auf den Inseln und kämpft die Landwerke und das spanische Galeerengeschwader nieder.
22. Aug. 1638	**Seeschlacht bei San Sebastian.** Auf der Reede von Guetaria liegt ein spanisches Geschwader von 28 Schiffen unter Lope de Hoces. Die Franzosen greifen mit einem Geschwader von 18 Galeonen und sieben Brandern unter de Sourdis an. Fast alle Brander erreichen ihre Ziele, die meisten spanischen Schiffe werden vernichtet. Rund 4000 Soldaten und Seeleute fallen oder ertrinken.
1. Sept. 1638	**Gefecht bei Genua.** Zwei Galeerengeschwader von je 15 Schiffen fechten den letzten Galeerenkampf im Stil des Mittelalters aus. Nach Verlust von sechs Schiffen fliehen die Spanier nach Genua. Die Franzosen verlieren drei Schiffe. Adm. Velasquez (Sp) fällt.
Okt. 1639	Vernichtung des spanischen Atlantikgeschwaders in den Downs (siehe S. 198).
22. Juli 1640	**Gefecht bei Cadiz.** Das französische Atlantikgeschwader unter Adm. de Maillé-Brezé greift ein spanisches Westindiengeleit an und vernichtet eine der Geleitgaleonen sowie einige Handelsschiffe, der Rest kann nach Cadiz entkommen.
1640	Barcelona mit dem Großteil von Katalonien revoltiert gegen die spanische Herrschaft und stellt sich unter den Schutz Frankreichs.
Dez. 1640	Portugal sagt sich von Spanien los. Der Führer der Revolte, Herzog von Braganza, wird als Johann IV. zum König gekrönt.
20. Aug. 1641	**Gefecht bei Tarragona.** Ein spanisches Galeerengeschwader wird von wenigen französischen Seglern vernichtet.
30. Juni u. 1. Juli 1642	**Seeschlacht bei Barcelona.** Ein französisches Geschwader von 44 Segelschiffen, 14 Brandern und 17 Galeeren unter Adm. de Maillé-Brezé trifft auf ein spanisches Geschwader von 36 Schiffen und sechs Brandern. Sie trennen sich nach zweitägigem Kampf ohne Entscheidung. Die Spanier verlieren zwei Schiffe durch Brander und eines durch Entern. Auch eine französische Galeone sinkt.
4. Sept. 1643	**Gefecht bei Cartagena.** Der französische KAdm. de Maillé-Brezé siegt über ein spanisches Geschwader, indem er dieses durch geschicktes Manövrieren zwischen zwei Feuer bringt. Nach dem Tod Richelieus (1642) verfällt die junge französische Flotte wieder.
14. Juni 1646	**Seeschlacht bei der Insel Giglio.** Ein französisches Geschwader von 36 Segelschiffen und 20 Galeeren unter Adm. de Maillé-Brezé blockiert die belagerte italienische Stadt Orbitello. Ein spanisches Entsatzgeschwader von 22 Segelschiffen, fünf Brandern und 30 Galeeren unter dem Grafen von Linares greift zunächst erfolglos an. Als der französische Admiral durch eine Kanonenkugel fällt, bricht sein Vizeadmiral den Kampf ab und erlaubt dadurch den Spaniern Orbitello zu entsetzen.

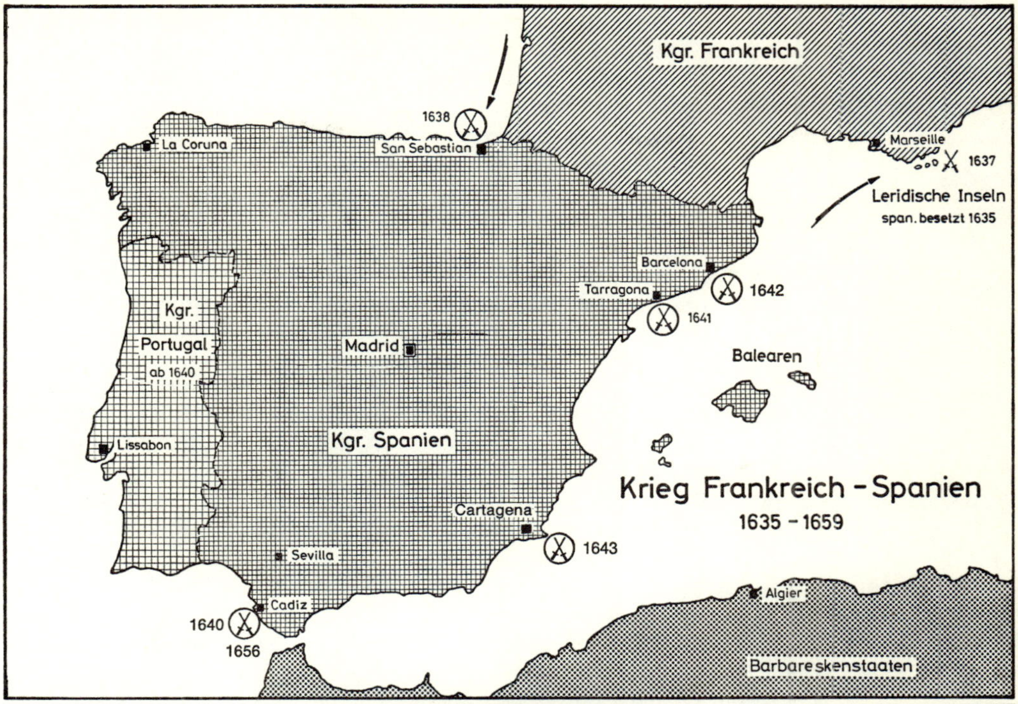
Kgr. Frankreich
1638
La Coruna
San Sebastian
Marseille
1637
Leridische Inseln
span. besetzt 1635
Barcelona
Tarragona
1642
1641
Kgr.
Portugal
ab 1640
Madrid
Balearen
Lissabon
Kgr. Spanien
Krieg Frankreich - Spanien
1635 - 1659
Cartagena
1643
Sevilla
Algier
Cadiz
1640
1656
Barbareskenstaaten

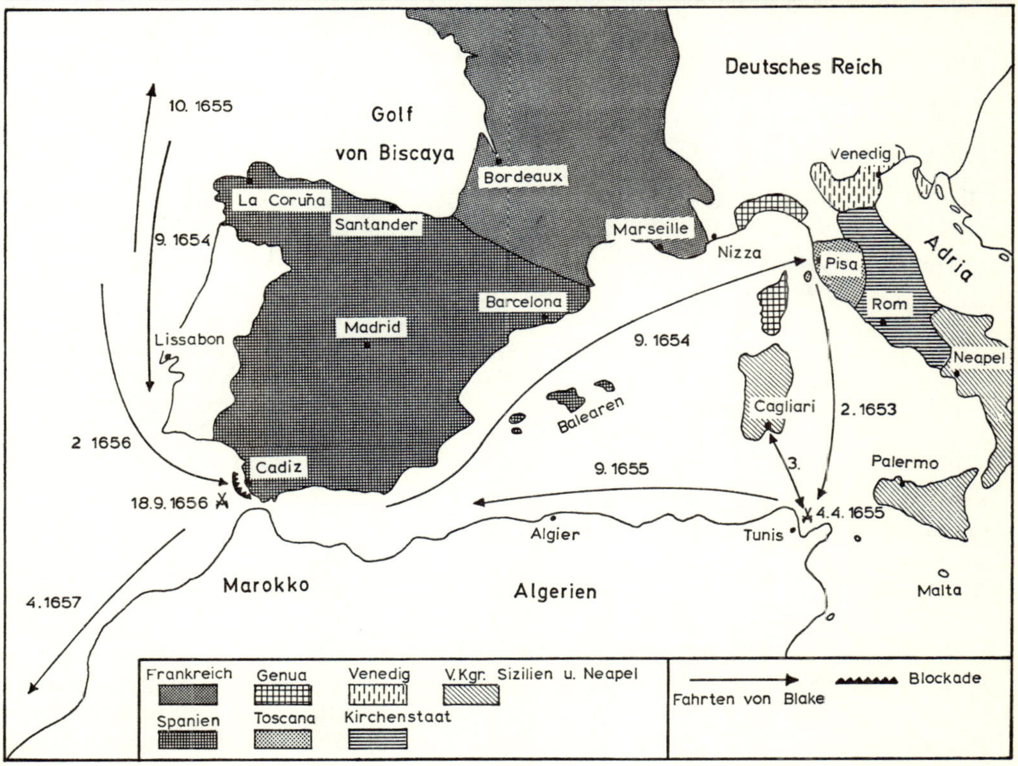
Deutsches Reich
10. 1655
Golf
von Biscaya
Venedig
Bordeaux
La Coruña
Santander
9. 1654
Marseille
Nizza
Adria
Pisa
Barcelona
Rom
Lissabon
Madrid
9. 1654
Neapel
Balearen
Cagliari
2. 1653
2 1656
Cadiz
9. 1655
3.
Palermo
18.9.1656
4.4. 1655
Algier
Tunis
Marokko
Algerien
Malta
4.1657
Frankreich
Genua
Venedig
V.Kgr. Sizilien u. Neapel
Spanien
Toscana
Kirchenstaat
Fahrten von Blake
Blockade

23. Dez. 1647	Ein französisches Geschwader unterstützt das gegen die Spanier revoltierende Neapel. Ein spanisches Geschwader unter Don Juan d' Austria d. J. liefert den Franzosen ein unentschiedenes Treffen, worauf erstere heimfahren.
Sommer 1650	Ein starkes spanisches Geschwader von 39 Segelschiffen, neun Galeeren und zahlreichen kleinen Fahrzeugen wird in Neapel versammelt. Es unterstützt das Heer bei der Rückeroberung der von den Franzosen besetzten Hafenstädte der Toskana. Piombino muß sich am 19. Juni ergeben, Porto Longone auf Elba kapituliert am 31. Juli.
9. Aug. 1652	**Gefecht vor La Rochelle.** Ein französisches Geschwader von 18 Galeonen, 19 Galeeren und Brandern greift das spanische Blockadegeschwader von 25 Schiffen an. Ein spanisches Schiff wird erobert, zwei werden verbrannt und der Gegner zur Aufgabe der Blockade gezwungen.
15. Sept. 1652	Das in spanischen Händen befindliche Dünkirchen wird von den Franzosen zu Lande und zu Wasser belagert. Adm. Blake besiegt mit einem englischen Geschwader die französische Blockadeflotte und erhält damit vorerst Dünkirchen den Spaniern.
11. Okt. 1652	Kapitulation von Barcelona. Ein spanisches Geschwader unter Don Juan d' Austria d. J. unterstützt das Heer bei der Eroberung der Stadt, die sich nach 15monatiger Belagerung ergeben muß.
1654	England greift auf der Seite von Frankreich in den Krieg ein.
1655	Vor Barcelona jagen neun französische Schiffe zwölf spanische in die Flucht. Letzte Offensive der geschwächten französischen Flotte vor dem Friedensschluß.
	Um das noch immer bestehende Handelsmonopol der Spanier zu brechen, startet England eine Offensive in den amerikanischen Gewässern.
1655	Adm. Penn geht mit einem Geschwader von 38 Schiffen, darunter 20 Transportern, mit 1080 Kanonen und 2000 Mann Landungstruppen nach Westindien. Auf den englischen Stützpunkten in Westindien wird die Truppenstärke auf 7000 Mann gebracht. Ein erster Angriff auf Hispaniola schlägt fehl, Jamaika kann jedoch erobert werden.
Juli bis Okt. 1655	Adm. Blake kreuzt vor dem Hafen von Cadiz und versucht zu verhindern, daß spanische Verstärkungen nach Westindien auslaufen.
18. Sept. 1656	**Gefecht vor Cadiz.** Im Januar 1656 hatte Blake die Blockade von Cadiz wieder aufgenommen. Mitte September ist er mit dem Großteil des Geschwaders zur Wasseraufnahme abwesend. Ein heimkehrendes spanisches Geschwader von acht Schiffen aus Westindien wird von den wenigen auf Posten stehenden Fregatten unter Kpt. Stayner gestellt. Nach mehrstündigem Kampf vernichten die Engländer vier der spanischen Schiffe und erobern eines mit einem kleinen Teil des Schatzes an Bord.
	Blake bleibt über den Winter trotz angegriffener Gesundheit bis zum Frühjahr des folgenden Jahres auf seinem Blockadeposten.
20. April 1657	**Angriff auf Sta. Cruz de Teneriffa.** Adm. Blake erfährt, daß im Hafen von Santa Cruz eine spanische Silberflotte eingelaufen ist. Blake hebt sofort die Blockade von Cadiz auf und wagt den Angriff auf den stark befestigten Hafen. Die Spanier haben ihre 22 Galeonen im Hafen so verankert, daß die Geschütze die Hafeneinfahrt bestreichen. Am Strand sind Batterien aufgestellt, ein starkes Fort deckt die Einfahrt. Blakes Flotte greift in zwei Gruppen an. Ein Teil der Schiffe beschäftigt Fort und Batterien, der andere Teil attackiert die spanischen Silberschiffe. Um 8 Uhr vormittags beginnt der Angriff. Nach 6 Stunden sind die spani-

schen Schiffe vernichtet. Zwei Galeonen sind gesunken, der Rest verbrannt. Auch die Strandbatterien werden zum Schweigen gebracht, nur das Fort feuert bis zum Schluß. Bis 7 Uhr abends gewinnt Blake trotz ungünstigen Windes wieder die freie See. Von seinem Geschwader sind nur einige Fregatten schwer beschädigt. Der englische Mannschaftsverlust beträgt nur 200 Mann. Den Spaniern ist es gelungen, den Silberschatz der Flotte vor dem Kampf an Land in Sicherheit zu bringen.

Nov. 1659 **Pyrenäenfriede.** Spaniens Großmachtstellung ist zu Ende.

Die Kämpfe im Mittelmeer

April 1603 Die Flotte der Malteser in Stärke von fünf Galeeren, vier Fregatas, einem Tartan und vier Segelschiffen erobert die Festungen Lepanto/Naupaktos und Patras am Eingang zum Golf von Korinth. Zwei Getreideschiffe und 76 Kanonen werden erbeutet und 400 Gefangene eingebracht.

Okt. 1608 Ein französisches Geschwader von acht Schiffen erobert aus dem türkischen Jahresgeleit von Alexandria nach Istanbul (der sog. Karavane) vor Kap Gelidonya zwei große Galeonen und sieben kleine Schiffe.

1609 **Gefecht vor Zypern.** Der türkische Flottenchef trifft mit 50 Galeeren auf drei große Galeonen unter dem französischen Malteserritter Fressinet. Die Türken können alle drei Schiffe erobern und damit einen der letzten Erfolge von Galeeren über Segelschiffe verbuchen.

29. Juni 1609 Ein spanisch-französisches Geschwader vernichtet im Hafen von Tunis 24 Schiffe mit 435 Kanonen der Barbaresken.

1609 Erstmals operiert ein spanisches Geschwader, nur aus Segelschiffen bestehend, im Mittelmeer.

Ende 1609 Die spanische Flotte evakuiert in fünf Monaten 500000 Mauren aus Spanien nach Marokko.

29. Aug. 1613 **Gefecht bei Samos.** Ein spanisch-sizilianisches Geschwader von acht Galeeren unter Ottavio de Aragon greift ein türkisches Geschwader von zehn Galeeren an. Die Türken verlieren sieben Schiffe und fast 1800 Mann.

Sept. 1613 **Gefecht im Golf von Squillace.** An der Südküste von Kalabrien überrascht ein neapolitanisches Geschwader rund zehn Schiffe aus Tunis und erobert zwei Galeeren, drei Galeonen und ein Handelsschiff und befreit fast 1000 christliche Sklaven.

April 1616 **Gefecht bei Negroponte.** Sechs Galeeren aus der Toskana treffen auf ebensoviele türkische; nach wechselvollem Kampf erobern die Italiener die beiden Flaggschiffe, der Rest kann entkommen.

14. bis 16. Juli 1616 **Gefecht bei Kap Gelidonya.** Fünf Segelschiffe aus Sizilien treffen vor der Küste Kleinasiens auf ein Geschwader von 60 türkischen Galeeren. Nach drei Tagen Kampf ziehen sich die Türken zurück. Ihr Verlust beträgt eine Galeere versenkt, fünf entmastet, die Hälfte der übrigen beschädigt. Die Sizilianer verlieren etwas über 100 Mann.

20. Nov. 1617 **Treffen bei Ragusa.** In den Auseinandersetzungen zwischen Spanien und Venedig zu Beginn des 17. Jahrhunderts kämpft ein spanisch-sizilianisches Segelgeschwader gegen ein gemischtes Geschwader aus Venedig ein Artillerieduell auf große Entfernung ohne Entscheidung.

1620–21 Ein englisches Geschwader von 18 Schiffen wird in das Mittelmeer geschickt, um gegen die Piraten an der algerischen Küste vorzugehen. Durch Versagen der Führung bleibt das Ergebnis gleich null.

3. Okt. 1624 **Gefecht bei Sardinien.** Ein Geschwader von Schiffen aus Neapel (8) der Toskana (4) und einigen des Papstes greift sechs Segelschiffe aus Algier an; eines von diesen mit 50 Kanonen fliegt in die Luft, vier weitere werden von den Christen erobert. Der spanische Geschwaderchef Diego Pimentel fällt im Kampf.

Mai 1625 Die Flotte der Malteser, fünf Galeeren und vier Fregatas unter dem General der Galeeren Tallamey führt einen erfolgreichen Handstreich gegen Sta. Maura in den Ionischen Inseln durch.

Juni 1625 Nach der Rückkehr von dieser Aktion verliert das Geschwader vor Syrakus im Kampf mit sechs Galeeren aus Bizerta zwei seiner Schiffe.

1628 Ein englisches Freibeutergeschwader unter Kenelm Digby besiegt auf der Reede von Iskenderun (Alexandrette) ein französisch-venezianisches Geschwader, wobei drei französische Schiffe erobert werden und eines versenkt wird.

7. Aug. 1638 Unter den Kanonen der Festung Valona erobert ein venezianisches Geschwader in der Stärke von 24 Galeeren 16 Galeeren aus Nordafrika.

Aug. 1640 Die Flotte der Maltester unter Landgraf Ludwig von Hessen erobert unter den Mauern der Festung La Goletta bei Tunis sechs große Segelschiffe der Barbaresken.

28. Sept. 1644 Ein Geschwader von sechs Galeeren der Malteser erobert bei Zypern aus dem türkischen Alexandria-Geleit eine große Galeone mit einer Lieblingsfrau des Sultans an Bord. Die Türkei beginnt darauf mit den Vorbereitungen für einen neuen Krieg gegen die Christen.

1652–1654 Im ersten Seekrieg zwischen den Niederlanden und England vernichten die ersteren das englische Mittelmeergeschwader (siehe S. 226).

Sept. 1654 Adm. Blake erscheint mit einem großen Geschwader von 25 Schiffen mit 800 Kanonen im Mittelmeer; er stellt dort das Ansehen der Flagge wieder her.

4. April 1655 **Angriff auf Porto Farina** (Hafen von Tunis). Dieser ist einer der wichtigsten Stützpunkte der Korsaren von Nordafrika. Blake forciert mit 15 Schiffen die Einfahrt, bringt die Batterien der Forts zum Schweigen und verbrennt die dort liegenden neun Korsarenschiffe. Erster erfolgreicher Angriff von Schiffen gegen Landfestungen in größerem Stil.
Blake beginnt anschließend mit der Blockade von Cadiz die Kampfhandlungen gegen Spanien (siehe S. 208).

1645–1669 Der Krieg um Kreta

Die ständigen Überfälle der Malteser auf die türkische Schiffahrt empfinden diese genauso als Seeräuberei wie die Christen die Überfälle der Barbaresken. Nach dem Vorfall 1644 beschließt die Türkei im großen zurückzuschlagen.

Juni 1645 Die türkische Flotte landet ein Heer auf Kreta. Ein viertel Jahrhundert dreht sich der Kampf um die Versorgung der auf der Insel kämpfenden Truppen. Es sind fast durchwegs gemischte Verbände aus Segelschiffen (Galeonen) und Ruderschiffen im Einsatz.

14. Aug. 1646 Die Flotte Venedigs mit den Verbündeten aus dem westlichen Mittelmeer (Papst, Toskana, Malta) greift die Türken vor Kanea/Chania ohne Erfolg an.

Jan. 1647 Erstes Treffen zweier Geschwader bei Negroponte (Euböa).

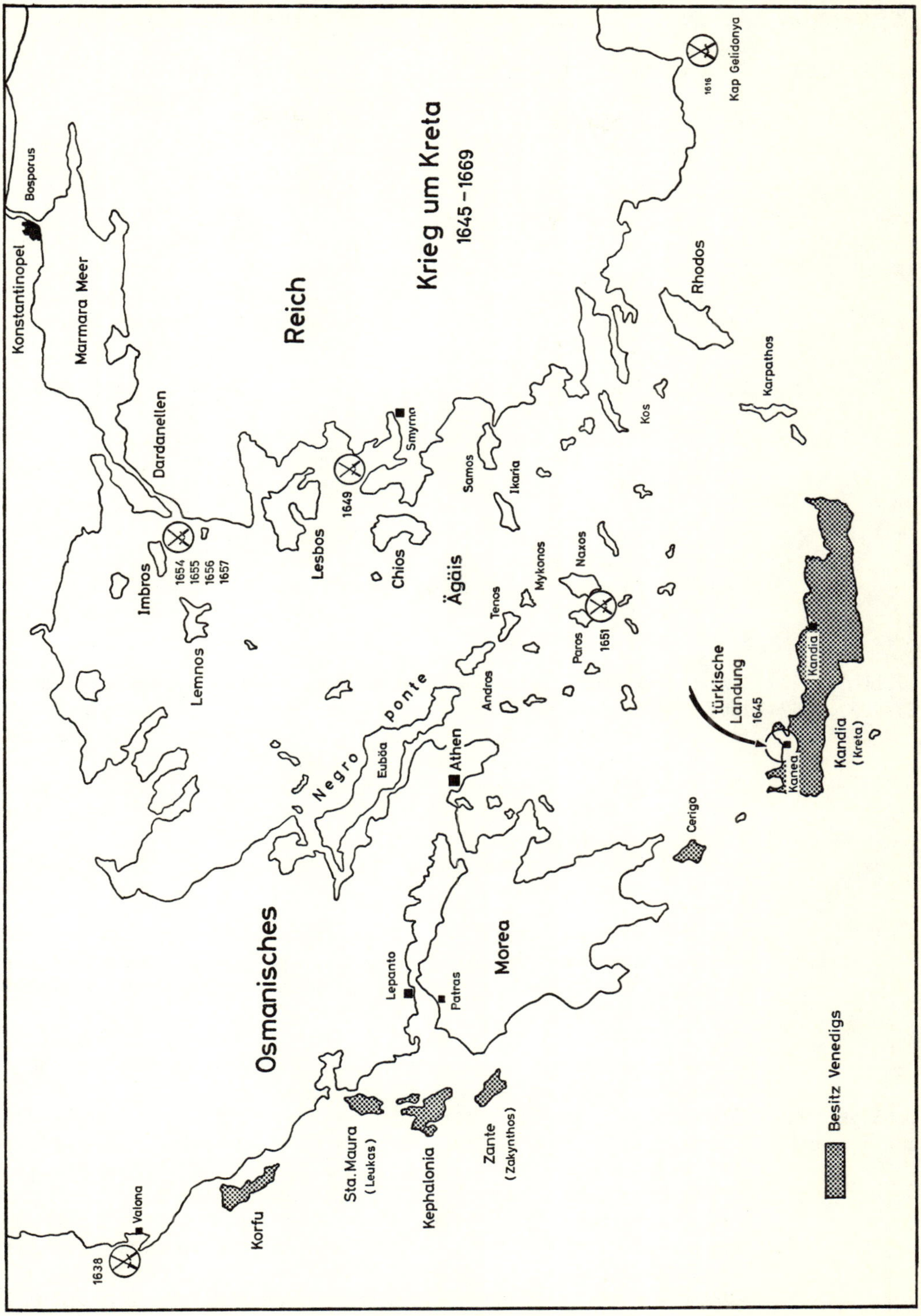
Krieg um Kreta
1645 – 1669
Osmanisches
Reich
Konstantinopel
Bosporus
Marmara Meer
Dardanellen
Kap Gelidonya
1616
Rhodos
Karpathos
Kos
Smyrna
1649
Samos
Ikaria
Lesbos
Chios
Ägäis
Mykonos
Naxos
Paros
1651
Tenos
Andros
Imbros
1654
1655
1656
1657
Lemnos
Negro
ponte
Euböa
Athen
türkische
Landung
1645
Kandia
Kanea
Kandia
(Kreta)
Cerigo
Morea
Lepanto
Patras
Sta. Maura
(Leukas)
Kephalonia
Zante
(Zakynthos)
Korfu
Valona
1638
Besitz Venedigs

17. März 1648 Vor Psara verliert die venezianische Flotte in einem Sturm 18 Galeeren und neun Segelschiffe.

Mai 1649 Bei Smyrna siegen 19 venezianische Galeonen unter Giacomo Riva über die türkische Flotte von 90 Schiffen. Die Türken verlieren 17 Schiffe gegen 3 der Venezianer.

ab 1650 Die Türken bauen ihre Flotte an Segelschiffen aus, um den bis dahin in dieser Schiffsgattung überlegenen Venezianern in offener Seeschlacht entgegentreten zu können.

10. bis 13. Juli 1651 **Seeschlacht bei der Insel Paros.** Die Venezianer, 58 Schiffe stark unter Alvise Mocenigo, treffen auf die 100 Schiffe zählende türkische Flotte. In einem dreitägigen Verfolgungsgefecht verlieren die Türken rund 15 Schiffe. Die Venezianer versuchen schließlich, den türkischen Nachschub durch Blockade der Dardanellen zu unterbinden.

Mai 1654 **Erstes Treffen vor den Dardanellen.** Die türkische Flotte von 76 Schiffen kämpft sich die Meerenge gegen 26 venezianische Blockadeschiffe frei.

21. Juni 1655 **Zweites Treffen vor den Dardanellen.** 36 venezianische Schiffe unter Lazaro Mocenigo treten in der Meerenge der türkischen Flotte von 100 Schiffen entgegen. Die Türken kostet diesmal der Durchbruch 16 Schiffe.

26. Juni 1656 **Erste Seeschlacht vor den Dardanellen.** Die Flotte Venedigs, 29 Segler und 38 Galeeren, darunter sieben aus Malta, unter Lorenzo Marcello +, blockiert die Enge. Beim Versuch durchzubrechen, wird die türkische Flotte, 28 Segler und 70 Galeeren, vernichtend geschlagen. Nur 14 Galeeren können entkommen. Die Venezianer verlieren nur drei Schiffe.

17. bis 21. Juli 1657 **Zweite Seeschlacht vor den Dardanellen.** In einer dreitägigen Schlacht können die Venezianer unter Lazaro Mocenigo + den Ausbruch der Türken nicht verhindern. Die Türken verlieren zehn Segelschiffe und zahlreiche Galeeren, die Venezianer eine Galeere.

Aug. 1660 Die Flotte Venedigs unternimmt mit ihren Verbündeten eine Landung mit 8000 Mann in der Sudabucht. Im folgenden Monat werden die erfolglosen Landetruppen nach Kandia zurückgebracht.

29. Sept. 1662 Zwischen Kos und Kalymnos erobern die Venezianer aus einem türkischen Geleit vier große und 28 kleine Schiffe.

8./9. März 1668 **Gefecht vor Kandia/Heraklion.** Zwölf türkische Galeeren treffen auf 20 venezianische unter Flottenchef Francesco Morosini und verlieren in einem erbitterten Kampf sieben Schiffe. Den Venezianern kostet ihr letzter Sieg in diesem Krieg über 1100 Mann an Toten und Verwundeten.

24. Juli 1669 Eine Flotte der Christen, Galeeren und Segelschiffe, die meisten aus Frankreich, beschießt die türkischen Stellungen um Kandia. Sie erleidet dabei erhebliche Verluste, und das starke französische Kontingent segelt heim.

Sept. 1669 Da es den Venezianern nicht gelingt, den Nachschub für die Türken auf Kreta zu unterbinden, fällt schließlich das letzte Bollwerk auf der Insel, Kandia. Im selben Jahr schließt Venedig Frieden mit der Pforte. Die Segelschiffe erweisen sich in diesem Krieg nicht nur durch ihre Feuerkraft und Standfestigkeit überlegen, sondern sie sind auch fast im ganzen Winterhalbjahr einsetzbar, während die Galeeren wegen der schlechten Wetterbedingungen in dieser Zeit aufgelegt werden müssen. Im Mittelmeer und Ostsee existieren zwar Galeeren noch bis ins 18. Jahrhundert, spielen aber keine Rolle mehr im Kampf zwischen Hochseeflotten.

1642–1651 Der englische Bürgerkrieg zur See

Die englische Flotte unter dem Grafen Warwick unterstützt von Anfang an die Sache des Parlamentes.

Aug. 1642 Die Flotte hilft der Armee bei der Einnahme von Portsmouth.

Juni 1648 Vizeadmiral Batten bringt ein Geschwader von elf Schiffen von der Themse nach den Niederlanden und stellt es den Royalisten zur Disposition.

Juli 1648 Der Prinz von Wales erscheint mit diesem Geschwader auf der Themse, wo er auf das Geschwader von Warwick trifft. Ein Sturm treibt die Royalisten nach Osten, und es kommt zu keinem Kampf.

Jan. 1649 Prinz Rupert von der Pfalz übernimmt mit seinem Bruder Moritz das royalistische Geschwader und segelt nach Irland. Von dem Hafen Kinsale aus führt er einen Kaperkrieg gegen die englische Handelsschiffahrt.

ab Mai 1649 Prinz Rupert wird in Kinsale von einem Geschwader unter Blake und Deane blockiert, kann aber schließlich entkommen und läuft nach Lissabon unter den Schutz der Portugiesen, die Cromwell noch nicht anerkennen.

März 1650 Blake nimmt mit einem Geschwader von 15 Schiffen mit 2000 Mann Besatzung und 436 Kanonen die Blockade der Royalisten in Lissabon auf.
Blake kann sein Geschwader in den Häfen von Cadiz und Vigo des befreundeten und im Krieg mit Portugal befindlichen Spanien versorgen.

14. Sept. 1650 Als Repressalie gegen Portugal greift Blake den aus Brasilien heimkehrenden Geleitzug an, vernichtet drei Schiffe und erobert weitere vier. Während er die Prisen nach Cadiz in Sicherheit bringt, entkommt Prinz Rupert mit seinen letzten sechs Schiffen von Lissabon in das Mittelmeer.

Nov. 1650 In Cartagena versenken die Royalisten ihre letzten Schiffe, damit sie Blake nicht in die Hände fallen.

Mai 1651 Prinz Rupert rüstet in Toulen ein neues Geschwader von fünf Schiffen aus und läuft nach Westindien aus, um dort die Royalisten zu unterstützen.
Als er dort mit nur mehr zwei Schiffen ankommt, sind die Kolonien bereits unter Kontrolle des Parlamentes. Sein Bruder Moritz ist seit damals verschollen, er selbst erreicht 1654 mit Mühe Nantes.

Juni 1651 Ein Geschwader unter Blake und Ayscue erobert die in den Händen der Royalisten befindlichen Scilly-Inseln.

Aug. 1651 Ayscue läuft mit einem Geschwader von sieben Schiffen nach Westindien und erobert dort Barbados von den Royalisten. Die übrigen Besitzungen, die Inseln Nevis und St. Kitts in Westindien und Virginia, unterwerfen sich darauf ohne Widerstand dem Parlament.

Sept. 1651 Blake greift mit seinem Geschwader und Landungstruppen die Kanalinseln Jersey und Guernsey an. Die Inseln werden schnell erobert, die beiden festen Schlösser müssen sich im Dezember ergeben.
Die Royalisten sind damit aus allen englischen Besitzungen vertrieben.

1631 Der Niederländer Hugo Grotius veröffentlicht sein Buch »De Dominio Maris« in dem er das freie Nutzungsrecht der See vor allem für die Fischereiflotten reklamiert. Der Engländer John Seldon antwortet mit seinem Werk »Mare Clausum«, in welchem er die Tradition der, teilweise weiten, Territorialgewässer betont. Nur die Weltmeere sollen nach ihm allen Nationen zugänglich sein.

Die Seekriege der zweiten Hälfte des 17. Jahrhunderts

In der zweiten Hälfte des 17. Jahrhunderts haben sich eine Reihe bedeutender Seekriege zugetragen, in denen die modernen Segelflotten, welche die großen Seekriege des folgenden Jahrhunderts austrugen, entwickelt wurden. Es waren dies die drei englisch-niederländischen Seekriege, deren letzter nur ein Teil des Krieges Frankreichs gegen die Niederlande war; die Kriege Schwedens gegen Dänemark 1657–60 und der Schonenschen Krieg; ferner der Eroberungskrieg Frankreichs, bei uns bekannt als Pfälzischer Erbfolgekrieg, im englischen Sprachraum meist als Krieg der Liga von Augsburg bezeichnet.
Im Mittelmeer traten immer mehr die Flotten der großen westeuropäischen Seemächte im Kampf um die Seeherrschaft auf, der einzige Seekrieg nur zwischen Mittelmeermächten war der Krieg um Morea (Peloponnes). Schon in diesem Jahrhundert und noch mehr in den folgenden beherrschten die Auseinandersetzungen der großen Seemächte die Ereignisse auf den Weltmeeren und beanspruchen daher in dieser Chronik immer mehr Raum. Die übrigen Ereignisse sind ohne eigene Kapiteleinteilung zeitlich dazwischen eingeschoben.

Wie schon im vorigen Kapitel erwähnt, brachte der englische Bürgerkrieg (1642–46) Oliver Cromwell an die Spitze des neuen **Commonwealth,** welches er als »Lord Protector« ab 1653 mit diktatorischen Vollmachten bis zu seinem Tod 1658 leitete. Nach der Hinrichtung des englischen Königs Karl I. am 30. Jan./10. Febr. 1649 wurde die republikanische Regierung nirgends in Europa anerkannt. Cromwell erkannte klar, daß er nur aus einer Position der Stärke diese Anerkennung erlangen konnte. Das einzige Mittel dazu war die Flotte, welche die Flagge auf der ganzen Welt zeigen konnte und nun mit größter Anstrengung aufgerüstet wurde. Da das Offizierskorps teilweise royalistisch war, wurden bewährte Obristen von Cromwells berühmten »Eisenseiten« mit der Führung der Flotte betraut. Neben Popham und Deane war es vor allem Blake, der zu einem der bedeutendsten Flottenführer Englands wurde, und dem es zu verdanken war, daß das gesteckte Ziel in kurzer Zeit erreicht werden konnte. Die feindselige Haltung Frankreichs führte praktisch zu einem unerklärten Krieg im Kanal. Da Spanien sich noch immer im Krieg mit Frankreich befand, konnte Blake bei seinem Vorgehen gegen das royalistische Geschwader vor Portugal auf spanische Unterstützung zählen. Sein festes Auftreten gegen die Royalisten zeigte rasch, daß mit der Flotte des Commonwealth zu rechnen war. Neben der politischen Anerkennung stand Cromwell aber auch vor dem Problem der Anerkennung seiner Politik im Inneren und der Behebung der wirtschaftlichen Schäden, die durch den Bürgerkrieg entstanden waren. Beides konnte mit einer aggressiven Außenpolitik erreicht werden. Die Mittel konnten durch eine Ausweitung des Überseehandels errungen werden, welcher damals aber fast vollständig in der Hand der Niederlande war. Diese verfügten 1650 über 16000 Handelsschiffe, davon 6000 Hochseefahrer; die englische Handelsflotte zählte dagegen nicht einmal 1000 Schiffe insgesamt. Ein Einbruch in den niederländischen Überseehandel mußte die einflußreichen Handelskreise für die Regierung einnehmen und damit die nötige Unterstützung in dem mit Sicherheit zu erwartenden Krieg mit den Niederlanden bringen. Cromwell hielt sich dabei an den 50 Jahre alten Ausspruch von Walter Raleigh: »Wer die See beherrscht, beherrscht den Handel dieser Welt; wer den Handel beherrscht, verfügt über die Reichtümer dieser Welt und beherrscht damit sie selbst.« Niederlands große Geleitzüge mit meist über 100 Handelsschiffen mußten die Küsten Englands entlanglaufen und unterstrichen die Bedeutung dieses Handelsverkehrs, aber auch seine Verwundbarkeit durch die strategisch günstige Lage Englands. Die Ostseegeleite und die Fischerflotten mußten den Hoofden passieren, die Ostindiengeleite und Amerikafahrer hatten den ganzen Kanal entlangzulaufen. Für die zu erwartende Auseinandersetzung wurden in England in wenigen Jahren fast 100 Kriegsschiffe erbaut, die meisten bereits einheitliche Linienschiffe mit guten Segeleigenschaften und starker Bewaffnung. Sie waren darin den niederländischen Kriegsschiffen, welche wegen der vielen Untiefen an ihren Küsten einen geringeren Tiefgang hatten und daher leichter bewaffnet waren und nicht so gut am Wind segelten, Schiff gegen Schiff überlegen. Die Kriegsflotte der Niederländer war bei weitem nicht auf einen Kampf mit den Engländern vorbereitet. Bei ihnen fehlte es vor allem an der einheitlichen Führung. Jede der fünf Seeprovinzen hatte ihre eigene Admiralität und stellte ihr eigenes Geschwader auf. Da bei Kriegsbeginn viel zu wenig Kriegsschiffe in Dienst waren, mußten bewaffnete Handelsschiffe in die Flotten eingereiht werden. Dazu eigneten sich am besten die großen, stark gebauten Ostindienfahrer, die im ersten Krieg noch einen wesentlichen Teil der Kämpfe zu tragen hatten. Auch die Engländer reihten zu Beginn notgedrungen bewaffnete Handelsschiffe in die Flotte ein, verfügten aber bei weitem nicht über eine so große Zahl dafür geeigneter Schiffe.

Im Oktober 1651 erließ Cromwell die **Navigationsakte,** deren Bestimmungen für die Niederländer unannehmbar erschienen und die der letzte Anlaß zum Krieg waren. Sie besagten, daß Waren von und nach England nur von englischen Schiffen transportiert werden dürften. Dies war ein schwerer Schlag für den niederländischen Zwischenhandel. Eine weitere Bestimmung war der Flaggengruß, nach welchem alle Kriegsschiffe, auch ganze Flotten, in den Gewässern um England englische Schiffe zuerst durch Dippen der Flagge und Fieren der obersten Rah grüßen mußten. Die dritte für die Niederländer schmachvolle Bestimmung war, daß sich alle Schiffe, auch Kriegsschiffe, von den Engländern nach royalistischen Anhängern oder Kontrabande untersuchen lassen sollten. Von den Niederlanden waren nämlich eine ganze Reihe privat ausgerüstete royalistische Kaperschiffe gegen den englischen Handel tätig. Als im Kanal der niederländische Admiral Tromp d. Ä. die Aufforderung eines englischen Geschwaders zum Flaggengruß mit einer Breitseite beantwortete, war der Krieg da.

Es war dies ein reiner Seekrieg, der nur mit den Flotten ausgefochten wurde. Strategisch drehte er sich um die großen niederländischen Geleitzüge, welche die Engländer abzufangen versuchten und welche die Niederländer durchbringen mußten, um ihre Wirtschaft in Gang zu halten. Für den Unterhalt der Flotte waren die Niederländer auf den Import von vielen Rohstoffen wie Holz und Teer angewiesen, für die Ernährung waren die Anlandungen der großen Fischerflotten von der Nordsee entscheidend. Die großen Kriegsflotten waren bei der noch mangelhaften Organisation und dem rudimentären Signalwesen schwer zu führen. Die einzelnen Geschwader richteten sich meistens nach der Flagge des Führerschiffes (Flaggschiff), und die Kämpfe endeten in einem Kampf Schiff gegen Schiff in ungeregelten Haufen und ohne jede Taktik (Meleé). Die Schlachten der drei englisch-niederländischen Seekriege zählten durch die Erbitterung, mit der gekämpft wurde, zu den blutigsten der Seekriegsgeschichte.

England war zu dieser Zeit noch ein Agrarstaat und daher von Einfuhren weitgehend unabhängig. Seine Flotte konnte daher sofort die Offensive ergreifen und den Angriff auf die niederländischen Geleite aufnehmen. Daraus entwickelten sich die Schlachten zu Kriegsbeginn. Bald erkannte man jedoch, daß das Ziel, den niederländischen Seeverkehr lahmzulegen, besser erreicht werden konnte, wenn es gelingen sollte, die niederländische Flotte zu vernichten, da dann die Küsten ungeschützt der englischen Flotte preisgegeben wären. Somit wurden die letzten Schlachten reine Kämpfe um die Seeherrschaft im Kanal. In diesem Krieg stand England auch Spanien noch freundlich gegenüber (für die Unterstützung gegen die Royalisten), und ein Geschwader unter Blake vertrieb so nebenbei das französische Blockadegeschwader vor Dünkirchen und erhielt damit den Spaniern diesen Hafen. Nach den großen Seeschlachten, wenn die englische Flotte ihre Gefechtsschäden ausbessern mußte, konnten die Holländer immer einige Geleitzüge einbringen. Trotzdem waren ihre Verluste an Handelsschiffen, vor allem durch englische Kaper groß.

Durch die guten Beziehungen zu Dänemark konnten die Holländer den englischen Handelsverkehr mit den Ostseeländern unterbinden. Diese begannen daher Holz und andere Schiffsausrüstungen aus ihren jungen Kolonien in Nordamerika zu importieren, deren Bedeutung dadurch stark anwuchs. Im Mittelmeer war es dem niederländischen Geschwader gelungen, innerhalb eines Jahres die beiden dort stationierten englischen Geschwader aufzureiben und den englischen Levantehandel, der nach Blakes Auftreten dort 1650 einen Aufschwung genommen hatte, gänzlich zu unterbinden. Dieser Umstand und Unruhen in der Flotte wegen des schweren Seedienstes (es mußten aus Mangel an seebefahrener Bevölkerung Landsoldaten auf die Schiffe kommandiert werden) bewogen Cromwell, den Frieden von Westminster (April 1654) zu unterzeichnen. Darin wurde auf das Untersuchungsrecht niederländischer Schiffe verzichtet, die übrigen Bestimmungen mußten von den Holländern aber fast unverändert angenommen werden. Der Kompromißfriede befriedigte keine Seite, und es mußte bald wieder mit dem Ausbruch eines neuen Krieges gerechnet werden. England hatte nicht, wie gewünscht, einen Großteil des Handels zur See an sich bringen können, die Niederlande waren als bisher stärkste Macht zur See jedoch schwer gedemütigt worden.

Das **Seewesen** machte in diesen Jahren große Fortschritte. Für die Kämpfe gab Blake taktische Instruktionen heraus, in denen u. a. die rangierte Kiellienie und der Angriff aus der Luvstellung empfohlen wurde. Die in die Flotte eingereihten bewaffneten Kauffahrer, welche die taktischen Manöver behinderten, wurden nach Möglichkeit wieder aus den Kampfgeschwadern genommen und für Hilfsdienste verwendet. England teilte als erstes Land die Kriegsschiffe in sechs Rangklassen ein, wobei zunächst die Anzahl der Besatzungen gewertet wurde. Ab dem 18. Jahrhundert wurde die Anzahl der Kanonen für diese Klassifizierung herangezogen, die auch von den übrigen Nationen übernommen wurde. Mit geringen Änderungen war diese Einteilung in England wie folgt:

1 st Rate	Schiff mit über	100 Kanonen
2 nd Rate	Schiff mit	90 Kanonen
3 rd Rate	Schiff mit	60–80 Kanonen
4 th Rate	Schiff mit	38–50 Kanonen
5 th Rate	Schiff mit	18–40 Kanonen
6 th Rate	Schiff mit unter	24 Kanonen

Nur die Schiffe der ersten drei Klassen waren zum Kampf in der Schlachtlinie geeignet; sie wurden daher in der Folge Linienschiffe genannt. Die Schiffe der ersten beiden Klassen und die 80 Kanonenschiffe der dritten Klasse waren Dreidecker, d. h. Schiffe mit drei Artilleriedecks übereinander, die übrigen Zweidecker. Die vierte und fünfte Klasse entsprach den späteren Fregatten, die sechste Klasse den Sloops oder Korvetten.

Mit der allgemeinen Anerkennung des Commonwealth wechselte Cromwell wieder die Bündnisse. Er bereitete England auf einen **Krieg mit Spanien** vor. Mit Portugal wurde ein Bündnis geschlossen, das es in seinem noch immer andauernden Kampf um die Unabhängigkeit von Spanien unterstützte. Er näherte sich Frankreich, das noch immer im Krieg mit Spanien lag und bereitete zwei Expeditionen, eine in das Mittelmeer unter Blake und eine nach Westindien unter Penn vor. Letzterer sollte den Einfluß Englands in Westindien ausbauen und damit das Handelsmonopol der Spanier weiter zurückdrängen. Blake war beauftragt, das Ansehen der englischen Flagge, das im Krieg gegen die Niederlande im Mittelmeer stark gelitten hatte, dort wiederherzustellen und bei Beginn der Feindseligkeiten in Westindien Cadiz zu blockieren. Beide Admirale konnten ihre Aufgabe erfüllen. In Flandern wurden die Franzosen, die noch wenige Jahre zuvor an der Eroberung von Dünkirchen gehindert wurden, nun bei dessen Einnahme unterstützt.

Der Überseehandel der **Niederlande** erholte sich rasch von dem ersten Rückschlag im letzten Krieg. In den folgenden drei Jahrzehnten gelang es der Ostindischen Kompanie, die Kontrolle über fast den ganzen Seeverkehr im Indischen Ozean und Indonesien zu erlangen, die Portugiesen wurden in dieser Zeit aus ihren letzten Stützpunkten vertrieben.

Nach dem Pyrenäenfrieden mit Spanien (1659) wurde **Frankreich** unter Ludwig XIV. rasch zur stärksten Landmacht in Europa. Gleichzeitig baute sein Minister Jean B. Colbert bis zu seinem Tode (1683) die französische Flotte zu einem erstrangigen Machtinstrument aus und wies seinem Land den Weg nach Übersee. Unter seiner Leitung wurden Brest, Rochefort und Toulon zu Marinestützpunkten ausgebaut, Werften, Schulen und Verwaltung organisiert sowie Stützpunkte in Kanada, Westindien und Ostindien angelegt.

In **England** war 1658 Cromwell gestorben, bereits ein Jahr später versank das Land im Chaos. Admiral Monk ließ unter Androhung von Gewalt ein neues Parlament wählen, in welchem die Royalisten die Mehrheit hatten. Dieses rief die Stuarts zurück, und Karl II. bestieg 1660 den Thron. Dieser übernahm die bewährte Organisation der Flotte, ernannte seinen Bruder Jakob, den Herzog von York, zum Lord High Admiral, ernannte Monk zum Herzog von Albemarle und beließ die meisten Admirale in ihren Stellungen. Für die militärischen Aufgaben in Übersee wurde eine eigene Truppe, das Marine Corps, aufgestellt.

Gegen die immer stärkere **Vormachtstellung von Schweden** unter König Karl X. Gustav lehnte sich Dänemark auf und erklärte schließlich 1657 den Krieg. Die Schweden eroberten jedoch die dänischen Provinzen im heutigen Südschweden und zwangen Dänemark zu deren Abtretung im Frieden von Roskilde (1658). Da über dessen Durchführung keine Einigung erzielt wurde, setzte Schweden den Kampf fort, eroberte Seeland und blockierte Kopenhagen. Für die Niederländer war der ungehinderte Schiffsverkehr durch den Sund so wichtig, daß es nicht untätig zusehen konnte, wie beide Seiten dieser Meeresstraße unter die Kontrolle einer einzigen Macht gerieten. Der Leiter der Politik der Niederlande, der Ratspensionär Jan de Witt, griff daher offen in den Krieg ein, nachdem schon vorher Dänemark unterstützt worden war. Ein starkes niederländisches Geschwader wurde nach Kopenhagen geschickt, welches nach einem blutigen Sieg über die schwedische Flotte Kopenhagen entsetzte und damit dem Krieg eine neue Wendung gab. Auch die Engländer, die an dem Verkehr in die Ostsee ebenso interessiert waren, entsandten ein Geschwader in das Kattegat, mußten aber bald wieder heimkehren, da gerade die Restauration der Stuarts im Gange war und daher die Innenpolitik für kurze Zeit auch für die Flotte Vorrang hatte. In einer Konferenz in Den Haag einigten sich England, Frankreich und die Niederlande über das Vorgehen in Dänemark, Truppen der Verbündeten griffen aktiv in die Kämpfe ein. Nach dem Tod von König Gustav X. kam es zum Frieden von Kopenhagen, in welchem Dänemark auf die Besitzungen in Südschweden verzichten mußte, der aber im übrigen vorteilhaft für Dänemark war. Der Sund war nun als internationale Wasserstraße anerkannt und abgabenfrei zu passieren.

Die **Niederlande** konnten in der Folge mit Frankreich einen Beistandspakt schließen, mit England gerieten sie jedoch schnell wieder an den Rand des Krieges. König Karl II. war ein entschiedener Gegner des Republikaners de Witt; zu dieser persönlichen Abneigung kam der alte Handelsgegensatz und die rücksichtslose Behandlung der englischen Kaufleute vor allem in Ostindien. Als Repressalie ließ König Karl II. 1664 von der Flotte die niederländischen Besitzungen an der Guineaküste von Westafrika und Neu-Amsterdam, das in New York umgetauft wurde, wegnehmen. Ein niederländisches Geschwader unter de Ruyter eroberte die Besitzungen wieder zurück. Als zu Jahresende die Engländer in der Straße von Gibraltar einen niederländischen Smyrna-Konvoi überfielen, brach der Krieg auch in Europa in voller Stärke aus.
Dieser Krieg war wie der erste zwischen den beiden Ländern ein reiner See- und Handelskrieg. Auch strategisch war die Lage die gleiche, die Entscheidung mußte im Kampf um die Seeherrschaft in den »Narrow Seas«, den Gewässern beiderseits der Kanalenge, fallen. Beide Länder hatten in Erwartung des Kampfes ihre Flotte verstärkt. Neu wurden schnelle Aufklärungs- und Depeschenschiffe gebaut, die Avisos.

Frankreich zögerte trotz des Bündnisvertrages lange mit der Unterstützung der Niederlande. Es erklärte im Januar 1665 aber doch England den Krieg. Weder das französische Heer noch die Flotte griffen jedoch ernsthaft in die Kämpfe ein, allein mit ihrem Auftreten im westlichen Kanal übte die französische Flotte aber eine Diversionswirkung aus und zog ein englisches Geschwader vom Brennpunkt der Kämpfe ab, bis die Engländer den mangelnden Kampfeswillen der Franzosen erkannten und ihre Flotte wieder konzentrieren konnten. Ludwig XIV. war mit seinen Sympathien mehr auf der Seite des royalistischen Englands als des republikanischen Hollands und hatte wahrscheinlich in einem Geheimbefehl seiner Flotte Zurückhaltung auferlegt. Dänemark trat ebenfalls auf der Seite der Niederländer in den Krieg ein; dadurch wurde den Engländern der Weg in die Ostsee erneut versperrt. In den großen Seeschlachten waren die stärkeren englischen Schiffe im allgemeinen im Vorteil. Vor allem die bessere Disziplin der englischen Kapitäne und der geschlossenere Einsatz der Geschwader gab den Engländern immer wieder ein Übergewicht. Dieses wurde auf der Seite der Niederländer nur durch die überragende Führerpersönlichkeit von Admiral de Ruyter

teilweise ausgeglichen. Die Pest in England und der große Brand von London brachte die Engländer jedoch an den Verhandlungstisch, und als de Ruyter sogar auf der Themse auftauchte, kam es zum Frieden von Breda, in welchem sich die Niederlande zur Abtretung von Neu Amsterdam (New York) bereit erklärten, dafür aber eine Erleichterung der Navigationsakte erlangten. Für England bestimmte Waren, die auf dem Rhein nach Holland gelangten, durften nun auch wieder auf niederländischen Schiffen weitertransportiert werden. Die alte Handelsrivalität blieb jedoch weiter bestehen.
Die modernen Linienschiffe hatten bereits eine große Standfestigkeit erlangt und waren durch Artillerie allein kaum zu versenken. Brander spielten in diesem Krieg daher eine große Rolle. Die Engländer kämpften dank ihrer stärkeren Artillerie möglichst in eng geschlossener Kiellinie, wo ihre Breitseiten voll zur Wirkung kamen. De Ruyter suchte daher mit seinen schwächeren Schiffen den Nahkampf und das Meleé. Trotz größtem Bemühens gelang es ihm jedoch oft nicht, seine Unterführer von Einzelaktionen abzuhalten.

Nach dem Tod des spanischen Königs Philipp IV. (Sept. 1665) erhob Ludwig XIV. im Namen seiner Frau Erbansprüche auf Teile der spanischen Niederlande nach dem Devolutionsrecht, einer besonderen Art der dortigen Erbfolge. Auch aus diesem Grund hatte Ludwig XIV. die Niederlande in ihrem Krieg gegen England nur unzureichend unterstützt, da er sich bereits auf einen neuen Krieg mit dem geschwächten Spanien vorbereitete. Er schloß mit Portugal ein Bündnis und begann im Sommer 1667 den sogenannten **Devolutionskrieg** gegen Spanien mit Eroberungen in deren Niederlanden. Die spanischen Niederlande in den Händen Frankreichs waren jedoch sowohl für England als auch für die Niederlande unannehmbar. Diese beiden Länder schlossen sich daher mit Schweden zur sogenannten Tripelallianz zusammen, die Frankreich zum Vertrag von Aix-la-Chapelle/Aachen (Mai 1668) nötigte, in welchem es wohl einen Teil der Eroberungen behalten durfte, im übrigen aber mit Spanien Frieden schließen mußte. Spanien mußte in diesem Vertrag auch die Unabhängigkeit Portugals anerkennen, womit dessen fast 30jähriger Unabhängigkeitskampf zum Ende kam. Ludwig XIV. machte für diesen für ihn schmachvollen (wenn auch einträglichen) Frieden die Niederlande verantwortlich. Gegen die von ihm sowieso verachteten Republikaner begann er nun eine Einkreisungspolitik, die schließlich zum **Koalitionskrieg** gegen die Niederlande führte.

Zuerst gelang 1670 Ludwig XIV. ein Geheimvertrag mit England, wonach die beiden Monarchien sich die Niederlande aufteilen sollten. Zwei Jahre später schloß er ein Bündnis mit Karl XI. von Schweden und vollendete schließlich die Einkreisung durch die Bündnisse mit den Reichsbischöfen von Köln und Münster. Zunächst begann Frankreich einen Wirtschaftskrieg gegen die Niederlande mit Zöllen und Handelsbeschränkungen für die Schiffahrt. Schließlich begann England die Kampfhandlungen mit einem Überfall auf ein niederländisches Geleit im Kanal. Die Kriegserklärungen folgten kurz darauf. Die Truppen Frankreichs und der Bischöfe von Köln und Münster drangen von Osten und Süden in den Niederlanden ein, die sich nur durch Öffnen der Dämme und Überfluten des flachen Landes zunächst eine Atempause verschaffen konnten. Der Koalition Frankreich, England und der beiden Bischöfe standen die Niederlande fast allein, nur unterstützt von Brandenburg gegenüber. Es mußte sich daher diesmal nicht nur zur See gegen die beiden stärksten Flotten verteidigen, sondern auch einen kräftezehrenden Landkrieg führen.

Schon zu Jahresbeginn 1672 wurde der junge Prinz Wilhelm III. von Oranien zum Oberbefehlshaber des Heeres ernannt, als aber die republikanische Regierung mit Verhandlungen über eine mögliche Kapitulation begann, wurde Wilhelm III. zum Statthalter der Niederlande mit fast diktatorischen Vollmachten berufen. Trotz seiner großen Verdienste um Holland wurde im August der ehemalige republikanische Regierungschef Jan de Witt mit seinem Bruder vom Pöbel in Den Haag ermordet. Wilhelm III. gelang es innerhalb weniger Tage, die innenpolitischen Spannungen auszugleichen und das Volk zur nationalen Verteidigung hinter sich zu vereinen. Dazu kam ihm entgegen, daß sich wegen der Eroberungspolitik Ludwig XIV. eine Reihe europäischer Staaten gegen Frankreich wandten. Der deutsche Kaiser mit seiner österreichischen Hausmacht sowie Dänemark

traten noch im selben Jahr an die Seite der Niederlande, Spanien trat im folgenden Jahr in den Krieg ein, die französischen Truppen wurden dadurch zum Rückzug aus den Niederlanden genötigt. Eine zweite Front durch Truppenlandungen von der Seeseite zu schaffen, konnte de Ruyter mit seiner kampferprobten Flotte verhindern. Mit dem Regierungswechsel in den Niederlanden war ein Kriegsgrund in England weggefallen, das englische Volk hatte schon immer mehr Sympathien für das protestantische Holland als für das gefährlich werdende katholische Frankreich. Als nun auch die französische Flotte die verbündete englische nur sehr mangelhaft unterstützte, kam es im Februar 1674 zum zweiten Frieden von Westminster zwischen England und den Niederlanden. Frankreich sah sich nun seinerseits einer starken Koalition gegenüber. Die Niederlande gingen sofort zur Offensive über. Ein Geschwader blockierte die französische Westküste, ein weiteres ging in das Mittelmeer und unterstützte dort die Spanier gegen die auf Sizilien gelandeten Franzosen. Sowohl der Landkrieg, als auch der Seekrieg brachte keine rasche Entscheidung, und mit der Fortdauer konnten die englischen Kaufleute und die anderen Nationen verstärkt in den niederländischen Überseehandel einbrechen. Die Niederlande schlossen daher im August 1678 mit Frankreich den Frieden von Nimwegen, in welchem sie ihren Besitzstand halten konnten.
Im folgenden Monat unterzeichnete Spanien den Vertrag, in welchem es große Gebietsteile im heutigen Frankreich abtrat; erst im Februar 1679 trat das Deutsche Reich Teile des Elsaß und des Breisgaues ab.
Strategisch war der erste englisch-niederländische Krieg ein reiner Seekrieg mit Kampf um den Handel der Niederlande in den großen Geleitschlachten. Im zweiten Seekrieg zwischen den beiden stand der Kampf der Schlachtflotten um die Seeherrschaft im Vordergrund. Der dritte Krieg war ein kombinierter Land- und Seekrieg, in welchem die Verbündeten vergeblich versuchten, Landungsoperationen durchzuführen. In diesem letzten der drei Seekriege wurde die Taktik bereits auf eine hohe Stufe gebracht. Durch das Ausscheiden der bewaffneten Kauffahrer aus den Schlachtflotten bestanden die Geschwader aus einheitlichem Schiffsmaterial. Durch das enge Zusammenhalten der Linien hatten Brander nur mehr Erfolge gegen Havaristen und verankerte Schiffe (Palermo 1676).

Mit dieser Auseinandersetzung zwischen Frankreich und den Niederlanden stand der Seekrieg in der Ostsee zwischen Schweden und Dänemark in enger Verbindung. Dieser Krieg wird als der **Schonensche Krieg** bezeichnet, da darin Dänemark versuchte, diese im letzten Krieg verlorene Provinz in Südschweden zurückzuerobern. Schweden war seit dem 30jährigen Krieg die dominierende Macht im Ostseeraum. Es verfügte über Außenbesitzungen im Baltikum und in Norddeutschland; es hatte im Frieden von Roskilde 1658 Dänemark dessen Provinzen in Südschweden abgenommen. Die Niederländer, die zwei Drittel des Seehandels in der Ostsee kontrollierten, aber auch die Engländer waren an einem Kräftegleichgewicht interessiert und beobachteten mißtrauisch die Machtausweitung der Schweden. Als nun 1675 Schweden aufgrund seines Bündnisvertrages mit Frankreich das mit den Niederlanden verbündete Brandenburg angriff, wurde auch das Ostseegebiet in den Koalitionskrieg hineingezogen. Nach der Niederlage des schwedischen Heeres gegen die Brandenburger bei Fehrbellin griff Dänemark, unterstützt von den Niederländern, Schweden an. Durch den Friedensschluß mit den Engländern im Jahr vorher konnte die Flotte der Niederländer nicht nur im Atlantik die Offensive ergreifen und im Mittelmeer den Franzosen die Stirn bieten, sondern auch ein Geschwader in die Ostsee senden, um die Dänen dort auch aktiv zu unterstützen. In diesem kombinierten Land- und Seekrieg verfügten die Dänen in Niels Juel über ihren bedeutendsten Flottenführer, der ihnen die Seeherrschaft erringen konnte. Auch Brandenburg war nicht nur zu Land erfolgreich, sondern auch zur See suchte es eine Rolle zu spielen. Diese Bestrebungen blieben jedoch nur Episode. Trotz der Rückschläge kam Schweden im Frieden von Lund 1679 dank der Diplomatie von Ludwig XIV. fast ohne Gebietsverluste weg. Die dänische Flotte hatte sich dank Juel der niederländischen in diesem Krieg durchaus gleichwertig gezeigt.
Frankreich, dessen Heere in Europa gegen eine ganze Koalition bestanden hatten, war nun am Höhepunkt seiner Macht. Das von Colbert geschaffene Flottenbauprogramm trug seine Früchte, die

besten Linienschiffe wurden auf den französischen Werften gebaut, der französische Handel begann sich über die ganze Welt auszubreiten, und Ludwig XIV. betrachtete sich dem deutschen Kaiser an Ansehen zumindest ebenbürtig. Französische Geschwader erzwangen mehrfach von spanischen und niederländischen Geschwadern den Flaggengruß, 1685 kam es dabei mitten im Frieden vor Alicante zu einer regelrechten Seeschlacht mit einem spanischen Geschwader.

Der gefährlichste Gegner erwuchs Frankreich nun nicht im herabgekommenen Spanien und nicht im zerrissenen Kaiserreich, sondern in der Vereinigung der beiden protestantischen Nachbarn im Norden. Was Cromwell angestrebt hatte, ihm aber nicht gelungen war, das brachte nun der Druck Frankreichs zustande; die Vereinigung von **England** und den Niederlanden in Personalunion. Nach dem Tod von König Karl II. von England 1685 kam dessen Bruder, der zum Katholizismus übergetretene Herzog von York, als Jakob II. auf den Thron. Die Heirat des Statthalters der Niederlande, Wilhelm III. von Oranien mit der protestantischen Tochter aus erster Ehe des englischen Königs und das Widerrufen des Ediktes von Nantes in Frankreich, das Scharen von Protestanten zur Emigration zwang, brachten eine immer stärkere Annäherung von England und den Niederlanden. Nur die Interessen des katholischen Königs in England waren im Gegensatz zu denen des Volkes bei Ludwig XIV. Am Kontinent hatte sich mittlerweile gegen dessen ständige Eingriffe in innerdeutsche Angelegenheiten die Liga von Augsburg gebildet, der neben Reichslanden auch die Niederlande und Spanien angehörten. Als Ludwig XIV. im Erbfolgestreit in der Pfalz im Interesse seiner Nichte dort einrückte, kam es zum Krieg, der **Pfälzischer Erbfolgekrieg** oder Krieg der Liga von Augsburg genannt wurde. Wilhelm III. von Oranien nützte die Gelegenheit, ließ sich vom englischen Parlament ins Land rufen und bestieg mit seiner Frau den englischen Thron **(»Glorious Revolution«)**. Englands Volk, Heer und Marine nahmen die beiden willig und kampflos auf. Jakob II. floh nach Frankreich. Ludwig XIV. hatte verabsäumt, die Landung der Niederländer in England zu verhindern, obwohl seine Flotte dazu durchaus imstande gewesen wäre. Anfang 1689 war damit die unblutige »Revolution« zu Ende, und Wilhelm III. griff sofort mit den beiden Seemächten wegen der Unterstützung Jakobs II. durch Frankreich in den Krieg ein. Frankreich stand nun der »Großen Allianz« von Österreich, Spanien, den Niederlanden, England und einiger weiterer kleiner Staaten gegenüber.

Frankreich legte das Schwergewicht auf den Landkrieg und benützte die Flotte zum Küstenschutz, Handelskrieg und eventuell zur Deckung einer Landungsoperation. Die Seemächte legten dagegen das Schwergewicht auf die Seeoperationen, die Blockade der Küsten und die Offensive in Übersee. Zunächst konnte die französische Flotte König Jakob II. im katholischen Irland landen, sie war aber nicht imstande, die Seeverbindung von dort nach England zu unterbrechen, so daß Wilhelm Jakob wieder vertreiben konnte. Der Versuch Frankreichs, den Krieg durch eine Invasion direkt nach England zu tragen, wurde in der Seeschlacht bei Barfleur und La Hougue zunichte gemacht. Diese Niederlage bedeutete nicht nur eine Wende des Krieges, sondern bildete seither ein ständiges Trauma für die französische Flotte und gab ihr ein ständiges Unterlegenheitsgefühl. Die restlichen Jahre des Krieges verlegte sich die französische Flotte auf den Kaperkrieg, der mit viel Erfolg betrieben und der auch in späteren Jahren immer wieder forciert und sogar zu Ende des 19. Jahrhunderts in der »jeune école« zur Hauptaufgabe des Seekrieges erklärt wurde.

Als die englische Flotte in den nächsten Jahren die Gewässer um England verließ und die Spanier im Mittelmeer unterstützte, wurden die französischen Kaper im Kanal zur unerträglichen Plage. Erst die Rückkehr der Flotte brachte wieder einige Sicherheit. In den Kolonien kämpften kleine Geschwader der Kolonisten vor New York, Neuengland und der Hudson Bucht gegeneinander. Im Indischen Ozean eroberte 1693 ein niederländisches Geschwader von 23 Schiffen den französischen Stützpunkt Pondicherry. Frankreich wurde schließlich im Frieden von Rijswijk genötigt, alle Eroberungen in Katalonien und den Niederlanden wieder herauszugeben, auf die Erbansprüche in der Pfalz zu verzichten und alle rechtsrheinischen Ansprüche aufzugeben. Straßburg und das Elsaß durfte es jedoch behalten. In diesem Krieg zeigte sich deutlich die unauffällige Wirkung einer See-

blockade durch eine überlegene Seemacht. Nach diesem Krieg begann auch der allmähliche Niedergang der niederländischen Seemacht. Nur mehr Großmächte, zu denen die Niederlande bald nicht mehr gehörten, konnten sich Flotten in der Größe leisten, mit denen sie in den Kampf um die Weltmeere eingreifen konnten.
Im **Mittelmeer** waren die Seemächte in zunehmendem Maße gezwungen, gegen die Piraterie der Barbareskenstaaten vorzugehen. Während der Seekriege in Westeuropa, wo deren Flotten mit dem Kampf gegeneinander beschäftigt waren, nahmen deren Aktionen immer größere Ausmaße an. Nach jedem Friedensschluß mußten die Flotten daher im Mittelmeer gegen deren Stützpunkte vorgehen. In regelrechten Seekriegen wurden die einzelnen Beys zu Übereinkommen genötigt, an die sie sich jedoch niemals hielten. Die kleineren seefahrenden Nationen waren oft gezwungen, durch jährliche Tributzahlungen ihrer Handelsschiffahrt Bewegungsfreiheit zu erkaufen.
Nach der Niederlage der Türken vor Wien (1683) trat Venedig der neuen **»Heiligen Liga«** (Papst, Österreich, Polen) gegen die Türkei bei. Kriegsziel Venedigs war die Eroberung der Halbinsel Morea/Peloponnes. Im Gegensatz zum Krieg um Kreta bestand nun der Kern der Flotten auch in der Levante aus Segellinienschiffen. Die noch vorhandenen Galeerengeschwader spielten nur mehr eine Nebenrolle. Auf der Seite Venedigs kämpften zeitweise Schiffe aus Spanien, Portugal, Malta, der Toskana und des Papstes. In den zahlreichen Seeschlachten wurde zwar lange und manchmal heftig, doch fast immer ohne Entscheidung gefochten. Rußland erklärte 1695 ebenfalls den Türken den Krieg, und mit der Eroberung von Asow stieß erstmals das Zarenreich an das Schwarze Meer vor.
Nach der Niederlage der Türken bei Zenta durch die Österreicher unter Prinz Eugen mußten sie schließlich den Frieden von Karlowitz unterzeichnen, in welchem Venedig die eroberte Peloponnes behielt.
Die **niederländische Ostindische Kompanie** war in der zweiten Hälfte des 17. Jahrhunderts am Höhepunkt ihrer Macht. Mit der Kontrolle der Straße von Malakka und der Sunda-Straße beherrschte sie den Schiffsverkehr von Indonesien in den Indischen Ozean und damit den einträglichen Gewürzhandel. In kleinen Schritten wurde ganz Indonesien in niederländischen Besitz gebracht, ein Vorgang, der sich bis zum Ende des 19. Jahrhunderts hinzog. Die **britische Ostindische Kompanie** begann mit dem Aufbau eines Netzes von Handelsstützpunkten in Vorderindien und Bengalen, mußte dabei aber einige Rückschläge hinnehmen. Mehrfach wurden die Faktoreien zu Lande und von Geschwadern der Einheimischen blockiert, und manche Stützpunkte mußten zeitweilig geräumt werden. Der in den chinesischen Bürgerkriegen zur Macht und Reichtum gelangte Freibeuter Koxinga (Guoxingye) vertrieb die Niederländer von der Insel **Formosa,** die diese rund 30 Jahre kontrolliert hatten, seine Nachkommen übergaben sie 20 Jahre später an China, wodurch sie erstmals in dessen Besitz gelangte. Das **Sultanat Oman** am Persischen Golf errichtete in der Arabischen See eine lokale Seeherrschaft und konnte die Portugiesen aus Maskat und später auch aus deren ostafrikanischen Besitzungen vertreiben. Für fast 200 Jahre beherrschte es in der Folge den lokalen Handel in diesem Gebiet.

1652–54 Der erste Seekrieg England gegen die Niederlande

Okt. 1651 Die **Navigationsakte** werden erlassen, deren Bestimmungen für die Niederländer nicht annehmbar sind und innerhalb kurzer Zeit zum Ausbruch des Krieges führen.

29. Mai 1652 **Seeschlacht bei Dover.** Adm. Tromp begegnet im Kanal einem englischen Geschwader unter Adm. Blake. Die Engländer sind mit rund 25 Schiffen gegen 40 der Holländer an Zahl unterlegen, trotzdem fordert Blake mit scharfen Schüssen den Flaggengruß. Tromp antwortet mit einer Breitseite seines Flaggschiffes. Es folgt ein mehrstündiges Gefecht, bei dem die Holländer zwei Schiffe verlieren. Beide Länder rüsten nun für den Krieg.

Zwei Monate später folgt die offizielle Kriegserklärung. Die Holländer sammeln ihre aus Westen kommenden Handelsschiffe zu einem Geleitzug, auch in der Gegenrichtung fahren die Schiffe nur im Konvoi.

26. Aug. 1652 **Gefecht bei Plymouth.** VAdm. Michael de Ruyter deckt ein holländisches Geleit nach Westen. Am Nachmittag versucht ein englisches Geschwader von 40 Schiffen und fünf Brandern unter Ayscue die Holländer abzufangen. Mit seinen 30 Kriegsschiffen und sechs Brandern liefert de Ruyter den Engländern ein erfolgreiches Gefecht und drängt sie nach Plymouth zurück. Der Geleitzug gelangt sicher durch den Kanal.

8. Okt. 1652 **Seeschlacht bei Kentish Knock.** Die holländische Flotte unter VAdm. Witte de With läuft in den Kanal, um die in den Downs liegende englische Flotte anzugreifen. Adm. Blake kommt ihr entgegen und nimmt die Schlacht an. Die beiden Flotten sind mit rund 65 Schiffen ungefähr gleich stark. Die Flotten treffen bei Kentish Knock, einer Untiefe vor der Themsemündung, aufeinander, wobei einige Engländer festkommen. Hierauf zieht sich die Schlacht in südliche Richtung. In regellosem Kampf wird von Gruppen und Einzelschiffen erbittert gerungen. Schließlich tragen die größeren englischen Schiffe den Sieg davon. Die Holländer verlieren drei Schiffe, der Rest ist zum Teil schwer beschädigt. Cromwell glaubt die Holländer vernichtet und schickt Teile der Flotte zum Handelskrieg und Geleitschutz in die Nordsee und den westlichen Kanal. Mit nur 45 Schiffen bleibt Blake in den Downs.

10. Dez. 1652 **Seeschlacht bei Dungeness.** Tromp soll mit der verstärkten holländischen Flotte einen großen Geleitzug nach La Rochelle (Westfrankreich) bringen und von dort einen anderen nach Holland heimgeleiten. Um sich den Weg freizukämpfen, geht Tromp Blake entgegen; es kommt bei Dungeness zur Schlacht. Tromps 70 Schiffen stehen diesmal nur 37 englische gegenüber. Blake eröffnet mit seinem Flaggschiff »Triumph« (62) den Kampf. Zwei Engländer legen sich längsseits von Tromps Flaggschiff »Brederode« und versuchen zu entern. Ein zweiter Holländer kommt Tromp zu Hilfe; die beiden englischen Schiffe werden erobert. Blake verliert noch drei weitere Schiffe und muß sich geschlagen geben. Tromp bringt das Geleit sicher nach La Rochelle. Dort übernimmt er ein Geleit von 150 Schiffen und begibt sich auf den Rückweg.

28. Febr. bis 2. März 1653 **Dreitageschlacht im Kanal.** Die Engländer haben seit der letzten Schlacht ihre Flotte zusammengezogen und durch neue Schiffe verstärkt. Blake verfügt über 70 Schiffe in drei Geschwadern. Vor- und Nachhut werden von VAdm. Penn und VAdm. Monk geführt.

28. Febr. Die Flotten sichten sich bei Kap de la Hague (Cotentin). Tromp läßt das Geleit beidrehen und greift mit seinen 70 Kriegsschiffen an. Er selbst führt die Vorhut, VAdm. Jan Evertsen die Mitte, VAdm. de Ruyter die Nachhut. Den ganzen Nachmittag wird ohne Entscheidung gekämpft. Tromp läßt in der Nacht den Geleitzug die Fahrt wieder aufnehmen und legt sich mit seiner Flotte zwischen diesen und die Engländer.

1. März In einem Verfolgungsgefecht versuchen die Engländer immer wieder vergeblich an das Geleit heranzukommen. Nur einige Nachzügler fallen ihnen in die Hände. Bei einigen Holländern geht bereits die Munition zu Ende.

2. März Am Morgen sind die Holländer auf der Höhe von Beachy Head. Um 9 Uhr greift Blake erneut an. Tromp hat nur mehr 30 voll einsatzfähige Schiffe bei sich. Den

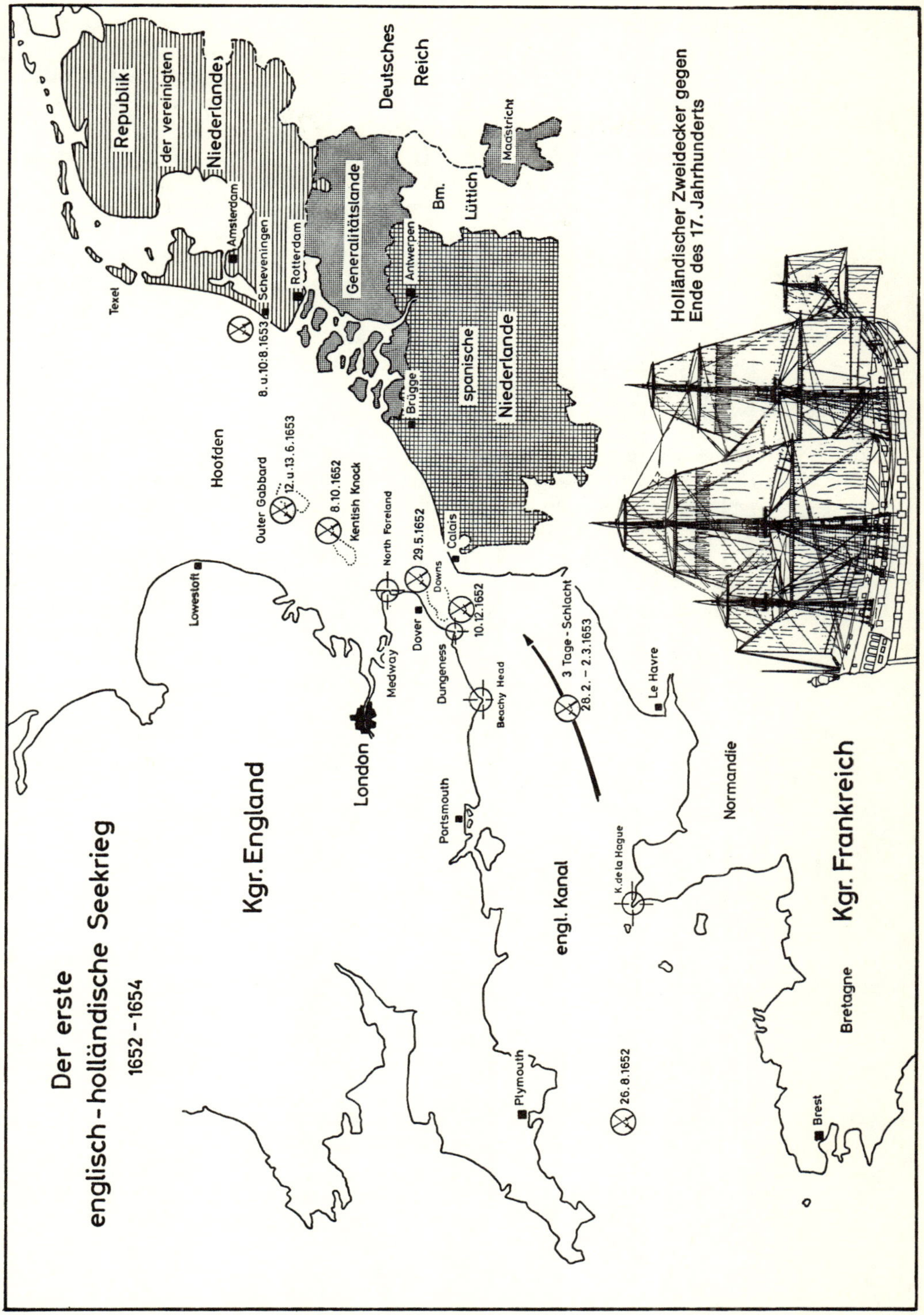
Der erste
englisch-holländische Seekrieg
1652-1654
Kgr. England
London
Lowestoft
Medway
Dover
Dungeness
Beachy Head
Portsmouth
Plymouth
engl. Kanal
26.8.1652
K. de la Hague
Normandie
Kgr. Frankreich
Bretagne
Brest
Le Havre
3 Tage-Schlacht
28.2. – 2.3.1653
10.12.1652
Downs
29.5.1652
North Foreland
Calais
8.10.1652
Kentish Knock
Outer Gabbard
12.u.13.6.1653
Hoofden
8.u.10.8.1653
Texel
Scheveningen
Rotterdam
Amsterdam
Republik
der vereinigten
Niederlande
Generalitätslande
Antwerpen
Brügge
spanische
Niederlande
Bm.
Lüttich
Maastricht
Deutsches
Reich
Holländischer Zweidecker gegen
Ende des 17. Jahrhunderts

Engländern gelingt es nun, mit ihren schnellen Fregatten an den Geleitzug heranzukommen und eine Anzahl Kauffahrer wegzunehmen.
Tromp kann sich nur mit Mühe der Engländer erwehren, einem Schiff nach dem anderen geht die Munition aus, da bricht Blake aus unbekanntem Grunde die Schlacht ab. Trotzdem ist der englische Erfolg groß.
Die Holländer verlieren in den drei Tagen 11 Kriegsschiffe, 30 Kauffahrer und fast 2000 Tote, die Engländer nur ein Schiff, aber fast 1000 Mann. Blake ist verwundet, Monk übernimmt das Kommando. Mit dem Einbringen von einem Großteil des Geleitzuges hat Tromp seine Aufgabe im wesentlichen erfüllt.
Beide Länder rüsten kräftig weiter. Man sucht den Kampf um die Seeherrschaft.
Im April löst Cromwell das »Lange Parlament« auf und beginnt seine Alleinregierung.

Mai 1653 — Im Frühjahr ist die niederländische Flotte wieder auf Kriegsstärke. Adm. Tromp läuft in das Kattegat und geleitet 200 Kauffahrer nach Hause. Anschließend beschießt er Dover und vernichtet in den Downs einige englische Handelsschiffe. Unmittelbar darauf trifft er auf die kampfbereite englische Flotte.

12. und 13. Juni 1653 — **Seeschlacht bei Outer Gabbard** (North Foreland). Monk führt die englische Flotte mit 115 Schiffen, darunter 5 Brander und 30 bewaffnete Kauffahrer, insgesamt mit 3840 Kanonen und 16300 Mann. Die holländische Flotte unter Tromp zählt 104 Schiffe, davon 6 Brander.

12. Juni — Monk hält zunächst seine Flotte zusammen und versucht, den Gegner mit seiner stärkeren Artillerie auf Distanz zu halten. Tromp gelingt es, die englische Nachhut unter Lawson zwischen seine Mitte und die Nachhut unter de Ruyter zu bekommen. Monk kann jedoch Lawson aus seiner schwierigen Lage befreien, es kommt zu einem allgemeinen Mêlée. Bis zum Abend können sich die Holländer der stärkeren Gegner erwehren. Am Abend trifft Adm. Blake mit 18 Schiffen Verstärkung ein.

13. Juni — Am nächsten Vormittag macht sich die englische Übermacht geltend. Die ersten Holländer werden überwältigt. Am Nachmittag beginnt der Rückzug hinter die flachen Sände Flanderns, wohin die größeren englischen Schiffe nicht folgen können. Die Holländer verlieren 20 Schiffe, davon 11 genommen, und 1400 Mann. Der englische Verlust beträgt einige Schiffe und 400 Mann.
Die holländische Küste wird nun von der englischen Flotte eng blockiert. Der ganze Seehandel ist unterbunden. Die Holländer rüsten in der Maas unter Tromp und in Texel unter de With die Geschwader neu aus.

8. und 10. Aug. 1653 — **Seeschlacht bei Katwyk-Scheveningen.** Adm. Tromp läuft aus der Maas aus, um sich mit de With zu vereinigen. Er verfügt über 82 Schiffe und 5 Brander.

8. Aug. — Bei Katwyk kommt er mit Adm. Monk ins Gefecht, der über 100 Schiffe verfügt. Tromp versucht mit Südkurs den überlegenen Gegner abzuschütteln. De With hört das Gefecht und läuft in der Nacht mit 24 Schiffen aus Texel aus, um Tromp zu unterstützen.

9. Aug. — Heftiger Sturm verhindert alle Kampfhandlungen. Im Angesicht der englischen Flotte kann sich de With am Abend mit Tromp vereinigen.

10. Aug. — In der Nacht bessert sich das Wetter. Bei leichtem Südwestwind beginnt am Morgen die Schlacht. Die Flotten passieren einander mehrere Male in schlecht geordneter Kiellinie. Von der Luvseite stoßen die Holländer zum Teil in die englische Flotte, und es beginnt ein allgemeines Mêlée. Adm. Tromp fällt, von einer Musketenkugel getroffen. Bei den Engländern fallen mehrere Schiffe Brandern

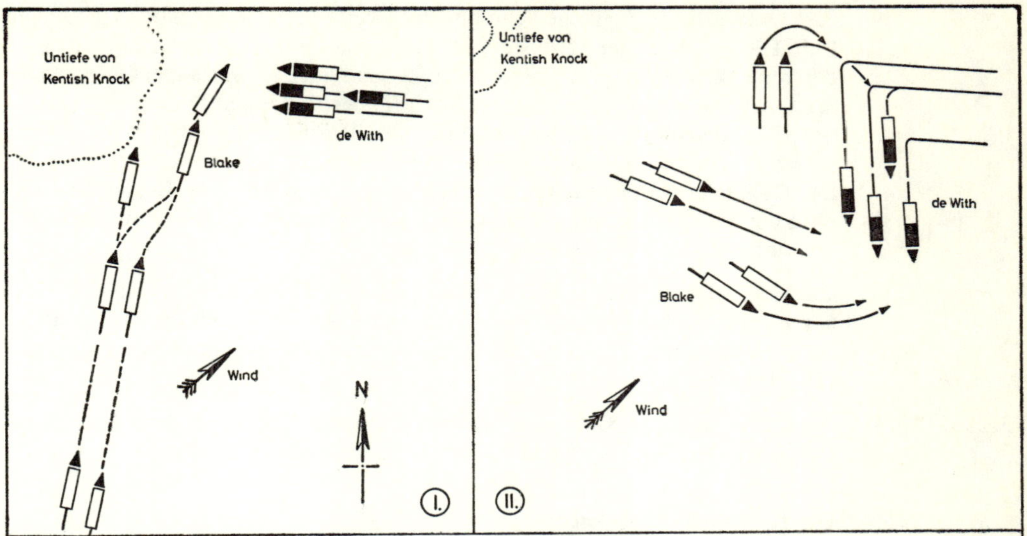

Seeschlacht bei Kentish Knock

8. Oktober 1652

Engländer Blake

Holländer Witt de With

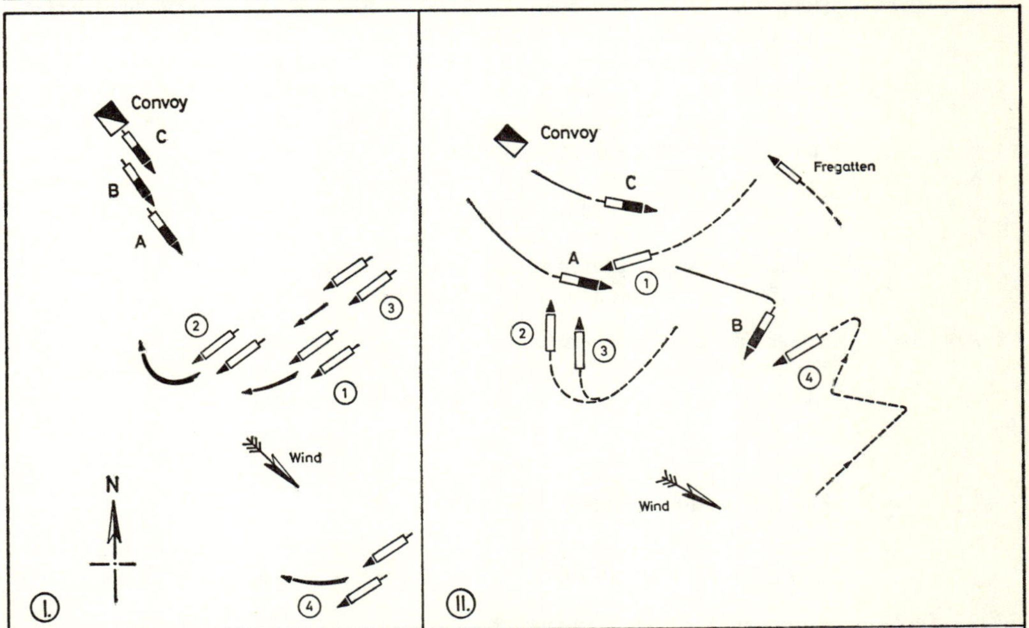

Dreitageschlacht im Kanal

28. Februar 1653

1. Tag

A – Tromp d. Ä.
B – Evertsen
C – de Ruyter

Holländer

Engländer

① Blake
② Penn
③ Lawson
④ Monk

zum Opfer. Einige englische Schiffe werden versenkt, eine Fregatte fliegt in die Luft. Die holländischen Verluste sind jedoch noch größer. Mehrere Schiffe werden versenkt, die Flaggschiffe von de Ruyter und Jan Evertsen außer Gefecht gesetzt. Am Nachmittag fliehen über 20 Schiffe der Holländer. De With deckt mit dem Rest der Flotte den Rückzug nach Texel. Auch die Engländer haben so schwer gelitten, daß sie nicht energisch verfolgen.
Die Holländer verlieren in den drei Tagen rund 15 Schiffe. Die Engländer sind nach der Schlacht genötigt, die Blockade der holländischen Küste aufzugeben, um ihre Schäden auszubessern.

Die Holländer können nach der Schlacht einige Geleitzüge durchbringen, darunter einen großen von 400 Schiffen aus der Ostsee. Ihr Handel leidet aber schwer unter englischen Kaperschiffen, sie verlieren durch diese in zwei Jahren 1500 Handelsschiffe.

23. Jan. 1654 Bei den Kämpfen in **Ostindien** besiegen die Niederländer vor dem Persischen Golf ein englisches Geschwader, das zwei Schiffe verliert.

Die Kämpfe im Mittelmeer
Seit einiger Zeit unterhalten England und die Niederlande im Mittelmeer kleine Geschwader, um ihren Handel gegen die algerischen Kaperschiffe zu schützen. Das holländische Geschwader besteht aus 14 Kriegsschiffen von 26–30 Kanonen und wird von 22 bewaffneten Handelsschiffen verstärkt.
Die Engländer verfügen über 15 Schiffe von 30–54 Kanonen. Das englische Geschwader befindet sich je zur Hälfte im westlichen Mittelmeer und in der Levante. Zur Kriegsbeginn suchen sich die Teile im Tyrrhenischen Meer zu vereinigen.

6. Sept. 1652 Der holländische Geschwaderchef van Galen schlägt zunächst südlich Elba das englische Levantegeschwader, anschließend blockiert er die Engländer in Elba und Livorno sechs Monate hindurch.

13. März 1653 Schließlich lockt er das englische Geschwader aus Livorno und vernichtet es vollständig. Das zweite englische Geschwader räumt darauf das Mittelmeer. Die Holländer legen dort den englischen Handel vollständig lahm.
Die Ereignisse im Mittelmeer und Meutereien auf der englischen Flotte führen zu Friedensverhandlungen mit den ebenfalls kriegsmüden Holländern.

15. Apr. 1654 **Erster Friede zu Westminster.** Holland erreicht nur eine geringe Milderung der Navigationsakte. Der Flaggengruß bleibt. England wird der Handel nach Ostasien gestattet. St. Helena wird als Stützpunkt abgetreten.

1657–60 Krieg Dänemark gegen Schweden

Um den Großmachtplänen Karls X. in der Ostsee entgegenzutreten, erklärt Dänemark – mit Rückendeckung durch Holland – Schweden den Krieg.

22./23. Sept. 1657 **Treffen bei Falsterbo.** Unentschiedenes Treffen der gleichstarken dänischen und schwedischen Flotte mit je 40 Schiffen und ungefähr 1400 Kanonen. Die Verluste sind gering.

1658 Der **Friede von Roskilde** unterbricht den Kampf nur für Monate. Noch vor Einigung über die Punkte des Friedensvertrages beginnt Karl X. erneut die Kampfhandlungen.

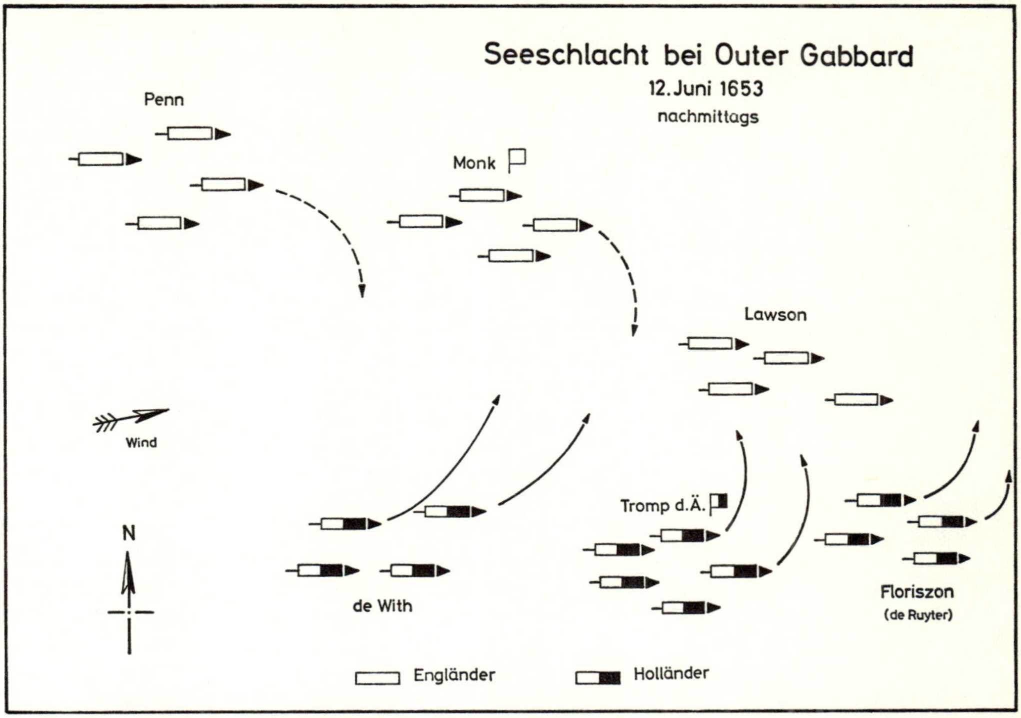
Seeschlacht bei Outer Gabbard
12. Juni 1653
nachmittags
Penn
Monk
Lawson
Wind
N
Tromp d. Ä.
de With
Floriszon
(de Ruyter)
Engländer
Holländer

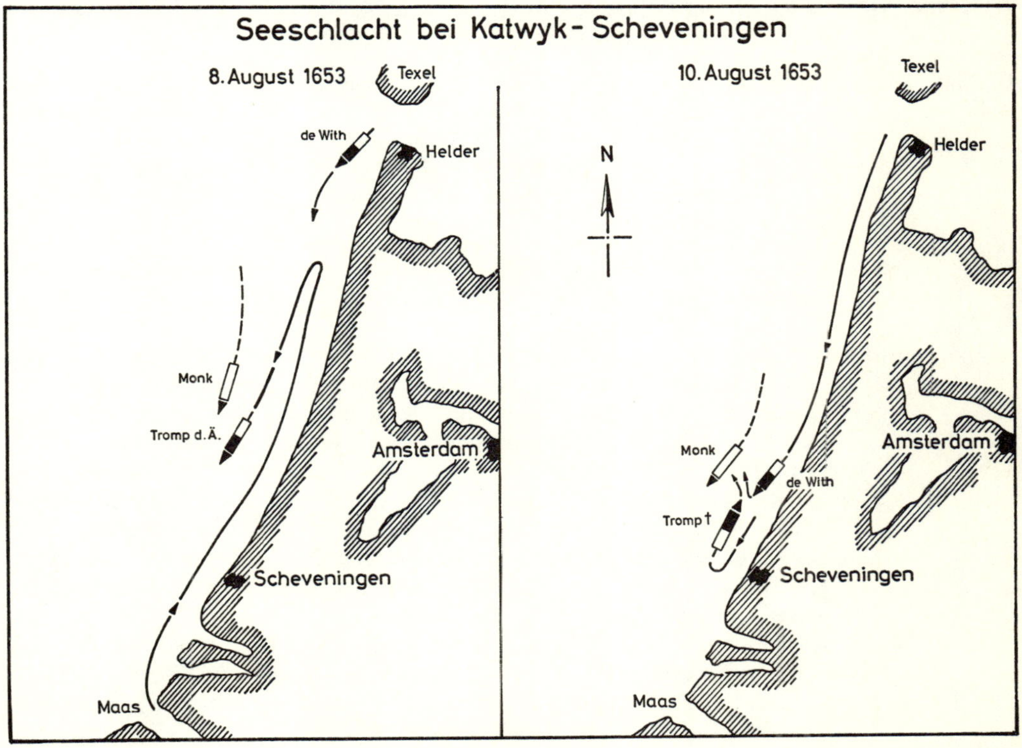
Seeschlacht bei Katwyk-Scheveningen
8. August 1653
Texel
de With
Helder
Monk
Tromp d. Ä.
Amsterdam
Scheveningen
Maas
10. August 1653
Texel
Helder
N
Monk
de With
Tromp †
Amsterdam
Scheveningen
Maas

Aug. 1658 Die Schweden unter Karl X. landen auf Seeland und schließen Kopenhagen von See mit der Flotte unter Adm. Graf Wrangel und zu Lande ein. Holland schickt darauf eine Entsatzflotte unter Adm. Jakob Wassenaer van Obdam nach dem Sund.

8. Nov. 1658 **Seeschlacht im Sund.** Die schwedische Flotte unter Wrangel zählt 35 Linienschiffe und 8 Fregatten mit 1800 Geschützen und 7500 Mann. Die holländische Flotte von 35 Linienschiffen mit 1400 Kanonen geleitet rund 30 Transporter mit 2000 Mann Landungstruppen.
Mit Nordwind segeln die Holländer in der Frühe in den Sund. Bei Helsingör erwartet sie die schwedische Flotte. In dem engen Fahrwasser beginnt um 8 Uhr ein erbitterter Kampf Schiff gegen Schiff. Die beiden Flaggschiffe »Viktoria« (Wrangel) und »Eendragt« (Jakob van Wassenaer) sind bald kampfunfähig. Beide Flotten leiden schwer. Die Holländer verlieren neben der »Brederode« (Tromps ehemaliges Flaggschiff) mehrere kleine Schiffe, zwei Admirale und 1700 Mann. Die Schweden verlieren fünf Schiffe, ihre blutigen Verluste sind etwas geringer. Kopenhagen ist jedoch entsetzt. Die holländische Flotte beherrscht den Sund.

Febr. 1659 Die Schweden versuchen, Kopenhagen im Sturm zu nehmen. Sie werden mit schweren Verlusten abgewiesen. In den Gewässern um die dänischen Inseln kommt es zwischen den niederländisch-dänischen und den schwedischen Flottillen zu mehreren Gefechten. Einmal kann sogar ein schwedisches Linienschiff erobert werden. Die schwedischen Truppen auf Seeland können sich jedoch bis Kriegsende halten.

Anf. 1659 Ein englisches Geschwader erscheint zur Beobachtung vor dem Sund. Eine holländische Hilfsflotte unter Adm. de Ruyter landet Truppen auf Fünen und hilft bei der Einnahme der Festung Nyborg.

10. Mai 1659 **Treffen in der Kieler Bucht.** 23 niederländische und drei dänische Schiffe unter Wassenaer treffen auf 24 schwedische Schiffe unter Bjelkenstjerna. Nach zweimaligem Passiergefecht trennen sich die Flotten ohne Entscheidung.

2. Aug. 1659 Ein schwedisches Geschwader von sieben Schiffen vernichtet an der Ostküste von Jütland eine Transportflotte der Verbündeten, wobei vier Schiffe erobert werden und eine Fregatte in die Luft fliegt.

1660 Im **Frieden von Kopenhagen** kann Dänemark seinen Landbesitz behaupten. Die Sundsperre ist endgültig aufgehoben.

1656–1661 In einem wenig energisch geführten Seekrieg versuchen die Niederländer, den Portugiesen ihre 1654 verlorenen Besitzungen in Brasilien wieder abzunehmen. Dieser Versuch mißlingt, es kommt zu keinen ernsten Kampfhandlungen.

1659 Der chinesische Freibeuter Koxinga (Guoxingye) unternimmt mit einer Flotte von angeblich 3000 Dschunken einen Vorstoß bis Nanking (Nanjing), wird aber von der Flußflotte der Mandschus verlustreich abgewiesen. Diese verfolgen ihn bis auf die Hohe See, wo er sich bei der Insel Quemoy (Jinmen) mit seinen restlichen 400 Dschunken erneut zum Kampf stellt und den Gegner mit seiner besseren Taktik eine deutliche Niederlage beibringt. Da seine Stützpunkte vor der Küste des Festlandes unhaltbar werden, sieht er sich nach einer neuen Basis um.

1661 Koxinga erobert mit 900 Schiffen und 25000 Mann die seit 1624 von den Niederländern beherrschte Insel Taiwan/Formosa. Er unterstützt die letzten Herrscher der Ming-Dynastie mit seiner starken Privatflotte seit 1645 in deren Abwehrkampf gegen die neuen Mandschu-Kaiser.

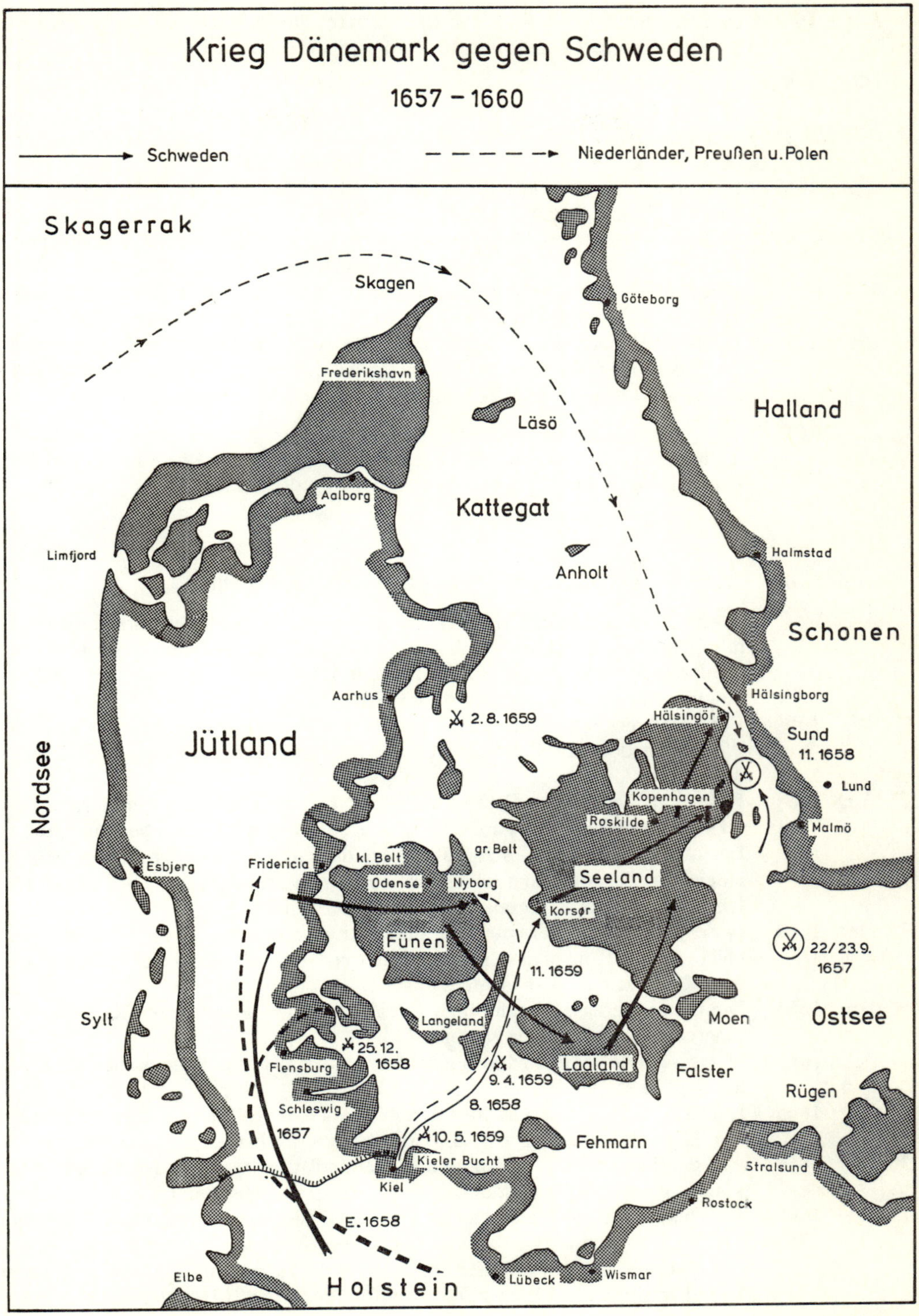
Krieg Dänemark gegen Schweden
1657 – 1660
Schweden
Niederländer, Preußen u. Polen
Skagerrak
Skagen
Göteborg
Frederikshavn
Läsö
Halland
Aalborg
Kattegat
Limfjord
Halmstad
Anholt
Schonen
Aarhus
Hälsingborg
2. 8. 1659
Hälsingör
Jütland
Sund
11. 1658
Nordsee
Lund
Kopenhagen
Roskilde
Malmö
Esbjerg
Fridericia
kl. Belt
gr. Belt
Seeland
Odense
Nyborg
Korsør
Fünen
22/23.9.
1657
11. 1659
Sylt
Langeland
Moen
Ostsee
25. 12.
1658
Flensburg
9. 4. 1659
Laaland
Falster
Schleswig
8. 1658
Rügen
1657
10. 5. 1659
Fehmarn
Kieler Bucht
Stralsund
Kiel
Rostock
E. 1658
Elbe
Holstein
Lübeck
Wismar

1661 Im Mittelmeer wütet ein besonders schwerer Sturm. Fast 150 Schiffe aus verschiedenen Staaten und rund 10 000 Personen gehen zugrunde.

1661–1663 Die niederländische Ostindische Kompanie erobert portugiesische Stützpunkte an der Malabarküste von Vorderindien. Im ersten Jahr unternimmt ein Geschwader unter Rijkloff van Goens einen Vorstoß, bei welchem zwei Plätze erobert werden.

Jan. 1663 **Eroberung von Kotschin.** Ein starkes niederländisches Geschwader segelt von Batavia ab und nimmt die Blockade von Kotschin auf. Nach mehrmonatigem Widerstand müssen die Portugiesen kapitulieren. Kurz danach wird auch Kananor von den Niederländern erobert. Der im Dezember 1662 in Europa geschlossene Friede wird für die Portugiesen in Indien zu spät bekannt. Die Niederländer kontrollieren nun auch den wichtigen Pfefferhandel von Vorderindien.

1663–1670 Die Niederländer bringen das Sultanat von Atjeh im nördlichen Sumatra unter ihre Kontrolle und damit den von diesen beherrschten Pfefferhandel von Westsumatra und die Zinnförderung der Malaiischen Halbinsel.

1665 Nach einem mißglückten Versuch im Jahr vorher greifen französische Geschwader mit einigem Erfolg die Piratennester an der algerischen Küste an. Dauernden Erfolg bringen diese sporadischen Aktionen jedoch nicht.

1665–67 Der zweite Seekrieg England gegen die Niederlande

Noch vor der offiziellen Kriegserklärung beginnen die Kampfhandlungen bereits mit Operationen in Übersee. Vorwand für die Engländer sind Übergriffe der Niederländer gegen englische Kaufleute in Übersee und Nichterfüllen der Bedingungen des Friedensvertrages von Westminster.

Jan. 1664 Ein kleines englisches Geschwader unter Kpt. Robert Holmes erobert Gorée in Westafrika, der Angriff auf das starke El Mina scheitert, mehrere andere Plätze werden zerstört.

Aug. 1664 Holmes geht mit seinem Geschwader nach Nordamerika und erobert dort die Insel Manhattan und Neu Amsterdam, welches in New York umbenannt wird.

Ein niederländisches Geschwader unter de Ruyter erobert in Afrika einige Plätze zurück, geht dann nach Westindien und erobert dort einige Handelsschiffe und ist bei Kriegsausbruch wieder am Rückweg.

29. Dez. 1664 In der Straße von Gibraltar überfällt ein englisches Geschwader einen reichen holländischen Konvoi aus Smyrna. Dieser verliert zwar nur drei Schiffe, der offene Krieg ist nun aber unvermeidlich.

Jan. 1665 Die Niederländer erklären offiziell den Krieg an England, deren Kriegserklärung erfolgt zwei Monate später.

Febr. 1665 In der Nordsee kämpfen drei englische Fregatten zwei niederländische nach harter Gegenwehr nieder.

14. März 1665 Karl II. von England erklärt der Republik den Krieg. Nach Beendigung der Rüstung kommt es zum ersten Zusammentreffen der beiden Flotten.

30. Mai 1665 Auf der Doggerbank erobert ein niederländisches Geschwader unter Adm. Wassenaer van Obdam einen englischen Geleitzug aus Hamburg.

13. Juni 1665 **Seeschlacht bei Lowestoft.** Der Bruder des englischen Königs, der Herzog von York, ist als »Lord High Admiral« Oberbefehlshaber der englischen Flotte. Diese besteht aus 109 Schiffen, davon sind 35 Linienschiffe, 53 Kriegsschiffe 4.–6. Kategorie und 21 bewaffnete Kauffahrer, ferner 21 Brander und 7 Avisos,

Der zweite Seekrieg England gegen die Niederlande

1665 – 1667

Engländer   Niederländer

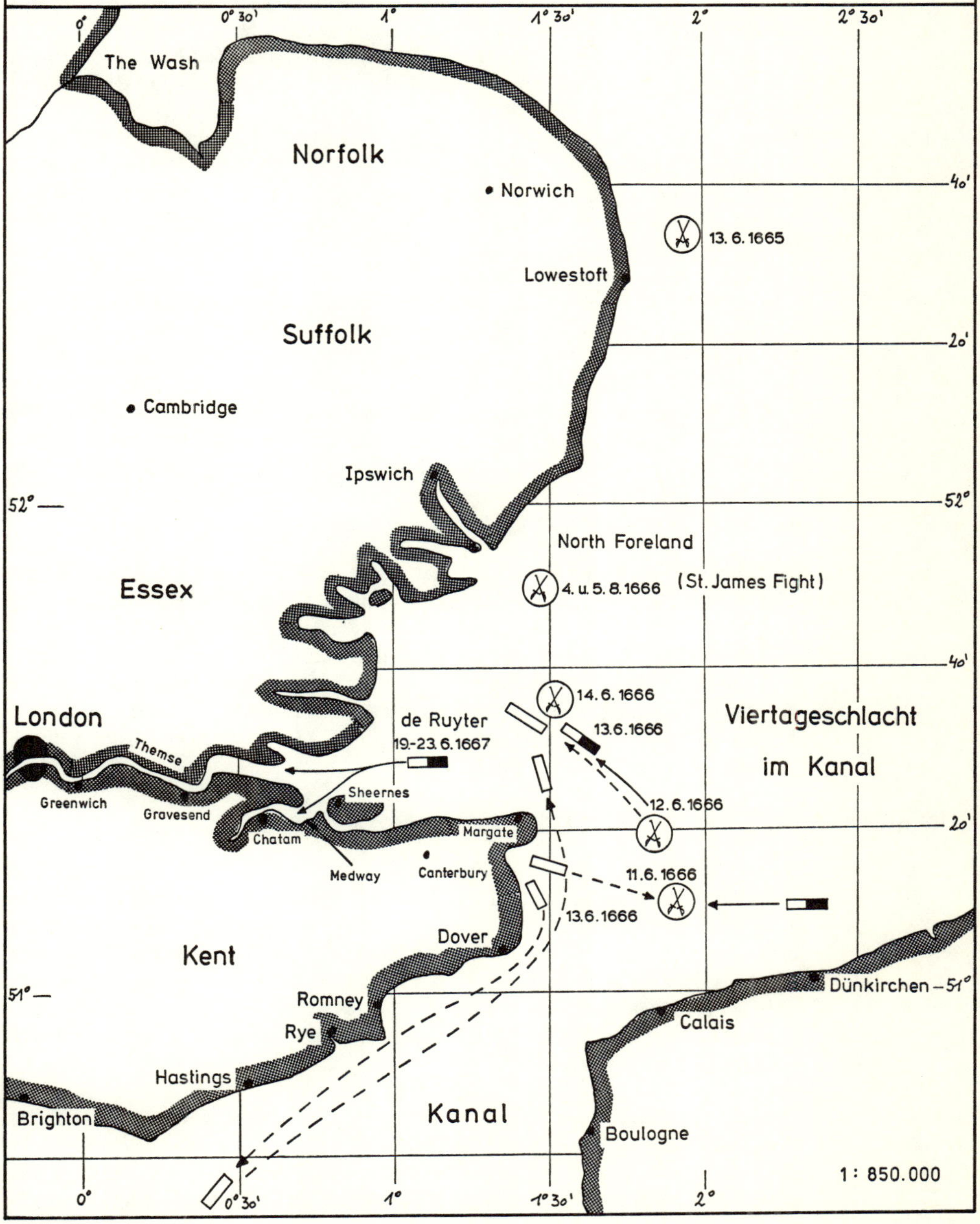

mit insgesamt 4200 Geschützen und 22000 Mann Besatzung. Die Flotte ist in drei Geschwader geteilt, das Zentrum unter der persönlichen Führung des Duke of York auf der »Royal Charles« (80) (Stabschef ist Adm. William Penn), die Vorhut unter Adm. Prinz Rupert, die Nachhut unter Adm. Montagu. Die holländische Flotte ist mit 103 Schiffen, 11 Brandern und 7 Avisos etwas schwächer, es sind mehr bewaffnete Kauffahrer eingereiht, und ihre Linienschiffe sind kleiner als die englischen. Ihre 4900 Geschütze sind von leichterem Kaliber, die Besatzung zählt 21000 Mann. Die Flotte ist in 7 Geschwader geteilt, Flottenchef ist Adm. Wassenaer auf der »Eendragt« (76). Obwohl die holländische Flotte noch nicht voll ausgerüstet ist, erhält Wassenaer von Ratspensionär Jan de Witt den bestimmten Auftrag, sofort anzugreifen.

3 Uhr — In der Frühe treffen die beiden Flotten aufeinander. Nach zweimaligem Passier-
10 Uhr — gefecht auf Gegenkurs wendet die englische Flotte in Höhe der holländischen geschwaderweise. Es entwickelt sich ein laufendes Artilleriegefecht auf Südkurs.

15 Uhr — Am frühen Nachmittag wenden sich einige Schiffe der holländischen Mitte zur Flucht. In die entstehende Lücke stoßen die Engländer nach. Die »Eendragt« wird von zwei Seiten unter Feuer genommen und fliegt in die Luft. Adm. Wassenaer fällt. Immer mehr holländische Schiffe ergreifen darauf die Flucht. Adm. Jan Evertsen (der Ältere) und VAdm. Cornelis Tromp decken den Rückzug des Restes der Flotte. Die Holländer verlieren durch Artillerie, Enterung und Brander 17 Schiffe, ferner verlieren sie 3 Admirale, darunter Adm. E. M. Cortenaer, und 4000 Mann. Der englische Verlust beträgt 2 Schiffe, 2 Admirale und 800 Mann. Unter de Witts Leitung beginnt sofort die Wiederaufrüstung der Flotte. In Bergen liegt ein holländisches Geleit von 70 Kauffahrern. Die Engländer versuchen die Schiffe im Hafen zu kapern, diese wehren sich jedoch erfolgreich und können den Angriff abschlagen.

Aug. 1665 — Sofort nach Eintreffen in der Heimat segelt de Ruyter mit der holländischen Flotte nach Norwegen und bringt den Geleitzug sicher in die Emsmündung. Im Sturm wird seine Flotte allerdings zum Teil zerstreut, der auf der Lauer liegenden englischen Flotte gelingt es daher, rund zehn Nachzügler abzufangen.
Die englische Flotte ist im zweiten Halbjahr 1665 ungewöhnlich zurückhaltend. De Ruyter kann daher durch Kreuzen vor der Themsemündung von den Downs bis Harwich aktiven Handelsschutz betreiben. Große Personalausfälle durch Krankheit zwingen ihn zur Rückkehr.

Herbst 1665 — In England bricht die Pest aus.

Jan. 1666 — König Ludwig XIV. von Frankreich erklärt England den Krieg. Die französische Flotte soll aktiv in die Kampfhandlungen eingreifen. De Ruyter hofft auf ein Eintreffen der Franzosen und geht zu deren Aufnahme an die Küste von Flandern. Adm. Monk muß auf königlichen Befehl Prinz Rupert mit 20 Schiffen in den westlichen Kanal entsenden, um dort den Franzosen entgegenzutreten. Durch diese Detachierung ist die englische Flotte um ein Drittel geschwächt.

25. Mai 1666 — Ein kleines englisches Geschwader erobert vor Texel aus einem niederländischen Geleit sieben Schiffe.

11. bis 14. Juni 1666 — **Die Viertageschlacht im Kanal.** De Ruyter ankert am Morgen des 11. Juni mit der holländischen Flotte vor Dünkirchen. Im Süden liegt die Nachhut unter Adm. Tromp d. J., in der Mitte de Ruyter mit dem Zentrum, im Norden die Vorhut unter Adm. Cornelis Evertsen d. Ält. Die Stärke der Flotte beträgt 84 Schiffe

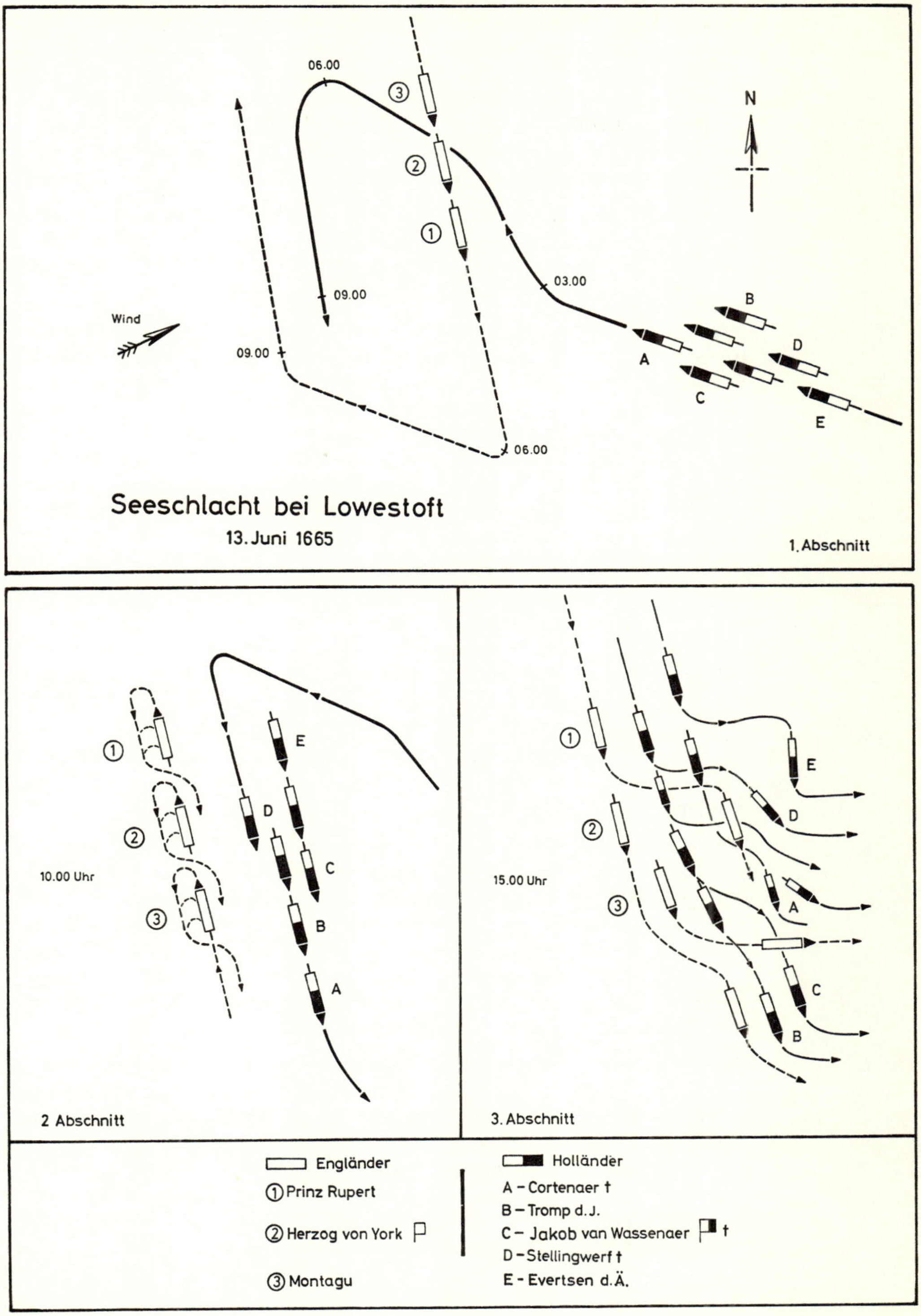
Seeschlacht bei Lowestoft
13. Juni 1665
1. Abschnitt
N
Wind
06.00
03.00
09.00
09.00
06.00
① ② ③
A B C D E
2 Abschnitt
10.00 Uhr
3. Abschnitt
15.00 Uhr
Engländer
① Prinz Rupert
② Herzog von York
③ Montagu
Holländer
A – Cortenaer †
B – Tromp d. J.
C – Jakob van Wassenaer †
D – Stellingwerf †
E – Evertsen d. Ä.

mit 4600 Geschützen und 22 000 Mann Besatzung. Die englische Flotte steht unter dem gemeinsamen Oberbefehl der Admirale Monk und Prinz Rupert. Sie umfaßt 78 Schiffe mit 4500 Geschützen und 21 000 Mann. Seit einigen Tagen fehlt jedoch Prinz Rupert mit seinen 20 Schiffen. Führer der englischen Vorhut ist Adm. Ayscue, der Nachhut Adm. Allen.
Sobald Monk von der Anwesenheit der holländischen Flotte erfährt, beginnt er trotz seiner zahlenmäßigen Unterlegenheit den Angriff.

11. Juni 12 Uhr — In möglichst dicht geschlossener Kiellinie greift Monk das südliche Geschwader unter Tromp an. Dieser kann kaum die Ankerkabel kappen und den Kampf auf südlichem Kurs aufnehmen. Er hat einige Stunden einen schweren Stand gegen die englische Flotte.

16 Uhr — Schließlich muß Monk wegen der nahen flandrischen Küste auf Westkurs gehen, wodurch auch de Ruyter und Evertsen ins Gefecht kommen. Nun wirkt sich die große Zahl der Holländer aus. Die englische »Swiftsure« wird genommen, auf ihr fällt VAdm. Berkeley. VAdm. Harman auf der »Henry« führt einen heroischen Kampf, weist den Angriff von mehreren holländischen Linienschiffen und Brandern ab, läßt die schon brennende Takelage löschen, tötet mit der letzten Salve seiner dezimierten Artillerie Adm. Evertsen und bringt sein zerschossenes Schiff in Sicherheit. Bis zum Abend verlieren beide Seiten noch mehrere Schiffe. In der Nacht bessern die Flotten ihre Schäden aus, kampfunfähige Schiffe werden entlassen. Die holländische Vorhut übernimmt VAdm. de Vries.

12. Juni — Am nächsten Morgen greift Monk wieder die auf Gegenkurs liegende holländische Flotte an. Noch 47 Engländer stehen 77 Holländern gegenüber. Tromp versucht mit seiner Nachhut den Engländern die Luvseite abzugewinnen. Er gerät dabei wieder in eine äußerst kritische Lage. De Ruyter muß ihm mit den nächsten erreichbaren Schiffen zu Hilfe kommen, die Ordnung der Holländer löst sich dabei vollkommen auf. Monk kann durch seine zahlenmäßige Schwäche die Gunst der Lage jedoch nicht ausnützen. Nachdem beide Seiten mehrere Schiffe verloren haben, bricht Monk den Kampf ab. Er hofft noch auf ein Eintreffen von Prinz Rupert.

13. Juni — Am nächsten Morgen zieht sich Monk mit nur mehr rund 30 kampffähigen Schiffen weiter nach Westen zurück. De Ruyter kann ihn mit seinen beschädigten Schiffen nicht mehr einholen, es werden nur wenige Schüsse gewechselt. Auf einer Untiefe kommt eines der stärksten englischen Schiffe, die »Royal Prince« (90), das Flaggschiff von Adm. Ayscue, fest. Von der holländischen Flotte umstellt, muß Ayscue die Flagge streichen; das Schiff wird von den Holländern verbrannt. Am Abend kann sich Monk mit dem zurückkehrenden Prinz Rupert vereinigen, 20 frische Schiffe verstärken seine Flotte.

14. Juni — Am nächsten Morgen suchen beide Flotten die Entscheidung. Es werden westliche Kurse gesteuert, die Holländer auf der Luvseite. In dem beginnenden Kampf segelt die englische Vorhut etwas schneller und läßt eine Lücke zur Mitte entstehen. In diese stößt der holländische KAdm. van Nes mit einem Teil der Vorhut. Gleichzeitig geht Tromp mit seiner Nachhut um das Ende der englischen Linie, wodurch Mitte und Nachhut der Engländer von zwei Seiten angegriffen werden. De Ruyter bricht mit seinem Zentrum nun auch in die englische Linie ein. In dem folgenden erbitterten Nahkampf erleiden beide Seiten weitere Verluste. Die

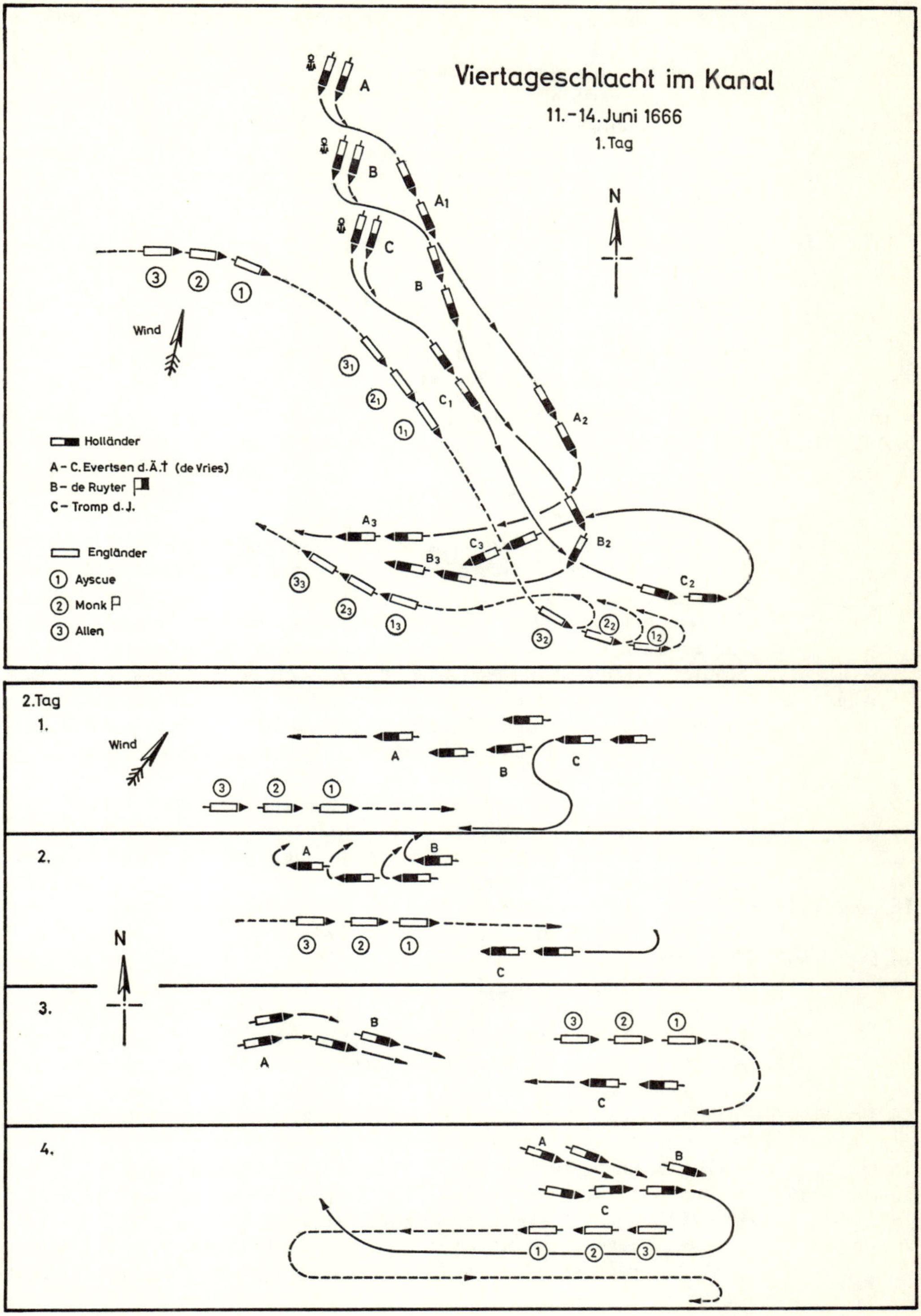
Viertageschlacht im Kanal
11.-14. Juni 1666
1. Tag
N
Wind
A
B
C
A1
A2
A3
B2
B3
C1
C2
C3
Holländer
A - C. Evertsen d. Ä. † (de Vries)
B - de Ruyter
C - Tromp d. J.
Engländer
① Ayscue
② Monk
③ Allen
2. Tag
1.
2.
3.
4.

Engländer brechen schließlich den Kampf ab. Am Abend endet eine der größten Schlachten der Seekriegsgeschichte. Die Holländer sind nahezu verschossen und verlassen ebenfalls den Kampfplatz.
Die Verluste der Schlacht betragen:

	Engländer	Holländer
Schiffe	17	6
Mannschaften	5000	2000
Gefangene	3000	

Obwohl de Ruyter einen großen Sieg erringt, ist die englische Flotte keineswegs ausgeschaltet.
De Ruyter blockiert einige Zeit die Themse, doch schon am 2. August geht die englische Flotte neu ausgerüstet in See.

4. und 5. Aug. 1666 — **Seeschlacht bei North Foreland (St. James Fight).** Die beiden Flotten treffen mit einer Stärke von je rund 90 Kriegsschiffen und 20 Brandern aufeinander. Bei den Engländern führen Monk und Prinz Rupert gemeinsam den Oberbefehl. Bei den Holländern führt de Ruyter das Zentrum, Tromp d. J. die Nachhut und Jan Evertsen die Vorhut.

Vorm. — Auf östlichem Kurs entwickelt sich ein laufendes Gefecht, die Engländer auf der Luvseite. Bei der holländischen Vorhut fallen nach kurzer Zeit sämtliche Admirale. Das ganze Geschwader wendet sich darauf zur Flucht. Da Tromp gleichzeitig mit seiner Nachhut Jagd auf einige fliehende englische Schiffe macht, steht de Ruyters Zentrum allein der englischen Übermacht gegenüber. Mit rund 20 Schiffen deckt de Ruyter meisterhaft den Rückzug der holländischen Flotte.

5. Aug. früh — Tromp ist vollkommen außer Sicht. Mit nur acht Schiffen sichert de Ruyter das Eintreffen der versprengten Schiffe hinter die flachen Sände an der holländischen Küste. Tromp ist zeitweise in Gefahr, abgeschnitten zu werden und trifft erst am nächsten Tag ein.
Nach eigenen Angaben verlieren die Holländer nur 2 Schiffe und rund 1000 Mann, die Engländer 1 Schiff und 300 Mann. De Ruyters Meisterschaft rettet die holländische Flotte zwar vor der Vernichtung, die Engländer beherrschen aber für die nächste Zeit die See.

18. Aug. 1666 — Ein kleines englisches Geschwader unter Robert Holmes vernichtet bei Texel 150 holländische Kauffahrer.

10. Sept. 1666 — Der große Brand von London. Dieses Ereignis, die seit einem Jahr wütende Pest und die großen Kosten der Hofhaltung von König Karl II. zwingen zu besonderen Sparmaßnahmen. Die Linienschiffe werden in den Werfthäfen aufgelegt, der Handelskrieg nur mehr mit leichten Seestreitkräften geführt. Friedensverhandlungen werden aufgenommen. Holland dagegen nutzt die ihm kampflos überlassene Seeherrschaft.

4. Jan. 1667 — In der Nordsee erobern sechs englische Kriegsschiffe im Kampf mit fünf niederländischen drei der Gegner.

19. bis 23. Juni 1667 — **De Ruyter auf der Themse.** Mit 24 Linienschiffen, 20 kleineren Fahrzeugen und 15 Brandern trifft die holländische Flotte vor der Themse ein. Ein Angriff auf

19. Juni — Gravesend scheitert wegen ungünstiger Windverhältnisse.

20. Juni — An diesem Tage wird Sheerness erobert und damit die Einfahrt in den Flußarm Medway erzwungen, wo ein Teil der außer Dienst gestellten englischen Flotte liegt.

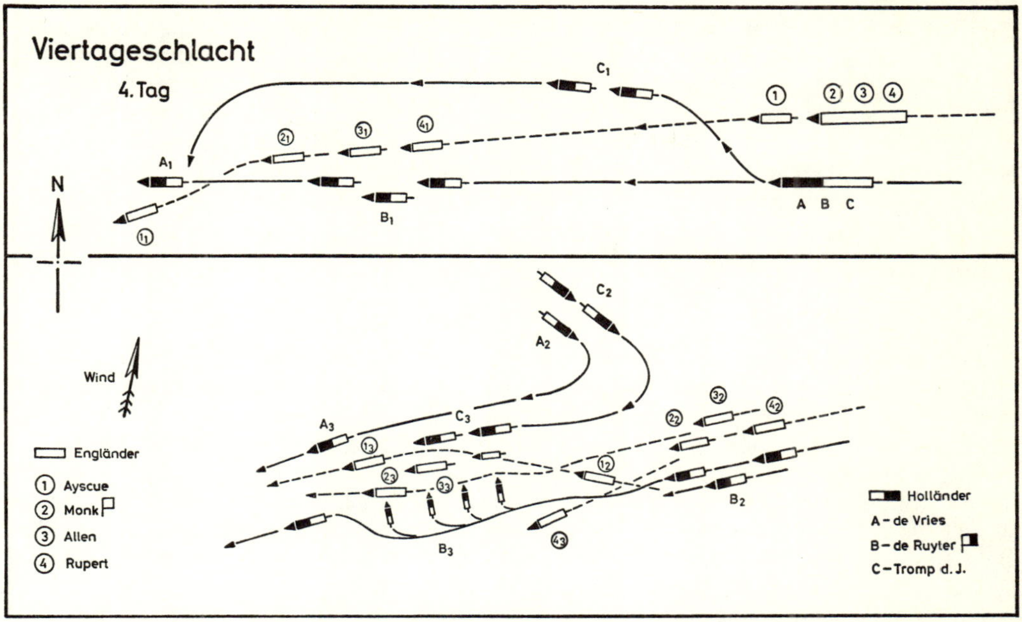
Viertageschlacht
4. Tag
N
Wind
Engländer
① Ayscue
② Monk
③ Allen
④ Rupert
Holländer
A – de Vries
B – de Ruyter
C – Tromp d. J.
A B C
A₁
B₁
C₁
A₂
B₂
C₂
A₃
B₃
C₃

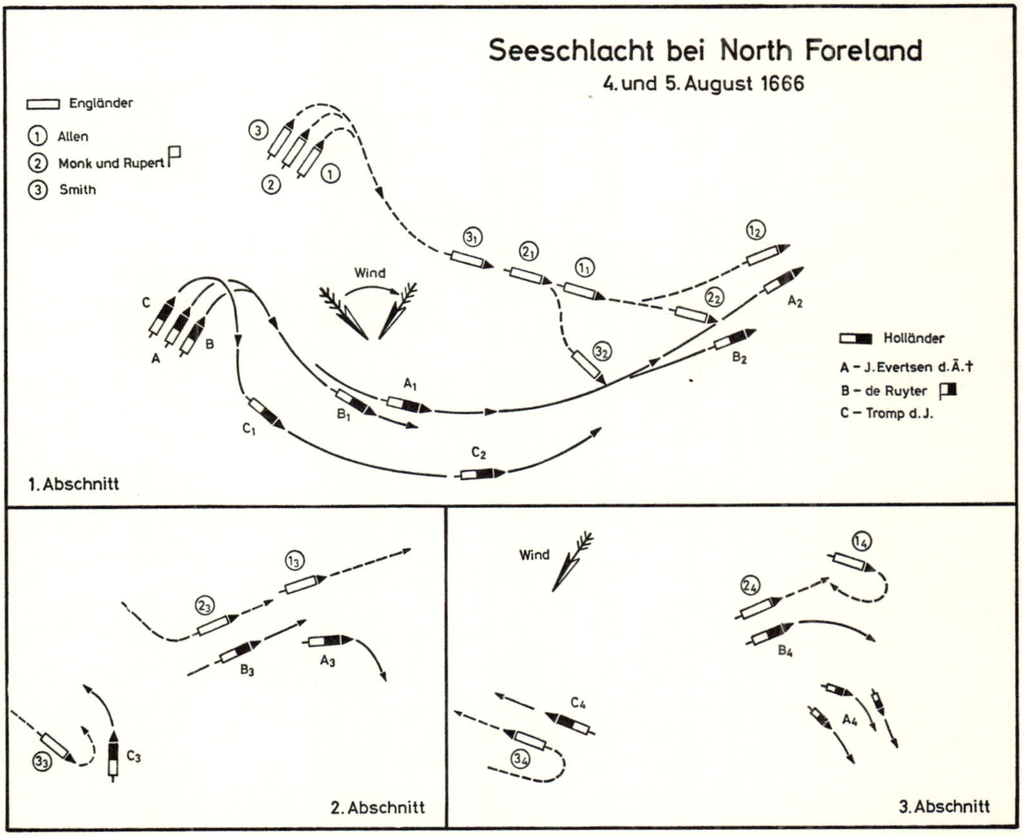
Seeschlacht bei North Foreland
4. und 5. August 1666
Engländer
① Allen
② Monk und Rupert
③ Smith
Wind
Holländer
A – J. Evertsen d. Ä. †
B – de Ruyter
C – Tromp d. J.
1. Abschnitt
2. Abschnitt
3. Abschnitt

22. u. 23. Juni De Ruyter segelt den Medway aufwärts. Die Linienschiffe bringen die Strandbatterien zum Schweigen. Von Bootsabteilungen und Brandern werden die Flußsperren bei Upnor beseitigt oder zerstört. Dann werden neun der dort liegenden Linienschiffe teils genommen, teils verbrannt. Monks Flaggschiff in den letzten Schlachten, die »Royal Charles« (100), wird als Prise nach Holland gebracht. Anschließend geht de Ruyter vor die Themsemündung und blockiert diesen wichtigen Seeweg.

6. Juli 1667 Um die Friedensverhandlungen zu beschleunigen, segelt de Ruyter noch einmal bis vor Gravesend, worauf in London eine Panik ausbricht.

Übersee

Mai 1667 **Gefecht auf der Reede vor Nevis.** Kurz vor Kriegsschluß greift ein französisch-niederländisches Geschwader von 17 Schiffen die englischen Besitzungen in Westindien an. Vor der Insel Nevis stellen sich ihnen zwölf englische Schiffe entgegen. Im folgenden Gefecht verlieren die Engländer wohl drei Schiffe, verhindern aber die Landung auf der Insel.

5. und 6. Juli 1667 **Gefecht vor Martinique.** Ein englisches Geschwader von neun Kriegsschiffen unter KAdm. John Harman vernichtet vor Martinique ein französisch-niederländisches Geschwader von 20 Schiffen, von denen nur wenige entkommen.

21. Juli **Friede von Breda.** Holland tritt Neu-Amsterdam (New York) ab und erreicht eine geringe Lockerung der Navigationsakte.

Juni bis Sept. 1666 Spanien unternimmt einen weiteren Versuch, Portugal noch einmal seiner Krone zu unterwerfen. Das Atlantikgeschwader Spaniens unter Diego de Ibarra blockiert die Häfen Lissabon und Porto und beschießt Lagos, Sagres und Cascaes.

1666–1670 Eroberung des **Sultanates von Makassar** durch die Niederländer. Dieses Sultanat im südlichen Celebes hat sich zu einem Handelskonkurrenten für die Niederländer im Gewürzhandel der Molukken entwickelt. Ein niederländisches Geschwader unter Cornelis Speelman erobert das Sultanat und vertreibt die englischen, portugiesischen und dänischen Kaufleute von der Insel.

1667–1668 Im sogenannten **»Devolutionskrieg«** erobert Frankreich Städte in Flandern und veranlaßt Spanien, die Unabhängigkeit Portugals anzuerkennen. Spanien hatte sein Atlantikgeschwader in Cadiz und sein Mittelmeergeschwader in Port Mahon zusammengezogen, doch war es zu keinen Kampfhandlungen gekommen.

5. Mai 1668 Beim Einlaufen in den Hafen von Bahia/Salvador in Brasilien gerät das Flaggschiff des portugiesischen Brasiliengeschwaders, die »Sacramento« (60) im Sturm auf eine Untiefe und sinkt mit fast 800 Mann Besatzung und 200 Passagieren.

15. März 1671 Ein Wirbelsturm verwüstet den Hafen von Cadiz. Fast alle Häuser und im Hafen liegende Schiffe werden vernichtet, 600 Personen finden den Tod.

Mai 1671 In der Bucht von Bougie (Algerien) vernichtet E. Spragge (E) mit seinem Mittelmeergeschwader acht Piratenschiffe.

1673 Die Galeerenflotte der Malteser, unterstützt von vier mit Kaperbriefen ausgestatteten Segelschiffen, erobert aus dem Alexandriageleit vier große türkische Segelschiffe.

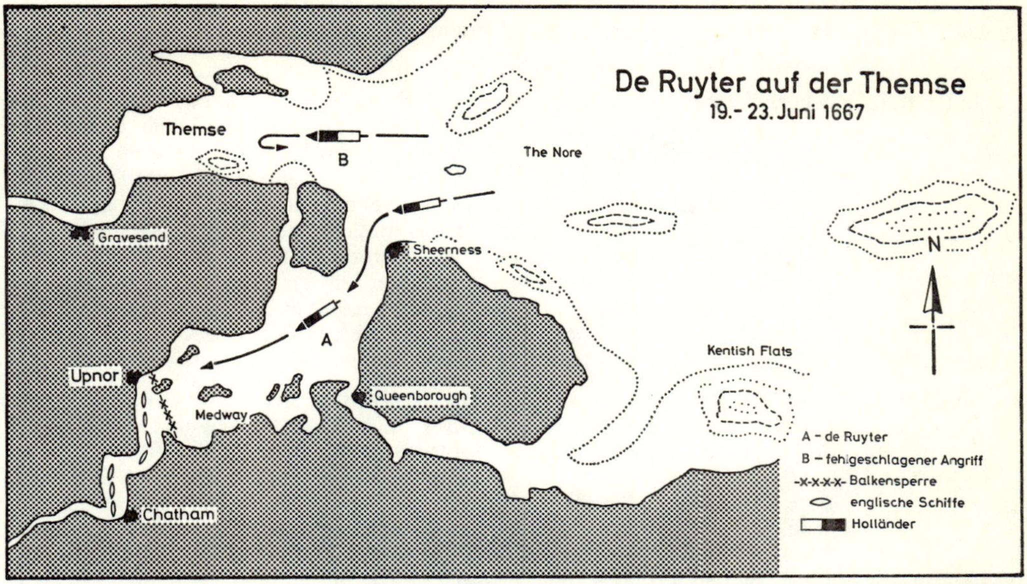
De Ruyter auf der Themse
19.- 23. Juni 1667
Themse
B
The Nore
Gravesend
Sheerness
A
Upnor
Medway
Queenborough
Chatham
Kentish Flats
N
A - de Ruyter
B - fehlgeschlagener Angriff
-x-x-x-x- Balkensperre
englische Schiffe
Holländer

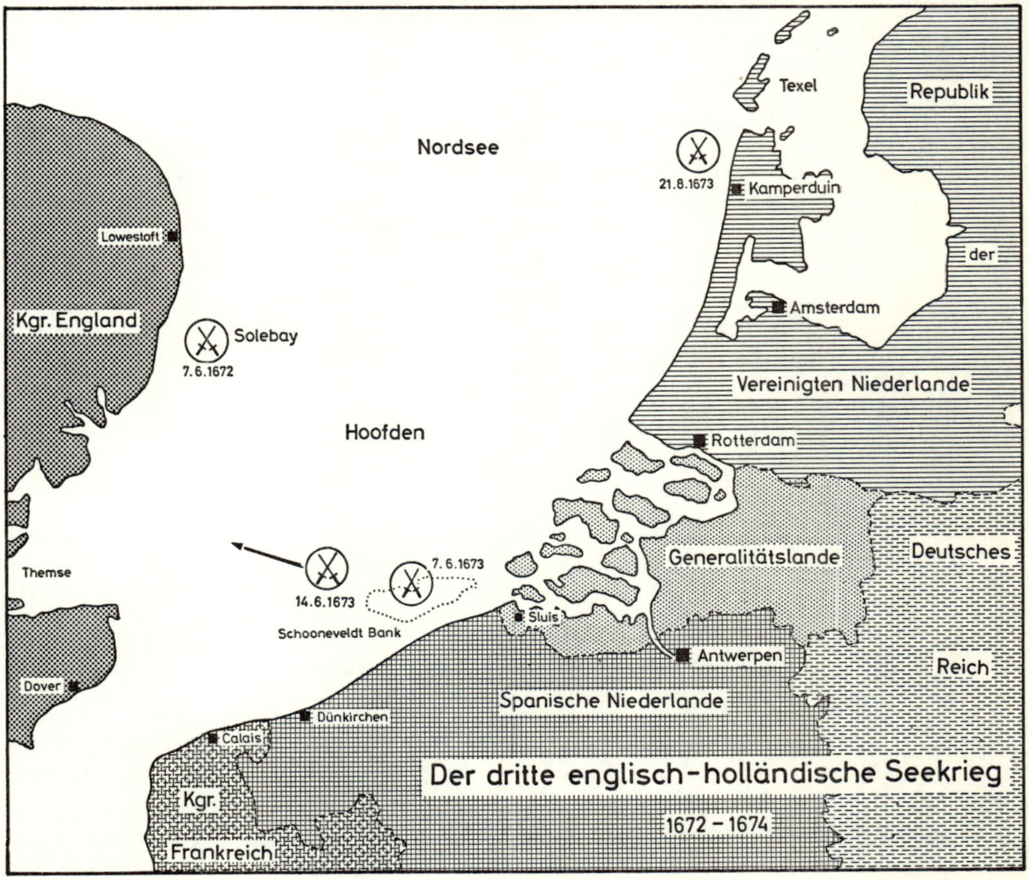
Texel
Republik
Nordsee
21.8.1673
Kamperduin
Lowestoft
der
Amsterdam
Kgr. England
Solebay
7.6.1672
Vereinigten Niederlande
Hoofden
Rotterdam
Generalitätslande
Deutsches
7.6.1673
Themse
14.6.1673
Schooneveldt Bank
Sluis
Antwerpen
Reich
Dover
Spanische Niederlande
Dünkirchen
Calais
Der dritte englisch-holländische Seekrieg
Kgr.
1672 - 1674
Frankreich

1672–1674(78)	**Der dritte Seekrieg England gegen die Niederlande (Koalitionskrieg gegen Holland)**
März 1672	**Überfall auf Kanalgeleit.** Noch vor der Kriegserklärung greift ein englisches Geschwader von 18 Kriegsschiffen, davon 12 Linienschiffe, ein holländisches Geleit an. Dieses besteht aus 72 Kauffahrern, davon 24 bewaffnet, und 5 Kriegsschiffen unter dem Geleitführer de Haen. Dieser wehrt sich so erfolgreich, daß die Engländer nur drei Handelsschiffe nehmen können. Ein holländisches Kriegsschiff sinkt, der Rest des Geleites erreicht den sicheren Hafen. Adm. de Ruyter übernimmt wieder den Oberbefehl über die holländische Flotte. Da in diesem Krieg die Niederlande auch von der Landseite bedrängt werden, ist de Ruyter zu besonderer Vorsicht in den Seeoperationen gezwungen. Er hält sich mit der Flotte meistens hinter den Untiefen der eigenen Küste auf, ergreift aber jede Gelegenheit zu erfolgversprechenden Offensivvorstößen.
7. Juni 1672	**Seeschlacht in der Solebay.** Die Flotte der Verbündeten liegt in der Solebay, um Wasser und Proviant aufzunehmen. Der Duke of York, Flaggschiff »Royal Prince« (mit 120 Kanonen), führt die Mitte, Adm. Montagu auf der »Royal James« (100) die Nachhut und VAdm. d'Estrées (F) auf der »St. Philippe« (78) die aus dem französischen Kontingent bestehende Vorhut. Es sind im ganzen 45 englische und 26 französische Linienschiffe. Mit den kleinen Kriegsfahrzeugen, Brandern und Transportern zählt die verbündete Flotte fast 150 Schiffe mit 5100 Kanonen und 33000 Mann. Die holländische Flotte unter Adm. de Ruyter auf der »De Zeven Provincien« (82) ist rund 130 Schiffe stark, davon 61 Linienschiffe, mit zusammen 4500 Kanonen und 21000 Mann. Adm. Banckers führt die Vorhut, Adm. van Ghent die Nachhut. De Ruyter greift in breiter Formation die Verbündeten an, die nur mit Mühe bei dem herrschenden Ostwind von der Küste freimanövrieren können. D'Estrées geht mit seinem französischen Geschwader auf Südostkurs und wird von Banckers mit einem Teil der Vorhut weiter abgedrängt und beschäftigt. Die Franzosen begnügen sich mit einem Geplänkel mit diesen holländischen Schiffen und greifen nicht ernsthaft in den Kampf ein. Der Hauptteil der Holländer wirft sich auf die Engländer, die mit Mühe Kiellinie mit Kurs Nord bilden. In dem beginnenden Kampf fallen bald Montagu und van Ghent. Durch die Nähe der Küste sind die Flotten gegen Mittag gezwungen, auf Kurs Südost zu gehen. Bis zum Abend wird erbittert gekämpft, Banckers vereinigt sich am Abend wieder mit de Ruyter, erst die Dunkelheit beendet den Kampf. Die Verluste betragen:

Engländer	4 Schiffe	2500 Mann
Holländer	2 Schiffe	2000 Mann

	De Ruyter verhindert mit dieser Schlacht eine geplante Landung in Holland. Diese Seeschlacht und das Eingreifen Brandenburgs in die Landkämpfe retten Holland, das schon zum Großteil von den Landtruppen der Verbündeten besetzt ist. Diese Seeschlacht ist somit ein taktischer und strategischer Erfolg de Ruyters. Anschließend nimmt de Ruyter mit der Flotte seine Wartestellung hinter den Untiefen der holländischen Küste wieder ein, wo er mit seinen flachgehenden Schiffen eine Schlacht nach Belieben annehmen oder ablehnen kann. Die Seefront der Niederlande ist damit gesichert. Die geschickte Durchführung dieser Strategie der inneren Linie ist eine der größten Leistungen de Ruyters neben seinen Seesiegen.
Sommer 1672	Die Engländer nutzen ihre Seeherrschaft und vertreiben die Fischereiflotte der Niederlande aus der Nordsee.

Juli 1672 Eine Flotte der Verbündeten mit starken Landungstruppen erscheint vor Texel. Mit der holländischen Flotte in der Flanke wagt man aber nicht zu landen.

Frühj. 1673 Brandenburg schließt mit Frankreich Frieden, dafür treten Österreich und Spanien an der Seite der Niederlande in den Krieg gegen Frankreich ein.

7. Juni 1673 **Erste Seeschlacht bei Schooneveldt.** Die Verbündeten planen neuerlich eine Landung in Holland. Sie erscheinen mit der vereinigten Flotte vor der holländischen Küste; diesmal nimmt de Ruyter die Schlacht an. Die Stärke der Flotten beträgt:

	Holländer	Verbündete
Linienschiffe	52	81 (davon 27 frz.)
Fregatten	12	11
Brander	25	35

De Ruyters Unterführer sind die Admirale Tromp d. J. und Banckers. Die verbündete Flotte steht unter dem Befehl von Prinz Rupert, der selbst die Vorhut führt, Unterführer sind Adm. d'Estrées (Zentrum) und Adm. Spragge (Nachhut). Die Flotte der Verbündeten nähert sich bei Westwind in breiter Dwarslinie. De Ruyter geht auf Nordkurs. Es entwickelt sich ein laufendes Gefecht. De Ruyter durchbricht schließlich das französische Zentrum, muß sich aber dann dem arg bedrängten Banckers zuwenden. Mittlerweile hat sich Tromp von der überlegenen englischen Vorhut abdrängen lassen und ist ebenfalls in schwieriger Lage. Er muß dreimal sein Flaggschiff wechseln. De Ruyter bricht darauf den Kampf mit der englischen Nachhut ab und kommt zusammen mit Banckers Tromp zu Hilfe. Am Abend trennen sich die Flotten. De Ruyter ankert vor der Küste. Prinz Rupert westlich davon in Sichtweite. Auf beiden Seiten sind nur einige kleinere Schiffe verlorengegangen.

14. Juni 1673 **Zweite Seeschlacht bei Schooneveldt.** Als der Wind überraschend nach Ost umspringt, wodurch die Holländer in die Luvposition kommen, greift de Ruyter sofort an. Die Verbündeten sind nicht vorbereitet und versuchen auszuweichen. Der Kampf zieht sich bis zur englischen Küste hin. Nur zwischen Tromp und Spragge kommt es zu scharfem Gefecht. Nach 6 Stunden bricht de Ruyter vor der englischen Küste den Kampf ab. Mit nur geringen Verlusten hat de Ruyter den Landungsversuch vereitelt. Holland kann außerdem wieder einige Geleitzüge einbringen.

Juli 1673 De Ruyter kreuzt 10 Tage mit der Flotte vor der Themse. Die Kriegslage an den Landfronten verschärft sich im Sommer 1673 für Holland. Mit einem kombinierten Angriff von Land und See wollen die Verbündeten Holland endgültig zu Fall bringen. Landungstruppen in der Stärke von 20 000 Mann werden in England bereitgestellt, davon wird fast die Hälfte als erste Welle auf der Flotte eingeschifft.

21. Aug. 1673 **Seeschlacht bei Texel (Kamperduin).** Die Flotte der Verbündeten unter Prinz Rupert geht an die holländische Küste bei Texel, um die Landungsoperationen zu decken. Die Stärke der Flotten beträgt:

	Holländer	Verbündete
Linienschiffe und Fregatten	75	90
Brander	30	30

Diesmal führt Prinz Rupert das Zentrum, d'Estrées die französische Vorhut, Spragge die Nachhut. Bei den Holländern führt de Ruyter die Mitte, Banckers die Vorhut und Tromp d. J. die Nachhut.

Bei Ostwind gelingt es de Ruyter, sich in der Nacht zwischen den Gegner und die nahe Küste zu schieben, damit er zu Gefechtsbeginn in der Luvstellung steht. Am Morgen geht de Ruyter mit seiner Flotte geschwaderweise an den Feind. Auf südlichem Kurs stehen sich Banckers und d'Estrées, de Ruyter und Prinz Rupert sowie Tromp und Spragge gegenüber. D'Estrées versucht die holländische Vorhut zu umfassen, Banckers durchbricht jedoch die französische Linie und bringt sie vollkommen in Unordnung. Er läßt darauf einige Schiffe zur Beobachtung der Franzosen zurück und eilt mit dem Rest seiner Vorhut dem holländischen Zentrum zu Hilfe. D'Estrées greift in den Kampf nicht mehr ein. Prinz Rupert hält mit seinem Zentrum immer wieder nach Westen ab, um de Ruyter auf Distanz zu halten. Die beiden Nachhuten kommen sofort in engen Kontakt. Es wird erbittert Schiff gegen Schiff gekämpft. Adm. Spragge fällt. Die beiden Flottenchefs wenden schließlich und kommen ihren Nachhuten zu Hilfe, auch Banckers greift noch in den Kampf ein. Erst am Abend, als auch d'Estrées wieder eintrifft, endet der Kampf. Die englische Flotte segelt heim, der Landungsversuch wird aufgegeben. Keine der Flotten verliert ein Schiff, eine große Zahl ist aber schwer beschädigt. Die Verbündeten verlieren rund 2000 Mann, die Holländer rund die Hälfte.

Holland ist von der Bedrohung von der Seeseite befreit. Ein großer Ostindienkonvoi kann sicher eingebracht werden. England ist über die Zurückhaltung des französischen Geschwaders verärgert und schließt mit Holland den

Febr. 1674 **Zweiten Frieden von Westminster.** Mit dem Ausscheiden des Hauptgegners zur See kann sich Holland auf den Kampf gegen Frankreich konzentrieren.

1674 Die französische Flotte geht zum Großteil ins Mittelmeer. Adm. Tromp d. J. blockiert darauf mit einem Teil der holländischen Flotte die französische Atlantikküste.

Die Kämpfe im Mittelmeer

Juli 1674 Messina revoltiert gegen die spanische Verwaltung in Sizilien. Ein französisches Geschwader bringt Nachschub in die belagerte Stadt.

11. Febr. 1675 **Gefecht bei den Liparischen Inseln.** Die französische Mittelmeerflotte mit rund 20 Schiffen, davon 9 Linienschiffen, unter dem Grafen Vivonne schlägt die spanische Flotte unter Adm. de la Cueva. Diese, 30 Schiffe stark, zur Hälfte noch Galeeren, ist den stärkeren französischen Schiffen nicht gewachsen und verliert einige Schiffe.

Juli 1675 Drei französische Schiffe unter Kpt. Tourville erobern im Hafen von Barletta ein spanisches Linienschiff und eine Fregatte.

17. Aug. 1675 Das französische Mittelmeergeschwader unter Vivonne, 29 Schiffe, 24 Galeeren und 12 Brander, erobert gegen geringen Widerstand Augusta.

Dez. 1675 De Ruyter geht mit 15 Linienschiffen und Fregatten ins Mittelmeer, um Spanien bei der Verteidigung von Sizilien gegen Frankreich zu unterstützen.

8. Jan. 1676 **Seeschlacht bei Stromboli.** Erstes Zusammentreffen von de Ruyter und Adm. Duquesne, dem neuen Befehlshaber der französischen Flotte im Mittelmeer. Duquesne verfügt über 20 Linienschiffe mit rund 1500 Geschützen, de Ruyter über 19 Linienschiffe (davon ein spanisches) und Fregatten mit rund 1200 Geschützen.

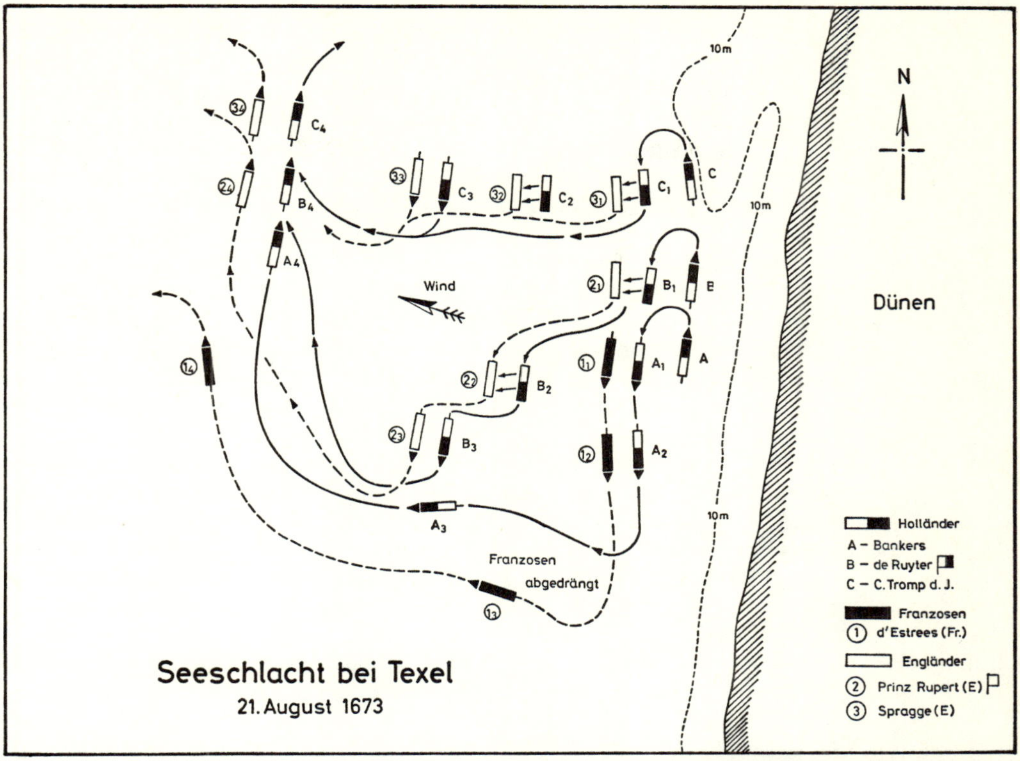

Seeschlacht bei Texel
21. August 1673
N
Dünen
Wind
10m
Franzosen abgedrängt
Holländer
A – Bankers
B – de Ruyter
C – C. Tromp d. J.
Franzosen
1 d'Estrees (Fr.)
Engländer
2 Prinz Rupert (E)
3 Spragge (E)

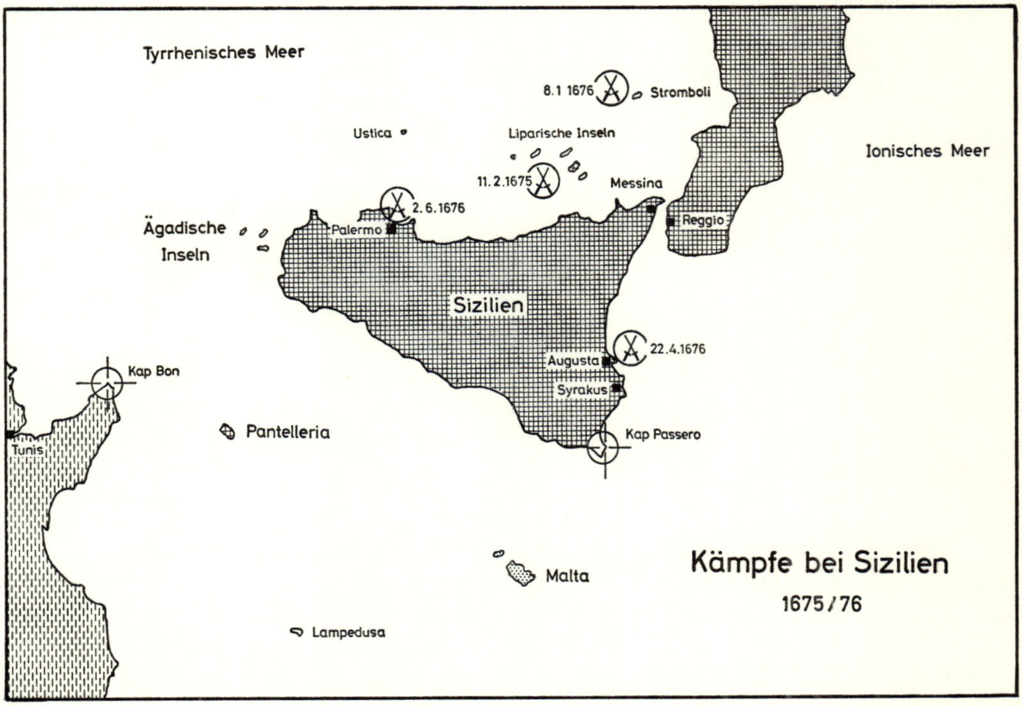

Kämpfe bei Sizilien
1675/76
Tyrrhenisches Meer
Ionisches Meer
8.1 1676
Stromboli
Ustica
Liparische Inseln
11.2.1675
Messina
2.6.1676
Palermo
Reggio
Ägadische Inseln
Sizilien
22.4.1676
Augusta
Syrakus
Kap Bon
Tunis
Pantelleria
Kap Passero
Malta
Lampedusa

Duquesne greift von der Luvseite ungestüm an. De Ruyter hält sein Geschwader eng geschlossen und empfängt den stärkeren Gegner mit so wirkungsvollen Breitseiten, daß diesem ein Einbruch in die holländische Linie nicht gelingt. Am Abend endet der Kampf ohne Entscheidung. Die Franzosen verlieren 3 Brander, am folgenden Tag sinkt ein schwer beschädigtes holländisches Linienschiff. De Ruyter zeigt, wie sich eine schwächere Flotte in der Leeposition gegen einen stärkeren Gegner erfolgreich durchsetzen kann. Die Leeposition wird in den späteren Kriegen vor allem von der französischen Flotte bevorzugt. Entscheidende Siege können aus dieser Stellung jedoch kaum errungen werden.

22. April 1676 **Seeschlacht bei Augusta.** Adm. Duquesne verfügt über 29 Linienschiffe mit 2200 Geschützen und 10700 Mann. Die verbündete Flotte zählt 17 Linienschiffe (davon 4 spanische), 9 Fregatten (5 spanische) mit zusammen 1330 Geschützen. Befehlshaber ist der spanische Adm. de la Cerda, de Ruyter führt die Vorhut, VAdm. de Haen die Nachhut. Die Verbündeten greifen von der Luvseite an.

De Ruyter geht mit seiner Vorhut auf nächste Distanz an den Gegner heran und schießt einige Schiffe kampfunfähig. Da die spanische Mitte auf größerem Abstand bleibt, kann Duquesne de Ruyter zwischen zwei Feuer nehmen. Nur das unerschrockene Eingreifen der Nachhut unter de Haen kann die holländische Vorhut retten. De Ruyter wird schwer verwundet und stirbt nach einigen Tagen auf seinem Flaggschiff »Eendragt«. Die Schlacht endet nach mehreren Stunden unentschieden.

2. Juni 1676 **Seeschlacht bei Palermo.** Die Flotte der Verbündeten, 27 Schiffe und Fahrzeuge stark, liegt im Hafen verankert und erwartet den Angriff der Franzosen. Die französische Flotte unter Vivonne erscheint mit 60 Schiffen, Fahrzeugen und Galeeren. Unter dem Feuerschutz von 9 Linienschiffen bringen die Franzosen 6 Brander an die Flotte der Verbündeten. Diese sowie das Artilleriefeuer fügen den Verbündeten schwere Verluste zu. Sie verlieren 6 Linienschiffe, 2 Galeeren und einige Fahrzeuge. 6 Admirale (darunter de Haen und de la Cerda) sind gefallen, 2000 Mann tot oder verwundet. Die Franzosen erringen diesen Sieg fast ohne eigene Verluste. Mit einem Schlag haben sie die Seeherrschaft im Mittelmeer errungen.

April 1678 Die Franzosen räumen Sizilien, da sie mit dem Eintreffen einer englisch-niederländischen Flotte rechnen und darüber hinaus das Interesse an der Insel verloren haben.

1674 **Letzte Kämpfe vor Westeuropa**

Ein niederländisches Geschwader von 36 Linienschiffen und Fregatten mit 3000 Mann Landungstruppen auf Transportern unter Adm. Cornelis Tromp läuft gegen die französische Westküste aus. Angriffe auf Belle Isle und Noirmoutier scheitern. Tromp entläßt darauf einen Teil seiner Streitmacht zum Handelskrieg und geht mit dem Gros in das Mittelmeer, wo er die Blockade der spanischen Seestreitkräfte in Barcelona und Rosas durch die französische Flotte aufhebt. Da sich die Spanier nicht mit ihm gegen die Franzosen schlagen wollen und nach Sizilien segeln, geht er in die Niederlande zurück, wo er wegen Überschreitung seiner Befugnisse zur Verantwortung gezogen wird.

13. Juli 1677 Vor Ouessant erobert Chateau-Renault (F) mit sieben Schiffen und zwei Geleitfahrzeugen fünf Handelsschiffe.

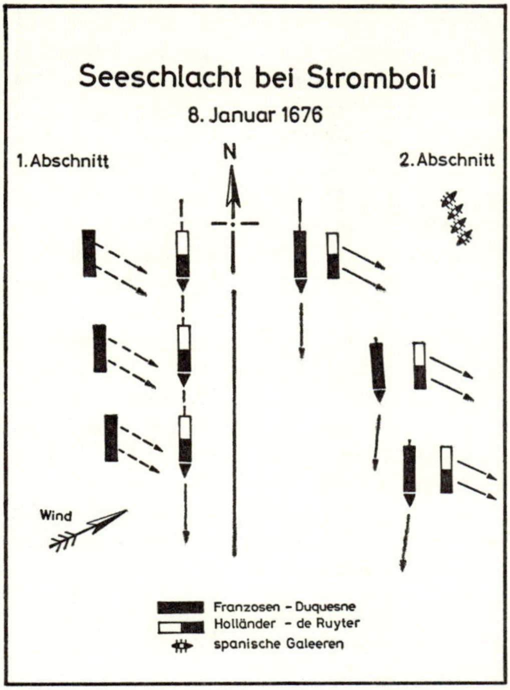
Seeschlacht bei Stromboli
8. Januar 1676
1. Abschnitt
N
2. Abschnitt
Wind
Franzosen - Duquesne
Holländer - de Ruyter
spanische Galeeren

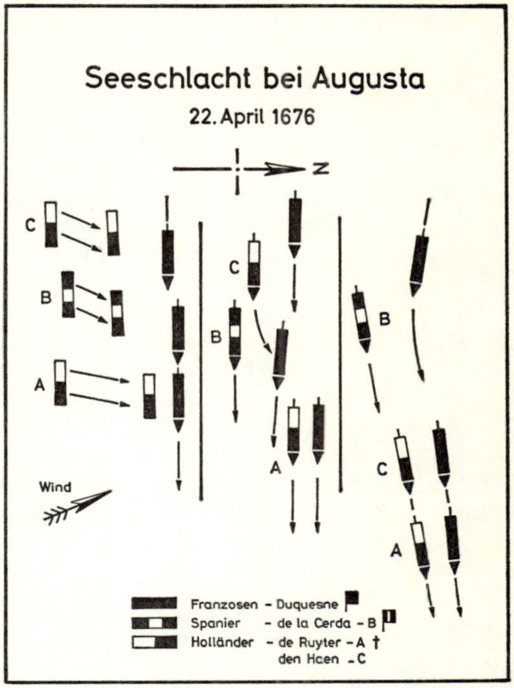
Seeschlacht bei Augusta
22. April 1676
N
C
B
A
Wind
Franzosen - Duquesne
Spanier - de la Cerda - B
Holländer - de Ruyter - A †
den Haen - C

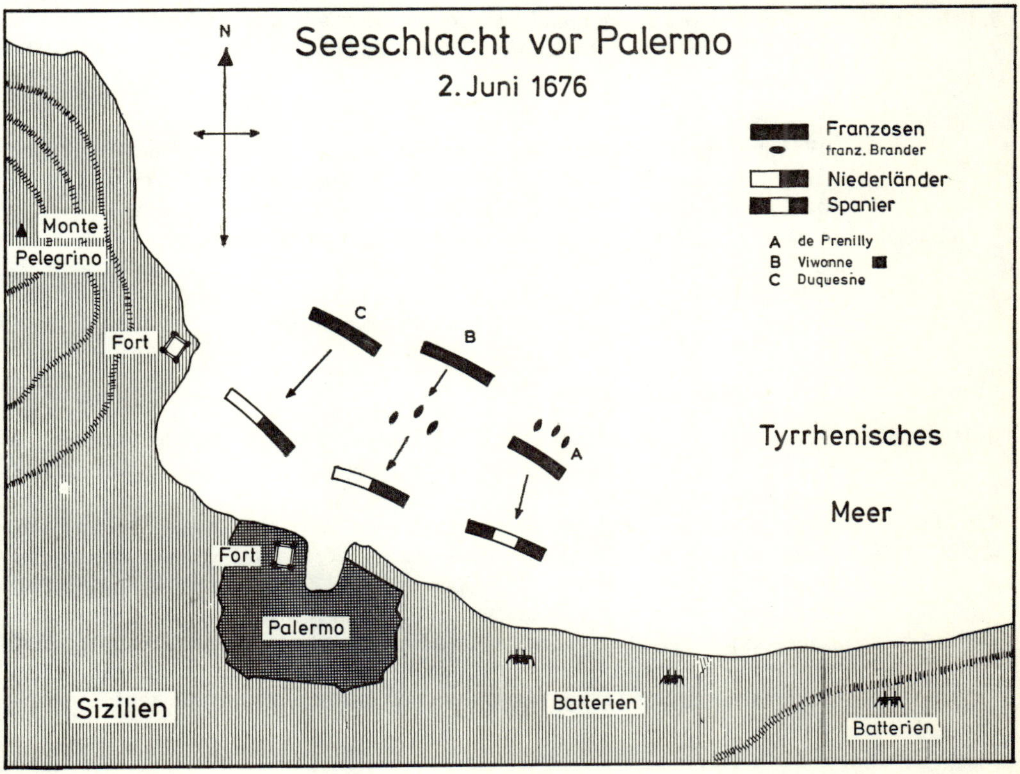
N
Seeschlacht vor Palermo
2. Juni 1676
Franzosen
franz. Brander
Niederländer
Spanier
A de Frenilly
B Viwonne
C Duquesne
Monte Pelegrino
Fort
C
B
A
Tyrrhenisches Meer
Fort
Palermo
Sizilien
Batterien
Batterien

17. März 1678 — **Gefecht westlich Ouessant.** Ein französisches Geschwader von sechs Linienschiffen unter Chateau-Renault trifft auf elf niederländische Linienschiffe unter Cornelis Evertsen III. Nach hartem Kampf müssen die Niederländer mit den größeren Schäden den Kampf abbrechen und segeln weiter nach Cadiz.

Die Kämpfe in Westindien

20. Juli 1674 — Ein niederländisches Geschwader unter Adm. de Ruyter mit 18 Linienschiffen und Fregatten, 24 Transportern und 3400 Mann Landungstruppen versucht die französische Festung Fort Royal auf Martinique zu erobern. Die schwächere französische Besatzung setzt sich so erfolgreich zur Wehr, daß die Niederländer den Angriff abbrechen.

Mai 1676 — KAdm. Jakob Binkes erobert mit einem kleinen holländischen Geschwader die Insel Tobago in Westindien sowie Cayenne in Südamerika.

3. März 1677 — **Gefecht bei Tobago.** VAdm. d'Estrées versucht vergeblich, den Holländern Tobago zu entreißen. In einem heftigen Gefecht mit dem Geschwader von Binkes verliert d'Estrées fünf von zehn Kriegsschiffen, der Holländer drei von sechs.

Dez. 1677 — Mit einem verstärkten Geschwader kann VAdm. d'Estrées Tobago erobern.

11. Mai 1678 — Das französische Geschwader in Westindien unter d'Estrees gerät am Weg nach Curaçao in der Nacht auf eine Reihe von Riffen. Dabei gehen insgesamt zwölf Schiffe, darunter sieben Linienschiffe verloren.

In den Gewässern um Frankreich führen holländische und französische Kaper einen lebhaften Handelskrieg. Besonders erfolgreich sind die Kaperschiffe aus Dünkirchen.

5. Febr. 1679 — Im **Frieden von Nimwegen** kann Holland seinen Besitzstand halten. Während dieses Krieges gelingt es den Engländern, die Niederlande von der ersten Stelle im Welthandel zu verdrängen.

Während der europäischen Seekriege nehmen die Angriffe der Barbaresken auf den Levantehandel solche Formen an, daß sofort nach den Friedensschlüssen ganze Geschwader gegen diese Piraten eingesetzt werden müssen.

März 1676 — Nach einjährigen Kämpfen und Verhandlungen zwingt ein englisches Geschwader den Bey von Tripolis zu einem Friedensschluß und Leistung von Schadensersatz, nachdem es in der Nacht vom 14./15. Januar mit Brandern zwei Fregatten und zwei Briggs im Hafen von Tripolis verbrannt hatte.

1675–79 Der Schonensche Krieg

3. Mai 1676 — Ein dänisches Geschwader unter Niels Juel jagt zwei schwedische Fregatten an die Küste von Schonen, eine kann von der eigenen Besatzung verbrannt werden, die zweite wird erobert.

3. und 4. Juni 1676 — **Treffen bei Jasmund.** Erstes Zusammentreffen der dänisch-holländischen Flotte unter Adm. Niels Juel mit der schwedischen Flotte unter Freiherr Creutz. Die Verbündeten verfügen über 20 Linienschiffe und 7 Fregatten mit 1300 Geschützen, die Schweden über 27 Linienschiffe und 11 Fregatten mit 2200 Geschützen. Der Kampf beginnt am Abend und wird am nächsten Tag bis Mittag fortgesetzt. Beide Flotten beschränken sich auf ein Manövrieren in eine möglichst vorteilhafte Position. Das Treffen endet ohne wesentliche Verluste und ohne Entscheidung.

5. Juni 1676 — Adm. Cornelis Tromp übernimmt den Befehl über die Flotte der Verbündeten.

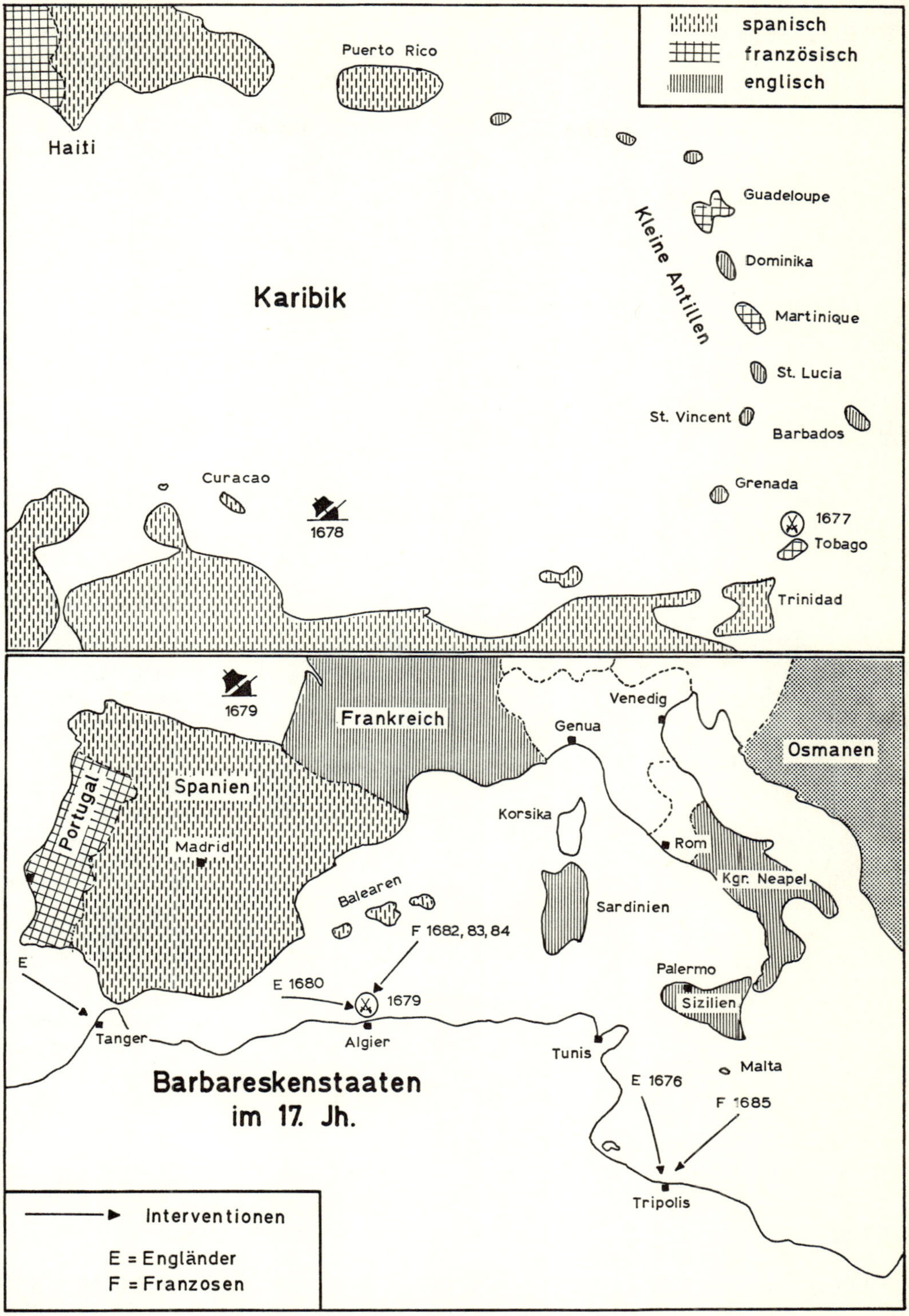
spanisch
französisch
englisch
Puerto Rico
Haiti
Karibik
Kleine Antillen
Guadeloupe
Dominika
Martinique
St. Lucia
St. Vincent
Barbados
Curacao
1678
Grenada
1677
Tobago
Trinidad
1679
Frankreich
Venedig
Genua
Osmanen
Portugal
Spanien
Madrid
Korsika
Rom
Kgr. Neapel
Balearen
Sardinien
F 1682, 83, 84
E
E 1680
1679
Palermo
Sizilien
Tanger
Algier
Tunis
Malta
E 1676
F 1685
Tripolis
Barbareskenstaaten
im 17. Jh.
Interventionen
E = Engländer
F = Franzosen

11. Juni 1676 **Seeschlacht bei Öland.** Die Flotte der Verbündeten zählt 25 Linienschiffe (davon 10 holländische) und 10 Fregatten mit 1700 Geschützen. Die Schweden verfügen über 27 Linienschiffe und 11 Fregatten mit 2200 Geschützen. Adm. Tromp holt die nach Nordost an der Küste von Öland entlangsegelnde schwedische Flotte ein und läuft an der Luvseite zum Liniengefecht auf. Adm. Creutz will mit seiner Vorhut wenden, um die feindliche Spitze zu doublieren. Bei dem herrschenden starken Wind kentert dabei sein Flaggschiff, die »Stora Kronan« (126), das größte Kriegsschiff seiner Zeit, mitten in der Wendung. Das Flaggschiff des 2. Admirals der Schweden verliert im Kampf mit mehreren Gegnern die Masten, wird von einem Brander in Brand gesteckt und fliegt in die Luft. Insgesamt verlieren die Schweden vier Linienschiffe, eines davon wurde geentert, 2000 Mann an Toten und Verwundeten und 600 Gefangene. Auch Admiral Creutz fällt. Die Verbündeten haben nur unbedeutende Verluste.

11. Juni 1677 **Gefecht bei Mön.** Adm. Niels Juel vernichtet mit einem dänischen Geschwader von neun Linienschiffen und zwei Fregatten ein fast gleich starkes schwedisches Geschwader unter Adm. Sjöblad. Die Dänen erobern fünf der sieben schwedischen Schiffe durch Entern.

11. Juli 1677 **Seeschlacht in der Kjögebucht.** Die schwedische Flotte sucht den Kampf um die Seeherrschaft in der Ostsee, bevor ein erwartetes holländisches Geschwader die Dänen neuerlich verstärkt. Die Stärke der Flotten beträgt:

	Schweden	Dänen
Linienschiffe	»Viktoria« (84) Adm. Gen. Horn	»Christianus V.« (84) Adm. Juel
	»Sol« (72) Adm. Clerck	»Anna Sophia« (58) Adm. M. Rodstehn
	»Nyckel« (84) Adm. Wachtmeister	»Tre Kroner« (68) Adm. J. Rodstehn
	»Mars« (72)	»Norske Love« (86)
	»Hieronymus« (72)	»Churprinds« (74)
	»Jupiter« (68)	»Enighed« (62)
	»Merkurius« (66)	»Tre Lover« (58)
	»Saturnus« (64)	»Svan« (58)
	»Drake« (64)	»Gyldenlove« (56)
	»Venus« (64)	»Christianus IV.« (54)
	»Kalmar« (62)	»Christiana« (54)
	»Wrangel« (60)	»Fredericus III.« (52)
	»Cesar« (60)	»Nelleblad« (52)
	»Wismar« (58)	»Lindorm« (50)
	»Flygande Varg« (56)	»Delmenhorst« (50)
	»Herkules« (54)	»Charlotte Amalie« (44)
	»Andromeda« (52)	»Neptunus« (42)
	»Svenska Lejon« (52)	»Christiansand« (40)
	»Gustavus« (48)	»Svenske Falk« (40)
	»Spes« (46)	
	»Riga« (45)	
Fregatten	6	6
Brander	6	3
Geschütze	1700	1270
Besatzung	9000	6500

6 Uhr Bei von Süd auf West drehendem Wind nähern sich die Flotten mit Nordwestkurs der Küste von Seeland.

7 Uhr Ein schwedisches Linienschiff kommt dabei auf einer Untiefe fest. Horn läßt sechs weitere Linienschiffe zu dessen Deckung zurück und geht mit der Flotte

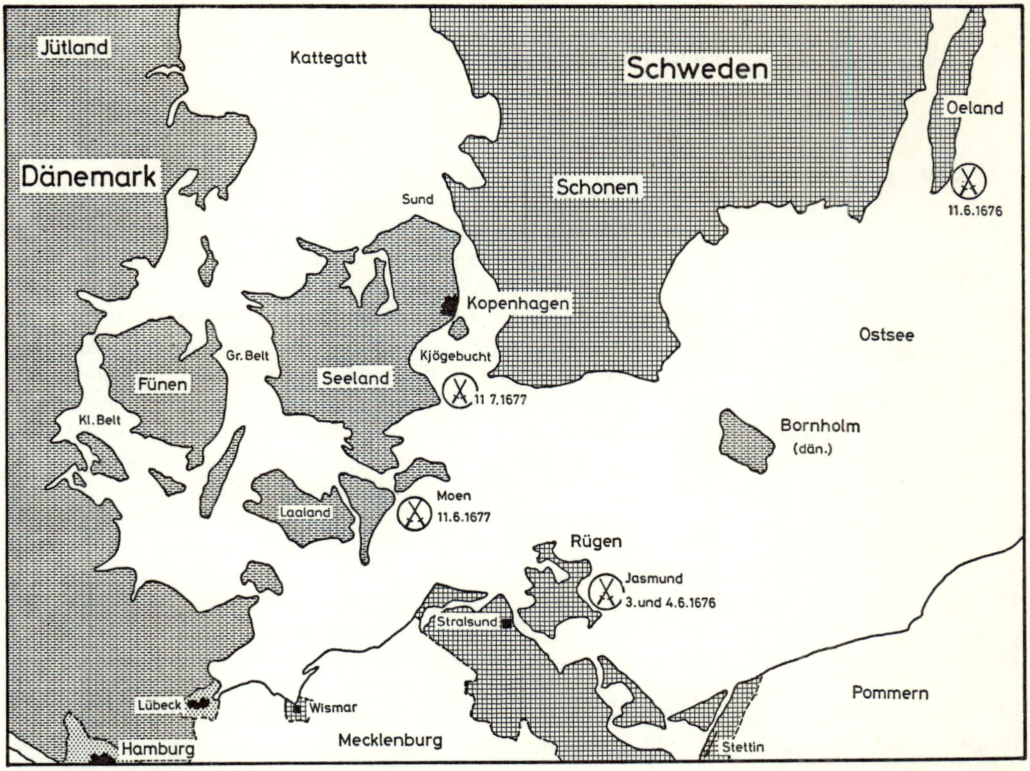
Jütland
Kattegatt
Schweden
Oeland
Dänemark
Sund
Schonen
11.6.1676
Kopenhagen
Ostsee
Gr. Belt
Kjögebucht
Fünen
Seeland
11 7.1677
Kl. Belt
Bornholm
(dän.)
Moen
11.6.1677
Laaland
Rügen
Jasmund
3. und 4.6.1676
Stralsund
Lübeck
Wismar
Pommern
Hamburg
Mecklenburg
Stettin

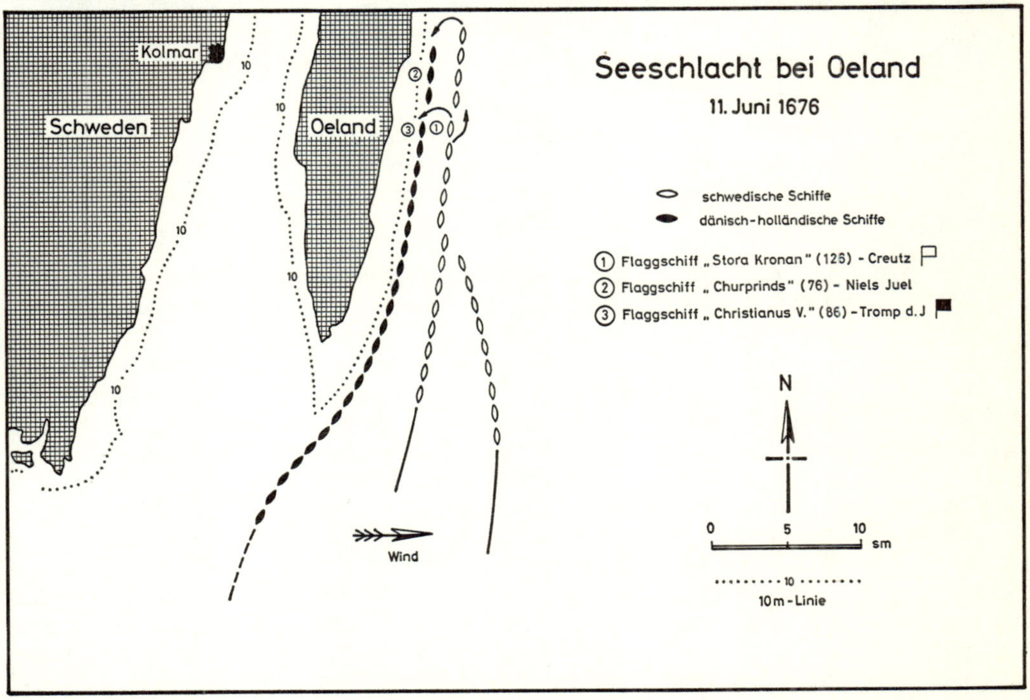
Kolmar
Schweden
Oeland
10
Wind
Seeschlacht bei Oeland
11. Juni 1676
schwedische Schiffe
dänisch-holländische Schiffe
① Flaggschiff „Stora Kronan" (126) - Creutz
② Flaggschiff „Churprinds" (76) - Niels Juel
③ Flaggschiff „Christianus V." (86) - Tromp d. J
N
0 5 10 sm
10
10 m - Linie

auf Südostkurs, um wieder die freie See zu gewinnen. Niels Juel schickt seinerseits sechs Linienschiffe zum Angriff auf die festgekommene »Draken«. Diese und zwei weitere Schiffe müssen sich bald ergeben, die restlichen vier Schiffe können zunächst entkommen. Die sechs dänischen Schiffe folgen darauf ihrem Gros. Dieses führt ein laufendes Gefecht mit den Schweden, deren Linie lang-
11 Uhr sam in Unordnung gerät. In eine Lücke hinter dem schwedischen Zentrum stößt Niels Juel mit seiner Flotte hinein und trennt damit die schwedische Nachhut von
15 Uhr ihrer Hauptmacht. Als auch die sechs nachfolgenden dänischen Linienschiffe eintreffen und die schwedische Nachhut von der zweiten Seite unter Feuer neh-
20 Uhr men, wendet sich die schwedische Flotte allmählich zur Flucht. In regellosem Kampf Schiff gegen Schiff werden die Schweden bis zur Dunkelheit verfolgt. An den beiden folgenden Tagen werden auch die vier am Vormittag entkommenen Linienschiffe der Schweden teils genommen, teils versenkt. Die Schweden verlieren insgesamt: 8 Linienschiffe (davon 7 erobert) und 3 Brander, 2 Admirale und 3000 Mann werden gefangen, rund 1500 Mann sind tot oder verwundet. Die Dänen haben nur 4 Schiffe ernstlich beschädigt und verlieren 350 Mann.

Die dänische Flotte beherrscht die westliche Ostsee bis zum Kriegsschluß. Niels Juels Führung der Flotte erinnert an die taktische Meisterschaft eines de Ruyter.

Ein dänisches Geschwader unter Niels Juel beschießt den Hafen von Västervik und vernichtet zwei dort liegende Kriegsschiffe.

11. Sept. 1677 Eine dänische Landungsflotte unter Adm. Tromp und König Christian V. erobert mit brandenburgischen Truppen die Insel Rügen.

18. Sept. 1677 In diesem Jahr ist auch die kleine brandenburgische Flotte unter Klaus von Bevern besonders aktiv und beteiligt sich vor allem an der Belagerung von Stettin.

12. und 13. Sept. 1678 Die Dänen unter Niels Juel und König Christian V. und die Brandenburger unter Adm. Tromp und Kurfürst Friedrich Wilhelm landen auf der von den Schweden zurückeroberten Insel Rügen und erobern sie in wenigen Tagen erneut.

6. Juli 1679 Vor Kalmar erobert die dänische Flotte unter Niels Juel ein schwedisches Linienschiff, einen Monat später wird ein zweites gestellt und nach Kampf in Brand geschossen.

1679 Nach dem **Frieden von Nimwegen** wird auch zwischen den nordischen Staaten Frieden geschlossen (Friede von Lund), wobei jedes Land seinen Besitzstand wahrt. Die Erfolge der dänischen Flotte werden durch die Niederlagen des dänischen Heeres in Schonen aufgewogen.

1679 In der Biskaya gerät ein französisches Geschwader von vier Linienschiffen unter Tourville in einen Sturm. Zwei Schiffe sinken mit großen Menschenverlusten, die beiden anderen können sich nur mit Mühe retten.

Nov. 1679 In einem kurzen Gefecht erobert das englische Mittelmeergeschwader fast die ganze Flotte des Bey von Algier. Im folgenden April vernichten zwei englische Linienschiffe ein algerisches Geschwader von drei Schiffen. Nach mehreren weiteren Gefechten schließt der Bey von Algier einen formellen Frieden mit England. Diese Friedensschlüsse halten jedoch nie lange an.

1680–1688 Auch die Franzosen sind wiederholt gezwungen, gegen die Barbaresken in Nordafrika vorzugehen. Im Juni 1681 vernichtet Duquesne in der Ägäis ein Geschwader des Bey von Tunis. In den Jahren 1682 und 1683 beschießt Duquesne mehrmals Algier, 1684 zwingt schließlich Tourville Algier zum Abschluß eines Friedensvertrages. Im Jahr 1685 beschießt d'Estrées d. J. Tripolis. Bis zum Beginn des Pfälzischen Erbfolgekrieges ist die französische Flotte fast ständig gegen die Barbaresken eingesetzt.

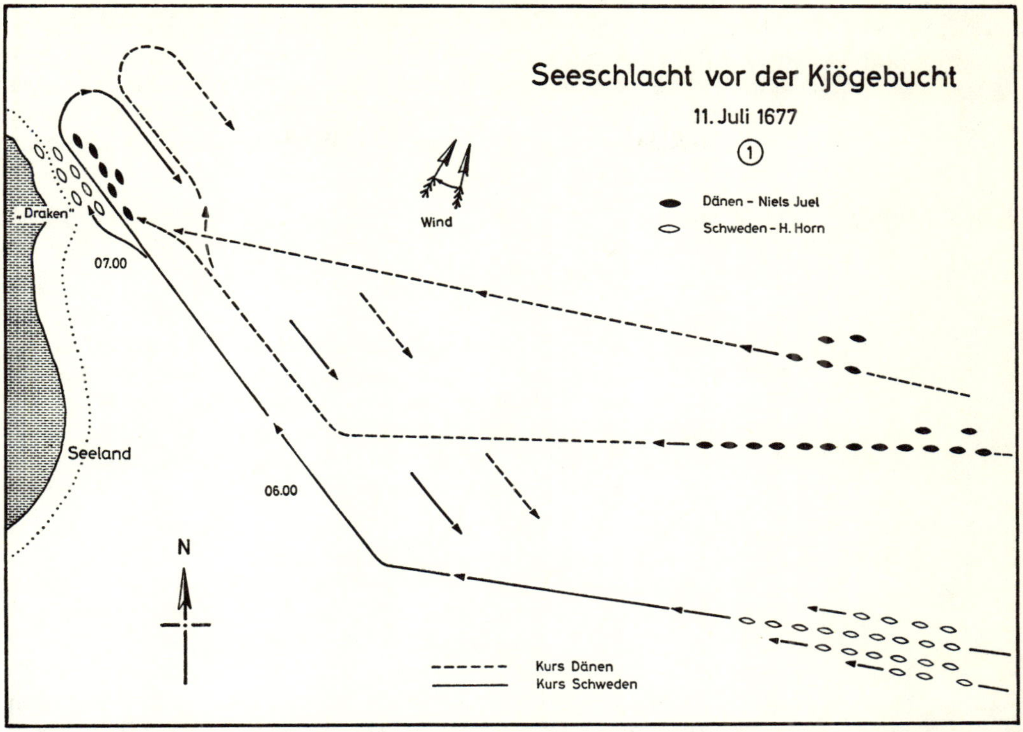
Seeschlacht vor der Kjögebucht
11. Juli 1677
①
Dänen - Niels Juel
Schweden - H. Horn
„Draken"
07.00
Wind
Seeland
06.00
N
Kurs Dänen
Kurs Schweden

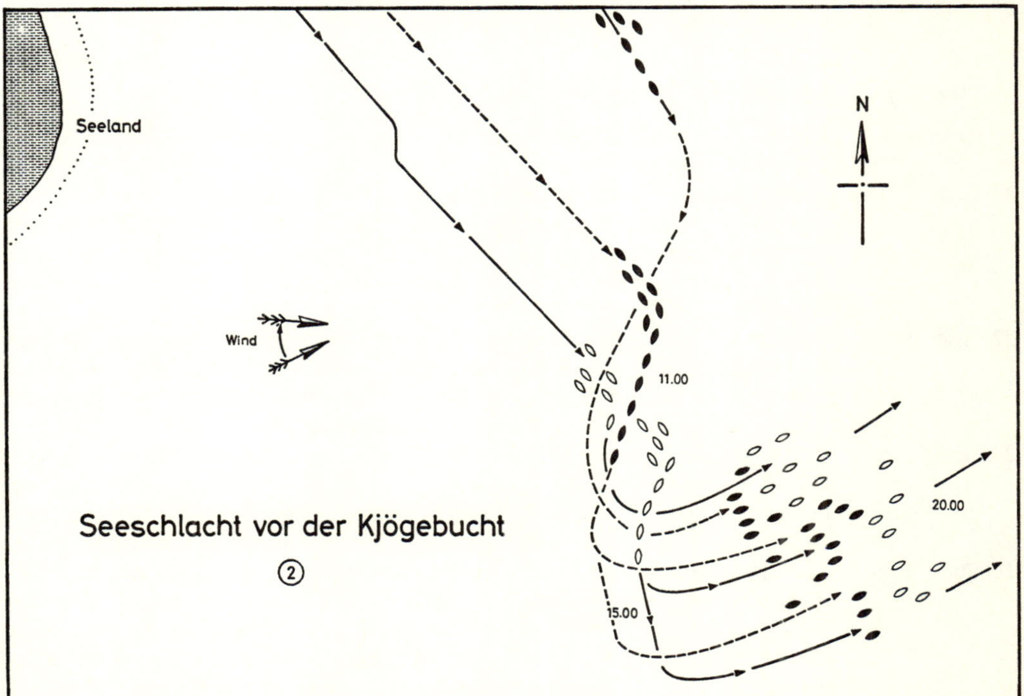
Seeland
N
Wind
11.00
20.00
15.00
Seeschlacht vor der Kjögebucht
②

30. Sept. 1681 **Gefecht bei Kap St. Vincent.** Wegen offener Geldforderungen an Spanien versucht ein kurbrandenburgisches Geschwader von einigen Fregatten das spanische Geleit mit Silberschiffen aus Westindien abzufangen. Es trifft jedoch ein spanisches Geschwader von zwölf Schiffen und zwei Brandern, dem es sich nach zwei Stunden Kampf ohne große Verluste entziehen kann. Die Silberflotte erreicht mittlerweile Cadiz.

1682–1684 Der Gouverneur von Niederländisch Ostindien, Cornelis Speelman, bringt fast ganz Java unter seine Kontrolle und vertreibt die englische Ostindische Kompanie aus ihrem Stützpunkt Bantam.

1683 **China erobert Formosa.** Nachdem sich die Mandschu-Kaiser in den Besitz von ganz China gesetzt hatten, bereiten sie die Eroberung von Formosa, wohin sich die Privatarmee des Piratenführers Koxinga 1661 zurückgezogen hatte, sorgfältig vor. Zunächst werden die Pescadores-Inseln besetzt, dann die Flotte von Formosa in einem Seegefecht ausgeschaltet und mit Landungsoperationen an der Westküste begonnen. Als die Lage für Formosa unhaltbar erscheint, übergeben die Nachfolger Koxingas die Insel an die Chinesen.

Nov. 1683 Auf der Heimfahrt vom Kattegat verliert ein niederländisches Geschwader in der Nordsee durch schwere Stürme acht Linienschiffe.

Mai 1684 **Beschießung von Genua.** Wegen der Hilfe für Spanien im letzten Krieg beschießt die franz. Flotte von 14 Linienschiffen, 20 Galeeren, Bombenfahrzeugen und 100 Hilfsschiffen unter Duquesne und Tourville die Stadt Genua.

1688 Die **»Glorious Revolution«** in England. Aus religiösen Gründen ruft das englische Parlament Wilhelm III. von Oranien ins Land. Dieser landet kampflos in England und besteigt 1689 mit seiner Gattin Maria (Tochter Jakobs II.) den englischen Thron.

1688–1697 Der Pfälzische Erbfolgekrieg

März 1689 Ein französisches Geschwader landet den aus England vertriebenen Jakob II. mit 8000 Mann in Irland.

11. Mai 1689 **Treffen vor der Bantry Bay.** Ein englisches Geschwader von 18 Linienschiffen unter Adm. Herbert versucht eine weitere französische Landungsflotte vor der irischen Küste anzugreifen. Das Deckungsgeschwader von 24 Linienschiffen unter Chateau-Renault weist die Engländer in einem laufenden Gefecht ab. Beide Seiten verlieren je ein Schiff.

22. Mai 1689 Bei den Kanalinseln erobert das englische Linienschiff »Nonsuch« (42) zwei französische Geleitfahrzeuge eines Konvois, wobei deren Kapitäne, Jean Bart und Forbin, gefangen werden. Beide können kurz darauf aus Portsmouth wieder fliehen und werden zwei der berühmtesten Kaperführer.

Sommer 1689 Jakob II. kann fast ganz Irland erobern. Ein englisches Geschwader unter Kpt. Rooke beherrscht aber die Irische See und verhindert vor allem die Einnahme des wichtigen Londonderry. Schließlich landet Wilhelm III. in der Nähe von Belfast und erobert in wenig mehr als einem Monat ganz Irland zurück.

10. Juli 1690 **Seeschlacht bei Beachy Head.** Die Franzosen vereinigen in Brest ihre Atlantik- und Mittelmeergeschwader, um die Seeherrschaft im Kanal zu erringen. VAdm. Graf Tourville, der Befehlshaber der französischen Flotte, greift die Verbündeten an der Südküste Englands an. Auf ausdrücklichen Befehl der englischen Regierung nimmt Adm. Herbert mit seiner im Augenblick schwächeren Flotte die Schlacht an.

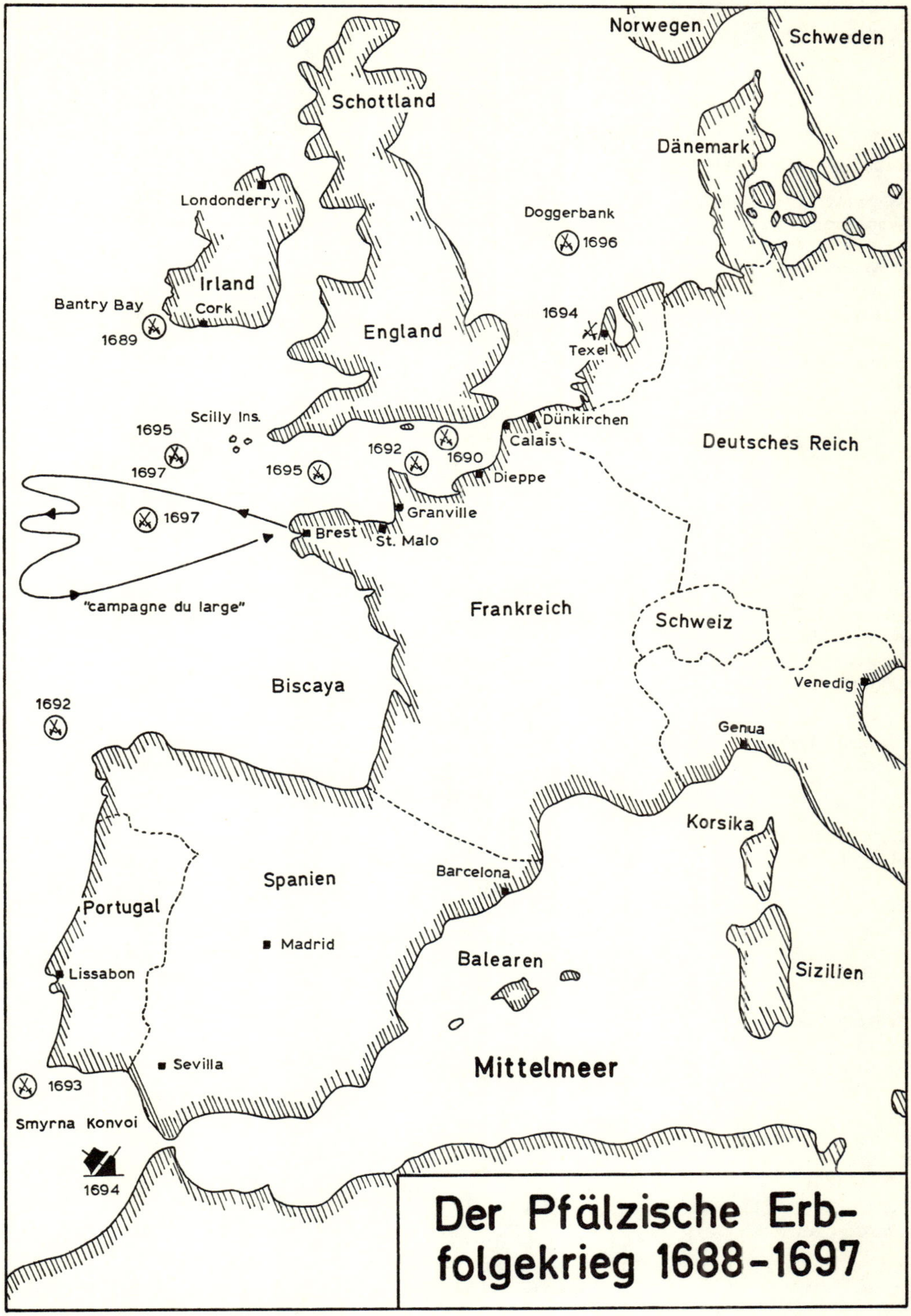

Der Pfälzische Erbfolgekrieg 1688-1697

Die Stärke der Flotten beträgt:

Verbündete

57 Linienschiffe (22 nld.)

Vorhut (Niederländer)

»Wapen van Utrecht« (64)
»Wapen van Alkmaar« (50)
»Tholen« (60)
»West Vriesland« (82)
»Prinses Maria« (92)
»Castricum« (50)
»Agatha« (50)
»Stad en Landen« (52)
»Maagd van Enkhuizen« (72)
»Noord Holland« (46)
»Maagd van Dordrecht« (68)
»Hollandia« (74) C. Evertsen
»Veluwe« (68)
»Provincie van Utrecht« (50)
»Maze« (64)
»Vriesland« (64)
»Elswout« (50)
»Reijgersberge« (74)
»Gehroonde Burg« (62)
»Noord Holland« II (72)
»Veere« (60)
»Cortienne« (50)

Mitte (Engländer)
»Plymouth« (60)
»Deptford« (50)
»Elizabeth« (70)
»Sandwich« (90)
»Expedition« (70)
»Warspite« (70)
»Woolwich« (54)
»Lion« (60)
»Rupert« (66)
»Albemarle« (90)
»Grafton« (70)
»Royal Sovereign« (100) Herbert
»Windsor Castle« (90)
»Lenox« (70)
»Stirling Castle« (70)
»York« (60)
»Suffolk« (70)
»Hampton Court« (70)
»Duchess« (90)
»Hope« (70)
»Restoration« (70)
»Constant Warwick« (36)

Nachhut (Engländer)
»Anne« (70)
»Bonaventure« (48)
»Edgar« (64)
»Exeter« (70)
»Breda« (70)
»St. Andrew« (96)
»Coronation« (90) Delaval
»Royal Katherine« (82)
»Cambridge« (70)
»Berwick« (70)
»Swallow« (48)
»Defiance« (64)
»Captain« (70)

20 Feuerschiffe
3700 Geschütze
23 000 Mann Bes.

Franzosen:

70 Linienschiffe

Vorhut

»Fier« (68)
»Fort« (52)
»Maure« (52)
»Eclatant« (64)
»Conquérant« (70)
»Courtisan« (62)
»Indien« (50)
»Trident« (52)
»Hardi« (58)
»Saint-Louis« (56)
»Excellent« (56)
»Pompeux« (74)
»Dauphin Royal« (110)
Chateaû-Renault
»Ardent« (62)
»Bon« (52)
»Fendant« (52)
»Courageux« (60)
»Couronne« (58)
»Ferme« (54)
»Téméraire« (52)
»Solide« (48)
»Eole« (50)

Mitte

»Brusque« (50)
»Arrogant« (54)
»Arc-en-Ciel« (44)

Franzosen

»Henri« (62)
»Souverain« (80)
»Brillant« (66)
»Neptune« (46)
»Sans Pareil« (58)
»Fidele« (46)
»Diamant« (56)
»Sérieux« (56)
»Tonnant« (70)
»Soleil Royal« (98) Tourville
»Saint-Philippe« (80)
»Marquis« (80)
»Furiaux« (60)
»Fortuné« (58)
»Apollon« (56)
»Saint-Michel« (54)
»Entrepenant« (56)
»Magnifique« (76)
»Content« (56)
»Vermondois« (58)
»Cheval Marin« (40)
»Fougueux« (58)

Nachhut
»Comte« (40)
»Vigilante« (52)
»Parfait« (62)
»Triomphant« (70)
»Bourbon« (62)
»Vaillant« (48)
»Duc« (48)
»Capable« (54)
»Brave« (54)
»Francois« (46)
»Agréable« (58)
»Florissant« (80)
»Grand« (80) d'Estrées d. J.
»Belliqueux« (74)
»Prince« (56)
»Prudent« (52)
»Modéré« (50)
»Fleuron« (54)
»Aimable« (70)
»Intrépide« (80)
»Glorieux« (60)
»Illustre« (56)
»Terrible« (74)

3 Fregatten
18 Feuerschiffe
4400 Geschütze
28 000 Mann Bes.

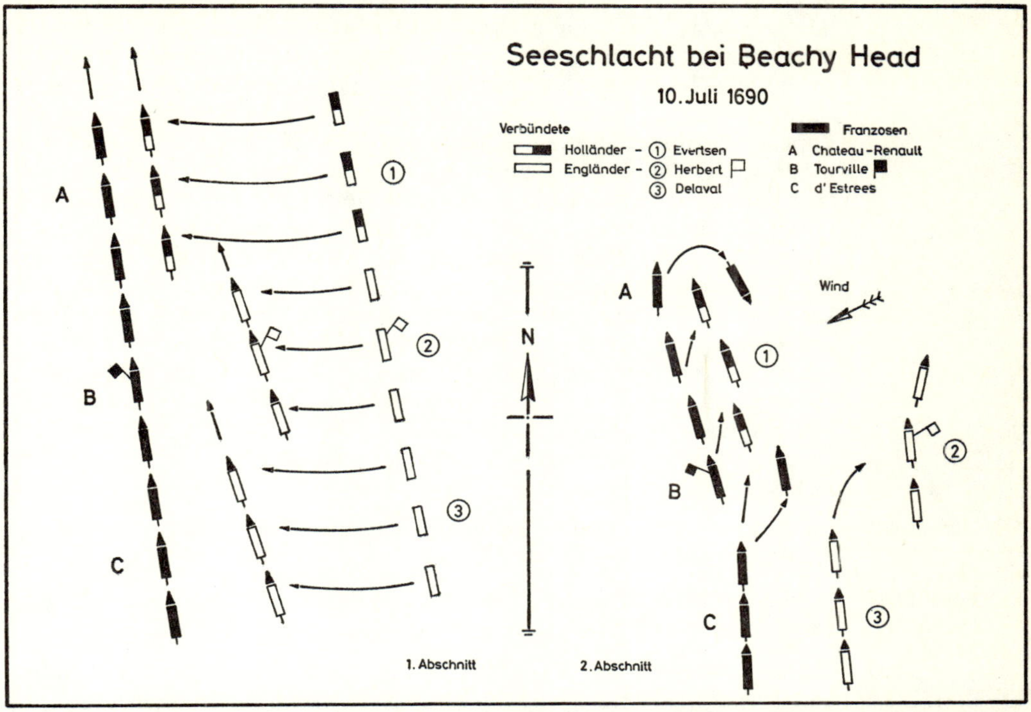
Seeschlacht bei Beachy Head
10. Juli 1690
Verbündete
Holländer - ① Evertsen
Engländer - ② Herbert
③ Delaval
Franzosen
A Chateau-Renault
B Tourville
C d'Estrees
A
B
C
①
②
③
N
Wind
1. Abschnitt
2. Abschnitt

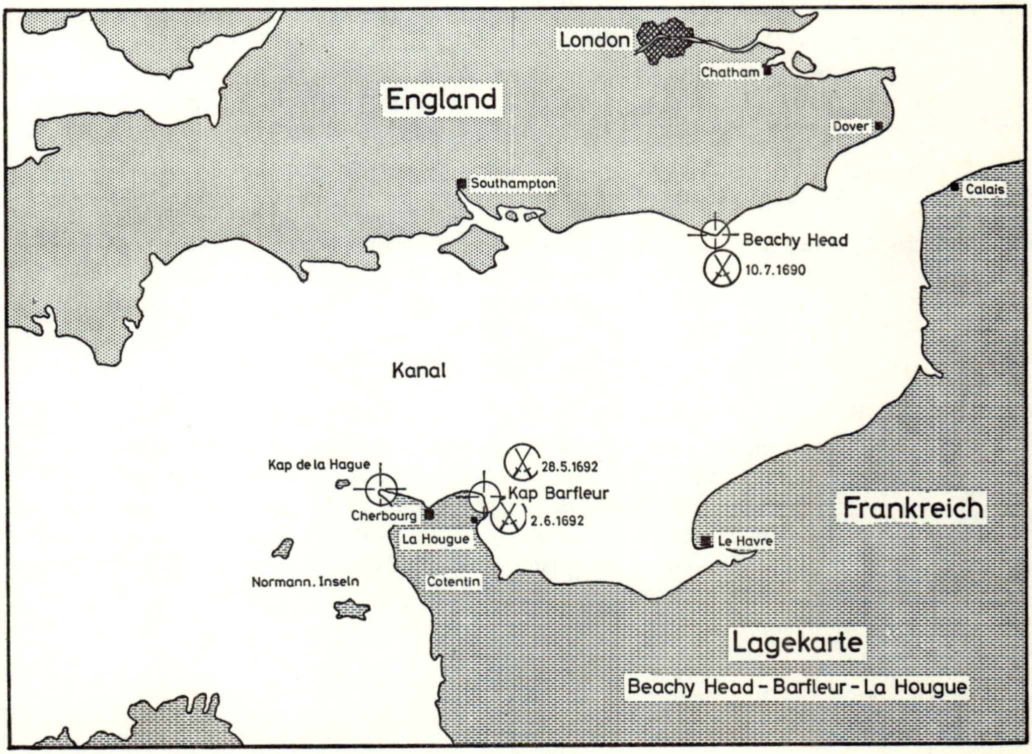
London
Chatham
England
Dover
Calais
Southampton
Beachy Head
10.7.1690
Kanal
Kap de la Hague
28.5.1692
Kap Barfleur
Cherbourg
2.6.1692
La Hougue
Le Havre
Frankreich
Normann. Inseln
Cotentin
Lagekarte
Beachy Head - Barfleur - La Hougue

Südlich Beachy Head erwartet Tourville die von Osten heransegelnde Flotte der Verbündeten. Herbert manövriert von der Luvseite auf die französische Flotte zu und geht Geschwader für Geschwader auf parallelen Kurs. Die holländische Vorhut nimmt auf nächste Distanz den Kampf auf, auch die Nachhut geht auf Kanonenschußweite an den Gegner heran, das englische Zentrum dreht aber außer Reichweite bei und nimmt den Kampf nicht an. Darauf greift Tourville auch mit seinem Zentrum das holländische Geschwader an und nimmt es von zwei Seiten unter Feuer. Herbert kommt seinen Verbündeten nicht zu Hilfe. Evertsen kann sein Geschwader nur mit Mühe aus der Umklammerung befreien. Trotzdem ist es fürchterlich zusammengeschossen. Nur drei Schiffe sind noch kampffähig. Die Flotte der Verbündeten beginnt sich zurückzuziehen. Die Franzosen nehmen die Verfolgung nur zögernd auf. Trotzdem müssen vom holländischen Geschwader mehrere manövrierunfähige Linienschiffe versenkt oder auf Grund gesetzt werden. Insgesamt verlieren die Holländer rund 10 Linienschiffe, bei energischer Verfolgung durch Tourville wäre wohl das ganze Geschwader verloren gewesen. Die Franzosen nutzen die im Kanal gewonnene Seeherrschaft nicht aus.

22. Okt. 1690 Im Hafen von Cork, Irland fliegt das Linienschiff »Breda« (E, 70) mit fast der ganzen Besatzung in die Luft.

Febr. 1691 Zwei englische Linienschiffe treiben bei Kap Barfleur drei französische Geleitfregatten auf den Strand und erobern aus dem Konvoi 14 von 22 Schiffen.

1691 In diesem Jahr soll Adm. Tourville nach Möglichkeit eine Seeschlacht vermeiden und sich auf Handelskrieg und Küstenschutz beschränken. Er löst diese Aufgabe, indem er in einer wochenlangen Hochsee-Kreuzfahrt (»Campagne du Large«) die Flotte der Verbündeten unter Adm. Russell hinter sich herzieht, ohne sich zum Kampf stellen zu lassen. In der Zwischenzeit greifen die französischen Kaperschiffe mit doppeltem Eifer den Handel der Verbündeten an. Das Abfangen eines erwarteten großen Smyrna-Geleites gelingt Tourville allerdings nicht.

22. Juli 1691 Das französische Westindiengeschwader kann nach Kampf zwei starke englische Fregatten erobern.

März 1692 **Gefecht in der Karibik.** Com. Wrenn (E) trifft mit seinen fünf Linienschiffen und zwei bewaffneten Handelsschiffen und einem Konvoi auf dem Weg nach Jamaika auf das französische Westindiengeschwader von 25 Schiffen, darunter 18 mit über 40 Kanonen. Nach zweitägigem Kampf kann Wrenn seine Schiffe zurück nach Barbados in Sicherheit bringen.

Anf. 1692 Ludwig XIV. zieht auf der Halbinsel von Cotentin ein Heer von 30 000 Mann zusammen. Mit diesem soll in England gelandet und Jakob II. wieder auf seinen Thron gesetzt werden. Tourville soll dazu wieder die Seeherrschaft im Kanal erringen. Zum Übersetzen der Truppen werden 500 Transportschiffe zusammengezogen. Das Mittelmeergeschwader, das die Atlantikflotte verstärken soll, verspätet sich. Tourville muß daher den Kampf mit dem Brestgeschwader allein wagen. Mitte Mai vereinigen sich die englischen und holländischen Geschwader bei Hastings.

Seeschlacht bei Kap Barfleur

29. Mai 1692

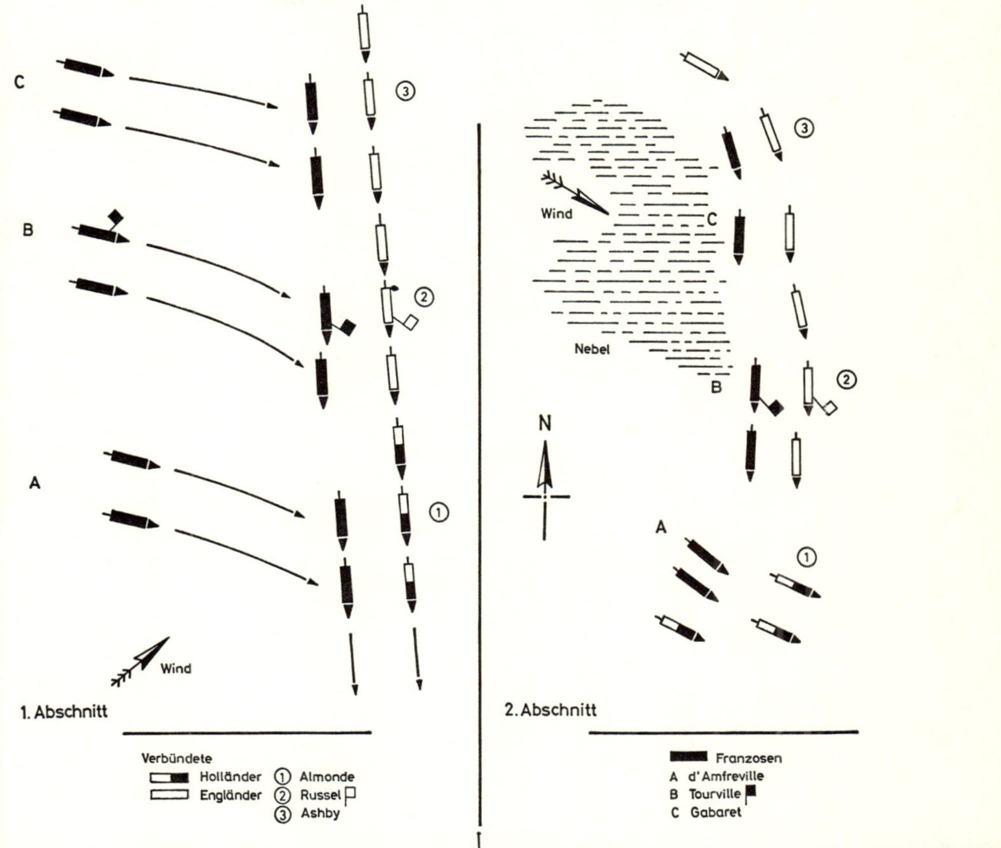

Französischer Dreidecker um 1690

28. Mai bis 2. Juni 1692 **Seeschlacht bei Kap Barfleur und La Hougue**

Die Stärke der beiden Flotten beträgt:

	Verbündete	Franzosen
Linienschiffe	98 (36 ndl.)	45
Fregatten und Brander	37	13
Geschütze	6750	3240
Besatzung	39000	21000

Die Führer der einzelnen Geschwader sind:

	Vorhut	Zentrum	Nachhut
Verbündete	Almonde (H)	Russell (E)	Ashby (E)
Franzosen	d'Amfreville	Tourville	de Garbaret

29. Mai 10 Uhr — Die Flotten treffen bei schwachem Südwestwind bei der Halbinsel Cotentin aufeinander. Seiner strikten Order gemäß greift Tourville seinen doppelt so starken Gegner sofort an. Von der Luvseite legt sich die französische Flotte Geschwader für Geschwader dem Gegner gegenüber. Um ein Umfassen an den Flügeln zu verhindern, wird die französische Linie fast auf die gleiche Länge der Schlachtlinie der Verbündeten auseinandergezogen. In dem beginnenden Kampf schlagen sich die Franzosen hervorragend. Die Verbündeten können zunächst keinen Vorteil erringen. D'Amfreville hält die holländische Vorhut fest. Tourville legt seine »Soleil Royal« (110) Russells »Britannia« gegenüber und überschüttet sie mit einem Kugelhagel. Dem englischen Flaggschiff kommen seine beiden Nach-

14 Uhr — barschiffe zu Hilfe, so daß die »Soleil« mit drei Gegnern zu kämpfen hat. Die Schlachtlinien der beiden Zentren und der Nachhuten lösen sich schließlich in

15 Uhr — einem Kampf Schiff gegen Schiff auf. Die »Soleil« weist noch den Angriff von fünf Brandern ab. Allmählich fällt dichter Nebel ein, worauf das Geschützfeuer fast ganz verstummt.

20 Uhr — Sobald sich der Nebel zu lichten beginnt, kann Tourville sich bei leicht auffrischendem Wind vom Gegner lösen. Bis zu diesem Zeitpunkt hat sich die französische Flotte glänzend gehalten, nur die »Soleil« ist schwer beschädigt und fast manövrierunfähig.

30. Mai 7 Uhr — Tourville kann noch 35 Schiffe versammeln, der Rest ist versprengt und erreicht unabhängig Brest.

8 Uhr — Russell sichtet die Franzosen und befiehlt allgemeine Jagd. Bei zeitweiser Windstille kommen die Flotten nur langsam voran. Tourville muß das Flaggschiff wechseln.

ab 23 Uhr — In der Nacht gelingt 20 französischen Schiffen die schwierige Durchfahrt zwischen der Halbinsel Cotentin und den normannischen Inseln.

31. Mai früh — Die »Soleil Royal« kommt mit zwei weiteren Linienschiffen bei Cherbourg fest. Mit den restlichen 12 Schiffen geht Tourville nach dem nahen La Hougue, wo die Linienschiffe möglichst hoch am Strand aufgelegt werden.

2. Juni — Die drei Schiffe bei Cherbourg werden durch einen englischen Branderangriff vernichtet.

18 Uhr — VAdm. Rooke (E) führt einen nächtlichen Bootsangriff gegen die Franzosen bei La Hougue, erobert und verbrennt sämtliche dort liegenden Linienschiffe unter den Augen des bei der Armee auf Cotentin anwesenden Jakob II. Die Franzosen verlieren in dieser Schlacht 15 Linienschiffe. Durch die Niederlage unter den Augen eines Landheeres erhält ihr Offensivgeist einen schweren Schlag.

Aug. 1692 — Drei französische Linienschiffe zersprengen einen niederländischen Geleitzug und erobern die beiden begleitenden Linienschiffe.

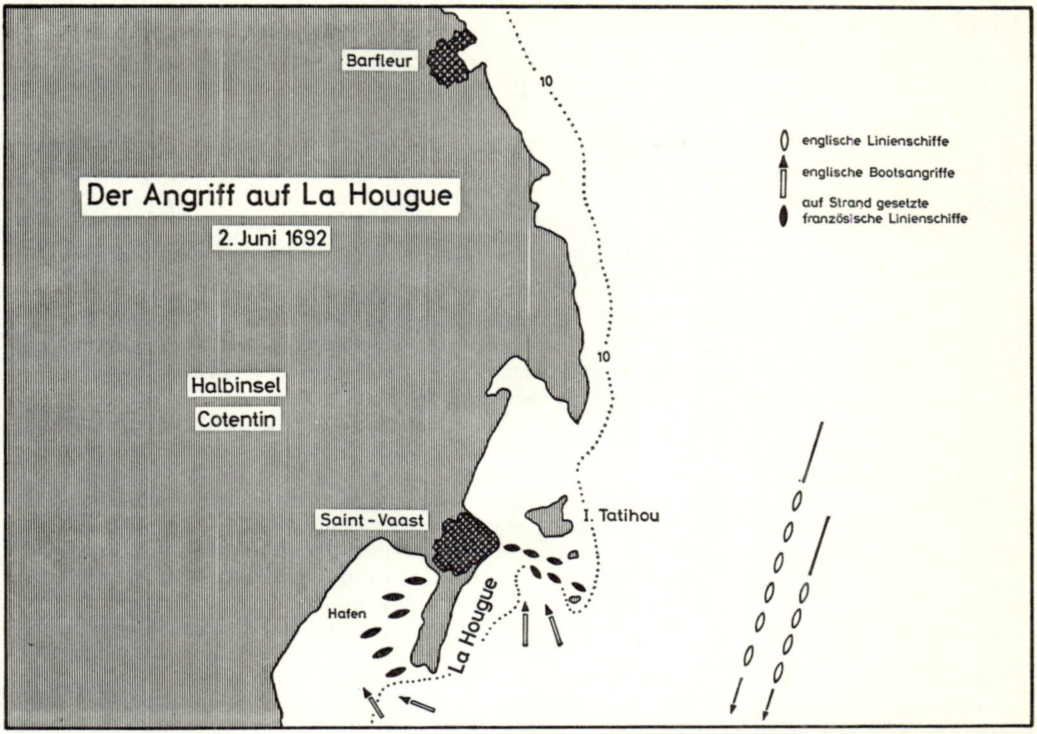
Der Angriff auf La Hougue
2. Juni 1692
Barfleur
10
englische Linienschiffe
englische Bootsangriffe
auf Strand gesetzte französische Linienschiffe
Halbinsel
Cotentin
Saint-Vaast
I. Tatihou
Hafen
La Hougue

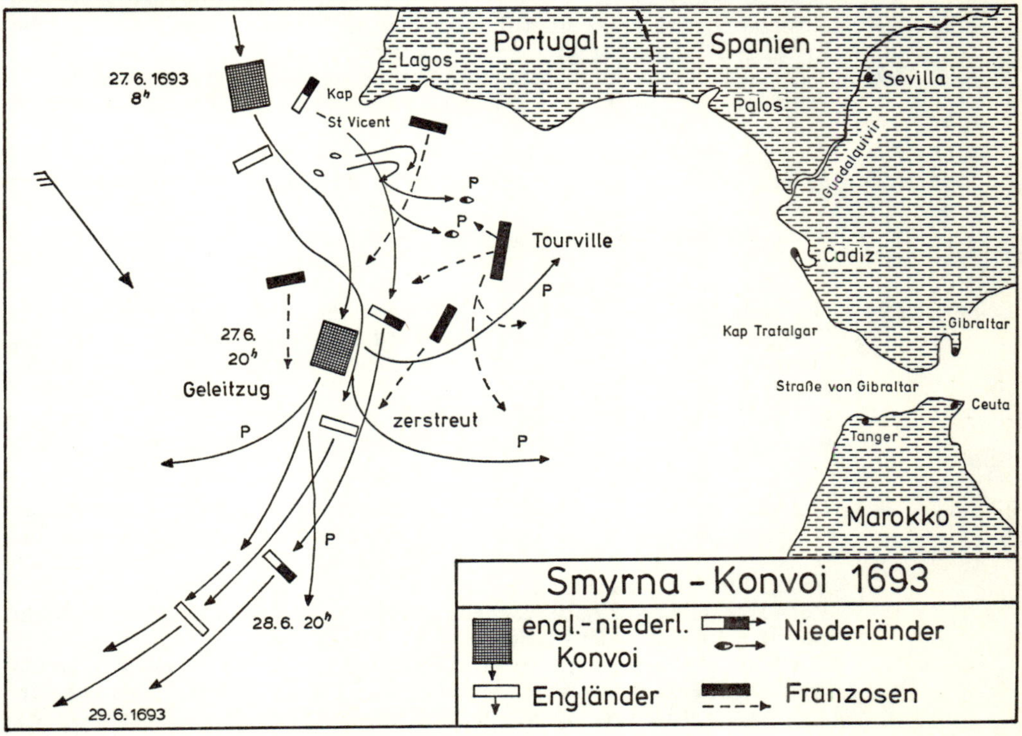
Portugal
Spanien
Lagos
Sevilla
Kap
St Vicent
Palos
Guadalquivir
27. 6. 1693
8h
Tourville
Cadiz
27. 6.
20h
Geleitzug
zerstreut
Kap Trafalgar
Gibraltar
Straße von Gibraltar
Ceuta
Tanger
Marokko
28. 6. 20h
29. 6. 1693
Smyrna-Konvoi 1693
engl.-niederl. Konvoi
Niederländer
Engländer
Franzosen

5. Aug. 1692	**Gefecht bei Finisterre.** Drei französische Linienschiffe treffen auf vier spanische, erobern eines und schlagen die restlichen in die Flucht.
Nov. 1692	Jean Bart erobert mit drei Fregatten aus einem niederländischen Ostseegeleit 20 Handelsschiffe und eines der Geleitfahrzeuge.
27. und 29. Juni 1693	Vor Kap St. Vincent greift Tourville mit der französischen Flotte einen **Smyrna-Konvoi** der Verbündeten von fast 150 Schiffen, welcher von 15 Linienschiffen und 12 Fregatten unter VAdm. Rooke gedeckt wird, an. Er erobert und vernichtet rund 100 Handelsschiffe und zwei Linienschiffe der Deckungsstreitkräfte. Nach dieser Katastrophe läßt England zum Schutz der Mittelmeergeleite erstmals ein Geschwader in Cadiz überwintern.
16. bis 19. Nov. 1693	**Angriff auf St. Malo.** Ein englisches Geschwader von kleinen Kriegsschiffen und Mörserbooten beschießt den Stützpunkt der französischen Handelskreuzer. Am letzten Tag wird ein mit Explosivstoffen gefülltes Schiff in Brand gesetzt, das eine große Zahl Häuser und einige Befestigungen zerstört.
Febr. 1694	Vor der Straße von Gibraltar verlieren die Engländer in einem schweren Sturm sechs Kriegsschiffe, darunter die Linienschiffe »Sussex« (80) und »Cambridge« (70) und eine Anzahl Handelsschiffe.
Febr. und Juni 1694	Jean Bart geleitet große Getreideflotten von der Ostsee nach Dünkirchen und rettet dadurch Frankreich vor einer Hungersnot. Der Kaperkrieg aus den französischen Häfen, besonders Dünkirchen, blüht während des ganzen Krieges, vor allem seit 1693. Im ganzen werden 4000 Prisen eingebracht. Trotzdem ist der Welthandel der Seemächte einträglich genug, um den Krieg zu finanzieren. Die Blockade der Küsten Frankreichs ruiniert jedoch den Handel des Landes vollständig.
Mai 1694	Ein englisches Geschwader von zwei Linienschiffen und einem Brander unter Kpt. Pickard vernichtet an der Küste der Biskaya rund 40 Handelsschiffe und mehrere Kriegsschiffe.
Mai 1694	Aus einem stark gesicherten französischen Geleitzug erobern fünf englische Kriegsschiffe, darunter ein Linienschiff, zehn Handelsschiffe mit Getreide.
22. Mai 1694	Sechs englische Schiffe erobern einen französischen Kaperkreuzer. Dessen Kapitän, Duguay-Trouin, kann jedoch bald aus seinem Gefängnis in Portsmouth entfliehen.
Juni 1694– Sept. 1695	Die englische Hauptflotte unter Russell geht in das Mittelmeer. Verstärkt durch niederländische und spanische Linienschiffe vertreibt sie die Franzosen von der Küste Kataloniens und schützt den Mittelmeerhandel. Die Engländer überwintern in Cadiz und decken auch im folgenden Jahr die spanische Ostküste.
27. Juni 1694	Zwei englische Linienschiffe zwingen nach sechsstündigem Kampf ein französisches Linienschiff zur Übergabe.
Sommer 1694	Das englische Kanalgeschwader greift französische Häfen mit unterschiedlichem Erfolg an. Der Angriff im Juni auf Brest bleibt ohne Wirkung, im Juli wird Dieppe in Brand geschossen, im selben Monat wird auch Le Havre schwer getroffen. Wenig Erfolg bringen die Angriffe auf Dünkirchen und Calais im September. Hinter den Erwartungen bleibt die Wirkung der bei diesen Gelegenheiten eingesetzten »Infernal Machines«, mit Explosivstoffen geladene Feuerschiffe.
29. Juni 1694	**Gefecht vor Texel.** Die Niederländer versuchen einen eroberten französischen Geleitzug einzubringen. Jean Bart greift mit sechs Schiffen die acht Geleitfahrzeuge an, erobert drei davon, schlägt die übrigen in die Flucht und bringt die befreiten 130 Handelsschiffe in Sicherheit.
	Vor Pantelleria erobern sechs englische Schiffe nach hartnäckiger Gegenwehr zwei französische Linienschiffe.
	Der französische Handelskreuzer »Francois« (48) unter Kpt. Duguay-Trouin greift einen kleinen englischen Geleitzug westlich der Scilly-Inseln an und erobert nach heftigem Kampf neben zwei kleineren Schiffen die »Nonsuch« (48).

April 1695 Im westlichen Kanal kämpfen fünf französische Schiffe, darunter Duguay-Trouins »Francois«, eines von zwei englischen Linienschiffen nieder und erobern drei reiche Ostindienfahrer.

Sommer 1695 Auch in diesem Jahr beschießt das Kanalgeschwader der Verbündeten unter Lord Berkeley (E) und van Almonde (H) französische Kanalhäfen. Im Juli St. Malo und Granville, im August Dünkirchen und Calais. Der Erfolg ist mäßig.

Juni 1696 Vor der Doggerbank vernichtet Jean Bart mit sieben Schiffen die fünf Begleitfahrzeuge sowie 25 Handelsschiffe aus einem niederländischen Geleit.

Dez. 1696 Die »Weymouth« (E, 48) unter dem schon mehrfach erfolgreichen Kreuzerführer Kpt. W. Jumper, erobert die französische »Fougueux« (48).

3. Mai 1697 **Eroberung von Cartagena** (Westindien). Anfang 1697 läuft aus Brest ein französisches Geschwader von sieben Linienschiffen, zehn Fregatten und zahlreichen Transportern unter Adm. Graf de Pointis nach Westindien aus. Dort wird es von acht Fregatten französischer Freibeuter unter Ducasse verstärkt und die Zahl der Landungstruppen auf fast 6000 Mann gebracht. Die Landung vor dem wichtigen spanischen Hafen mit seinen starken Befestigungen erfolgt Mitte April. Nach drei Wochen harten Kämpfen müssen die Spanier kapitulieren. Mit reicher Beute fahren die Franzosen wieder ab, werden in der Karibik von dem englischen Westindiengeschwader unter VAdm. Neville verfolgt und entkommen nach kurzem Feuerwechsel nur knapp.

15. Mai 1697 **Gefecht westlich der Scilly-Inseln.** Zwei französische Linienschiffe und zwei Fregatten greifen die etwas stärkere Sicherung eines englischen Geleits an. Sie erobern eine Fregatte, einen Brander und beschädigen zwei Linienschiffe schwer.

24. Aug. 1697 **Gefecht vor dem Ärmelkanal.** Am Heimweg trifft das französische Westindiengeschwader von vier Linienschiffen unter de Pointis auf ein gleich starkes englisches Geschwader unter Kpt. Harlow. Nach drei Stunden Kampf können sich die schnelleren Franzosen vom Gegner lösen und ohne große Schäden Brest erreichen.

1697 Mit Unterstützung ihrer Mittelmeerflotte erobern die Franzosen nach zweimonatiger Belagerung Barcelona.

5. Sept. 1697 Die französische »Pelican« (50), Kpt. d'Ibreville, greift mit einigen bewaffneten Handelsschiffen vor Neufundland ein englisches Geleit an und erobert das begleitende Linienschiff sowie den Großteil der Handelsschiffe.

Sept. 1697 **Friede von Rijswijk.** Frankreich muß alle jüngsten Eroberungen außer Straßburg herausgeben.

1684–1698 Der Krieg um Morea (Peloponnes)

1684 Die Venezianer unter Francesco Morosini erobern mit Unterstützung der Galeeren aus Malta und des Papstes Sta. Maura und Prevesa.

1685 Die Venezianer landen im Golf von Messenien und erobern Koron und Kalamata.

1686 Im folgenden Jahr landen die Venezianer erfolgreich im Golf von Navarin.

4. Okt. 1687 Bei der Insel Mytilene kämpft ein venezianisches Geschwader von elf Schiffen ohne Entscheidung gegen ein etwas stärkeres türkisches Geschwader.

1689 Nach der Eroberung der Halbinsel Morea erlahmt der Angriffsschwung der Venezianer.

26. März 1689 Vor Malvasia (Ost-Peloponnes) überrascht ein türkisches Geschwader zwei venezianische Schiffe von 60 und 44 Kanonen. Eines fliegt in die Luft, das zweite wird erobert.

9. Febr. 1695 **Seeschlacht bei Chios.** 21 Segelschiffe und 26 Galeeren der Venezianer stehen 20 Segelschiffen und 24 Galeeren der Türken gegenüber. Drei venezianische Segelschiffe mit 1500 Mann fliegen in die Luft, die Türken verlieren nur 3 Galeeren.

Das vorher besetzte Chios wird von den Venezianern geräumt.

15. Sept. 1695 **Treffen bei Mytilene.** Die beiden Flotten trennen sich nach 5 Stunden Passiergefecht ohne große Verluste.

22. Aug. 1696 **Treffen bei Andros.** Neuerliches unentschiedenes Gefecht der beiden Flotten.

1. und 20. Sept. 1697 **Zwei Treffen bei Negroponte.** Die Segelflotte Venedigs, ca. 25 Linienschiffe, unter B. Contarini kämpft zweimal unentschieden mit der gleich starken türkischen Flotte.

20. Sept. 1698 **Seeschlacht vor den Dardanellen.** Nach hartem Kampf trennen sich beide Flotten wieder ohne Entscheidung.

16. Aug. 1696 Vor der Mündung der Theiß in die Donau kommt es zu einem Gefecht der österreichischen Donauflottille mit überlegenen türkischen Streitkräften. Nach Verlust von drei Galeeren müssen sich die Österreicher zurückziehen.

1698 Im **Frieden von Karlowitz** behält Venedig die eroberte Halbinsel Morea.

1695–1711 Erster Versuch einer russischen Flottengründung im **Schwarzen Meer** durch Peter d. Gr. Vor allem am Don wird eine große Zahl von Schiffen für fluß- und küstennahe Operationen gebaut. Mit dem unglücklichen Ausgang der Landkämpfe scheitert dieses Unternehmen. Rußland verliert wieder den Zugang zur See.

1697 Aus diesem Jahr stammt das erste erhaltene Buch über Seetaktik von dem Schiffskaplan der »Soleil Royal«, **Paul Hoste.** Er vertritt darin die Innehaltung der engen Flottenkiellinie möglichst auf der Luvseite, gibt genaue Regeln über Angriff, Gefecht, Rückzug und Verfolgung. Er lehnt Doublieren und Einbruch in die feindliche Linie ab. Sein Buch hat Einfluß auf die Segelschiffstaktik des folgenden Jahrhunderts.

Oman wird Seemacht

Bereits im Jahr 1650 war es nach dem Niedergang der portugiesischen Seemacht im Indischen Ozean den Arabern des südöstlichen Arabien gelungen, den Portugiesen den Stützpunkt Maskat zu entreißen. Die Sultane von Oman und Maskat bauen nun systematisch eine lokale Seeherrschaft im nordwestlichen Indischen Ozean auf. Sie nutzen die Rivalität der europäischen Mächte geschickt, unternehmen Seezüge entlang der persischen Küste, und im Jahr 1670 greifen sie sogar die portugiesischen Stützpunkte Diu und Daman an.

1693 Ein Geschwader von 24 großen und 28 kleinen Schiffen greift den Stützpunkt Surat an, erleidet aber von einem portugiesischen Geschwader eine Niederlage. Die Omanis teilen darauf ihre Flotte und plündern die portugiesischen Faktoreien Daman, Salsett und Klung, während der Hafen Gombroon, der Nachfolger von Hormus, das heutige Bander Abbas, blockiert wird.

12. Dez. 1698 Nach einer Belagerung von 33 Monaten erobert das Heer von Oman unter Sultan bin Saif I. das starke **Fort Jesus** vor Mombasa. Die Omanis waren mit einem Geschwader von 17 Schiffen und 3000 Mann 1696 nach Ostafrika ausgelaufen und hatten mit zahlreichen Hilfskriegern in kurzer Zeit die portugiesischen Besitzungen Mombasa, Malindi, Pemba, Pate, Sansibar und Kilwa gegen geringen Widerstand erobert. Bis in die 2. Hälfte des 19. Jahrhunderts bleiben diese im Besitz der Sultane von Oman.
Nach diesen Eroberungen beherrschen die Sultane von Oman die Ostküste von Afrika bis zum Kap Delgado.

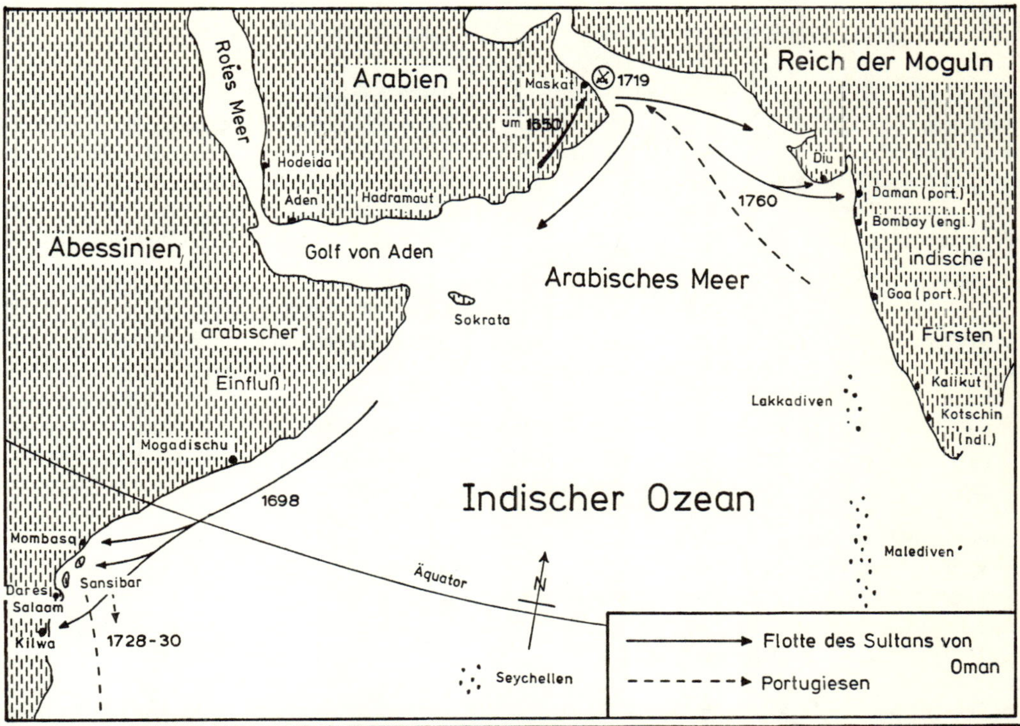
Rotes Meer
Arabien
Maskat
1719
um 1650
Reich der Moguln
Hodeida
Aden
Hadramaut
Diu
Daman (port.)
Bombay (engl.)
1760
indische
Goa (port.)
Fürsten
Abessinien
Golf von Aden
Arabisches Meer
Sokrata
arabischer
Einfluß
Lakkadiven
Kalikut
Kotschin
(ndl.)
Mogadischu
1698
Indischer Ozean
Mombasa
Sansibar
Dar es Salaam
Kilwa
1728-30
Äquator
N
Malediven
Seychellen
Flotte des Sultans von Oman
Portugiesen

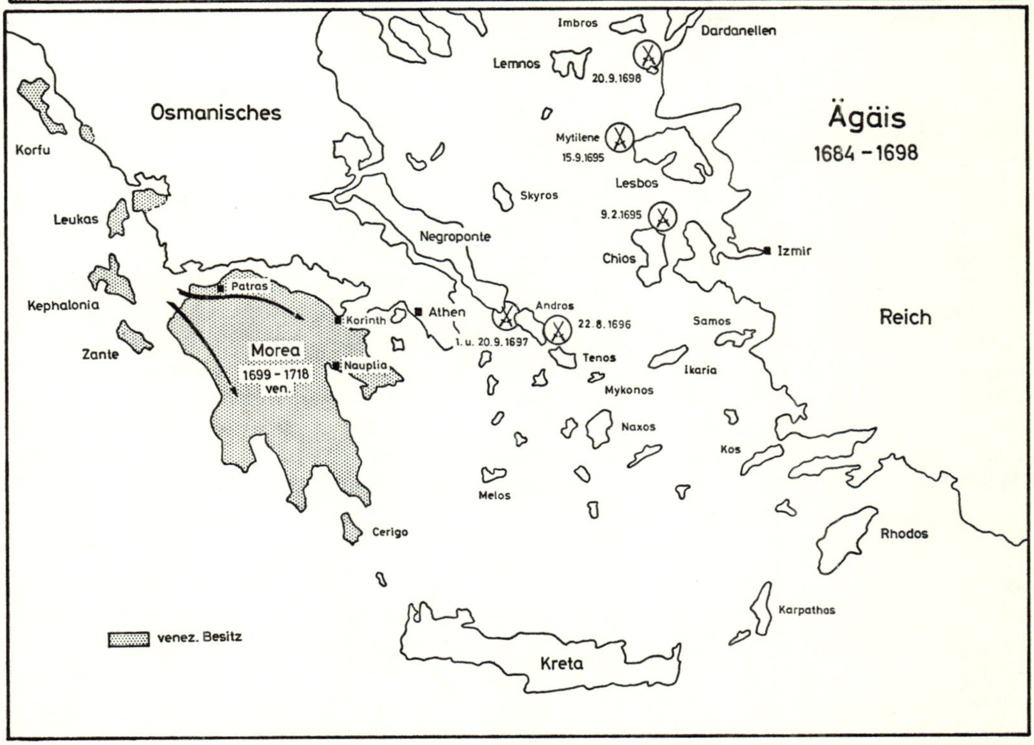
Imbros
Dardanellen
Lemnos
20.9.1698
Osmanisches
Ägäis
1684 – 1698
Korfu
Mytilene
15.9.1695
Lesbos
Skyros
Leukas
9.2.1695
Negroponte
Chios
Izmir
Patras
Kephalonia
Athen
Andros
22.8.1696
Korinth
Samos
Reich
1. u. 20.9.1697
Zante
Morea
1699 - 1718
ven.
Nauplia
Tenos
Ikaria
Mykonos
Naxos
Kos
Melos
Cerigo
Rhodos
Karpathos
venez. Besitz
Kreta

Die Seekriege der ersten Hälfte des 18. Jahrhunderts

Dieses halbe Jahrhundert war die Zeit der großen Erbfolgekriege. Am Anfang steht der Spanische Erbfolgekrieg (1702–13), dessen Folge der Krieg um Sizilien (1718–20) war. Gleichzeitig, aber ohne unmittelbare Verbindung mit dem Spanischen Erbfolgekrieg, wurde der große Nordische Krieg (1700–21) ausgefochten. Ferner sind in dieser Zeitspanne für den Kampf um die Weltmeere der Krieg der Türkei gegen Venedig (1714–18) und vor allem der Österreichische Erbfolgekrieg von Bedeutung. Fast ausschließlich ein Krieg zu Lande war der Polnische Erbfolgekrieg.

Der **Spanische Erbfolgekrieg** war die letzte große Kraftprobe zwischen dem Frankreich Ludwigs XIV. und der aus der Augsburger Liga hervorgegangenen »Großen Allianz«. Diesmal stand allerdings Spanien auf der Seite Frankreichs, wie auch in den übrigen großen Kriegen dieses Jahrhunderts. Spanien war trotz des Rückganges seiner militärischen und wirtschaftlichen Macht noch immer der Staat mit den größten Besitzungen in Übersee. Außer im Mutterland herrschte der spanische König über die südlichen Niederlande (Belgien), das Königreich beider Sizilien, Sardinien, Mailand und den Großteil des amerikanischen Kontinentes. Der letzte spanische, kinderlose habsburgische Herrscher, Karl II., starb im November 1700 und hatte in seinem Testament auf Betreiben der französischen Diplomatie den Herzog von Anjou, einen Enkel Ludwigs XIV., zum Erben seiner ungeteilten Besitzungen bestimmt. Da Ludwig XIV. nach dem Pyrenäenfrieden die Tochter des spanischen Königs geheiratet hatte, war Philipp ein direkter Nachkomme der spanischen Könige und die Erbberechtigung – trotz des Erbverzichtes seiner Großmutter – durchaus gegeben. Eine Vereinigung der Besitzungen von Frankreich und Spanien in einer Hand hätte aber ein Imperium ergeben, das jenes von Kaiser Karl V. bei weitem übertroffen hätte; dies war daher für die übrigen Mächte nicht annehmbar. Die österreichischen Habsburger wollten auf ihr altes Erbe nicht verzichten, und für England und die Niederlande war der Zugriff Frankreichs zu den Spanischen Niederlanden und dem Überseehandel eine unerträgliche Bedrohung. Sobald der Bourbone als Philipp V. den spanischen Thron bestiegen hatte, bildete sich rasch die alte »Große Allianz« gegen Ludwig XIV. neu. Sie umfaßte diesmal zunächst Österreich, England, die Niederlande, Preußen und Hannover, später auch Portugal (1702), das Deutsche Reich (1702) und Savoyen (1703). Frankreich konnte sich die Unterstützung von Bayern und Kurköln sichern. Der habsburgische Thronprätendent, der zweite Sohn von Kaiser Leopold I., Karl, fand als Karl III. von Spanien die allgemeine Anerkennung und Unterstützung der Koalition. Die Anerkennung des Stuarts Jakob III. als englischen Thronprätendenten 1701 durch Ludwig XIV. band England um so fester an das Bündnis. Unmittelbar zu Kriegsbeginn, im März 1702, starb in England Wilhelm III., der große Widersacher von Ludwig XIV.; jedoch brachte sein Tod keine Erleichterung für diesen. In England wurde unter der Schwägerin von Wilhelm, der Königin Anna, durch den Herzog von Marlborough die Politik des Oraniers weitergeführt. In den Niederlanden, die nun nicht mehr in Personalunion mit England verbunden waren, wurde zwar die Statthalterwürde nicht mehr erneuert, der »Ratspensionär« Heinsius folgte aber ebenfalls der schon von Wilhelm vorgezeichneten politischen Linie in Übereinstimmung mit Marlborough. Der Landkrieg wurde vor allem in den Niederlanden, in Deutschland, in Oberitalien und in Spanien geführt (Prinz Eugen und Marlborough). Während dieses Krieges entstand mit der Union von England und Schottland Großbritannien. Gleichzeitig, aber praktisch unabhängig vom Spanischen Erbfolgekrieg tobte im Norden und im Osten von Europa der große Nordische Krieg.

Der Spanische Erbfolgekrieg war zwar in erster Linie ein kombinierter Land- und Seekrieg, das Schwergewicht der maritimen Operationen lag allerdings im Kampf um Stützpunkte und Seefestungen sowie im Handelskrieg. Da das Hauptinteresse Englands in der Sicherung des Mittelmeeres lag, wurde von Katalonien aus versucht, dem Thronprätendenten Karl Zugang zu Spanien zu verschaffen. Die englische Flotte war daher vorwiegend im Mittelmeer gebunden, der Kampf um Überseebesitzungen hatte daher in diesem Krieg noch nicht die Bedeutung wie in den folgenden

Seekriegen. Die englische Flotte umfaßte zu Kriegsbeginn rund 110 Linienschiffe, darunter bereits eine Anzahl Dreidecker mit über 90 Kanonen. Die niederländische Flotte zählte rund 50 Linienschiffe, die jedoch noch fast alle aus den letzten Kriegen stammten. Die französische Flotte war mit rund 100 Linienschiffen wohl stark an Zahl, aber auch bei ihr waren die meisten Schiffe veraltet und zum Teil nicht in der Linie einsetzbar. Die spanische Flotte war zu dieser Zeit sehr heruntergekommen und als Kampfinstrument kaum zu zählen.

Nach dem Erfolg der Flotte der Verbündeten in der Bucht von Vigo schloß sich auch Portugal der Allianz an. England konnte sich im Methuen-Vertrag mit Portugal Lissabon als Flottenstützpunkt sichern und ein günstiges Wirtschaftsabkommen schließen, welches ihm großen Einfluß auf die Erschließung Brasiliens gab, wo gerade die ersten großen Goldfunde gemacht worden waren. Zunächst brachte 1704 die Flotte der Verbündeten den Thronprätendenten Karl III. nach Lissabon, im folgenden Jahr landete er mit einem starken Heer bei Barcelona. Er konnte jedoch nie seinen Einflußbereich über Katalonien hinaus wesentlich erweitern. Wegen des Auftretens der Flotte der Verbündeten im Mittelmeer ging der Herzog von Savoyen von der Seite Frankreichs zu der Allianz über. Deren Truppen konnten daher in Südfrankreich eindringen, worauf sich das französische Mittelmeergeschwader 1707 in Toulon selbst versenkte. Sardinien, die Balearen und Gibraltar konnten für Karl III. ungehindert in Besitz genommen werden, letzteres und Menorca wurden von den Briten jedoch nicht mehr herausgegeben. Da die Flotten der Verbündeten in den folgenden Jahren keinen Gegner zur See mehr hatten, widmeten sie sich dem Handelskrieg. Nach kurzer Zeit war der Überseehandel von Frankreich unterbunden, seine Handelsflotte ruiniert.

Nach dem Tod von Kaiser Joseph I. im Jahr 1711 wurde sein Bruder Karl sein Nachfolger in Österreich und als Karl VI. auch Deutscher Kaiser. Die meisten Verbündeten Österreichs, vor allem England und die Niederlande, hatten nun ebensowenig ein Interesse, daß Österreich und Spanien unter den Habsburgern wieder vereinigt worden wären, wie an einer Vereinigung von Frankreich und Spanien unter den Bourbonen. Es kam daher zum Frieden von Utrecht (ergänzt durch die Friedensschlüsse von Rastatt und Baden/Schweiz 1714), in welchem das spanische Weltreich praktisch aufgeteilt wurde. Philipp V. behielt das spanische Mutterland mit den Kolonien in Amerika und den Philippinen. Österreich erhielt die spanischen Niederlande, Mailand, Neapel und Sardinien, Savoyen wurde Königreich und erhielt Sizilien. Hauptgewinner war Großbritannien mit der Erwerbung von Neufundland, Neuschottland, dem Hudsonbuchtgebiet, Gibraltar und Menorca. Die Vorherrschaft Frankreichs wurde damit beendet, Großbritannien begann seine Politik des Kräftegleichgewichtes auf dem europäischen Kontinent.

Nicht die Schlachtflotten der Verbündeten hatten diesen Krieg entschieden, sondern der Handelskrieg. Beide Seiten verloren je rund 1500 Handelsschiffe. Der französische Handel war damit ruiniert, das Land finanziell am Ende. Der britische Handel verschmerzte nicht nur diese Verluste, sondern brachte reichsten Gewinn. Für Großbritannien war dies der ertragreichste Krieg. Erstmalig in diesem Seekrieg der Neuzeit wurden die Segelflotten in den Wintermonaten nicht aufgelegt. Großbritannien begann im Mittelmeer ständig ein Geschwader zu unterhalten, wofür mit Gibraltar und Menorka nun besonders gut geeignete Stützpunkte zur Verfügung standen. Bei den großen Schiffen wurde zu dieser Zeit der Kolderstock durch das praktischere Steuerrad ersetzt.

In **Nordeuropa** hatten zu Ende des 17. Jahrhunderts junge tatkräftige Herrscher ihre Regierung angetreten. Zar Peter I. der Große von Rußland begann sein Land nach dem Westen zu orientieren, Karl XII. von Schweden wollte seinem Land nicht nur die Herrschaft in der Ostsee erhalten, sondern womöglich noch vermehren; Friedrich IV. von Dänemark wollte verlorene Gebiete in Südschweden und die alte Stellung seines Landes wiedergewinnen und Polen unter Friedrich August von Sachsen einen gesicherten Zugang zur Ostsee erwerben. Rußland, Dänemark und Polen schlossen ein Bündnis, das ein gemeinsames Vorgehen gegen Schweden vorsah. In der Ostsee verfügte Schweden über 42, Dänemark über 33 Linienschiffe, alle in gutem Zustand. Dänemark eröffnete die Kampfhandlungen mit einem Einfall in das mit Schweden verbündete Holstein. Schweden

kam seiner Bündnispflicht Holstein gegenüber nach, worauf auch Rußland und Polen den Kampf aufnahmen. Großbritannien und die Niederlande, die am Vorabend des Spanischen Erbfolgekrieges ihre wichtige Handelsschiffahrt in der Ostsee nicht gestört sehen wollten, nahmen gegen den Angreifer Dänemark Stellung und unterstützten die Schweden mit einer Flotte im Sund beim Gegenangriff und der Landung eines schwedischen Heeres auf Seeland. Sie zwangen darauf im Frieden von Traventhal die Schweden auf Eroberungen zu verzichten. Schweden verfügte aber nun im Kampf gegen die restlichen Gegner in der Ostsee über die absolute Seeherrschaft, denn die westlichen Seemächte mußten ihre Geschwader abziehen, da der Spanische Erbfolgekrieg unmittelbar vor dem Ausbruch stand.
Karl XII. landete darauf in Livland und begann seinen Siegeszug durch das Baltikum, Polen und Rußland, der jedoch schließlich in der Katastrophe von Poltawa endete. In diesen Jahren hatte es die schwedische Flotte verabsäumt, den Aktivitäten der Russen im Finnischen Meerbusen energisch entgegenzutreten. Dort hatte Peter d. Gr. die neue Hauptstadt Petersburg gegründet, mit der Anlage der Seefestung Kronstadt auf der Insel Kotlin begonnen, mit seinen Fluß- und Seeflottillen auf dem Ladogasee, Peipussee und der Newa erste Erfolge errungen und den Grundstein zur neuen Seemacht in der Ostsee gelegt. Nach der Niederlage der Schweden bei Poltawa schloß sich Dänemark wieder der Koalition gegen Schweden an, wodurch der Krieg wieder zu einem kombinierten Land- und Seekrieg wurde. Mehrmals trafen die Hochseeflotten beider Länder aufeinander, doch brachte keine der Seeschlachten eine Entscheidung.

Seit dem Ende des Spanischen Erbfolgekrieges erschienen jährlich starke Geschwader aus Großbritannien und den Niederlanden in der Ostsee, um die Interessen ihrer Länder dort zu vertreten. Während sie zunächst Dänemark gegen die überlegenen Schweden unterstützten, griffen sie nach dem Tode von Karl XII. auf der Seite von Schweden gegen das aufstrebende Rußland – teilweise sogar aktiv – in die Kämpfe ein. In den folgenden Friedensschlüssen mußte Schweden auf seine Besitzungen in Deutschland zu Gunsten von Preußen und Hannover verzichten, das Baltikum mußte an Rußland abgetreten werden. Schweden wurde in der Folge von Rußland als stärkste Ostseemacht abgelöst.
In diesem Krieg wurde von den Flotten nicht um die Seeherrschaft gerungen, die Zusammentreffen ergaben sich nur im Zuge von Truppengeleiten. Die schwedische Flotte verabsäumte es, den Aufbau einer russischen Flottenorganisation zu stören. In den engen Schärengewässern hatten auch noch Riemenfahrzeuge bis zur Einführung der Dampfmaschinen ihre Einsatzmöglichkeiten. Hinter der russischen Kriegsflotte stand noch keine seefahrende Bevölkerung, die starke Flotte war daher noch lange auf ausländische Offiziere und nur bedingt verwendbare Mannschaften angewiesen, ein Mangel, der erst in jüngster Vergangenheit behoben wurde.

Während seines Exils in der Türkei hatte König Karl XII. von Schweden die **Türkei** zur Kriegserklärung gegen Rußland gebracht. Diese hatte am Pruth 1711 gesiegt und die Russen im Frieden von Adrianopel 1713 zur Rückgabe von Asow genötigt. Mit Rückenfreiheit im Osten forderte die Türkei nun von Venedig die Rückgabe der Peloponnes und erklärte bei dessen Ablehnung den Krieg. Während die Flotte der Türkei durch Schiffe der nordafrikanischen Staaten beträchtlich verstärkt wurde, erhielt das schwächere Venedig zunächst fast keine Unterstützung durch den Westen. Erst nach dem Fall von Morea/Peloponnes im ersten Kriegsjahr wurde Venedig zu Lande von Österreich, zur See von den Maltesern und ab 1717 auch von Portugal unterstützt. Die Flotte von Venedig war auf den Waffengang überhaupt nicht vorbereitet und mußte zu Beginn die Seeherrschaft vollkommen den Türken überlassen. Die Seeschlachten in den letzten beiden Kriegsjahren konnten am Verlust von Morea nichts mehr ändern. Die glänzenden Siege des Prinzen Eugen sicherten Österreich im Frieden von Passarowitz den Gewinn von Belgrad.

Spanien benützte die Bindung Österreichs im Türkenkrieg, um einige der im Erbfolgekrieg verlorenen Besitzungen in Italien zurückzugewinnen. Es besetzte fast kampflos Sardinien und eroberte rasch Sizilien bis auf Messina. Gegen diesen Friedensbruch bildete sich die »Quadrupelallianz« mit

Großbritannien, Österreich, den Niederlanden und Frankreich. Ersteres sandte ein starkes Geschwader in das zentrale Mittelmeer, welches mit der Vernichtung der spanischen Flotte bei Kap Passaro dem Kampf rasch eine entscheidende Wendung gab. Spanien mußte im Frieden von Den Haag auf die beiden Inseln verzichten, Österreich erhielt im Tauschweg für Sardinien das wertvollere Sizilien.
Der **Polnische Thronfolgekrieg** war fast ausschließlich ein Landkrieg, in welchem es um die Nachfolge von König August dem Starken in Polen ging und in welchem Österreich das Königreich Neapel an eine Nebenlinie der Bourbonen verlor.

Kaiser Karl VI., der bei den Kämpfen als spanischer Thronprätendent deutlich die Bedeutung einer Seemacht vor Augen geführt bekam, versuchte in der Folge auch **Österreich** an die See zu führen. In den von Spanien erworbenen Niederlanden wurde eine Seehandelskompanie gegründet, Triest wurde zum Freihafen erklärt und Wien durch eine direkte Straßenverbindung über den Semmering der Adria nahegebracht. Mit dem Verlust des Königreiches Neapel wurde Österreichs Küstenland wieder auf die nördlichste Adria beschränkt; im Interesse der Pragmatischen Sanktionen wurden die Welthandelsbestrebungen aufgegeben.

Nach dem Ende des Polnischen Thronfolgekrieges hatte **Rußland** wieder freie Hand für einen neuen Versuch, sein Herrschaftsgebiet bis zum Schwarzen Meer auszudehnen. Der Türkei wurde 1736 der Krieg erklärt, starke Heeresverbände stießen mit Unterstützung von mehreren hundert auf den Flüssen Don und Dnjepr gebauten Flußkanonenbooten nach Süden vor. Asow und Otschakow wurden erobert, und im folgenden Jahr trat Österreich auf der Seite Rußlands in den Krieg ein. Nach Niederlagen zu Lande schied Österreich bald wieder aus dem Krieg unter Aufgabe von Belgrad aus, das zunächst erfolgreiche Rußland mußte schließlich auf alle Eroberungen außer Asow verzichten.
Bereits 1739 begann in Westindien ein Kolonialkrieg zwischen Großbritannien und Spanien, der bald in den im folgenden Jahr ausgebrochenen **Österreichischen Erbfolgekrieg** übergehen sollte. Im Frieden von Utrecht hatte Großbritannien mit Spanien ein Handelsabkommen geschlossen, nach welchen ihm in den spanischen Kolonien bedeutende Handelskonzessionen eingeräumt wurden (Sklaven- und Zuckerhandel). Die britischen Handelsgesellschaften hatten die Kontingente jedoch oft weit überschritten, spanische Zollboote versuchten daher die Ladungen zu kontrollieren, dem sich die Briten meist widersetzten. Bei solch einem Zwischenfall wurde dem britischen Handelskapitän Jenkins ein Ohr abgeschlagen. Als dies die Öffentlichkeit in England erfuhr, kam es zu Demonstrationen gegen Spanien. Großbritannien sandte darauf 1739 Geschwader an die Küsten Spaniens, worauf dieses den Handelsvertrag kündigte. Im Oktober folgten die Kriegserklärungen. Dieser Kolonialkrieg, bekannt als »Krieg um Jenkins' Ohr«, begann mit britischen Operationen in den Gewässern um Amerika. Ein Geschwader unter Adm. Vernon operierte mit wechselndem Erfolg in Westindien. Ein kleines Geschwader unter Com. Anson operierte an der Westküste von Amerika und kehrte durch den Pazifik und um Afrika herum zurück. Im übrigen bereitete sich alles auf die drohende Auseinandersetzung zur **österreichischen Erbfolge** vor.

Kaiser Karl VI., ohne Sohn, hatte versucht, in der Pragmatischen Sanktion seiner Tochter Maria Theresia die Nachfolge zu sichern. In den habsburgischen Ländern hatte er die Anerkennung erhalten. Im Deutschen Reich hatte sie Bayern jedoch wegen eigener Erbansprüche versagt. Die übrigen Länder hatten meist für große Zugeständnisse in die Thronfolge Maria Theresias eingewilligt.
Mit dem Tod von Kaiser Karl VI. am 20. Oktober 1740 waren jedoch die Verträge, welche die Erbfolge Maria Theresias garantierten, nicht einmal mehr das Papier wert, auf welchem sie geschrieben waren; nur mehr rein machtpolitische Überlegungen waren für die Kabinette ausschlaggebend. Frankreich, Preußen und Spanien wollten sich das habsburgische Erbe aufteilen, auf den Rest erhob Bayern Ansprüche. König Friedrich der Große von Preußen eröffnete den Kampf schon zwei Monate nach dem Tod von Kaiser Karl VI. mit seinem Einfall in Schlesien (erster Schlesischer Krieg). Maria Theresia konnte sich mit ihrer Krönung in Preßburg zur Königin von Ungarn dessen

uneingeschränkte Unterstützung sichern, mit dem Eintritt von England und den Niederlanden (»der Schaluppe im Schlepptau der britischen Flotte« – nach Friedrich d. Gr.) auf Seite Österreichs wurde die Auseinandersetzung zum europäischen Krieg.
Zu Kriegsbeginn verfügte Großbritannien über 80, Frankreich über 45 und Spanien über 25 Linienschiffe. Die Flotten der beiden letzteren waren in schlechtem Zustand. Den Kern der Flotten bildeten die 1600 t großen schnellen Linienschiffe mit 74 Kanonen, die großen und langsamen Dreidecker dienten meist als Flaggschiffe.
Der Landkrieg drehte sich in erster Linie um den Besitz von Schlesien und wurde weiter in Süddeutschland, den Niederlanden, Oberitalien und den britischen Kolonien in Nordamerika ausgefochten. Im Indischen Ozean beherrschte Frankreich mit der Insel Mauritius die Seeverbindungen und behielt unter dem tüchtigen Gouverneur von Vorderindien, Dupleix, dort die Oberhand.
Bald nach Kriegsbeginn vereinigte sich die spanische Flotte mit dem französischen Mittelmeergeschwader, um die Verbindung mit Oberitalien aufrecht zu halten. Das britische Mittelmeergeschwader unter Adm. Mathews blockierte darauf die Flotte der Verbündeten fast zwei Jahre in Toulon. Beim Auslaufen der Verbündeten 1744 kam es zur Schlacht und erst danach zur offiziellen Kriegserklärung zwischen Frankreich und Großbritannien. Frankreich bereitete darauf eine Landung in England vor; ohne Seeherrschaft im Kanal mußte es aber die Absicht wieder aufgeben. Dagegen landete es den Enkel von Jakob II., den »jungen Prätendenten« in Schottland, welcher dort einen gefährlichen Aufstand gegen das Haus Hannover entfachte, der starke englische Truppenverbände vom Einsatz am Kontinent abhielt. Ab 1746 verschärfte die britische Kanalflotte die Blockade der französischen Häfen und konnte in der Folge wieder den französischen Seehandel fast vollständig unterbinden. Auch die Küsten Spaniens wurden nun strenger überwacht, auch dessen Handel kam damit zum Erliegen. Trotz Erfolgen des Landheeres in den Niederlanden mußte Frankreich im Frieden von Aachen sich wieder der Seemacht beugen. Österreich mußte auf Schlesien zugunsten von Preußen verzichten, erhielt aber die von Frankreich eroberten Niederlande wieder zurück. Die Thronfolge von Maria Theresia wurde anerkannt. Großbritannien erhielt das von den Franzosen in Indien eroberte Madras im Austausch gegen das kanadische Louisburg zurück. Für Großbritannien und Frankreich war der Friede von Aachen praktisch nur ein Waffenstillstand. Die Auseinandersetzung zwischen Seemacht und See/Landmacht um die Besitzungen in Übersee und den Welthandel war nur vertagt und sollte nicht einmal zehn Jahre später seine Fortsetzung finden.
Schweden benützte die Bindung der Seemächte im Österreichischen Erbfolgekrieg zu dem Versuch, an Rußland verlorene Gebiete zurückzugewinnen. In dem Krieg 1741–43 erlitt es jedoch mehrere Niederlagen, die Flotte wagte keinen Kampf mit dem russischen Geschwader, und es mußte schließlich noch weitere Gebiete abtreten.
Im Mittelmeer führten in diesem halben Jahrhundert Frankreich, Spanien und die Malteserritter weiterhin einen ständigen Kleinkrieg gegen die Barbareskenstaaten Nordafrikas.

1702–1713 Der spanische Erbfolgekrieg

Das erste Treffen findet in Westindien statt.

30. Aug. bis 4. Sept. 1702 — **Gefecht vor Cartagena.** Ein kleines französisches Geschwader mit den Linienschiffen »Heureux« (68), »Phénix« (60), »Agréable« (50), »Apollon« (50) und einer Fregatte unter Ducasse geleitet einen Truppentransport. Ein englisches Geschwader von sieben Linienschiffen unter Adm. Benbow greift die Franzosen an. Da fünf englische Kommandanten ihren Admiral im Stich lassen, wird Benbow zurückgeschlagen. Benbow stirbt an einer schweren Wunde.

Aug./Sept. 1702 — Die Flotte der Verbündeten unter Adm. Rooke landet bei Cadiz Truppen, um die Stadt zu erobern. Der schwächlich durchgeführte Angriff wird abgewiesen.

23. Okt. 1702 — **Angriff auf Vigo.** Auf Drängen von Adm. van Almonde (H) unternimmt Adm. Rooke mit der englisch-holländischen Flotte einen Angriff auf die in Vigo einge-

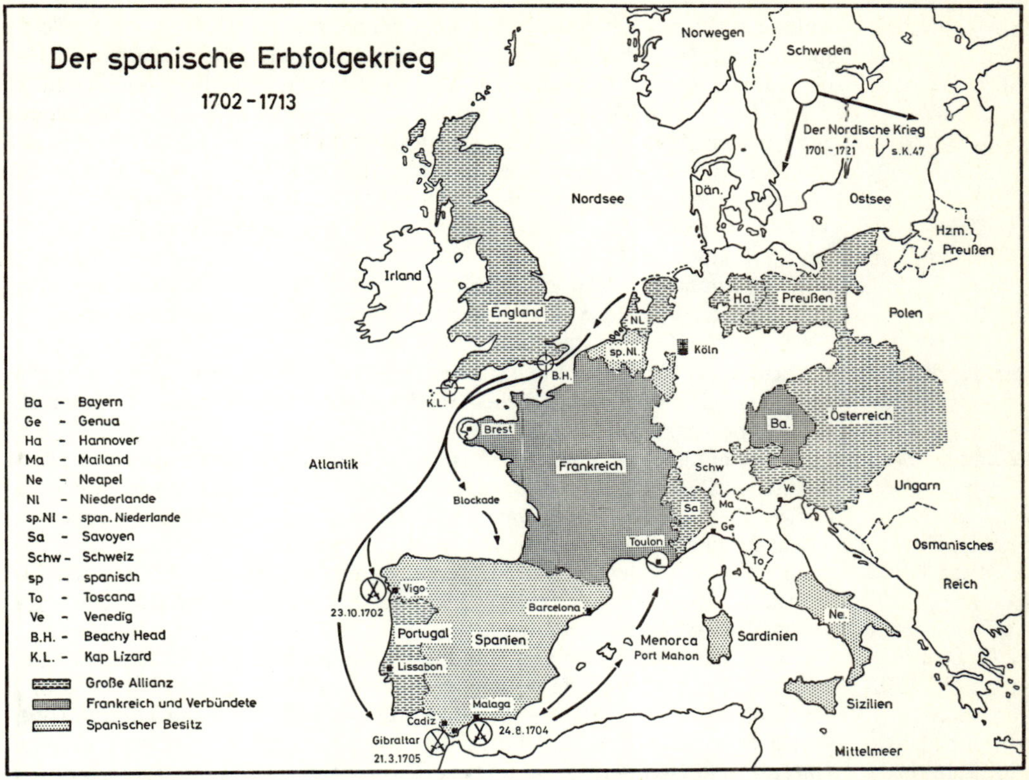
Der spanische Erbfolgekrieg
1702 - 1713
Norwegen
Schweden
Der Nordische Krieg
1701 - 1721
s.K.47
Nordsee
Dän.
Ostsee
Hzm. Preußen
Irland
England
Ha.
Preußen
Polen
NL
sp.Nl.
Köln
B.H.
K.L.
Brest
Ba.
Österreich
Atlantik
Frankreich
Schw
Ungarn
Blockade
Sa
Ma
Ve
Ge
Toulon
To
Osmanisches Reich
Vigo
23.10.1702
Barcelona
Portugal
Spanien
Menorca
Port Mahon
Sardinien
Ne.
Lissabon
Malaga
Cadiz
Gibraltar
21.3.1705
24.8.1704
Sizilien
Mittelmeer
Ba - Bayern
Ge - Genua
Ha - Hannover
Ma - Mailand
Ne - Neapel
Nl - Niederlande
sp.Nl - span. Niederlande
Sa - Savoyen
Schw - Schweiz
sp - spanisch
To - Toscana
Ve - Venedig
B.H. - Beachy Head
K.L. - Kap Lizard
Große Allianz
Frankreich und Verbündete
Spanischer Besitz

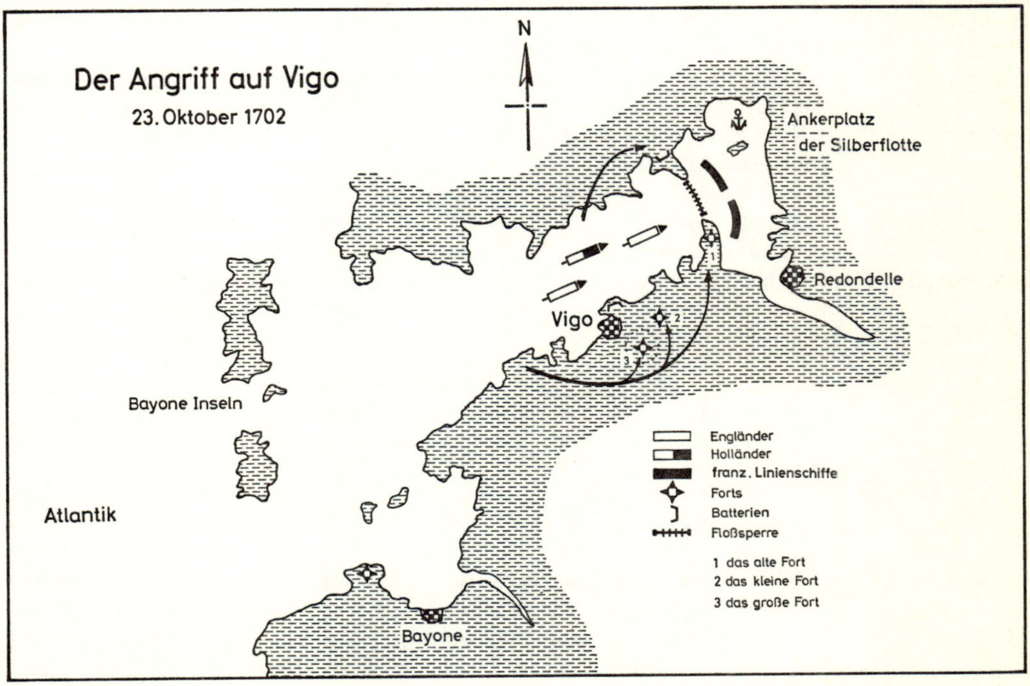
Der Angriff auf Vigo
23. Oktober 1702
N
Ankerplatz der Silberflotte
Redondelle
Vigo
Bayone Inseln
Atlantik
Bayone
Engländer
Holländer
franz. Linienschiffe
Forts
Batterien
Floßsperre
1 das alte Fort
2 das kleine Fort
3 das große Fort

laufene spanische Silberflotte. Die enge Hafeneinfahrt wird von einer Floßsperre geschlossen, hinter der das französische Deckungsgeschwader von 13 Linienschiffen unter Adm. Chateau-Renault sowie drei spanische Linienschiffe liegen. Die verbündete Flotte landet zuerst Truppen, die die Forts am Hafeneingang erobern. Dann forciert ein Geschwader von 25 Linienschiffen die Sperre und kämpft das französische Geschwader nieder. Sechs Linienschiffe und fünf Silbergaleonen werden genommen. Auch ein Teil des Silberschatzes fällt den Verbündeten in die Hände. Alle übrigen Schiffe werden verbrannt. Die Verluste der Verbündeten sind gering.

Portugal tritt nach diesem Erfolg auf der Seite der Seemächte in den Krieg ein. In den Methuen-Verträgen (1703) wird England die Benützung von Lissabon als Flottenstützpunkt zugestanden.

21. April 1703 **Gefecht in der Nordsee.** Sieben französische Handelskreuzer unter de Saint-Pol greifen ein gleich starkes englisches Geschwader an und erobern ein Linienschiff und ein bewaffnetes Handelsschiff.

22. Mai 1703 **Gefecht bei Lissabon.** Fünf französische Linienschiffe treffen auf einen niederländischen Geleitzug, der von ebenfalls fünf, allerdings kleineren, Linienschiffen begleitet wird. Nach hartem Kampf unterliegen die fünf Niederländer, der Geleitzug kann aber entkommen.

Aug. 1703 An der Westküste der Halbinsel Cotentin vernichtet KAdm. Dilkes mit dem Linienschiff »Kent« (70) und einigen kleineren Fahrzeugen 41 französische Handelsschiffe und drei Geleitfahrzeuge.

7./8. Dez. 1703 In einem schweren Sturm verlieren die Engländer im Kanal 13 Kriegsschiffe, darunter die Linienschiffe »Vanguard« (90), »Restoration« (70), »Stirling Castle« (70), »Resolution« (70), »Northumberland« (70) und »Mary« (60), eine größere Zahl ist schwer beschädigt, über 1500 Mann kommen um.

23. März 1704 **Gefecht bei Lissabon.** KAdm. Dilkes (E) erobert mit den drei Linienschiffen »Kent« (70), »Bedford« (70) und »Antelope« (50) zwei spanische Linienschiffe und ein bewaffnetes Handelsschiff.

4. Aug. 1704 **Handstreich auf Gibraltar.** Auf Betreiben von Prinz Georg von Hessen-Darmstadt greift Adm. Rooke das nur von 500 Mann verteidigte Gibraltar an, das nach kurzem Widerstand kapituliert. Der französische Flottenchef, Graf von Toulouse, ein natürlicher Sohn Ludwigs XIV., soll darauf den Felsen zurückerobern. Dadurch kommt es zum einzigen Zusammentreffen der Flotten in diesem Kriege. Neben den üblichen Fregatten und Brandern nehmen auf französischer Seite auch 22 spanische Galeeren teil.

24. Aug. 1704 **Seeschlacht bei Malaga.** Beide Flotten sind mit 51 Linienschiffen und 3600 Kanonen fast gleich stark. Die Führer der einzelnen Geschwader sind:

	Vorhut	Zentrum	Nachhut
Verbündete:	Shovel (E) »Barfleur« (96)	Rooke (E) »Royal Katherine« (90)	Callenburgh (H) »Graaf van Albemarle« (64)
Franzosen:	d'Amfreville »St. Philippe« (92)	Toulouse »Foudroyant« (104)	de Langerre »Soleil Royal« (102)

Der auf der Luvseite stehende Rooke legt sich mit seiner Flotte in Gefechtsentfernung auf parallelen Kurs zum Gegner. Es beginnt ein laufendes Gefecht Schiff gegen Schiff. Ohne taktische Manöver wird bis zum Abend ein heftiges Artillerieduell unterhalten. Ohne zu wissen, daß beim Gegner einige Schiffe schon

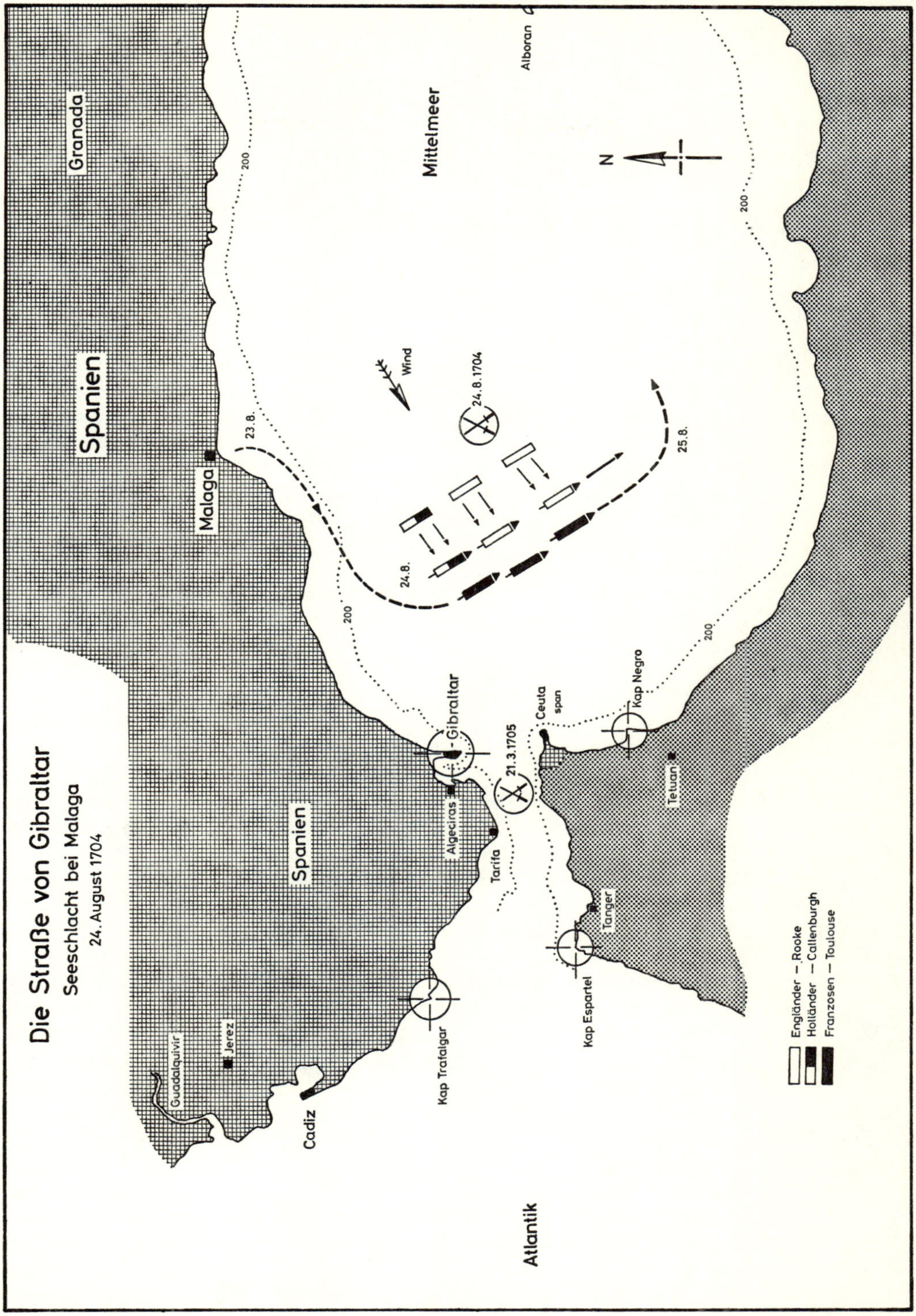
Die Straße von Gibraltar
Seeschlacht bei Malaga
24. August 1704
Granada
Spanien
Malaga
Mittelmeer
Alboran
N
Wind
24.8.1704
23.8.
24.8.
25.8.
200
Gibraltar
21.3.1705
Ceuta
span
Kap Negro
Tetuan
Algeciras
Tarifa
Tanger
Kap Espartel
Kap Trafalgar
Cadiz
Jerez
Guadalquivir
Spanien
Atlantik
Engländer – Rooke
Holländer – Callenburgh
Franzosen – Toulouse

gänzlich verschossen sind (es fehlt die beim Angriff auf Gibraltar verbrauchte Munition), bricht Graf Toulouse am Abend den Kampf ab. Beide Seiten haben schwere Verluste, 2–3000 Mann, doch geht kein Schiff verloren. Taktisch endet der Kampf unentschieden, mit der Sicherung von Gibraltar ist der strategische Erfolg aber bei den Verbündeten.

15. Aug. 1704 Duguay-Trouin (F) trifft mit den Handelskreuzern »Jason« (54), »Auguste« (54) und »Valeur« (26) auf zwei englische Linienschiffe und erobert eines davon. Ende November gelingt seinen drei Kreuzern noch ein gleicher Erfolg.

1704 Fanzösische Galeeren aus Nieuport verbrennen das durch eine Flaute bewegungsunfähige niederländische Linienschiff »Licorne« (56). Letzter Erfolg von Galeeren gegen ein großes Segelschiff außerhalb der Ostsee.

7. Nov. 1704 VAdm. Leake (E) entsetzt mit einem Geschwader das von den Spaniern heftig angegriffene Gibraltar und vernichtet dabei zehn in der Bucht liegende kleine Kriegsschiffe.

21. März 1705 **Gefecht vor Gibraltar.** Mit einem Geschwader von 13 englischen, niederländischen und portugiesischen Linienschiffen greift VAdm. Leake die französische Blockadeflotte vor Gibraltar an. Diese versucht zu entkommen, doch können die Verbündeten drei Linienschiffe erobern, zwei auf den Strand gesetzte Linienschiffe werden verbrannt. Gleichzeitig landen die Engländer Verstärkungen und Nachschub. Der Besitz des Felsens ist nun gesichert.

Aug.–Okt. 1705 Die englische Flotte unter Adm. Shovel bringt ein Heer von 10000 Mann und den habsburgischen Thronprätendenten Karl III. nach Barcelona, das von Heer und Flotte erobert wird. Katalonien fällt nun an die Habsburger.

31. Okt. 1705 **Gefecht in der Nordsee.** Der Chevalier de Saint-Pol greift mit vier Handelskreuzern und fünf bewaffneten Handelsschiffen ein englisches Ostseegeleit an und erobert alle drei starken Geleitfahrzeuge (zusammen 130 Kanonen) und alle zwölf Handelsschiffe. Saint-Pol fällt im Kampf.

1706 **Gefecht vor Portugal.** Ein kleines französisches Geschwader unter Duguay-Trouin setzt sich erfolgreich gegen sechs portugiesische Linienschiffe zur Wehr.

April 1706 Die Flotte entsetzt das von den Franzosen wieder angegriffene Barcelona.

Juni 1706 Ein kleines französisches Geschwader unter Forbin greift in der südlichen Nordsee ein niederländisches Geleit an. Drei der Geleitfahrzeuge werden erobert, die Handelsschiffe können jedoch entkommen.

Juni und Juli 1706 Das englische Mittelmeergeschwader erobert Cartagena, Alicante und Mallorca.

1707 Mit der Union England–Schottland entsteht **Großbritannien** (seit 1603 Personalunion).

1. April 1707 Ein französisches Geschwader jagt ein britisches Linienschiff an der ligurischen Küste auf den Strand, wo es von der eigenen Besatzung verbrannt wird.

12. Mai 1707 **Gefecht bei Beachy Head.** Mit acht Kriegsschiffen mit 386 Kanonen greift Forbin (F) ein britisches Geleit von vier Kriegsschiffen und 56 Handelsschiffen an. In einem scharfen Gefecht erobert er die Linienschiffe »Hampton Court« (70) und »Grafton« (70) sowie 22 Handelsschiffe.

Ende Juni 1707 Selbstversenkung der französischen Flotte in Toulon. Im Juni trifft ein Heer der Verbündeten unter Prinz Eugen vor Toulon ein. Der Vormarsch an der Küste wird durch die Flotte unter Shovel gedeckt. Beim Eintreffen der Verbündeten vor der Stadt versenken die Franzosen ihre im Hafen liegenden Schiffe. 15 bis 20 Linienschiffe gehen verloren. Der Rest wird später gehoben und repariert.

21. Okt. 1707 **Geleitkampf bei Kap Lizard.** Die Franzosen Duguay-Trouin und Forbin treffen mit 14 Kriegsschiffen mit 700 Kanonen auf ein britisches Nachschubgeleit nach

	Lissabon. Dieses besteht aus 130 Transportern, geleitet von fünf Linienschiffen mit 336 Kanonen. In schneidigem Angriff nehmen die Franzosen die vier Linienschiffe »Cumberland« (80), »Devonshire« (80), »Chester« (50), »Ruby« (50) und 15 Transporter.
2. Nov. 1707	Am Rückweg aus dem Mittelmeer stranden die »Association« (96), Adm. Shovels Flaggschiff, sowie die »Eagle« (70), »Romney« (50) und ein Brander im dichten Nebel auf den Riffen der Scilly-Inseln.
1708	Mit Hilfe der englischen Mittelmeerflotte nimmt Karl III. Sardinien und anschließend Menorca. Auf letzterem wird Port Mahon für Jahrzehnte englischer Flottenstützpunkt.
März 1708	Forbin soll mit einem französischen Geschwader schottische Aufständische unterstützen. Wegen Mangels an Kooperation und eines überlegenen britischen Geschwaders in der Nähe kehrt er unverrichteter Dinge wieder zurück.
Mai 1708	Das britische Mittelmeergeschwader erobert vor Barcelona den Großteil eines französischen Nachschubgeleites für Spanien.
8. Juni 1708	**Gefecht vor Cartagena** (Wagers Action). KAdm. Wager trifft in Westindien mit den Linienschiffen »Expedition« (70), »Kingston« (60) und »Portland« (50) auf eine spanische Silberflotte. In einem Verfolgungsgefecht fliegt die »San José« (Sp, 64) in die Luft, ein zweites Schiff wird erobert, ein drittes am nächsten Tag auf den Strand gejagt. Ein viertes Schiff kann mit dem Silberschatz entkommen.
März 1709	Mit vier Kriegsschiffen erobert Duguay-Trouin aus einem stark gesicherten britischen Geleit fünf Handelsschiffe. Im folgenden Monat greift er mit nur zwei Schiffen ein stark gesichertes Geleit aus Lissabon an, erobert zunächst ein Linienschiff, verliert dann dieses und eine Fregatte und entkommt mit seinem Schiff nur mit knapper Not. Anfang November erobert er das britische Linienschiff »Gloucester« (60).
17. Mai 1709	In Westindien erobert ein britisches Linienschiff das früher von den Franzosen eroberte Linienschiff »Coventry« (50) zurück.
1709	Wegen der Schwäche der französischen Flotte im Mittelmeer geleitet schließlich der Freibeuter Jaques Cassard aus Nantes einen großen Geleitzug mit Getreide aus der Türkei nach Frankreich.
9. Jan. 1710	Drei französische Handelskreuzer unter Kpt. Cassard erobern in einem Verfolgungsgefecht bei Korsika ein britisches Linienschiff und eine Fregatte.
10. Aug. 1710	Drei britische Linienschiffe greifen ein französisches Geleit an, erobern ein Linienschiff der Deckung, der Rest aber kann entkommen.
24. Dez. 1710	Im Mittelmeer erobern nach kurzem Kampf zwei britische ein französisches Linienschiff.
1711	Tod von Kaiser Joseph I. Der habsburgische Thronprätendent Spaniens wird als Karl VI. deutscher Kaiser. In Großbritannien wird Marlborough gestürzt. Abrücken Großbritanniens von der Koalition wegen der Gefahr einer Personalunion Deutsches Reich – Spanien.
Sept. 1711	**Überfall auf Rio de Janeiro.** Duguay-Trouin fährt mit einem Geschwader von 15 Kriegsschiffen (davon 7 Linienschiffen) und 2000 Mann Landungstruppen nach Brasilien. In kühnem Angriff wird die Hafeneinfahrt von Rio forciert und die Stadt erobert. Eine hohe Kontribution wird eingehoben und reiche Beute gemacht. Das Unternehmen wurde von einer privaten Handelsgesellschaft finanziert.
Sept. 1711	Ein Versuch der Briten, mit 5000 Mann Landungstruppen und Flottenunterstützung Quebec zu erobern, schlägt fehl. Im selben Jahr kämpfen britische Schiffe in Westindien mit wechselndem Erfolg gegen französische Handelsstörer und Piraten.

Dez. 1711 Bei den Balearen erobert ein kleines britisches Geschwader eines von zwei französischen Linienschiffen.

Aug. 1712 Vor Finisterre erobert ein britisches Geschwader unter KAdm. Th. Hardy vier von sechs französischen Kriegsschiffen, darunter eine Fregatte; eine weitere Fregatte fliegt in die Luft.

1713 **Friede von Utrecht** zwischen den Seemächten und Frankreich. Spanien wird geteilt. Das Hauptland und die Kolonien behält Philipp V., die Nebenlande gehen an Österreich, Sizilien und Savoyen. Großbritannien erhält Gibraltar, Menorca, Neufundland und Neuschottland.

1714 **Friede von Rastatt und Baden.** Das Deutsche Reich erkennt die Bedingungen von Utrecht an.

1700–1721 Der große Nordische Krieg

Gegen die Expansionspolitik von Schweden (Karl XII.) organisiert Rußland (Peter I.) eine Allianz mit Dänemark (Friedrich IV.) und Sachsen/Polen (August II.). Zu Kriegsbeginn stehen den 42 schwedischen Linienschiffen 33 dänische gegenüber.

Juli 1700 Eine britisch-niederländische Flotte unter den Admiralen Rooke (E) und Almonde (H) greift in den Konflikt zwischen Schweden und Dänemark ein und beschießt mit wenig Erfolg die dänische Flotte vor Kopenhagen. Der drohende Spanische Erbfolgekrieg hindert jedoch die westlichen Seemächte, ihre Interessen im Nordischen Krieg nach Wunsch zu wahren.

1700 Dänemark wird durch Landung eines schwedischen Heeres unter Karl XII. auf Seeland zum Frieden von Traventhal (18. Aug.) gezwungen. Karl wendet sich nun gegen Rußland. Er siegt bei Narwa (1700) über Peter I. und zwingt August II. zum Verzicht auf Polen (1704).

Juni 1701 Der Angriff eines schwedischen Geschwaders auf Archangelsk, den russischen Hafen am Eismeer, scheitert.

31. Mai 1702 Im Kampf um den Peipussee schlägt eine schwedische Flottille von vier Kanonenbooten den Angriff von 100 kleinen russischen Booten ab.

1702 Peter I. stößt wieder an den finnischen Meerbusen vor und gründet Petersburg. Unmittelbar darauf beginnt er mit dem Aufbau einer eigenen Flotte, ohne von den Schweden daran gehindert zu werden.

7. Aug. 1703 Die schwedische Peipusseeflottille von 13 Kanonenbooten vernichtet 20 angreifende russische Boote.

17. Mai 1704 Im Herbst 1703 legen die Schweden ihre Peipusseeflottille bei Dorpat an der Embach auf; im Frühjahr landen die Russen an deren Mündung in den See und errichten eine Balkensperre und einige Batterien. Als die schwedische Flottille in den See einlaufen will, gerät sie auf die Sperre und wird zusammengeschossen. Das Südufer des Golfes von Finnland fällt darauf den Russen in die Hände.

Juni und Juli 1705 Die Schweden greifen mehrfach den neuen Flottenstützpunkt der Russen auf der Insel Kotlin vor der Newamündung an; sie werden mit beträchtlichen Verlusten abgewiesen.

Nach der Vernichtung des schwedischen Heeres bei Poltawa (1709) tritt auch Dänemark wieder in den Krieg ein.

4. Okt. 1710 **Seeschlacht in der Kjögebucht.** Die dänische Flotte unter Adm. Gyldenlöwe liegt mit 26 Linienschiffen in der Kjögebucht. Flaggschiff ist die »Elefanten« (90).

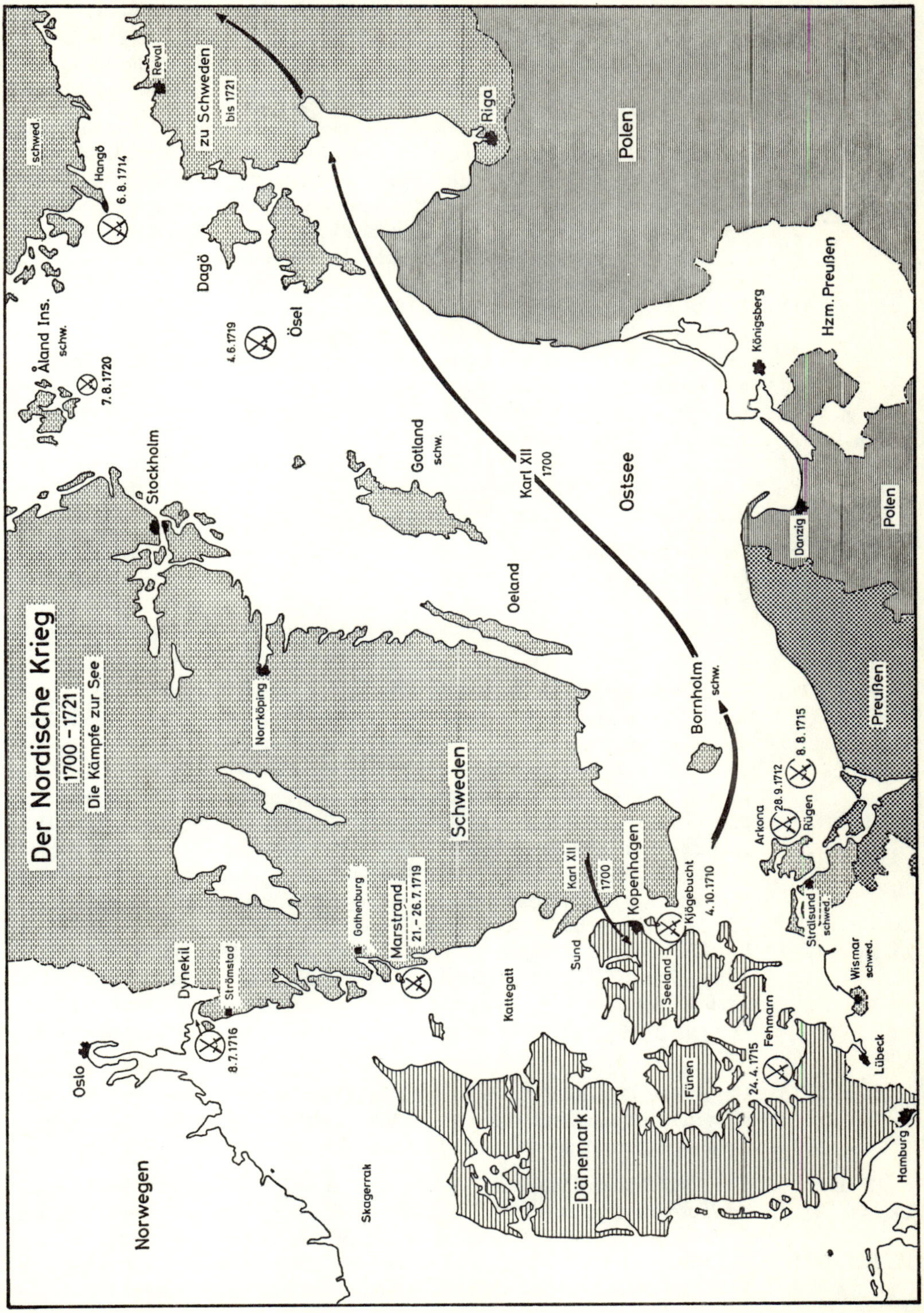
Der Nordische Krieg
1700 – 1721
Die Kämpfe zur See
Schweden
Norwegen
Oslo
Dynekil
Strömstad
8.7.1716
Gothenburg
Marstrand
21.–26.7.1719
Skagerrak
Kattegatt
Sund
Dänemark
Fünen
Seeland
Kopenhagen
Kjögebucht
4.10.1710
Karl XII
1700
Fehmarn
24.4.1715
Hamburg
Lübeck
Wismar
schwed.
Stralsund
schwed.
Rügen
Arkona
28.9.1712
8.8.1715
Preußen
Bornholm
schw.
Ostsee
Karl XII
1700
Oeland
Gotland
schw.
Norrköping
Stockholm
Åland Ins.
schw.
7.8.1720
schwed.
Hangö
6.8.1714
Dagö
Ösel
4.6.1719
Reval
zu Schweden
bis 1721
Riga
Polen
Königsberg
Hzm. Preußen
Danzig
Polen

Die schwedische Flotte unter Adm. Graf Wachtmeister, Flaggschiff »Göta Lejon« (96), greift am Vormittag mit 21 Linienschiffen überraschend an. In einem kurzen Passiergefecht fliegt die dänische »Danebrog« (82) in die Luft, zwei schwedische Linienschiffe laufen auf Grund und müssen verbrannt werden.

28. Sept. 1712 **Gefecht bei Arkona.** Eine schwedische Transportflotte von 95 Schiffen landet Truppen und Material auf Rügen. In der Nähe liegt die schwedische Flotte mit 24 Linienschiffen und drei Fregatten unter Wachtmeister. Der dänischen Flotte – 22 Linienschiffe und sechs Fregatten unter Gyldenlöwe – gelingt es, sich zwischen die Transporter und die schwedische Flotte zu schieben. Dabei werden 40 Transporter verbrannt und 15 erobert. Die schwedische Flotte ist nicht im Stande einzugreifen und segelt ab.

1713 Die Schweden erobern das von den Russen in England angekaufte Linienschiff »Bulinbruk« (52) auf seinem Weg nach Kronstadt.

In den flachen Schärengewässern der Ostsee kommen noch Galeerenflottillen und Ruderkanonenboote zum Einsatz.

6. Aug. 1714 **Gefecht bei Hangö Udde/Gangut.** Zar Peter I. trifft mit seiner Galeerenflotte von rund 100 Schiffen unter Admiral Apraxin auf eine schwedische Flottille unter KAdm. Ehrensköld. Dieser liefert mit seinen sieben Fahrzeugen den Russen einen heroischen Kampf. Erst nach Stunden unterliegt er der großen Übermacht. Nur 60 Fahrzeuge der Sieger sind noch voll intakt.

24. April 1715 **Gefecht bei Fehmarn.** Ein dänisches Geschwader von neun Linienschiffen und Fregatten unter KAdm. Gabel schlägt sechs schwedische Linienschiffe und Fregatten in die Flucht. Am folgenden Tag setzen sich die schwedischen Schiffe in der Kieler Förde auf Grund und werden von den Dänen zur Übergabe gezwungen.

8. Aug. 1715 **Seeschlacht bei Rügen.** Im Zuge einer Landungsoperation treffen die Flotten von Dänemark und Schweden erneut aufeinander. Beide zählen je 21 Linienschiffe, die dänischen unter Adm. Rabe, die schwedischen unter Adm. Sparre. Um 13 Uhr beginnt der Kampf in Kiellinie vor dem Wind mit Kurs Ost. Zeitweise müssen einzelne Schiffe die Linie verlassen, um Schäden auszubessern. Ihr Platz wird bei den Dänen jeweils von einer Fregatte eingenommen. Bis 8 Uhr abends wird in strengster Ordnung ohne taktische Manöver ein Artillerieduell geführt. Jede Seite verliert rund 600 Tote und Verwundete, aber kein Schiff wird versenkt. Die Dänen ankern am folgenden Tag bei Rügen und unterbinden damit die schwedische Versorgungslinie nach Stralsund.

15. Nov. 1715 Mit 330 Küstenfahrzeugen landen die verbündeten Dänen und Preußen eine Armee von 12500 Mann Infanterie, 5000 Mann Kavallerie, 5200 Pferden samt Troß auf der Insel Rügen in wenigen Stunden. Perfekte amphibische Operation. Das nun gänzlich abgeschnittene Stralsund muß sich einen Monat später ergeben.

8. Juli 1716 **Gefecht bei Dynekil.** Peter Wessel, genannt Tordenskjold (Dk), vernichtet eine schwedische Galeerenflottille unter KAdm. Sjöblad in einem Fjord im Kattegat. Dadurch scheitert der von Karl XII. beabsichtigte Angriff auf Norwegen.

13. und 14. Mai 1717 Der Angriff eines dänischen Geschwaders von 28 Fahrzeugen und Galeeren unter Tordenskjold auf den Hafen von Gothenburg/Göteborg wird von den Schweden abgewiesen. Die Dänen verlieren zwei Galeeren.

19. Juli 1717 Ein dänisches Geschwader von drei Linienschiffen und zwölf Fahrzeugen und Galeeren unter Tordenskjold greift die schwedischen Befestigungen bei Ström-

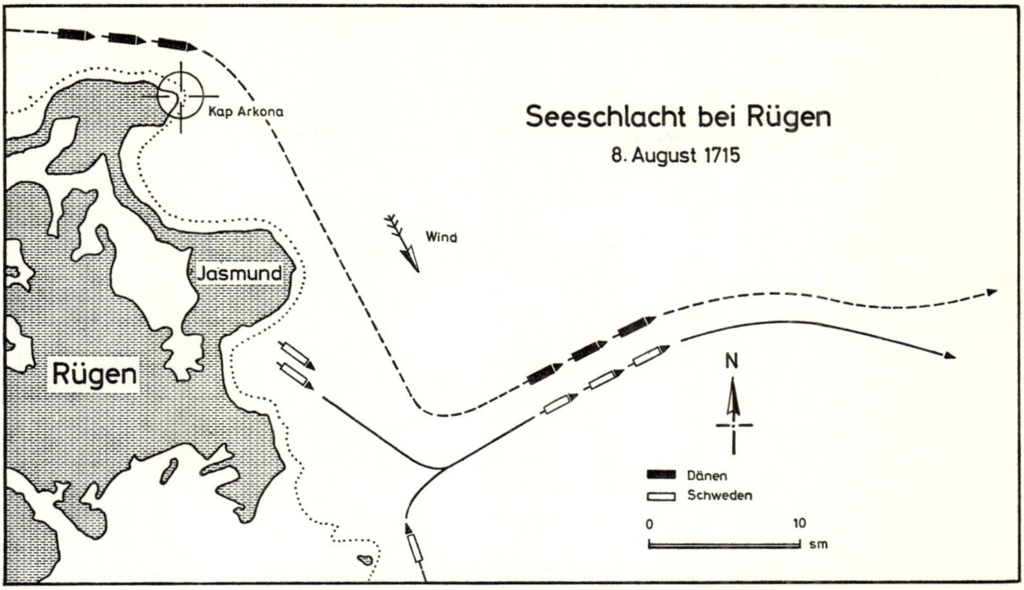
Seeschlacht bei Rügen
8. August 1715
Kap Arkona
Wind
Jasmund
Rügen
N
Dänen
Schweden
0
10
sm

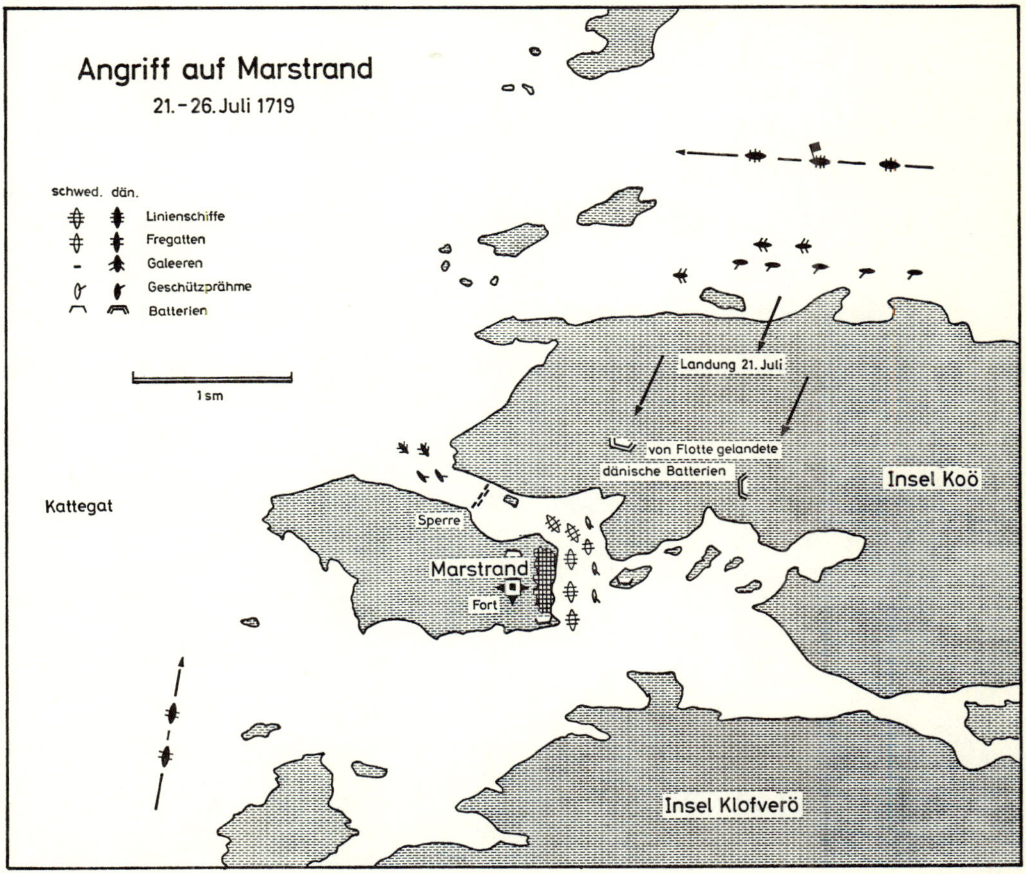
Angriff auf Marstrand
21.-26. Juli 1719
schwed. dän.
Linienschiffe
Fregatten
Galeeren
Geschützprähme
Batterien
1 sm
Landung 21. Juli
von Flotte gelandete
dänische Batterien
Insel Koö
Kattegat
Sperre
Marstrand
Fort
Insel Klofverö

stadt an. Nach längerem Duell versuchen die Dänen eine Landung, die mit beträchtlichen Verlusten abgewiesen wird.

1718 Tod Karls XII. von Schweden.

4. Juni 1719 **Gefecht bei Ösel.** In einem Verfolgungsgefecht zwischen Ösel und Stockholm erobert ein russisches Geschwader von sechs Linienschiffen und einer Brigg unter Kpt. N. A. Senjawin ein schwedisches Linienschiff, eine Fregatte und eine Brigg. Erster Erfolg der russischen Hochseeflotte.

Juli 1719 Die Russische Galeeren- und Kanonenbootflotte plündert die Siedlungen in den schwedischen Schären von Stockholm bis Norrköping.

21. bis 26. Juli 1719 **Angriff auf Marstrand.** In diesem Hafen liegt das schwedische Kattegatgeschwader von fünf Linienschiffen, einer Fregatte und zehn Fahrzeugen. KAdm. Tordenskjold greift mit seinem dänischen Geschwader von sieben Linienschiffen, zwei Fregatten und einem Dutzend Galeeren und Geschützprähmen an. Er landet Seesoldaten, stellt eine Batterie auf und schießt den Hafen sturmreif. Von den auf der Reede liegenden schwedischen Schiffen fallen ein Linienschiff und vier Fahrzeuge in seine Hand. Die übrigen Schiffe können von den eigenen Besatzungen noch rechtzeitig versenkt werden.

7. Aug. 1720 **Gefecht bei den Ålandinseln.** Die russische Schärenflottille lockt ein schwedisches Geschwader von vier Linienschiffen, sechs Fregatten und einigen kleineren Schiffen in die engen Schärengewässer und erobert dort in heftigem Enterkampf vier der Fregatten, 43 russische Galeeren sind bis zur Unbrauchbarkeit beschädigt, zwei gesunken.

In den Sommern 1715–21 vertreten starke britische und niederländische Geschwader die Interessen ihrer Länder in der Ostsee.

1719–1721 In den folgenden **Friedensschlüssen von Stockholm und Nystad** wird Schweden auf seine Besitzungen in Skandinavien beschränkt.

1703 Der niederländische Völkerrechtler Cornelis van **Bynkershoek** (1673–1743) veröffentlicht sein Werk »de Dominio Maris«. Auf sein Betreiben beanspruchen zunächst die Niederlande, später auch die anderen Nationen eine Hoheitszone von drei Seemeilen im offenen Meer. Diese richtet sich nach der Reichweite der damaligen Kanonen.

25. Juni 1709 Ein Geschwader der Malteserritter bestehend aus einem Linienschiff und dem Galeerengeschwader vernichtet das Flaggschiff des Beys von Tripolis.

1714–1718 **Krieg der Türkei gegen Venedig und Österreich** (ab 1716)

9. Dez. 1714 Kriegserklärung.

Sommer 1715 Die türkische Flotte unterstützt das Heer bei der Eroberung der Halbinsel Morea/Peloponnes. Die Flotte von Venedig wagt aufgrund ihrer Schwäche die türkischen Operationen nicht einmal zu stören.

8. Juli 1716 **Seeschlacht bei Korfu.** Die Flotte Venedigs mit 27 Linienschiffen unter Andrea Corner trifft auf die doppelt so starke türkische Flotte. Die Schlacht endet nach fünf Stunden unentschieden. Die Venezianer verlieren 360 Mann.

Aug. 1716 Die österreichische Donauflottille unter VAdm. Anderson unterstützt das Heer erfolgreich in der Schlacht bei Peterwardein.

12. und 16. Juni 1717 Zwei **Seeschlachten bei Lemnos.** 26 venezianische Linienschiffe stehen 37 türkischen gegenüber. An beiden Tagen wird heftig, aber wieder ohne Entscheidung gefochten. Die Venezianer verlieren 1400 Mann.

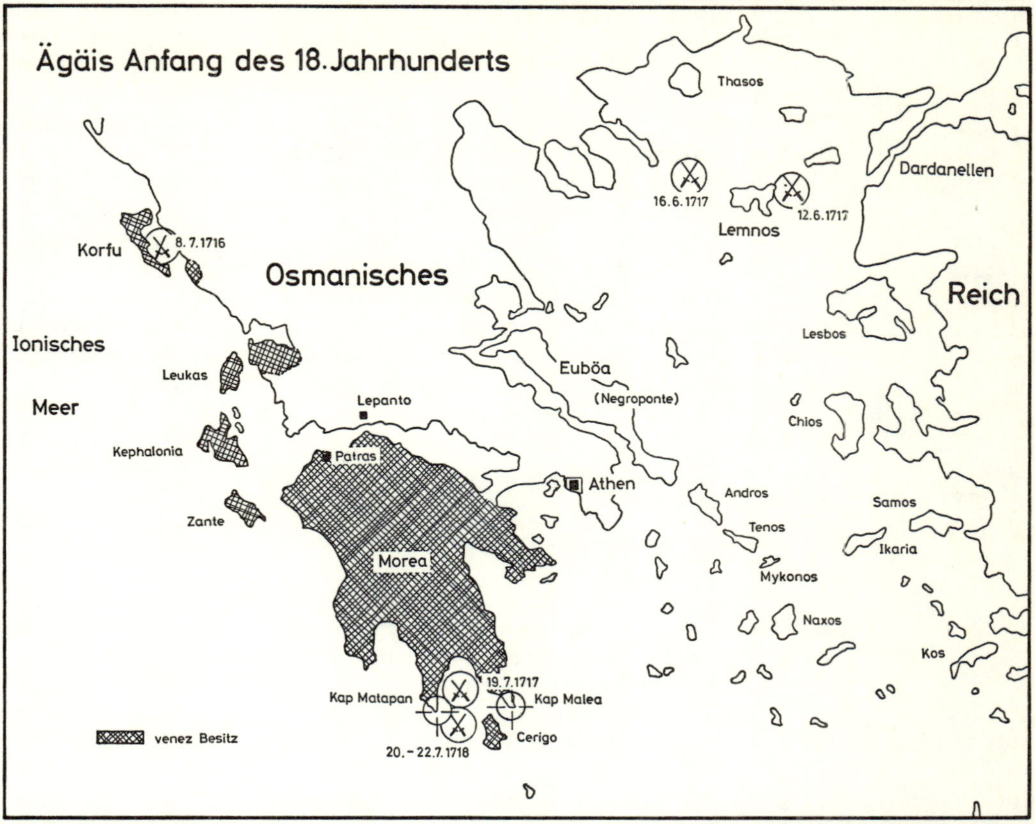
Ägäis Anfang des 18. Jahrhunderts
Thasos
Dardanellen
16.6.1717
12.6.1717
Lemnos
Korfu
8.7.1716
Osmanisches
Reich
Ionisches
Meer
Leukas
Lesbos
Euböa
(Negroponte)
Lepanto
Chios
Kephalonia
Patras
Athen
Andros
Samos
Zante
Tenos
Ikaria
Morea
Mykonos
Naxos
Kos
19.7.1717
Kap Matapan
Kap Malea
Cerigo
20.-22.7.1718
venez Besitz

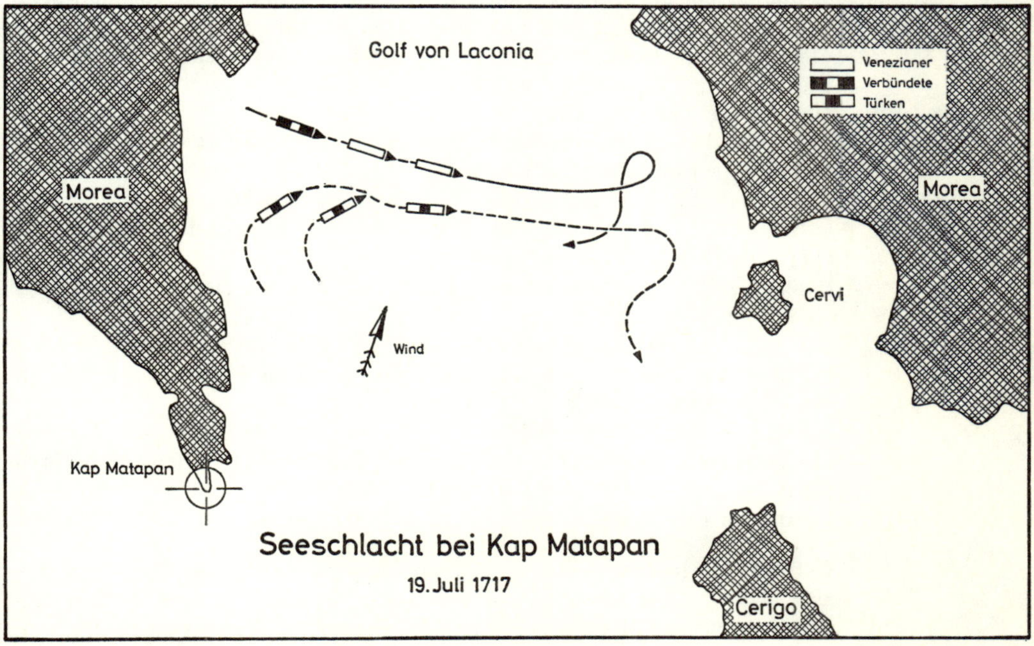
Golf von Laconia
Venezianer
Verbündete
Türken
Morea
Morea
Cervi
Wind
Kap Matapan
Seeschlacht bei Kap Matapan
19. Juli 1717
Cerigo

19. Juli 1717	**Erste Seeschlacht bei Kap Matapan.** Die venezianische Flotte, 33 Linienschiffe unter M. Diedo, Flaggschiff »Trionfo« (70), erwartet den Angriff der türkischen Flotte von 44 Linienschiffen. Nach neun Stunden heftigen Kampfes werden die Türken abgewiesen. Auf beiden Seiten sind mehrere Schiffe schwer beschädigt. Die Venezianer verlieren rund 600 Mann.
22. Aug. 1717	Die österreichische Donauflottille ist maßgeblich an der Eroberung von Belgrad durch Prinz Eugen von Savoyen beteiligt.
20. bis 22. Juli 1718	**Zweite Seeschlacht bei Kap Matapan.** 26 venezianische Linienschiffe mit 1800 Kanonen unter M. Diedo stehen 36 türkischen mit 2000 Kanonen gegenüber. An allen drei Tagen versucht Diedo vergeblich, die Luvseite zu gewinnen. Erst am 22. kommt die geschlossene venezianische Flotte zum Fechten und schlägt nun den Angriff der Türken verlustreich zurück. Die Venezianer verlieren an drei Tagen 1800 Mann. Das Flaggschiff »Trionfo« ist entmastet.
Juli 1718	**Friede von Passarowitz.** Österreich gewinnt zwar Belgrad, Venedig muß aber auf Morea verzichten.

1717–1720	**Krieg um Sizilien**
1717	Die spanische Flotte landet Truppen auf Sardinien, welche die Insel rasch besetzen.
1718	Die Flotte in Stärke von 40 Kriegsschiffen, darunter zwölf Linienschiffe und sieben Galeeren, geleitet 400 Transportschiffe mit 36000 Mann Heerestruppen und 8000 Pferden und deckt die Truppenlandungen auf der Insel Sizilien, die bis auf die Stadt Messina bald erobert wird. Großbritannien schickt sein Mittelmeergeschwader nach Sizilien.
11. Aug. 1718	**Seeschlacht bei Kap Passaro.** Beim Transport von Truppen nach Sizilien trifft südlich von Messina das britische Geschwader auf die spanische Flotte. Die Briten unter Adm. George Byng, Flaggschiff »Barfleur« (90), verfügen über 21 Linienschiffe und einige kleine Fahrzeuge, die Spanier unter Adm. Gatañeta über 14 Linienschiffe, 10 Fregatten und acht kleine Fahrzeuge. Die Spanier wenden sich sofort zur Flucht. In einem Verfolgungskampf verlieren sie acht Linienschiffe und fünf Fregatten, die meisten erobert. Der Rest kann sich nach Malta retten. Adm. Gatañeta fällt.
1719	Im Besitze der Seeherrschaft durch die verbündeten Briten können österreichische Truppen im folgenden Jahr die Insel wieder zurückerobern. Die letzten spanischen Schiffe in Sizilien werden dabei von den Briten zerstört.
Mai–Aug. 1719	Französische Seestreitkräfte verheeren die spanische Nordküste von Fuenterrabia bis San Sebastian.
Sept.–Okt. 1719	Ein kleines britisches Geschwader unter VAdm. Mighells erobert die spanische Hafenstadt Vigo und kehrt mit einer Beute von 220 Kanonen heim.
Mitte Nov. 1719	Im Golf von Lyon sinken in einem Sturm 28 Schiffe aus einem französischen Versorgungsgeleit. Die nach Katalonien eingedrungenen Truppen müssen sich daher wieder zurückziehen.
21. Dez. 1719	Gefecht vor Kap St. Vincent. Drei spanische Schiffe, die eine britische Fregatte erobert hatten, werden von drei britischen Schiffen angegriffen und wehren diese in einem mehrstündigen Kampf ab.
1720	**Friede von Den Haag.**

1719	**Gefecht vor Maskat.** Nach dreitägigen heftigen Kämpfen vernichtet ein portugiesisches Geschwader die Flotte des Sultans von Oman. Die Schiffe von Oman beschränken sich von da an auf den Sklavenhandel von Ostafrika nach Arabien.

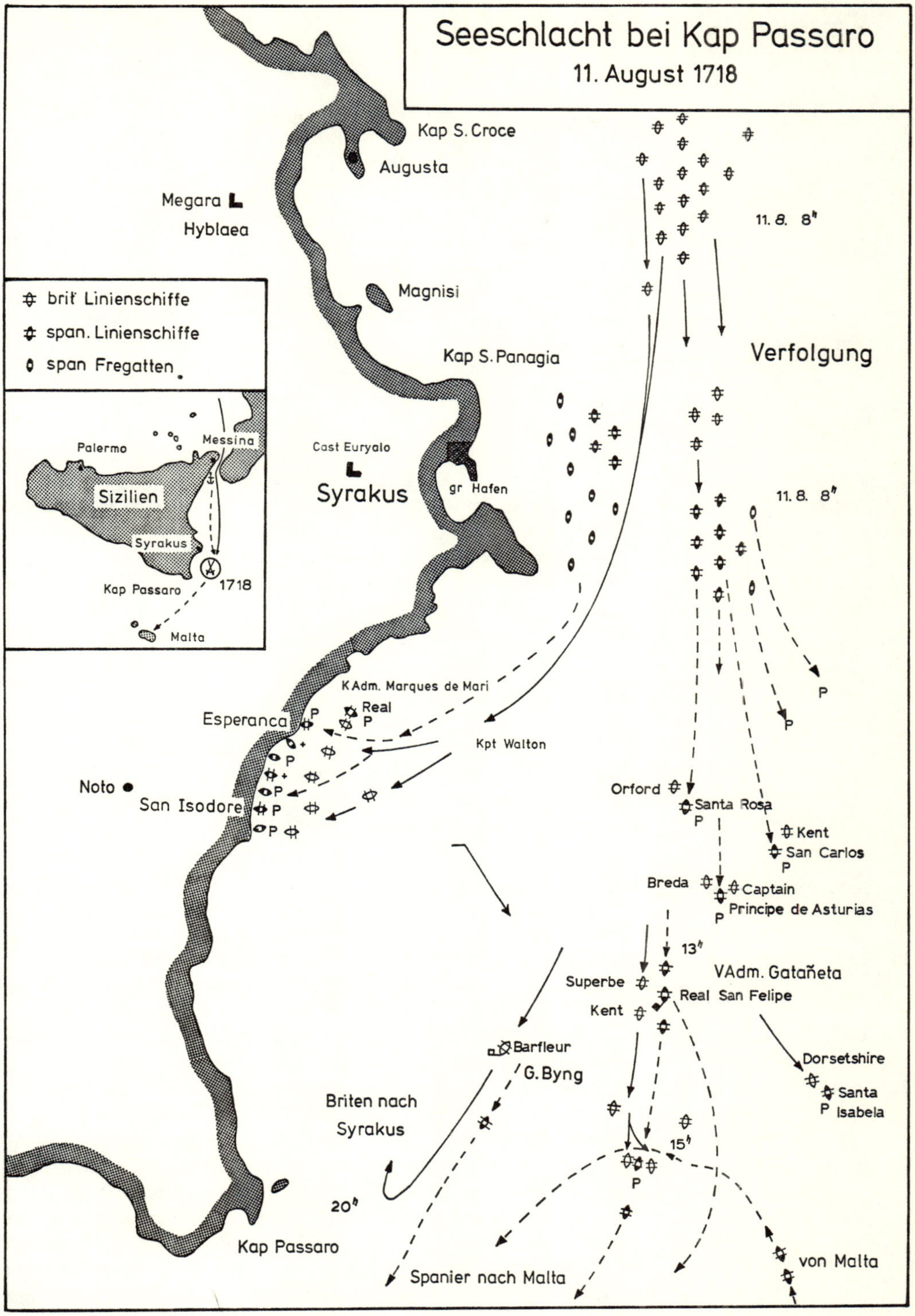

Seeschlacht bei Kap Passaro
11. August 1718
brit Linienschiffe
span. Linienschiffe
span Fregatten
Palermo
Messina
Sizilien
Syrakus
Kap Passaro
1718
Malta
Kap S. Croce
Augusta
Megara
Hyblaea
Magnisi
Kap S. Panagia
Cast Euryalo
Syrakus
gr Hafen
11. 8. 8h
Verfolgung
11. 8. 8h
KAdm. Marques de Mari
Real
Esperanca
Kpt Walton
Noto
San Isodore
Orford
Santa Rosa
Kent
San Carlos
Breda
Captain
Principe de Asturias
13h
VAdm. Gataňeta
Superbe
Real San Felipe
Kent
Dorsetshire
Santa Isabela
Barfleur
G. Byng
Briten nach Syrakus
15h
20h
Kap Passaro
Spanier nach Malta
von Malta

1728–1730 In Ostafrika versuchen die Portugiesen dem Sultan von Oman Mombasa zu entreißen. Sie werden mit Verlusten zurückgewiesen und treten darauf alle noch vorhandenen Stützpunkte in Ostafrika an den Sultan von Oman ab.

3. Mai 1723 Die Linienschiffe der Malteserritter »S. Giovanni« (60) und »S. Vincento« (50) erobern bei Pantelleria die »Patrona« (62) des Beys von Tripolis.

1727 Spanien versucht vergeblich, **Gibraltar** zurückzuerobern. Das britische Mittelmeergeschwader unterstützt dabei die Verteidiger durch flankierendes Feuer.

1728 Ein französisches Geschwader von zwei Linienschiffen, mehreren Fregatten, Galeeren und Bombenfahrzeugen zwingt die Beys von Tunis und Tripolis zur Herausgabe von Gefangenen und Genugtuung für Piraterie.

Juni 1732 **Eroberung von Oran.** Die spanische Flotte landet ein starkes Heer von über 25000 Mann, das die im Jahr 1708 verlorene Stadt wieder zurückerobert.

18. Sept. 1732 Die Linienschiffe der Malteserritter »S. Antonio« (60) und »S. Giorgio« (60) erobern bei Damietta das Schiff des türkischen Konteradmirals.

1733–1735 **Polnischer Thronfolgekrieg**

In der Ostsee treffen französische und russische Kriegsschiffe aufeinander. 1734 erobern zwei französische Linienschiffe eine russische Fregatte. Ein französischer Landungsversuch an der Weichselmündung wird verlustreich abgewiesen. Die russische Flotte unterstützt das Heer bei der Einnahme von Danzig, wobei eine französische Fregatte erobert wird.

Spanien benützt die Bindung Österreichs im polnischen Erbfolgekrieg, um mit Unterstützung Frankreichs das Königreich Neapel mit Sizilien wieder zurückzugewinnen, wobei die Flotte tatkräftig mithilft.

1736–1739 **Krieg Rußland gegen die Türkei**

Die Russen verwenden mehrere hundert Kanonenboote, die das Heer bei der Einnahme von Asow und den Kämpfen um die Krim unterstützen und den türkischen leichten Seestreitkräften mehrere Gefechte liefern. Da das zunächst verbündete Österreich vorzeitig aus dem Kampf ausscheidet, behält Rußland im Frieden nur Asow und muß seine Flottille abrüsten.

1740–1748 Der Österreichische Erbfolgekrieg

Kämpfe in den europäischen Gewässern

19. April 1740 Das spanische Linienschiff »Princesa« (64) verteidigt sich sieben Stunden lang nordwestlich Ferrol erbittert gegen drei britische Linienschiffe, ehe es die Flagge streicht.

1. Juli 1743 Die britischen Linienschiffe »Ipswich« (70) und »Revenge« (70) vernichten in der Bucht von Ajaccio, Korsika, das spanische Linienschiff »San Isidoro« (70).

22. Febr. 1744 **Seeschlacht bei Toulon.** Die britische Mittelmeerflotte unter Adm. Mathews, Flaggschiff »Namur« (90), trifft auf die Flotte der Verbündeten unter Adm. Court de la Bruyere (F), Flaggschiff »Terrible« (74). Den 28 britischen Linienschiffen stehen 15 französische und 12 spanische gegenüber. Die Briten greifen in langgezogener Kiellinie von Luv an. Dabei kommt die britische Vorhut gegen die Mitte, die britische Mitte gegen die Nachhut des Gegners zum Kampf. Die britische Nachhut beteiligt sich nicht an der Schlacht. Der Versuch der französischen Vorhut, die britische Vorhut zu umfassen, wird von deren Spitzenschiffen vereitelt. Nur wenige britische Schiffe gehen auf nahe Distanz an den Gegner

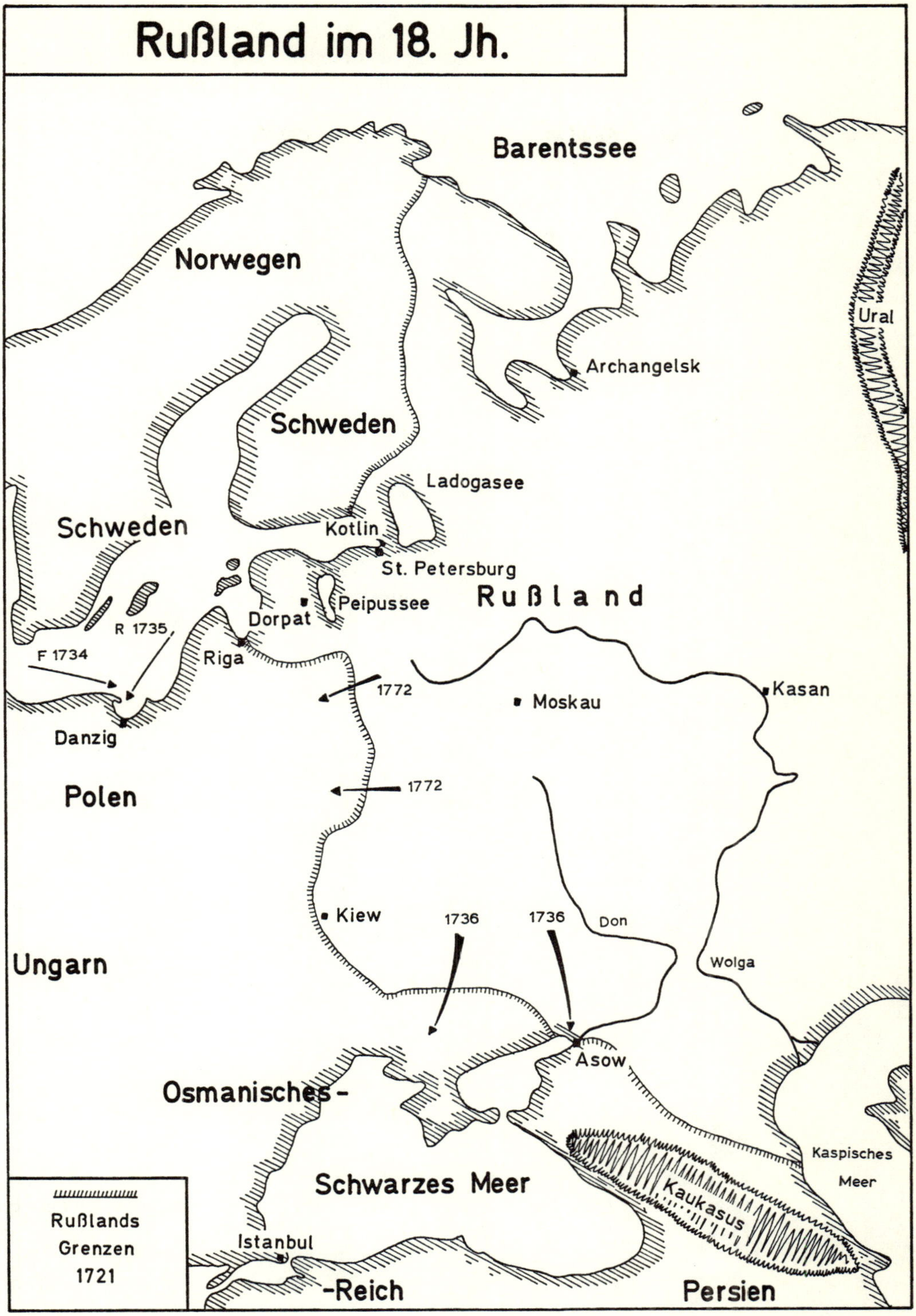
Rußland im 18. Jh.
Barentssee
Norwegen
Ural
Archangelsk
Schweden
Ladogasee
Schweden
Kotlin
St. Petersburg
Rußland
Peipussee
Dorpat
R 1735
F 1734
Riga
1772
Kasan
Moskau
Danzig
Polen
1772
Kiew
1736
1736
Don
Ungarn
Wolga
Asow
Osmanisches-
Kaspisches Meer
Schwarzes Meer
Kaukasus
Rußlands Grenzen 1721
Istanbul
-Reich
Persien

	heran. Die Schlacht endet schließlich ohne große Verluste unentschieden. Die Flotte der Verbündeten läuft weiter unbehindert nach Barcelona. Adm. Mathews wird verabschiedet, da er seine Flotte nicht geschlossen an den Feind gebracht hat.
19. Mai 1744	Zwei französische Linienschiffe erobern vor Portugal das britische Linienschiff »Northumberland«.
16. Okt. 1744	In einem nächtlichen Sturm geht bei den Kanalinseln die »Victory« (100), eines der stärksten britischen Linienschiffe, mit Admiral und gesamter Besatzung verloren.
15. Aug. 1746	Das britische Blockadegeschwader vor Brest erobert zwei aus Amerika zurückkehrende französische Linienschiffe.
Sept. 1746	Ein britisches Expeditionskorps versucht vergeblich Lorient zu erobern.
22. Okt. 1746	Im Atlantik erobert das britische Linienschiff »Nottingham« (60) nach hartem Kampf die französische »Mars« (64).
30. Nov. 1746	Ein britisches Geschwader erobert und verbrennt in der Bucht von Quiberon ein französisches Linienschiff.
14. Mai 1747	**Erste Seeschlacht bei Kap Finisterre.** Adm. Anson (E) trifft mit 17 Linienschiffen auf einen großen französischen Geleitzug. Dieser wird von den Linienschiffen »Serieux« (64), »Invincible« (74), »Rubis« (52) und »Jason« (50) sowie zehn weiteren Kriegsschiffen unter de la Jonquières gedeckt. Bei der großen Übermacht befiehlt Anson »Allgemeine Jagd«. In einem Verfolgungsgefecht werden alle Linienschiffe sowie acht der übrigen Kriegsschiffe erobert, der Geleitzug aber entkommt. Admiral Jonquières fällt.
1. Juli 1747	Ein Geschwader von sechs britischen Linienschiffen erobert westlich der Biskaya ein reiches französisches Westindiengeleit von 50 Schiffen. Die drei geleitenden Linienschiffe entkommen.
25. Okt. 1747	**Zweite Seeschlacht bei Kap Finisterre.** Diesmal trifft KAdm. Hawke mit 14 Linienschiffen auf einen französischen Geleitzug, gedeckt durch neun Linienschiffe unter Com. l'Entenduere. Dieser läßt das Geleit mit einem Linienschiff fliehen und nimmt mit den übrigen Schiffen den Kampf auf. Hawke stürzt sich ebenfalls mit dem Befehl »Allgemeine Jagd« auf den Gegner. Dieser verteidigt sich so energisch, daß Hawke bis in die Nacht braucht, um ihn niederzukämpfen. Sechs Linienschiffe werden erobert, nur zwei können in der Dunkelheit schwer beschädigt entkommen. Das Geleit ist zwar gerettet, die Franzosen verlieren aber ihr letztes einsatzfähiges Deckungsgeschwader. Von den entkommenen Handelsschiffen können die Briten in Westindien 35 abfangen.
17. bis 19. Okt. 1747	**Gefecht vor Lagos.** Nach Rückkehr aus Westindien trifft das spanische Linienschiff »Glorioso« (74) auf zwei britische Fregatten, die sofort angreifen. Nachdem die beiden Gegner abgewehrt sind, greift das Linienschiff »Dartmouth« (50) an, das nach kurzem Artillerieduell in die Luft fliegt. Erst als auch die »Russell« (80) erscheint, kapituliert der Spanier.
11. Febr. 1748	Das durch einen Sturm beschädigte französische Linienschiff »Magnamine« (74) unterliegt vor Brest erst nach sechs Stunden Kampf zwei britischen Linienschiffen.
	In den **Kolonien** wird zwischen Großbritannien und Frankreich/Spanien mit kleineren Verbänden heftig gekämpft. In Westindien erobern die Briten einige Plätze, in Ostindien sind die Franzosen erfolgreich.
2. Dez. 1739	Ein britisches Geschwader von sechs Linienschiffen unter VAdm. Vernon erobert den spanischen Hafen Puerto Bello in Panama, zerstört die Befestigungen und macht reiche Beute.

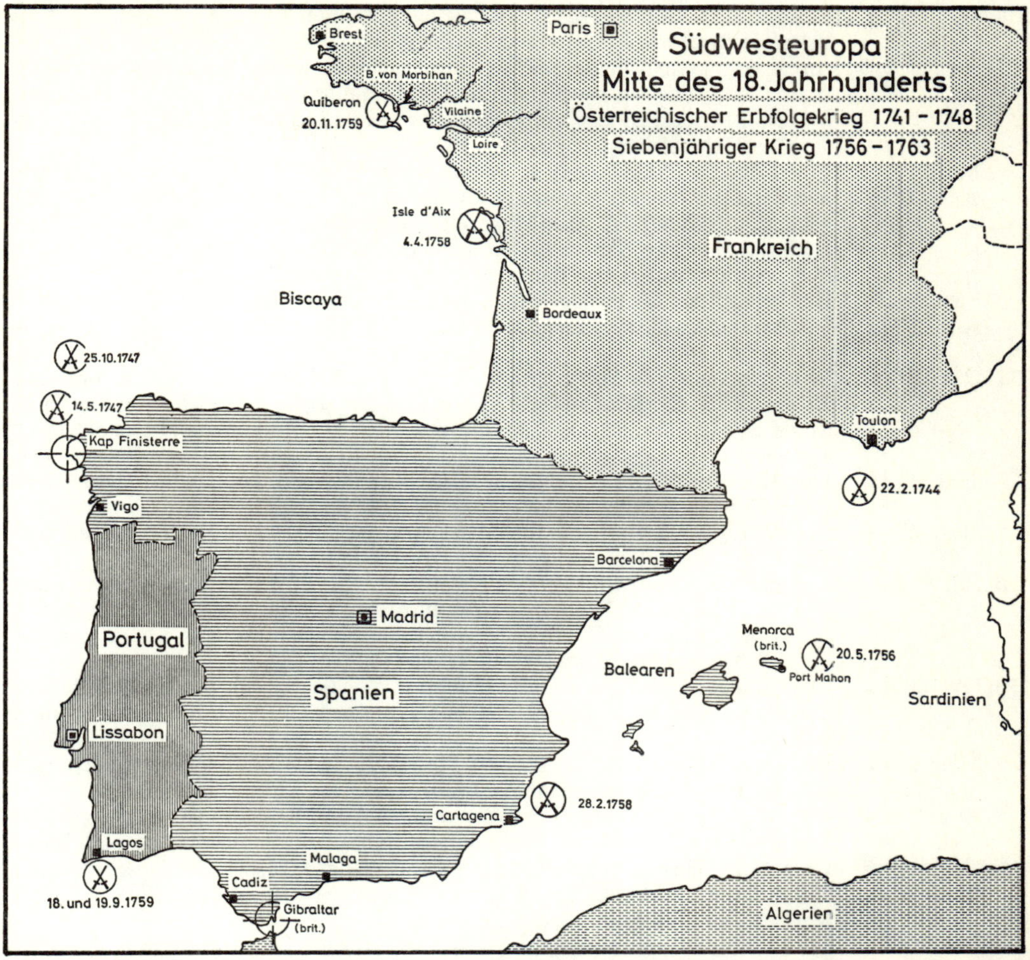
Südwesteuropa
Mitte des 18. Jahrhunderts
Österreichischer Erbfolgekrieg 1741 - 1748
Siebenjähriger Krieg 1756 - 1763
Paris
Brest
B. von Morbihan
Quiberon
20.11.1759
Vilaine
Loire
Isle d'Aix
4.4.1758
Frankreich
Biscaya
Bordeaux
25.10.1747
14.5.1747
Kap Finisterre
Vigo
Toulon
22.2.1744
Barcelona
Madrid
Portugal
Spanien
Lissabon
Menorca
(brit.)
20.5.1756
Port Mahon
Balearen
Sardinien
28.2.1758
Cartagena
Lagos
Malaga
Cadiz
18. und 19.9.1759
Gibraltar
(brit.)
Algerien

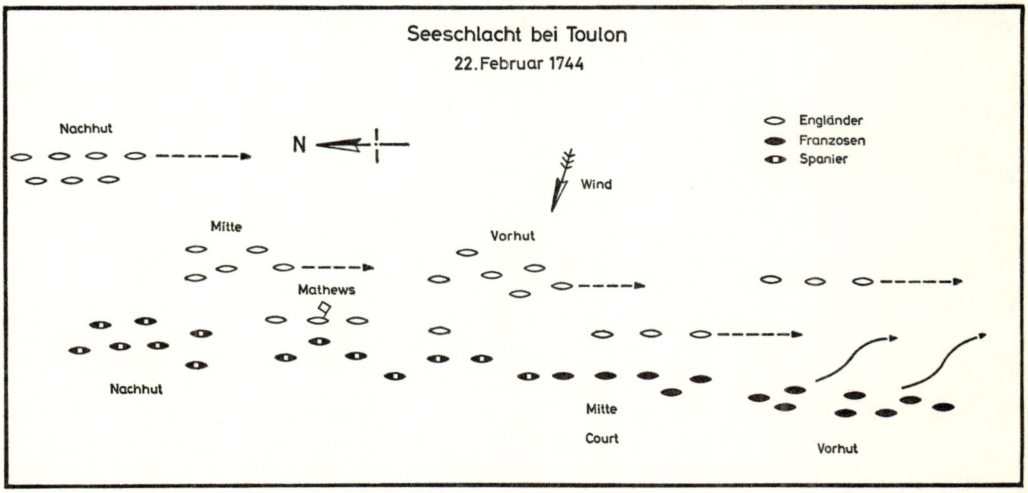
Seeschlacht bei Toulon
22. Februar 1744
Nachhut
N
Engländer
Franzosen
Spanier
Wind
Mitte
Vorhut
Mathews
Nachhut
Mitte
Court
Vorhut

Sept. 1740	Ein britisches Geschwader von sechs Schiffen unter Com. Anson geht um Kap Hoorn in den Pazifik zum Handelskrieg gegen die Spanier. Im Juni 1744 kehrt Anson mit seinem Flaggschiff »Centurion« (60) wieder zurück, alle anderen Schiffe sind verloren gegangen. Die Fahrt ist nicht nur ihrer militärischen und wirtschaftlichen, sondern vor allem ihrer wissenschaftlichen Bedeutung wegen in die Geschichte eingegangen.
März, April 1741	Eine britische Flotte von 29 Linienschiffen und fast 100 Fahrzeugen und Transportern unter VAdm. Vernon greift den starken spanischen Stützpunkt Cartagena in Westindien an. Nach längeren Kämpfen um die Forts werden die Briten abgewiesen. Eines der im Hafen liegenden Linienschiffe können sie erobern, fünf weitere werden von den Spaniern selbst versenkt.
Febr. und April 1743	Ein britisches Geschwader von fünf Linienschiffen beschießt die spanischen Stützpunkte La Guayra und Puerto Cabello in Westindien, deren Eroberung allerdings scheitert.
31. Okt. 1744	In einem schweren Sturm stranden an der Küste von Jamaica acht britische Kriegsschiffe, darunter zwei 50 Kanonenschiffe sowie zahlreiche Handelsschiffe, sie werden Totalverluste. Mehrere weitere Schiffe können nach der Strandung noch geborgen werden.
Juni 1745	Die Briten erobern Louisburg, Kanada, wobei ihnen das französische Linienschiff »Vigilante« (64) in die Hände fällt.
Nov. 1745	Bei Martinique erobern die Briten aus einem französischen Nachschubgeleit 30 von 40 Schiffen.
6. Juli 1746	**Gefecht bei Nagapattinam.** Der Befehlshaber des französischen Geschwaders von acht Schiffen mit 282 Kanonen im Indischen Ozean, Adm. La Bourdonnaye, schlägt ein britisches Geschwader von sechs Schiffen mit 270 Kanonen unter Peyton. Madras fällt darauf in die Hände der Franzosen.
30. Okt. 1746	Zwei französische Linienschiffe greifen in Westindien ein britisches Geleit an und erobern eines der beiden deckenden kleinen Linienschiffe, der Rest kann entkommen.
März 1748	Ein britisches Geschwader erobert Port Louis an der Südküste von Hispaniola/Haiti und zerstört die Hafenanlagen.
Aug. bis Okt. 1748	Das britische Ostindiengeschwader unter KAdm. Boscawen versucht vergeblich, durch Land- und Seeblockade den Franzosen Pondicherry zu entreißen.
12. Okt. 1748	**Gefecht bei Havanna.** Ein britisches Geschwader von sechs Linienschiffen mit 390 Kanonen unter KAdm. Knowles trifft auf ebensoviele spanische mit 400 Kanonen unter KAdm. Spinola. Ein spanisches Schiff streicht nach harter Gegenwehr die Flagge, ein zweites wird von seiner Besatzung verbrannt, um seine Eroberung zu verhindern.
1748	**Friede von Aachen.** Preußen behält das eroberte Schlesien, die übrigen Eroberungen werden zurückgegeben. Frankreichs Erfolge zu Lande werden durch seine Ohnmacht zur See mehr als aufgewogen. Im Handelskrieg verliert jede Seite über 3300 Schiffe. Frankreichs Handel ist damit wieder ruiniert. Aber auch England hat mehr gelitten als sonst.
1741–1743	**Krieg Schweden gegen Rußland**
	Obwohl die schwedische Flotte mit 23 Linienschiffen der russischen Ostseeflotte von 14 Linienschiffen klar überlegen ist, versäumt sie es unter unfähigen Führern, das Heer in Finnland tatkräftig zu unterstützen. Dieses wird von den russischen Landtruppen mit Unterstützung der Schärenflotte geschlagen.
31. Mai 1743	In einem Gefecht bei Hangö weist ein russisches Schärengeschwader – dank seiner guten Stellung – den Angriff eines stärkeren schwedischen Geschwaders ab. Im **Frieden von Abo** muß Schweden weitere Gebiete in Finnland an Rußland abtreten.
April 1749	In Ostindien sinken in einem schweren Sturm die britischen Linienschiffe »Namur« (74) und »Pembroke« (60) sowie mehrere Ostindienfahrer. Über 1000 Mann kommen um.

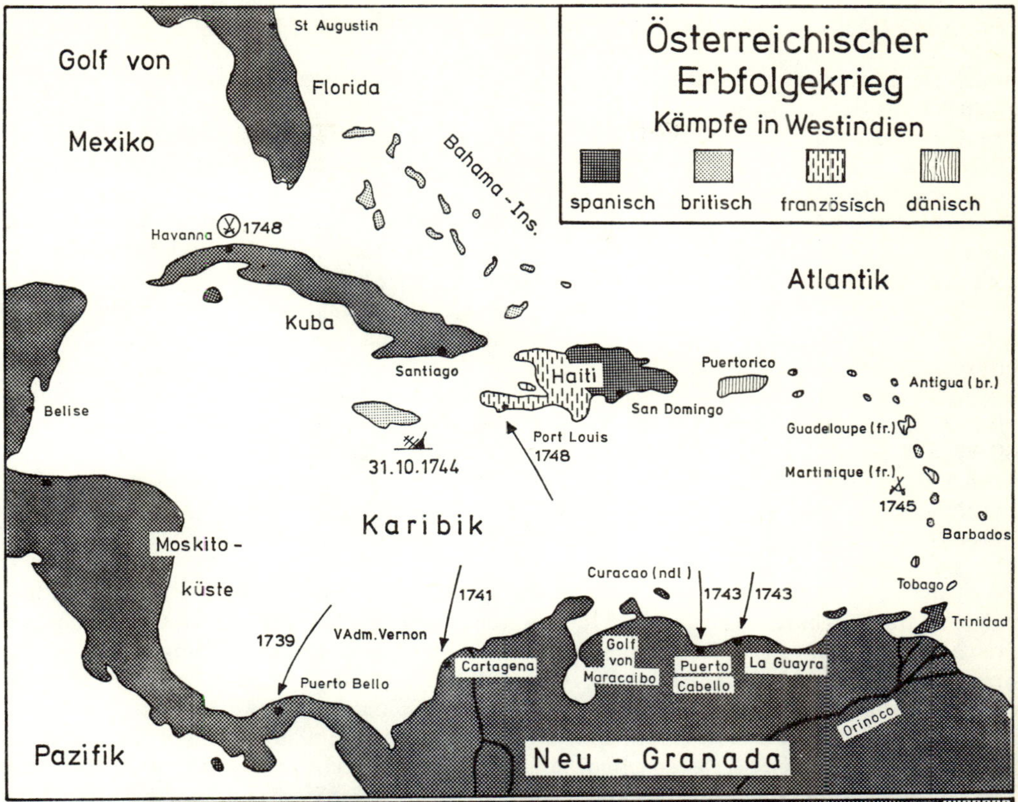

Österreichischer Erbfolgekrieg
Kämpfe in Westindien
spanisch
britisch
französisch
dänisch
Golf von Mexiko
St Augustin
Florida
Bahama-Ins.
Havanna
1748
Kuba
Santiago
Atlantik
Haiti
San Domingo
Puertorico
Antigua (br.)
Guadeloupe (fr.)
Martinique (fr.)
1745
Barbados
Belise
Port Louis
1748
31.10.1744
Karibik
Moskito-küste
1739
VAdm. Vernon
1741
Curacao (ndl)
1743
1743
Tobago
Trinidad
Puerto Bello
Cartagena
Golf von Maracaibo
Puerto Cabello
La Guayra
Orinoco
Pazifik
Neu-Granada

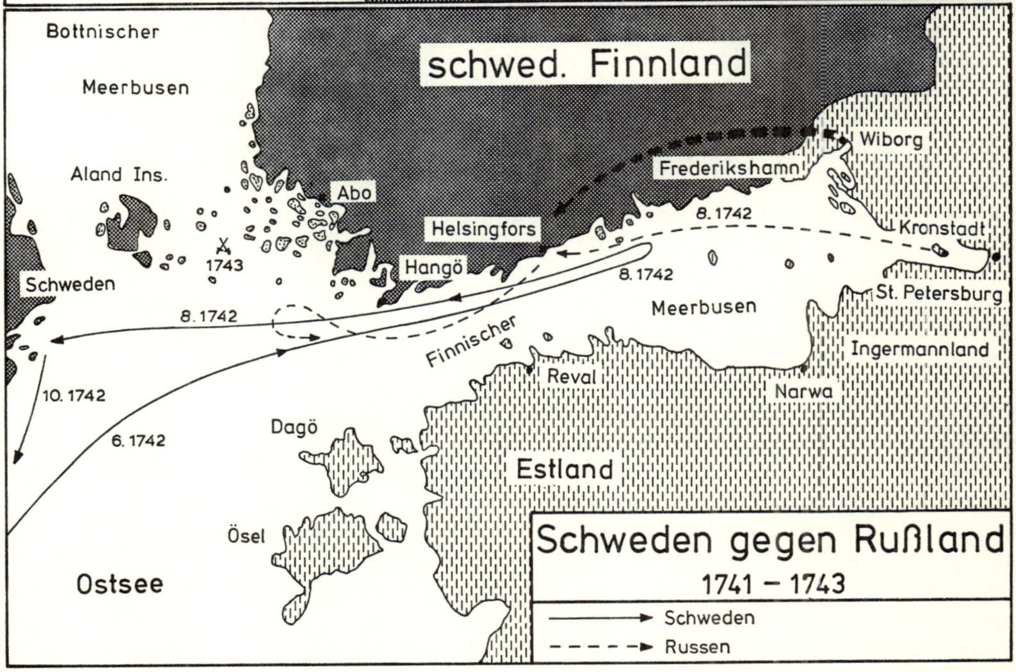

Bottnischer Meerbusen
schwed. Finnland
Wiborg
Frederikshamn
Aland Ins.
Abo
Helsingfors
8.1742
Kronstadt
1743
Hangö
8.1742
Schweden
St. Petersburg
8.1742
Meerbusen
Finnischer
Ingermannland
Reval
Narwa
10.1742
6.1742
Dagö
Estland
Ösel
Ostsee
Schweden gegen Rußland
1741 – 1743
Schweden
Russen

Die Seekriege in der zweiten Hälfte des 18. Jahrhunderts

In den vierzig Jahren von 1750 bis 1790 gab es wieder eine Reihe von Kriegen, deren Ausgang durch den Einsatz von Seestreitkräften wesentlich beeinflußt wurde. Es waren dies der Siebenjährige Krieg, der Nordamerikanische Unabhängigkeitskrieg, die Kriege zwischen Rußland und der Türkei und der Krieg Rußland gegen Schweden. Ferner fiel in diese Zeit die Erschließung des Pazifik für das marinestrategische Weltbild.

Der **Siebenjährige Krieg** war der erste große, weltweite See- und Landkrieg. Nach dem Frieden von Aachen 1748 bestanden die Spannungen zwischen Großbritannien und Frankreich in den Kolonien weiter. In Nordamerika kam es zwischen den britischen Siedlern und den Franzosen und den mit diesen verbündeten Indianerstämmen zu ständigen Reibungen, die über den Kleinkrieg schließlich in offene Kampfhandlungen von regulären Truppen übergingen. In Indien suchten die britischen und französischen Handelskompanien aus dem Niedergang des Reiches der Mogulen ihren Einfluß auf dem Subkontinent zu erweitern; sie kamen im Bündnis mit den jeweils befreundeten Fürsten zur offenen Konfrontation. In einem fließenden Übergang war bis 1755 in Übersee der offene, aber noch nicht erklärte Kolonialkrieg im Gange. Britische Kreuzer machten ab 1754 Jagd auf die französischen Handelsschiffe, und das britische Atlantikgeschwader unterbrach ab 1755 französische Truppentransporte nach Kanada. Es war nur eine Frage von kurzer Zeit, wann auch in Europa der Krieg um die Weltherrschaft zwischen Großbritannien und Frankreich wieder voll ausbrechen würde.

Dort hatten in den letzten Jahren die Bündnisse einen überraschenden Wechsel erfahren. Großbritannien hatte sich in einer im Januar 1756 abgeschlossenen Konvention die Unterstützung von Preußen zum Schutz seines Besitzes in Deutschland, des Kurfürstentums Hannover, gesichert. Frankreich schloß darauf im Mai das unerwartete Bündnis mit dem ehemaligen Erzrivalen, den österreichischen Habsburgern, dem sich noch Rußland anschloß. Preußen wählte darauf wieder die Flucht nach vorn und eröffnete die Kampfhandlungen mit einem Einfall in Sachsen. Darauf traten noch das protestantische Schweden und neben mehreren katholischen auch einige protestantische Reichsfürsten auf die Seite der Gegner Preußens. Trotz glänzender Siege von Friedrich d. Gr. wäre Preußen ohne die finanzielle Unterstützung durch Großbritannien unter der Führung von William Pitt d. Ä. und den rechtzeitigen Tod der russischen Zarin Elisabeth I. verloren gewesen. Die Entscheidung über den Erfolg in diesem weltweiten Krieg fiel aber auf den Weltmeeren.

Es standen zu Kriegsbeginn den 120 britischen Linienschiffen nur 70 französische gegenüber. Die Größe der Linienschiffe war bereits auf rund 2000 t Wasserverdrängung angewachsen, die der neuen schnellen Fregatten auf 700 t.

Erst nachdem das französische Mittelmeergeschwader überraschend den britischen Stützpunkt Port Mahon auf Menorca angegriffen hatte, erfolgten die Kriegserklärungen zwischen Großbritannien und Frankreich. Neben der Unterstützung Preußens waren die Schwerpunkte der britischen Kriegführung die Unterstützung des Kolonialkrieges in Amerika, die Blockade der französischen Atlantikhäfen und Angriffe auf die Küste, um französische Truppen vom Kampf in Deutschland abzuziehen. Ferner Angriffe auf die französischen Kolonien in Westindien, Afrika und Ostindien. Da Frankreich auf den Weltmeeren den Briten zu unterliegen drohte und Preußen gegen die Übermacht zu Lande keine unmittelbare Gefahr für Frankreich bedeutete, wollte Frankreichs Staatsminister Choiseul den Krieg mit einem Schlag durch eine Landung in England beenden. Dazu wurde in der Bucht von Morbihan ein Heer von 30 000 Mann zusammengezogen, weitere Truppen in Ostende und Dünkirchen für eine Landung in Irland bereitgestellt. Die französischen Mittelmeer- und Atlantikflotten sollten sich vor der Loiremündung versammeln, um diese Landung zu decken. In den beiden Seeschlachten bei Lagos und der Bucht von Quiberon wurden jedoch beide Flotten von den Briten vernichtet. Das Jahr 1759 war damit die große Wende in diesem Krieg. Von nun an beherrschte die britische Flotte die Meere und konnte den Krieg in Übersee für Großbritannien entscheiden.

In zahlreichen kombinierten Land- und Seeoperationen wurden die wichtigsten Plätze in Kanada wie Louisburg, der Schlüssel zum St. Lorenzstrom, Quebec und Montreal erobert. In Westindien wurden mit Guadaloupe, Dominica und Martinique alle wichtigen französischen Besitzungen erobert. In Ostindien wurde Clive bei der Vertreibung der Franzosen und dem Legen des Grundsteines zum britisch-indischen Imperium unterstützt. Als Spanien im Januar 1762 aufgrund eines Familienpaktes an der Seite von Frankreich in den Krieg eintrat, wurden seine überseeischen Gebiete zu einer leichten Beute für die britische Flotte. Im letzten Kriegsjahr konnten die Engländer daher noch die wichtigen Stützpunkte Havanna und Manila erobern.

Seit dem Jahr 1759 hatte sich die Flotte Frankreichs auf den Handelskrieg beschränken müssen, der wegen der Überlegenheit der britischen Flotte und der engen Blockade der Küsten bei weitem nicht so erfolgreich wie in früheren Kriegen war. Die Briten hatten dagegen den französischen Seehandel gänzlich unterbunden. Sie waren auch in diesem Krieg erstmals gegen die neutrale Schiffahrt energischer vorgegangen und hatten den alten Grundsatz »Frei Schiff – Frei Gut« nicht mehr befolgt. Dadurch war vor allem der niederländische und spanische Handel sehr geschädigt worden. Spanien wurde dadurch schließlich an die Seite Frankreichs gebracht. Nach der Thronbesteigung von König Georg III. in Großbritannien, der sich mit Pitt nicht vertrug, trat letzterer von der Leitung der Politik zurück, und es kam 1763 zum Frieden von Paris, in welchem Frankreich nach der militärischen Lage sogar noch glimpflich davonkam. Es mußte an Großbritannien Kanada, die Inseln St. Vincent, Dominica und Tobago in Westindien, Senegal in Afrika und seine Ansprüche in Ostindien – außer fünf Handelsplätzen – abtreten. Von Spanien erhielt Großbritannien Florida, das dafür von Frankreich Louisiana erhielt. Frankreich hatte damit das von Colbert und Ludwig XIV. errichtete erste Kolonialreich fast vollständig verloren. Großbritannien trat nun die Nachfolge von Spanien als die erste Macht in den Kolonien in Übersee an. Spanien mußte ferner Menorca an Großbritannien zurückgeben. Im gleichzeitigen Frieden von Hubertusburg konnte Friedrich d. Gr. seinen Besitz behalten. Maria Theresia mußte endgültig auf Schlesien verzichten.

Bei den langen Kreuzfahrten seit dem Aufkommen der Segelflotten, den Reisen nach Übersee und den Blockadekreuzfahrten erlitten die Flotten die größten Verluste durch Krankheiten. Skorbut und Darmkrankheiten waren bei der einseitigen Verpflegung und den unmöglichen sanitären Zuständen an Bord der Schiffe an der Tagesordnung. Die britische Flotte verlor im letzten Krieg 1500 Tote durch Kampfhandlungen, aber rund 100000 Tote durch Krankheiten. Mit Hawke begann wieder eine Generation von Seeoffizieren aufzurücken, die bereit waren, von der starren Formaltaktik abzugehen, und den Sieg im kühnen Wagen und Angreifen zu suchen.

Der Tod von König August III. von Polen und Sachsen führte zu einer neuerlichen Auseinandersetzung zwischen Rußland und Polen. Die **Türkei** erklärte wegen Grenzverletzungen russischer Truppen Rußland den Krieg. Die Zarin Katharina II. sandte darauf ein starkes Geschwader von der Ostsee in das Mittelmeer, das die von den Türken unterworfenen Völker, vor allem die Griechen zum Aufstand ermuntern sollte. Dieses stand unter dem Grafen Orlow, der bei der Ermordung des Zaren Peter III. und der Thronbesteigung seiner Gattin Katharina eine wesentliche Rolle gespielt hatte. Trotz der Vernichtung der türkischen Flotte bei Tschesme durch die Russen, konnte deren Geschwader im Mittelmeer keine weiteren Erfolge erzielen. Es kam schließlich zur ersten Teilung Polens, wobei Rußland Grenzgebiete an der Düna und am Dnjepr, Preußen Ermland und Westpreußen, Österreich Galizien erhielt. Rußland hatte nun die Hand frei zu einer Landoffensive gegen die Türkei, die schließlich zum Frieden von Kutschuk-Kainardsche genötigt war. Neben beträchtlichem territorialem Gewinn an Bug und Dnjepr sowie im Kaukasus erhielt Rußland darin die freie Schiffahrt auf dem Schwarzen Meer und das Passagerecht durch die türkischen Meerengen Bosporus und Dardanellen für seine Handelsschiffahrt zugesprochen.

Der **Unabhängigkeitskrieg** der britischen Kolonien in Nordamerika führte wieder zu einem großen Seekrieg, in welchem die Flotte Großbritanniens denen von Frankreich, Spanien und der Niederlande gegenüberstand. Wegen jahrelanger Meinungsverschiedenheiten zwischen Siedlern der alten Kolonien Großbritanniens in Nordamerika über die Steuergesetzgebung, Handelsbeschränkungen und Siedlungsverbote kam es schließlich zur Empörung. Der erste Zusammenstoß amerikanischer Miliz mit britischen Truppen erfolgte am 19. April 1775 bei Lexington. Bald darauf übernahm George Washington die militärische Führung der Befreiungsarmee. Nach dem Sieg der Amerikaner bei Saratoga 1777 konnte Benjamin Franklin Frankreich zum Verbündeten für die USA gewinnen.

Der Versuch der Amerikaner, die junge britische Kolonie Kanada zum Anschluß an den Aufstand zu bewegen, schlug fehl. Der Vorstoß eines amerikanischen Truppenverbands scheiterte vor Montreal; die britische Flotte, die den St. Lorenzstrom beherrschte, unterstützte die britischen Truppen beim erfolgreichen Gegenangriff.
Die 13 aufständischen Kolonien standen daher zu Kriegsbeginn dem überlegenen britischen Expeditionsheer in einer ungünstigen strategischen Lage gegenüber. Wegen der absoluten Seeherrschaft der Royal Navy mußten sie mit Angriffen auf der ganzen langen Küstenfront und aus dem Norden von Kanada rechnen. Es war nur das glänzende militärische Geschick von Washington, das über diese Krisenzeiten hinweghalf. Dazu kam die Verteidigung des Champlainsees durch die kleine Flottille der Aufständischen unter General Benedict Arnold, welche den Vorstoß der Briten von Kanada aus um ein Jahr verzögerte und dadurch den Erfolg bei Saratoga im folgenden Jahr erst ermöglichte. Mit dem Eintritt Frankreichs in den Krieg 1778, dem später Spanien und die Niederlande folgten, stand Großbritannien der gefährlichsten Koalition seiner Geschichte bis zum Zweiten Weltkrieg gegenüber.

Frankreich hatte sich von seinem Rückschlag nach dem Siebenjährigen Krieg unter der Führung von Choiseul rasch erholt. Es hatte Korsika im Mittelmeer erworben und seine Flotte wieder auf eine beachtliche Höhe gebracht. Es verfügte bei Kriegsausbruch über rund 80 Linienschiffe, fast alle jünger als 20 Jahre und in gutem Zustand. Auch die spanische Flotte war wieder zahlenmäßig stark, sie verfügte ebenfalls über rund 80 Linienschiffe, die Personalausbildung und die Versorgungseinrichtungen waren aber sehr mangelhaft. Die Niederlande, die noch immer über einen beträchtlichen Seehandel verfügten, hatten nur elf alte Linienschiffe, ihre Handelsflotte konnte daher vor den Angriffen der britischen Kreuzer nicht geschützt werden. Die Royal Navy zählte zu Kriegsbeginn mit Frankreich über 130 Linienschiffe, die aber zum Teil bereits in den amerikanischen Gewässern eingesetzt waren.
Die Amerikaner, bisher praktisch ohne Flotte, erhofften sich mit dem Kriegseintritt Frankreichs eine tatkräftige Unterstützung durch dessen Flotte. VAdm. D'Estaing erschien zwar bereits im ersten Kriegsjahr mit einem Geschwader von 17 Linienschiffen vor New York, segelte aber bald nach Westindien weiter, ohne Entscheidendes erreicht zu haben. Die Verbündeten der USA stellten in diesem Krieg überhaupt die eigenen Interessen über das koordinierte Vorgehen. Frankreich verfolgte seine eigenen Ziele in Westindien, im Mittelmeer und in Ostindien, Spanien betrieb die Wiedererringung von Menorca, Gibraltar und Jamaika. Dabei wäre in diesem Krieg die einmalige Gelegenheit gewesen, den Briten die Seeherrschaft im Kanal zu entreißen und damit durch eine Landung den Krieg mit einem Schlag zu entscheiden.

Im Jahr 1780 bildete sich gegen die Übergriffe der britischen Flotte auf die neutrale Handelsschifffahrt die sogenannte **»Bewaffnete Neutralität«.** Auf Betreiben von Kaiserin Katharina II. von Rußland wurde von einer Reihe neutraler Staaten ein Schutzbündnis geschlossen, um sich gegen diese Übergriffe zu wehren. Als die Niederlande diesem Bündnis beitraten, erklärte ihnen Großbritannien den Krieg.
Mit dem Eingreifen Frankreichs und Spaniens in den Unabhängigkeitskrieg wurde dieser zu einem Seekrieg, dessen Entscheidung im Atlantik fiel. Wegen der Unwetterzeiten, welche die Flotten vermeiden mußten, spielten sich die Kampfhandlungen im Sommer vor der nordamerikanischen Küste und im Winter in Westindien ab.

Solange die französische Flotte die Amerikaner nicht ernsthaft unterstützte, konnten diese sich gegen die Briten, die ihre Kräfte nach Wunsch über See ansetzen konnten, nicht durchsetzen. Als im Sommer 1781 ein starkes französisches Geschwader vor der Küste von Virginia erwartet wurde, stoppte Washington einen geplanten Angriff auf New York und konzentrierte seine Hauptmacht zum Angriff auf die bei Yorktown stehenden britischen Truppen unter General Cornwallis. Dieser konnte sich nur bei einer gesicherten Seeverbindung durch die Chesapeake Bucht halten. Um diese sicherzustellen, sandten die Briten ein Geschwader vor deren Eingang, wo sie auf die Franzosen unter de Grasse trafen. In der folgenden Seeschlacht bei Kap Henry behaupteten die Franzosen ihre Position, die Verbindung der Briten mit Cornwallis war unterbrochen, dieser schließlich zur Kapitulation gezwungen. Die Amerikaner hatten damit endgültig die Oberhand auf dem Festland gewonnen, ihre Unabhängigkeit war – neben ihren eigenen Leistungen – durch einen Seesieg der französischen Flotte sichergestellt. Großbritannien begann sich in der Folge mit dem Verlust der nordamerikanischen Kolonien abzufinden, setzte aber den Kampf um Westindien gegen Frankreich und Spanien mit vermehrter Energie fort. Es folgten dort eine Reihe bedeutender Seeschlachten, welche die Taktik der Segelflotten stark beeinflußten. Dabei ging es vor allem um den Kampf um Stützpunkte und Truppengeleite.

Im Mittelmeer, wo die Briten den Verbündeten die Seeherrschaft überlassen mußten, konnten sie den Verlust von Menorca nicht verhindern, das mehrfach angegriffene Gibraltar wurde jedoch gehalten und konnte von der Flotte immer rechtzeitig versorgt werden. In den Sommern der Jahre 1781 und 1782 erschien die Flotte der Verbündeten in Stärke von rund 50 Linienschiffen im Kanal. Die halb so starke britische Kanalflotte wich der offenen Konfrontations aus. Der spanische Befehlshaber der Verbündeten, Adm. Cordoba, konnte sich zu keinem energischen Vorgehen entschließen, so daß die Überlegenheit nicht in meßbare Erfolge umgesetzt werden konnte. Weder ein Angriff auf das in der Torbay liegende britische Geschwader, noch der Versuch einer Landung wurde unternommen. Diese starke Flotte der Verbündeten vor den eigenen Küsten machte jedoch die britische Öffentlichkeit zu einem baldigen Friedensschluß geneigt.
In Ostindien führte der Befehlshaber des französischen Geschwaders, KAdm. Suffren, ohne eigene Stützpunkte mit viel Geschick den Seekrieg gegen die Briten, konnte aber in den fünf Seeschlachten keinen entscheidenden Vorteil erringen.
Der Handelskrieg hatte auch bei den Briten großen Schaden angerichtet. Beide Seiten waren daher 1782 bereit, Frieden zu schließen.

Im Frieden von Versailles mußten die Engländer die Unabhängigkeit der USA bestätigen, Spanien erhielt Menorca und Florida zugesprochen. Frankreich erhielt Tobago und ein kleines Gebiet in Westafrika. Es war dies der erste Seekrieg, in welchem Großbritannien Verluste hinnehmen mußte. In diesem Seekrieg war es erstmals in Gefahr, zur See überwältigt zu werden.

In der britischen Flotte bewährten sich die gekupferten Schiffsböden, durch die die Geschwindigkeit erhöht wurde. Ferner wurden sogenannte Karronaden eingeführt, Geschütze mit geringer Reichweite, aber großer Splitterwirkung. An den Geschützen wurde statt der gefährlichen Lunte ein Zündschloß eingeführt. Das Signalwesen wurde von Howe und Kempenfelt mit der Einführung eines Signalbuches verbessert. Mit der Seeschlacht bei Dominica bekam die Taktik neue Impulse. Trotz glänzender Voraussetzungen hatten die starken Flotten von Frankreich und Spanien versagt. Sie konnten wegen falscher Strategie und Taktik die mögliche Entscheidung zur See nicht herbeiführen. Frankreichs Wirtschaft war wieder einmal nach einem Seekrieg zerrüttet, das Land von den Ideen der Selbstbestimmung der Völker, die in Amerika verwirklicht wurden, durchdrungen. So hatte dieser Krieg die Grundlage für die bald folgende Revolution in Frankreich gelegt.
Bald nach dem Ende des amerikanischen Unabhängigkeitskrieges kam es in Osteuropa zu zwei Seekriegen, die wegen des Expansionsstrebens Rußland ausgebrochen waren.
Rußland, das sich seit Peter d. Gr. zu einem modernen Staat entwickelte, begann sich im 18. Jahrhundert in schneller Folge in alle Richtungen auszudehnen. Die Erschließung Sibiriens brachte die

Küsten des Pazifik in Reichweite, Persien wurde in mehreren Auseinandersetzungen zurückgedrängt, wobei im Kaspischen Meer einigemale Flottillen im Einsatz waren. Nach Westen ging die Expansion auf Kosten der ehemaligen Großmächte Schweden, Türkei und Polen. Schweden war gegen Ende des 18. Jahrhunderts bereits mit dem Verlust des Baltikums zu einer Ostseemacht zweiten Ranges abgesunken, Polen nach seiner ersten Teilung unter starkem Einfluß Rußlands geraten, nur die Türkei konnte ihre Position um das Schwarze Meer noch halten. Als Rußland die Halbinsel Krim, die seit dem Frieden von Kutschuk selbständig war, annektierte, kam es zu einem neuen **Krieg mit der Türkei.** Österreich trat zunächst auf der Seite des verbündeten Rußland in den Krieg ein, nach dem Regierungsantritt von Kaiser Leopold II. (1790) schloß es jedoch mit der Pforte Frieden, da Leopold die Expansion Rußlands auf dem Balkan für Österreich als gefährlicher einschätzte als die im Niedergang befindliche Türkei.

Die Hochseeflotte der Türkei war der russischen Schwarzmeerflotte an großen Schiffseinheiten (Linienschiffen und Fregatten) weit überlegen, für die Operationen in den Flußmündungen und flachen Küstengewässern verfügten die Russen aber über stärkere Verbände an Kleinkampfschiffen, die das Heer wirkungsvoll unterstützten. Während des Krieges verstärkten die Russen ihre Hochseeflotte im Schwarzen Meer durch eine Anzahl von Neubauten und konnten in einigen Seeschlachten dort die Seeherrschaft erringen. Diese Leistung ist um so bemerkenswerter, als Rußland ab 1788 einen Zweifrontenkrieg führen mußte.

Ab diesem Jahr befand sich Rußland in der Ostsee im **Krieg mit Schweden.** Dieses hatte unter politischer und materieller Unterstützung der Westmächte und der Türkei Rußland den Krieg erklärt. Für Schwedens König Gustav III. ging es dabei um die Rückeroberung von in den letzten Kriegen verlorenen Gebieten, wofür durch die Bindung Rußlands im Süden die Gelegenheit besonders günstig erschien; und er wollte durch diesen Krieg von seinen innenpolitischen Schwierigkeiten ablenken. Die Flotten der beiden Mächte in der Ostsee waren ungefähr gleich stark, Rußland mangelte es allerdings wegen des Krieges im Süden an genügend ausgebildeten Besatzungen, um alle Schiffe voll bemannen zu können. Es hielt sich daher vorwiegend in der Defensive. Die Schweden, unter der inkompetenten Führung ihres Königs, konnten zu Beginn keine entscheidenden Erfolge erzielen. Als im zweiten Kriegsjahr die Russen Teile ihrer Schärenflotte vom Schwarzen Meer in den Finnischen Meerbusen verlegten, konnten sie den Schweden einige empfindliche Niederlagen beibringen, die zum Frieden von Werelä führten, in welchen alles beim alten blieb. Die Hauptlast dieses Krieges trugen die Schärenflotten beider Länder, da die jeweiligen Hochseeflotten nur sehr mangelhaft eingesetzt worden waren.

Rußland konnte sich nun dem Krieg gegen die Türkei mit verstärkter Energie zuwenden und diese schließlich zum Frieden von Jassy zwingen. Auf Druck der übrigen Großmächte konnte es allerdings nicht die Früchte seiner Siege in vollem Umfang ernten und mußte sich mit einer Erweiterung seines Besitzes an der Nordküste des Schwarzen Meeres zufrieden geben. Nach diesen beiden Kriegen hatte das Rußland Katharinas d. Gr. sich eindeutig als Großmacht ersten Ranges erwiesen. Es hatte einen Zweifrontenkrieg erfolgreich durchgekämpft und sich endgültig als Seemacht in der Ostsee und dem Schwarzen Meer etabliert.

Im **Mittelmeer** versuchte in dieser Zeit Spanien noch einmal Algier zurückzuerobern, wurde aber verlustreich abgewiesen. Auch Oran und Mers el Kebir waren für Spanien nicht zu halten und mußten geräumt werden. Von dem einst großen Besitz Spaniens an der Küste von Nordafrika waren nur mehr Ceuta und Melilla übrig geblieben, die bis heute ein Bestandteil des spanischen Reiches, wenn auch bereits wieder umstritten, sind. Gegen die Übergriffe nordafrikanischer Korsaren unternahm die sterbende Markusrepublik von Venedig ihre letzten offensiven Unternehmungen zur See vor ihrem Ende in den französischen Revolutionskriegen.

In der zweiten Hälfte des 18. Jahrhunderts wurde vor allem durch die **Forschungsreisen** von Kapitän Cook der Pazifische Ozean geografisch und militärstrategisch erschlossen. Um einen der neuen

Stützpunkte an der Westküste von Nordamerika wäre es 1789 fast zum Krieg zwischen Großbritannien und Spanien gekommen, beide hatten ihre Flotten bereits mobilisiert. Auch in **Südamerika** kam es mehrfach zwischen Spanien und Portugal, unterstützt von Großbritannien, zu Auseinandersetzungen um den Besitz des heutigen Uruguay. Geschwader aus Europa kamen dabei zum Einsatz.

Nach Paul Hoste und Bigot de Morogues hatte 1781 der Schotte John Clerk das dritte bedeutende Buch über Segelschiffstaktik verfaßt. Wenn dieses auch erst 1804 in Druck erschienen ist, dürfte Adm. Rodney bereits bei seinen Kämpfen in Westindien das Manuskript gekannt haben. Es ist daher durchaus möglich, daß die Analysen von Clerk zur Abkehr von der Formaltaktik des 18. Jahrhunderts mit beigetragen hatten.

Für bedeutende Fortschritte im **Gesundheitswesen** ab 1754 machte sich der britische Marinearzt James Lind verdient. Er wies auf die vorbeugende Wirkung von Zitronensaft gegen Skorbut hin, verlangte Sauberkeit, um Seuchen zu verhindern und trat für die Isolierung von Infektionskranken ein. Waren noch 1780 rund 40 Prozent der aktiven Seeleute im Krankenstand, so fiel dieser Prozentsatz bis zur Jahrhundertwende auf ca. 10 Prozent ab.

1756–1763 Der Siebenjährige Krieg

Der Seekrieg in Europa

April 1756 — **Landung auf Menorca.** Eine französische Transportflotte von 150 Schiffen landet auf der Insel. Der britische Flottenstützpunkt Port Mahon wird belagert. Ein französisches Geschwader von 12 Linienschiffen unter Adm. la Galissonnière deckt die Operation.

20. Mai 1756 — **Seeschlacht bei Menorca.** Adm. John Byng greift mit 11 Linienschiffen die Franzosen vor Port Mahon an. La Galissonnière tritt ihm mit 10 Linienschiffen entgegen. Er erwartet die Briten in eng geschlossener Leestellung. Nur die englische Vorhut segelt nahe an den Gegner heran. Dabei erhält sie von den Franzosen wirkungsvolle Breitseiten. Die übrigen britischen Schiffe kämpfen auf große Distanz. Die Franzosen versäumen es, die britische Spitze zu umfassen, der Kampf endet taktisch unentschieden. Strategisch ist er ein französischer Erfolg, denn der Entsatz von Port Mahon ist gescheitert. Adm. Byng wird darauf von einem britischen Kriegsgericht zum Tode verurteilt und erschossen.

März 1756–Febr. 1757 — Innerhalb eines Jahres vernichtet die britische Fregatte »Tartar« (28), Kpt. Lockhart, in Einzelkämpfen sieben französische Fregatten und Korvetten.

14. Mai 1757 — Vor Brest erobert die britische »Antelope« (50) die französische »Aquilon« (50).

23. Nov. 1757 — In einem Nachtgefecht versenken die britischen Fregatten »Hussar« (28) und »Dolphin« (24) das französische Linienschiff »Alcion« (50).

28. Febr. 1758 — **Gefecht bei Cartagena.** Das britische Mittelmeergeschwader erobert nach kurzer Verfolgung aber harter Gegenwehr die französischen Linienschiffe »Foudroyant« (84), Orphée« (64) und »Oriflamme« (50), nur eine Fregatte kann entkommen.

4. April 1758 — **Gefecht vor der Isle d'Aix.** Ein französisches Geschwader von fünf Linienschiffen und mehreren Fregatten versucht auszulaufen. Adm. Hawke mit seinem Blockadegeschwader von sieben Linienschiffen und drei Fregatten schlägt den Gegner nach kurzem Kampf zurück.

13. April 1758	In der Biskaya gerät die »Prince George« (E, 90) in Brand und sinkt mit dem Großteil der Besatzung.
29. Mai 1758	Vor der französischen Küste muß sich das französische Linienschiff »Raisonnable« (64) den britischen »Dorsetshire« (70) und »Achilles« (60) ergeben.
Aug. 1758	Britische Landungstruppen unter Kpt. Howe erobern das nur schwach verteidigte Cherbourg und zerstören die Hafenanlagen, bevor sie sich wieder einschiffen.
Aug./Sept. 1758	Der Versuch der Briten, St. Malo mit Landungstruppen einzunehmen, scheitert. Beim Wiedereinschiffen erleiden sie schwere Verluste.
31. Okt. 1758	Vor der Küste von Cornwall erobert die britische »Antelope« (50) die französische »Belliqueux« (64).
28. März 1759	In der Nordsee treffen je zwei britische und französische Fregatten aufeinander. Eine der letzteren wird erobert.
3. bis 5. Juli 1759	Mit vier Linienschiffen, fünf Fregatten und sechs Bombenfahrzeugen beschießt KAdm. Rodney die bei Le Havre von den Franzosen für eine Invasion vorbereiteten Schiffe und Materialien mit großem Erfolg.
	Frankreich bereitet eine Landung in England vor. Nördlich der Loiremündung wird ein Heer von 30 000 Mann bereitgestellt. Sammelplatz für die französischen Flottenteile ist die Bucht von Morbihan. Die Toulonflotte läuft mit Kurs Atlantik aus.
18. und 19. Aug. 1759	**Seeschlacht bei Kap Sta. Maria** (Lagos, Ptg.). Beim Passieren von Gibraltar werden die Franzosen gesichtet. Das gerade im Hafen liegende britische Mittel-
18. Aug.	meergeschwader holt die Franzosen nach kurzer Verfolgung ein. Den 13 britischen Linienschiffen unter Boscawen stehen noch 7 Linienschiffe unter de la Clue gegenüber, die übrigen 5 Schiffe sind in der vergangenen Nacht nach Cadiz geflüchtet. Das französische Schlußschiff, die »Centaure«, hält, bevor sie unterliegt, die Verfolger so lange auf, daß noch zwei Schiffe in den Atlantik entkom-
19. Aug.	men, vier Schiffe laufen bei Lagos auf den Strand. Trotz der Neutralität von Portugal werden dort am nächsten Morgen von Boscawen zwei Schiffe erobert, die beiden anderen verbrannt. Das französische Mittelmeergeschwader ist damit ausgeschaltet. Admiral de la Clue fällt.
10. Sept. 1759	**Gefecht in der Odermündung.** Eine schwedische Galeerenflottille vernichtet die preußische Flottille von 13 Fahrzeugen und Galeeren. 600 Preußen geraten in Gefangenschaft, die Schweden kontrollieren die Flußmündung.
	Die Franzosen halten an ihrer Invasionsabsicht fest. Bei günstigem Wetter läuft das französische Atlantikgeschwader unter Marschall de Conflans aus Brest mit Kurs Loiremündung aus. Adm. Hawke nimmt mit seinem Blockadegeschwader sofort die Jagd auf die Franzosen auf.
20. Nov. 1759	**Seeschlacht bei Quiberon.** Bei aufkommendem Weststurm werden die Franzosen von dem britischen Blockadegeschwader nahe der französischen Küste bei der Bucht von Quiberon eingeholt. Adm. Hawke (Flaggschiff »Royal George«) verfügt über 27 Linienschiffe, de Conflans (Flaggschiff »Soleil Royal«) über 21 Linienschiffe. Conflans beschließt, in die Bucht einzulaufen.
	Das Fahrwasser ist durch viele kleine Inseln und Riffe sehr schwierig und nur mit Lotsen, die bei den Franzosen an Bord sind, zu befahren. Bei dem immer mehr auffrischenden WNW-Wind ist die Einfahrt besonders gefährlich. Adm. Hawke
14.00 Uhr	befiehlt trotzdem seiner Flotte ohne langes Zögern »Allgemeine Jagd«. Eben als das französische Geschwader in die Bucht einläuft, ist die englische Vorhut heran, die Spitzenschiffe eröffnen sofort den Kampf. In einem erbitterten Ringen

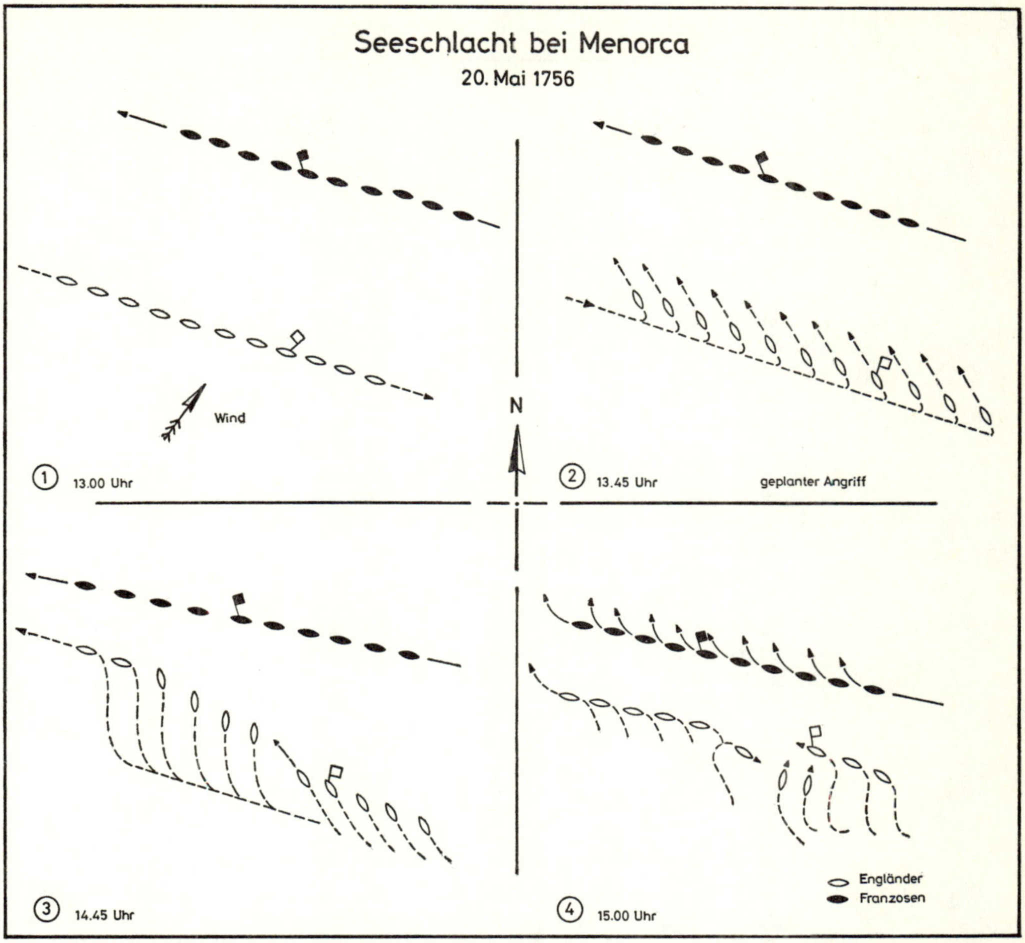
Seeschlacht bei Menorca
20. Mai 1756
Wind
N
① 13.00 Uhr
② 13.45 Uhr
geplanter Angriff
③ 14.45 Uhr
④ 15.00 Uhr
Engländer
Franzosen

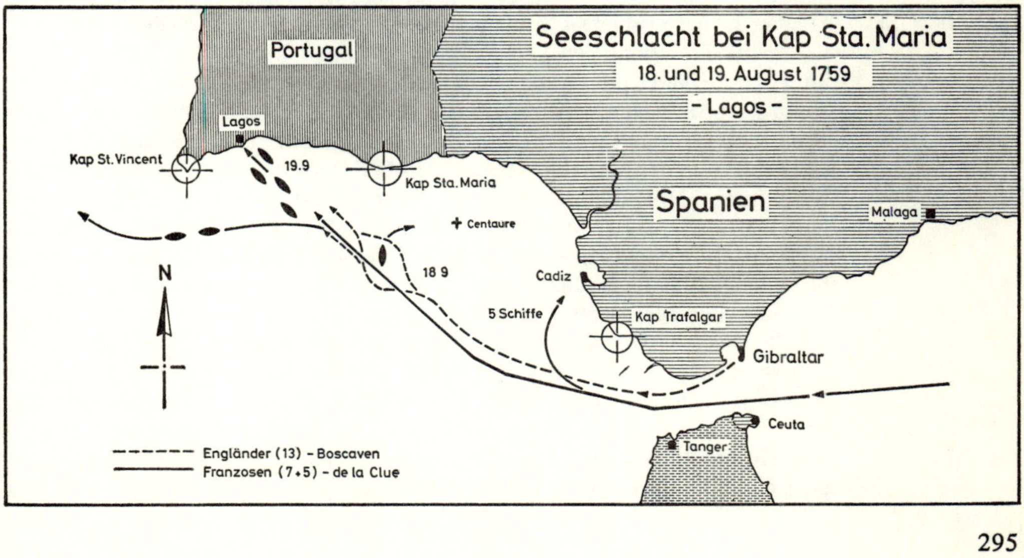
Seeschlacht bei Kap Sta. Maria
18. und 19. August 1759
- Lagos -
Portugal
Lagos
Kap St. Vincent
19.9
Kap Sta. Maria
Spanien
Malaga
+ Centaure
18 9
Cadiz
5 Schiffe
Kap Trafalgar
Gibraltar
Ceuta
Tanger
N
Engländer (13) - Boscaven
Franzosen (7+5) - de la Clue

Briten	Franzosen
»Royal George« (100) F	»Soleil Royal« (80) F +
»Union« (90)	»Tonnant« (80)
»Duke« (90)	»Formidable« (80) P
»Namur« (90)	»Orient« (80)
»Mars« (74)	»Intrépide« (74)
»Warspite« (74)	»Glorieux« (74)
»Hercules« (74)	»Thesée« (74) +
»Torbay« (74)	»Héros« (74) +
»Magnamine« (74)	»Robuste« (74)
»Resolution« (74) +	»Magnifique« (74)
»Hero« (74)	»Juste« (70) +
»Swifture« (70)	»Superbe« (70) +
»Dorsetshire« (70)	»Dauphin Royal« (70)
»Burford« (70)	»Dragon« (64)
»Chichester« (70)	»Northumberland« (64)
»Temple« (70)	»Sphinx« (64)
»Revenge« (64)	»Solitaire« (64)
»Essex« (64) +	»Brillant« (64)
»Kingston« (60)	»Eveille« (64)
»Intrepid« (60)	»Bizarre« (64)
»Montagu« (60)	»Inflexible« (64)
»Dunkirk« (60)	2 Fregatten
»Defiance« (60)	
»Rochester« (50)	
»Portland« (50)	
»Falkland« (50)	
»Chatham« (50)	
6 Fregatten	

wird zunächst die Nachhut der Franzosen niedergerungen. Die »Formidable«
15.30 Uhr wird erobert, die »Superbe« kentert. Die bereits schwer beschädigte »Heros« streicht die Flagge und strandet schließlich. Die im Kampf mit der »Torbay« stehende »Thesèe« wird von einer Sturmbö zum Kentern gebracht. Von den sinkenden Schiffen kann fast niemand gerettet werden. Die einbrechende Dunkelheit zwingt die Briten, den Kampf abzubrechen und über Nacht zu ankern. Zwei ihrer Schiffe laufen auf Grund und müssen zerstört werden. Auch bei den Franzosen stranden einige Schiffe, darunter die »Soleil Royal«, die darauf von ihrer Besatzung verbrannt wird. Einige französische Schiffe gehen, nachdem sie zur Gewichtsverminderung ihre Geschütze über Bord geworfen haben, über die Barre in die Flußmündung der Vilaine. Von dort kommen sie erst nach über einem Jahr wieder frei. Nur acht Linienschiffen gelingt es, sich nach Rochefort zu flüchten. Die Franzosen verlieren sechs Linienschiffe, die Briten nur zwei durch Strandung. Die Sturmschlacht von Quiberon ist eine der größten Ruhmestaten der britischen Marinegeschichte.

(17.00 Uhr — Randvermerk neben »kenden Schiffen kann fast niemand gerettet werden«)

Die französische Hochseeflotte ist nun ausgeschaltet, die britische Flotte kann sich in verstärktem Umfang dem Seekrieg in Übersee zuwenden. Eine enge Blockade der Küsten schneidet die Verbindung Frankreichs mit seinen Kolonien ab.

28. Febr. 1760 **Gefecht bei Belfast.** Drei britische Fregatten treffen auf ebensoviele französische und erobern nach kurzem Kampf alle drei.

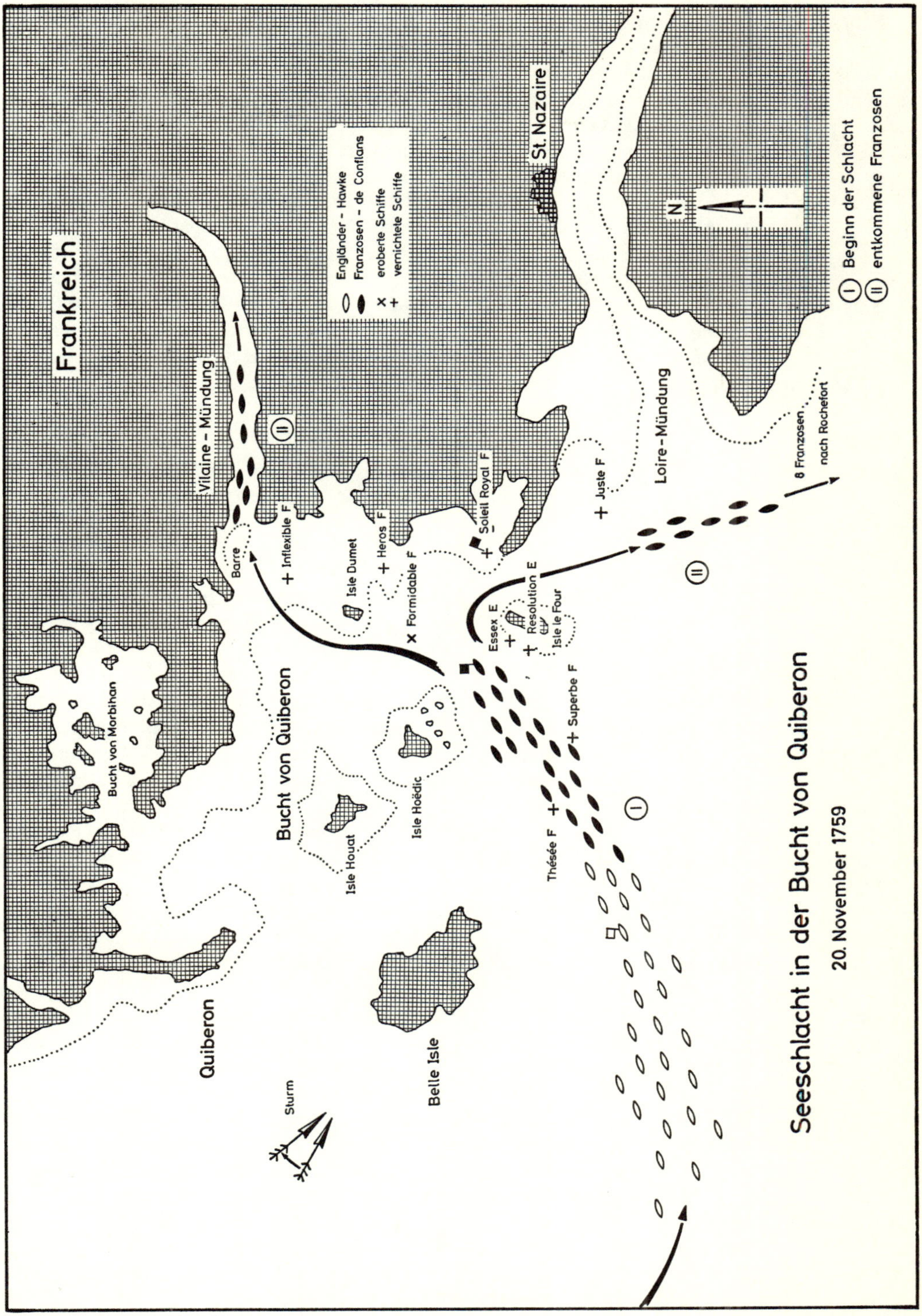
Frankreich
Vilaine - Mündung
St. Nazaire
Loire-Mündung
Engländer - Hawke
Franzosen - de Conflans
eroberte Schiffe
vernichtete Schiffe
N
I Beginn der Schlacht
II entkommene Franzosen
8 Franzosen nach Rochefort
Juste F
Soleil Royal F
Heros F
Inflexible F
Barre
Isle Dumet
Formidable F
Essex E
Resolution E
Isle le Four
Superbe F
Thésée F
Bucht von Quiberon
Bucht von Morbihan
Isle Houat
Isle Hoëdic
Belle Isle
Quiberon
Sturm
Seeschlacht in der Bucht von Quiberon
20. November 1759

Sept. 1760	Erste Beschießung von Kolberg. Die russische Flotte beschießt die Befestigungen und landet 3000 Mann. Da die Verteidigung zu stark erscheint, werden die Truppen nach einigen Tagen wieder eingeschifft.
8. Juni 1761	Die Briten erobern die Insel Belle Isle vor der Bucht von Quiberon und halten sie bis zum Kriegsende.
17. Juli 1761	Vor Cadiz erobert ein kleines britisches Geschwader ein französisches Linienschiff und eine Fregatte.
14. Aug. 1761	**Gefecht bei Vigo.** Das britische Linienschiff »Bellona« (74) und eine Fregatte treffen auf die französische »Courageux« (74) mit zwei Fregatten. Nach kurzem Kampf ist das französische Linienschiff zusammengeschossen und muß sich ergeben, die Fregatten entkommen.
Aug./Sept. 1761	Zweite Beschießung von Kolberg. Nach einem Bombardement durch die Flotte werden am 2. September 2000 Russen gelandet, die Ende des Monats – ohne einen Erfolg erzielt zu haben – wieder eingeschifft weren. Kolberg muß sich im Dezember dem russischen Heer ergeben.

Der Seekrieg im Indischen Ozean

Febr. 1756	Ein britisches Geschwader unter KAdm. Watson und Landtruppen unter Clive vernichten ein indisches Piratennest in der Nähe von Bombay, zerstören die Schiffe und machen reiche Beute.
Jan. 1757	Das britische Ostindiengeschwader erobert von den Franzosen Kalkutta und Chandernagore.
Febr. 1758	Ein kleines britisches Entsatzgeschwader verhindert die Eroberung von Madras durch die Franzosen, die ihr Blockadegeschwader abgezogen hatten. Für die Briten der Start zur Eroberung von Indien durch Clive.
29. April 1758	**Treffen bei Kudalur.** Erstes unentschiedenes Zusammentreffen der Geschwader von Großbritannien und Frankreich im Indischen Ozean. Sieben Linienschiffe unter VAdm. Pocock stehen acht französischen unter Graf d'Aché gegenüber.
3. Aug. 1758	**Treffen bei Negapattinam.** Zweites unentschiedenes Treffen der beiden Geschwader. Wie im ersten Gefecht erleiden die Franzosen die größeren Personalverluste.
10. Sept. 1759	**Treffen bei Porto Novo** (Madras). Drittes unentschiedenes Treffen. Pococks neun Linienschiffe stehen elf französischen gegenüber. Beide Seiten erleiden hohe blutige Verluste. Graf d'Aché hat aus Mangel an Stützpunkten keine Möglichkeit, seine Schäden auszubessern und seine Ausrüstung zu ergänzen. Er muß daher schließlich den Briten die Seeherrschaft überlassen. Diese vertreiben unter Clive die Franzosen bald aus ganz Vorderindien.
Jan. 1761	Ein Hurrikan trifft die britische Blockadeflotte vor Pondicherry. Drei Linienschiffe und drei weitere Fahrzeuge sinken oder stranden, fast alle anderen Schiffe werden entmastet. 1100 Mann gehen zu Grunde. Trotzdem muß sich Pondicherry zwei Wochen später ergeben.
Sept./Okt. 1762	Ein britisches Expeditionskorps von 2300 Mann unter Oberst Draper erobert Manila und einen Teil der Philippinen von Spanien. Das Ostindische Geschwader von sieben Linienschiffen und vier weiteren Kriegsschiffen unter KAdm. Samuel Cornish setzt die Truppen an Land und unterstützt sie von See aus.

Der Seekrieg in Amerika

5. Juni 1755	Das britische Amerikageschwader unter VAdm. Boscawen erobert vor Louisburg zwei französische Linienschiffe.

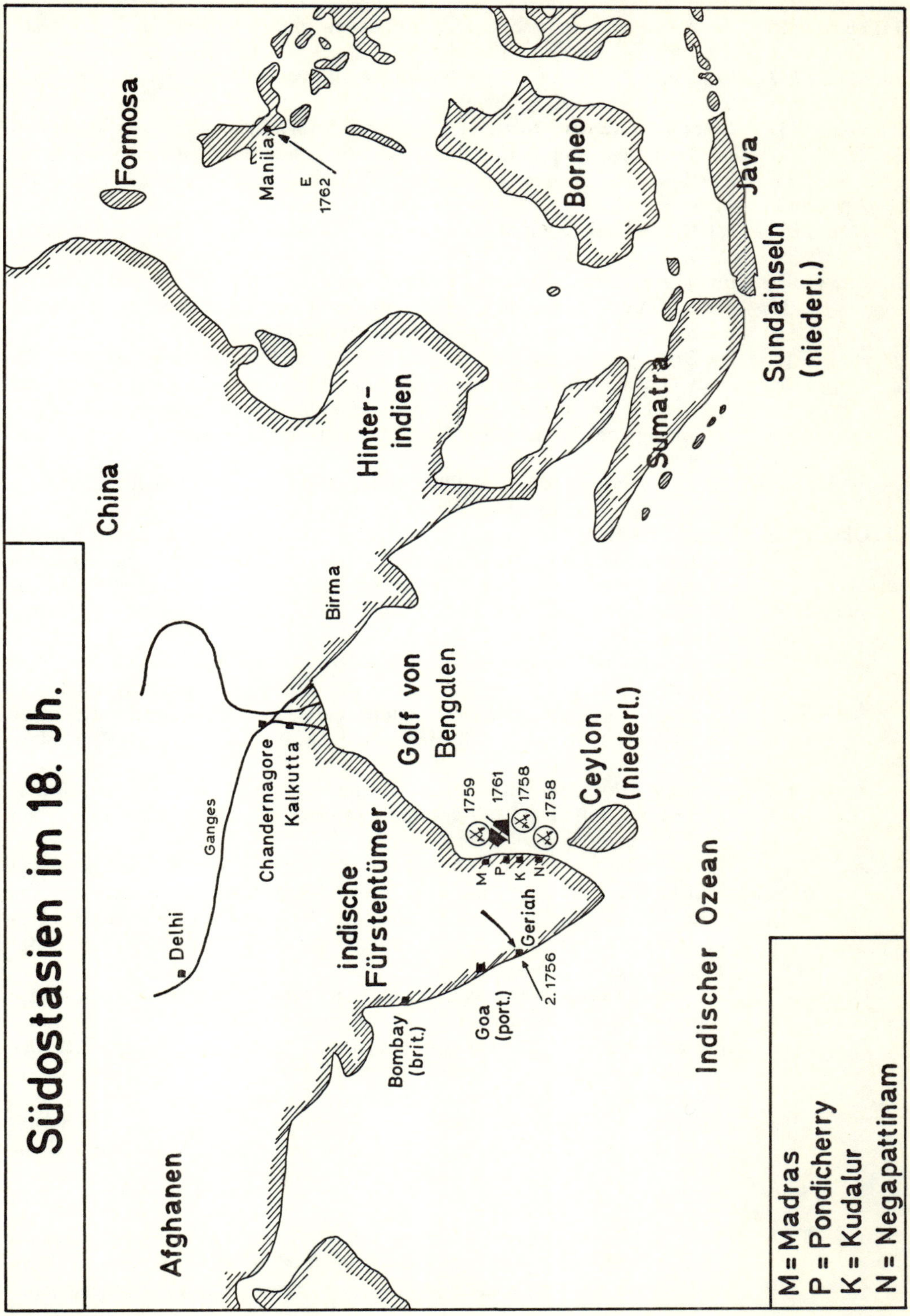
Südostasien im 18. Jh.
Afghanen
Delhi
Ganges
Chandernagore
Kalkutta
Birma
China
Formosa
Manila
E
1762
Hinter-
indien
Borneo
Java
Sundainseln
(niederl.)
Sumatra
indische
Fürstentümer
Golf von
Bengalen
Ceylon
(niederl.)
1759
1761
1758
1758
M
P
K
N
Geriah
2. 1756
Goa
(port.)
Bombay
(brit.)
Indischer Ozean
M = Madras
P = Pondicherry
K = Kudalur
N = Negapattinam

11. März 1756 Vor Martinique muß sich ein britisches Linienschiff einem französischen Linienschiff und zwei Fregatten ergeben.

18. März 1757 Vor Santo Domingo muß sich ein britisches Linienschiff nach Kampf zwei französischen Linienschiffen ergeben.

21. Okt. 1757 **Gefecht bei Kap Francois** (Santo Domingo). Drei französische Linienschiffe und drei Fregatten unter de Kersaint vertreiben nach erbittertem Kampf drei britische Linienschiffe unter Kpt. Forrest, die versucht hatten, einen Geleitzug abzufangen.

April und Dez. 1758 Die Briten erobern mit Marinetruppen die französischen Besitzungen in Senegal.

Juni–Juli 1758 Einnahme des französischen Flottenstützpunktes Louisburg nahe der Mündung des St. Lorenzstromes durch Adm. Boscawen. Die im Hafen liegenden sechs französischen Linienschiffe gehen dabei verloren.

Juni–Sept. 1759 Die Briten erobern mit Heer (Gen. Wolfe +) und Flotte (VAdm. Saunders) die Stadt Quebec. Beteiligt sind 22 Linienschiffe, 27 weitere Kriegsschiffe und Transporter mit 10000 Mann, denen 14000 Franzosen gegenüberstehen.

Jan.–April 1759 Eroberung von Guadeloupe (Westindien) durch ein Geschwader unter Com. Moore (E).

Sept. 1760 Die Briten erobern Montreal. Ohne Unterstützung aus der Heimat verlieren die Franzosen schließlich ganz Kanada.

18. Okt. 1760 **Gefecht bei Haiti.** Ein britisches Linienschiff und zwei Fregatten treffen auf fünf französische Fregatten. Nach 24 Stunden Kampf erobern die Briten zwei Fregatten, zwei weitere stranden und werden von den eigenen Besatzungen verbrannt.

Juni 1761 Eroberung von Dominica (Westindien) durch ein Geschwader unter Com. Douglas (E).

Jan. 1762 Spanien tritt auf der Seite Frankreichs in den Krieg ein. Da die spanische Flotte gänzlich verwahrlost ist, hat England in den Kolonien weiter freie Hand.

Jan.–Febr. 1762 Eroberung von Martinique in Westindien durch ein starkes Geschwader unter KAdm. Rodney (E) mit 14000 Mann Landungstruppen unter Gen.Mj. Monckton.

Juni–Aug. 1762 **Angriff auf Havanna.** Ein britisches Geschwader von 22 Linienschiffen, 30 weiteren Kriegsschiffen und 100 Transportern unter Adm. Pocock landet Truppen auf der spanischen Insel Kuba.

13. Aug. Nach zwei Monaten wird der Hafen Havanna erobert. Von den dort liegenden zwölf Linienschiffen des spanischen Westindiengeschwaders werden neun erobert, die restlichen drei versenkt. Auf dem Heimweg mit der Beute aus Havanna verliert der britische Konvoi in einem schweren Sturm zwei Linienschiffe und zwölf der Transporter.

Okt. 1762 Ein spanisches Geschwader von 32 kleinen Kriegsschiffen erobert den portugiesischen Stützpunkt Sacramento an der Mündung des La Plata, gegenüber von Buenos Aires. Drei Monate später versucht ein portugiesisch-britisches Geschwader von einem Linienschiff und drei Fahrzeugen den Platz zurückzuerobern und wird unter Verlust des Linienschiffes abgewiesen.

1763 **Friede von Paris und Hubertusburg.** Großbritannien gewinnt Kanada, Louisiana, Florida und Senegambien, Preußen kann seine Besitzungen halten. Glänzendster britischer Sieg der Neuzeit in dem ersten weltweiten Krieg. Nordamerika wird angelsächsisch.

1763 Der Franzose Kpt. **Bigot de Morogues,** Direktor der französischen Marineakademie, veröffentlicht sein Buch »Tactique Navale«. Neben der Flottentaktik weist er auch auf die Bedeutung eines brauchbaren Nachrichtensystems hin.

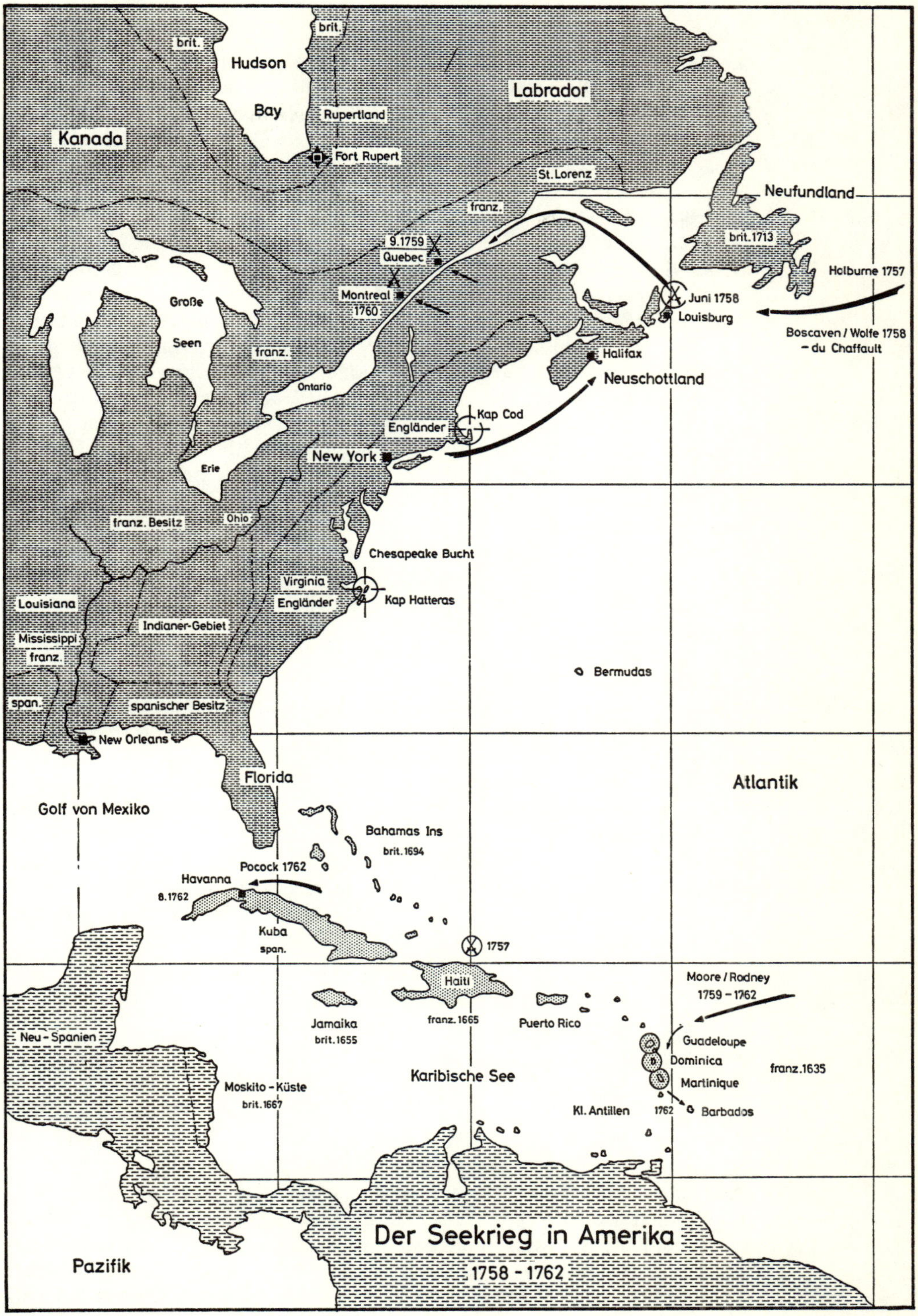
brit.
brit.
Hudson
Bay
Labrador
Rupertland
Kanada
Fort Rupert
St. Lorenz
Neufundland
franz.
brit. 1713
9.1759
Quebec
Holburne 1757
Montreal
1760
Große
Seen
Juni 1758
Louisburg
Boscaven / Wolfe 1758
– du Chaffault
franz.
Halifax
Neuschottland
Ontario
Kap Cod
Engländer
New York
Erie
franz. Besitz
Ohio
Chesapeake Bucht
Virginia
Engländer
Kap Hatteras
Louisiana
Indianer-Gebiet
Mississippi
franz.
Bermudas
span.
spanischer Besitz
New Orleans
Florida
Atlantik
Golf von Mexiko
Bahamas Ins
brit. 1694
Pocock 1762
Havanna
8.1762
Kuba
span.
1757
Haiti
Moore / Rodney
1759 – 1762
Jamaika
brit. 1655
franz. 1665
Puerto Rico
Neu-Spanien
Guadeloupe
Dominica
franz. 1635
Karibische See
Martinique
Moskito-Küste
brit. 1667
Kl. Antillen
1762
Barbados
Der Seekrieg in Amerika
1758 – 1762
Pazifik

1768–1774 Krieg Rußland gegen die Türkei

Kaiserin Katharina II. schickt erstmals ein russisches Geschwader in des Mittelmeer. Es soll dort die im Aufstand gegen die Türkei kämpfenden Griechen unterstützen. Im Schwarzen Meer haben die Russen noch keine Flotte.

1770 Das russische Geschwader sammelt sich unter dem Oberbefehl von Graf Orlow zunächst in der Bucht von Navarin. In der Straße von Chios liegt die türkische Flotte.

5. Juli 1770 **Seeschlacht bei Chios.** Die türkische Flotte ist 20 Linienschiffe und Fregatten stark. Orlow verfügt über neun Linienschiffe und drei Fregatten. Mit achterlichem Wind greifen die Russen die vor Anker liegenden Türken in Keilformation an. Die russische Vorhut unter VAdm. Spiridow trägt die Hauptlast des Kampfes. Sein Flaggschiff, die »St. Eustachius«, wird entmastet und kommt längsseits eines türkischen Schiffes zu liegen. Beide Schiffe geraten in Brand und fliegen in die Luft. Bis zum Abend sind die Türken schon stark angeschlagen. In der Nacht kappen sie ihre Ankerkabel und fliehen in die Bucht von Tschesme.

7. Juli 1770 **Seeschlacht bei Tschesme.** Die Türken liegen ohne besondere Sicherungsmaßnahmen in der engen Bucht. Orlow beschließt einen nächtlichen Branderangriff. Com. Greigh, ein gebürtiger Schotte, führt mit vier Linienschiffen als Deckung die Brander an den Feind. Das Führerschiff wird von den Türken heftig beschossen, die Brander gelangen aber an ihr Ziel. Die Russen erobern schließlich ein Linienschiff und zehn Fahrzeuge, alle übrigen Schiffe der türkischen Flotte geraten in Brand und fliegen zum Teil in die Luft. Die russischen Schiffe werden von ihren Beibooten wieder aus der Bucht geschleppt. Die Türken verlieren in diesem Kampf rund 9000 Mann.

Okt. und Nov. 1771 Orlow versucht zweimal die Dardanellen nach Bombardement zu forcieren, wird aber mit Verlusten abgewiesen.

Mai–Juni 1772 Ein kleines russisches Geschwader kreuzt im östlichen Mittelmeer, unterstützt Aufständische in Ägypten, vernichtet vor Tyrus eine Fregatte, beschießt Beirut und kehrt ohne Verluste in die Ägäis zurück.

6. bis 8. Nov. 1772 Unter den Kanonen der Festung Patras vernichtet ein russisches Geschwader von zwei Linienschiffen und fünf Fahrzeugen sieben türkische Fregatten und acht Schebeken.

Im Schwarzen Meer beginnen die Russen wieder eine Flotte aufzubauen, doch kommt es zu keinen größeren Aktionen. Beim Friedensschluß erhält Rußland mit Asow, Kertsch und Kinburn jedoch endgültig Zugang zum Schwarzen Meer.

1774 **Friede zu Kutschuk.**

16.–18. Jh. Die Erschließung des pazifischen Raumes

Die Spanier gründen auf den Philippinen Manila (1565), von wo jährlich eine Galeone mit Seide und Gewürzen aus Ostasien nach Mexiko fährt und von dort mit Silber zurückkehrt.

Mendaña (Sp) erreicht von Südamerika die Salomonen (1568) und kehrt wieder dorthin zurück. Auf seiner zweiten Reise entdeckt Mendaña die Marquesas und Sta. Cruz Inseln (1595), wo er noch im selben Jahr stirbt.

Anfang des 17. Jahrhunderts treffen die ersten Niederländer auf ihrem Weg nach Indonesien auf die Westküste Australiens. Der Gouverneur von Batavia entsendet Abel Tasman, um die Ausdehnung dieses Südkontinentes zu erkunden. Dieser umfährt 1642–43 Australien in weitem Bogen und berührt dabei Van Diemens Land (Tasmanien), Neuseeland, die Fidschi Inseln und Neuguinea.

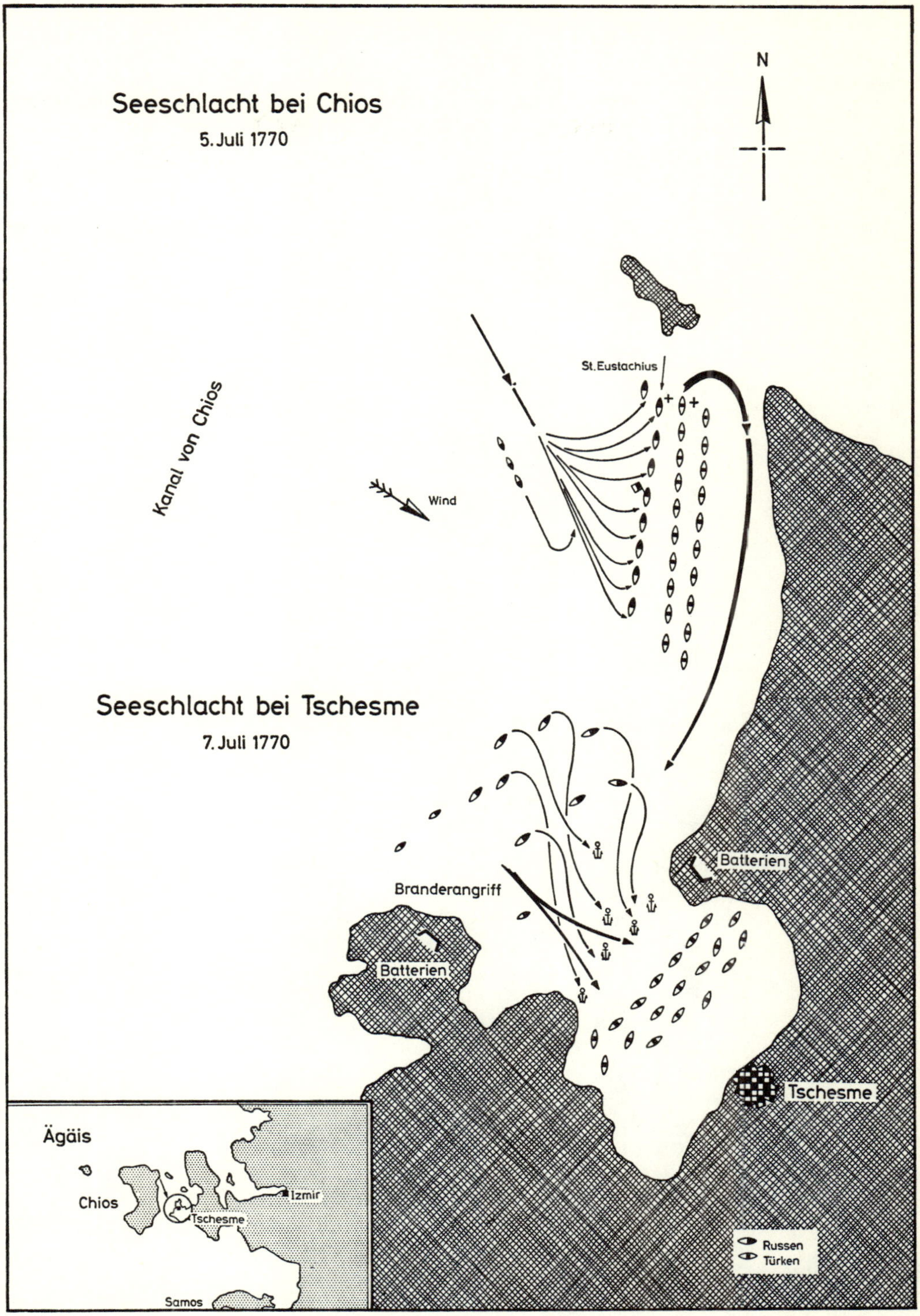
Seeschlacht bei Chios
5. Juli 1770
N
Kanal von Chios
Wind
St. Eustachius
Seeschlacht bei Tschesme
7. Juli 1770
Branderangriff
Batterien
Batterien
Tschesme
Ägäis
Chios
Izmir
Tschesme
Samos
Russen
Türken

Nach Magalhães und Drake im 16. Jahrhundert und viermal Dampier zwischen 1685 und 1711 überqueren im 18. Jahrhundert Anson, Byron, Wallis, Cartaret und Bougainville den Pazifik von Ost nach West.

Um die Längen- und Breitenbestimmung durch astronomische Beobachtungen zu verbessern, beginnt der Engländer Kpt. James Cook seine Forschungsreisen in die Südsee.

1768–1771 **Erste Reise.** Cook kommt vom Kap Hoorn und besucht Tahiti, Neuseeland, Australien und kehrt nach Westen zurück.

1772–1775 **Zweite Reise.** Auf der zweiten Reise kommt Cook vom Indischen Ozean, durchquert in mehreren Kreisen die Südsee und erschließt deren Inselwelt.

1776–1780 **Dritte Reise.** Auf der dritten Reise erforscht er den nördlichen Pazifik, entdeckt die Sandwich-Inseln (Hawaii), fährt durch die Beringstraße und sucht vergeblich die Nordwestdurchfahrt nach Europa. Nach seiner Rückkehr nach Hawaii wird er dort von Eingeborenen getötet. Durch Cooks Reisen wird der Pazifische Ozean in seiner tatsächlichen Gestalt in Europa bekannt.

1789–1794 Der spanische Fregattenkapitän Alejandro de Malaspina, ein gebürtiger Italiener, unternimmt mit den Korvetten »Descubierta« und »Atrevida« eine vierjährige Forschungsreise in den Südatlantik und in den Pazifik.

1770 Wegen wiederholter Angriffe auf seine Handelsschiffe schickt **Dänemark** ein Geschwader in das Mittelmeer, das Algier beschießt und die nächsten Jahre vor der nordafrikanischen Küste kreuzt.

1770 Die Erwerbung von **Korsika** durch Frankreich von Genua veranlaßt den Bey von Tunis zur Kriegserklärung. Nach der Beschießung von Sousse und Bizerta durch ein französisches Geschwader von zwei Linienschiffen, zwei Fregatten und mehreren Bombenfahrzeugen schließt der Bey wieder Frieden.

Juli 1775 **Angriff auf Algier.** Ein spanisches Geschwader in Stärke von sieben Linienschiffen, 39 weiteren Kriegsschiffen und 348 Transportern landet ein Expeditionsheer von 18 000 Mann unter General O'Reilly bei Algier. Trotz tatkräftiger Unterstützung durch die Flotte können sich die Landungstruppen nicht halten und müssen wieder abgezogen werden. Letzter energischer Versuch von Spanien, sich erneut ein Territorium in Nordafrika zu schaffen.

1776–1777 Spanier und Portugiesen geraten wieder in Auseinandersetzungen über die Besitzungen im heutigen **Uruguay.** Am 13. Nov. 1776 segelt von Cadiz ein spanisches Geschwader von sechs Linienschiffen, 15 weiteren Kriegsschiffen und 96 Transportern unter VAdm. Francisco J. E. Tilly mit 9000 Mann Landungstruppen nach Südamerika. Die Insel Santa Catarina wird erobert, die Festung Colonia del Sacramento zerstört. Der Tod des portugiesischen Königs Joseph (20. Febr. 1777) bringt einen Regierungswechsel und ein Ende der Kampfhandlungen. Im Frieden von Ildefonso werden die Streitigkeiten beigelegt. Die Banda Oriental (Uruguay) bleibt bei Spanien.

1775–1783 Der Nordamerikanische Unabhängigkeitskrieg

Der Seekrieg in den europäischen Gewässern

Obwohl die britischen Geschwader zum Großteil in Übersee sind, unterläßt Frankreich es, die englischen Küsten energisch zu blockieren.

27. Juli 1778 **Seeschlacht bei Ouessant.** Am Morgen treffen die britische Kanalflotte und das französische Brestgeschwader aufeinander. 30 britischen Linienschiffen unter

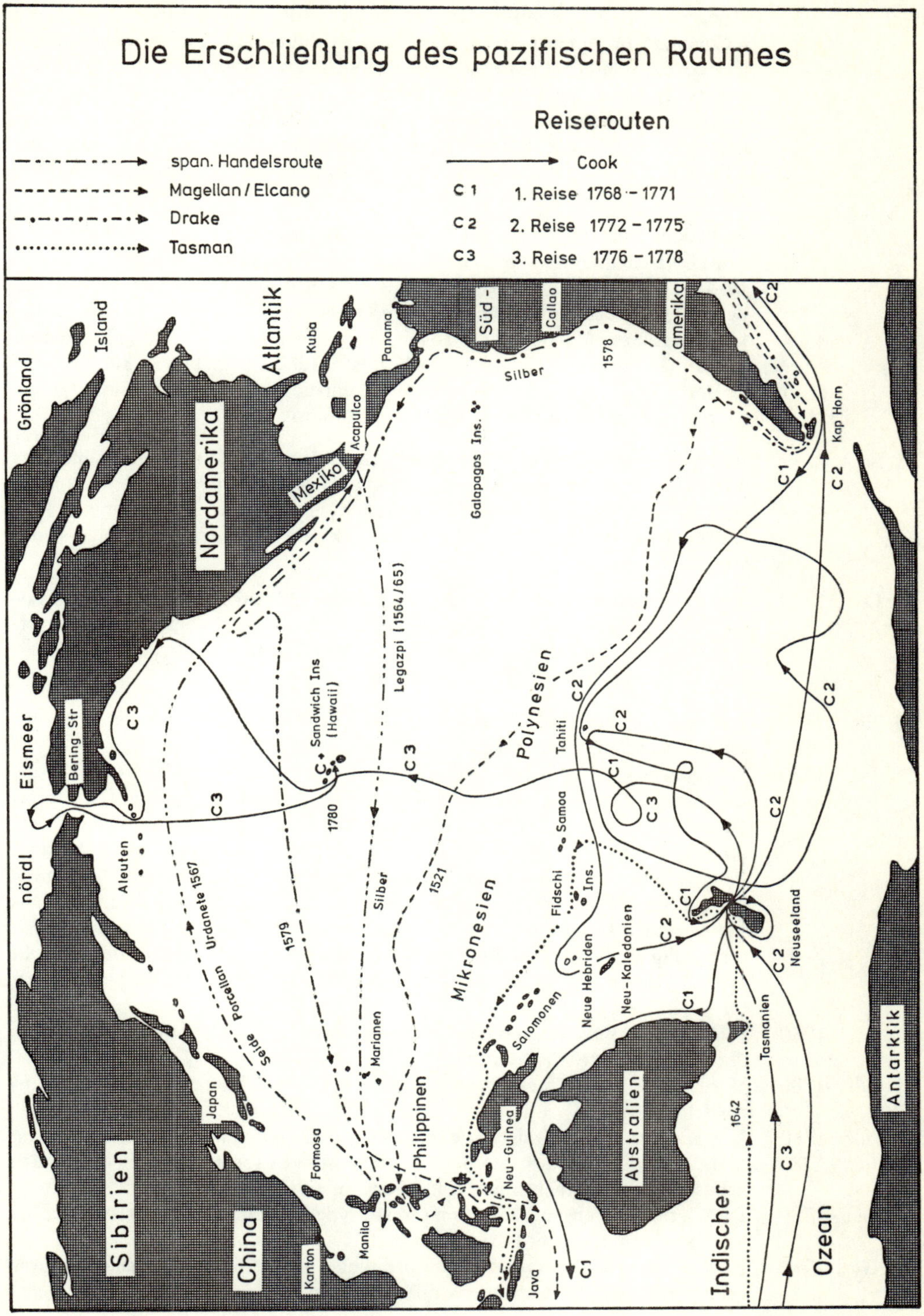

Die Erschließung des pazifischen Raumes

Adm. Keppel, Flaggschiff »Victory« (100), stehen 27 französische unter Graf d'Orvilliers, Flaggschiff »Bretagne« (110), gegenüber. Die Franzosen stehen bei westlichem Wind auf der Luvseite. Auf Gegenkurs treffen die Flotten aufeinander, es beginnt ein Passiergefecht. Die britische Flotte gerät dabei in Unordnung, die Franzosen versäumen es jedoch, die Gunst der Lage auszunützen. So endet die Schlacht nach drei Stunden ohne Entscheidung. Die Briten verlieren rund 500 Mann, die Franzosen ungefähr 700. Einige britische Schiffe sind schwer havariert.

1779 Nach dem Eintritt Spaniens in den Krieg ist die Flotte der Verbündeten im Kanal rund 60 Linienschiffe stark. Sie ist damit den Briten doppelt überlegen, doch wird diese Stärke nicht ausgenützt. Den ganzen August versuchen die Verbündeten vergeblich, das britische Kanalgeschwader zum Kampf zu stellen. Lediglich das Linienschiff »Ardent« (64) kann erobert werden. Anfang September muß die Flotte der Verbündeten nach Brest zurück, sie hat bereits 8000 Kranke an Bord. Spanien bemüht sich in der Folge um die Gewinnung von Gibraltar und Menorca, Frankreich wird in Westindien offensiv.

23. Sept. 1779 In der Nordsee trifft bei Flamborough Head der Amerikaner John Paul Jones mit drei Handelskreuzern auf zwei britische Geleitfahrzeuge. In einem erbitterten Duell zwingt die »Bonhomme Richard« (US, 40) die britische »Serapis« (44) zur Kapitulation. Das siegreiche Schiff sinkt am nächsten Tag infolge seiner schweren Schäden.

6. Okt. 1779 Vor Brest trifft die britische Fregatte »Quebec« (32) auf die gleich starke französische »Surveillante«, beide von einem Kutter begleitet. In einem der erbittertsten Kreuzergefechte fliegt die »Quebec« schließlich in die Luft, auch die französische Fregatte ist zum Wrack geschossen.

8. Jan. 1780 Auf dem Weg nach Gibraltar erobert Rodney mit seinem Geschwader ein spanisches Nachschubgeleit von 22 Schiffen, darunter acht Kriegsschiffe.

16. Jan. 1780 **Seeschlacht bei St. Vincent.** Adm. Rodney, Flaggschiff »Sandwich« (90), trifft mit seinen 22 Linienschiffen auf das spanische Blockadegeschwader vor Gibraltar mit 11 Linienschiffen unter Adm. Langara. Es entwickelt sich sofort ein Verfolgungsgefecht. Ein spanisches Linienschiff fliegt in die Luft. Obwohl heftiger Westwind weht und die Küste gefährlich nahe ist, setzt Rodney die Verfolgung bis in die Nacht fort und beendet den Kampf erst knapp vor der Küste. Den Spaniern werden sechs Linienschiffe abgenommen, von denen jedoch zwei durch Strandung verlorengehen. Einige britische Schiffe können sich nach der Schlacht nur mit Mühe von der Küste freikreuzen. Rodney versorgt anschließend Gibraltar.

1780 Bildung der **„Bewaffneten Neutralität«** als Schutzbündnis vor den Übergriffen der britischen Seekriegführung.

1. Juli 1780 Vor Finisterre erobert ein britisches Linienschiff nach kurzem Kampf eine französische Fregatte.

5. Juli 1780 Vor Kap Ortegal muß sich eine französische Fregatte zwei britischen ergeben.

12. Juli 1780 Vor der Loiremündung unterliegt die französische Fregatte »Belle Poule« nach erbitterter Gegenwehr einem britischen Linienschiff.

9. Aug. 1780 Die Flotte der Verbündeten nimmt westlich St. Vincent einen britischen Geleitzug für Westindien mit 60 Schiffen weg.

30. Dez. 1780 Nach kurzem Kampf erobern zwei britische Linienschiffe im Kanal ein schwächeres niederländisches Linienschiff.

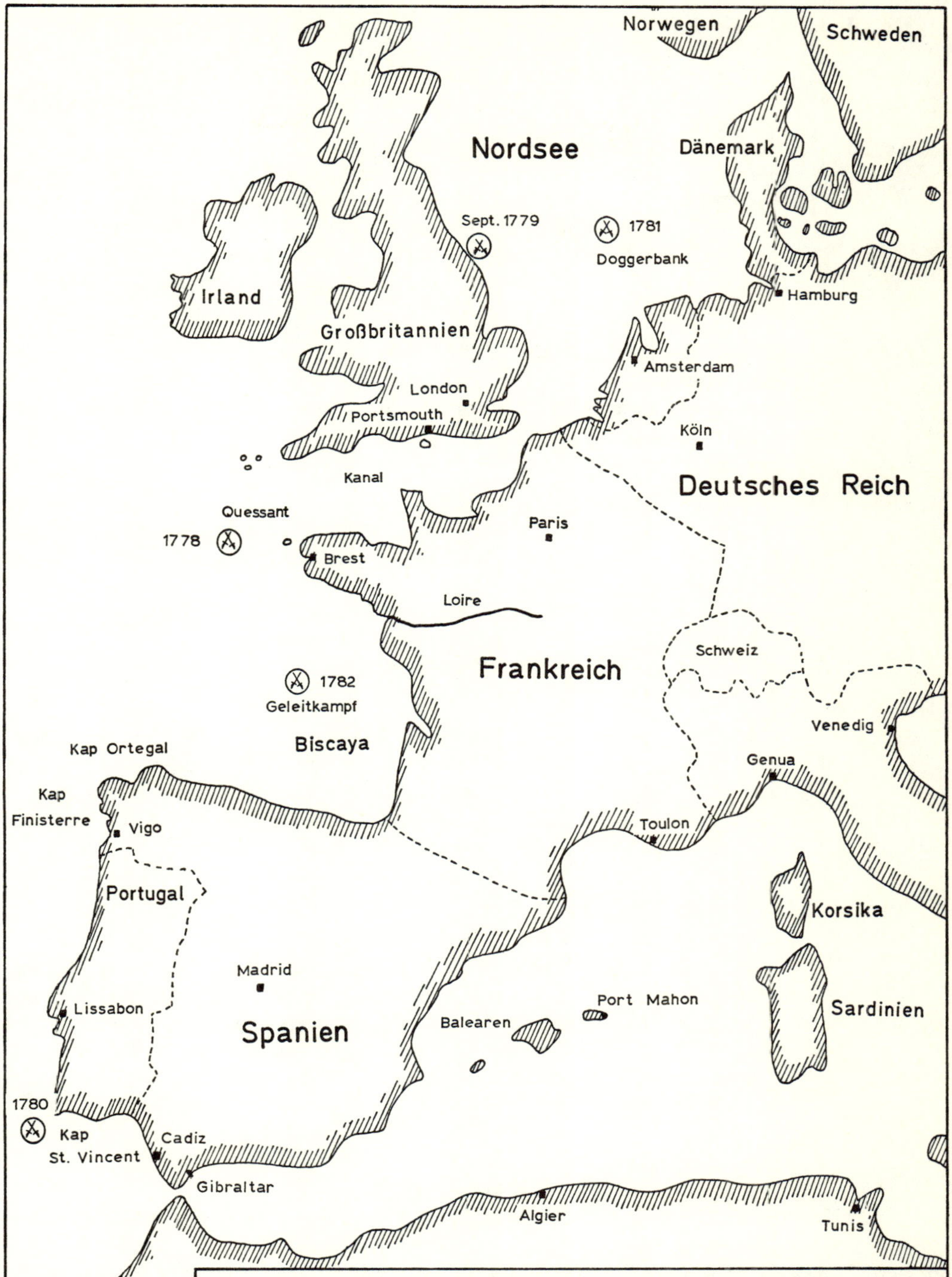

Der Nordamerikanische Befreiungskrieg

Der Seekrieg in Europa

4. Jan. 1781 Im Kanal kämpft die französische Fregatte »Minerve« eine Stunde gegen zwei britische Linienschiffe, bevor sie sich ergibt.

April 1781 Die britische Kanalflotte bringt ein Versorgungsgeleit nach Gibraltar.

2. Mai 1781 Die Franzosen kapern einen britischen Geleitzug mit Beutegut aus Westindien.

5. Aug. 1781 **Seeschlacht auf der Doggerbank.** In der Nordsee treffen ein britisches und ein holländisches Geleit aus dem Osten aufeinander. Jedes wird von sieben Linienschiffen gedeckt, die Briten unter VAdm. Hyde Parker, die Holländer unter KAdm. Zoutman. Die beiden Geschwader liefern sich in Kiellinie auf nächste Distanz eines der blutigsten Gefechte des Krieges. Die beiden Geleitzüge können inzwischen ihren Weg fortsetzen. Ein niederländisches Linienschiff sinkt nach dem Kampf.

Dez. 1781 KAdm. Kempenfelt kann mit 12 Linienschiffen einen großen französischen Geleitzug vollständig aufreiben. 15 Prisen werden eingebracht. Das in der Nähe, aber in Lee stehende französische Brestgeschwader unter KAdm. Guichen hat keine Gelegenheit einzugreifen.

Febr. 1782 Die Spanier erobern Port Mahon auf Menorca.

21. April 1782 In der Biskaya erobert ein britisches Geschwader von zwölf Linienschiffen aus einem französischen Nachschubgeleit für Ostindien das begleitende Linienschiff und 13 von 19 Transportern. Suffren gehen damit die dringend benötigten Nachschubgüter verloren.

29. Aug. 1782 Vor Portsmouth kentert das britische Linienschiff »Royal George« (100). Mit ihm gehen K.Adm. Kempenfelt und 900 Mann unter.

4. Sept. 1782 Im westlichen Kanal ergibt sich eine französische Fregatte nach kurzem Feuerwechsel der britischen Fregatte »Rainbow«.

Sept. 1782 **Angriff auf Gibraltar.** Die Verbündeten ziehen ihre Atlantikflotte zusammen, um die Festung von Land und See zu stürmen. Es beginnt ein viertägiges Bombardement durch die Belagerungsartillerie. 10 schwimmende Batterien, mit

9. Sept. bis Korkpolstern fast unsinkbar gemacht, werden in der Bucht von Algeciras veran-

13. Sept. kert und beginnen zusammen mit einer Anzahl Mörserboote die Festung zu beschießen. Die Verteidiger schießen mit glühenden Kanonenkugeln zwei Batterien in Brand, die übrigen werden in der Nacht durch einen kühnen Bootsangriff vernichtet.

Okt. 1782 Adm. Howe trifft mit der Kanalflotte von 35 Linienschiffen und einem Versorgungsgeleit von 140 Schiffen vor Gibraltar ein. Es gelingt ihm, die Flotte der Verbündeten von 46 Linienschiffen in das Mittelmeer zu locken, die Transporter in zwei Tagen zu löschen und vor dem Gegner wieder in den Atlantik zu entkommen. Einer schon in der Entwicklung begriffenen Schlacht mit dem stärkeren Gegner vor Kap Spartel entzieht er sich mit seinen schnelleren Schiffen.

Der Seekrieg in Nordamerika und Westindien

1775 Am 19. April erfolgt der erste Zusammenstoß von amerikanischer Miliz mit britischen Truppen.

28. Juni 1776 Ein britisches Geschwader unter Com. Peter Parker mit Landungstruppen unter GenMj. Cornwallis versucht, den Hafen von Charleston zu erobern. Da auch nach längerem Artillerieduell das Fort Moultrie nicht niedergekämpft werden kann, müssen die Briten wieder abziehen.

1776	**Unabhängigkeitserklärung** der 13 Vereinigten Staaten von Nordamerika am 4. Juli.
6./7. Sept. 1776	Der Amerikaner David Bushnell baut ein primitives Ein-Mann-U-Boot mit Tretantrieb. Der Versuch von Sergant Ezra Lee, mit diesem Boot ein Linienschiff der britischen Blockadeflotte vor New York anzugreifen, scheitert wegen der gekupferten Schiffsböden der Briten.
11. Okt. 1776	**Gefecht am Champlainsee.** Die amerikanische Seeflottille wird nach längerem Widerstand von der britischen Flottille vernichtet. Die Briten haben damit zwar den Besitz von Kanada gesichert, die Jahreszeit ist aber für den geplanten Vorstoß in das Hudsontal schon zu weit fortgeschritten.
1777	Am 17. Oktober siegen die Amerikaner bei Saratoga. Frankreich erkennt darauf die USA an und tritt im folgenden Jahr an deren Seite in den Krieg ein.
Okt.–Nov. 1777	Nur mit Mühe können die Briten den Delaware-Fluß freikämpfen, um die Verbindung mit den Landtruppen in Philadelphia herzustellen. Neben anderen Schiffen geht dabei auch ein Linienschiff verloren.
7. Jan. 1778	David Bushnell läßt mit Pulver gefüllte Fässer an Bojen gegen die im Delaware liegenden britischen Schiffe treiben. Obwohl erfolglos, ist dies der erste offensive Mineneinsatz.
7. März 1778	Nach verzweifelter Gegenwehr gegen ein britisches Linienschiff fliegt die US-Fregatte »Randolph« (32) in die Luft.
Aug. 1778	Ein französisches Geschwader unter d'Estaing greift die Briten in der Naragansett Bucht an und zerstört die dort liegenden Schiffe, darunter fünf Fregatten. Das Erscheinen eines britischen Geschwaders unter Howe veranlaßt die Franzosen zum Auslaufen, doch kommt es trotz längeren Manövrierens zu keiner Schlacht. Die Briten müssen die Naragansett Bucht schließlich räumen.
12. Dez. 1778	Ein britisches Geschwader von vier Linienschiffen und vier Fahrzeugen landet Truppen auf St. Lucia in Westindien und verteidigt die Insel erfolgreich gegen französische Gegenangriffe.
Mai 1779	Ein britischer Flottenverband mit Landungstruppen zerstört die US Marineanlagen in Portsmouth und Norfolk, Virginia.
6. Juli 1779	**Seeschlacht bei Grenada.** Die Franzosen unter Adm. d'Estaing haben in den letzten Tagen Truppen auf der Insel gelandet. Die Transportflotte und das Geschwader von 25 Linienschiffen liegen noch vor dem Hafen Georgetown. Die Briten unter Adm. Byron greifen mit 21 Linienschiffen an. Byron unterschätzt die Stärke des Gegners und befiehlt »Allgemeine Jagd«. Von der sich bildenden französischen Gefechtslinie werden die britischen Spitzenschiffe schwer getroffen. Byron bildet darauf ebenfalls Gefechtslinie. Um die Mittagszeit endet der Kampf ohne Entscheidung. D'Estaing versäumt die Gelegenheit, die beschädigten britischen Schiffe zu vernichten. Die Verluste liegen auf beiden Seiten unter 1000 Mann.
13. Aug. 1779	Ein britisches Geschwader von einem Linienschiff und mehreren Fregatten und Korvetten vernichtet in der Mündung des Penobscot-Flusses (Maine) eine US-Flottille von einem Dutzend kleineren Kriegsschiffen, darunter eine Fregatte.

24. Sept. 1779	Südlich von New York muß sich ein britisches Linienschiff nach kurzem Kampf drei französischen Linienschiffen ergeben.
18. Dez. 1779	Vor Martinique erobern die Briten aus einem französischen Nachschubgeleit neun Schiffe und treiben vier weitere auf den Strand.
21. Dez. 1779	**Gefecht vor Guadeloupe.** Drei französische Fregatten treffen auf vier britische Linienschiffe. Sie können den schnellen 74 Kanonenschiffen nicht entkommen. Noch am selben Tag wird eine Fregatte erobert, am folgenden Tag die beiden anderen.
24. Febr. 1780	Südlich Madeira trifft ein britisches Geschwader auf ein kleines französisches Nachschubgeleit für Westindien. Das Linienschiff »Protée« (F, 64) erliegt erst nach hartnäckiger Gegenwehr der Übermacht und ermöglicht dadurch dem Geleit zu entkommen.
20. bis 21. März 1780	**Gefecht bei Monte Christi.** Kpt. Cornwallis (E) greift bei Santo Domingo ein französisches Geleit an, das von vier Linienschiffen unter La Motte-Piquet gedeckt wird. Mit seinen zwei Linienschiffen kann sich Cornwallis nicht durchsetzen, seine einzige Fregatte wird erheblich beschädigt.
17. April 1780	**Seeschlacht bei Martinique.** Adm. Rodney, Flaggschiff »Sandwich« (90), trifft mit 20 Linienschiffen auf den Gegner. Die Franzosen unter KAdm. Guichen verfügen über 24 Linienschiffe. Den ganzen Vormittag manövrieren die Flotten um eine möglichst günstige Ausgangsposition für den Kampf. Schließlich steht Rodney auf der Luvseite. Er befiehlt, die feindliche Nachhut mit Übermacht anzugreifen. Durch ein Mißverständnis legt sich die britische Flotte Schiff für Schiff dem Feind gegenüber. Dadurch beginnt das übliche Artillerieduell in rangierter Kiellinie. Von 13 bis 17 Uhr wird heftig gefochten. Die beschädigte »Sandwich« treibt durch die französische Linie, weitere britische Schiffe folgen ihr. Guichen hält dies für ein beabsichtigtes Durchbruchsmanöver und bricht den Kampf ab. Beide Seiten verlieren über 500 Mann.
15. und 18. Mai 1780	**Zwei Treffen bei Martinique.** Die Geschwader von Rodney und Guichen treffen erneut aufeinander und trennen sich nach kurzem unentschiedenen Kampf. Der französische Versuch, St. Lucia zurückzuerobern, ist damit gescheitert.
20. Juni 1780	**Zweites Gefecht bei Monte Christi.** Cornwallis trifft erneut, diesmal mit fünf Linienschiffen, auf ein französisches Truppengeleit. Dessen Deckung, sieben Linienschiffe unter Com. de Terney, kann die Briten auch diesmal abweisen.
Okt. 1780	In zwei Wirbelstürmen verlieren die Briten in Westindien die Linienschiffe »Thunderer« (74) und »Stirling Castle« (64), vier Fregatten und sieben kleinere Kriegsschiffe. Viele weitere Schiffe sind entmastet. Den Franzosen kosten diese Stürme drei Linienschiffe und zwei Fregatten.
16. März 1781	**Gefecht vor der Chesapeake-Bucht.** Unentschiedener Kampf zwischen je sieben Linienschiffen unter KAdm. Arbuthnot (E) und Com. des Touches (F).
29. April 1781	**Treffen bei Martinique.** Das englische Westindiengeschwader von 18 Linienschiffen unter KAdm. Hood trifft auf die 24 französischen unter VAdm. de Grasse. Dieser begnügt sich damit, die angreifenden Briten abzuwehren. Drei britische Schiffe werden schwer beschädigt, beide Seiten verlieren rund 300 Mann.
2. Sept. 1781	Vor Boston unterliegt die französische Fregatte »Magicienne« nach verzweifelter Gegenwehr einem britischen Linienschiff.

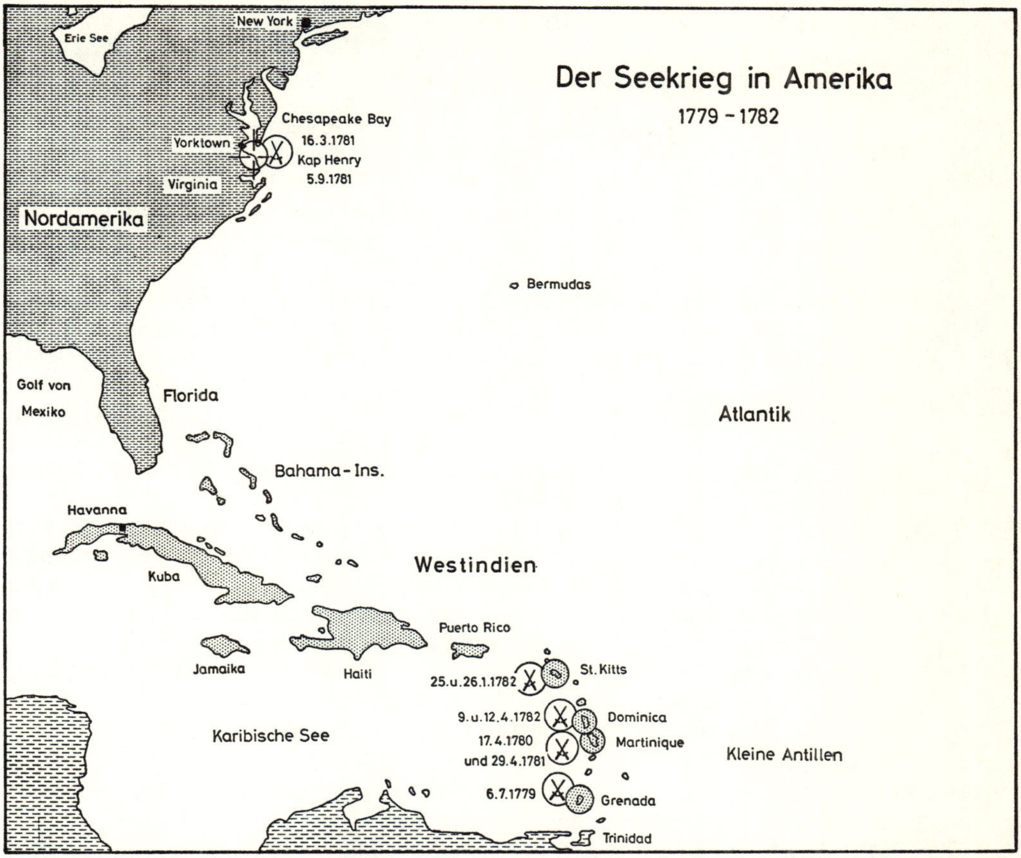

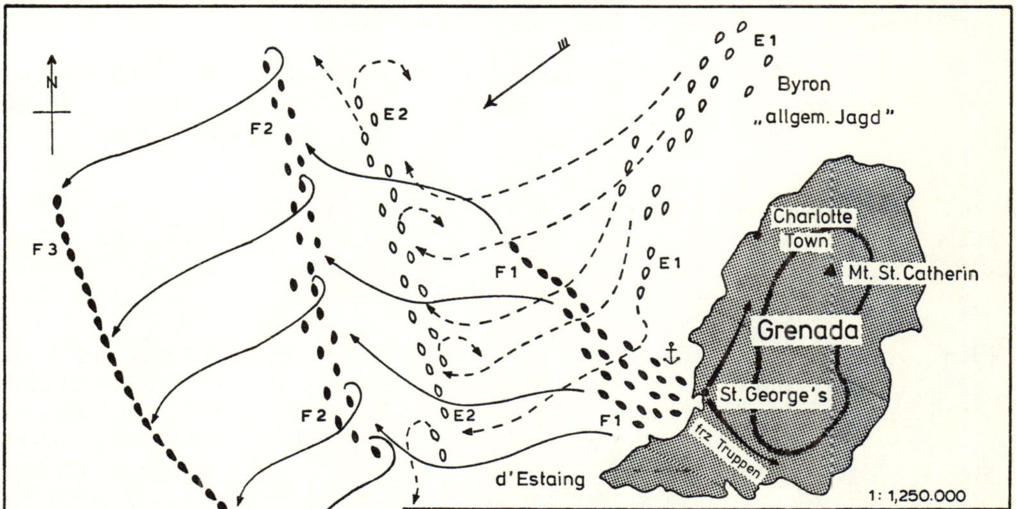

Seeschlacht bei Grenada
6. Juli 1779

1781 Der Landkrieg in Amerika tritt in eine entscheidende Phase. Die britischen Truppen unter Gen. Cornwallis werden bei Yorktown von den Amerikanern umstellt. Die Seeherrschaft vor der Chesapeake-Bucht ist für sie daher existenzwichtig.

Sept. 1781 De Grasse bringt von Westindien Truppenverstärkungen für Washington. Mit seiner Flotte legt er sich vor den Eingang der Chesapeake-Bucht und unterbindet damit die Seezufuhr für den umstellten Cornwallis. Die britische Flotte unter Adm. Graves soll die Franzosen von dort vertreiben.

5. Sept. 1781 **Seeschlacht bei Kap Henry.** Am Vormittag erscheint Adm. Graves, Flaggschiff »London« (98), mit seinen 19 Linienschiffen vor der Chesapeake-Bucht, Zweiter Admiral ist Samuel Hood auf der »Barfleur«. Sobald de Grasse, Flaggschiff »Ville de Paris« (104), die britische Flotte sichtet, geht er mit seinen 24 Linienschiffen Anker auf und bildet auf Ostkurs die Schlachtlinie. Statt den Gegner in der Entwicklung anzugreifen, bildet Graves ebenfalls zuerst die Schlachtlinie
16.00 Uhr und hält erst dann von Norden auf die Franzosen zu. Nur die britische Vorhut geht auf nahe Gefechtsentfernung, die Mitte und die Nachhut bleiben wegen Flaute zum Großteil außer Reichweite der Artillerie. Die britische Vorhut wird vom Feuer der französischen Spitzenschiffe schwer erschüttert. Die »Terrible« (74) wird so schwer beschädigt, daß sie nach fünf Tagen aufgegeben werden
18.00 Uhr muß. Aber auch die französischen Spitzenschiffe leiden schwer. Nach zwei Stunden bricht Graves die Schlacht ohne Entscheidung ab.
Am nächsten Tag wagt Graves keinen neuen Angriff. De Grasse legt sich wieder vor Kap Henry. Das britische Heer bleibt weiter von der See abgeschnitten. Diese Seeschlacht hat daher weitestgehende strategische Folgen.

19. Okt. 1781 **Kapitulation** des britischen Heeres in Yorktown. Damit ist die Entscheidung im amerikanischen Unabhängigkeitskrieg gefallen.

1781 Aus New Orleans operierende spanische Land- und Seestreitkräfte erobern Pensacola und schließlich ganz Florida zurück.

Das Schwergewicht des Seekrieges verlagert sich wieder nach Westindien. Die Franzosen landen Truppen auf der Insel St. Kitts. Die britische Besatzung ist auf einem Hügel umzingelt. De Grasse deckt mit 26 Linienschiffen die Landungstruppen.

25. und 26. Jan. 1782 **Seeschlacht bei St. Kitts.** Hood kann mit seinen 22 Linienschiffen an den Franzosen vorbei den Hafen erreichen. Noch während seine Schiffe vor Anker gehen,
25. Jan. greift de Grasse an. Schon im feindlichen Feuer verankert Hood seine Schiffe so, daß die ansegelnden Franzosen die vollen Breitseiten der Briten erhalten. De Grasse bricht darauf den Kampf ab.
26. Jan. Am nächsten Morgen greifen die Franzosen erneut an. Sie laufen in Kiellinie an der britischen Stellung entlang. Die Spitzenschiffe erhalten daher die Breitseiten aller britischen Schiffe und werden schwer beschädigt. Nach einem zweiten Versuch bricht de Grasse den Kampf wieder ab. Da sich die britischen Truppen auf der Insel ergeben haben, verläßt Hood unbemerkt seine Stellung und vereinigt sich mit dem inzwischen ebenfalls in Westindien wieder eingetroffenen Adm. Rodney.
Die Briten verfügen in diesem Seegebiet nun über mehr als 30 Linienschiffe und können gegenüber dem starken französischen Geschwader offensiver auftreten.

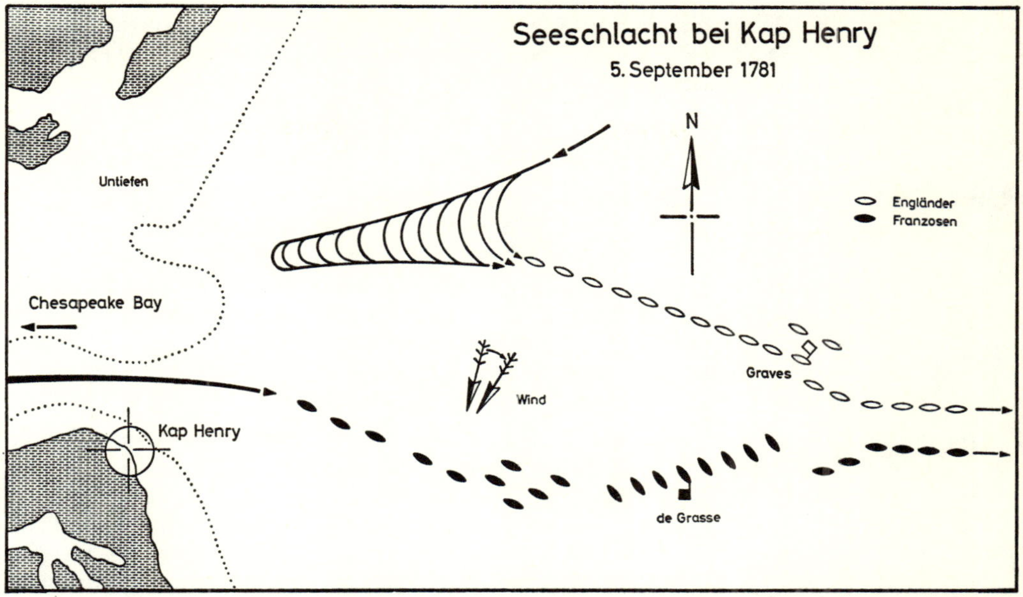
Seeschlacht bei Kap Henry
5. September 1781
N
Untiefen
Engländer
Franzosen
Chesapeake Bay
Wind
Graves
Kap Henry
de Grasse

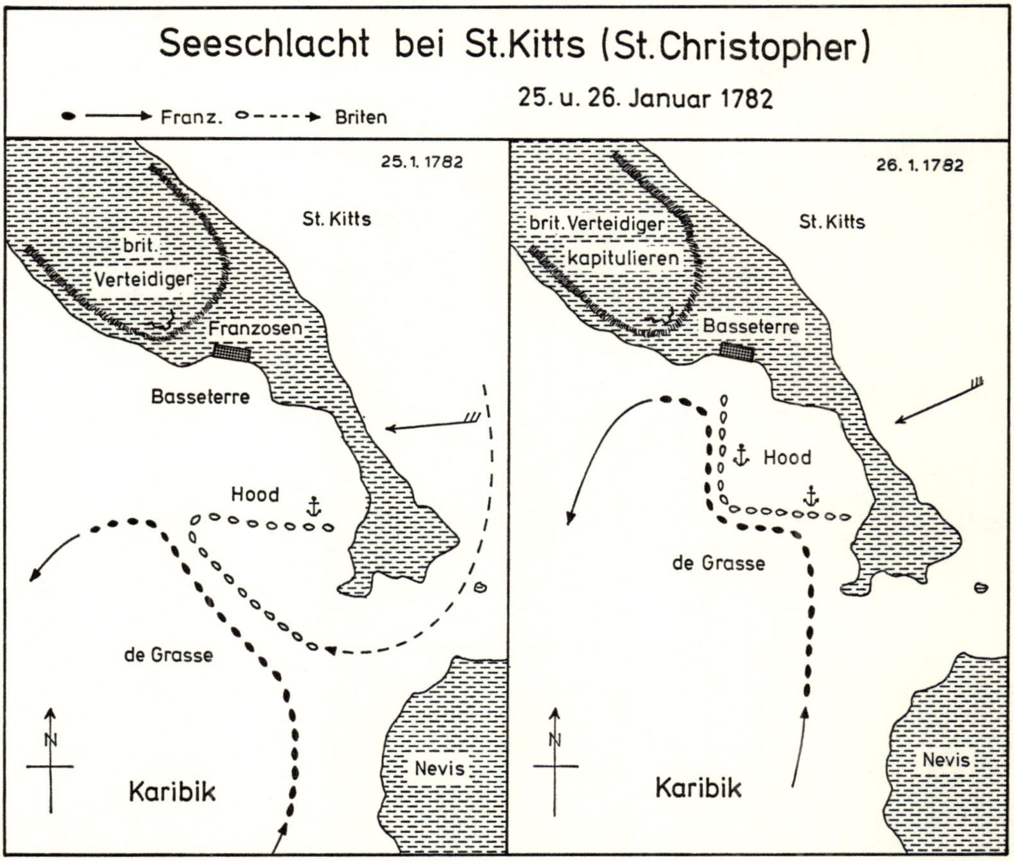
Seeschlacht bei St. Kitts (St. Christopher)
25. u. 26. Januar 1782
Franz.
Briten
25. 1. 1782
St. Kitts
brit. Verteidiger
Franzosen
Basseterre
Hood
de Grasse
N
Karibik
Nevis
26. 1. 1782
St. Kitts
brit. Verteidiger kapitulieren
Basseterre
Hood
de Grasse
N
Karibik
Nevis

Jan. und Febr. 1782 — Ein kleines französisches Geschwader unter Kpt. de Kersaint erobert das von den Briten besetzte niederländische Guayana, Südamerika, wobei ihm fünf Korvetten und Briggs in die Hände fallen.

Die französische Flotte soll ein großes Truppengeleit von Martinique nach Kuba bringen. Rodney versucht, diesen Transport abzufangen.

9. April 1782 — **Erste Seeschlacht bei Dominica.** In der Nähe dieser Insel treffen die beiden Flotten aufeinander. Jede ist 30 Linienschiffe stark. In Lee der Insel haben beide Flotten Windstille. Nur ein Teil der Franzosen und die britische Vorhut unter Hood erhalten eine leichte Brise. Zunächst kommen acht britische Schiffe mit 15 französischen ins Gefecht. Als sich nach einigen Stunden auch das britische Gros nähert, brechen die Franzosen den Kampf ab und begnügen sich mit der Sicherung des Truppentransportes. Drei Tage später treffen die Flotten wieder aufeinander.

12. April 1782 — **Zweite Seeschlacht bei Dominica.** Die britische Flotte unter Adm. Rodney, Flaggschiff »Formidable« (98), ist 36 Linienschiffe stark. Zweiter Admiral ist KAdm. Hood auf der »Barfleur«. Adm. de Grasse, Flaggschiff »Ville der Paris« (104), verfügt über 31 Linienschiffe. Die französische Flotte liegt bei der kleinen Inselgruppe les Saintes südlich Guadeloupe, als die britische Flotte am Morgen von Süden heransegelt. Die Franzosen bilden die Schlachtlinie auf Südkurs und
7.00 Uhr — passieren die britischen Spitzenschiffe bei Ostwind auf der Luvseite. Bei dem beginnenden Passiergefecht weist die französische Linie einige Lücken auf. Da
9.00 Uhr — dreht der Wind plötzlich auf Südost. Adm. Rodney geht mit seinem Flaggschiff sofort in den Wind und durchbricht die feindliche Linie. Auch ein Schiff der Vorhut und die Nachhut unter Hood folgen diesem Manöver.
11.00 Uhr — Die französische Flotte gerät vollständig durcheinander. Einige Schiffe haben bereits schwere Havarien. De Grasse gelingt es nicht, seine Flotte zu ordnen. Die
14.00 Uhr — Franzosen beginnen sich zurückzuziehen, die Briten erobern jedoch einige der
18.00 Uhr — zurückbleibenden Schiffe. Schließlich wird auch die »Ville de Paris« gezwungen, die Flagge zu streichen. Sie allein hat 400 Tote an Bord. De Grasse gerät in Gefangenschaft. Bei energischer Verfolgung wäre Rodneys Erfolg wohl noch größer gewesen. Die Franzosen verlieren immerhin fünf Schiffe und 2000 Mann Tote und Verwundete sowie eine große Zahl Gefangene. Der britische Verlust beträgt etwas über 1000 Mann.
Als erste Durchbruchsschlacht nach vielen unentschiedenen Kämpfen leitet diese Schlacht eine neue Phase im Seekrieg ein. Den Krieg in Westindien entscheidet sie zugunsten der Briten.

19. April 1782 — Westlich Puerto Rico erobert KAdm. Samuel Hood zwei Linienschiffe, eine Fregatte und eine Sloop, die bei Dominica entkommen sind.

Sept. 1782 — Ein britisches Westindiengeleit mit den bei Dominica eroberten Linienschiffen gerät im Atlantik in einen schweren Sturm. Die »Ville de Paris« sowie zwei weitere eroberte und zwei britische Linienschiffe gehen verloren.

17. bis 18. Okt. 1782 — **Gefecht bei Santo Domingo.** Die britischen Linienschiffe »London« (98) und »Torbay« (74) treffen auf das französische Linienschiff »Scipion« (74) und die Fregatte »Sibylle« (32). Die beiden französischen Schiffe verteidigen sich geschickt und können schließlich entkommen.

6. Dez. 1782 — Vor Barbados erobert ein britisches Geschwader nach kurzer Verfolgung ein französisches Linienschiff.

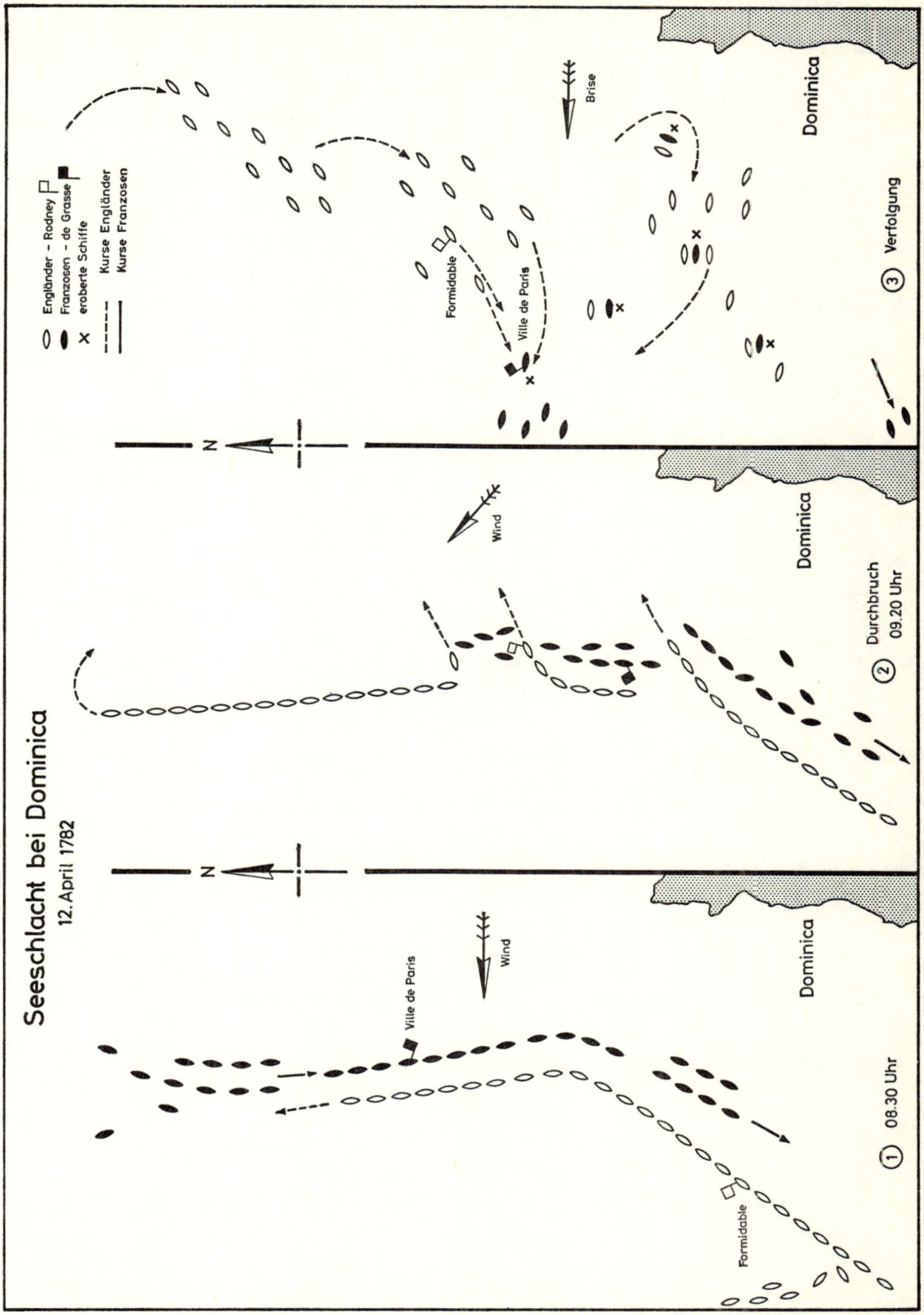
Seeschlacht bei Dominica
12. April 1782
Engländer - Rodney
Franzosen - de Grasse
eroberte Schiffe
Kurse Engländer
Kurse Franzosen
Ville de Paris
Formidable
Wind
N
Dominica
① 08.30 Uhr
Wind
N
Dominica
② Durchbruch 09.20 Uhr
Formidable
Ville de Paris
Brise
Dominica
③ Verfolgung

Der Seekrieg in Ostindien

Juli 1778 Die Briten erobern Pondichery, ihr Ostindiengeschwader von zwei Linienschiffen und mehreren Fahrzeugen vertreibt das gleich starke französische Geschwader von der indischen Küste. Verstärkungen im folgenden Jahr unter KAdm. Hughes sichern den Briten ihre Seeverbindungen im Kampf gegen Hyder Ali, dessen Flottille zerstört wird.

1781 Großbritannien und Frankreich schicken Verstärkungen für ihre Seestreitkräfte in den Indischen Ozean. Das britische Geschwader soll unterwegs die holländische Kapkolonie wegnehmen. Die Franzosen schicken einen Truppentransport als Verstärkung dorthin.

16. April 1781 **Gefecht bei Porto Praya** (Kap Verden). Das französische Geschwader von fünf Linienschiffen unter Kpt. Suffren trifft unterwegs auf die im Hafen von Porto Praya liegenden Briten. Suffren greift sofort beherzt an. Da ihn nur zwei Schiffe unterstützen, entgehen die Briten der Vernichtung. Suffren bricht den Kampf ab.
Suffren landet seine Verstärkungen in der Kapkolonie, die dadurch gesichert ist. Ohne geeigneten Stützpunkt im Indischen Ozean nimmt Suffren den Kampf mit den Briten auf. Am 21. Jan. 1782 wird ein britisches Linienschiff erobert.

17. Febr. 1782 **Seeschlacht bei Madras.** Suffren trifft zum ersten Mal auf seinen Gegner Hughes. Zwölf französischen Linienschiffen stehen neun britische gegenüber. Suffren greift von der Luvseite die britische Nachhut an. Umspringender Wind bringt auch die britische Vorhut ins Gefecht. Der Kampf endet am Abend unentschieden.

12. April 1782 **Seeschlacht bei Ceylon.** Zweites Zusammentreffen der beiden Gegner. Elf britischen stehen zwölf französische Schiffe gegenüber. Wieder endet der – diesmal schwere – Kampf unentschieden. Jede Seite verliert über 500 Mann.

6. Juli 1782 **Seeschlacht bei Negapattinam.** Diesmal stehen sich je elf Linienschiffe gegenüber. Zwei französische Schiffe werden von der Hauptmacht abgeschnitten und arg zusammengeschossen. Suffren kann sie nur mit Mühe herausschlagen. Die Verluste der Franzosen sind diesmal schwerer, trotzdem endet auch dieser Kampf ohne Entscheidung.

3. Sept. 1782 **Seeschlacht bei Trincomalee.** Suffren greift mit seinen 14 Linienschiffen ungestüm an. Hughes erwartet die Franzosen mit 12 Linienschiffen in guter Ordnung. Einige französische Schiffe werden wieder schwer beschädigt. Suffrens Flaggschiff, die »Heros« (74), ist sogar manövrierunfähig. Hughes versäumt es, eine Entscheidung herbeizuführen. Beide Seiten verlieren über 300 Mann. Suffren muß nach Sumatra gehen, um seine Schäden auszubessern.

20. Juni 1783 **Seeschlacht bei Kudalur.** Diesen Hafen blockiert Hughes mit 18 Linienschiffen. Suffren greift mit 15 Schiffen an. Das laufende Gefecht bringt wieder keine Entscheidung. Hughes muß aber die Blockade aufgeben. Beide Seiten verlieren je rund 500 Mann. Kurz darauf trifft die Nachricht vom Friedensschluß in Europa ein. Suffren hat den Seekrieg im Indischen Ozean ohne geeigneten Stützpunkt und fast ohne Hilfsmittel nahezu zwei Jahre mit Erfolg geführt.

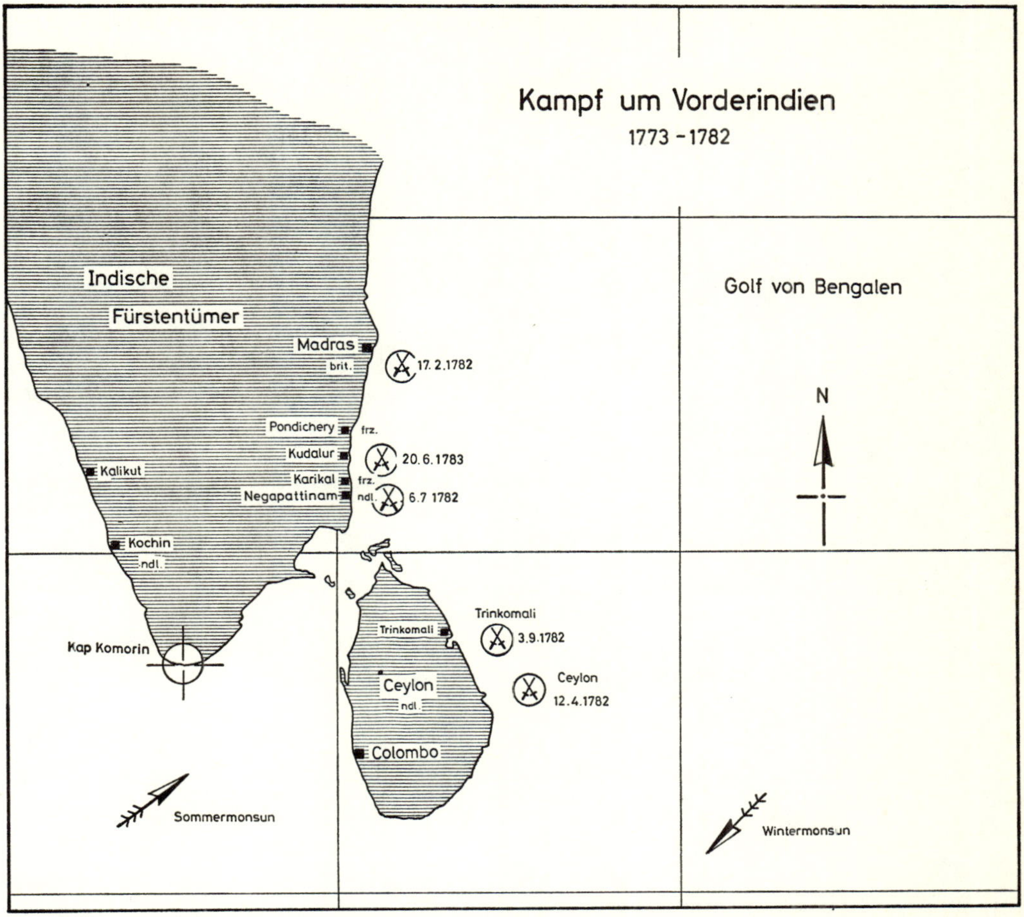
Kampf um Vorderindien
1773 - 1782
Golf von Bengalen
Indische
Fürstentümer
Madras
brit.
17. 2.1782
Pondichery
frz.
Kudalur
20.6.1783
Karikal
frz.
Negapattinam
ndl.
6.7 1782
Kalikut
Kochin
ndl.
Kap Komorin
Trinkomali
Trinkomali
3.9.1782
Ceylon
ndl.
Ceylon
12.4.1782
Colombo
N
Sommermonsun
Wintermonsun

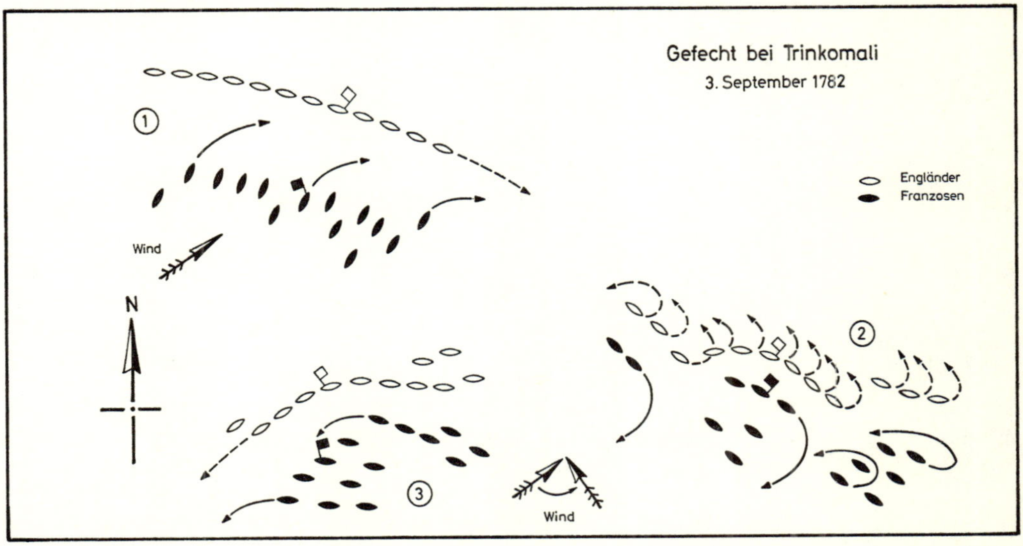
Gefecht bei Trinkomali
3. September 1782
1
2
3
Engländer
Franzosen
Wind
N
Wind

1782 **Anerkennung der Vereinigten Staaten von Nordamerika** durch die Briten.

1783 **Friede von Versailles.** Der Krieg endet im großen und ganzen mit dem früheren Besitzstand, die Eroberungen werden gegenseitig ausgetauscht. Nur Spanien behält Menorca und Florida.

1781/1790 Der Schotte **John Clerk** verfaßt das Buch »Essay on Naval Tactics«. Er tritt darin gegen die starre Kiellinie und das reine Artilleriegefecht Schiff gegen Schiff auf. Er befürwortet eine elastische Führung der Flotte und eine Konzentration der Kräfte auf einen Teil der feindlichen Streitkräfte. Dieser soll mit Übermacht niedergerungen werden. Auch der Durchbruch durch die feindliche Linie und das Doublieren werden empfohlen.

1782–1792 Venedig führt wegen der Übergriffe auf seine Handelsschiffe Krieg gegen den Bey von Tunis. Als letzte Offensive der Flotte der Mittelmeerrepublik beschießt diese mehrfach Küstenplätze in Tunesien.

1. bis 10. Aug. 1783 Ein spanisches Geschwader von vier Linienschiffen, vier Fregatten und 68 kleineren Kriegsschiffen beschießt mit mäßigem Erfolg und geringen eigenen Verlusten Stadt und Hafen von Algier.

Sept. 1784 Erneute **Beschießung von Algier** durch ein stärkeres spanisches Geschwader. Diesmal sind an der Unternehmung auch zwei Linienschiffe und zwei Fregatten von Portugal, eine Schiffsdivision des Königreiches Neapel und einige Fregatten und Galeeren der Malteserritter beteiligt. Erfolg und Verluste sind wieder gering.

1787–1791 Krieg Rußland und Österreich gegen die Türkei

Rußland annektiert die autonome Krim und gründet den Kriegshafen Sewastopol. Die Türkei sieht ihre Stellung im Schwarzen Meer bedroht und erklärt den Krieg.
Die Flottenstärken bei Kriegsbeginn sind:

	Türkei	Rußland (Schw. Meer)
Linienschiffe	22	5
Fregatten	8	20
mit Kanonen	1700	1100

Ferner verfügen beide Flotten über starke Fluß- und Küstenflottillen aus Galeeren, Ruderkanonenboote und Artillerieprähmen.

12. Okt. 1787 Ein Versuch der Türken, mit Landungstruppen Kinburn zu erobern, endet mit dem Verlust von fast 5000 Mann und mehreren Schiffen in einem Fiasko.

1788 Im zweiten Kriegsjahr beginnen die Russen mit dem Angriff auf die Festung Otschakow an der Dnjeprmündung.

28. und 29. Juni 1788 **Schlacht in der Dnjeprmündung.** Die kombinierte türkische Flotte von rund 100 Schiffen und Fahrzeugen, darunter einige kleine Linienschiffe, unter dem Kapudan Pascha Hassan liegt vor Otschakow. Die Russen versammeln in der Dnjeprmündung die Kanonenbootflottille von 70 Fahrzeugen unter KAdm. Nassau-Siegen und ein leichtes Segelgeschwader von 13 Schiffen unter KAdm.

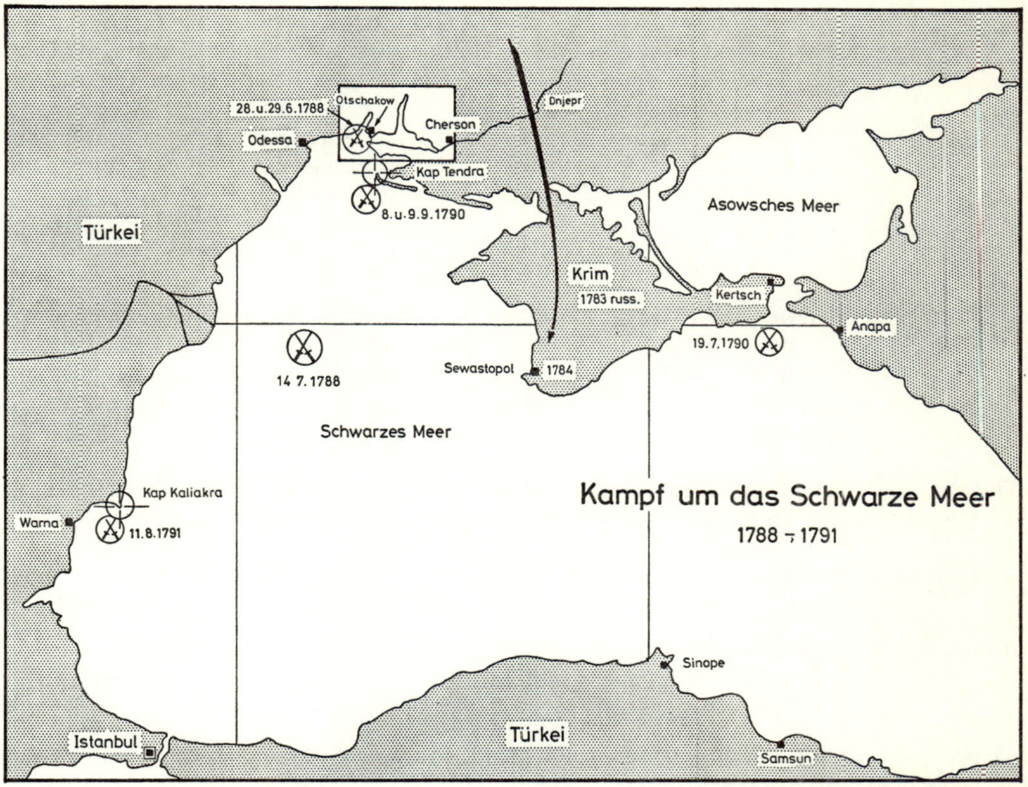
Kampf um das Schwarze Meer
1788 – 1791
28.u.29.6.1788
Otschakow
Cherson
Dnjepr
Odessa
Kap Tendra
8.u.9.9.1790
Asowsches Meer
Türkei
Krim
1783 russ.
Kertsch
Anapa
19.7.1790
14 7.1788
Sewastopol
1784
Schwarzes Meer
Kap Kaliakra
Warna
11.8.1791
Sinope
Istanbul
Türkei
Samsun

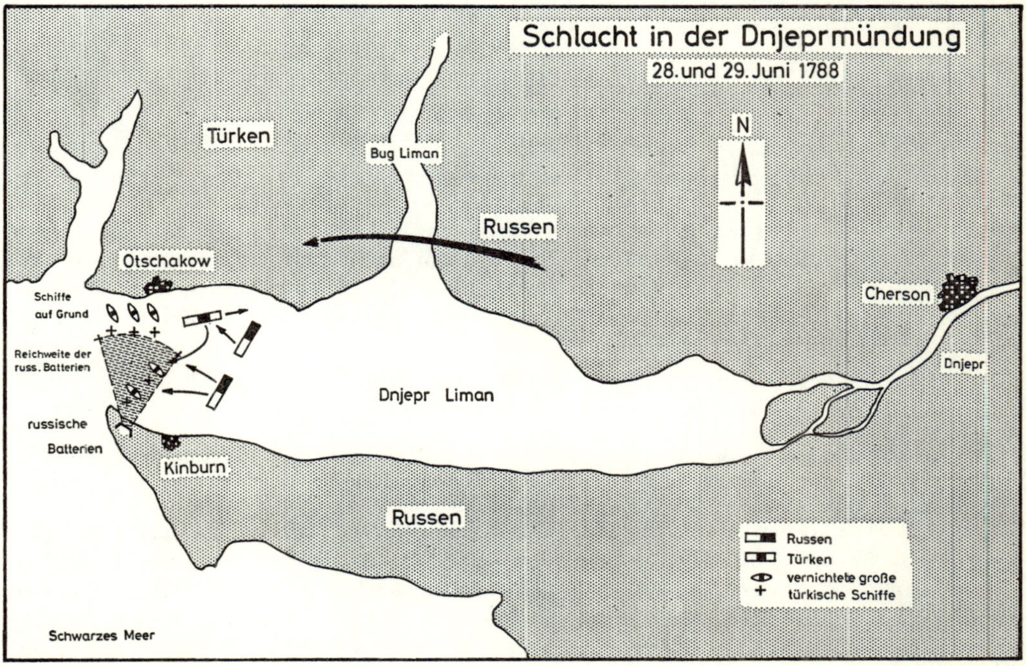
Schlacht in der Dnjeprmündung
28.und 29.Juni 1788
Türken
Bug Liman
N
Russen
Otschakow
Cherson
Schiffe auf Grund
Reichweite der russ. Batterien
Dnjepr
Dnjepr Liman
russische Batterien
Kinburn
Russen
Russen
Türken
vernichtete große türkische Schiffe
Schwarzes Meer

John Paul Jones. Bei Kinburn, gegenüber Otschakow, wird eine Batterie errichtet, die die Zufahrt zur Flußmündung beherrscht. Am ersten Kampftag wird die türkische Flotte mit Verlusten zurückgeschlagen. Beim Versuch, an Kinburn vorbei die freie See zu gewinnen, geraten am nächsten Tag die türkischen Segelschiffe auf Grund und werden von den Russen vernichtet oder genommen. Die Türken verlieren 10 Segelschiffe, einige Fahrzeuge und 1600 Gefangene. Die Russen kostet der Erfolg eine Fregatte und 100 Mann.

12. Juli 1788 Fall von Otschakow. Bei der Eroberung der Festung durch die Russen geht die dort liegende türkische Küstenflottille in Flammen auf.

14. Juli 1788 **Treffen bei der Donaumündung.** Die russische Flotte, zwölf Linienschiffe unter KAdm. Voinovich, trifft auf die türkische Hochseeflotte von 17 Linienschiffen unter dem Kapudan Pascha Hassan el Ghazi. Nach zwei Stunden Kampf ziehen sich die Türken zurück. Auch am nächsten Tag entziehen sie sich dem Versuch der Russen, den Kampf zu erneuern.

17. Okt. 1789 Auch bei der zweiten Eroberung von Belgrad durch die Österreicher ist die Donauflottille beteiligt. Es werden 65 türkische Fahrzeuge erbeutet.

Juni 1790 KAdm. Uschakow greift mit einem leichten Geschwader die Häfen Sinope, Samsun und Anapa an und zerstört oder erobert über 20 türkische Schiffe.

19. Juli 1790 **Treffen bei Kertsch.** KAdm. Uschakow trifft mit 16 Linienschiffen und Fregatten auf die 2 Schiffe stärkere türkische Flotte. Nach drei Stunden Kampf ziehen sich die Türken zurück.

8. und 9. Sept. 1790 **Seeschlacht bei Tendra.** Westlich der Krim trifft KAdm. Uschakow erneut auf die türkische Flotte.

	Russen	Türken
Linienschiffe	10	14
Fregatten	6	8
Kanonen	830	1200

Am ersten Tag beginnt der Kampf um 15 Uhr in rangierter Kiellinie. Gegen Abend wenden sich die Türken langsam zur Flucht. Am nächsten Morgen können die Russen zwei beschädigte türkische Linienschiffe einholen. Das eine Schiff ergibt sich sofort. Das zweite, die »Kapitana« unter VAdm. Said Bey, leistet erbitterten Widerstand und ergibt sich erst, nachdem es von drei Gegnern zusammengeschossen ist. Unmittelbar darauf fliegt das Schiff mit nahezu der ganzen Besatzung in die Luft. Die Russen kostet dieser Sieg nur 50 Mann.

Nov.–Dez. 1790 In heftigen Gefechten zwischen den Flußflottillen und Küstenbefestigungen kämpfen die Russen die Donaumündung frei.

11. Aug. 1791 **Treffen bei Kap Kaliakra.** KAdm. Uschakow trifft zum letzten Mal auf die türkische Flotte. Nach drei Stunden Gefecht ziehen sich die Türken zurück. Am Tag
1792 dieses Treffens wird ein Waffenstillstand geschlossen, dem der **Friede von Jassy** folgt. Rußland hat nun einen Teil der Nordküste des Schwarzen Meeres in der Hand.

Rußlands Expansion um 1800

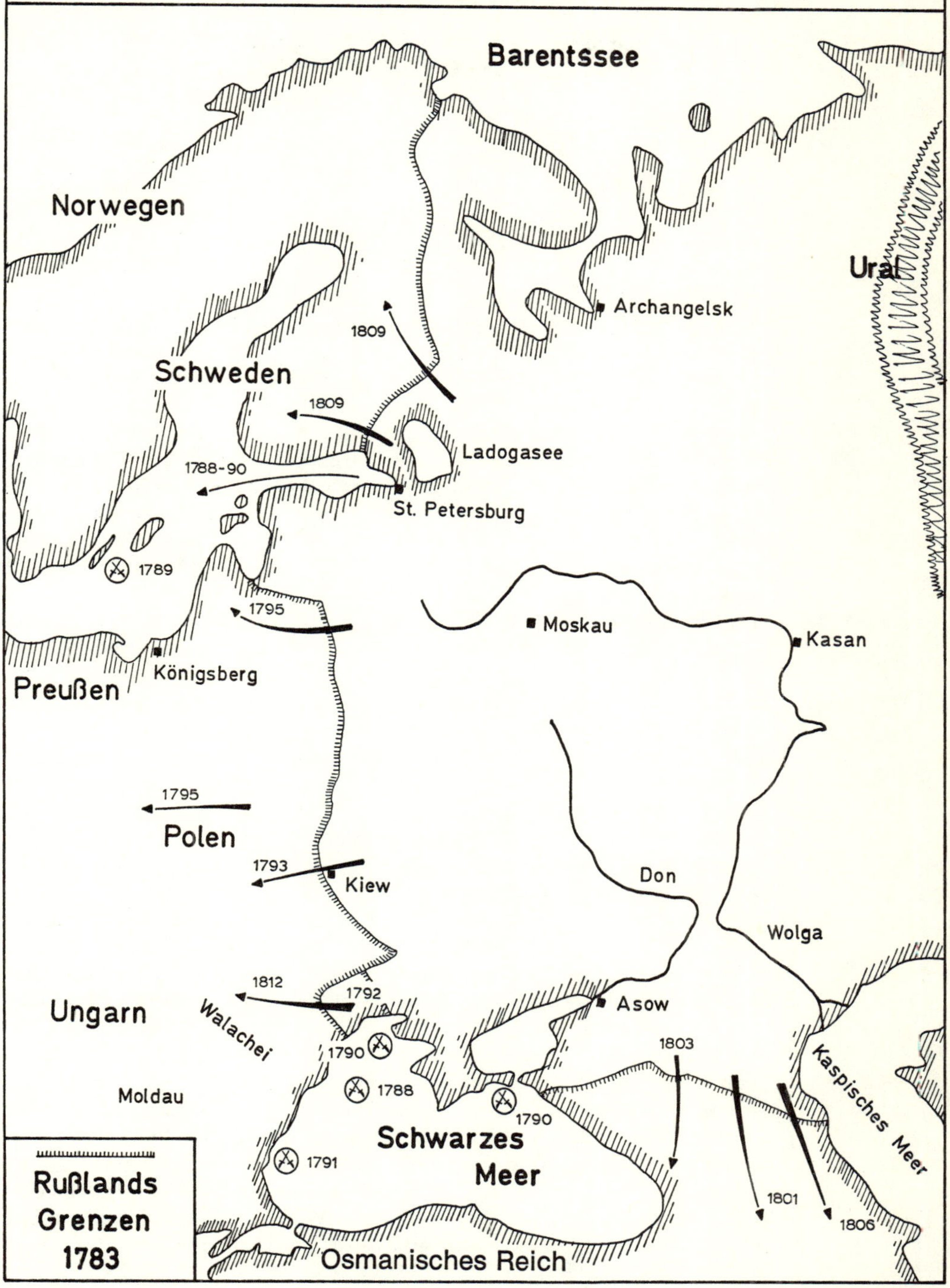

1788–1790 **Krieg Rußland gegen Schweden**

Rußland (Katharina II.) befindet sich im Krieg mit der Türkei. König Gustav III. von Schweden bereitet, politisch und materiell unterstützt durch Großbritannien, Frankreich, Preußen und die Türkei, einen Krieg gegen Rußland vor, um seine schwache innenpolitische Position zu stärken.

Die Stärke der Flotten beträgt:

	Schweden	Rußland (Ostsee)
Linienschiffe	15	17
Fregatten	11	8

Beide Länder verfügen ferner in den Schärengewässern über Galeerenflotten beträchtlicher Stärke.

17. Juli 1788 **Seeschlacht bei Hogland.** Im Finnischen Meerbusen treffen die beiden Flotten zum ersten Mal zusammen. Die Russen unter Adm. Greigh, Flaggschiff »Rostislaw« (108), zählen 17 Linienschiffe mit 1220 Kanonen. Die Schweden unter Herzog Karl, einem Bruder des Königs, Flaggschiff »Gustaf III.« (70), haben in der Schlachtlinie 15 Linienschiffe und 5 große Fregatten mit 1180 Geschützen. Das Artilleriegefecht beginnt am Nachmittag und endet bei Einbruch der Dunkelheit ohne Entscheidung. Jede Partei verliert ein Linienschiff durch Entern. Die Schweden verlieren 1200, die Russen 1800 Mann. Der schwedische Vorstoß ist gestoppt.

6. Aug. 1788 In den Schären bei Sveaborg überrascht die russische Flotte vier schwedische Linienschiffe. Drei können entkommen, das vierte läuft auf Grund und muß sich nach Kampf ergeben.

31. Mai 1789 Im Christiania/Oslo-Fjord zwingt die russische Fregatte »Merkuri« (22) die schwedische »Venus« (40) zur Kapitulation.

Im Winter ruht wegen Vereisung der Seekrieg in der Ostsee. Im Frühjahr stellen die Schweden 21 Linienschiffe und 13 Fregatten in Dienst. Die schwedische Flotte versucht die Vereinigung der russischen Hauptflotte aus Kronstadt mit einem kleinen Geschwader im Sund zu verhindern.

26. Juli 1789 **Seeschlacht bei Öland.** Die schwedische Flotte von 21 Linienschiffen und 8 Linienfregatten unter Herzog Karl trifft mit der russischen Hauptflotte, 21 Linienschiffe und zehn Fregatten, unter Adm. Tschitschagow zusammen. Dieser vermeidet durch ständiges Abhalten einen ernsten Kampf. Nach einigen Stunden endet dieses Treffen ohne wesentliche Verluste unentschieden. Die Schweden gehen nach Karlskrona, wo sie von der inzwischen vereinigten russischen Flotte blockiert werden.

24. Aug. 1789 **Erste Schlacht im Svensksund.** Die Russen greifen die schwedische Galeerenflotte in Finnland an. Adm. Prinz von Nassau-Siegen verfügt über 86 Fahrzeuge (Fregatten, Galeeren, Kanonenschaluppen usw.) mit 1280 Geschützen. Die Schweden unter Adm. Ehrensvärd haben 50 Fahrzeuge mit 680 Kanonen in einer starken Verteidigungsstellung. Die Russen greifen in zwei Gruppen an. Die südliche Angriffsgruppe unter GenMj. Ballé wird abgewiesen. Die östliche Umgehungsgruppe kann aber die schwedische Verteidigung durchbrechen. Die Schweden werden bis in die späte Nacht verfolgt. Sie verlieren sieben Fahrzeuge und 800 Mann, die Russen drei und 1000 Mann.

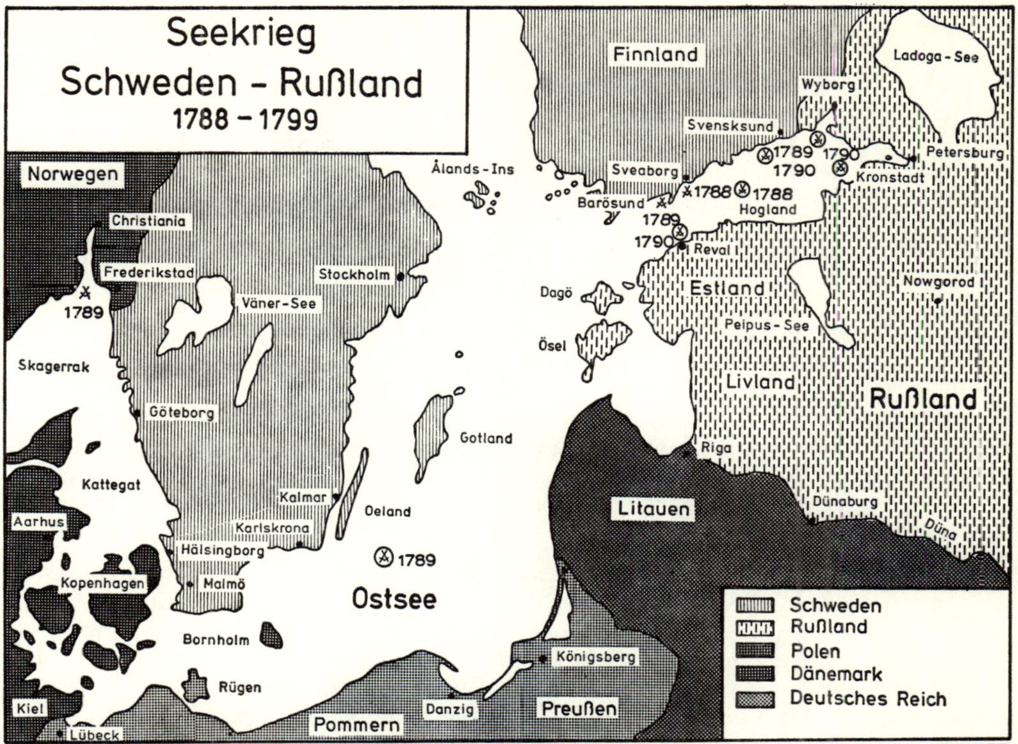
Seekrieg
Schweden - Rußland
1788 - 1799
Finnland
Ladoga-See
Wyborg
Svensksund
1789
1790
1790
Petersburg
Kronstadt
Åland-Ins
Sveaboarg
Barösund
1788
1788
Hogland
1789
1790
Reval
Norwegen
Christiania
Frederikstad
1789
Stockholm
Väner-See
Skagerrak
Dagö
Ösel
Estland
Nowgorod
Peipus-See
Livland
Rußland
Göteborg
Gotland
Riga
Kattegat
Aarhus
Kalmar
Oeland
Karlskrona
Hälsingborg
Litauen
Dünaburg
Düna
1789
Kopenhagen
Malmö
Ostsee
Bornholm
Rügen
Königsberg
Kiel
Lübeck
Pommern
Danzig
Preußen
Schweden
Rußland
Polen
Dänemark
Deutsches Reich

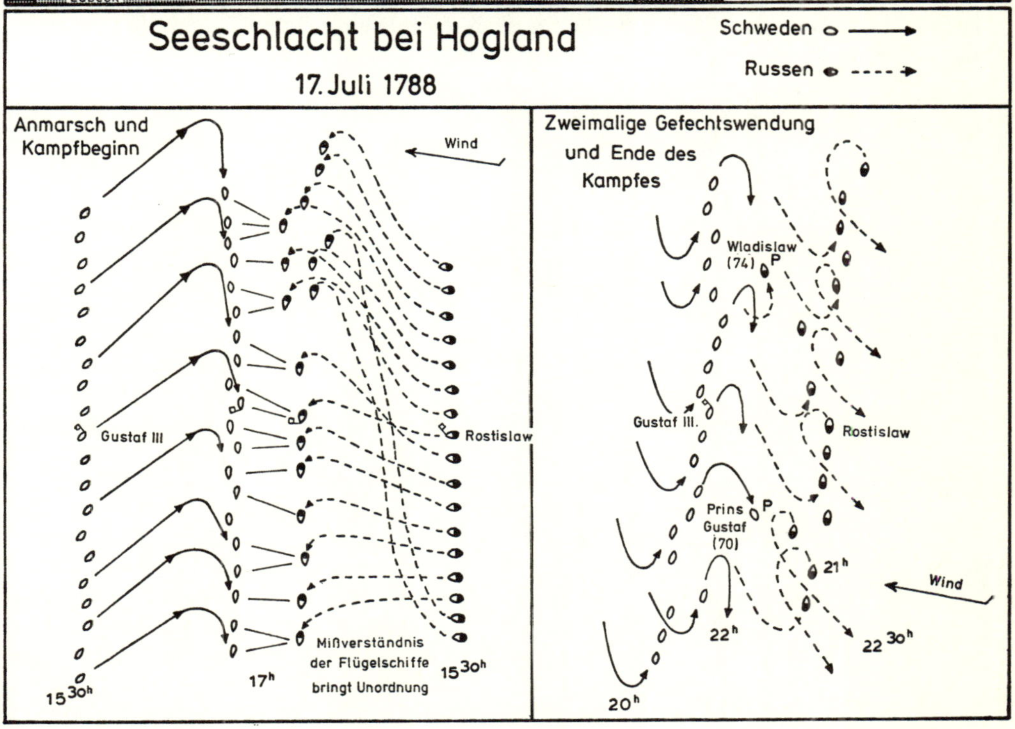
Seeschlacht bei Hogland
17. Juli 1788
Schweden
Russen
Anmarsch und Kampfbeginn
Wind
Gustaf III
Rostislaw
Mißverständnis der Flügelschiffe bringt Unordnung
15³⁰ʰ
17ʰ
15³⁰ʰ
Zweimalige Gefechtswendung und Ende des Kampfes
Wladislaw (74)
P
Gustaf III.
Rostislaw
Prins Gustaf (70)
P
21ʰ
Wind
22ʰ
22³⁰ʰ
20ʰ

18. Sept. 1789 **Gefecht im Barösund.** Westlich Helsingfors greift ein russisches Geschwader von fünf Linienschiffen und drei Fahrzeugen mit 374 Kanonen eine schwedische Schärenflottille von acht Fahrzeugen und einigen Küstenbatterien an. Die Schweden müssen sich zwar unter dem Verlust von einer Galeere zurückziehen, die Russen verlieren aber ein Linienschiff durch Strandung. Nach Eintreffen schwedischer Verstärkungen räumen die Russen im folgenden Monat Barösund und Porkkala, wobei ein weiteres Linienschiff durch Strandung verloren geht.

1790 Für dieses Jahr stellen die Schweden 25 Linienschiffe, zehn große und fünf kleine Fregatten in Dienst. Die Russen verfügen über 29 Linienschiffe.

13. Mai 1790 **Schlacht auf der Reede von Reval.** Auf der Reede liegt ein russisches Geschwader von 10 Linienschiffen und 6 Fregatten unter Adm. Tschitschagow auf der »Rostislaw«. Die schwedische Flotte greift mit 21 Linienschiffen und 12 Fregatten an. Beim Vorbeisegeln an der russischen Linie frischt der Wind auf, die schwedische Flotte gerät in Unordnung. Herzog Karl bricht darauf den Kampf ab. Die Schweden verlieren die manövrierunfähige »Prins Karl« und ein gestrandetes Linienschiff sowie 130 Tote und Verwundete und 600 Gefangene. Der Verlust der Russen ist unbedeutend.

15. Mai 1790 **Seeschlacht bei Fredrikshamn.** Die schwedische Galeerenflotte unter Gustav III., 110 Fahrzeuge mit 1000 Kanonen, greift ein russisches Geschwader von 63 Fahrzeugen mit 400 Kanonen unter Kpt. Slisow an. Die Russen müssen sich schließlich mit dem Verlust von 16 Fahrzeugen zurückziehen, sie haben aber den Vormarsch der Schweden solange verzögert, daß deren Angriff auf Fredrikshamn nach Eintreffen russischer Verstärkungen scheitert.

3. und 4. Juni 1790 **Seeschlacht in der Bucht von Kronstadt.** Die russische Hauptflotte läuft unter dem Befehl von Adm. Kruse Ende Mai aus. Sie umfaßt 17 Linienschiffe und neun Fregatten mit 1600 Geschützen. Um die Vereinigung mit dem Revalgeschwader zu verhindern, greifen die Schweden unter Herzog Karl mit ihrer gleich
3. Juni starken Flotte an. Den ganzen Tag wird auf große Entfernung gefochten, wobei
4. Juni die Russen ständig nach Osten, Richtung Kronstadt, abhalten. Am nächsten Tag wird der Kampf erst um 14 Uhr erneuert. Um 21 Uhr trifft das russische Geschwader aus Reval unter Tschitschagow ein. Die Schweden brechen den Kampf ab, bevor die Russen sich vereinigen, und laufen in die Bucht von Wyborg ein. Dort liegt schon die schwedische Galeerenflotte. Die Schweden werden sofort von den Russen blockiert.

3. Juli 1790 **Ausbruch der schwedischen Flotte aus Wyborgsund.** Nach längerem Zögern befiehlt der bei der Galeerenflotte anwesende schwedische König den Ausbruch beider Flotten. Die russische Flotte unter Adm. Tschitschagow liegt quer vor dem Eingang der Bucht verankert. Sie umfaßt 31 Linienschiffe, 24 Fregatten und eine Anzahl kleinerer Fahrzeuge. Die Schweden verfügen über 21 Linienschiffe, 15 Fregatten und 240 weitere Kriegsfahrzeuge mit 3000 Geschützen und 24000 Mann. Ferner sind 120 Transportfahrzeuge mit 12000 Soldaten anwesend. Am Morgen greifen die Schweden überraschend den westlichen Flügel der russischen Blockadeflotte an. In Feuerlee der Hochseeflotte fahren die Galeeren und Transporter. Die Flügelschiffe der Russen werden von den vorbeisegelnden schwedischen Linienschiffen zerschossen. Fast allen schwedischen Schiffen gelingt der Ausbruch. Nur vier Linienschiffe geraten auf Grund, eines wird von einem eigenen Brander angesteckt und fliegt in die Luft. Bei der Verfolgung der

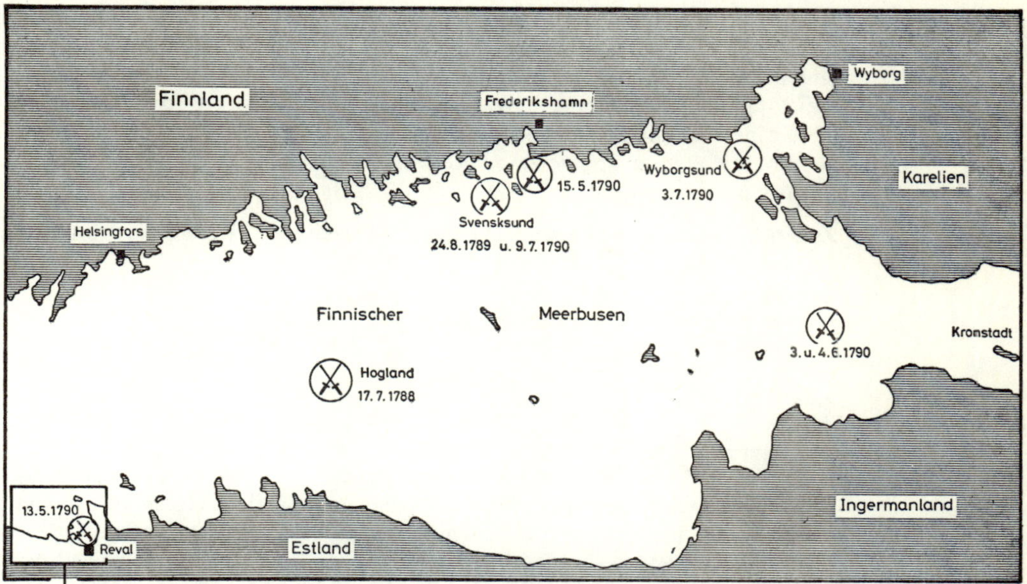

Finnland
Frederikshamn
Wyborg
Wyborgsund
3.7.1790
15.5.1790
Svensksund
24.8.1789 u. 9.7.1790
Helsingfors
Karelien
Finnischer
Meerbusen
Kronstadt
3. u. 4.6.1790
Hogland
17.7.1788
13.5.1790
Reval
Estland
Ingermanland

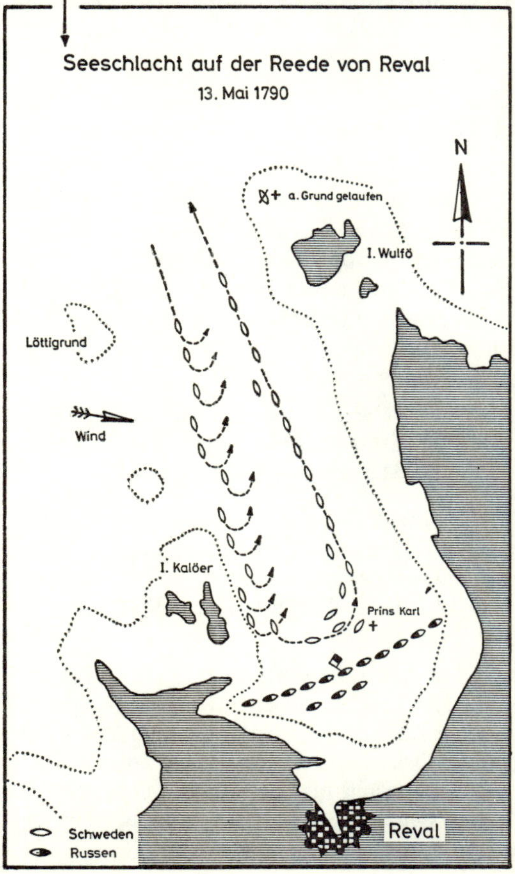

Seeschlacht auf der Reede von Reval
13. Mai 1790
N
a. Grund gelaufen
I. Wulfö
Löttigrund
Wind
I. Kalöer
Prins Karl
Reval
Schweden
Russen

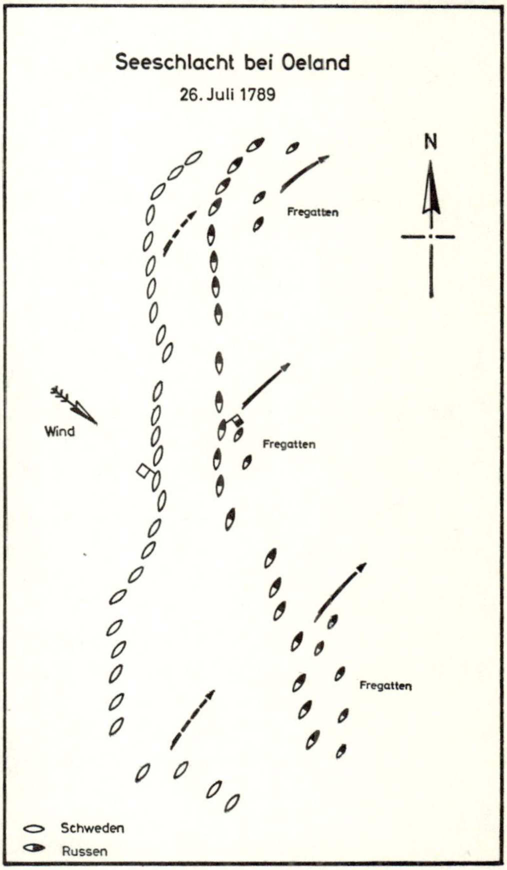

Seeschlacht bei Oeland
26. Juli 1789
N
Fregatten
Wind
Fregatten
Fregatten
Schweden
Russen

Hochseeflotte können die Russen noch zwei zurückbleibende schwedische Linienschiffe entern. Die Galeerenflotte entkommt in die Schärengewässer und läuft in den Svensksund. Die Schweden verlieren insgesamt sieben Linienschiffe, drei Fregatten, 30 kleinere Kriegsschiffe und 30 Transporter mit zusammen 6000 Mann. Bei den Russen sind 11 Linienschiffe kampfunfähig, sie verlieren 7000 Mann. Der gut angesetzte schwedische Ausbruch gelingt mit erträglichen Verlusten.

9. Juli 1790 **Zweite Schlacht im Svensksund.** Die russische Schärenflotte greift die Schweden im Svensksund an.
Die Stärken:

	Fahrzeuge	Geschütze	Besatzung
Schweden	195	1200	14000
Russen	140	1500	18500

Die schwedische Schärenflotte ist in einer starken Stellung in L-Form am Südeingang des Sundes verankert. Die von Süden angreifenden Russen werden von dem schwedischen Feuer schwer erschüttert und wenden sich am Nachmittag zur Flucht. Die Schweden verfolgen den Gegner bis zum nächsten Morgen. Die Russen verlieren 50 Fahrzeuge, 6000 Gefangene und 3000 Mann Tote und Verwundete. Der schwedische Verlust ist gering. Katharina ist nun zum Frieden bereit.

14. Aug. 1790 **Friede von Werelä.** Es bleibt alles beim alten.
In diesem Krieg treten zum letzten Mal Ruder-Kriegsfahrzeuge in größerem Umfang auf. Bewährt haben sich jedoch nur die Kanonenjollen und Kanonenschaluppen.

1789 Spanien und Großbritannien geraten um den Handelsstützpunkt Nootka auf der **Insel Vancouver** an der Westküste von Nordamerika in Streit. Beide Seiten mobilisieren ihre Flotten, zur britischen in Stärke von 29 Linienschiffen unter Howe in Portsmouth stößt ein niederländisches Geschwader unter van Kinsbergen, die Spanier versammeln in Cadiz 26 Linienschiffe unter VAdm. José Solano, Graf von Socorro. Bevor es zu Kampfhandlungen kommt, wird der Streit durch Vermittlung von Portugal im folgenden Jahr beigelegt. Spanien räumt Nootka.

Okt. 1790 **Räumung von Oran und Mers el Kebir.** Zwei Erdbeben innerhalb von zwei Wochen zerstören die Stadt Oran. Spanien tritt darauf die beiden Stützpunkte an Algerien ab, die Flotte evakuiert die Besatzungen nach Cartagena.

Aug. 1792 **Beschießung von Tanger.** Der Bey von Marrakesch verlangt nach der Räumung von Oran durch Spanien auch die Herausgabe von Ceuta und Melilla. Spanien lehnt die Forderung ab, zur Untermauerung seines Standpunktes beschießt ein spanisches Geschwader von zwei Fregatten und zehn weiteren Kriegsschiffen unter Francisco Morales die Stadt Tanger.

1789 **Meuterei auf der »Bounty«.** Dies ist wohl die bekannteste Meuterei auf einem einzelnen Schiff und hat in Literatur und Film einen weiten Niederschlag gefunden. Die »Bounty« befand sich längere Zeit vor der Insel Tahiti zum Laden von Brotfruchtpflanzen für die Regierung. Das schöne Leben auf der Insel und die Brutalität des Kapitäns waren die wichtigsten auslösenden Momente für die Meuterei. Nachkommen von einigen Meuterern leben noch heute auf der von ihnen besiedelten Insel Pitcairn im Südpazifik.

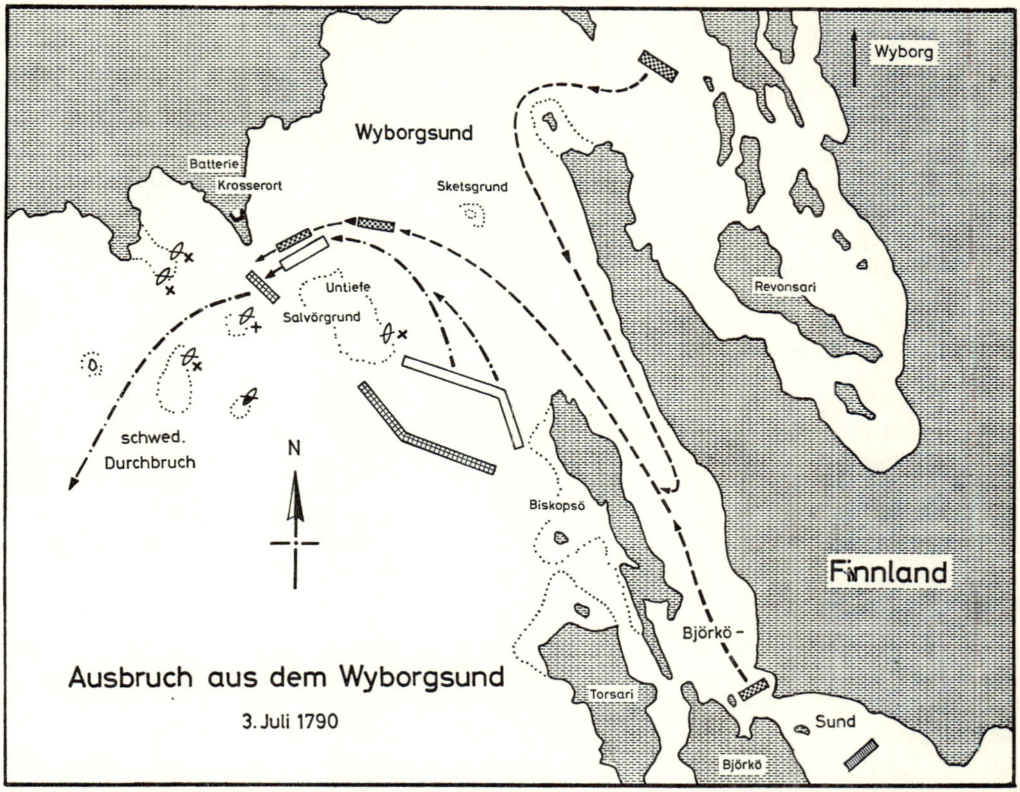
Wyborg
Wyborgsund
Batterie
Krosserort
Sketsgrund
Untiefe
Salvörgrund
Revonsari
schwed.
Durchbruch
N
Biskopsö
Finnland
Björkö -
Torsari
Sund
Björkö
Ausbruch aus dem Wyborgsund
3. Juli 1790

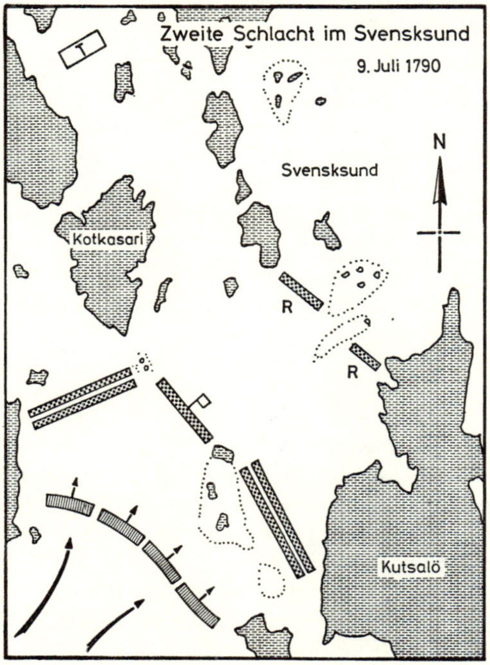
Zweite Schlacht im Svensksund
9. Juli 1790
T
N
Svensksund
Kotkasari
R
R
Kutsalö

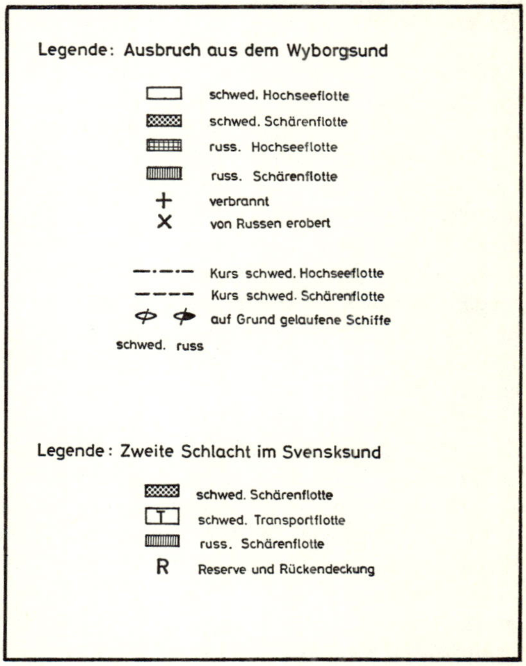
Legende: Ausbruch aus dem Wyborgsund
schwed. Hochseeflotte
schwed. Schärenflotte
russ. Hochseeflotte
russ. Schärenflotte
verbrannt
von Russen erobert
Kurs schwed. Hochseeflotte
Kurs schwed. Schärenflotte
auf Grund gelaufene Schiffe
schwed. russ
Legende: Zweite Schlacht im Svensksund
schwed. Schärenflotte
schwed. Transportflotte
russ. Schärenflotte
R
Reserve und Rückendeckung

Die Seekriege von 1790 bis 1815

Diese Zeit wurde von den großen Kriegen gegen das revolutionäre Frankreich (1792–1802) und das französische Kaiserreich (1803–15) beherrscht. Die Kämpfe zur See hatten sich dabei vorwiegend im Atlantik und in den nordeuropäischen Gewässern und im Mittelmeer abgespielt. Mit diesen großen Kriegen standen in losem Zusammenhang einige kleine Seekriege, wie der Krieg Rußlands gegen Schweden (1808–09) und der Krieg Großbritanniens gegen die USA (1812–15). Ohne Zusammenhang mit diesen weltpolitischen Ereignissen war der Seekrieg der USA gegen Tripolis (1801–05). Die französische Revolution führte zu kriegerischen Auseinandersetzungen, in deren Folge Frankreich die vorherrschende Macht auf dem europäischen Kontinent wurde. Die Folge war der Zweikampf mit der führenden Seemacht Großbritannien, der nur mit der Niederlage von einer der beiden enden konnte.

Die Finanzkrise in Frankreich, zum Teil durch die hohen Kosten im Amerikanischen Unabhängigkeitskrieg und die Verschwendung am Königshof hervorgerufen, führten dort zur Verarmung der unteren Volksschichten, welche die finanzielle Hauptlast für den Staat zu tragen hatten. Der Geist der Aufklärung und die freiheitlichen Ideen aus Amerika waren die Grundlage zu der bürgerlichen Revolution von 1789, die aus den oben genannten Gründen 1792 in das Terrorregime der Jakobiner überging. Erst der Sturz von Robespierre 1794 und der Staatsstreich von Napoleon Bonaparte 1799 beendeten die revolutionäre Phase und führten direkt zum ersten Imperium mit der Kaiserkrönung Napoleons im Jahre 1804.

Die Frontstellung der Monarchien gegen das revolutionäre Frankreich führte mit dessen Kriegserklärung an Österreich und Preußen 1792 zum **ersten Koalitionskrieg.** Zur allgemeinen Überraschung konnten die Truppen Frankreichs dem Gegner nicht nur standhalten, sondern ihn sogar zurückdrängen. Noch im ersten Kriegsjahr konnten die französischen Heere die südlichen, österreichischen, Niederlande besetzen, bis zum Rhein vorstoßen und Savoyen und Nizza erobern. Der Vorstoß nach Flandern brachte das zunächst zögernde Großbritannien und die Niederlande, Sardinien und Neapel Anfang 1793 in den Krieg gegen Frankreich.

Mit dem Eintritt Großbritanniens in den Krieg begann eine mehr als zwanzig Jahre dauernde Auseinandersetzung zwischen der ersten Seemacht und dem unter Napoleon zur ersten Landmacht auf dem europäischen Kontinent gewordenen Frankreich. Dabei standen zu Beginn die Dinge für das durch die revolutionären Ereignisse im Inneren zerrissene Frankreich denkbar schlecht. Durch die Revolution hatte die französische Flotte fast das ganze (meist adelige) Offizierkorps verloren. Die Besatzungen der Schiffe waren zu Beginn nur ein disziplinloser Haufen, der mehr auf inkompetente Matrosenräte als die Kommandanten hörte. Diese waren meist junge Leutnants, die zwar über viel Begeisterung, aber wenig Erfahrung verfügten. Dagegen verfügte die französische Flotte über ein ausgezeichnetes Schiffsmaterial, das in der Qualität den britischen Schiffen überlegen war. Die rund 80 Linienschiffe zu Kriegsbeginn waren in gutem Zustand, sie waren auch im Durchschnitt größer und stärker als die britischen. Die Dreidecker hatten bis zu 3000 t Wasserverdrängung, führten 116 Geschütze und rund 1300 Mann Besatzung an Bord. Die Masse der Linienschiffe waren jedoch Zweidecker mit 74 Kanonen. Rund 80 Prozent der Offiziere war ausgeschieden und von Mannschaftsgraden sowie durch Steuerleute der Handelsmarine ersetzt worden. Der Flottenführer bei Ouessant 1794, Villaret-Joyeuse, war bei Beginn der Revolution Korvettenkapitän gewesen, die beiden anderen Flaggoffiziere Leutnants. Diesem Revolutionsersatz fehlte zunächst die Qualifikation und Erfahrung, um Schiffe und ganze Flotten im Kampf zu führen. Im übrigen weigerten sich die Besatzungen oft, zu Übungen auszulaufen, es fehlte daher die nötige Praxis. Auch Werften und Arsenale waren zunächst in schlechtem Zustand, ein Mangel, der erst unter Napoleon behoben wurde. Der Nachschub an Ausrüstungsmaterial für die Flotte, das meist aus den Ostseeländern bezogen wurde, war durch die folgende britische Blockade sehr erschwert.

Die britische Flotte verfügte zu Kriegsbeginn über 115 Linienschiffe, die nach kurzer Zeit mit brauchbaren, wenn auch oft zum Dienst gepreßten Besatzungen und einem guten Offizierskorps bemannt waren. Werften und Schiffsbauausrüstung waren in reichem Maße vorhanden. Die großen Dreidecker hatten eine Wasserverdrängung von 2300 t, 100 Geschütze und 850 Mann Besatzung. Das häufigste Linienschiff in der britischen Flotte war jedoch ebenfalls der schnelle Zweidecker mit 74 Kanonen. Die Fregatten erreichten bereits eine Wasserverdrängung von 1000 t. Die spanischen Linienschiffe waren zum Großteil in gutem Zustand, es bestand jedoch Mangel an ausgebildeten Mannschaften. Auch die Flotte der Niederlande war in gutem Zustand, und es fehlte auch nicht an guten Besatzungen, die kleinen Linienschiffe für die flachen Küstengewässer waren den Hochseelinienschiffen der anderen Flotten an Kampfkraft jedoch unterlegen.

Großbritannien unter der Führung von William Pitt d. J., seit 1783 leitender Minister, begann sofort die gewohnte Einkreisungspolitik mit einer möglichst engen Seeblockade. Frankreich verhielt sich zur See zunächst völlig passiv, mobilisierte aber unter der Leitung von Carnot die Volksmassen für das Landheer zum Kampf gegen die Koalition. Erst unter Napoleon wurde Frankreich auch zur See wieder aktiv und versuchte, den Briten die Seeherrschaft zumindest in Teilgebieten zu entreißen. Die französischen Heere waren nach anfänglichen Erfolgen der Koalition bald im Vormarsch. Das linksrheinische Deutschland und die Niederlande wurden erobert, letztere als Batavische Republik zu einem Satellitenstaat Frankreichs gemacht.

Zu Kriegsbeginn waren die nordwestlichen Provinzen Frankreichs teilweise im Aufstand gegen Paris, die Flotte in erster Linie zu dessen Bekämpfung eingesetzt. Beim Erscheinen eines britischen Blockadegeschwaders vor der Bucht von Quiberon entschied der Soldatenrat des dort liegenden französischen Geschwaders unter Morard de Galles, daß der Kampf gegen die Aufständischen Vorrang hätte und verbot das Auslaufen gegen die Briten. Bei der verunglückten Aktion gegen Toulon versäumten die Verbündeten, das französische Mittelmeergeschwader zu vernichten oder abzutransportieren, Frankreich konnte daher nach der Rückeroberung des Kriegshafens durch die Konventstruppen im Mittelmeer bald aktiv werden.

Als es im Winter 1793/94 zu einer Hungersnot kam, kaufte Frankreich in den USA große Getreidemengen, die in einem Geleitzug von mehr als hundert Schiffen eingeführt wurden. Zu dessen Schutz mußte die französische Brestflotte auslaufen, worauf es zur Seeschlacht bei Ouessant kam. Dort hielt sich die französische Flotte trotz schwerer Verluste überraschend gut, der Geleitzug konnte ungehindert in Frankreich einlaufen, das strategische Ziel war damit erreicht. Trotz mehr Selbstbewußtsein der französischen Besatzungen blieb noch immer ein gewisses Gefühl der Unterlegenheit gegenüber der Royal Navy, das sich fast in allen Operationen der folgenden Jahre bemerkbar machte, wahrscheinlich eine Nachwirkung der Ereignisse vor der Halbinsel von Cotentin im Pfälzischen Erbfolgekrieg hundert Jahre früher.

Preußen, das zunächst an der Teilung Polens mehr interessiert war als am Kampf gegen Frankreich, war im Frieden von Basel 1795 aus der Koalition ausgeschieden. Im Frühjahr 1796 hatte Napoleon seinen Siegeszug in Italien angetreten und die Briten damit veranlaßt, ihr Geschwader im Mittelmeer unter dem neuen Befehlshaber Adm. Jervis abzuziehen. Kampflos wurde den Franzosen damit das ganze Mittelmeer überlassen, Spanien schied aus der Koalition aus und trat im September im Vertrag von Ildefonso an die Seite von Frankreich, dessen treuer Verbündeter es bis 1808 bleiben sollte. Nachdem die Einkreisung Frankreichs mit den nun verbündeten Niederlanden und Spanien gesprengt war, versuchte dieses, den Krieg bereits auf die britischen Inseln zu tragen. Die Expedition nach Irland war zwar an den Wetterunbilden gescheitert, wie die Franzosen jedoch aus der Geschichte hätten wissen können, war diese Unternehmung ohne die Seeherrschaft in den westeuropäischen Gewässern von vornherein zum Scheitern verurteilt. Nur durch die Unaufmerksamkeit des britischen Blockadegeschwaders war es überhaupt möglich gewesen, mit der Expeditionsflotte die Küsten von Irland zu erreichen. Im folgenden Jahr endete der erste Koalitionskrieg mit dem

Frieden von Campo Formio, in welchem Österreich für die Niederlande und Mailand Venedig erhielt. Mit dem Besitz der Ionischen Inseln stärkte Frankreich seine Position im östlichen Mittelmeer.

Großbritannien stand dem Festlandgegner nun allein gegenüber, wollte sich aber dem neuen Herren am Festland nicht beugen und führte den Kampf entschlossen weiter, vergleichbar dem Jahr 1940 im Zweiten Weltkrieg. Zur Niederringung von Großbritannien war für Frankreich der nicht vorhandene Besitz der Seeherrschaft nötig, ohne die weder eine Blockade, noch eine Invasion, noch ein wirkungsvoller Handelskrieg möglich waren. Nach der Räumung des Mittelmeeres durch die Briten war es jedoch möglich, das britische Weltreich an einer empfindlichen Stelle zu treffen. Auf Betreiben von Napoleon wurde durch Truppen an der Kanalküste eine Invasionsabsicht in England vorgetäuscht und gleichzeitig ein Expeditionsheer in Toulon versammelt. Auf der Mittelmeerflotte führte Napoleon dieses nach Ägypten, wobei unterwegs Malta als wichtiger Stützpunkt erobert wurde; er überrannte das Land am Nil in wenigen Wochen. Die britische Herrschaft in Indien schien direkt bedroht.

Die Briten hatten zu dieser Zeit ihre Hauptflotte im Kanal konzentriert, das Mittelmeergeschwader unter Jervis blockierte seit der Seeschlacht bei St. Vincent die spanische Flotte in Cadiz. Von dort wurde Nelson zur Suche nach dem Verbleib des französischen Mittelmeergeschwaders ausgesandt; dies führte zur entscheidenden Seeschlacht bei Aboukir (Abu Qir) 1798. Diese war nicht nur ein glänzender taktischer Sieg, sondern hatte auch größte strategische und politische Folgen. Napoleons Heer in Ägypten war abgeschnitten, ohne gesicherte Verbindung mit der Heimat (und dazu war die Seeherrschaft im Mittelmeer notwendig) konnte es sich nicht auf Dauer halten. Politisch schloß sich aufgrund des Seesieges die Türkei sofort Großbritannien an; Rußland, Österreich, Neapel und Portugal folgten, und der **zweite Koalitionskrieg** gegen Frankreich begann. Zu Lande operierten die Verbündeten zunächst in der Schweiz, in Süddeutschland und in Italien erfolgreich. Im Mittelmeer konnten die Ionischen Inseln und Menorca zurückerobert werden. Der Umschwung kam, als 1799 Rußland aus der Koalition ausschied und Napoleon auf einer schnellen Fregatte von Ägypten zurückkehrte und in Frankreich das Heft an sich riß. Als erster Konsul siegte er 1800 über die Österreicher in Italien bei Marengo und in Süddeutschland bei Hohenlinden; er zwang sie 1801 zum Frieden von Lunéville. Dort erwarb Frankreich das gesamte linke Rheinufer und weitere Gebiete in Italien. Großbritannien stand wieder allein Frankreich und Spanien gegenüber. Dem französischen Atlantikgeschwader unter Bruix war es im April 1800 gelungen, aus Brest auszubrechen und in das Mittelmeer zu laufen. Dort nahm es das Mittelmeergeschwader auf, zog am Rückweg die spanische Flotte an sich und lief mit der vereinigten Flotte wieder in Brest ein. Nach dieser Panne in der Überwachung der feindlichen Flottenstützpunkte durch die Briten wurde Adm. Jervis zum Chef der verstärkten Kanalflotte ernannt. Nachdem dieser mit Energie und Geschick eine Meuterei in der britischen Flotte niedergeschlagen hatte, begann er mit größter Sorgfalt und Ausdauer die Blockade der französischen Stützpunkte an der Atlantikküste. In dieser ersten echten Kriegsblokkade zur See in großem Stil wurde die Flotte der verbündeten Franzosen und Spanier lahmgelegt. Automatisch wurde dadurch auch das Mittelmeer beherrscht, und Großbritannien konnte nun den Handelskrieg gegen Frankreich/Spanien in großem Umfang durchführen. Dabei wurden auch die Neutralen wieder rigoros durchsucht und gezwungen, britisch kontrollierte Häfen zur Untersuchung anzulaufen. Gegen diese Übergriffe bildete sich wieder die **»Bewaffnete Neutralität«** von 1780 mit Preußen, Schweden, Rußland und Dänemark. Zur Sicherung seiner Stellung in der Ostsee sandte Großbritannien darauf ein Geschwader unter Adm. Hyde Parker und Nelson nach Kopenhagen, das im März 1801 ultimativ den Austritt Dänemarks aus der »Neutralität« forderte und nach der Ablehnung die dänische Flotte vernichtete und Kopenhagen mit der Beschießung drohte, worauf Dänemark nachgab. Da kurz danach auch Zar Paul I. ermordet wurde, zerfiel die »Bewaffnete Neutralität« rasch wieder, und Großbritannien kontrollierte nun den ganzen Seehandel in und nach Europa. Frankreichs Einfuhr aus den Ostseeländern war unterbunden. Napoleon war nun zum Frieden bereit, nach dem vorübergehenden Sturz von Pitt in Großbritannien war auch dieses kriegsmüde, und es kam im März 1802 zum Frieden von Amiens. Großbritannien verpflichtete sich, alle eroberten Kolonien, außer Ceylon und Trinidad, sowie Malta zurückzugeben. Frankreich mußte das schon fast gänzlich verlorene Ägypten räumen. Dieser Friede wurde von allen Seiten jedoch nur als ein Waffenstillstand betrachtet, da keine Seite ihre Kriegsziele erreicht hatte. Sowohl Frankreich als auch Großbritannien begannen sich sofort auf den nächsten Waffengang vorzubereiten, der schon bald folgen sollte.

In diesem Krieg wurden nach langer Zeit Seeschlachten wieder taktisch durchgefochten. Die Admirale Howe, Jervis, Duncan und vor allem Nelson brachten wieder die Vorteile von Durchbruch und Kräftekonzentration zur Geltung. Der Seekrieg entwickelte sich mit der Zeit immer mehr zu einem **Blockadekrieg.** Vor den wichtigen, französischen spanischen und holländischen Kriegshäfen wie Toulon, Cadiz, Rochefort, Brest und Den Helder standen ständig britische Blockadegeschwader, die jede Bewegung der feindlichen Flotte überwachten und nur bei schweren Stürmen ihren Posten verließen. Während die französische Handelsflotte von den Weltmeeren verschwand, konnte selbst eifrigster Kreuzerkrieg dem Aufschwung der britischen Handelsflotten keinen Abbruch tun. Auch der spanische und holländische Handel war unterbunden; der Handel der Neutralen, der einen großen Aufschwung nahm, wurde von Großbritannien auf Bannware kontrolliert.

In dem kurzen Friedensjahr von 1802–03 bemühte sich Napoleon, die französische Flotte wieder auf die alte Höhe zu bringen, doch ohne Erfolg. Während Napoleon mit untrüglichem Blick die besten Offiziere zu Generälen und die besten Generäle zu Heerführern auswählte, hatte er eine unglückliche Hand bei der Wahl seiner Flottenführer, ausgenommen Marineminister Decrès. Und da eine Flotte nur so gut wie ihre Führer sein konnte, war die französische auch im zweiten Teil des Kampfes gegen Großbritannien überall unterlegen.

Der Streit um die Rückgabe von Malta, französische Invasionsdrohungen, die Besetzung von Hannover und die Wiederbesetzung der geräumten Niederlande durch Frankreich führten zur neuerlichen Kriegserklärung im Mai 1803 durch Großbritannien. Adm. John Jervis, nun erster Lord der britischen Admiralität, verhängte sofort die engste Blockade über die Küsten Frankreichs. Napoleon, ab 1804 Kaiser von Frankreich, versuchte nun, den Krieg mit einer Invasion in England zu entscheiden. Dazu begann er an der Kanalküste mit Vorbereitungen in großem Stil. Durch diese Vorbereitungen und den Druck auf das übrige Europa (Schweiz-Mediationsakte, Deutschland-Reichsdeputationshauptschluß) konnte der wieder für die Politik in Großbritannien verantwortliche Pitt d. J. die **dritte Koalition** gegen Frankreich zustande bringen. Dieser gehörten neben Großbritannien auch Österreich, Rußland und Schweden an. Napoleon mußte sich daher für einen Zweifrontenkrieg rüsten. Zuvor erhoffte er jedoch seine Geschwader im Kanal vereinen zu können, um wenigstens dort die Seeherrschaft für die Landung in England zu erringen. Die Voraussetzungen hatten sich 1804 dafür gebessert, als Spanien wieder auf die Seite von Frankreich trat und dessen Flotte und Stützpunkte zur Verfügung standen. Der Blockadebereich für die Royal Navy wurde dadurch auf das Doppelte erweitert, ihre Aufgabe wesentlich erschwert. In den Heimatgewässern standen den 59 Linienschiffen der Verbündeten nur 53 der Briten gegenüber. Es kam nun im Sommer 1805 zu der bekannten Kreuzfahrt des französischen Mittelmeergeschwaders mit der spanischen Flotte und der Verfolgung durch Nelson. Als Villeneuve den Vorstoß in den Kanal nicht wagte und nach der Seeschlacht bei Kap Finisterre im Juli nach Cadiz zurückging, war die Chance für eine Landung in England endgültig vorbei. Napoleon erkannte das sofort und wendete sich gegen die Gegner am Festland im dritten Koalitionskrieg. Seine Erfolge in Süddeutschland (Ulm, Oktober 1805) und der Sieg in der Dreikaiserschlacht bei Austerlitz (2. Dez. 1805) überschatteten zunächst den Seesieg von Nelson bei Kap Trafalgar, letzterer brachte den Briten jedoch die absolute Seeherrschaft und dadurch die Möglichkeit, den Krieg an jedem gewünschten Punkt anzusetzen. Zunächst aber zwang Napoleon Österreich zum Frieden von Preßburg, in welchem es auf Venetien,

Istrien, Dalmatien, Vorderösterreich, Tirol und Vorarlberg verzichten mußte. Salzburg kam damals als Kompensation an Österreich. Durch die Siege Napoleons über Preußen bei Jena und Auerstädt wurde im **vierten Koalitionskrieg** auch dieser Gegner in Mitteleuropa niedergeworfen, Frankreich stand auf dem Höhepunkt seiner Macht. Napoleon begann sogar wieder neue Flottenpläne zu wälzen, Cherbourg und Antwerpen wurden zu Kriegshäfen ausgebaut, und überall wurde mit dem Bau neuer Schiffe begonnen. Damit sollte der im Dekret von Berlin am 21. November 1806 verkündeten **Kontinentalsperre** der nötige Nachdruck gegeben werden. Es begann damit ein Wirtschafts- und Blockadekrieg größten Ausmaßes. Unter dem Druck Frankreichs wurde der britische Handel vom europäischen Kontinent ausgesperrt. Um diese Sperre lückenlos durchzuführen, mußten immer neue Forderungen gestellt werden. Zunächst mußte die Türkei die Dardanellen für die Russen sperren, wodurch es zum Krieg zwischen den vorher Verbündeten kam. Im Frieden von Tilsit mußte sich Preußen der Sperre anschließen, und auch Rußland trat ihr bei. Da die britische Flotte nicht alle Häfen Europas gleichzeitig überwachen konnte, kam es zum Ausbruch französischer Kreuzer und manchmal ganzer Geschwader zum Handelskrieg in Übersee. Im Festlandeuropa wurden der Bergbau und die Industrie gefördert, um von der britischen Industrie unabhängig zu werden. Als sich Dänemark der Kontinentalsperre nicht widersetzen konnte, wurde Kopenhagen von der britischen Flotte beschossen, die dänische Flotte weggenommen, und bis zum Ende der Napoleonischen Kriege war in den Küstengewässern der sogenannte Kanonenbootkrieg gegen die Briten im Gange. Mit der Einsetzung seines Bruders Joseph Bonaparte als König von Spanien und dessen Anschluß an die Kontinentalsperre hatte Napoleon den Bogen überspannt. Überall begannen die Freiheitskriege gegen seine Gewaltherrschaft. Mit dem Vorstoß der Franzosen nach Portugal war dessen Königshaus mit der Flotte unter britischer Bedeckung, oder besser Aufsicht, nach Brasilien geflüchtet. Ein britisches Expeditionskorps unter dem späteren Herzog von Wellington landete in Portugal und vertrieb von dort die Franzosen. Diese wurden in Spanien von dem Ausmaß des Aufstandes überrascht und mußten zunächst fast das ganze Land räumen. In Cadiz wurden die seit Trafalgar im dortigen Hafen blockierten französischen Schiffe den Briten übergeben, die die ganze Küste entlang die Aufständischen unterstützten. Napoleon mußte darauf in Erfurt mit dem Zaren ein Stillhalteabkommen schließen und warf darauf den spanischen Aufstand in einem Feldzug nieder. Er konnte jedoch die letzten Küstenplätze, die von den Briten von See unterstützt wurden wie Cadiz und Lissabon in Portugal, nicht in seine Gewalt bringen.

Österreich benützte die Abwesenheit der Masse der französischen Truppen zu einem neuen Krieg gegen Frankreich **(fünfter Koalitionskrieg).** Nach dem Erfolg von Aspern (Mai 1809) folgte jedoch die Niederlage von Wagram (Juli 1809) und der Friede von Schönbrunn mit einer weiteren Verkleinerung des Reichsgebietes und der vollständigen Abhängigkeit von Napoleon.

Im Frieden von Tilsit (1807) hatte Napoleon dem Zaren freie Hand gegen Schweden gelassen. Als dieses die Forderung, der Kontinentalsperre beizutreten, ablehnte, fiel Rußland in Finnland ein, eroberte durch den schnellen Vormarsch die schwedische Schärenflotte in den dortigen Gewässern und hatte bald ganz Finnland in der Hand. Schweden, gleichzeitig in einem Konflikt mit Dänemark um den Besitz von Norwegen, führte den Krieg ohne großen Einsatz und mußte schließlich Finnland an Rußland abtreten. Das britische Ostseegeschwader hatte in diesen Jahren den Sund für die eigene Handelsschiffahrt offen zu halten, Schweden vor einem Angriff von Dänemark aus zu schützen, die schwedische Flotte gegen die russische zu verstärken und die Franzosen in den deutschen Ostseehäfen zu blockieren.

Mit dem Feldzug gegen den letzten mächtigen Rivalen am Festland, Rußland, marschierte 1812 Napoleon in sein Verderben, und es begann der zweijährige **Befreiungskrieg,** der mit den Landarmeen ausgefochten wurde.

Zur gleichen Zeit war es aber zwischen **Großbritannien und den USA** zu einem Seekrieg gekommen, der die ständigen Übergriffe der Royal Navy gegen die neutrale Handelsschiffahrt als Hauptursache hatte. Darüber hinaus hatten die Briten aus Personalmangel von allen Schiffen der USA alle vor 1782 geborenen als »englische« Bürger geholt und in die Marine gepreßt. Obwohl ohne Sympathie für Napoleon (es wurde sogar eine gleichzeitige Kriegserklärung auch an Frankreich erwogen!) erklärten die USA im Frühjahr 1812 an Großbritannien den Krieg. Letzteres konnte nach der Niederlage Napoleons in Rußland bald stärkere Streitkräfte nach Nordamerika schicken und hoffte zeitweise sogar auf eine Rückgewinnung der ehemaligen Kolonien. Landungstruppen eroberten Washington und brannten die Bundeshauptstadt nieder. Der Zangenangriff von Norden und Süden jedoch scheiterte. Am Champlainsee stoppte die US-Flottille den Vorstoß der Briten. Im Süden konnten die Briten bei New Orleans landen, verloren aber die folgende Schlacht. Im Frieden von Gent blieb zwar alles beim alten, der Seehandel der USA war durch die britische Blokkade jedoch vernichtet; die Briten hatten über 1400 Handelsschiffe erobert, der Umsatz des Überseehandels war von 250 Mio. $ im Jahr 1811 auf nur 20 Mio. $ 1814 abgesunken. Überraschend war, daß beim Zusammentreffen einzelner Fregatten im Kreuzerkrieg die amerikanischen über die britischen gesiegt hatten.

Die **Kämpfe in Übersee** waren in diesen Kriegen nur von untergeordneter Bedeutung. Die Entscheidungen in diesem Seekrieg fielen in den Heimatgewässern, die Kolonien waren nur Nebenkriegsschauplatz. Das Ziel der Briten war zunächst die Eroberung der französischen Inseln in Westindien. Sobald die Niederlande ein französischer Satellitenstaat geworden waren, begannen die Briten mit der Eroberung von deren Kolonien, soweit sie an strategisch wichtigen Punkten lagen. Schließlich wurden auch die spanischen Kolonien das Ziel der britischen Angriffe, die bei diesen Operationen ihre Seeherrschaft voll ausnützen konnten. Trotz der Überlegenheit der Royal Navy konnten bei der Überfülle an Zielen nur die wichtigsten ausgewählt werden.

Im **Wiener Kongreß** 1814–15 erfolgte schließlich die Neuregelung der Machtverhältnisse in Europa. Frankreich wurde unter den Bourbonen in seinen alten Grenzen belassen. Hauptgewinner war die Seemacht Großbritannien mit der Erwerbung von Malta und Helgoland sowie von Ceylon und der Kapkolonie von den Niederlanden, wofür diese von Österreich die südlichen Niederlande erhielten. Österreich erhielt seine übrigen Verluste zurück und wurde damit noch einmal die vorherrschende Macht in Italien. Rußland wurde »Kongreßpolen« in Personalunion zugesprochen, Preußen erhielt schwedisch Pommern, sowie eine Erweiterung seines Besitzes in den Rheinlanden, die Schweiz wurde um drei Kantone vergrößert und erhielt die Garantie für eine immerwährende Neutralität. Auf dem Gebiet des Völkerrechtes wurde die Freiheit der internationalen Flußschiffahrt, die Ächtung des Sklavenhandels und eine Regelung über das Gesandtschaftsrecht getroffen.

Für Großbritannien begann nun das Jahrhundert der absoluten Herrschaft auf den Weltmeeren. Es gab in der Folge keine Flotte, die seiner nur annähernd gleichwertig gewesen wäre. Es hatte in den letzten Kriegen nicht nur den Welthandel seiner Gegner vernichtet, sondern auch den der neutralen Staaten weitgehend an sich ziehen können. Ein Prozeß, der 1588 mit der Niederlage der spanischen »Großen Armada« in den Gewässern um England begonnen hatte, war damit zum Abschluß gekommen.
In diese Zeit fällt auch der Seekrieg der **USA gegen den Bey von Tripolis.** Erstere weigerten sich, für die Sicherheit ihrer Handelsschiffahrt im Mittelmeer »Schutzgelder« zu bezahlen. Der Krieg gestaltete sich für die USA schwierig, da bald nach Beginn eine ihrer Fregatten vor dem Hafen von Tripolis gestrandet und die Besatzung in Gefangenschaft geraten war. Nach der Vernichtung der Flotte von Tripolis kam es schließlich zum Friedensschluß.

Nelsons Taktik des bedingungslosen Angriffes und der Kräftekonzentration brachte den Kampf der Segelschiffsflotten zu einem neuen Höhepunkt. Nur mit dieser Taktik konnte bei dem damaligen Stand der Technik und den vorhandenen Waffen des Seekrieges ein entscheidender Erfolg errungen werden. Der **Blockadekrieg** vor den französischen Küsten wurde von den Briten wieder mit großer Ausdauer geführt. Der französische Überseehandel wurde fast vollkommen unterbunden.

Erstmals wurden in diesem Krieg einfache Raketen (Congreve) bei der Beschießung von Kopenhagen von den Briten verwendet.
Beim Kampf zwischen Segelschiffen im 18. Jahrhundert war zu beachten, daß unter normalen Umständen Briggs, Sloops und Korvetten keine Chance gegen Fregatten hatten, diese wiederum Linienschiffen hoffnungslos unterlegen waren. Es kam allerdings vor, daß Schiffe, die lange in Übersee waren, durch Krankheitsfälle nicht imstande waren, ihre gesamte Batterie zu bemannen und so in ihrer Kampfkraft stark herabgesetzt waren. In der zweiten Hälfte des 18. Jahrhunderts konnten die Zweidecker, mit 64 oder 74 Kanonen bestückt, mit ihren gekupferten Schiffsböden und großer Segelfläche fast jede Fregatte einholen.

1793–1802 Der Seekrieg Großbritanniens gegen die französische Republik

1792 In Frankreich wird die Republik ausgerufen. Kriegserklärung Frankreichs an Österreich und Savoyen.

1792 Das französische Mittelmeergeschwader, soweit einsatzfähig, landet Truppen bei Cagliari auf Sardinien. Nach Verlust von zwei Linienschiffen durch schlechte Schiffsführung wird das Unternehmen abgebrochen.
Im **Ersten Koalitionskrieg** (1792–1797) kämpfen fast alle Nachbarstaaten gegen die französische Republik.

Febr. 1793 Kriegseintritt Großbritanniens nach der Eroberung der österreichischen Niederlande (Belgien) durch die Franzosen und Hinrichtung Ludwigs XVI. Im Jahr 1793 beträgt die Zahl der einsatzbereiten Linienschiffe der Hauptflotten:

Großbritannien	Frankreich	Spanien	Holland
115	80	40	20

18. Juni 1793 Im Kanal erobert die britische Fregatte »Nymphe« (Kpt. E. Pellew) eine gleich starke französische.

Aug. 1793 Die französischen Royalisten übergeben der britischen Mittelmeerflotte unter Adm. Samuel Hood Stadt und Hafen von Toulon. Briten und Spanier besetzen darauf die Stadt, die 30 im Hafen liegenden Linienschiffe der französischen Mittelmeerflotte gelangen dadurch in die Hand der Verbündeten. Anschließend wird Toulon durch die Konventstruppen belagert.

20. Okt. 1793 Vor Cherbourg erobert eine britische Fregatte eine gleich starke französische.

17. Dez. 1793 Räumung von Toulon durch die Verbündeten. Der Abtransport der französischen Linienschiffe ist nicht vorbereitet. Es können daher nur vier Schiffe von den Verbündeten mitgenommen werden, neun weitere Schiffe werden verbrannt. Die übrigen Linienschiffe werden von den Konventstruppen wieder in Dienst gestellt. Von 27 Fregatten und Korvetten werden fünf zerstört und 15 mitgenommen.

23. April 1794 **Gefecht bei den Kanalinseln.** Die britischen Fregatten »Flora« (36), »Arethusa« (38), »Melampus« (36), »Concorde« (36) und »Nymphe« (36) treffen auf die französischen »Engageante« (36), »Résolue« (36), »Pomone« (44) und »Babat« (20). In einem Verfolgungsgefecht kann nur die »Résolue« entkommen.

28. Mai bis 1. Juni 1794 **Seeschlacht westlich Ouessant** (Glorious first of June). In Frankreich herrscht Lebensmittelknappheit. In Amerika werden große Mengen Getreide angekauft, die in einem Geleitzug von über 100 Handelsschiffen über den Atlantik gebracht

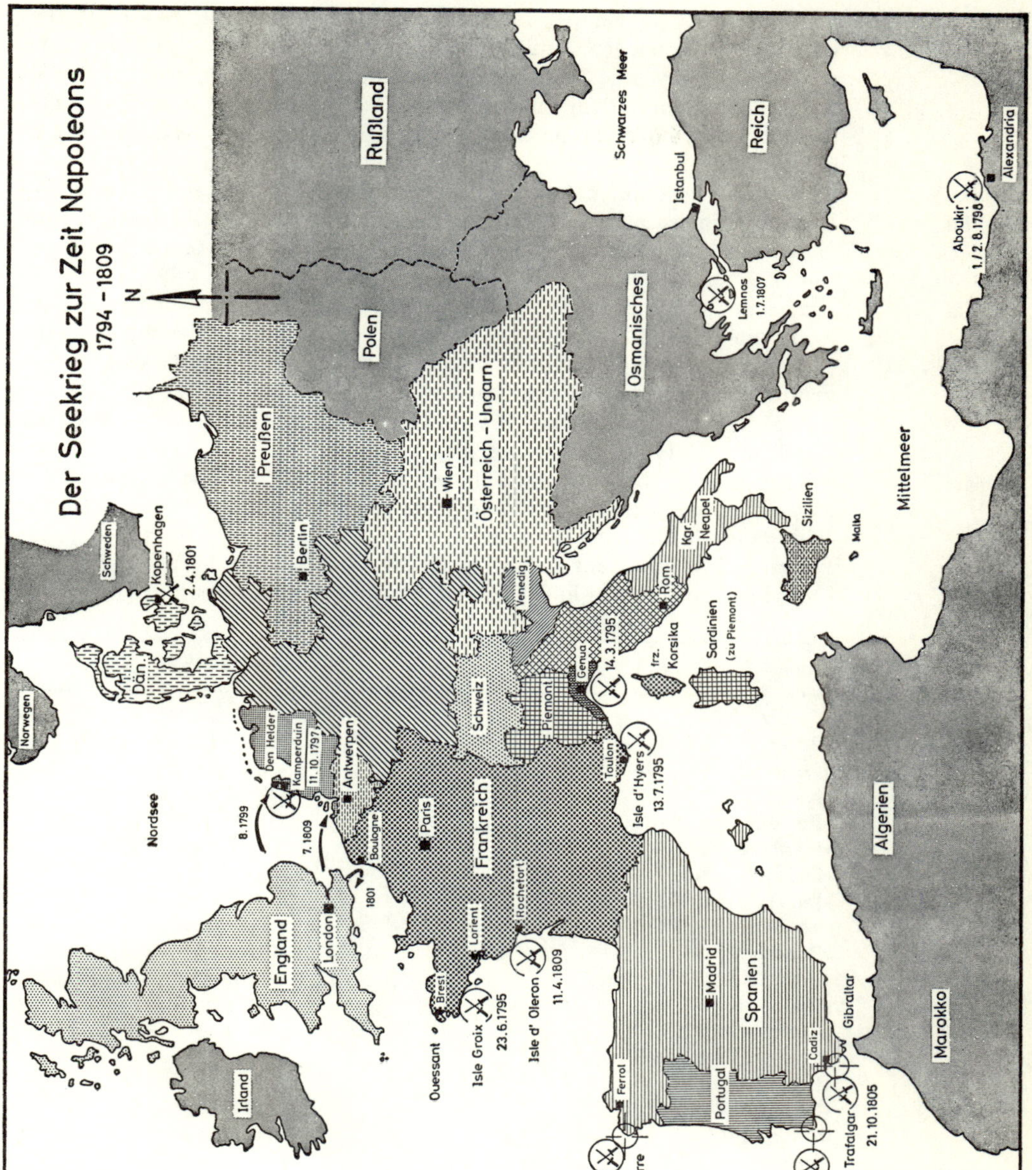
Der Seekrieg zur Zeit Napoleons
1794 – 1809
N
Rußland
Schwarzes Meer
Reich
Istanbul
Alexandria
Aboukir
1./2.8.1798
Polen
Osmanisches
Lemnos
1.7.1807
Österreich - Ungarn
Wien
Preußen
Berlin
Schweden
Kopenhagen
2.4.1801
Dän.
Norwegen
Den Helder
Kamperduin
11.10.1797
Antwerpen
Nordsee
8.1799
7.1809
Boulogne
1801
England
London
Irland
Frankreich
Paris
Rochefort
Lorient
Brest
Ouessant
Isle Groix
23.6.1795
Isle d' Oleron
11.4.1809
Schweiz
Piemont
Genua
14.3.1795
Venedig
Rom
Kgr Neapel
Sizilien
Malta
Mittelmeer
frz.
Korsika
Sardinien
(zu Piemont)
Toulon
Isle d' Hyers
13.7.1795
Spanien
Madrid
Portugal
Ferrol
Cadiz
Gibraltar
Kap Trafalgar
21.10.1805
Kap St. Vincent
14.2.1797
22.7.1805
Kap Finisterre
28.5.-1.6.1794
Atlantik
Algerien
Marokko

werden. Zur Aufnahme wird das französische Brestgeschwader eingesetzt. Dieses trifft 400 Seemeilen westlich von Ouessant auf das britische Blockadegeschwader. Das britische Geschwader unter Adm. Howe auf der »Queen Charlotte« (100) besteht aus 26 Linienschiffen. Das gleich starke französische Geschwader steht unter dem Befehl von KAdm. Villaret de Joyeuse auf der »Montagne« (120).

28. Mai — Am ersten Tag kommt es nur zu einem Gefecht zwischen einigen britischen 74-Kanonen-Linienschiffen und dem französischen Dreidecker »Revolutionnaire« (114), wonach sich dieser und die britische »Audacious« (74) schwer beschädigt zurückziehen müssen.

29. Mai — Am nächsten Morgen liegen sich die beiden Flotten in Schlachtlinie gegenüber, die Briten in Lee. Howe befiehlt Durchbruch durch die französische Linie, der aber nur von wenigen Schiffen ausgeführt wird. Einige französische Linienschiffe werden dabei schwer beschädigt, nach achtstündigem Kampf zieht sich die französische Flotte zurück. Die »Indomptable« wird von einem anderen beschädigten Schiff nach Hause geschleppt.

30. Mai — Villaret zieht die Briten hinter sich her, der Geleitzug passiert ungesehen den Kampfplatz der letzten Tage. Die französischen Verluste werden durch die Schiffe der Geleitsicherung ersetzt.

30. und 31. Mai — Wegen Sichtbehinderung durch Nebel kommt es an diesen Tagen zu keinen Kampfhandlungen. Am folgenden Tag stehen sich gegenüber:

Briten	Franzosen
»Caesar« (80)	»Trajan« (74)
»Bellerophon« (74)	»Eole« (74)
»Leviathan« (74)	»America« (74) P
»Russell« (74)	»Téméraire« (74)
»Royal Sovereign« (100)	»Terrible« (110)
»Marlborough« (74)	»Impetueux« (74) P
»Defence« (74)	»Mucius« (74)
»Impregnable« (98)	»Tourville« (74)
»Termendous« (74)	»Gasparin« (74)
»Barfleur« (98)	»Convention« (74)
»Invincible« (74)	»Trente-et-un Mai« (74)
»Culloden« (74)	»Tyrannicide« (74)
»Gibraltar« (80)	»Juste« (80) P
»Queen Charlotte« (100) F	»Montagne« (120) F
»Brunswick« (74)	»Jacobin« (80)
»Valiant« (74)	»Achille« (74) P
»Orion« (74)	»Vengeur du Peuple« (74) +
»Queen« (98)	»Patriote« (74)
»Ramillies« (74)	»Northumberland« (74) P
»Alfred« (74)	»Entreprenant« (74)
»Montagu« (74)	»Jemappes« (74)
»Royal George« (100)	»Neptune« (74)
»Majestic« (74)	»Pelletier« (74)
»Glory« (98)	»Republicain« (110)
»Thunderer« (74)	»Sans Pareil« (80) P
7 Fregatten	»Scipion« (80)
6 weitere Fahrzeuge	7 Fregatten
2400 Kanonen	2300 Kanonen

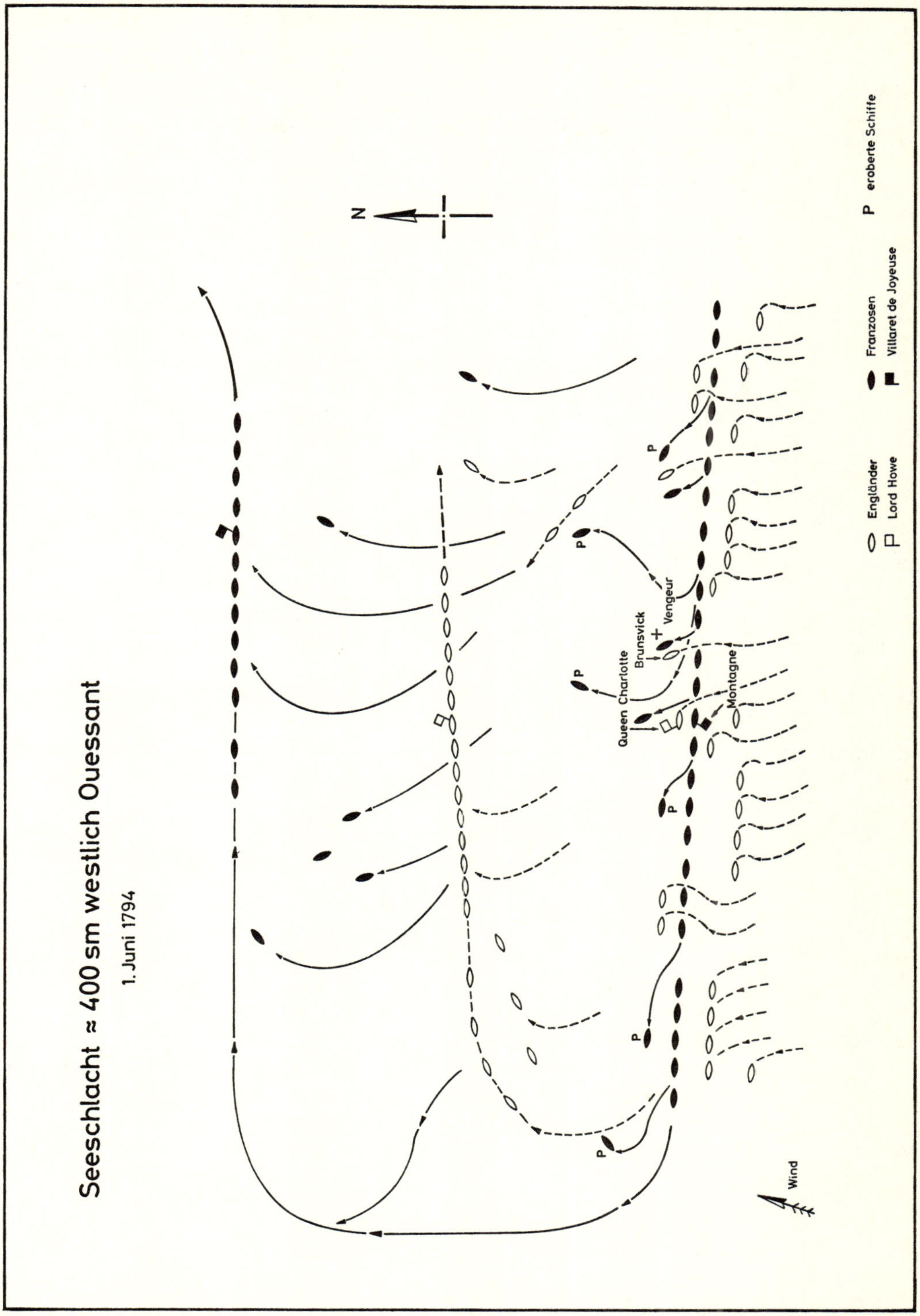
Seeschlacht ≈ 400 sm westlich Ouessant
1. Juni 1794
N
Wind
Queen Charlotte
Brunsvick
Vengeur
Montagne
P
Engländer
Lord Howe
Franzosen
Villaret de Joyeuse
P eroberte Schiffe

1. Juni	Die Flotten treffen mit westlichem Kurs wieder aufeinander, diesmal die Briten in Luv. Die englische Flotte greift energisch an, ein Teil der Schiffe durchbricht die französische Linie. Beide Flotten erleiden im Nahkampf schwere Verluste. Nach mehrstündigem Zweikampf der beiden Flaggschiffe kann sich die »Montagne« von ihrem Gegner lösen. Villaret kann schließlich einen Teil seiner Schiffe um sich versammeln und auf Ostkurs neuerlich eine Schlachtlinie bilden. Von den schwer beschädigten französischen Schiffen werden acht abgeschnitten und müssen die Flagge streichen. Eines davon können die Franzosen wieder zurückerobern. Die »Vengeur du Peuple« ist von der »Brunswick« so zerschossen, daß sie schließlich sinkt. Am frühen Nachmittag bricht Villaret den Kampf ab. Er zieht sich nach Brest zurück, wobei er eine Anzahl der entmasteten Schiffe schleppen muß. Auch die britische Flotte hat so schwer gelitten, daß Howe von einer Verfolgung absieht. Die Franzosen verlieren sieben Linienschiffe, davon eines gesunken, sieben weitere sind schwer beschädigt, der Mannschaftsverlust beträgt 7000 Mann, Tote, Verwundete und Gefangene. Bei den Briten sind acht Schiffe schwer beschädigt und sie verlieren 1150 Mann. Howe braucht mehrere Tage, um die eroberten Schiffe zu sichern. Trotz der schweren taktischen Niederlage der Franzosen ist deren strategisches Ziel erreicht, der Geleitzug gelangt sicher nach Brest.
1794	Holland wird von französischen Truppen erobert. Als Batavische Republik wird es ein Satellitenstaat Frankreichs.
17. Juni 1794	Am Hafen von Mykonos in der Ägäis erobert die britische »Romney« (50) die französische Fregatte »Sibylle« (40).
April bis Aug. 1794	Britische Marinetruppen unter Adm. S. Hood und Kpt. Nelson erobern Korsika (Bastia am 21. Mai, Calvi am 10. Aug.). In Calvi werden zwei französische Fregatten erobert.
21. Okt. 1794	Vor Ouessant erobert ein britisches Fregattengeschwader die französische Fregatte »Revolutionnaire« (44).
6. Nov. 1794	**Gefecht westlich Brest.** Fünf französische Linienschiffe und drei Fregatten verfolgen zwei britische Linienschiffe. Die »Alexander« (74) wird schließlich gestellt und erobert.
Jan. 1795	Das französische Brestgeschwader läuft aus und führt im Atlantik Handelskrieg. Rund 100 Handelsschiffe werden aufgebracht. In einem Sturm gehen fünf Linienschiffe verloren.
Jan. 1795	Bei der Einnahme von Texel fallen den Franzosen die im Eis festliegenden niederländischen Kriegsschiffe in die Hände. Nach Aufgehen des Eises unterstützt ein russisches Geschwader die Briten bei der Blockade der niederl. Flotte.
1795	**Friede zu Basel.** Preußen scheidet aus der Koalition aus.
13. und 14. März 1795	**Treffen bei Genua.** Die britische Mittelmeerflotte, 14 Linienschiffe unter VAdm. Hotham, trifft auf ein französisches Geschwader von 14 Linienschiffen unter KAdm. Martin. Die Franzosen verlieren zwei Linienschiffe, die vom Gros abgekommen waren. Ein beschädigtes britisches Schiff strandet später vor La Spezia. Eine französische Expedition nach Korsika ist damit vereitelt.
16. und 17. Juni 1795	**Treffen bei Belle Isle.** In der nördlichen Biscaya trifft VAdm. Cornwallis (E) mit den Linienschiffen »Royal Sovereign« (100), »Mars« (74), »Triumph« (74), »Brunswick« (74), »Bellerophon« (74) und zwei Fregatten auf ein französisches Geschwader von zwölf Linienschiffen unter Villaret de Joyeuse. In einem geschickten Rückzugsgefecht (»Cornwallis Retreat«) kann dieser alle Schiffsverluste vermeiden. Aus Furcht vor dem Eingreifen der britischen Kanalflotte bricht Villaret die Verfolgung ab.

23. Juni 1795 **Seeschlacht bei der Isle Groix.** Das britische Blockadegeschwader vor Brest, 14 Linienschiffe unter Adm. Alexander Hood, trifft auf ein französisches Geschwader von zwölf Linienschiffen unter Villaret de Joyeuse. In einem Verfolgungsgefecht verlieren die Franzosen drei Linienschiffe, der Rest kann nach Lorient entkommen. Nur Teile der Geschwader kommen zum Fechten, da Hood den Kampf vorzeitig abbricht.

24. Juni 1795 **Gefecht nördlich Menorca.** Je zwei britische und französische Fregatten treffen aufeinander. Eines der französischen Schiffe wird erobert, das zweite entkommt.

13. Juli 1795 **Treffen bei den Hyerischen Inseln.** Die britische Mittelmeerflotte, 23 Linienschiffe, darunter zwei neapolitanische, unter Adm. Hotham, trifft auf 17 französische Linienschiffe unter VAdm. Martin. In einem nicht energisch durchgeführten Verfolgungsgefecht verlieren die Franzosen nur ein Linienschiff, das nach Brand in die Luft fliegt.

Sept. 1795– Febr. 1796 Aus Toulon läuft ein Geschwader mit dem Linienschiff »Mont Blanc« (74) und fünf Fregatten unter Com. Ganteaume zu einer Kreuzfahrt in das östliche Mittelmeer aus, erobert in der Ägäis eine Anzahl Handelsschiffe, entsetzt zwei in Smyrna blockierte Fregatten und kehrt ohne Verluste nach Toulon zurück.

7. Okt. 1795 **Gefecht bei Kap St. Vincent.** Ein britisches Levantegeleit von 31 Schiffen, gedeckt durch drei Linienschiffe und eine Fregatte, trifft auf ein französisches Geschwader von sechs Linienschiffen [»Victoire« (80), »Barras« (74), »Jupiter« (74), »Berwick« (74), »Résolution« (74), »Duquesne« (74)] und drei Fregatten unter KAdm. de Richery. Nach dreistündigem Kampf erobern die Franzosen ein Linienschiff und bis auf eines sämtliche Handelsschiffe.

Dez. 1795 Nach diesen Pannen übernimmt Admiral John Jervis das Kommando über die britische Mittelmeerflotte.

20. April 1796 Vor dem Westausgang des Kanals muß sich eine französische Fregatte nach Kampf drei britischen Fregatten ergeben.

8. Juni 1796 Im Kanal treffen je zwei britische und französische Fregatten aufeinander, eine der französischen wird erobert.

Sept. 1796 Im **Vertrag von Ildefonso** tritt Spanien auf der Seite von Frankreich in den Krieg ein.

13. Okt. 1796 Die britische Fregatte »Terpsichore« (32) zwingt vor Cartagena eine spanische Fregatte zur Übergabe. Zwei Monate später erobert sie die französische Fregatte »Vestale« (36), deren Besatzung jedoch zwei Tage später das Prisenkommando überwältigt und das Schiff nach Cadiz einbringen kann.

Ende 1796 **Französische Expedition nach Irland.** Eine Armee unter Gen. Hoche wird auf der Brestflotte unter Adm. Morard de Galles eingeschifft. Die Franzosen entgehen zwar dem britischen Blockadegeschwader, heftige Stürme lassen jedoch nur 35 Schiffe mit KAdm. Bouvet an die irische Küste gelangen. Dieser kann sich zu keinem selbständigen Handeln entschließen und kehrt unverrichteter Dinge zurück. Die Franzosen verlieren dabei durch Strandung das Linienschiff »Séduisant« (74) und drei Fregatten, eine Fregatte sinkt im Sturm; die Briten erobern eine Fregatte und mehrere Briggs. Die übrigen Schiffe treffen im Januar wieder in ihren Heimathäfen ein.

Nov. 1796 Erfolge der französischen Armee in Italien unter Gen. Napoleon Bonaparte. Räumung des Mittelmeeres durch die britische Flotte.

19. Dez. 1796 Vor Cartagena, Spanien, erobern zwei britische Fregatten unter Com. Nelson eine spanische Fregatte, welche jedoch am nächsten Tag von einem stärkeren spanischen Geschwader zurückerobert wird.

13. und 14. Jan. 1797 **Gefecht bei Ouessant.** Das von Irland zurückgekehrte französische Linienschiff »Droits de l'Homme« (74) trifft auf Kapitän E. Pellew mit den Fregatten »Indefatigable« (44) und »Amazon« (36). Nach zwölf Stunden erbitterten Kampfes stranden das Linienschiff und die »Amazon« an der Küste der Bretagne. Auf ersterem gehen rund 300 Mann der Besatzung und der eingeschifften Heerestruppen zugrunde.

14. Febr. 1797 **Seeschlacht bei Kap St. Vincent.** Die spanische Mittelmeerflotte unter Adm. Cordoba befindet sich auf dem Weg nach Brest, um sich mit dem französischen Atlantikgeschwader zu vereinigen. Nach Passieren der Straße von Gibraltar trifft sie auf das britische Blockadegeschwader vor Cadiz unter Adm. Jervis. Die Spanier verfügen über 27 Linienschiffe, Flaggschiff ist der Vierdecker »Santissima Trinidad« (130). Das englische Geschwader umfaßt 15 Linienschiffe. Flaggschiff ist die »Victory« (100).

Briten	Spanier	
»Culloden« (74)	»Sant. Trinidad« (130) F	»San Antonio« (74)
Kpt. Troubridge	»Conception« (112)	»Firme« (74)
»Blenheim« (98)	»Principe« (112)	»Pelayo« (74)
»Prince George« (98)	»San José« (112) P	»Santo Domingo« (68)
»Orion« (74)	»Conde de Regla« (112)	»Terrible« (74)
Kpt. Saumarez	»Mejicano« (112)	acht Fregatten
»Colossus« (74)	»Bahama« (74)	fünf kl. Fahrzeuge
»Irresistible« (74)	»Salvador del Mundo« (112) P	
»Victory« (100)	»San Nicolas« (80) P	
Adm. Jervis	»Soberano« (74)	
»Egmont« (74)	»San Pablo« (74)	
»Goliath« (74)	»Neptuno« (74)	
»Barfleur« (98)	»San Isidoro« (74) P	
»Britannia« (100)	»Oriente« (74)	
»Namur« (90)	»Paula« (74)	
»Captain« (74)	»San Ildefonso« (74)	
Com. Nelson	»San Juan Nepomuceno« (74)	
»Diadem« (64)	»San Jenaro« (74)	
»Excellent« (74)	»Atlante« (74)	
Kpt. Collingwood	»Glorioso« (74)	
vier Fregatten	»San Firmin« (74)	
drei kl. Fahrzeuge	»Conquistador« (74)	

Die Spanier segeln in zwei ungeordneten Gruppen, acht Schiffe einige Seemeilen östlich der Hauptflotte. Jervis stößt mit seinem Geschwader in Kiellinie von Norden zwischen die beiden spanischen Gruppen, um deren Vereinigung zu verhindern. Nach dem Passieren wenden die Briten schiffsweise und greifen mit Nordkurs die spanische Hauptflotte von achtern an. Um die Vereinigung der spanischen Flottenteile im Norden der britischen Linie zu verhindern, schert das drittletzte Schiff in der britischen Linie, die »Captain« (Com. Nelson), selbständig aus und wirft sich auf die spanischen Spitzenschiffe. Das britische Schlußschiff, die «Excellent« (Kpt. Collingwood), folgt sofort. Einige Zeit kämpfen die beiden allein gegen die spanische Übermacht, bis die britischen Spitzenschiffe, geführt von der »Culloden«, Hilfe bringen. Nelson entert persönlich die spanischen Linienschiffe »San Nicolas« (80) und »San José« (112). Noch zwei weitere Schiffe werden von den Briten genommen. Jervis bricht dann den Kampf ab und bringt seine Prisen in Sicherheit. Cordoba geht anschließend nach Cadiz. Die Spanier haben neben den vier verlorenen Linienschiffen 10 weitere schwer beschädigt; sie verlieren rund 3500 Mann an Toten, Verwundeten und Gefangenen. Bei den Briten sind fünf Schiffe schwer beschädigt; sie verlieren 300 Mann. Die spanische Flotte wird anschließend in Cadiz blockiert.

9. März 1797 Vor Brest kämpfen zwei britische Fregatten nach kurzem Kampf zwei französische Fregatten nieder.

Der englische Dreidecker
›*Victory*‹ um 1740

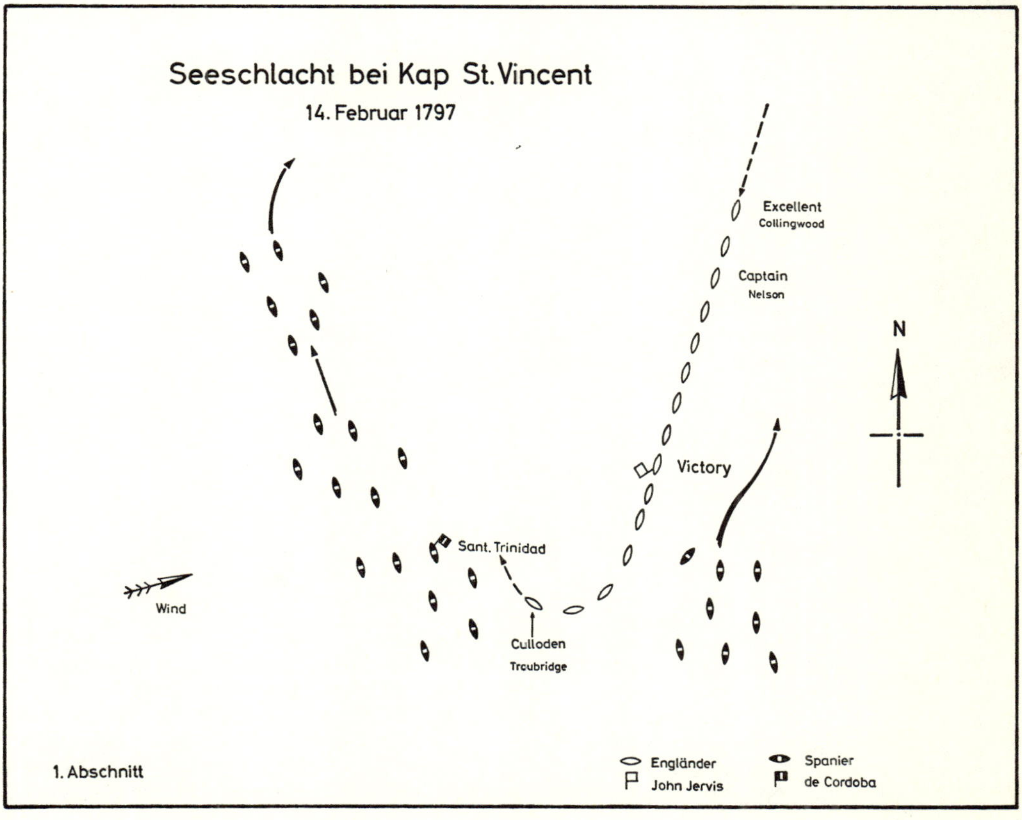

26. März 1797 Ein französisches Geschwader greift im venezianischen Hafen Quieto, Istrien, ein österreichisches Geleit von 40 Handelsschiffen an. Bei der Abwehr werden die Österreicher von dem venezianischen Linienschiff »l'Eolo« tatkräftig unterstützt. Napoleon nimmt dies zum Anlaß, um das bis dahin neutrale Venedig anzugreifen.

26. April 1797 Vor Cadiz erobern ein britisches Linienschiff und eine Fregatte eine spanische Fregatte und jagen eine zweite auf den Strand, letztere sinkt bei der Bergung.

24. Juli 1797 Der Angriff eines britischen Geschwaders von vier Linienschiffen und drei Fregatten unter KAdm. Nelson auf den Hafen von **Sta. Cruz de Teneriffa** scheitert. Die spanischen Silberschiffe sind nicht wie vermutet im Hafen. Trotzdem versucht Nelson eine Landung, die unter großen Verlusten abgewiesen wird. Nelson selbst verliert den rechten Arm.

Okt. 1797 Frankreich erzwingt von Österreich den **Frieden von Campo Formio.** Für Mailand und Belgien erhält Österreich Venedig. Dies ist das Ende der selbständigen 1000jährigen Republik. Frankreich behält von Venedig die Ionischen Inseln und die Flotte der Republik. Es festigt dadurch seine Stellung im Mittelmeer. Großbritannien bleibt nun der einzige Gegner Frankreichs.

11. Okt. 1797 **Seeschlacht bei Kamperduin.** Die holländische Flotte soll eine Landung französischer Truppen in Irland decken. Schon bald nach dem Auslaufen treffen die Holländer unter Adm. de Winter auf das britische Blockadegeschwader unter Adm. Duncan. Beide Seiten verfügen über je 16 Linienschiffe, die holländischen sind jedoch wesentlich kleiner.

Briten	Niederländer
1. Kolonne	»Gelijkheid« (68) P
»Triumph« (74)	»Beschermer« (56)
»Venerable« (74)	»Hercules« (64) P
Adm. Duncan	»Admiraal T. H. De Vries« (68) P
»Ardent« (64)	»Vrijheid« (74) P
»Bedford« (74)	VAdm. De Winter
»Lancaster« (64)	»Staten Generaal« (74)
»Belliqueux« (64)	KAdm. Storij
»Adamant« (50)	»Wassenaer« (64)
»Isis« (50)	»Batavier« (56)
2. Kolonne	»Brutus« (64)
»Russell« (74)	KAdm. Bloijs van Treslong
»Director« (64)	»Leijden« (68)
»Montagu« (74)	»Mars« (44)
»Veteran« (64)	»Cerberus« (68)
»Monarch« (74)	»Jupiter« (72) P
VAdm. Onslow	VAdm. Reijntjes
»Powerful« (74)	»Haarlem« (68) P
»Monmouth« (64)	»Alkmaar« (56)
»Agincourt« (64)	»Delft« (54) P
2 Fregatten	5 Fregatten
6 Sloops u. Kutter	4 Briggs

Die Briten greifen von der Luvseite in zwei Kolonnen an. Die beiden Spitzenschiffe durchbrechen die holländische Linie, die übrigen Schiffe legen sich auf der Luvseite neben ihre Gegner. In einem blutigen Kampf, in dem sich die Holländer erbittert wehren, können die Briten neun Linienschiffe erobern. Der Rest kann entkommen, da auch das britische Geschwader schwer mitgenommen ist. Beide Seiten verlieren je über 1000 Mann. Duncans Angriffsstil ähnelt jenem von Nelson bei Trafalgar. Die geplante Expedition nach Irland ist verhindert.

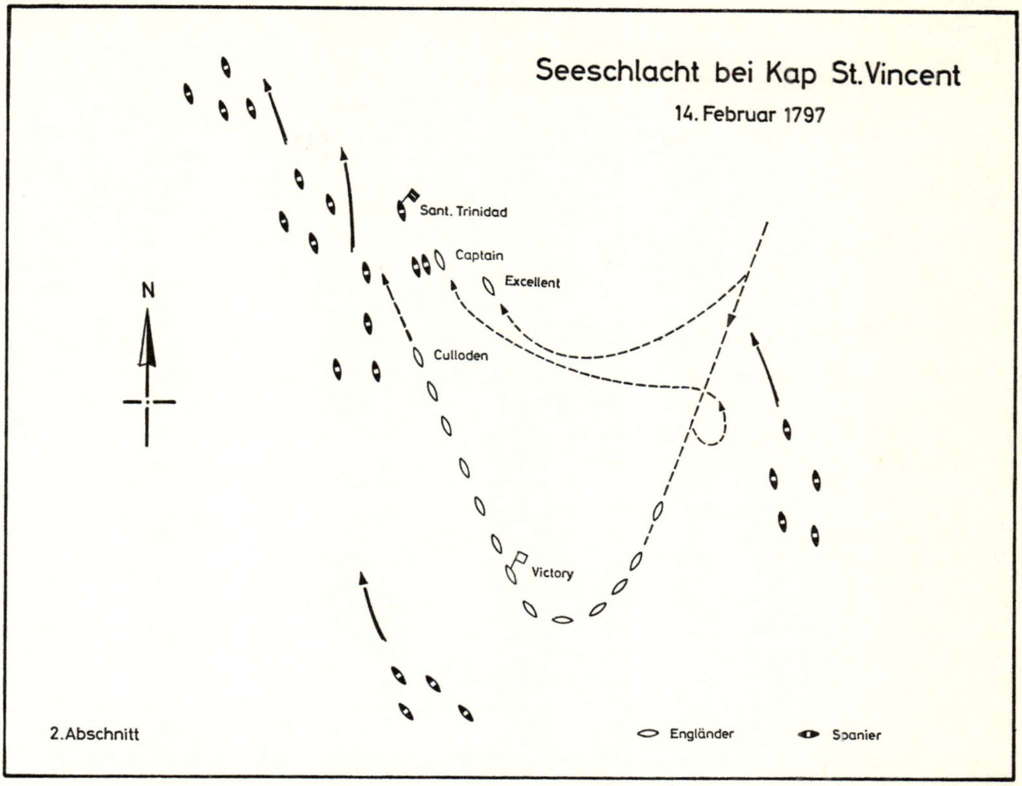
Seeschlacht bei Kap St. Vincent
14. Februar 1797
Sant. Trinidad
Captain
Excellent
N
Culloden
Victory
2. Abschnitt
Engländer
Spanier

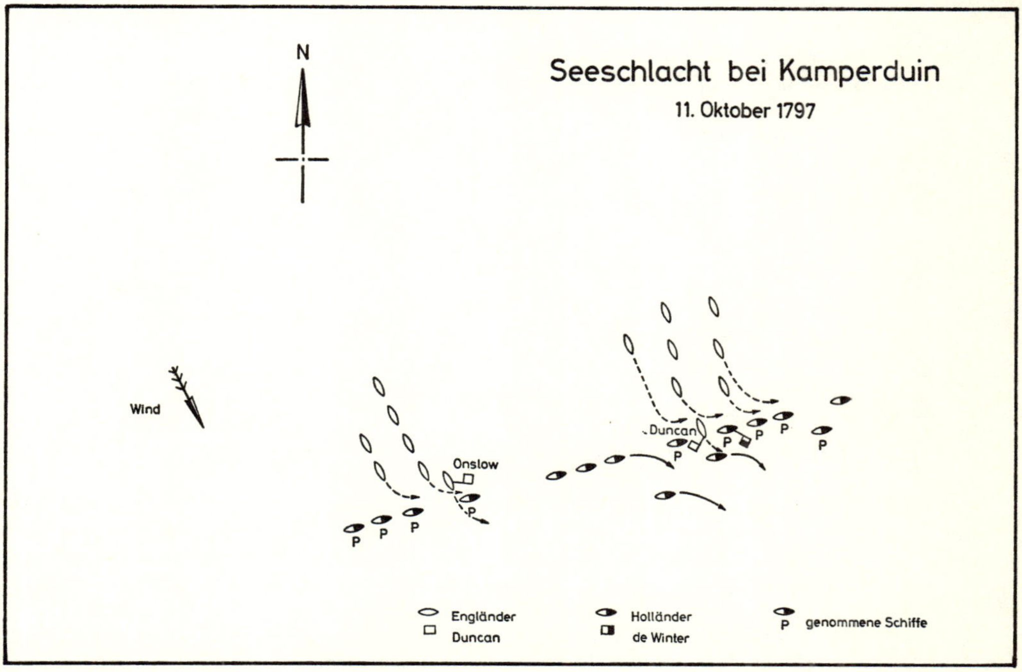
N
Seeschlacht bei Kamperduin
11. Oktober 1797
Wind
Duncan
Onslow
P
Engländer
Duncan
Holländer
de Winter
P genommene Schiffe

1797/1798 **Meutereien** in der britischen Flotte. Der schwere Blockadedienst, das Ausbleiben von Löhnung und Urlaub sowie schlechte Behandlung und Verpflegung führen zu Meutereien vor allem in der Kanalflotte. Howe und Jervis können nur mit drakonischen Strafen die Disziplin wiederherstellen.

21. April 1798 Vor Brest zwingt das britische Linienschiff »Mars« (74) die französische »Hercule« (74) nach einstündigem Kampf Bord an Bord zur Kapitulation.

19. Mai 1798 Ein Versuch der Briten, die Schleusen von Ostende zu zerstören, scheitert. Der Großteil der gelandeten Truppen, rund 1000 Mann, muß sich ergeben.

29. Juni 1798 Drei britische Fregatten jagen in der Biskaya eine französische Fregatte auf den Strand. Dabei geraten auch zwei der britischen Schiffe auf Grund, eines davon geht verloren.

Mai 1798 Napoleon täuscht eine Landungsabsicht in England vor. Er verläßt jedoch mit einem starken Heer (36 000 Mann und 2000 Kanonen) auf einer Transportflotte von 400 Schiffen Toulon. Deckung gibt die Mittelmeerflotte unter Adm. Brueys. Aus Fregatten wird ein eigenes Aufklärungsgeschwader zusammengestellt.

Juni 1798 Die französische Expeditionsflotte erobert Malta mit dort liegenden zwei Linienschiffen und einer Fregatte.
Großbritannien schickt ein Geschwader unter KAdm. Nelson in das Mittelmeer, um die französische Expeditionsflotte zu suchen.

1. Juli 1798 Napoleon landet in Alexandria, um Ägypten zu erobern. Adm. Brueys geht mit der Schlachtflotte in der Bucht von Aboukir vor Anker.

1./2. Aug. 1798 **Seeschlacht bei Aboukir.** Adm. Brueys verfügt über 13 Linienschiffe und vier Fregatten, Flaggschiff ist der Dreidecker »l'Orient« (120). Die französischen Schiffe tragen 1200 Kanonen, doch können nicht einmal die Geschütze einer Breitseite bemannt werden, da eine große Anzahl Mannschaften zum Wasserho-

1. Aug. 14 Uhr len an Land ist. Die Schiffe liegen in Nordwest-Südost-Richtung, die Vorhut knapp hinter der Insel Aboukir. KAdm. Nelson erscheint mit seinem Geschwader von 14 Linienschiffen. Die Engländer verfügen über 1000 Kanonen.

Briten	Franzosen
»Goliath« (74) ⊘	»Guerrier« (74) P
»Zealous« (74) ○	»Conquerant« (74) P
»Orion« (74) ○	»Spartiate« (74) P
»Audacious« (74) ○	»Aquilon« (74) P
»Theseus« (74) ○	»Peuple Souverain« (74) P
»Vanguard« (74) ⊘	»Franklin« (80) P
»Minotaur« (74) ⊘	»l'Orient« (120) +
»Defence« (74) ○	»Tonnant« (80) P
»Bellerophon« (74) ⊕	»Heureux« (74) P
»Majestic« (74) ⊘	»Mercure« (74) P
»Leander« (50) ○	»Guillaume Tell« (80)
»Alexander« (74) ⊘	»Genereux« (74)
»Swiftsure« (74) ○	»Timoleon« (74) +
1 Brigg	4 Fregatten, Kanonenboote

Zwei der britischen Linienschiffe sind noch vor dem Hafen von Alexandria und können erst in der Nacht eintreffen. Die »Culloden« gerät beim Ansegeln vor

16.30 Uhr der Insel Abourkir auf Grund und fällt für den Angriff ebenfalls aus. Somit eröffnet Nelson die Schlacht mit nur elf Linienschiffen. Die ersten fünf Schiffe legen sich an die Innenseite der französischen Vorhut, Nelson selbst mit seiner »Vanguard« und die restlichen Schiffe greifen von der Seeseite die französische Linie an. Bei leichtem Nordwind liegen die französischen Schiffe vor Buganker,

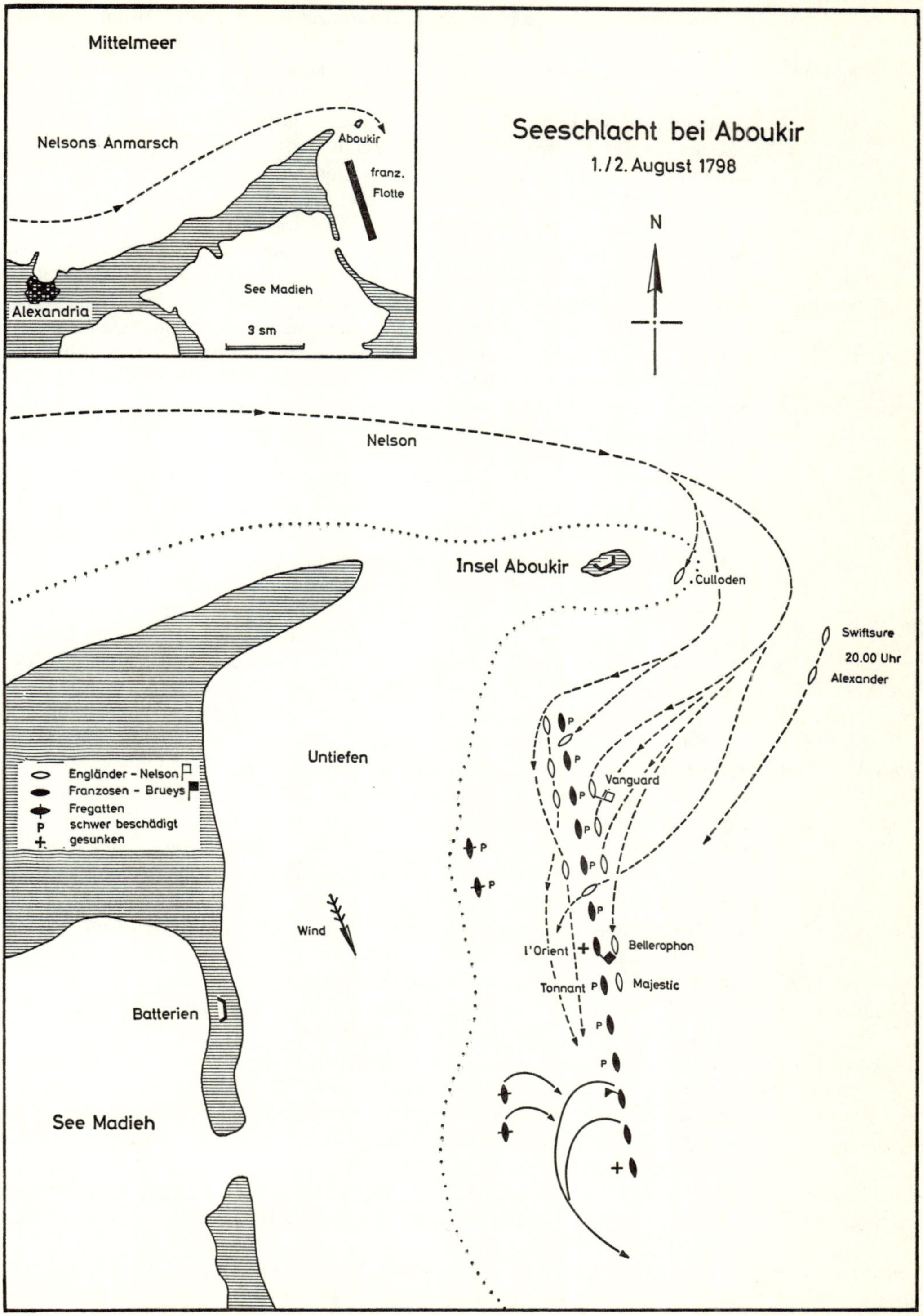
Mittelmeer
Nelsons Anmarsch
Aboukir
franz. Flotte
Alexandria
See Madieh
3 sm
Seeschlacht bei Aboukir
1./2. August 1798
N
Nelson
Insel Aboukir
Culloden
Swiftsure
20.00 Uhr
Alexander
Untiefen
Engländer - Nelson
Franzosen - Brueys
Fregatten
P schwer beschädigt
+ gesunken
Vanguard
Wind
l'Orient
Bellerophon
Tonnant
Majestic
Batterien
See Madieh

	die britischen Schiffe vor Heckanker. Die französische Vorhut wird somit durch Übermacht von zwei Seiten angegriffen. Die »Bellerophon« kommt neben die
20.00 Uhr	»l'Orient« zu liegen und ist nach einer Stunde zum Wrack geschossen. Auch die »Majestic« wird schwer getroffen und läßt sich abtreiben. Mittlerweile ist es Nacht geworden. Die fünf französischen Spitzenschiffe unterliegen dem konzentrischen Angriff der Briten. Die freiwerdenden britischen Linienschiffe und die nun auf dem Kampfplatz eintreffenden »Alexander« und »Swiftsure« greifen
22.00 Uhr	nun die Schiffe des französischen Zentrums an. Das französische Flaggschiff gerät in Brand, in einer gewaltigen Explosion fliegt die »l'Orient« in die Luft, Adm. Brueys fällt. In den nächsten Stunden streichen auch die »Tonnant« unter Kpt.
2. Aug.	Dupetit-Thouars nach heldenhafter Gegenwehr und die »Franklin« nach hefti-
3.00 Uhr	gem Kampf die Flagge, zwei weitere Schiffe setzen sich auf Strand. Nach einer kurzen Gefechtspause greifen die Briten auch die bisher unbeteiligte Nachhut
Vorm.	unter KAdm. Villeneuve an. Die »Timoleon« wird von ihrer Besatzung auf Strand gesetzt und in Brand gesteckt. Villeneuve, der während der ganzen Schlacht keinen Versuch gemacht hat, die übrigen französischen Schiffe mit seiner Nachhut im Kampf zu unterstützen, gelingt es schließlich mit nur zwei Linienschiffen, der »Guillaume Tell« und der »Genereux« sowie zwei Fregatten zu entkommen. Alle übrigen Schiffe sind von den Briten überwältigt. Die Franzosen verlieren im ganzen 11 Linienschiffe und zwei Fregatten sowie 1000 Mann an Toten und Verwundeten. Sechs der eroberten Linienschiffe bringen die Sieger als Prisen nach Hause. Die Seeschlacht ist nicht nur ein glänzender taktischer Erfolg von KAdm. Nelson, sondern hat auch weitreichende strategische und politische Folgen. Die französische Armee in Ägypten ist von ihrer Verbindung zur Heimat abgeschnitten. Großbritannien beherrscht wieder das Mittelmeer und bringt wieder eine Koalition gegen Frankreich zustande.
18. Aug. 1798	Am Heimweg mit der Botschaft vom Sieg bei Aboukir trifft die »Leander« (50) auf die dort entkommene »Genereux« (74). Nach verzweifelter Gegenwehr unterliegt das britische Schiff dem überlegenen Gegner.
12. Okt. 1798	**Gefecht bei Lough Swilly.** Die Franzosen versuchen auf dem Linienschiff »Hoche« (74) und acht Fregatten 3000 Mann nach Irland zu bringen. In einem Gefecht mit einem britischen Geschwader von drei Linienschiffen [»Foudroyant« (80), »Canada« (74), »Robust« (74)] und fünf Fregatten unter Com. John B. Warren verlieren sie das Linienschiff und drei Fregatten, einige Tage später noch drei weitere Fregatten.
24. Okt. 1798	Vor Texel erobert die britische Fregatte »Sirius« (36) kurz hintereinander zwei niederländische Fregatten.
Nov. 1798	Die Briten landen auf Menorca und erobern die Insel.
Dez. 1798	Die Türkei, Rußland, Österreich, Neapel und Portugal treten an der Seite Großbritanniens in den Krieg ein. **(Zweite Koalition.)**
14. Dez. 1798	Vor der Gironde erobert nach erbittertem Zweikampf die französische Fregatte »Bayonnaise« (24) die britische »Ambuscade« (36).
März 1799	Russisch-türkische Streitkräfte unter Adm. Uschakow (R) erobern von den Franzosen die Ionischen Inseln. In Korfu fallen ihnen ein Linienschiff und eine Fregatte in die Hände.
März bis Mai 1799	Ein kleines britisches Geschwader unter Com. Sidney-Smith unterstützt die Türkei erfolgreich bei der Verteidigung von Akko, wodurch Napoleons Vorstoß in Palästina gestoppt wird.
19. Juni 1799	Nördlich der Balearen erobert das britische Mittelmeergeschwader ein französisches Geschwader von fünf Fregatten und zwei Briggs.

Rückkehr der Briten in das Mittelmeer 1798

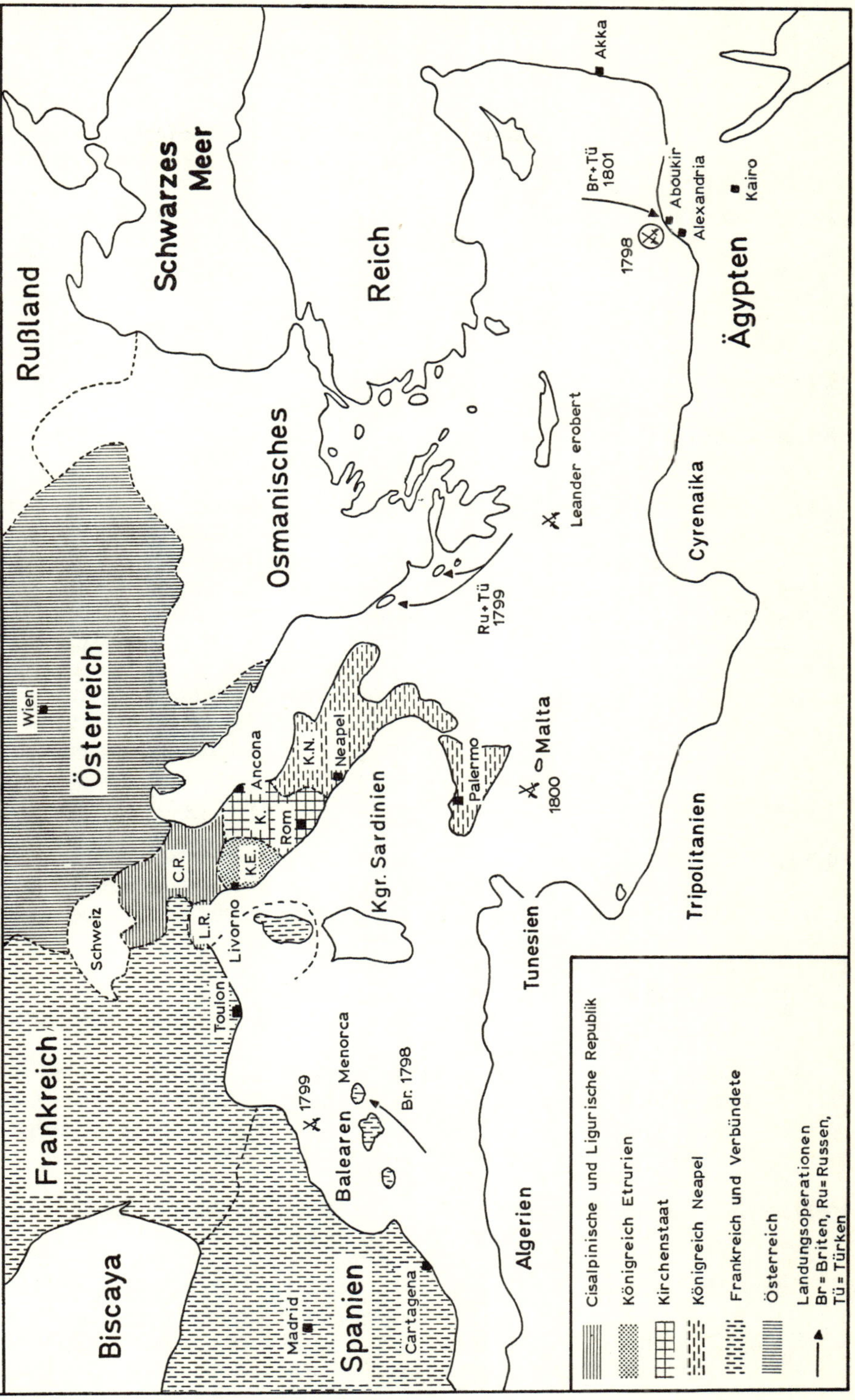

Aug. 1799 **Landung in Holland.** Die britische Flotte unter Adm. Duncan landet ein Heer von 30 000 Mann, darunter 12 000 Russen, auf 250 Transportern bei Den Helder. Eine Anzahl holländischer Linienschiffe fallen ihnen dabei in die Hände. Zwei Monate später zwingen französische Truppen das Expeditionsheer wieder zum Abzug.

Napoleon gelingt die Rückkehr von Ägypten nach Frankreich (Okt. 1799).

Okt. 1799 Rußland verläßt die Koalition.

16. Okt. 1799 Vor Finisterre erobern vier britische Fregatten zwei spanische mit einem reichen Schatz an Bord. Das Prisengeld beträgt für jeden Kapitän fast £ 41 000, für jeden Matrosen noch £ 182.

13. Nov. 1799 Ein österreichisches Geschwader zwingt die französische Besatzung des Hafens von Ancona zur Übergabe. Dabei werden drei ehemals venezianische Linienschiffe erbeutet.

18. Febr. 1800 Die Briten hindern ein französisches Versorgungsgeleit daran, Malta zu erreichen, das begleitende Linienschiff wird erobert.

17. März 1800 Bei Livorno gerät das britische Linienschiff »Queen Charlotte« (100) in Brand. Fast 700 Mann gehen mit dem Schiff zugrunde.

31. März 1800 **Gefecht bei Malta.** Beim Versuch aus Malta auszubrechen, gerät das französische Linienschiff »Guillaume Tell« (80) ins Gefecht mit den britischen Blockadestreitkräften. Erst nach achtstündigem Kampf und nachdem es zwei Linienschiffe und eine Fregatte schwer beschädigt hatte, muß es kapitulieren.

7. April 1800 Vor Cadiz erobert ein britisches Linienschiff und eine Fregatte zwei spanische Fregatten.

25. und 26. Aug. 1800 Ein britisches Geschwader von fünf Linienschiffen, fünf Fregatten und mehreren Fahrzeugen versucht, die im Hafen von Ferrol liegenden sechs spanischen Linienschiffe zu vernichten. Landungstruppen können ein Fort an der Hafeneinfahrt erobern; da die weiteren Befestigungen zu stark erscheinen, segeln die Briten unverrichteter Dinge wieder ab.

Sept. 1800 Die französische Garnison auf Malta muß sich der britischen Blockadeflotte ergeben.

19. Febr. 1801 Östlich Gibraltar kämpft die britische Fregatte »Phoebe« (36) mit der französischen »Africaine« (40), letztere mit 400 Soldaten für Ägypten an Bord. Mit 200 Toten und 144 Verwundeten an Bord müssen die Franzosen schließlich die Flagge streichen.

Febr. 1801 **Friede von Luneville.** Nach der Niederlage von Marengo muß Österreich die Bedingungen von Campo Formio anerkennen. Großbritannien steht Frankreich erneut allein gegenüber.

Anf. 1801 Erneuerung der **Bewaffneten Neutralität** der nordischen Staaten und Rußlands.

8. März 1801 Die Briten landen gegen französischen Widerstand 16 000 Mann Landungstruppen unter Gen. G. Elphinstone in der Bucht von Aboukir und zwingen nach wenigen Monaten fast die gesamten französischen Streitkräfte in Ägypten zur Kapitulation.

16. März 1801 Beim Auslaufen nach Kopenhagen strandet das britische Linienschiff »Invincible« (74), wobei 400 Mann ertrinken.

April 1801 **Schlacht auf der Reede von Kopenhagen.** Großbritannien schickt ein Geschwader unter Adm. Hyde Parker nach Dänemark. Zweiter Admiral ist VAdm. Nelson. Parker soll Dänemark zum Austritt aus der bewaffneten Neutralität veranlassen. Die Briten treffen mit 20 Linienschiffen, fünf Fregatten und 28 weiteren

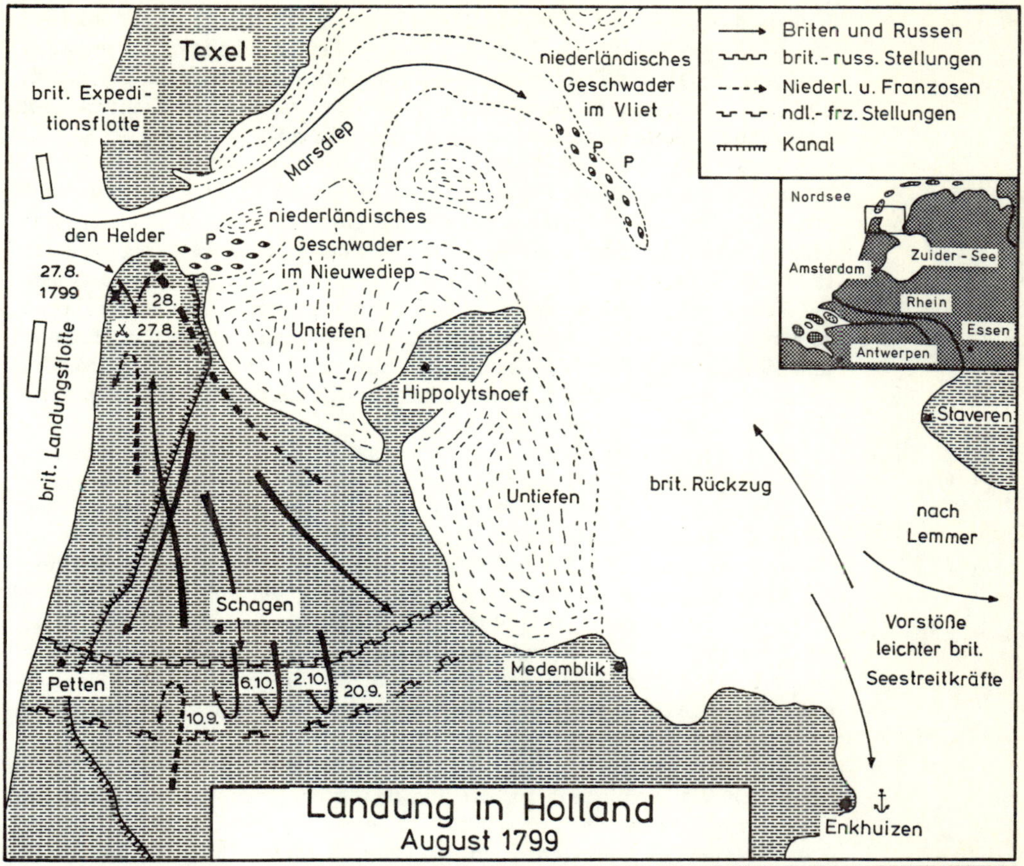
Texel
brit. Expeditionsflotte
Marsdiep
niederländisches Geschwader im Vliet
P
P
Briten und Russen
brit.- russ. Stellungen
Niederl. u. Franzosen
ndl.- frz. Stellungen
Kanal
Nordsee
Amsterdam
Zuider - See
Rhein
Essen
Antwerpen
den Helder
27.8. 1799
niederländisches Geschwader im Nieuwediep
P
28.
27.8.
brit. Landungsflotte
Untiefen
Hippolytshoef
Staveren
Untiefen
brit. Rückzug
nach Lemmer
Schagen
Vorstöße leichter brit. Seestreitkräfte
Petten
6.10.
2.10.
20.9.
10.9.
Medemblik
Landung in Holland
August 1799
Enkhuizen

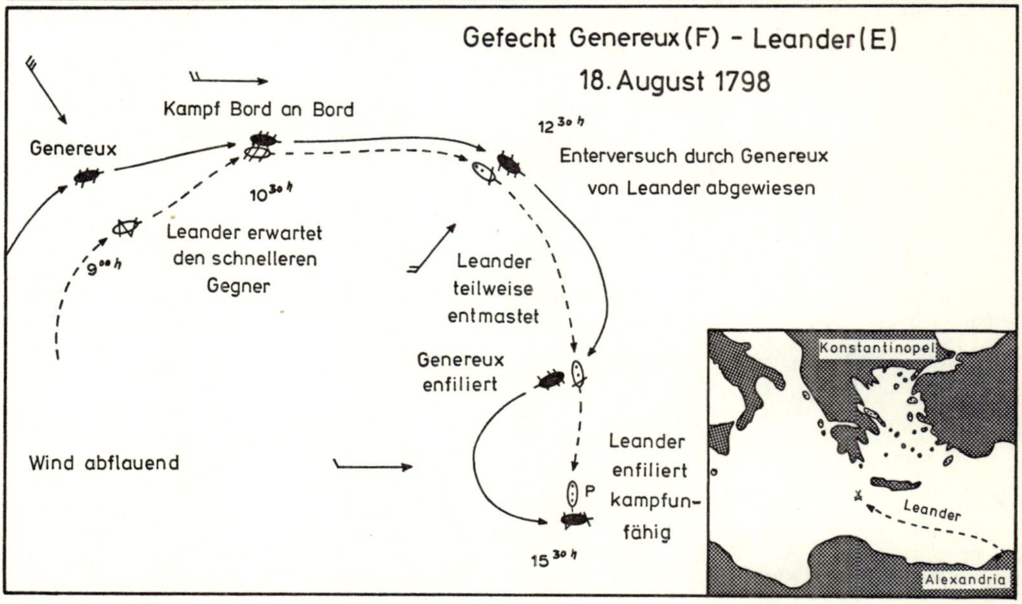
Gefecht Genereux (F) - Leander (E)
18. August 1798
Kampf Bord an Bord
Genereux
12 30 h
Enterversuch durch Genereux von Leander abgewiesen
10 30 h
9 00 h
Leander erwartet den schnelleren Gegner
Leander teilweise entmastet
Genereux enfiliert
Leander enfiliert kampfunfähig
P
Wind abflauend
15 30 h
Konstantinopel
Leander
Alexandria

Kriegsschiffen vor dem Sund ein. Hyde Parker führt auf der »London« (98), Nelsons Flaggschiff ist die »Elephant« (74). Die Dänen haben sich auf einen Angriff vorbereitet. Die Zufahrt zur Reede von Kopenhagen wird durch Untiefen und Inseln im Sund erschwert. Die Untiefe Middelgrund teilt das Fahrwasser in zwei Arme: Das Königstief und das Holländertief. Am Nordeingang des Königstiefs deckt das starke Fort Trekroner die Zufahrt nach Kopenhagen. Südlich schließt die schwimmende Seeverteidigung an. Diese besteht aus 2 Linienschiffen, 1 Fregatte, 8 Defensionsschiffen und 7 Geschützflößen. Die Defensionsschiffe sind alte rasierte Linienschiffe und Fregatten. Die Seeverteidigung untersteht Olfert Fischer auf der »Danebrog«. Parker überläßt Nelson den Angriff auf die dänische Flotte. Dieser beschließt von Süden vorzugehen, um Trekroner

1. April — zu vermeiden. Es stehen ihm zur Verfügung: Zwölf Linienschiffe, fünf Fregatten und 19 Fahrzeuge. Die gesamte britische Streitmacht ankert vor dem Middelgrund. In der Nacht geht Nelson mit seinem Geschwader durch das Holländertief durch den Sund und wartet auf Südwind.

2. April, 9 Uhr — Nach Umspringen des Windes greift Nelson an. Am Middelgrund kommt ein Linienschiff fest, die übrigen Schiffe ankern in rund 500 Meter Entfernung von der dänischen Linie. Die Briten verfügen über 600 Geschütze, 60 Karronaden und 9000 Mann, die Dänen über 370 Geschütze und 6000 Mann, die Landwerke

10 Uhr — nicht eingerechnet. Die Dänen eröffnen das Feuer. Es beginnt eine erbitterte Schlacht, in der sich die Dänen mit Erfolg zu Wehr setzen.

13 Uhr — Drei britische Linienschiffe sind bereits schwer beschädigt und geraten in der Nähe von Trekroner auf Grund. Hyde Parker gibt darauf das Signal, die Schlacht abzubrechen. Nelson ignoriert diesen Befehl, da ein Vorüberführen der angeschlagenen Schiffe an dem starken Fort ihm unmöglich erscheint. Nach weiteren

15 Uhr — zwei Stunden Kampf müssen bereits elf dänische Schiffe die Flagge streichen. Um aus seiner eigenen schwierigen Lage zu entkommen, bietet Nelson den Dänen einen Waffenstillstand an, der von diesen angenommen wird. Nach der Feuereinstellung kann Nelson sein schwer angeschlagenes Geschwader an Trekroner vorbei in Sicherheit bringen. Die Dänen verlieren 15 Schiffe aus der Defensionslinie, aber nur ein Linienschiff wird von den Briten als Prise eingebracht. Die Dänen verlieren über 1000 Tote und Verwundete sowie 2000 Gefangene. Die britischen Verluste betragen 1200 Tote und Verwundete. Dänemark gibt schließlich den britischen Forderungen nach. Dazu trägt auch die Ermordung des russischen Zaren Paul I. bei, der die treibende Kraft im Widerstand gegen Großbritanniens Seemachtanspruch war.

6. Mai 1801 — Die britische Sloop »Speedy« (14) erobert im Mittelmeer eine spanische Fregatte von 32 Kanonen.

Mai bis Juni 1801 — Ein französisches Geschwader versucht vergeblich Verstärkungen nach Ägypten zu bringen. Am Rückweg erobert es das britische Linienschiff »Swifture« (74).

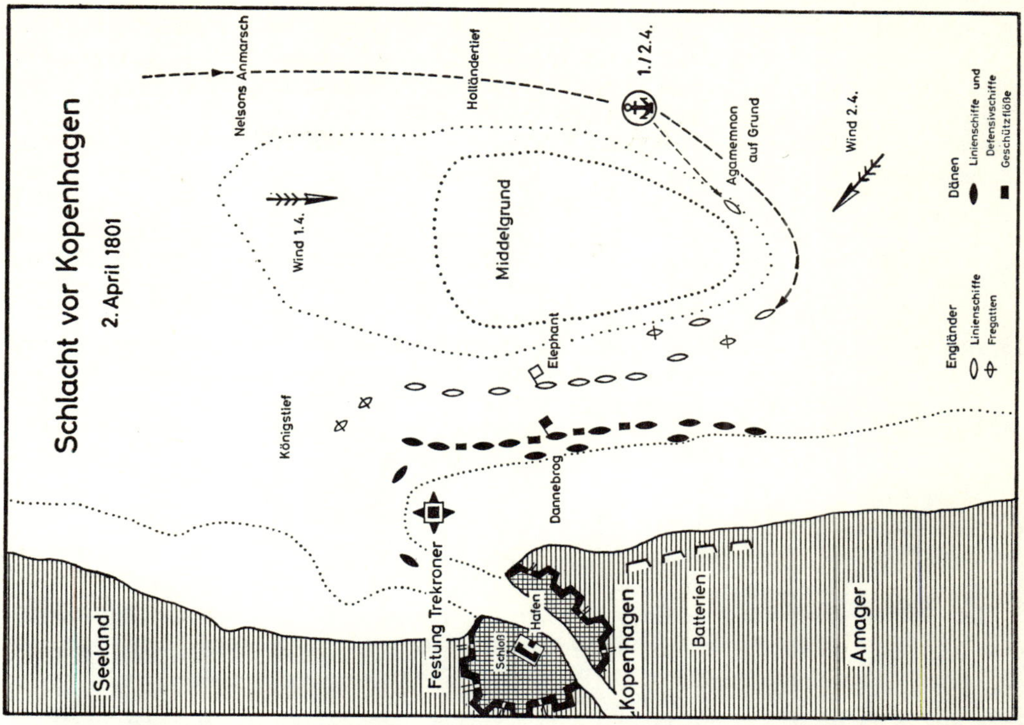
Schlacht vor Kopenhagen
2. April 1801
Nelsons Anmarsch
Holländertief
1./2.4.
Agamemnon auf Grund
Wind 2.4.
Wind 1.4.
Middelgrund
Elephant
Königstief
Dannebrog
Festung Trekroner
Seeland
Schloß
Hafen
Kopenhagen
Batterien
Amager
Engländer
Linienschiffe
Fregatten
Dänen
Linienschiffe und Defensivschiffe
Geschützflöße

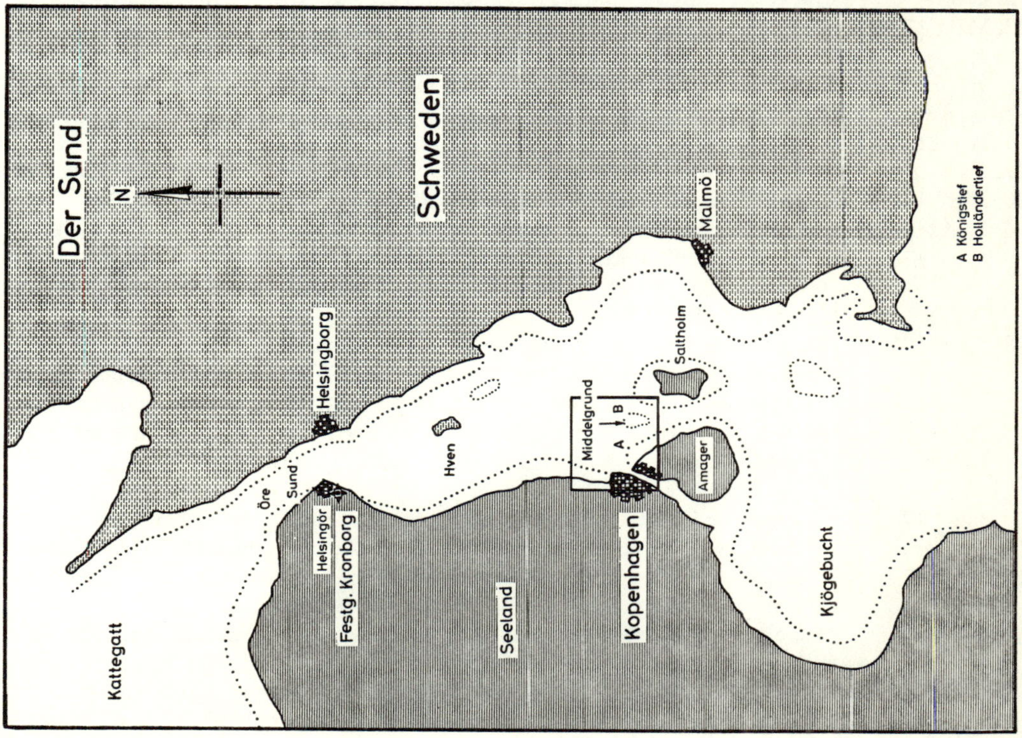
Der Sund
N
Schweden
Malmö
A Königstief
B Holländertief
Helsingborg
Saltholm
Middelgrund
A
B
Hven
Amager
Öre
Sund
Helsingör
Festg. Kronborg
Kopenhagen
Seeland
Kjögebucht
Kattegatt

6. Juli 1801	**Gefecht bei Algeciras.** Die französischen Linienschiffe »Formidable« (80), »Indomptable« (80) und Desaix« (74) unter KAdm. Linois weisen den Angriff von sechs britischen Linienschiffen unter KAdm. Saumarez ab. Sie erobern dabei die auf Grund gelaufene britische »Hannibal« (74).
12. und 13. Juli 1801	**Nachtschlacht vor Cadiz.** KAdm. Saumarez greift mit seinen schnell reparierten fünf Linienschiffen ein französisch-spanisches Geschwader von neun Linienschiffen und drei Fregatten unter den KAdmiralen Linois (F) und Moreno (Sp) an. Die »Real Carlos« (Sp, 112) und »San Hermenegildo« (Sp, 112) geraten in Brand und fliegen mit fast den ganzen Besatzungen in die Luft. Die französische »St. Antoine« (74) wird erobert, die »Venerable« (E, 74) gerät manövrierunfähig auf Grund, kann aber geborgen werden.
15. Aug. 1801	Ein Versuch der Briten, mit einer Flottille von Kanonenbooten unter VAdm. Nelson die französischen Landungsfahrzeuge vor Boulogne zu vernichten, scheitert mit beträchtlichen Verlusten.
Aug. 1801	Bei der Kapitulation von Alexandria fallen den Briten und Türken ein Linienschiff und fünf Fregatten in die Hände.
1801	Robert Fulton baut ein primitives U-Boot und bietet es vergeblich den Franzosen zum Einsatz gegen die britische Blockadeflotte an.
	Die Kämpfe in Übersee
Jan. 1794	**Eroberung von Santo Domingo.** Ein spanisches Geschwader von elf Linienschiffen, sieben Fregatten und kleineren Fahrzeugen aus Havanna unter VAdm. de Aristizábal erobert von den Franzosen die Stadt Santo Domingo und hält sie bis zum Vertrag von Ildefonso.
5. Febr.– 22. März 1794	**Eroberung von Martinique.** Ein britisches Geschwader von fünf Linienschiffen, zahlreichen Fregatten, Sloops und Transportern unter VAdm. Jervis landet 6000 Mann auf der Insel, die nach fünf Wochen hartnäckiger Verteidigung durch nur 600 Mann unter Gen. Rochambeau erobert wird.
1. bis 4. April 1794	**Einnahme von St. Lucia.** Ein Teil der Truppen von Martinique erobert die von den Franzosen schwächer verteidigte Insel.
11. bis 20. April 1794	**Eroberung von Guadeloupe.** Die gleichen Truppen erobern nach Landung durch die Flotte unter VAdm. Jervis die Insel.
4. Juni bis 3. Juli 1794	**Rückeroberung von Guadeloupe.** Ein französisches Geschwader von neun Schiffen landet Truppen auf der Insel, die nach einem Monat von den Briten geräumt werden muß. Die letzten Stützpunkte werden erst im Dezember von den Briten evakuiert.
28. Sept. 1794	Ein französisches Geschwader unter Kpt. Allemande erobert den britischen Stützpunkt Sierra Leone an der Westküste von Afrika und vernichtet dort bis zu dessen Räumung am 23. Oktober eine große Zahl passierender Handelsschiffe.
5. Jan. 1795	Vor Guadeloupe in Westindien zwingt nach erbittertem Kampf die britische Fregatte »Blanche« (32), Kpt. Faulknor, die französische »Pique« (36) zum Streichen der Flagge.
Jan. 1795	Französische Truppentransporter, geleitet von einem Linienschiff, einer Fregatte und zwei Korvetten bringen 3000 Mann Verstärkungen nach Guadeloupe.
19. Juni 1795	**Rückeroberung von St. Lucia.** Die französischen Truppen von Guadeloupe vertreiben die Briten von der Insel.
14. Juli 1795	**Eroberung der Kapkolonie.** Ein britisches Geschwader von fünf Linienschiffen und zwei Sloops unter VAdm. Keith Elphinstone landet Truppen in der Simons Bucht östlich von Kapstadt. Nach langsamen Vormarsch und Eintreffen von Verstärkungen kapituliert die Verteidigung am 16. September.

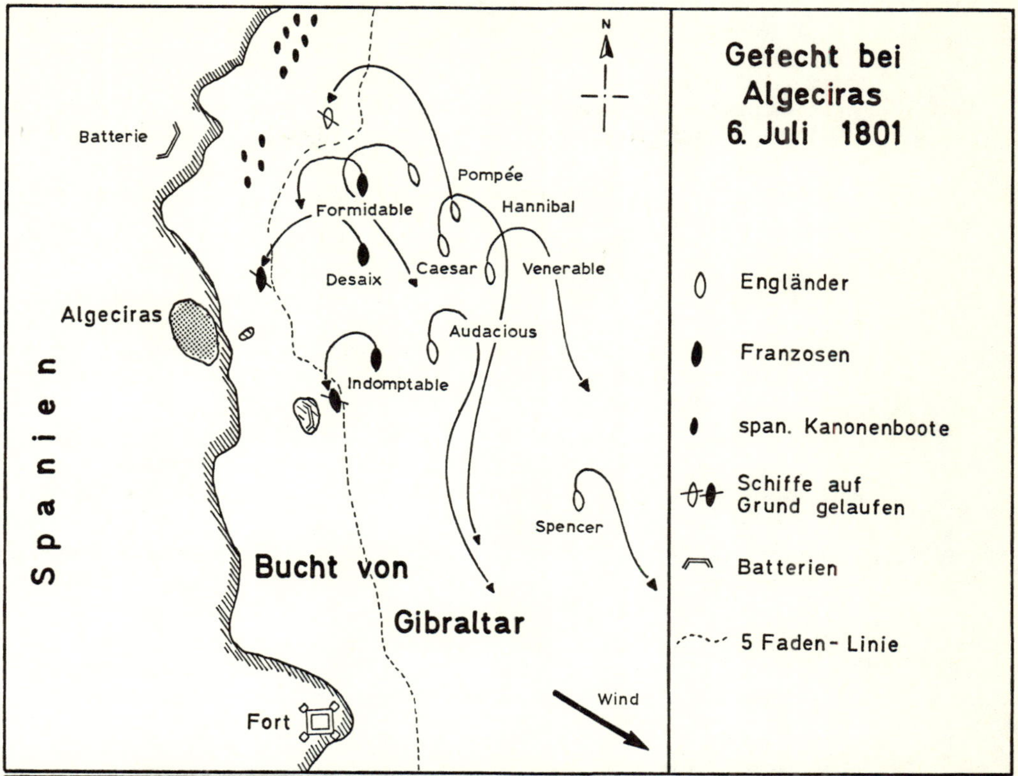
Gefecht bei Algeciras 6. Juli 1801
Batterie
Algeciras
Spanien
Pompée
Formidable
Hannibal
Desaix
Caesar
Venerable
Audacious
Indomptable
Spencer
Bucht von Gibraltar
Fort
Wind
N
Engländer
Franzosen
span. Kanonenboote
Schiffe auf Grund gelaufen
Batterien
5 Faden-Linie

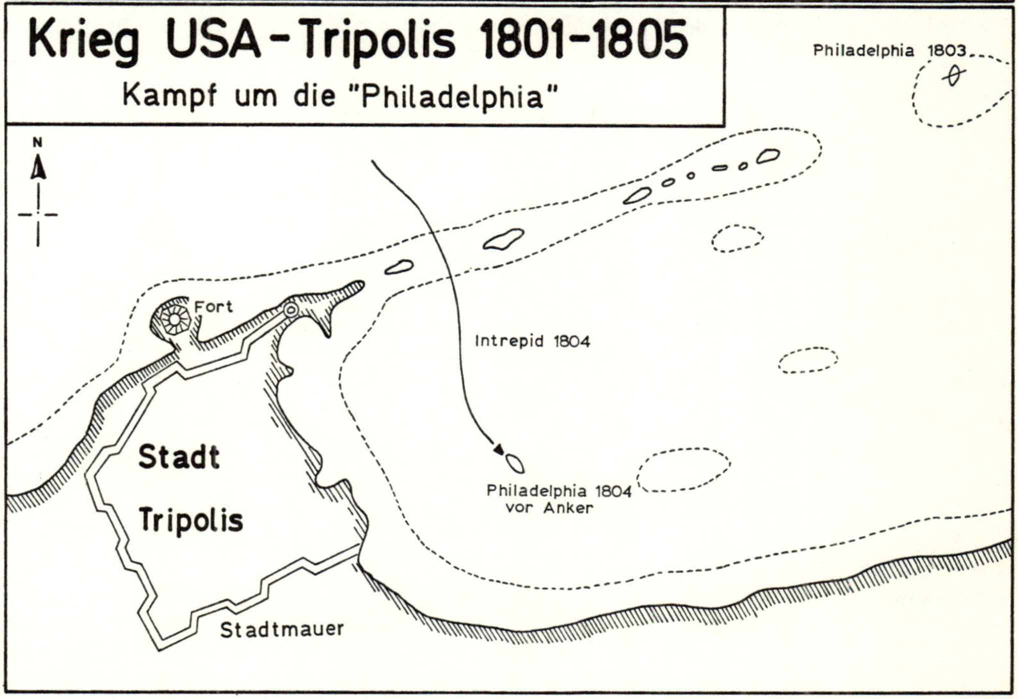
Krieg USA-Tripolis 1801-1805
Kampf um die "Philadelphia"
Philadelphia 1803
N
Fort
Intrepid 1804
Stadt Tripolis
Philadelphia 1804 vor Anker
Stadtmauer

3. Aug. 1795	**Eroberung von Ceylon.** Britische Truppen aus Indien werden von einem Geschwader mit zwei Linienschiffen und mehreren Transportern bei Trincomalee gelandet und erobern bis Anfang Oktober die Insel.
17. Aug. 1795	**Eroberung von Malakka.** Ein kleines britisches Geschwader von fünf Fregatten und zwei Transportern zwingt den niederländischen Stützpunkt zur Kapitulation.
April bis Juni 1796	**Britische Offensive in Westindien.** Ein britisches Geschwader von sieben Kriegsschiffen und einer Reihe Transportern unter KAdm. Christian bringt Verstärkungen nach Westindien. Mit diesen erobert Christian erneut St. Lucia im Mai sowie St. Vincent und Grenada im Juni ohne große Schwierigkeiten.
17. Aug. 1796	Im Februar läuft ein niederländisches Geschwader von drei Linienschiffen und vier Fregatten aus Texel aus, um die Kapkolonie zurückzuerobern. In der Saldanha Bucht nördlich von Kapstadt wird es von einem weit überlegenen britischen Geschwader unter VAdm. Keith Elphinstone gestellt und muß sich ohne Gegenwehr ergeben.
Aug. bis Sept. 1796	Von Cadiz aus unternimmt KAdm. de Richery mit seinem Geschwader von sechs Linienschiffen eine Kreuzfahrt an die Küsten von Neufundland und Labrador, erobert dort rund 100 Fischerfahrzeuge der Briten und kehrt nach Westfrankreich zurück.
9. Sept. 1796	**Gefecht bei Sumatra.** Fünf französische Fregatten treffen auf zwei britische Linienschiffe. Nachdem eine Fregatte und ein Linienschiff beträchtlichen Schaden erlitten haben, trennen sich die Gegner ohne Entscheidung.
16. bis 18. Febr. 1797	**Eroberung von Trinidad.** Das britische Westindiengeschwader von fünf Linienschiffen, Fregatten und Transportern landet Truppen auf der Insel. Im Hafen liegen vier Linienschiffe und eine Fregatte der Spanier, die aus Mangel an Besatzungen von diesen in Brand gesetzt werden. Eines der Linienschiffe können die Briten sicherstellen, die übrigen Schiffe verbrennen. Die Insel kapituliert am folgenden Tag.
April 1797	Ein Angriff der Briten auf das spanische Puerto Rico wird unter Verlusten abgewiesen. Die schon gelandeten Truppen müssen wieder eingeschifft werden.
ab Frühjahr 1798	Wegen der Übergriffe französischer Freibeuter führen die **USA** in den folgenden zwei Jahren einen nichterklärten Seekrieg gegen Frankreich in Westindien und im Nordatlantik.
9. Febr. 1799	Bei den Kleinen Antillen zwingt die US-Fregatte »Constellation« (38), Kpt. Truxton, die französische »Insurgente« (36) nach hartem Kampf zum Streichen der Flagge.
28. Febr. 1799	In der Bucht von Bengalen vernichtet die britische Fregatte »Sibylle« (40) den französischen Handelskreuzer »Forte« (40). Letzterer verliert fast die halbe Besatzung und hat 300 Treffer im Rumpf.
20. Aug. 1799	Das britische Westindiengeschwader unter VAdm. Seymour erscheint vor dem niederländischen Surinam, welches ohne Verteidigungsmöglichkeit kapituliert.
2. Febr. 1800	Bei den Kleinen Antillen schießt die US-Fregatte »Constellation« (38) in einem Nachtgefecht die französische »Vengeance« (40) zu einem Wrack.
4. Aug. 1800	Vor der Küste von Brasilien trifft das britische Linienschiff »Belliqueux« (64) mit sechs bewaffneten Ostindienfahrern auf drei französische Fregatten. Eine Fregatte wird von dem Linienschiff, eine weitere von zwei Ostindienfahrern erobert, die dritte kann entkommen.
21. Aug. 1800	Vor Puerto Rico erobert die britische Fregatte »Seine« (38) nach zweitägigem Verfolgungsgefecht die französische »Vengeance« (40).
März 1802	**Friede von Amiens.** Nach dem Sturz der Regierung von Pitt d. J. in Großbritannien kommt es zu dem Friedensschluß, in welchem die Briten auf alle Eroberungen in den Kolonien – außer Ceylon und Trinidad – verzichten, Frankreich räumt das schon fast verlorene Ägypten.

1801–1805 **Krieg USA gegen Tripolis**
Da die USA die unmäßigen Tributforderungen der Barbaresken für die Sicherheit der US-Handelsschiffe im Mittelmeer ablehnen, erklärt Tripolis den Krieg.

Okt. 1803 Die US-Fregatte »Philadelphia« läuft in der Hafeneinfahrt von Tripolis auf Grund und muß sich ergeben. In der Nacht vom 16. zum 17. Februar 1804 dringen Freiwillige unter Ltn. Decatur mit der Ketsch »Intrepid« in den Hafen ein und verbrennen die Fregatte.

3. Aug. 1804 Die US-Fregatte »Constitution« (50), Com. Preble, und eine Flottille von Briggs, Schonern und Mörserbooten beschießen Tripolis; sie zerstören einen Teil der Schiffe des Beys.

1803–1806 Der spätere russische Admiral Krusenstern unternimmt seine große Forschungsreise um die Welt. Er gibt dabei den Anstoß zu weiteren russischen Fahrten, vor allem in den Pazifik. Drei der nächsten Reisen unternimmt der spätere Admiral Lasarew in den Jahren 1813–16 nach Alaska, 1819–21 in die Antarktis und 1822–25 in den Pazifik.

1804–1815 **Der Seekrieg Großbritanniens gegen das französische Kaiserreich**
(und die Nebenkriege)

Die Zahl der einsatzfähigen Linienschiffe zu Kriegsbeginn beträgt

Großbritannien	Frankreich	Spanien	Holland
120	40	30	20

Jan. 1804 In der Nordsee ist das britische Linienschiff »York« (64) mit der ganzen Besatzung verschollen.

1. Okt. 1804 Ein britischer Angriff auf die französische Invasionsflotte von Boulogne bleibt erfolglos. Vier Feuerschiffe und mehrere »Katamarane« werden eingesetzt. Letztere waren mit Explosivstoffen gefüllte Treibminen von rund zwei Tonnen, die durch ein Uhrwerk zur Explosion gebracht wurden.

3. Okt. 1804 Vor Cadiz fangen noch vor der Kriegserklärung Spaniens (am 12. Dez. 1804) vier britische Fregatten vier spanische mit einem Schatz von £ 1 000 000 aus Südamerika an Bord ab. Eine der vier fliegt in die Luft, die drei übrigen werden erobert.

17. Febr. 1805 Im Atlantik erobert nach hartem Kampf die französische Fregatte »Ville de Milan« (40) die britische »Cleopatra« (32). Sechs Tage später treffen die beschädigten Schiffe auf ein britisches Linienschiff und müssen sich nach symbolischem Widerstand ergeben.

1803–1805 Napoleon betreibt in großem Ausmaß Invasionsvorbereitungen bei Boulogne. Ein Heer von 130 000 Mann wird zusammengezogen. 2000 Transportfahrzeuge für die Überfahrt bereitgestellt. Da nur die Schlachtflotte das Übersetzen decken kann, beginnen die französischen Geschwader mit Ausbruchsversuchen.

1805 Die Flottenverteilung Ende März lautet:

	Verbündete	Briten
Texel	9 Linienschiffe	11 Linienschiffe
Brest	21	17 (Cornwallis)
Lorient	3	
Ferrol	12	8 (Calder)
Cadiz	7 (Gravina)	6
Cartagena	6	
Toulon	11 (Villeneuve)	11 (Nelson)

Englisch-französische Flottenbewegungen:

März 1805 Villeneuve kann aus Toulon entschlüpfen. In Cadiz schließt sich ihm Gravina mit sechs Linienschiffen an. Die Flotte der Verbündeten segelt darauf nach Westindien. Nelson vermutet die Franzosen zunächst auf dem Weg ins östliche Mittelmeer.

Mai 1805 Erst einen Monat später folgt er Villeneuve nach Westindien. Dieser erobert dort einen britischen Geleitzug von 14 Schiffen, erfährt vom Eintreffen Nelsons in Westindien und segelt sofort nach Europa zurück. Im Juli trifft er in Ferrol ein.

Juni 1805 Die britische Admiralität, von Nelson über die Flottenbewegungen unterrichtet, verstärkt die Station vor Ferrol und alarmiert Cornwallis vor Brest. Nelson verläßt drei Tage nach Villeneuve Westindien und geht nach Cadiz.

Juli 1805 Sobald Nelson vor der Straße von Gibraltar erfährt, daß er Villeneuve neuerlich verfehlt hat, bringt er sein Geschwader zu Cornwallis vor Brest und geht selbst nach Portsmouth.

Mittlerweile tragen die vom Ersten Lord der Admiralität, Adm. Middleton, Lord Barham, erlassenen Dispositionen ihre ersten Früchte. Beim Eintreffen in Europa trifft Adm. Villeneuve auf das verstärkte Blockadegeschwader vor Ferrol.

22. Juli 1805 **Seeschlacht vor Finisterre.** Bei der Rückkehr von Westindien trifft Villeneuve mit seinen 20 Linienschiffen und sieben Fregatten auf das britische Blockadegeschwader unter VAdm. Calder, der nun über 15 Linienschiffe und zwei Fregatten verfügt. Am Nachmittag greift Calder trotz diesigen Wetters an. Er versucht die Nachhut des Gegners abzuschneiden, wegen der schlechten Sicht entgleiten die Flotten aber ihrer Führung. Es gelingt den Briten wohl, zwei spanische Schiffe zum Streichen der Flagge zu bringen, die Schlacht endet am Abend jedoch ohne Entscheidung. Die Briten verlieren 200, die Verbündeten 500 Mann. Calder erneuert am nächsten Tag den Kampf nicht und begnügt sich damit, die zwei Prisen in Sicherheit zu bringen. Villeneuve läuft Ferrol an.

Aug. 1805 Villeneuve läuft mit 29 Linienschiffen aus Ferrol aus, um sich mit einem Geschwader aus Rochefort zu vereinigen und anschließend in den Kanal zu gehen. Als das Rendezvous mißlingt, geht Villeneuve mit seiner Flotte nach Cadiz zurück.

Napoleon gibt nun seine Hoffnung auf eine Landung in England auf und wendet sich gegen seine Gegner auf dem Festland.

1805 **Dritter Koalitionskrieg.** Napoleon marschiert durch Süddeutschland gegen Österreich.

10. Aug. 1805 In der Biskaya muß sich eine französische Fregatte einer britischen ergeben.

26. Sept. 1805 Vor Ouessant trifft ein britisches Geleit, gedeckt von der »Calcutta« (54), auf ein französisches Geschwader von fünf Linienschiffen und drei Fregatten. Das britische Linienschiff setzt sich voll ein und unterliegt erst nach Kampf, der Geleitzug kann entkommen.

Vor Cadiz nimmt Großbritannien erneut die Blockade auf, zunächst unter Befehl von VAdm. Collingwood. Fünf Wochen später übernimmt VAdm. Nelson den Befehl über die Blockadeflotte. Die drohende Enthebung von seinem Kommando veranlaßt Villeneuve im Oktober auszulaufen, um in das Mittelmeer durchzubrechen. Von seinen Aufklärungsfregatten alarmiert, nimmt Nelson die Jagd auf. Am Nachmittag des 20. Oktober wird Villeneuve die britische Flotte gemeldet. Er wendet auf Kurs Nord und beabsichtigt am nächsten Tag die Schlacht anzunehmen.

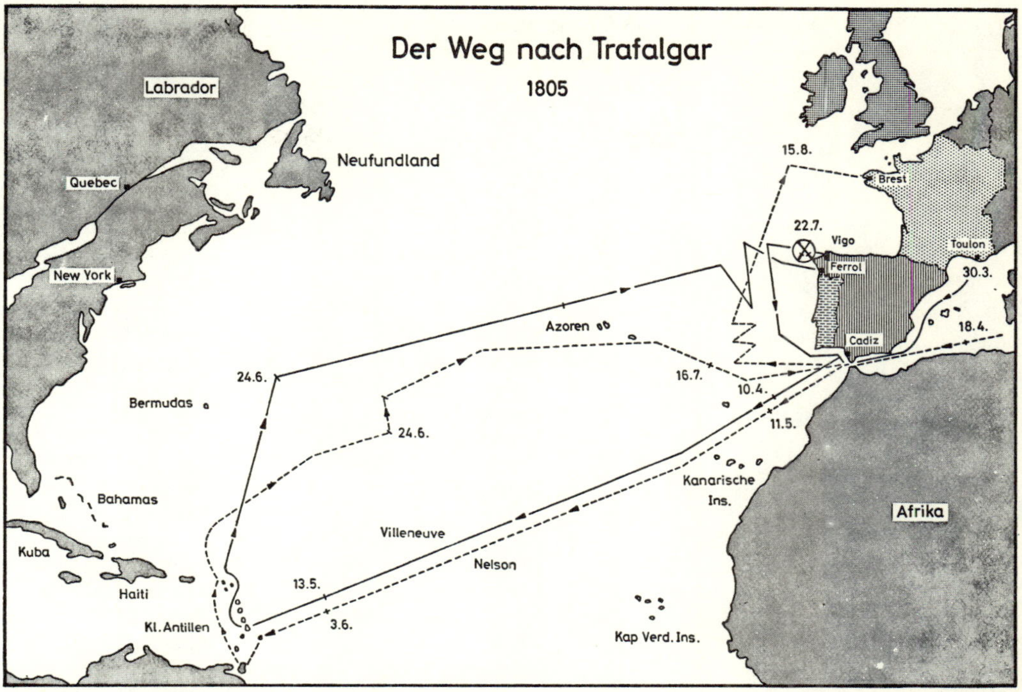
Der Weg nach Trafalgar
1805
Labrador
Neufundland
Quebec
New York
15.8.
Brest
22.7.
Vigo
Ferrol
Toulon
30.3.
Azoren
18.4.
Cadiz
24.6.
16.7.
10.4.
Bermudas
24.6.
11.5.
Bahamas
Kanarische
Ins.
Afrika
Villeneuve
Kuba
Nelson
Haiti
13.5.
Kl. Antillen
3.6.
Kap Verd. Ins.

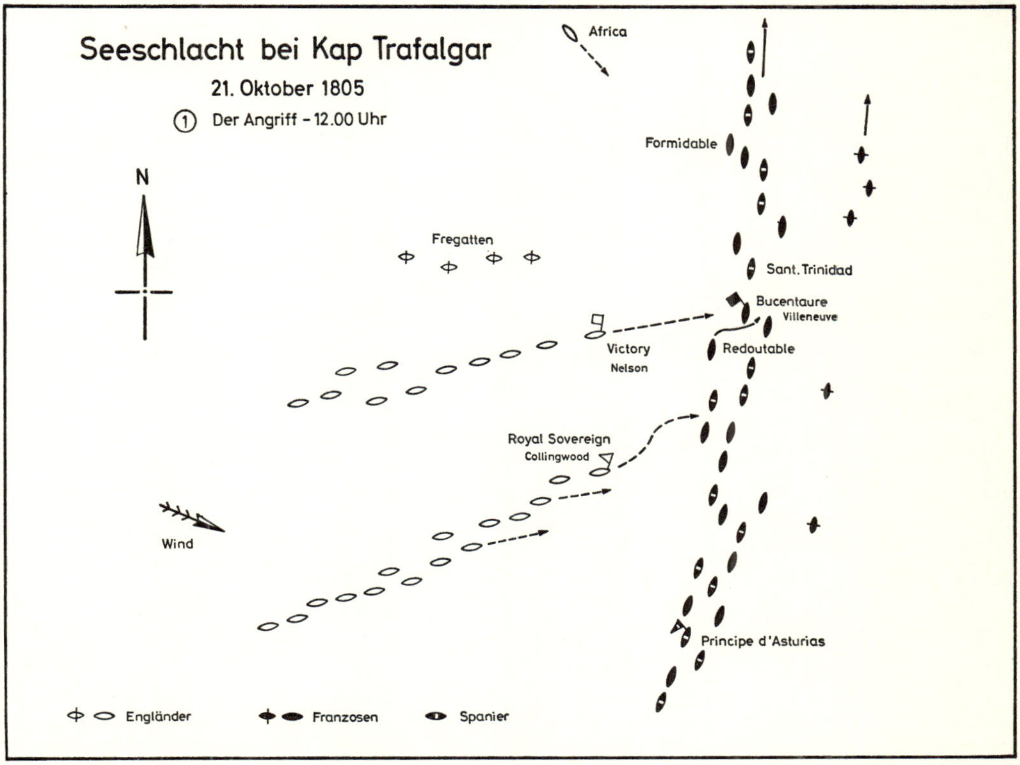
Seeschlacht bei Kap Trafalgar
21. Oktober 1805
① Der Angriff - 12.00 Uhr
Africa
N
Formidable
Fregatten
Sant. Trinidad
Bucentaure
Villeneuve
Victory
Nelson
Redoutable
Royal Sovereign
Collingwood
Wind
Principe d'Asturias
Engländer
Franzosen
Spanier

21. Okt. 1805 **Seeschlacht bei Kap Trafalgar.** Die Stärke der Flotten an diesem Tag beträgt:

	Briten	Verbündete
Linienschiffe	27	33 (15 sp.)
Fregatten	4	5 (0 sp.)
Geschütze	2350	2850
Besatzung	20000	30000

Briten	Franzosen	Spanier
1. Kolonne	»Bucentaure« (80) +	»P. de Asturias« (112) ⊘
»Victory« (100) ⊕	»Redoutable« (74) P	»Montanas« (74) ○
»Temeraire« (98) ⊕	»Indomptable« (80) ⊘	»Argonauta« (80) P
»Neptune« (98) ⊘	»Neptune« (80) ○	»Bahama« (74) P
»Conqueror« (74) ○	»Fougueux« (74) P	»S. J. Nepom.« (74) P
»Leviathan« (74) ○	»Pluton« (74) ⊘	»S. Ildefonso« (74) P
»Britannia« (100) ⊘	»Intrepide« (74) P	»S. Justo« (74)
»Agamemnon« (64) ○	»Algeciras« (74) P	»S. Trinidad« (130) P
»Ajax« (74) ○	»Berwick« (74) P	»S. Leandro« (64) ○
»Orion« (74) ○	»Aigle« (74) P	»Sta. Ana« (112) P
»Minotaur« (74) ○	»Swiftsure« (74)	»Monarca« (74) P
»Africa« (64)	»Argonaute« (74) ⊘	»Neptuno« (74) P
	»Achille« (74) +	»S. Agustin« (74) P
2. Kolonne	»Scipion« (74) ○	»Rayo« (100) ⊘
»R. Sovereign« (100) ⊕	»Formidable« (80) ○	»S. Fr. d. Assisi« (74) ⊘
»Bellisle« (74) ⊕	»Mont Blanc« (74) ○	
»Mars« (74) ⊕	»Duguay-Trouin« (74) ○	
»Tonnant« (80) ⊕	»Heros« (74) ⊘	
»Bellerophon« (74) ⊕		
»Colossus« (74) ⊕		
»Achilles« (74) ⊘		
»Polyphemus« (64) ○		
»Revenge« (74) ⊘		
»Swiftsure« (74) ⊘		
»Defiance« (74) ⊘		
»Thunderer« (74) ⊘		
»Defence« (74) ○		
»Dreadnought« (98) ○		
»Prince« (98)		

Nelsons Flaggschiff ist die »Victory«. Zweiter Admiral ist Collingwood auf der »Royal Sovereign«. Oberbefehlshaber der Verbündeten ist Adm. Villeneuve auf der »Bucentaure«. Führer der spanischen Schiffe ist Adm. Gravina, der zugleich die Nachhut führt. Die Vorhut der Verbündeten führt KAdm. Dumanoir (F) auf der »Formidable«.

11.00 Uhr Die Flotte der Verbündeten liegt ziemlich ungeordnet auf nördlichem Kurs. In allen drei Flottenteilen sind französische und spanische Schiffe gemischt eingeteilt. Nach Eingang der Sichtmeldungen seiner Aufklärungsfregatten befiehlt Nelson sofort den Angriff. Sein Schlachtplan ist im voraus eingehend mit seinen Kapitänen abgesprochen, weitere Befehle sind nicht nötig. Nelson greift in zwei Kolonnen von Westen an. Die nördliche Kolonne von zwölf Schiffen führt er selbst. Die südliche Kolonne folgt Collingwood in den Kampf. Es herrscht nur schwacher Wind, doch sind Anzeichen für einen nahenden Sturm vorhanden,

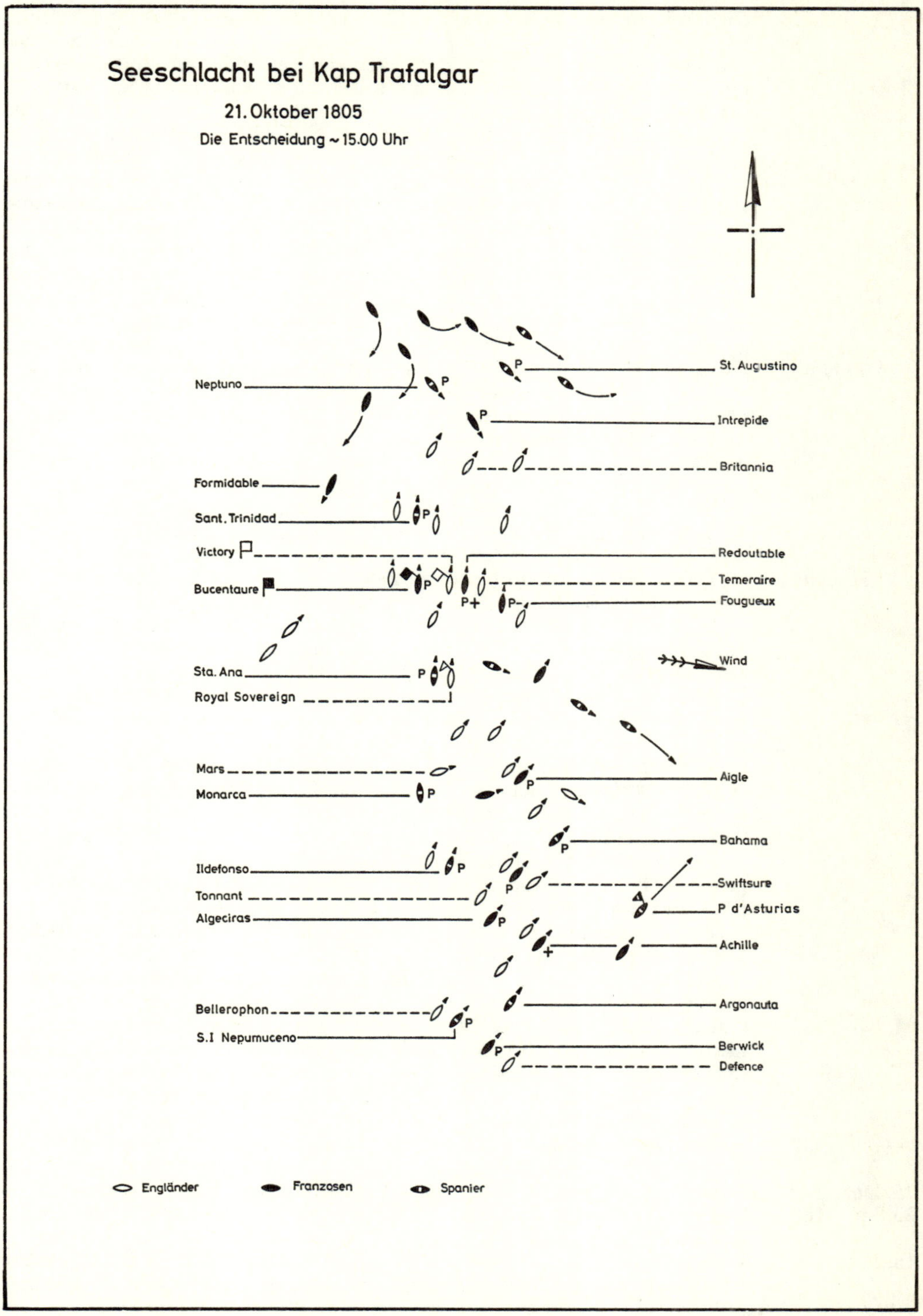
Seeschlacht bei Kap Trafalgar
21. Oktober 1805
Die Entscheidung ~ 15.00 Uhr
St. Augustino
Neptuno
Intrepide
Britannia
Formidable
Sant. Trinidad
Victory
Redoutable
Bucentaure
Temeraire
Fougueux
Sta. Ana
Wind
Royal Sovereign
Mars
Aigle
Monarca
Bahama
Ildefonso
Swiftsure
Tonnant
P d'Asturias
Algeciras
Achille
Bellerophon
Argonauta
S.I Nepumuceno
Berwick
Defence
Engländer
Franzosen
Spanier

der den Flotten bei der nahen Küste in Lee verhängnisvoll werden kann. Nelsons nördliche Kolonne soll bei dem feindlichen Flaggschiff in die Mitte des Gegners einbrechen, diese im Nahkampf festhalten und gleichzeitig die Vorhut am Eingreifen hindern. Die südliche Kolonne soll sich auf die feindliche Nachhut werfen. Diese Konzentration der Kräfte sichert den Briten zumindest für den Beginn

12.00 Uhr des Kampfes eine zahlenmäßige Übermacht. Collingwoods »Royal Sovereign« bricht als erstes Schiff in die feindliche Linie ein. Etwas später ist Nelsons »Victory« am Feind. Alle britischen Schiffe folgen dichtauf und gehen sofort zum Nahkampf über. Die »Victory« gerät an die »Redoutable«. Ein Scharfschütze aus deren Gefechtsmars trifft Nelson tödlich. Mit Hilfe der »Temeraire« wird die »Redoutable« schließlich genommen, kurz darauf von der »Temeraire« auch die »Fougueux« erobert. Die übrigen Schiffe der nördlichen Kolonne greifen mit Übermacht den »Bucentaure« und die »Santissima Trinidad«, das stärkste Schiff der Flotte, den einzigen Vierdecker, an. Beide werden überwältigt, Villeneuve gerät in Gefangenschaft. Bei der Nachhut leisten Collingwoods Schiffe ganze

16.00 Uhr Arbeit. Bis zu diesem Zeitpunkt sind bereits 15 Linienschiffe außer Gefecht gesetzt. Nelson erfährt kurz vor seinem Tod (16.30 Uhr), daß die Schlacht gewonnen ist. Nun greifen auch einige Schiffe der Vorhut der Verbündeten ein. Sie treffen dabei auf die bereits stark angeschlagene »Victory«. Dieser kommen jedoch sofort einige Schiffe zu Hilfe. Die Verbündeten verlieren noch die »Neptuno« und »S. Agustin«. Dumanoir, der mit seinen Schiffen noch gar nicht richtig in die Schlacht eingegriffen hat, bricht darauf mit den restlichen Schiffen der Vorhut den Kampf ab. Auch Gravina (bereits tödlich verwundet) sammelt die verbliebenen Schiffe von Zentrum und Nachhut und zieht sich nach Cadiz zu-

17.30 Uhr rück. Die schon vor einiger Zeit in Brand geratene »Achille« fliegt in die Luft. Die eigentliche Schlacht ist damit zu Ende. Die Verbündeten verlieren 18 Schiffe, 17 davon sind in den Händen der Sieger. 2600 Mann sind tot oder verwundet, 7000 Gefangene sind auf den Prisen der Briten. Die Briten verlieren kein Schiff, aber immerhin 1700 Mann. Die Hälfte ihrer Schiffe ist schwer beschädigt. Collingwood steht vor der schweren Aufgabe, seine Flotte und die Prisen vor dem herannahenden Sturm in Sicherheit zu bringen. Die »Redoutable« sinkt am nächsten Tag im Schlepp eines britischen Schiffes.

23. Okt. 1805 Com. Cosmao (F) kann mit fünf Linienschiffen und fünf Fregatten den Briten zwei Prisen wieder abnehmen. Neun weitere Prisen stranden oder müssen von den Briten versenkt oder verbrannt werden, da sie nicht zu sichern sind. Auch die schwer beschädigte »Berwick« strandet. Sie ist nicht der letzte französische Verlust. Nur vier der Prisen überstehen in der Nacht den Sturm vor Anker in relativ gutem Zustand und können schließlich nach Gibraltar eingebracht werden. Doch auch die Verbündeten verlieren in dem Unwetter fünf weitere ihrer zunächst entkommenen Schiffe. Die fünf nach Cadiz entkommenen französischen Schiffe werden dort von den Briten blockiert und fallen beim Aufstand der Spanier (1808) diesen in die Hände. Großbritannien ist nun unumschränkter Beherrscher der Meere.

4. Nov. 1805 **Gefecht bei Kap Finisterre.** Dumanoir trifft mit seinen vier entkommenen Linienschiffen auf ein britisches Geschwader mit den Linienschiffen »Caesar« (80), »Hero« (74), »Courageux« (74), »Namur« (74) und vier Fregatten unter Com. Strachan. Alle vier französischen Schiffe werden genommen. Die Briten verlieren 135 die Franzosen 750 Mann an Toten und Verwundeten.

1805 **Schlacht bei Austerlitz.** Napoleon siegt in der »Dreikaiserschlacht« über Österreich und Rußland (2. Dez.).

25. Dez. 1805 **Friede von Preßburg** mit Österreich. Großbritannien setzt den Kampf fort.

23. Jan. 1806 Tod von Pitt d. J. Ein Friedensangebot Napoleons wird von Großbritannien abgelehnt.

18. Juli 1806 Drei französische Fregatten erobern im Sommer dieses Jahres 29 britische Walfänger im Nordmeer. Am Rückweg muß sich die »Guerriere« (40) der britischen »Blanche« (38) ergeben.

25. Sept. 1806	Auf dem Weg von Rochefort nach Westindien treffen fünf französische Fregatten auf sechs britische Linienschiffe. In einem längeren Verfolgungsgefecht kann nur eine Fregatte entkommen.
8. Okt. 1806	Erster erfolgreicher Einsatz der von dem Engländer Congreve entwickelten Raketen. Die Stadt Boulogne wird von 18 Raketenbooten mit 200 Raketen in Brand geschossen. In der zweiten Hälfte des 19. Jahrhunderts kommen mit der schnellen Entwicklung der Artillerie die Congreve-Raketen wieder außer Gebrauch.
1806–1807	**Vierter Koalitionskrieg** (Großbritannien, Preußen, Rußland und Sachsen) gegen Frankreich. Napoleon siegt bei Jena und Auerstädt über Preußen (Okt. 1806).
21. Nov. 1806	Napoleon erklärt die Kontinentalsperre. Großbritannien soll durch Aussperren vom europäischen Handel wirtschaftlich ruiniert werden.
1806	Die Türkei sperrt auf Druck Napoleons die Dardanellen für russische Schiffe. Rußland erklärt darauf den Krieg und sendet ein Geschwader in das Mittelmeer.
Febr. 1807	**Forcierung der Dardanellen.** Ein britisches Geschwader von sieben Linienschiffen und zwei Fregatten unter VAdm. Duckworth passiert die Dardanellen, wobei ein türkisches Geschwader von einem Linienschiff, drei Fregatten und drei Korvetten vernichtet wird. Anschließend erscheint Duckworth vor Istanbul und fordert die Auslieferung der türkischen Flotte. Als die Türken die Verhandlungen hinauszögern, kann sich Duckworth zu keinem energischen Handeln durchringen und segelt unverrichteter Dinge wieder ab. Beim zweiten Passieren der Dardanellen erleiden die Briten durch die nun kampfbereiten türkischen Forts beträchtliche Schäden.
11. Mai 1807	Starke russische Land- und Seestreitkräfte erobern den türkischen Hafen Anapa im östlichen Schwarzen Meer.
22./23. Mai 1807	**Nachtschlacht vor den Dardanellen.** Das russische Mittelmeergeschwader kämpft mehrere Stunden gegen die türkische Flotte, die sich nur mit Mühe und unter Verlusten in die Dardanellen zurückziehen kann.
1. Juli 1807	**Seeschlacht bei Lemnos.** Russische Truppen hatten zur Überwachung der Dardanellen die Insel Tenedos besetzt. Die Türken machen eine Gegenlandung, welche von der Flotte gedeckt wird. Dabei trifft diese auf das russische Mittelmeergeschwader unter Adm. Senjawin.

Russen	Türken
»Twjordy« (74) Adm. Senjawin	»Messudieh« (120) Adm. Seid Ali
»Retwissan« (64) VAdm. Greigh	»Sedd ul-bahr« (84) VAdm. Baker Bey
»Rafail« (84)	»Anka-yi bahri« (84)
»Uriil« (84)	»Taus-i bahri« (84)
»Selafail« (74)	»Tevfik-numa« (84)
»Jaroslaw« (74)	»Bisharet« (84)
»Sv. Elena« (74)	»Kilid-i bahri« (84)
»Moschtschny« (74)	»Sayad-i bahri« (74)
»Silny« (74)	»Gulbang-i-Nusrat« (74)
»Skory« (64)	»Djebel-andaz« (74)
750 Kanonen	5 Fregatten
	5 Korvetten
	1200 Kanonen

Senjawin greift den in Kiellinie, die Flaggschiffe in der Mitte, liegenden Gegner vor dem Wind in zwei Kolonnen an. Zum Unterschied von Nelson hält er seine Flaggschiffe in vorletzter Position, um einen besseren Überblick zu behalten.

Von den mit Übermacht angegriffenen Schiffen der Vorhut und Mitte der Türken können nach drei Stunden Kampf die ersten ihre Position nicht mehr halten, und bald ist das ganze türkische Geschwader im Rückzug. Die Russen verfolgen nur vorsichtig und greifen die Nachzügler an. In der folgenden Nacht wird das schwer beschädigte Flaggschiff des türkischen Vizeadmirals erobert. Am nächsten Tag werden drei Nachzügler, das Linienschiff »Bisharet« und zwei Fregatten nördlich vom Berg Athos auf den Strand getrieben und von den Türken verbrannt. Beim weiteren Rückzug verbrennen die Türken am 4. Juli noch ein Linienschiff und eine Fregatte, eine weitere Fregatte und eine Korvette sinken bei Samothrake. Der türkische Mannschaftsverlust dürfte über 1000 Mann betragen haben, die Russen haben 270 Mann an Toten und Verwundeten verloren. Die nun auf Tenedos abgeschnittenen türkischen Truppen müssen sechs Tage später kapitulieren.

Nach dem Friedensschluß übergeben die Russen die Ionischen Inseln an Frankreich, die Truppen werden von sechs Linienschiffen und Briggs nach Triest gebracht, von wo sie zu Lande heimmarschieren. Die Schiffe werden den Franzosen übergeben.

Juli 1807 **Friede von Tilsit.** Preußen verliert seinen Besitz westlich der Elbe und in Polen. Rußland und Preußen schließen sich der Kontinentalsperre an.

Aug. 1807 **Angriff Großbritanniens auf Dänemark.** Napoleon zwingt auch Dänemark, der Kontinentalsperre beizutreten. Großbritannien schickt darauf eine starke Expeditionsflotte (25 Linienschiffe, 40 Fregatten und Fahrzeuge und 380 Transporter mit 29000 Mann) unter Adm. Gambier und GenLt. Lord Cathcart in den Sund und verlangt die Auslieferung der dänischen Flotte. Dieses weist die Forderung zurück. Gambier beginnt mit dem Angriff. Die Truppen landen auf Seeland und schließen Kopenhagen von der Landseite ein. Die Flotte ankert auf der Seeseite.

2. bis 4. Sept. 1807 **Bombardement von Kopenhagen.** Die britische Flotte beschießt die Stadt mit Brandkugeln und den neuen Congreve-Raketen. Am 5. September ergeben sich die Dänen und liefern die Flotte aus. Den Briten fallen 16 Linienschiffe, 10 Fregatten und 43 weitere Fahrzeuge in die Hände. Die Verteidiger haben 200 Tote und 350 Verwundete zu beklagen, die Opfer der Zivilbevölkerung betragen 1600 Tote und 1000 Verwundete.

1807–1814 Dänemark führt anschließend gegen Großbritannien einen Kleinkrieg im Sund und dem Kattegat, den sogenannten **Kanonenbootkrieg.**

5. Sept. 1807 Die Briten besetzen die dänische Insel Helgoland, die bis 1890 in ihrem Besitz bleibt (Sansibar-Vertrag mit Deutschland).

29. Nov. 1807 Flucht des portugiesischen Königshauses nach Brasilien. Da sich Portugal der Forderung Napoleons nach Anschluß an die Kontinentalsperre gegen Großbritannien widersetzt, marschiert ein französisches Heer gegen Lissabon. Am Tag vor dessen Eintreffen nimmt die portugiesische Flotte von acht Linienschiffen, vier Fregatten, vier Fahrzeugen und 20 bewaffneten Handelsschiffen den Königshof an Bord und bringt diesen nach Brasilien. Die portugiesische Flotte wird dabei von einem britischen Geschwader unter KAdm. W. Sidney-Smith überwacht. Die portugiesischen Linienschiffe sind:

»Principe Real« (84)	»Principe de Brasil« (74)
»Rainha de Portugal« (74)	»Afonso de Albuquerque« (64)
»Conde Henrique« (74)	»Dom João de Castro« (64)
»Medusa« (74)	»Martino de Freitas« (64)

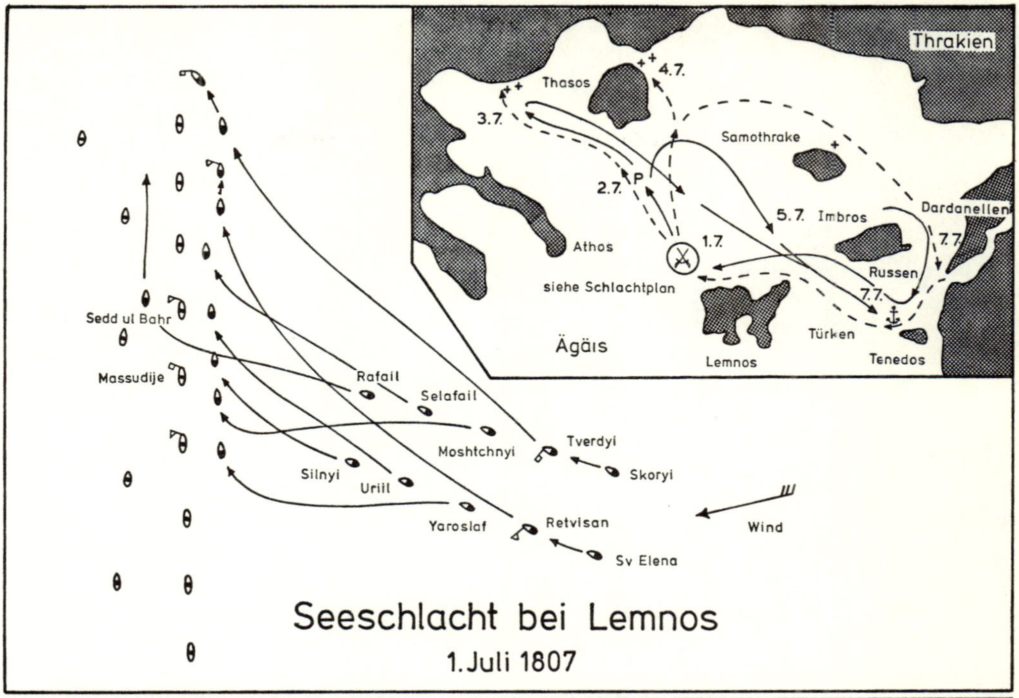
Thrakien
Thasos
4.7.
3.7.
Samothrake
2.7.
P
5.7.
Imbros
Dardanellen
7.7.
Athos
1.7.
siehe Schlachtplan
Russen
7.7.
Türken
Ägäis
Lemnos
Tenedos
Sedd ul Bahr
Massudije
Rafail
Selafail
Moshtchnyi
Tverdyi
Skoryi
Silnyi
Uriil
Yaroslaf
Retvisan
Sv Elena
Wind
Seeschlacht bei Lemnos
1. Juli 1807

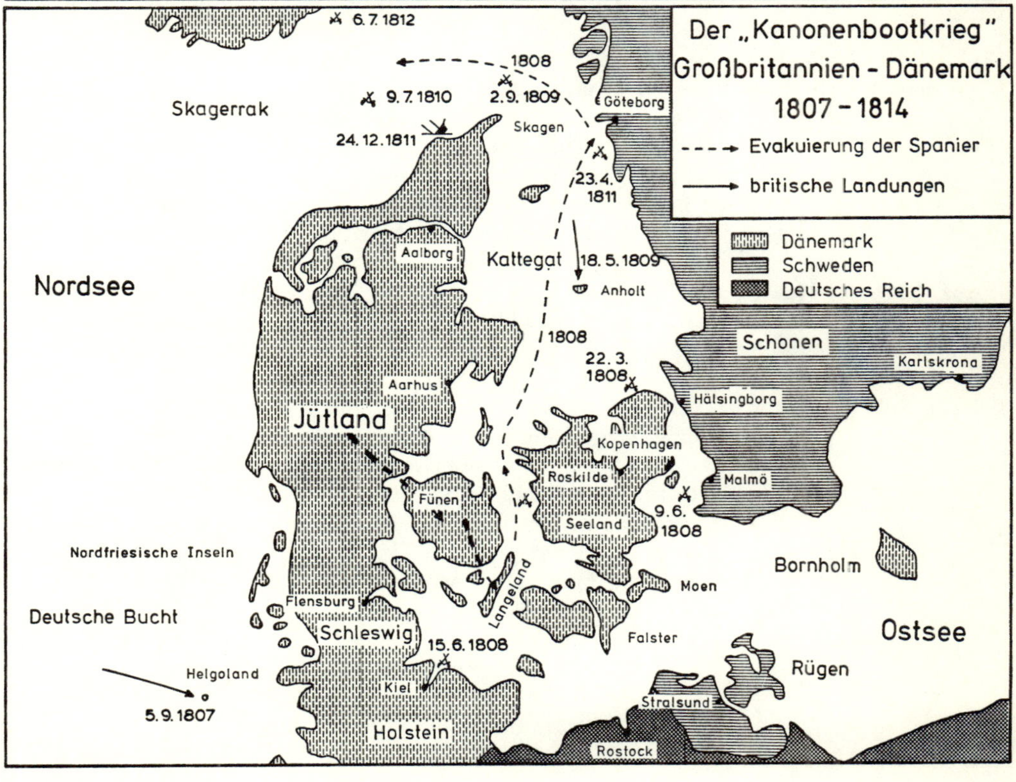
6.7.1812
Der „Kanonenbootkrieg"
Großbritannien - Dänemark
1807 - 1814
Evakuierung der Spanier
britische Landungen
1808
9.7.1810
2.9.1809
Göteborg
Skagerrak
24.12.1811
Skagen
23.4.
1811
Aalborg
Kattegat
18.5.1809
Anholt
Nordsee
Dänemark
Schweden
Deutsches Reich
1808
Schonen
22.3.
1808
Karlskrona
Aarhus
Hälsingborg
Jütland
Kopenhagen
Roskilde
Malmö
Fünen
9.6.
1808
Seeland
Nordfriesische Inseln
Bornholm
Langeland
Moen
Flensburg
Deutsche Bucht
Schleswig
Ostsee
Falster
15.6.1808
Helgoland
Kiel
Rügen
5.9.1807
Stralsund
Holstein
Rostock

22. März 1808 **Gefecht bei Seeland.** Nördlich der Insel wird eines der beiden Dänemark verbliebenen Linienschiffe, die »Prins Christian Frederik« (68), von zwei britischen Linienschiffen und einer Fregatte gestellt. Nach längerem Widerstand bis in die Nacht muß das dänische Schiff die Flagge streichen.
Die Seeherrschaft der Briten in den Meerengen verhindert ein Übersetzen französischer Truppen zum geplanten Angriff auf Schweden.

1808–1809 **Krieg Rußland gegen Schweden**
Da sich Schweden weigert, der Kontinentalsperre gegen Großbritannien beizutreten, erklärt das nun mit Frankreich verbündete Rußland den Krieg und rückt in Finnland ein. Die Flotten beider Länder sind in schlechtem Zustand, vor allem sind die sanitären Verhältnisse katastrophal. Wegen der hohen Krankheits- und Todesraten müssen manchmal ganze Geschwader ihre Operationen abbrechen. Zu Kriegsbeginn verfügt Rußland in der Ostsee über neun Linienschiffe, sieben Fregatten und eine Schärenflotte von 170 Fahrzeugen. Schweden verfügt über zwölf Linienschiffe, acht Fregatten und 190 Fahrzeuge der Schärenflotte.

5. Mai 1808 Beim überstürzten Rückzug aus Finnland müssen die Schweden einen Großteil ihrer Schärenflotte aufgeben. Bei der Kapitulation von Sveaborg fallen den Russen 91 Fahrzeuge in die Hände.

26. Aug. 1808 **Gefecht vor Baltischport.** Zur Unterstützung der Schweden senden die Briten ein Geschwader von zwölf Linienschiffen unter VAdm. Saumarez in die Ostsee. Zwei davon [»Implacable« (74) und »Centaur« (74)] unter KAdm. Hood verstärken die schwedische Hochseeflotte bei der Verfolgung der russischen. Als schnelle Segler holen sie das Schlußschiff der Russen, die »Sewold« (74), kurz vor dem Hafen ein und erobern es angesichts der feindlichen Übermacht. Da das russische Schiff auf Grund läuft, wird es verbrannt.
Die Hochseeflotten treten in der Folge nicht mehr in Aktion.

2. Aug. 1808 **Gefecht bei Sandström.** Die Schweden versuchen, mit 22 Fahrzeugen im Sandösund die Vereinigung zweier russischer Abteilungen zu verhindern. Die Russen greifen mit 55 Fahrzeugen an und erzwingen nach fünf Stunden Kampf den Durchbruch. Sie verlieren dabei 20 Fahrzeuge und 350 Mann gegen zwei Fahrzeuge und 390 Mann der Schweden.

30. Aug. 1808 **Gefecht im Grönviksund.** Eine schwedische Flottille von 35 Fahrzeugen unter KAdm. Hjelmstjerna schlägt südlich Nystad eine in den Bottnischen Meerbusen vorstoßende russische Flottille von 44 Fahrzeugen unter großen Verlusten zurück.

18. Sept. 1808 **Gefecht im Palvasund.** Eine schwedische Flottille von 34 Fahrzeugen unter KAdm. Rajalin soll eine Landung bei Abo in Südwestfinnland decken. Es wird von einer russischen Flottille von 96 Fahrzeugen unter KAdm. Mjasojedow angegriffen. Nach sechsstündigem Kampf und Umgehung ihrer Stellung müssen die Schweden den Rückzug antreten. Sie hatten ein Fahrzeug und 150 Mann verloren, die Russen drei Fahrzeuge und 200 Mann. Auch weitere Landungsversuche der Schweden in diesem Herbst werden von den Russen verlustreich zurückgeschlagen.

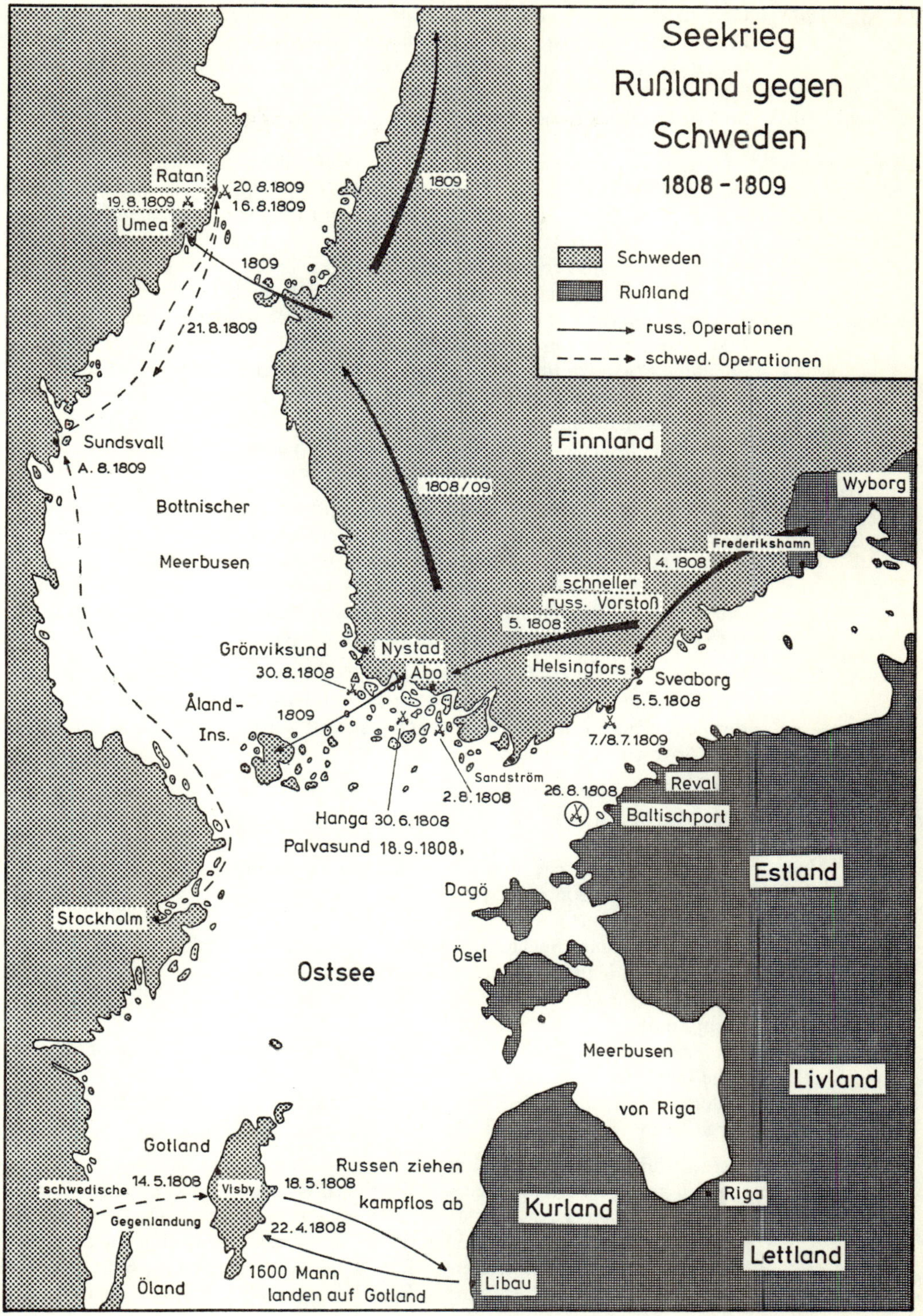
Seekrieg
Rußland gegen
Schweden
1808 - 1809
Schweden
Rußland
russ. Operationen
schwed. Operationen
Ratan
20. 8.1809
19. 8. 1809
16. 8.1809
Umea
1809
1809
21. 8.1809
Sundsvall
A. 8. 1809
Bottnischer
Meerbusen
Finnland
1808/09
Wyborg
Frederikshamn
4. 1808
schneller
russ. Vorstoß
5. 1808
Grönviksund
30. 8.1808
Nystad
Abo
Helsingfors
Sveaborg
5. 5.1808
Åland-
Ins.
1809
7./8.7.1809
Sandström
2. 8. 1808
26. 8. 1808
Reval
Baltischport
Hanga 30. 6.1808
Palvasund 18.9.1808
Estland
Dagö
Stockholm
Ösel
Ostsee
Meerbusen
von Riga
Livland
Gotland
Russen ziehen
kampflos ab
schwedische
Gegenlandung
14. 5.1808
Visby
18. 5.1808
22. 4.1808
Riga
Kurland
Lettland
1600 Mann
landen auf Gotland
Libau
Öland

20. Aug. 1809	**Gefecht bei Ratan.** Eine schwedische Heereseinheit muß sich in den Schutz einer Flottille von 16 Fahrzeugen am Ratansund zurückziehen. Nach heftigen Angriffen russischer Heeresabteilungen können die Schweden unter Verlusten von der Flottille evakuiert werden.
17. Sept. 1809	Im **Frieden von Fredrikshamn** muß Schweden auf Finnland verzichten.
19. Mai 1808	Südwestlich Irland erobert in einem Nachtgefecht eine britische Fregatte eine niederländische.
4. Juni 1808	Nachdem Napoleon seinen Bruder Josef zum König von Spanien gemacht hat, erhebt sich fast das ganze Land gegen die Fremdherrschaft. Schließlich erklärt die spanische Junta von Sevilla den ehemaligen Verbündeten den Krieg. Einen Monat später schließt Großbritannien mit den aufständischen Spaniern Frieden.
14. Juni 1808	Das im Hafen von Cadiz liegende französische Geschwader mit den bei Trafalgar (1805) entkommenen Linienschiffen »Neptune« (80), »Algeciras« (74), »Argonaute« (74), »Pluton« (74), »Heros« (74) und der Fregatte »Cornélie« (42) unter VAdm. Rosily muß sich nach kurzem Widerstand den Spaniern ergeben, da der Hafen weiter von einem britischen Geschwader blockiert ist. Wenige Tage später läuft das französische Linienschiff »Atlas« (74) den Hafen von Vigo an und muß sich ebenfalls den Spaniern ergeben.
9. Juni 1808	Aus einem britischen Geleitzug von 70 Schiffen erobern dänische Kanonenboote zwölf Handelsschiffe und eine der drei Geleitbriggs.
5. Juli 1808	Bei den nördlichen Sporaden in der Ägäis greift die britische »Seahorse« (38) die türkischen »Badere-i-Zafer« (52) und »Ali Fessan« (26) an. Nach 24 Stunden Kampf ist das kleinere Schiff in die Flucht geschlagen, das größere muß mit 360 Toten und Verwundeten an Bord kapitulieren.
Aug. 1808	Nach der Erhebung Spaniens gegen Napoleon werden die in Jütland stationierten spanischen Besatzungstruppen entwaffnet. Fast 8000 Mann können sich jedoch dem Zugriff der Franzosen entziehen und werden von britischen Schiffen nach Spanien transportiert.
Sept. 1808	Die russische Mittelmeerflotte wird auf dem Heimmarsch in Lissabon von den Briten blockiert. Gegen freies Geleit der Besatzung liefert VAdm. Senjawin die Schiffe aus.
ab 1808	Durch seine Seeherrschaft kann Großbritannien verhindern, daß Portugal endgültig von Napoleon unterworfen wird; es kann den Krieg auf der Iberischen Halbinsel nähren.
10. und 11. Nov. 1808	In der Biskaya unterliegt in einem blutigen nächtlichen Zweikampf eine französische Fregatte einer britischen des Blockadegeschwaders.
24. Febr. 1809	Vor der Küste der Vendée stellen die Briten drei französische Fregatten zum Kampf und vernichten alle drei.
27. Febr. 1809	Die Franzosen locken die britische Beobachtungsfregatte vor Toulon in eine Falle und zwingen sie zur Kapitulation.
6. April 1809	In der Biskaya fangen die Briten eine von Ostindien heimkehrende französische Fregatte ab und zwingen sie nach hartem Kampf zur Übergabe.
11. April 1809	**Gefecht auf der Reede von Oleron.** KAdm. Willaumez (F) kann mit acht Linienschiffen aus Brest entkommen und läuft nach Rochefort, wo er auf der Reede von Oleron in einer gut gesicherten Stellung vor Anker geht. Drei weitere Linienschiffe aus Rochefort stoßen dort zu ihm. Adm. Gambier (E) blockiert darauf die Franzosen mit elf Linienschiffen. In der Nacht greifen die Briten mit einem Geschwader von Fregatten und Brandern unter Kpt. Cochrane die französi-

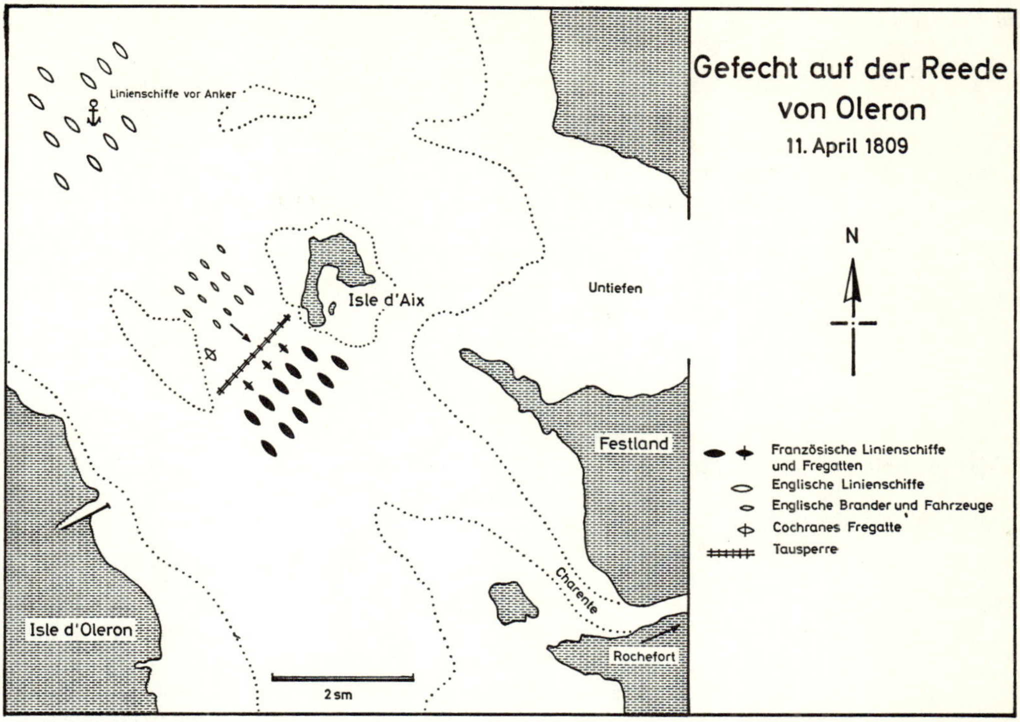
Gefecht auf der Reede von Oleron
11. April 1809
Linienschiffe vor Anker
Isle d'Aix
Untiefen
N
Festland
Isle d'Oleron
Charente
Rochefort
2 sm
Französische Linienschiffe und Fregatten
Englische Linienschiffe
Englische Brander und Fahrzeuge
Cochranes Fregatte
Tausperre

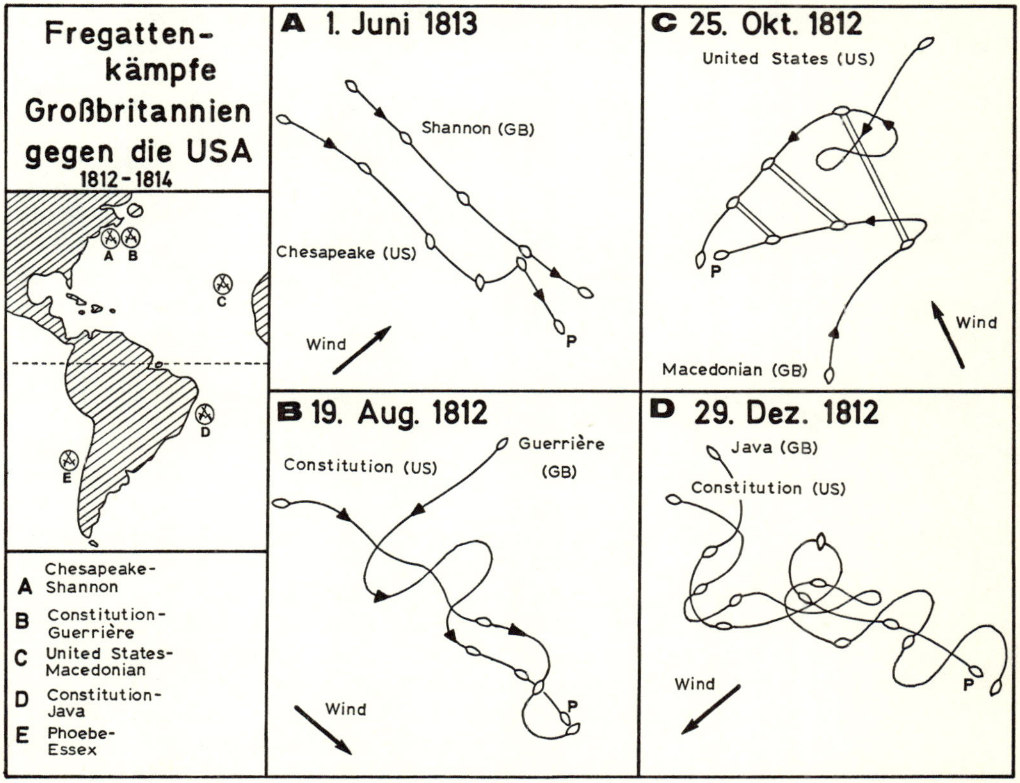
Fregattenkämpfe Großbritannien gegen die USA
1812 - 1814
A B C D E
A Chesapeake-Shannon
B Constitution-Guerrière
C United States-Macedonian
D Constitution-Java
E Phoebe-Essex
A 1. Juni 1813
Shannon (GB)
Chesapeake (US)
Wind
P
C 25. Okt. 1812
United States (US)
Macedonian (GB)
Wind
P
B 19. Aug. 1812
Constitution (US)
Guerrière (GB)
Wind
P
D 29. Dez. 1812
Java (GB)
Constitution (US)
Wind
P

	schen Linienschiffe an. Zwei Linienschiffe werden von den Franzosen selbst versenkt, zwei weitere und eine Fregatte von den Briten verbrannt. Die übrigen Schiffe können sich in die Flußmündung der Charente flüchten.
Aug. 1809	**Angriff auf Antwerpen.** Die Briten landen mit 520 Transportern ein Heer von 40000 Mann auf der Insel Walcheren. Die Deckungsflotte unter KAdm. Strachan besteht aus 42 Linienschiffen, 25 Fregatten und 60 weiteren Kriegsfahrzeugen. Die Stadt Vlissingen wird zunächst erobert. Der Angriff auf das eigentliche Ziel Antwerpen scheitert jedoch. Nach beträchtlichen Verlusten wird das Expeditionsheer wieder eingeschifft und abgezogen.
1809	**Fünfter Koalitionskrieg.** Erhebung Österreichs. Erste Niederlage Napoleons bei Aspern (Mai), Sieg bei Wagram (Juli).
Okt. 1809	**Friede von Schönbrunn.** Österreich wird wieder verkleinert.
26. und 31. Okt. 1809	**Gefecht bei Cette und Rosas.** Die Briten vernichten ein französisches Geschwader unter KAdm. Baudin, das Truppen nach Barcelona bringen soll, dabei verlieren die Franzosen die Linienschiffe »Robuste« (80) und »Lion« (74) und alle Transporter.
Okt. 1809	Teile der britischen Mittelmeerflotte vertreiben die Franzosen von den meisten Ionischen Inseln.
1810 u. 1811	Die schon bisher unangenehmen Handelsstörer im Kanal werden eine ernste Gefahr für die britische Handelsschiffahrt. Eine Unmenge kleiner und kleinster Fahrzeuge werfen sich auf die Küstenschiffahrt und der Royal Navy ist es nicht möglich, genügend Sloops und Briggs zu deren Bekämpfung abzustellen. Außerdem sind diese Fahrzeuge vorwiegend auf Schnelligkeit gebaut und können sich fast immer rechtzeitig in den Schutz der eigenen Küste zurückziehen.
9. Juli 1810	Im Skagerrak erobern fünf dänische Briggs aus einem Geleitzug 48 britische Handelsschiffe.
22. Dez. 1810	Bei Texel in der Nordsee strandet das britische Linienschiff »Minotaur« (74). 360 Tote.
13. März 1811	**Gefecht bei Lissa.** Ein franz.-venez. Geschwader unter Com. Dubourdieu mit den Fregatten »Favorite« (F,44) +, »Flore« (F,44), »Danae« (F,44), »Corona« (Ve,44), »Bellona« (Ve,32) P und »Carolina« (Ve,32) P soll mit Landungstruppen die Insel Lissa erobern. Es trifft dabei auf das britische Adriageschwader mit den Fregatten »Amphion (32), »Cerberus« (32), »Active« (38) und die Sloop »Volage« (22) unter Kpt. Hoste. Nach erbittertem Kampf erobern die Briten zwei Fregatten und vernichten eine weitere. Dubourdieu fällt, die Landung ist verhindert.
29. Nov. 1811	Südlich Lissa verfolgen drei britische Fregatten drei französische und erobern nach Kampf zwei der Gegner.
24. Dez. 1811	In einem schweren Sturm in der Nordsee sinken vor Jütland die britischen Linienschiffe »St. George« (98), »Defence« (74) und »Hero« (74). Von den 2000 Mann der Besatzung können nur 30 gerettet werden.
22. Jan. 1812	Bei Lorient treibt ein britisches Linienschiff zwei französische Fregatten auf den Strand und schießt sie dort in Brand.
16. Febr. 1812	**Gefecht bei Istrien.** Das britische Linienschiff »Victorious« (74) und eine Brigg verfolgen das französische Linienschiff »Rivoli« (74) und drei Briggs von Venedig Richtung Pola. Nach mehrstündigem Kampf fliegt eines der Kanonenboote in die Luft, die »Rivoli« muß sich schließlich ergeben.
6. Juli 1812	**Gefecht bei Arendal.** In den norwegischen Schären greifen ein britisches Linienschiff und drei Briggs eine dänische Fregatte und drei Briggs an. Obwohl die Briten mehrfach auf Grund geraten, vernichten sie die Fregatte und zwei Briggs.

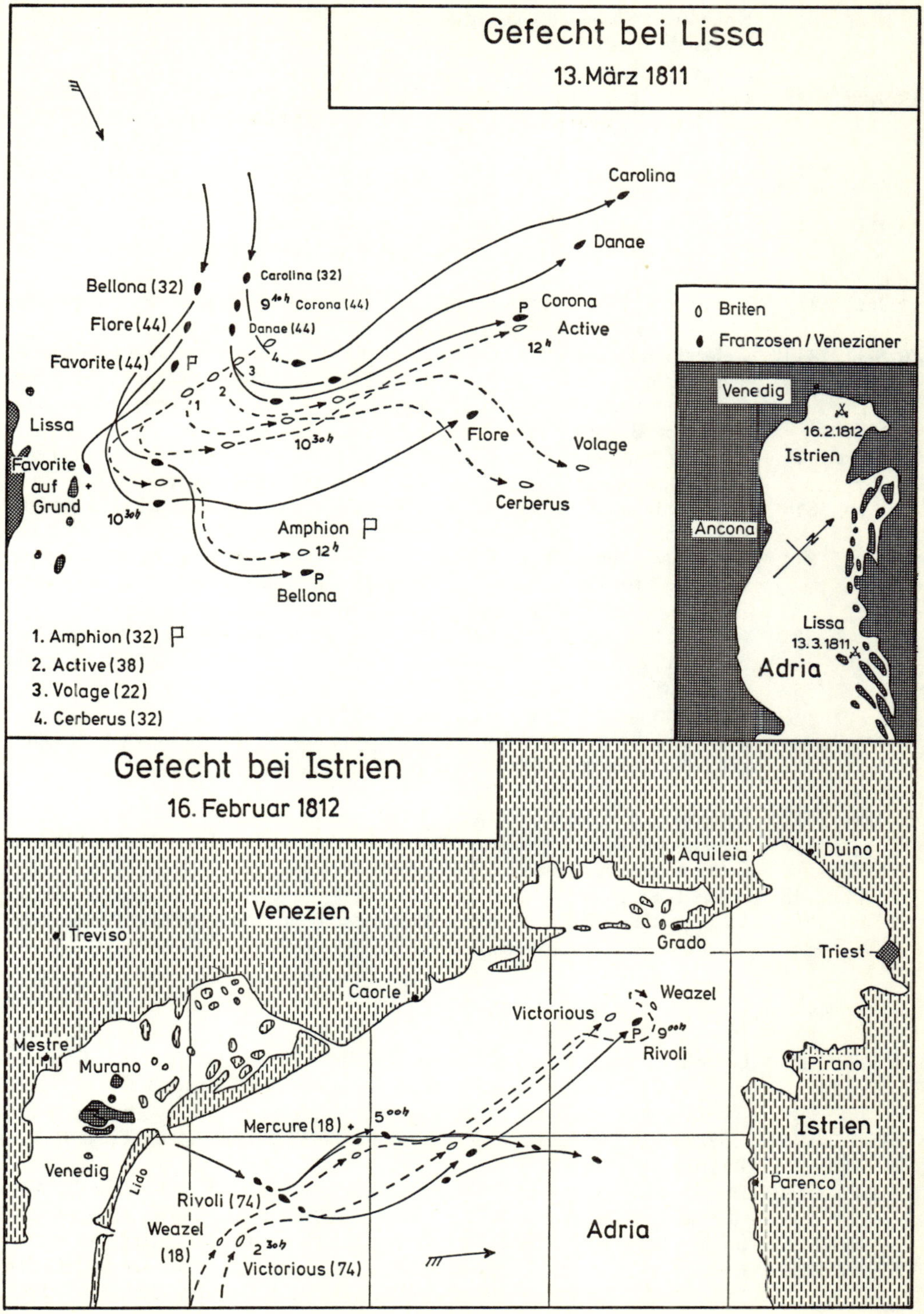
Gefecht bei Lissa
13. März 1811
Carolina
Danae
Bellona (32)
Carolina (32)
9 10 h Corona (44)
Flore (44)
Danae (44)
Favorite (44)
P
Corona
Active
12 h
Lissa
Favorite auf Grund
10 30 h
Flore
Volage
Cerberus
Amphion
12 h
P
Bellona
1. Amphion (32)
2. Active (38)
3. Volage (22)
4. Cerberus (32)
Briten
Franzosen / Venezianer
Venedig
16.2.1812
Istrien
Ancona
Lissa
13.3.1811
Adria
Gefecht bei Istrien
16. Februar 1812
Aquileia
Duino
Venezien
Treviso
Grado
Triest
Caorle
Weazel
Victorious
P 9 00 h
Rivoli
Mestre
Murano
Pirano
Mercure (18)
5 00 h
Istrien
Venedig
Lido
Parenco
Rivoli (74)
Weazel (18)
2 30 h
Victorious (74)
Adria

1812–1815	**Krieg der USA gegen Großbritannien** Wegen der Übergriffe gegen die neutrale Handelsschiffahrt und mit der Hoffnung auf eine Erwerbung Kanadas erklären die USA im Juni den Krieg.
19. Aug. 1812	In einem klassischen Kreuzergefecht 700 Seemeilen östlich von Bosten zerschießt die US-Fregatte »Constitution« (44) die britische »Guerriere« (36) und verbrennt das Wrack am folgenden Tag.
25. Okt. 1812	Zwischen den Azoren und den Kanarischen Inseln erobert nach scharfem Kampf die US-Fregatte »United States« (44) die britische »Macedonian« (38).
29. Dez. 1812	In einem blutigen Duell vor der Küste Brasiliens kämpft die US-Fregatte »Constitution« (44) die britische »Java« (44) nieder, deren Wrack am nächsten Tag verbrannt wird.
1. Juni 1813	Vor Boston erobert nach kurzem Kampf die britische Fregatte »Shannon« (38) die US-Fregatte »Chesapeake« (38).
10. Sept. 1813	**Gefecht am Eriesee.** Das US-Geschwader von zwei Korvetten und sieben kleinen Fahrzeugen mit 54 Kanonen unter Com. O. H. Perry besiegt das britische Geschwader von vier Korvetten/Sloops und zwei Fahrzeugen mit 63 Kanonen unter Kpt. Barclay.
28. März 1814	Vor Valparaiso erobert nach heftiger Gegenwehr die britische Fregatte »Pheobe« (38), unterstützt von einer Sloop, die US-Fregatte »Essex« (32).
Aug. 1814	Britische Landungstruppen erobern Washington und brennen die Bundeshauptstadt nieder. Die Amerikaner zerstören ihre dortigen Marineanlagen.
11. Sept. 1814	**Gefecht am Champlainsee.** Die US-Flottille von 14 Fahrzeugen mit 86 Kanonen unter Mc Donough besiegt die britische Flottille von 17 Schiffen, darunter eine Fregatte mit zusammen 91 Kanonen und sichert damit die Nordgrenze.
14. Jan. 1815	In einem Sturm läuft die US-Fregatte »President« (40) aus New York aus. Am nächsten Tag wird sie von dem britischen Blockadegeschwader gestellt und muß nach eintägigem Verfolgungsgefecht die Flagge streichen. Ab dem zweiten Kriegsjahr blockieren die Briten die Küsten der USA so erfolgreich, daß deren Handel fast gänzlich unterbunden wird und kaum mehr Handelskreuzer die hohe See erreichen.
Nov. 1812	Untergang der »Grande Armee« Napoleons in Rußland.
1813	**Beginn der Befreiungskriege.** Preußen, Rußland, England, Österreich und Schweden gegen Napoleon.
Okt. 1813	**Völkerschlacht bei Leipzig**
2. Febr. 1814	Im Nordatlantik trifft ein britisches Linienschiff auf zwei französische Fregatten, von denen es eine erobert.

Die Kämpfe in Übersee

24. Juli 1803	**Gefecht bei Santo Domingo.** Zwei französische Linienschiffe und eine Fregatte versuchen, nach Frankreich durchzubrechen, werden aber von dem britischen Blockadegeschwader vor der Insel gestellt. Die »Duquesne« (74) muß sich der Übermacht ergeben, die »Duguay-Trouin« (74) kann sich mit der Fregatte den Weg freikämpfen.
Jan. 1804	Die Briten besetzen den Diamond Rock, eine kleine Felseninsel, die die Ansteuerung von Martinique in Westindien beherrscht und stellen ihn als H. M. stationary Sloop »Diamond Rock« mit einigen Geschützen in Dienst.
15. Febr. 1804	**Gefecht bei Pula Aor** (Straße von Malakka). Ein britisches Ostindiengeleit, bestehend aus 31 meist bewaffneten Handelsschiffen, aber ohne Geleitschutz, wird

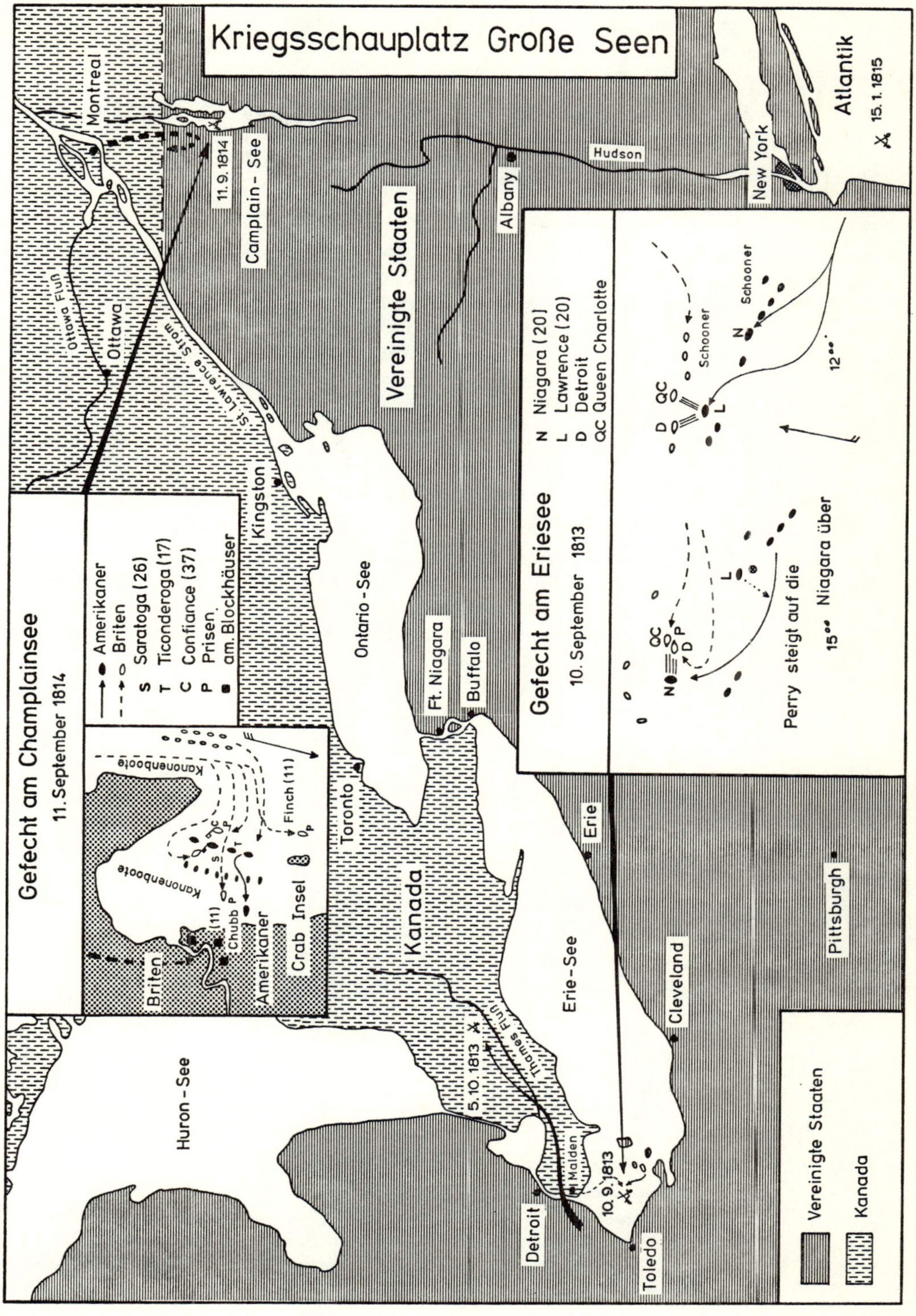
Kriegsschauplatz Große Seen
Montreal
Ottawa
Ottawa Fluß
11.9.1814
Camplain - See
Vereinigte Staaten
Albany
Hudson
New York
Atlantik
15.1.1815
St. Lawrence Strom
Kingston
Ontario - See
Ft. Niagara
Buffalo
Toronto
Erie
Kanada
Erie - See
Cleveland
Pittsburgh
Huron - See
5.10.1813
Thames Fluß
Malden
Detroit
10.9.1813
Toledo
Gefecht am Champlainsee
11. September 1814
Amerikaner
Briten
S Saratoga (26)
T Ticonderoga (17)
C Confiance (37)
P Prisen
am Blockhäuser
Kanonenboote
Finch (11)
Chubb (11)
Crab Insel
Amerikaner
Briten
Gefecht am Eriesee
10. September 1813
N Niagara (20)
L Lawrence (20)
D Detroit
QC Queen Charlotte
Schooner
Schooner
12°°
Perry steigt auf die Niagara über
15°°
Vereinigte Staaten
Kanada

von einem französischen Linienschiff und drei Fregatten angegriffen. Die Briten verteidigen sich energisch, und nach kurzem Artillerieduell brechen die Franzosen den Kampf ab.

Mai 1804 — Die niederländische Kolonie Surinam, Südamerika, wird von einem kleinen britischen Geschwader erneut zur Übergabe gezwungen.

15. Sept. 1804 — Auf der Reede von Vizagapatam, Indien, greifen ein französisches Linienschiff und zwei Fregatten die britische »Centurion« (50) an, welche sich mit Erfolg zur Wehr setzt.

Jan. bis Mai 1805 — Kreuzfahrt eines französischen Geschwaders nach Westindien. Am 11. Januar verläßt ein Geschwader von fünf Linienschiffen, drei Fregatten und zwei Korvetten unter KAdm. Missiessy Rochefort, ankert am 22. Februar vor Dominica, und versucht vergeblich, die Insel zu erobern. Nach Eintreiben einer Kontribution werden die Truppen wieder eingeschifft, das gleiche erfolgt bei St. Kitts und Nevis. Nach Ausschiffen der Truppen auf Martinique kehrt das Geschwader zurück und erreicht am 20. Mai die Reede von Aix.

14. Febr. 1805 — An der Westküste von Vorderindien kämpft die britische Fregatte »San Fiorenzo« (36) eine französische Fregatte nach harter Gegenwehr nieder.

19. Juli 1805 — Nördlich Puerto Rico sinkt eine britische Fregatte im Kampf mit einem kleinen französischen Geschwader.

4. bis 10. Jan. 1806 — **Eroberung von Kapstadt.** Ein britisches Geschwader von vier Linienschiffen, vier Fregatten und einer Anzahl Transporter mit 5000 Mann Heerestruppen an Bord unter Com. Popham und GenMaj. Baird erobert von den Niederländern erneut die Kapkolonie. Ein in Simons Bucht liegendes Linienschiff wird von den Niederländern selbst verbrannt.
Eine am 4. März in Kapstadt einlaufende französische Fregatte mit 200 britischen Gefangenen an Bord muß sich den Briten ergeben.

6. Febr. 1806 — **Gefecht auf der Reede von Santo Domingo.** Fünf französische Linienschiffe können nach Westindien durchbrechen und führen dort erfolgreich Handelskrieg. VAdm. Duckworth (E) überrascht die Franzosen mit sieben Linienschiffen auf der Reede von Santo Domingo. In Einzelgefechten werden drei französische Schiffe genommen, die beiden übrigen auf den Strand getrieben.

14. März 1806 — Am Rückweg aus dem Indischen Ozean treffen bei den Kanarischen Inseln das französische Linienschiff »Marengo« (74) und die Fregatte »Belle Poule« (40) auf ein britisches Geschwader von mehreren Linienschiffen und Fregatten. Nach längerer Verfolgung müssen sich beide ergeben.

27. Apr. 1806 — **Gefecht bei Aruba.** Der ehemalige spanische Oberstleutnant Francisco de Miranda unternimmt mit britischer Unterstützung einen ersten Versuch, Südamerika zum Aufstand gegen das Mutterland zu bewegen. Mit einer Korvette und zwei Goletten läuft er von Haiti nach Venezuela, trifft dort auf zwei spanische Schiffe der Küstenwache, verliert in einem kurzen Kampf seine zwei Goletten und kann selbst entkommen. Auch ein zweiter Versuch mit stärkeren Kräften scheitert zunächst.

Juni 1806 — **Kampf um Buenos Aires.** Com. Popham vermutet die Bewohner von Buenos Aires bereit zum Aufstand gegen das spanische Mutterland. Mit drei Linienschiffen, drei Fregatten und Transportern mit 1500 Mann Heerestruppen kommt er von Kapstadt und erobert die Stadt gegen mäßigen Widerstand. Nach Einheben einer großen Kriegskontribution erheben sich die Südamerikaner gegen die Briten und zwingen im August die Garnison von Buenos Aires zur Kapitulation.

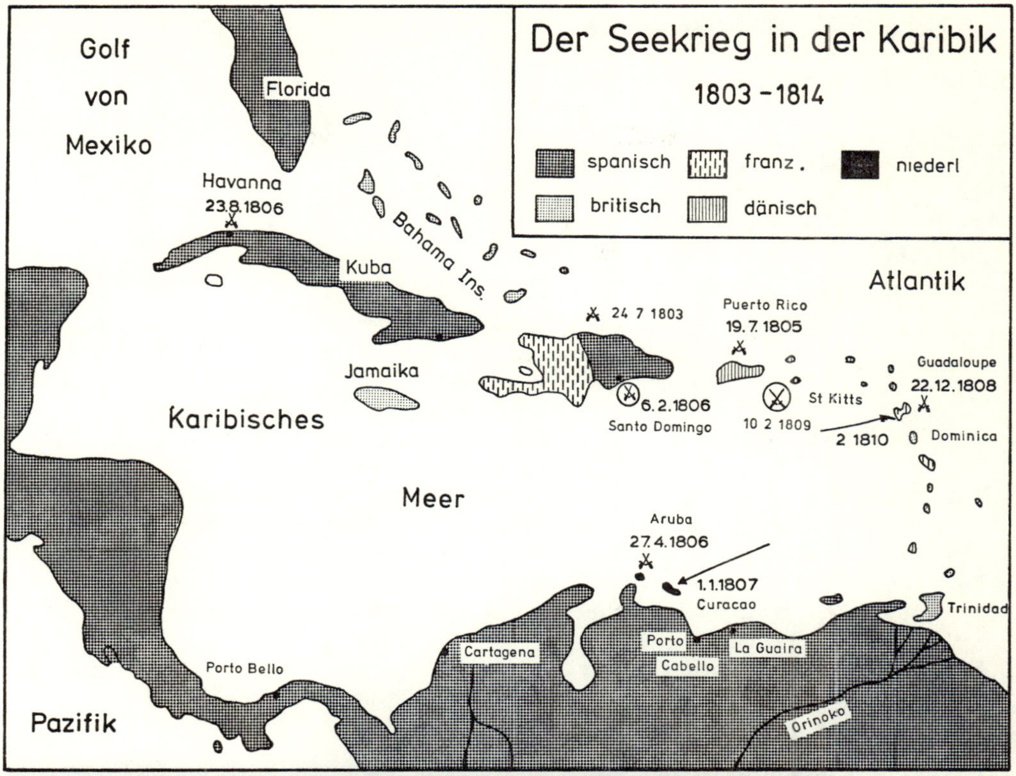
Der Seekrieg in der Karibik
1803 -1814
spanisch
franz.
niederl
britisch
dänisch
Golf von Mexiko
Florida
Havanna
23.8.1806
Bahama Ins.
Kuba
Atlantik
24 7 1803
Puerto Rico
19.7.1805
Jamaika
Guadaloupe
22.12.1808
6.2.1806
Santo Domingo
10 2 1809
St Kitts
2 1810
Dominica
Karibisches
Meer
Aruba
27.4.1806
1.1.1807
Curacao
Trinidad
Porto
Cabello
La Guaira
Cartagena
Porto Bello
Orinoko
Pazifik

Persien
Hang-tschou
Pazifik
China
Formosa
Arabien
Rotes Meer
Maskat
Indien
Kanton
Kalkutta
Hanoi
Philippinen
Surat
Arabisches
Meer
Manila
Aden
Goa
Vizagapatam
15.9.1804
Hué
Bangkok
Äthiopien
Saigon
Kalikut
Colombo
Ceylon
Pula Alor
15.2.1804
Celebes
Borneo
Malakka
Mombasa
Indischer
Amboina
Batavia
27.11.1806
Sumatra
8.1811
Ozean
Java
Madagaskar
3.7.1810
12.1810
20.5.1811
23.8.1810, 18.9.1810
Mauritius
Tamatave
Reunion
Australien
Der Seekrieg im Indischen Ozean
1803 - 1814

	Mit neuen Verstärkungen kann Popham im Oktober Stützpunkte in Uruguay erobern und sich dort zunächst festsetzen.
23. Aug. 1806	Unter den Forts der Hafeneinfahrt von Havanna erobern zwei britische Fregatten eine spanische Fregatte.
27. Nov. 1806	Auf der Reede von Batavia, Java, vernichtet das britische Ostindiengeschwader eine niederländische Fregatte und vier Sloops.
1. Jan. 1807	Kpt. Brisbane (E) erobert mit nur vier Fregatten in einem kühnen Handstreich das stark verteidigte Curaçao.
Febr. 1807	Im Indischen Ozean sind die britischen Schiffe »Blenheim« (74) und »Java« (32) mit den ganzen Besatzungen verschollen.
Juli 1807	**Kampf um Buenos Aires.** Nachdem die Briten in Uruguay weitere Verstärkungen erhalten haben, greifen sie erneut, diesmal mit über 8000 Mann, Buenos Aires an. Das Geschwader, nun unter KAdm. George Murray, beherrscht den La Plata. Nach anfänglichen Erfolgen erleiden die Landungstruppen eine schwere Niederlage, deren Befehlshaber, GenLt. Whitelock, muß sich in der Kapitulation zur Räumung des ganzen La Platagebietes verpflichten.
8. März 1808	Nach längerem erfolgreichen Handelskrieg wird die Fregatte »Piemontaise« (40) von der britischen »San Fiorenzo« (36) gestellt. Nach zweitägigem Verfolgungsgefecht ist die französische Fregatte zerschossen und muß kapitulieren.
22. Dez. 1808	Vor Guadeloupe vernichten die Briten eine französische Fregatte.
1809	Die Briten erobern in diesem Jahr nacheinander Martinique, Cayenne, Senegal und Réunion.
10. Febr. 1809	In Westindien wird eine französische Fregatte von mehreren britischen eingekreist und nach Kampf zur Übergabe gezwungen.
14. bis 17. März 1809	In Westindien werden drei französische Linienschiffe von einem stärkeren britischen Geschwader verfolgt. Das langsamste wird schließlich von der Übermacht gestellt und erobert, die beiden anderen können entkommen.
13. Dez. 1809	In Westindien versucht eine britische Fregatte zwei französische Fregatten und zwei bewaffnete Handelsschiffe zu stellen. Nach kurzem Kampf unterliegt sie der Übermacht.
Febr. 1810	Die Briten erobern Guadeloupe in Westindien, in Ostindien erobern sie in diesem Jahr Amboina und andere Inseln.
3. Juli 1810	Bei Madagaskar werden drei britische bewaffnete Ostindienfahrer von drei französischen Fregatten gestellt. Diese bilden Schlachtlinie und nehmen den Kampf an. Nach erbittertem Widerstand müssen zwei davon die Flagge streichen, der dritte kann entkommen.
23. Aug. 1810	**Gefecht bei Mauritius.** Im Hafen von Port Louis liegen zwei französische Fregatten, eine Korvette und einer der am 3. Juli eroberten Ostindienfahrer unter Com. Duperré. Vier britische Fregatten greifen an, wobei zwei in der Hafeneinfahrt auf Grund laufen. Im folgenden Kampf muß eine britische Fregatte die Flagge streichen, die beiden gestrandeten werden verbrannt. Die vierte kann schließlich entkommen.
18. Sept. 1810	Vor Mauritius erobert eine französische eine britische Fregatte, beide Schiffe müssen sich aber kurz darauf einer weiteren britischen Fregatte ergeben, da beide Schiffe fast kampfunfähig sind.
Dez. 1810	Im Indischen Ozean wird von den Briten der französische Stützpunkt Mauritius erobert, wo ihnen fünf Fregatten und 27 Handelsschiffe in die Hände fallen.
20. Mai 1811	**Gefecht bei Tamatave.** Ein britisches Geschwader von drei Fregatten und einer Sloop stellt drei französische Fregatten. Nach erbitterter Gegenwehr ergibt sich

	eine französische Fregatte, eine zweite streicht etwas später die Flagge, nur eine kann entkommen.
Aug. bis Sept. 1811	Ein britisches Geschwader von vier Linienschiffen und 14 Fregatten unter K.Adm. Stopford erobert Java. 12000 Mann Heerestruppen werden dazu aufgeboten.
5. Jan. 1814	Bei den Azoren treffen zwei britische auf zwei französische Fregatten. Nach Kampf wird eine der französischen Fregatten erobert, die zweite kann zunächst entkommen. Nach einem Monat Handelskrieg wird sie jedoch von zwei anderen britischen Fregatten gestellt und erobert.
14. Jan. 1814	Nach dreimonatigem Handelskrieg vor Westafrika treffen zwei französische Fregatten auf ein britisches Linienschiff und eine Korvette. Nach zweitägiger Verfolgung werden die beiden Fregatten erobert.
23. Jan. 1814	Vor den Kap Verde-Inseln treffen zwei britische auf zwei französische Fregatten. Nach längerem Kampf können die Franzosen entkommen, fallen bei der Heimkehr jedoch dem britischen Blockadegeschwader zum Opfer.
Juni 1815	Schlacht bei **Waterloo-Belle Alliance.**
15. Juli 1815	Vor Rochefort ergibt sich Napoleon dem Kommandanten des britischen Linienschiffes »Bellerophon« (74), Kpt. Maitland, der ihn zunächst nach England bringt.
1814–1815	**Wiener Kongreß.** Großbritannien ist der eigentliche Sieger des letzten Krieges. Es erwirbt Malta, Ceylon, die Kapkolonie und Helgoland. Auch Rußland und Preußen verzeichnen einen Gebietszuwachs. Österreich, aber auch Frankreich halten ihren Besitzstand.

Die Seekriege in der ersten Hälfte des 19. Jahrhunderts

Seit dem Ende der Napoleonischen Kriege war die britische Flotte die unumschränkte Beherrscherin der Weltmeere, denn es gab keine Flotte, die ihr an Stärke nur annähernd gleichwertig war. Ihre Hauptaufgabe in dieser Zeit war der Schutz des britischen Welthandels und die Durchsetzung des Freihandelsprinzipes. Großbritannien hatte sich unmittelbar nach den letzten Kriegen vom alten System des Handelsmonopols abgekehrt. Die durch die **industrielle Revolution** ihren Konkurrenten auf dem Festland weit überlegenen britischen Fabrikanten und Kaufleute wollten ihre Mitbewerber in offenem Wettbewerb vom Markt fernhalten oder verdrängen. Schließlich wurde 1849 die seit 1651 bestehende Navigationsakte aufgehoben, und sogar der Küstenverkehr um die britischen Inseln wurde für alle Schiffahrt freigegeben. Der Schmuggel kam dadurch rasch zu einem Ende. Der **Dampfantrieb** begann sich auch bei den Kriegsschiffen durchzusetzen. Zunächst waren die schwachen und störanfälligen Schiffsmaschinen der großen Schiffe nur Hilfsantrieb zum Manövrieren in engen Gewässern, für taktische Manöver und bei Windstillen. Bei den kleinen Schiffen bewährte sich der neue Antrieb, zunächst über Schaufelräder, später mit Propeller schnell. Vorläufig beherrschten aber noch die großen Linienschiffe und Fregatten die Hohe See.
In allen Teilen der Welt gab es in diesen Jahrzehnten eine Reihe von lokalen Konflikten, in denen neben den Flotten der Großmächte auch die Kriegsmarinen der neu entstehenden Staaten aktiv tätig waren.

Die **Unabhängigkeitskriege** in den spanischen Kolonien Südamerikas hatten schon während der Revolutionskriege begonnen. Nach dem Regierungswechsel in Spanien (1808) sagten sich die südamerikanischen Provinzen von Napoleons Bruder, König Joseph Bonaparte, los und führten die Verwaltung zunächst im Namen des entmachteten Königs Ferdinand VII. Bald erlangten jedoch die Republikaner immer stärkeren Einfluß, und eine Provinz nach der anderen erklärte endgültig die Unabhängigkeit. Nach der Befreiung Spaniens von den Franzosen schickte dieses ab 1814 Expeditionen nach Südamerika und versuchte die verlorenen Besitzungen zurückzugewinnen. Trotz mehrfacher Anstrengungen konnte das durch innere Unruhen geschwächte Spanien nicht die nötigen Streitkräfte und den Durchsetzungswillen aufbringen, um die Revolten niederzuschlagen. Vor allem konnte die Flotte nicht die unumgängliche Seeherrschaft in den Gewässern um Südamerika sicherstellen, ohne die ein Erfolg auf längere Sicht ausgeschlossen war. So konnten die neuen Staaten mit heimlicher Unterstützung aus den USA und Großbritannien eigene Seestreitkräfte anschaffen, welche bald die Gewässer um Südamerika beherrschten und dadurch den Sieg der Revolutionen sicherstellten.
Bald darauf erhob sich auch Brasilien gegen das portugiesische Mutterland und wurde zunächst als Kaiserreich ein unabhängiger Staat.

Mexiko errang zunächst ohne große Schwierigkeiten die Unabhängigkeit, hatte aber bald große innere und in der Folge auch äußere Probleme. Ab 1835 erfocht der Teilstaat Texas seine Unabhängigkeit, wobei mehrfach kleine Flottillen von Küstenfahrzeugen auf beiden Seiten zum Einsatz kamen. Wegen Übergriffen zu Lasten französischer Einwohner beschoß ein französisches Geschwader die Seefestung San Juan d'Ulloa 1838, und als die USA die Schwäche Mexikos benützten und Texas mit dessen Einwilligung annektierten, erklärte Mexiko 1846 den Krieg. Ohne eigene Flotte konnte Mexiko seine Küsten kaum verteidigen, die US-Navy beherrschte sowohl den Golf von Mexiko als auch die Küsten am Pazifik. Als Folge dieses Krieges mußte Mexiko seine nördlichen Provinzen an die Vereinigten Staaten abtreten, welche dadurch um Kalifornien, New Mexico, Arizona, Nevada und Utah vergrößert wurden.

Die unstabilen Verhältnisse der neuen Staaten führten auch in **Südamerika** zu Folgekämpfen. In den 20er Jahren gerieten Brasilien und Argentinien in Streit um das heutige Uruguay. Gegen den Diktator Rosas in Argentinien, der die Unabhängigkeit von Paraguay und Uruguay nicht anerkennen wollte, mußten schließlich britische und französische Seestreitkräfte eingreifen, um die Sicherheit am La Plata und dessen Zuflüssen sicherzustellen. Um die Gewässer um Südamerika in Zukunft besser überwachen zu können, okkupierte Großbritannien die argentinischen Falkland/Malwinas-Inseln, die schwache argentinische Garnison zog kampflos ab. Argentinien hat seine Besitzrechte bis heute nicht aufgegeben.

Im Mittelmeerraum kam es in diesen Jahrzehnten ebenfalls zu revolutionären Auseinandersetzungen, bei denen die Seestreitkräfte auch der großen Seemächte eine Rolle spielten. Zunächst mußten diese gegen die Piraterie der **Barbareskenstaaten** eingesetzt werden. Schon ein Jahr nach dem Wiener Kongreß beschoß ein britisch-niederländisches Geschwader Algier, doch erst nach der Eroberung der Stadt durch die Franzosen 1830 war der Seeräuberei ein Ende gesetzt. Die französische Flotte hatte sich überhaupt nach den Niederlagen in den Napoleonischen Kriegen bald wieder erholt und ermöglichte Frankreich eine aktivere Außenpolitik. Nach der Beschießung von Tanger und Mogador durch die französische Flotte 1844 schrieb der Flottenchef Prinz von Joinville, der Sohn des Königs, einen Artikel, daß es den Dampfschiffen der Flotte jederzeit möglich sei, den Ärmelkanal zu überqueren. Dieses Herausstreichen einer Invasionsmöglichkeit sowie die Besetzung von Tahiti im Pazifik führten zu vorübergehenden Spannungen mit Großbritannien.

Auf der Iberischen Halbinsel kam es 1823 in **Spanien** zu einer Fortsetzung der revolutionären Kämpfe, deren Ursachen auf das Jahr 1808 zurückgingen. Französische Seestreitkräfte unterstützten den spanischen König bei seiner restriktiven Politik und halfen, die republikanischen Erhebungen niederzuschlagen.

Nach dem Tod von König Johann IV. 1826 kam es in **Portugal** zu Erbfolgestreitigkeiten, die in einen regelrechten Bürgerkrieg ausarteten. Der Regent Dom Miguel konnte ganz Portugal sowie die Flotte unter seine Kontrolle bringen. Die rechtmäßige Thronfolgerin Maria wurde von Brasilien unterstützt und konnte sich zunächst auf den Azoren halten. Britische Seeoffiziere stellten für sie Seestreitkräfte auf, die der portugiesischen Flotte zunächst jedoch klar unterlegen waren. Erst als die französische Flotte einen Teil der Kriegsschiffe des Regenten von Lissabon als Prisen nach Brest entführte, konnten die Seestreitkräfte Marias zur Offensive übergehen und in der Seeschlacht bei St. Vincent die Seeherrschaft erringen. Dom Miguel mußte schließlich die Herrschaft an Maria II. übergeben.

Im Jahr 1830 revoltierte das seit dem Wiener Kongreß mit den Niederlanden vereinigte **Belgien** und erklärte sich für unabhängig. Als die Niederländer mit der Rückeroberung begannen, Antwerpen belagerten und schließlich die Schelde blockierten, griff Frankreich in die Kämpfe ein. Die Flotte hob die Blockade der Schelde auf, britisch-französische Streitkräfte befreiten Antwerpen, und die Niederländer mußten schließlich die Unabhängigkeit Belgiens anerkennen.

Im Revolutionsjahr 1848 erhoben sich mit Unterstützung von Preußen die überwiegend deutschen Provinzen Dänemarks, **Schleswig und Holstein.** Da die dänische Flotte die See beherrschte und Großbritannien, Schweden und Rußland an der Seite von Dänemark einzugreifen drohten, mußten die deutschen Bundestruppen ihre Unterstützung einstellen. Der Friedensvertrag vertagte nur die Frage auf eine nächste Auseinandersetzung. Die Küsten von Preußen/Deutschland waren ohne eigene Flotte der Blockade durch ein selbst so kleines Land wie Dänemark hilflos ausgeliefert, und es begann eine preußisch/deutsche Flottenrüstung.
Neben den großen Seemächten hatten auch die kleineren Nationen immer wieder mit den Barbareskenstaaten Kämpfe zu bestreiten. Ein österreichisches Geschwader beschoß 1829 die Küste von Marokko als Vergeltung für Übergriffe. Es war dies das erste international beachtete Auftreten der jungen Flotte, welche die Nachfolge der Tradition der Republik Venedig anzutreten strebte. Mit den Besitzungen der früheren Republik Venedig in der Adria und der Küste Dalmatiens bis zum Golf von Cattaro/Kotor verfügte **Österreich** über einen großen seebefahrenen Bevölkerungsanteil. Seine Handelsflotte, vor allem der Österreichische Lloyd, dominierte bald den Seetransport in der

Levante. Mit dem jungen, viel zu früh verstorbenen Erzherzog Friedrich als Flottenkommandant (1844–47) wurde die österreichische Kriegsmarine hoffähig und nahm in der Folge einen kontinuierlichen Aufschwung. Bei den Kämpfen in der Levante spielte sie in diesen Jahrzehnten eine nicht unbedeutende Rolle.

Die bedeutendsten Kämpfe zur See zu dieser Zeit ereigneten sich im Zuge des **griechischen Unabhängigkeitskrieges.** Die Griechen hatten sich 1821 gegen die türkische Fremdherrschaft erhoben und einige beachtliche Anfangserfolge errungen. Ein dauernder Erfolg des Aufstandes war nur mit der Seeherrschaft in der Ägäis möglich. Die türkische Flotte war an Zahl der Schiffe jedoch übermächtig und hätte die Seeherrschaft leicht ausüben können. Ihre Linienschiffe waren aber nicht mit den besten Besatzungen bemannt, denn der Seehandel im türkischen Reich war in der Hand der griechischen Bevölkerung, die sich nun im Aufstand befand. Letztere konnte daher rasch ihre kleinen Küstensegler zu Kriegsschiffen umrüsten, welche nun in großer Zahl die türkischen Geschwader angriffen. Vor allem wurden die griechischen Feuerschiffe mit Erfolg eingesetzt, so daß die türkischen Linienschiffe sich kaum mehr in die Ägäis wagten. Die griechischen Freibeuter leisteten sich in der Folge immer mehr Übergriffe auf die neutrale Handelsschiffahrt, zu deren Schutz österreichische Kriegsschiffe und auch solche anderer Nationen immer häufiger eingreifen mußten. Im Jahr 1824 schienen die Flottillen der Griechen die Oberhand über die türkische Flotte zu erlangen. Sultan Mahmud II. (1808–39) ersuchte daher seinen mächtigen Vizekönig von Ägypten, Mohammed Ali, mit seiner starken Flotte und Heerestruppen die Halbinsel Morea wieder zu unterwerfen, wofür er ihm die Verwaltung von Kreta zusagte. Die ägyptische Flotte begann sofort eine Offensive in der Ägäis, und 1825 landete ein starkes Heer unter Mohammeds Sohn Ibrahim Pascha bei Modon/Methoni. Der Golf von Navarin wurde darauf der Hauptstützpunkt für die türkisch-ägyptische Flotte in der Ägäis. Die Intervention eines britisch-französich-russischen Geschwaders zu Gunsten der Griechen führte schließlich zu der Seeschlacht im Golf von Navarin, welche den Seekrieg entschied und schließlich die Unabhängigkeit von Griechenland brachte. Es kam noch zu einem weiteren Krieg der Türkei gegen **Rußland** 1828–29 mit einigen Operationen im Schwarzen Meer; die Türkei mußte danach das Donaudelta und die Ostküste des Schwarzen Meeres an Rußland abtreten und die Unabhängigkeit Griechenlands 1832 anerkennen.

Wenige Jahre vorher hatte Rußland einen Krieg gegen **Persien** siegreich beendet und dabei das Kaspische Meer bis auf dessen Südküste unter seine Kontrolle gebracht. Persien durfte dort keine Seestreitkräfte mehr unterhalten und war zu einer bedeutungslosen Macht abgesunken.

Nach der Schwächung der Türkei im letzten Krieg sagte sich **Ägypten** praktisch von Istanbul los und konnte sogar Syrien mit der Küste der Levante erobern. Es wurde dabei von Frankreich unterstützt, worauf Großbritannien sich der Türkei zuwandte, um deren Auflösung vor dem Zangenangriff von Norden (Rußland) und Süden (Ägypten) zu verhindern. Die Türkei versuchte dabei, 1839–41 Syrien wieder zurückzuerobern, erlitt aber einen argen Rückschlag, als fast seine ganze Flotte nach Alexandria segelte und zu den Ägyptern überging. Großbritannien begann darauf mit der aktiven Unterstützung der Türkei, sein Mittelmeergeschwader half den Türken bei der Eroberung der Küstenplätze, auch ein österreichisches Geschwader war daran beteiligt. Gleichzeitig besetzten britische Seestreitkräfte die strategisch wichtige Insel Kharg vor der Mündung des Schatt-al-Arab in den Persischen Golf (welche nach den Kämpfen wieder geräumt wurde) und den wichtigen Stützpunkt Aden am Eingang des Roten Meeres, welcher bis nach dem Zweiten Weltkrieg in britischem Besitz blieb. Mohammed Ali mußte schließlich Syrien räumen, die Integrität der Türkei war bis zum Ersten Weltkrieg noch einmal erhalten.

Die Piraterie der Sultanate an der Südküste des **Persischen Golfes** hatte eine alte Tradition. Seit der Verlegung des Herrschersitzes des Sultans von Oman, der den lokalen Seehandel im Arabischen Meer beherrschte, 1840 nach Sansibar, nahm die Piraterie unerträgliche Formen an. Ein kleines britisches Geschwader griff daher die Piratenstützpunkte an, worauf es zum Abkommen mit den

»Vertragsstaaten« kam, wonach die britische Ostindienkompanie zusammen mit der Royal Navy die Aufsicht über den Persischen Golf übernahm, bei weitestgehender Unabhängigkeit der Sultanate. Dieses Abkommen hatte sich sehr gut bewährt und wurde erst 1971 mit der Bildung der Vereinigten Emirate aufgekündigt.

Als »Polizist der Weltmeere« wandte **Großbritannien** nun auch den Zuständen in den Gewässern von Südostasien verstärktes Interesse zu. Zur Kontrolle der Straße von Malakka wurde 1819 die Insel Singapur besetzt und in der Folge zur stärksten Seefestung des britischen Empire ausgebaut. Schließlich wurde die ganze Halbinsel Malakka erworben, in mehreren Kriegen wurde Burma erobert, wobei leichte Seestreitkräfte aus Indien, darunter der erste Dampfer im Kriegseinsatz, vielfach Verwendung fanden. Mit China kam es 1839–42 zum **Opiumkrieg,** der aus dem gänzlichen Nichtverstehen zwischen Europäern und Chinesen resultierte. Die Kriegsdschunken der Chinesen waren dabei für die Schiffe der Royal Navy kein ebenbürtiger Gegner; sie wurden oft von den für die engen Küstengewässer bestimmten leichten Fahrzeugen in großer Zahl zusammengeschossen. Hongkong wurde in diesem Krieg von Großbritannien erworben und ist noch heute Pachtgebiet. Ab 1849 kam es in Indochina und dann auch in China selbst wegen der **Taiping-Revolution** mehrfach zum Eingreifen von britischen Flottillen in die Kämpfe. Die Taiping-Revolution erschütterte China in seinen Grundfesten und führte schließlich zu Beginn des 20. Jahrhunderts zum Ende des letzten Kaiserreiches.

Großbritannien dehnte seinen Einfluß auch über weite Gebiete des **Pazifischen Ozeans** aus. Es begann die Erschließung und Besiedelung von Australien, seit 1840 ist Neuseeland britischer Besitz. Dort kam es 1843 zu einem Aufstand der Maoris, der zu einem fünfjährigen Krieg führte, in welchem leichte britische Streitkräfte im Einsatz waren.

In der weiten Inselwelt Südostasiens und vor den Küsten von China hatte die **Seeräuberei** während der Napoleonischen Kriege wieder unerträgliche Formen angenommen. Spanien hatte gegen die aufständischen Moros auf den südlichen Philippinen einen ständigen Kleinkrieg zu führen, wobei niemand entscheiden konnte, was noch Freiheitskrieg und was schon Piraterie war. Mit niederländischer und britischer Unterstützung konnte schließlich die Seeräuberei im heutigen Indonesien weitgehend unterbunden werden. Vor der Küste von China waren das ganze 19. Jahrhundert britische Kanonenboote gegen die Piraten im Einsatz. Auch in der Karibik waren zahlreiche Freibeuter, die während der Unabhängigkeitskriege mit Kaperbriefen legal Seekrieg geführt hatten, nach dem Ende der Kriege zu reiner Seeräuberei übergegangen. Sie mußten erst von den Flottillen der US Navy und der Royal Navy aus ihren zahlreichen Schlupfwinkeln Westindiens verjagt werden. Erst als sich auch Spanien an deren Bekämpfung beteiligte, konnten sie aufgerieben werden, da ihnen nun auch Kuba und Puerto Rico verschlossen waren.

Einer der Beschlüsse des Wiener Kongresses 1815 war die **Ächtung der Sklaverei,** welche in den folgenden Jahrzehnten von allen Kulturnationen abgeschafft wurde. Mit dem Verbot des Sklavenhandels durch Großbritannien seit 1833 begann die britische Flotte auf die Sklavenschiffe Jagd zu machen, worin sie ab ca. 1840 auch von den anderen Seemächten wie den USA und Frankreich unterstützt wurde. Eine große Zahl von Sklaventransportern wurde vor allem im Atlantik aufgebracht, und bis 1860 war der Sklavenhandel zur See praktisch unterbunden.

1808–1827	**Unabhängigkeitskämpfe der spanischen Kolonien Südamerikas** Dort kommt es nach der Okkupation Spaniens 1808 durch die Franzosen zu ersten Erhebungen, die bald zum gänzlichen Aufstand führen.
1810–1823	**Unabhängigkeitskampf im Vizekönigreich Neugranada** Die Junta in Bogota sagt sich 1810 von Spanien los und kann unter General Miranda zunächst das heutige Kolumbien befreien. Die Eroberung von Venezuela scheitert vorerst. Ab 1814 muß sich Neugranada gegen den spanischen Gegenangriff verteidigen. Mit der Eroberung von Quito 1822 ist der Kampf unter der Führung von Simon Bolivar für die Südamerikaner entschieden.
25. und 26. März 1812	**Gefecht am Orinoco.** Ein Geschwader der Königlichen in Stärke von 16 Fahrzeugen unter Francisco Echevarria greift bei Sorondo am Orinoco das in einer starken Stellung liegende Geschwader der Aufständischen an. Nach zwei Tagen sind diese niedergekämpft und zwei Batterien am Ufer erobert. Die Aufständischen verlieren fast 1000 Mann an Toten und Gefangenen, ihr Vorstoß nach dem Osten ist gestoppt. Einige Stützpunkte an der Küste wie das starke Porto Bello können sich mit Hilfe der royalistischen Küstenwachflottille halten. In den folgenden Jahren werden die Aufständischen wieder aus ganz Venezuela vertrieben.
1814	Spanien schickt aus der Heimat ein Geschwader von 18 Kriegsschiffen, das 42 Transporter mit 10 000 Mann Heerestruppen geleitet, nach Neugranada, um die Aufständischen endgültig zu unterwerfen. Nach ersten Erfolgen der Spanier, Einnahme der Insel Margherita vor Venezuela sowie Eroberung von Cartagena in Kolumbien (1815) verstärken die Aufständischen ihre Seerüstung.
1816	Das in Jamaika aufgestellte Geschwader der Aufständischen unter dem Kreolen Luis Brión erobert die Insel Margherita zurück und unterstützt das Heer bei der Einnahme der Stadt Angostura/Ciudad Bolivar, am Unterlauf des Orinoco.
3. Juli 1821	Gefecht bei Cartagena. Die Aufständischen erobern drei der dort liegenden vier spanischen Fahrzeuge. Die starke Seefestung muß sich schließlich am 22. September ergeben. Der letzte bedeutende Stützpunkt der Spanier ist der Marinehafen Puerto Cabello.
3. April 1823	**Gefecht vor Puerto Cabello.** Eine spanische Fregatte und eine Korvette unter Kpt. Laborde greifen die Blockadeflottille der Aufständischen vor dem Hafen an und können die zwei Korvetten erobern, die kleineren Fahrzeuge entkommen.
24. Juli 1823	**Gefecht in der Bucht von Maracaibo.** Die Flotte der Aufständischen in Stärke von 19 Fahrzeugen mit 96 Kanonen und fast 2000 Seeleuten und Soldaten trifft auf die spanische Flottille mit 67 Kanonen und 1200 Mann Besatzung. Die Spanier verlieren rund die Hälfte ihrer Stärke und müssen die Bucht von Maracaibo und später auch Puerto Cabello räumen, womit sie ihre letzten Besitzungen im ehemaligen Vizekönigreich Neugranada verloren haben.
18. Nov. 1823	Die Spanier müssen die Seefestung San Juan d'Ulloa vor der Küste von Mexiko räumen, ihre Seeherrschaft in der Karibik erhält ihnen aber den Besitz von Kuba und Porto Rico.
1810–1814	**Unabhängigkeitskampf im Vizekönigreich La Plata** In Buenos Aires wird 1810 eine provisorische Junta gebildet, die schließlich die Unabhängigkeit von Spanien erklärt. Sie regiert zunächst im Namen von König Ferdinand VII. und beginnt mit der Aufstellung einer eigenen Flotte, die die Herrschaft am La Plata erringen soll. Nach der Absetzung des Vizekönigs kommt es zunächst zu einigen Geplänkeln mit den spanischen Schiffen, denen bald der Entscheidungskampf zur See folgt.

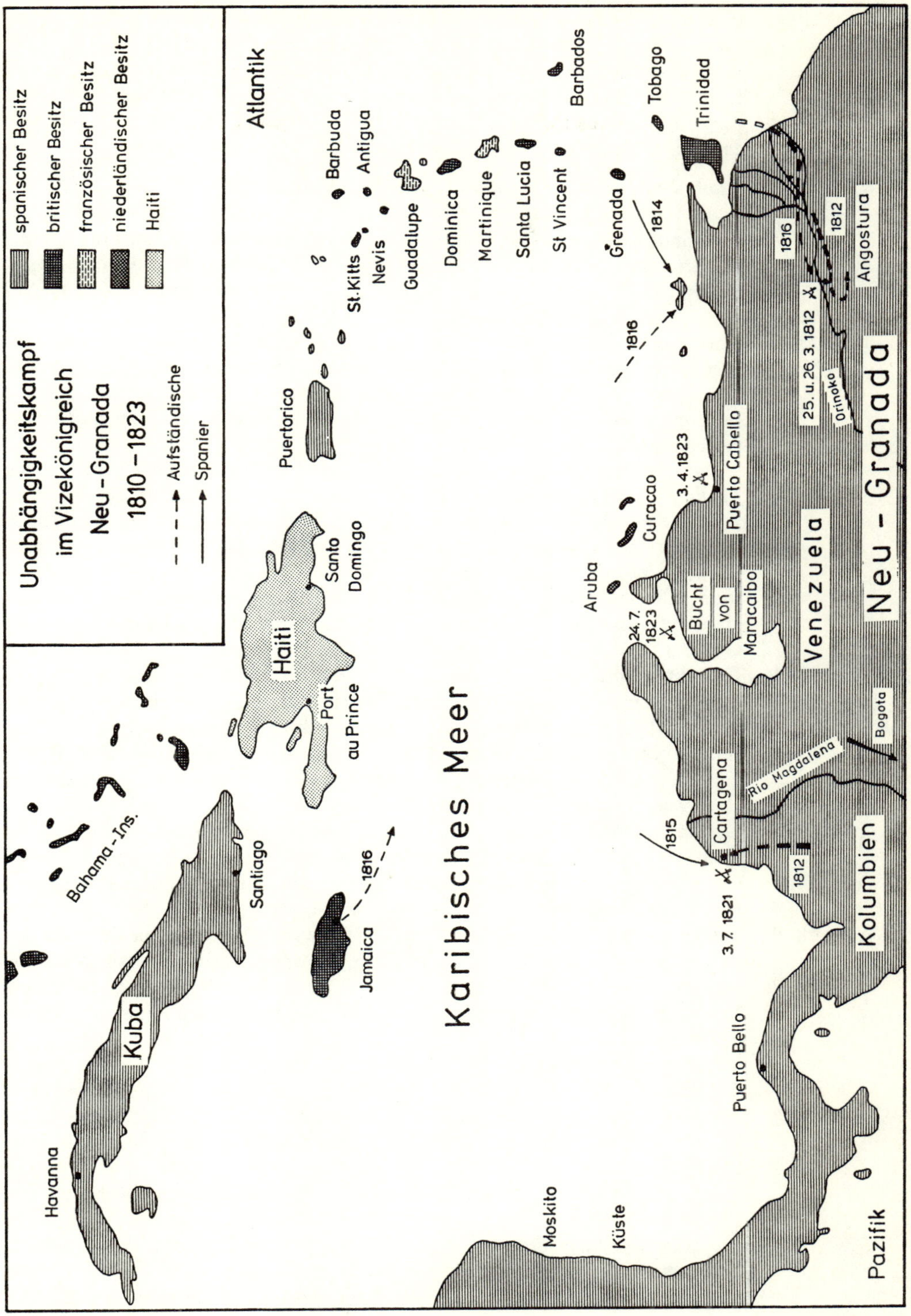

Unabhängigkeitskampf
im Vizekönigreich
Neu-Granada
1810–1823
Aufständische
Spanier
spanischer Besitz
britischer Besitz
französischer Besitz
niederländischer Besitz
Haiti
Atlantik
Karibisches Meer
Pazifik
Havanna
Kuba
Santiago
Bahama-Ins.
Jamaica
1816
Haiti
Port au Prince
Santo Domingo
Puertorico
St. Kitts
Nevis
Barbuda
Antigua
Guadalupe
Dominica
Martinique
Santa Lucia
St Vincent
Grenada
Barbados
Tobago
Trinidad
1814
1816
1812
Angostura
25. u. 26. 3. 1812
Orinoko
Aruba
Curacao
3. 4. 1823
Puerto Cabello
24. 7. 1823
Bucht von Maracaibo
Venezuela
Neu - Granada
Bogota
Rio Magdalena
Cartagena
1815
3. 7. 1821
1812
Kolumbien
Puerto Bello
Moskito Küste

17. Mai 1814 **Gefecht vor Montevideo.** Das Geschwader der Argentinier in Stärke von elf Fahrzeugen mit 190 Kanonen und 1550 Mann unter Com. William Brown greift die Royalisten vor Montevideo an. Diese verfügen über 13 Fahrzeuge mit 150 Kanonen und 1180 Mann und erleiden eine vernichtende Niederlage. Ihre Reste müssen das Gebiet des La Plata räumen, die argentinische Junta erklärt zwei Jahre später ihre gänzliche Unabhängigkeit von Spanien.

1810–1827 **Unabhängigkeitskampf im Vizekönigreich Peru**
In der Provinz Chile erfolgen erste Aufstände und Kämpfe zwischen Republikanern und Royalisten. Durch Einsatz von Truppen aus Peru können die Spanier die Erhebung 1814 zunächst niederwerfen. Entscheidend für die Unabhängigkeit von Chile ist daher die Seeherrschaft vor seinen Küsten. Peru bleibt zunächst fest in der Hand der Spanier.

Anf. 1816 Ein Geschwader von zwei Korvetten und einigen kleinen Fahrzeugen unter dem argentinischen Flottenchef KAdm. William Brown unternimmt eine Kaperfahrt an die Westküste von Südamerika, macht dort mehrere Prisen und greift den Hafen von Callao erfolglos an, muß sich aber nach Verlusten vor Guayaquil wieder zurückziehen.
Nach dem Sieg von General San Martin in der Landschlacht bei Chacabuco am 12. Februar 1817 erlangt Chile endgültig die Unabhängigkeit, um die es jedoch noch mehrere Jahre kämpfen muß. Spanische Truppenlandungen bei Talcahuano bringen diesen zunächst Erfolg, die Niederlage bei Maypu am 5. April 1818 macht ihre Stellung aber unhaltbar.
Innerhalb eines Jahres kann Chile durch Ankauf ein Geschwader von einem Linienschiff, einer Fregatte, einer Korvette und drei kleinen Fahrzeugen unter General Blanco Encalada aufstellen.

28. Okt. 1818 **Gefecht bei der Insel Santa Maria.** Bei dieser Insel vor der Bucht von Coronel erobert Blanco Encalada mit seinem Geschwader einen spanischen Geleitzug von fünf Truppentransportern und dazu auch die begleitende Fregatte mit Verstärkungen aus Spanien. Erster größerer Erfolg der jungen chilenischen Flotte, die nun die Küsten beherrscht. Kurz darauf wird der Engländer Lord Thomas Cochrane neuer Flottenchef von Chile (bis 1823).

1819 Cochrane nimmt ab März die Blockade der Küste von Peru auf und unternimmt mehrere waghalsige Angriffe auf die spanischen Schiffe im Hafen von Callao.

3. Febr. 1820 Cochrane erobert mit zwei Fregatten im Handstreich die Hafenstadt Valdivia, wo er 128 Kanonen und große Kriegsvorräte erbeutet.

20. Aug. 1820 Die Flotte von Chile mit einem Linienschiff, zwei Fregatten, einer Korvette und drei Fahrzeugen unter Cochrane geleitet 14 Truppentransporter mit einem Expeditionsheer von 5000 Mann nach Peru, um dieses den Spaniern zu entreißen. Nachdem die erste Landung bei Pisco, südlich Lima, keinen Fortschritt bringt, nimmt Cochrane die Truppen wieder an Bord und setzt sie bei Ancon, knapp nördlich Lima, erneut an Land. Die Flotte richtet auf der Insel San Lorenzo vor Callao einen Stützpunkt ein und beginnt mit der Blockade der Küste von Peru.

5. Nov. 1820 In einem Nachtangriff mit den Beibooten seiner Flotte erobert Cochrane mitten im Hafen von Callao und unter den Kanonen der Forts die spanische Fregatte »Esmeralda« (44).
Die Spanier müssen zunächst Lima, später auch den Hafen Callao räumen und sich in das Hochland zurückziehen.
Cochrane kehrt mit seiner Flotte nach Chile zurück, Peru formiert aus eroberten spanischen und angekauften Schiffen ein eigenes Geschwader von zwei Fregatten, zwei Korvetten und einigen kleineren Fahrzeugen unter VAdm. Guise.

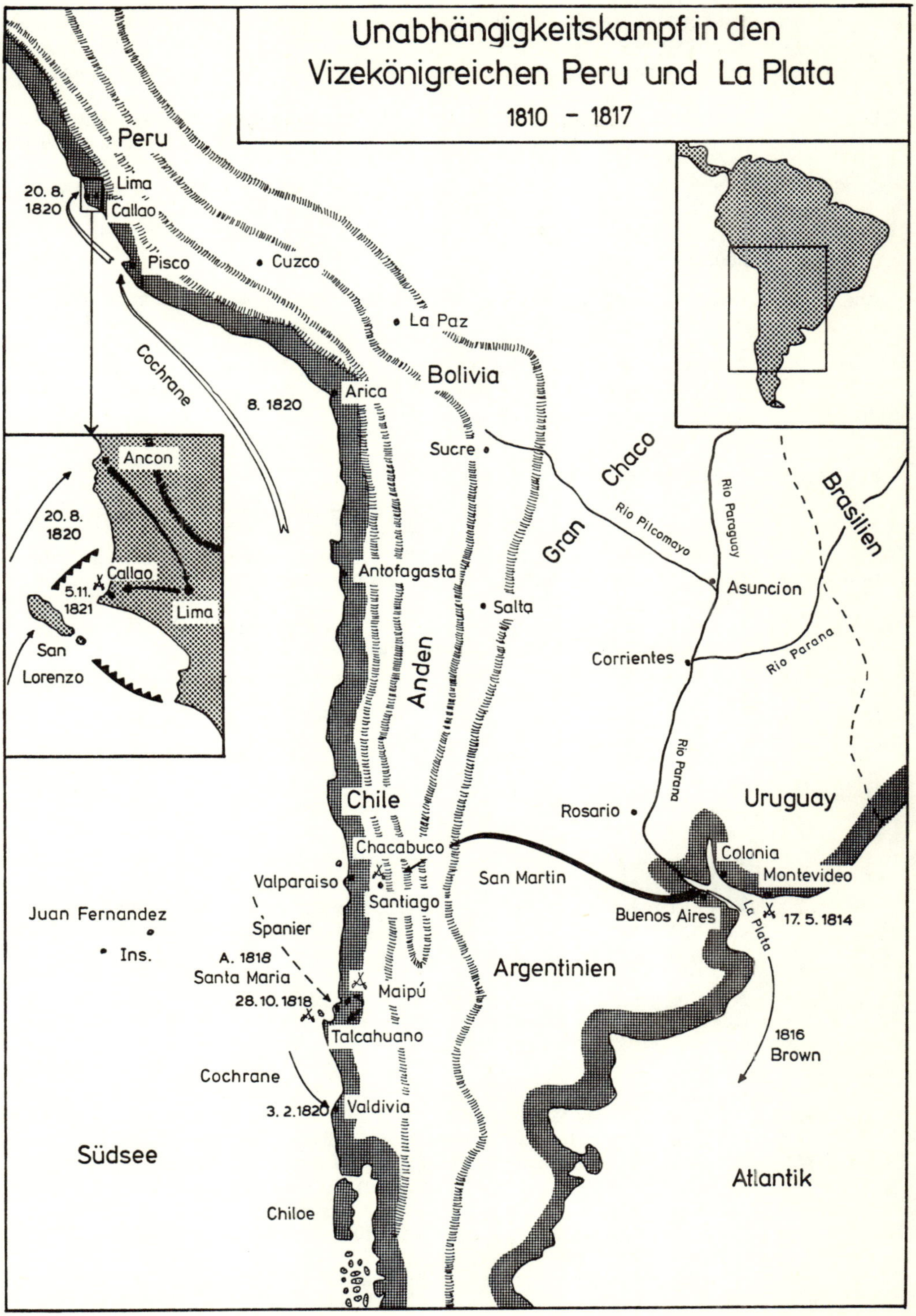

Unabhängigkeitskampf in den Vizekönigreichen Peru und La Plata
1810 - 1817
Peru
Lima
Callao
20. 8. 1820
Pisco
Cuzco
La Paz
Bolivia
Cochrane
8. 1820
Arica
Sucre
Ancon
20. 8. 1820
Callao
5.11. 1821
Lima
San Lorenzo
Gran Chaco
Rio Pilcomayo
Rio Paraguay
Brasilien
Asuncion
Antofagasta
Salta
Anden
Corrientes
Rio Parana
Rio Parana
Chile
Rosario
Uruguay
Chacabuco
Colonia
Montevideo
Valparaiso
San Martin
Santiago
Buenos Aires
La Plata
17. 5. 1814
Juan Fernandez Ins.
Spanier
A. 1818
Santa Maria
28. 10. 1818
Maipú
Argentinien
Talcahuano
1816 Brown
Cochrane
3. 2. 1820
Valdivia
Südsee
Atlantik
Chiloe

Jan. 1825– Jan. 1826 Nach der Ernennung von Simon Bolivar zum Diktator von Peru war die Seefestung Callao wieder zu den Königlichen übergegangen. Dieses wird von See aus durch ein peruanisch-chilenisches Geschwader blockiert und muß sich nach einem Jahr Belagerung ergeben.

1823–1826 Von der Insel Chiloe im Süden von Chile führen die Spanier zeitweise einen Kaperkrieg in den Gewässern vor Chile und Peru bis zur Eroberung der Insel durch Chile.

Die spanische Flotte ist damit endgültig aus den Gewässern vor der Westküste von Südamerika vertrieben. Ein Teil der spanischen Schiffe kehrt mit den Beamten um das Kap Hoorn nach Spanien zurück, der andere Teil geht nach den Philippinen.

Aug. 1816 Geschwader aus den USA, Großbritannien und Holland gehen gegen das Seeräuberunwesen an der nordafrikanischen Küste vor. Ein britisch-niederländisches Geschwader von sechs Linienschiffen, neun Fregatten und elf Fahrzeugen unter Edward Pellew, Lord Exmouth, beschießt dabei erfolgreich **Algier**. Aber auch die Schiffe der Verbündeten erleiden zum Teil betrachtliche Schäden und haben 900 Tote und Verwundete an Bord.

1821–1829 Griechischer Freiheitskrieg

Die Griechen führen gegen die türkische Fremdherrschaft einen Befreiungskrieg, bei dem auch die Seeherrschaft eine Rolle spielt. Die ersten Jahre können sie mit ihrer improvisierten Flotte die Türken einigermaßen in Schacht halten.

8. Juni 1821 Griechische Feuerschiffe unter Tombazes vernichten westlich Mytilene ein türkisches Linienschiff.

4. März 1822 **Gefecht bei Missolunghi.** 65 kleine griechische Segler unter Miaoulis kämpfen unentschieden gegen ein stärkeres türkisches Geschwader.

18. Juni 1822 Vor Chios vernichten griechische Feuerschiffe unter Kanaris das türkische Linienschiff »Mansur el liwa« (80).

10. Nov. 1822 Auf der Reede von Tenedos vernichtet Kanaris mit seinen Brandern ein weiteres türkisches Linienschiff. Die Türken erscheinen darauf nur mehr selten mit ihren großen Schiffen in der Ägäis.

30. Okt. 1823 Nördlich von Euböa erobern die Griechen eine türkische Korvette (26) und vier Briggs.

2. Juli 1824 Die vereinigte türkisch-ägyptische Flotte (ein Linienschiff, sechs Fregatten, zehn Korvetten, 35 Fahrzeuge, 30 Transporter) beschießt die Insel Psara und unterstützt die Landungstruppen bei der Eroberung der Insel.

Aug. 1824 Beim Angriff der Türken auf Samos greift die griechische Flotte unter Sachtouris ein. Nach mehrtägigen Geplänkeln vernichten die Brander unter Kanaris eine Fregatte (54), eine Korvette und eine Brigg, worauf die Türken sich zurückziehen.

12. Mai 1825 Nach der Landung der ägyptischen Armee in Modon/Methoni auf der Peloponnes/Morea greifen griechische Schiffe unter Miaoulis den Hafen an. Die Feuerschiffe unter Kanaris vernichten eine Fregatte (44), zwei Briggs und acht Transporter.

1. Juni 1825 **Gefecht bei Andros.** Die Griechen unter Sachtouris greifen ein starkes türkisches Geschwader auf dem Weg nach Kreta an. Ihre Brander vernichten eine Fregatte und zwei Korvetten. Fünf österreichische Transporter werden erobert.

1825 u. 1826 Bei der Verteidigung von Missolunghi am Golf von Patras kommt es mehrfach zu Gefechten zwischen leichten Streitkräften, die meistens ohne Entscheidung enden.

11. Sept. 1826 Die Griechen unter Miaoulis liefern der türkischen Flotte vor Mytilene ein zweitägiges unentschiedenes Gefecht.

Mit Unterstützung Ägyptens wird die türkische Flotte vor der Peloponnes offensiv.

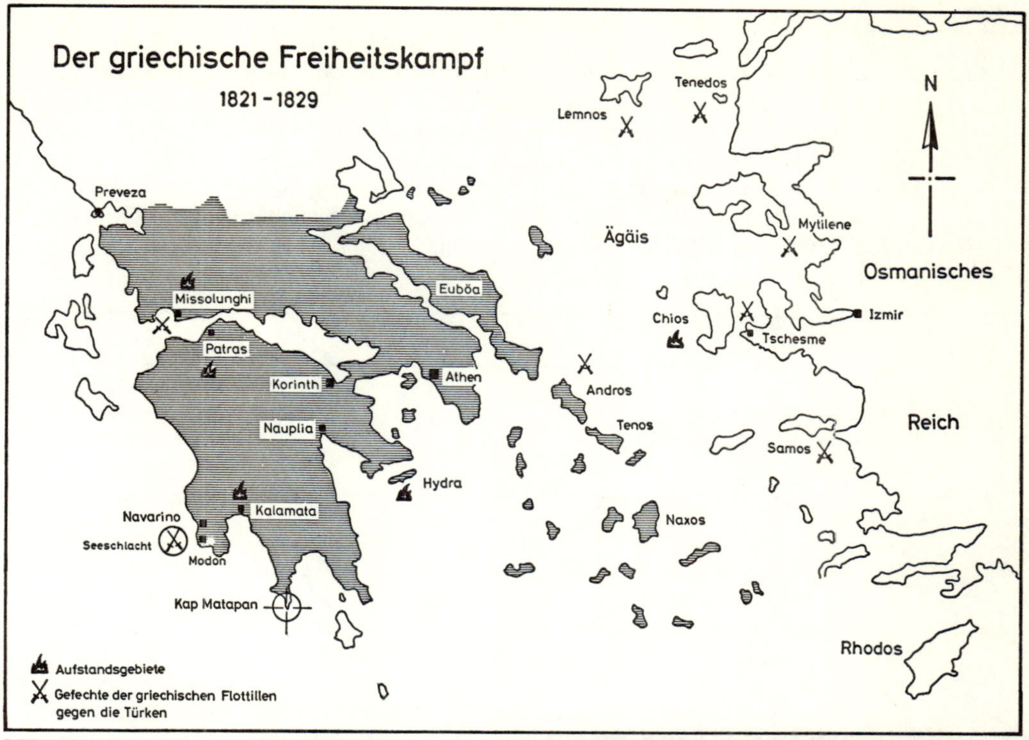
Der griechische Freiheitskampf
1821 - 1829
Preveza
Missolunghi
Patras
Korinth
Athen
Nauplia
Kalamata
Navarino
Seeschlacht
Modon
Kap Matapan
Hydra
Euböa
Ägäis
Lemnos
Tenedos
Mytilene
Osmanisches
Reich
Chios
Izmir
Tschesme
Andros
Tenos
Samos
Naxos
Rhodos
N
Aufstandsgebiete
Gefechte der griechischen Flottillen gegen die Türken

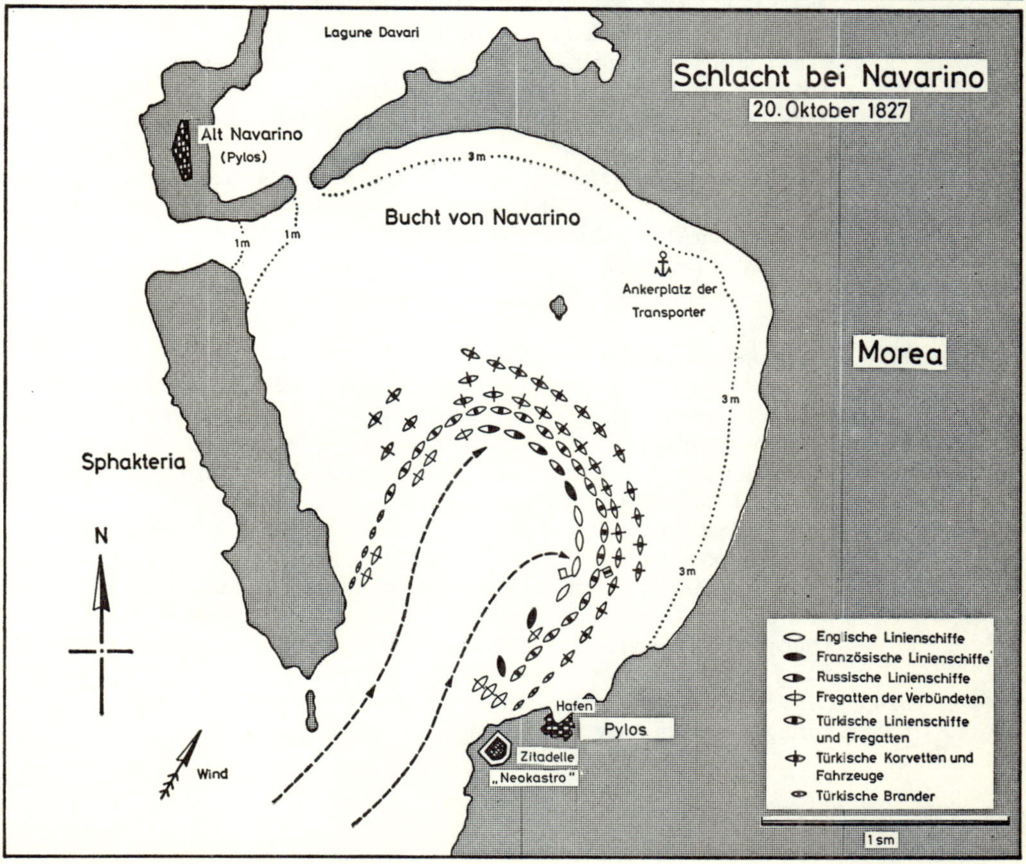
Schlacht bei Navarino
20. Oktober 1827
Lagune Davari
Alt Navarino
(Pylos)
3m
1m
1m
Bucht von Navarino
Ankerplatz der
Transporter
Morea
Sphakteria
N
3m
3m
Hafen
Pylos
Zitadelle
„Neokastro"
Wind
Englische Linienschiffe
Französische Linienschiffe
Russische Linienschiffe
Fregatten der Verbündeten
Türkische Linienschiffe und Fregatten
Türkische Korvetten und Fahrzeuge
Türkische Brander
1 sm

20. Okt. 1827 **Seeschlacht bei Navarino.** In der Bucht von Navarino liegt die türkisch-ägyptische Flotte unter Adm. Ibrahim Pascha. Eine Flotte aus englischen, französischen und russischen Schiffen unter Oberbefehl von VAdm. Codrington (E) soll zwischen den Türken und Griechen vermitteln. Die türkischen Schiffe liegen in Hufeisenformation so verankert, daß ihre Breitseiten die Einfahrt bestreichen. Codrington läuft in die Bucht und legt seine Schiffe neben die türkischen. Dabei kommt es unbeabsichtigt zur Schlacht.
Die Stärke der Flotten beträgt:

	Verbündete	Türken
Linienschiffe	11	3
Fregatten	9	19
kl. Fahrzeuge	7	35
Geschütze	1300	2000

In dem folgenden Nahkampf setzt sich die bessere Ausbildung der europäischen Besatzungen durch. Die türkischen Brander verfehlen ihre Ziele und richten unter den eigenen Schiffen Unheil an. Trotz heftigen Widerstandes der Türken – nur ein Schiff streicht die Flagge – ist ihre Flotte nach einigen Stunden vollständig vernichtet. Einige Schiffe werden von ihnen selbst verbrannt. Auch die Schiffe der Verbündeten sind zum Teil schwer beschädigt. Dies ist die letzte Seeschlacht der Segelschiffszeit. Mit dem großen Aufschwung der Technik im 19. Jahrhundert geht die Zeit der »hölzernen Festungswälle« zu Ende.

1827 Der erste Kriegsdampfer, die griechische »Karteria«, ist im Einsatz.

Juli 1828 Aufgrund der Londoner Vereinbarungen besetzen französische Truppen die Halbinsel Morea, die Ägypter werden unter Geleit der Verbündeten heimtransportiert.

6. Juni 1829 Im Schwarzen Meer kann die russische Brigg »Merkuri« nach längerem Verfolgungsgefecht zwei türkischen Linienschiffen entkommen. Im übrigen kommt es im Schwarzen Meer während des Krieges nur zu mehreren Beschießungen türkischer Häfen durch die russische Flotte.

Sept. 1829 **Friede von Adrianopel:** Griechenland erlangt seine Freiheit.

1822–1824 **Unabhängigkeitskampf Brasiliens**
Nach der Heimkehr des portugiesischen Hofes 1822 kündigt die Cortez den Brasilianern die ihnen gewährten Freiheiten auf. Am 7. September erklärt sich Brasilien für unabhängig und wählt den im Lande gebliebenen Kronprinzen Peter (Pedro) zum Kaiser. Bis zur Anerkennung der Unabhängigkeit durch Portugal sind alle königlichen Truppen ohne große Kämpfe abgezogen.

März 1823 Lord Thomas Cochrane wird der erste Befehlshaber der improvisierten brasilianischen Flotte.

April 1823 Adm. Cochrane blockiert das portugiesische Geschwader in Bahia, verfolgt es nach dem Ausbruch im Juli bis vor die Küste von Portugal und erobert einige Transporter. In den Gewässern vor Portugal erobert gleichzeitig eine brasilianische Fregatte 18 Prisen.

1824 Die Flotte Brasiliens hilft einen Aufstand niederzuwerfen.

1825 Portugal anerkennt die Unabhängigkeit von Brasilien.

1823 Bei der **spanischen Erhebung** gegen das Regiment Ferdinand VII. (1820–1823) greifen französische Seestreitkräfte unter Duperré an der Seite des Königs ein, beschießen Algeciras und Cadiz, womit die Revolte zusammenbricht.

1824 Bei den Kämpfen in Burma setzen die Briten den Raddampfer »Diana« gegen die Boote der Eingeborenen ein. Erstes Dampffahrzeug im Kriegseinsatz.

1825–1828 **Spanien** versucht vergeblich seine verlorenen Kolonien Mexiko und Kolumbien zurückzuerobern. Kommandant der Flottille von Mexiko ist von 1826 bis 1829 der aus der US-Navy entlassene David Porter. Nach drei Jahren Handelskrieg ohne Entscheidung muß sich Spanien mit der Erhaltung von Kuba und Porto Rico zufriedengeben.

1825–1828 **Krieg Brasilien gegen Argentinien.** Letzteres unterstützt das gegen das Kaiserreich Brasilien aufständische Uruguay. Obwohl die Flotte von Brasilien vor dem La Plata erfolgreich Handelskrieg führt, kann sie nicht den Verlust der südlichsten Provinz von Brasilien verhindern.

1826–1828 Nach Beendigung des russisch-persischen Krieges muß letzteres darauf verzichten, in Zukunft eine Kriegsflotte auf dem Kaspischen Meer zu unterhalten.

1826–1829 Der Franzose Dumont d'Urville unternimmt die erste seiner beiden bedeutenden Weltumsegelungen.

1828–1834 Bürgerkrieg in Portugal

Kaiser Pedro von Brasilien verzichtet nach dem Tod von König Johann IV. (1826) zu Gunsten seiner unmündigen Tochter Maria da Gloria auf den Thron von Portugal und setzt seinen Bruder Dom Miguel zum Regenten ein. Dom Miguel erklärt sich 1828 selbst zum König, die Anhänger von Maria halten sich auf den Azoren und werden von Brasilien unterstützt.

Aug. 1828 Ein Versuch der Flotte von Dom Miguel die Azoren zurückzuerobern, wird in der Bucht von Praia vereitelt.

Der britische Adm. Sartorius stellt in Diensten von Maria ein Geschwader von Fregatten auf.

11. Juli 1831 Frankreich, das sich gegen den Usurpator gestellt hatte, schickt ein Geschwader von sechs Linienschiffen, vier Fregatten und drei Korvetten unter Adm. Roussin nach Portugal, welches nach Forcierung der Einfahrt von Lissabon das dort liegende Geschwader der Miguelisten als Prisen nach Brest entführt.

Juli 1832 Mit der Unterstützung der Brasilianer und der eigenen Kriegsschiffe unter Kpt. Napier landen die Legitimisten auf 42 Transportern bei Porto und erobern die Stadt, um die ein Jahr lang heftig gekämpft wird.

5. Juli 1833 **Seeschlacht bei Kap St. Vincent.** Die Flotte Marias unter Admiral Napier, drei Fregatten mit 138 Kanonen und zwei Fahrzeugen, besiegt in einem glänzenden Kampf die gegnerische Flotte von drei Linienschiffen mit 180 Kanonen und drei Korvetten. Alle drei Linienschiffe und eine Korvette werden erobert. Die Stadt Porto ist damit als Stützpunkt gesichert, die Truppen von Maria können nun zur Offensive übergehen, die den Krieg im folgenden Jahr mit dem Thronverzicht Dom Miguels beendet.

2. Juni 1829 Landungsgefecht bei El Araisch/Larasch. Ein österreichisches Geschwader mit den Korvetten »Carolina« (26) und »Adria« (20), einer Brigg und einem Schoner unter Korv.Kpt. Bandiera greift wegen der Piraterie Marokkos mit Landungstruppen den Hafen an. Zwei Kampfschwimmer versenken ein im Hafen liegendes Fahrzeug, dann schiffen sich die Truppen in heftigem Feuer wieder ein.

1830 **Frankreich erobert Algier.** Das fortgesetzte Seeräuberunwesen in Nordafrika veranlaßt Frankreich zum Eingreifen. Unter Adm. Duperré bringt eine Flotte von 100 Kriegsschiffen und 350 Transportern ein Expeditionsheer von 38000 Mann an Land. Bei der Flotte befinden sich die ersten **Raddampfer.**

1830 Das nach den Napoleonischen Kriegen mit den Niederlanden vereinigte **Belgien** sagt sich von diesen los. Im folgenden Jahr laufen britische und französische Seestreitkräfte in die Schelde ein und verhindern durch ihr aktives Eingreifen in die Kämpfe die Rückeroberung durch die Niederländer.

Dez. 1832 Die britische Sloop »Clio« (18) erscheint vor den Falkland/Malwinas-Inseln und nimmt diese für Großbritannien in Besitz. Die schwache argentinische Garnison zieht kampflos ab. Port Stanley wird die nächsten 100 Jahre zu einer wichtigen Kohlenstation für die Royal Navy.

1835 Ein kleines britisches Geschwader unter Kpt. Hennell geht energisch gegen die Piraterie im Persischen Golf vor. Dies führt schließlich zum Abkommen mit den »Vertragsstaaten«, das bis 1971 in Kraft bleibt.

27. Nov. 1838 **Angriff auf San Juan d'Ulloa.** Ein französisches Geschwader unter KAdm. Baudin greift den mexikanischen Hafen Vera Cruz an. Mit seinen drei Fregatten und zwei Korvetten sowie mehreren kleineren Fahrzeugen zwingt er durch Artilleriebeschuß die starke Inselfestung San Juan d'Ulloa zur Kapitulation. Zum erstenmal werden dabei die von dem Franzosen Paixhans entwickelten **Granaten** mit Erfolg angewendet.

1838–1841 Krieg Türkei gegen Ägypten

Die Großmächte sehen sich zum Eingreifen veranlaßt.

18. Jan. 1839 **Eroberung von Aden.** Im Zuge dieser Auseinandersetzungen erobert ein britisches Geschwader von vier kleinen Kriegsschiffen und drei Transportern mit Truppen aus Indien die Stadt Aden. Auch die Insel Kharg im Persischen Golf wird besetzt, letztere jedoch nach zwei Jahren wieder aufgegeben.

26. Sept. 1840 Ein Geschwader unter Commodore Napier mit dem Linienschiff »Thunderer« (E, 84), der Fregatte »Guerriera« (Ö, 48), Kommandant Erzherzog Friedrich, einer türkischen Korvette und mehreren Fahrzeugen beschießt den Hafen von Sidon/Saida, Landungstruppen erobern die Stadt.

3. und 4. Nov. 1840 **Einnahme von St. Jean d'Acre.** Ein Geschwader von acht Linienschiffen, fünf Fregatten, zwei Briggs und fünf Dampfern, darunter drei österreichische und türkische Kriegsschiffe unter VAdm. Stopford (E), zwingt die starke Festung nach mehrstündigem Bombardement zur Übergabe.

12. und 13. Jan. 1839 **Seegefecht bei Casma.** In einer Auseinandersetzung zwischen Chile und der Konföderation von Bolivien und Peru (1837–39) siegen drei chilenische Schiffe unter KAdm. Simpson nördlich von Lima über drei Schiffe der Konföderation und erobern damit die Seeherrschaft.

1839–1842 Im **Opiumkrieg** gegen China greift die britische Flotte mit Erfolg in die Kampfhandlungen ein, zerstört eine große Zahl Kriegsdschunken und Küstenbefestigungen und trägt wesentlich zum Frieden von Nanking bei. Ein kleines britisches Geschwader stößt dabei im August 1842 auf dem Yang-tse-kiang bis Nanking vor.

1843–1848 Im Krieg gegen die Maoris auf **Neuseeland** sind mehrfach britische Kriegsschiffe von der australischen Station beim Küstenbeschuß im Einsatz.

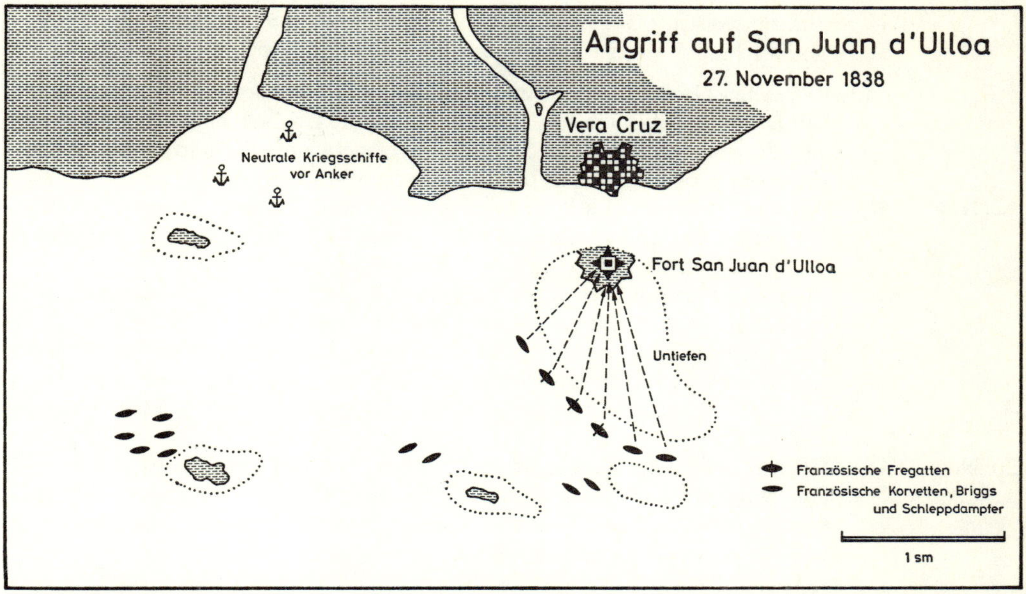
Angriff auf San Juan d'Ulloa
27. November 1838
Vera Cruz
Neutrale Kriegsschiffe vor Anker
Fort San Juan d'Ulloa
Untiefen
Französische Fregatten
Französische Korvetten, Briggs und Schleppdampfer
1 sm

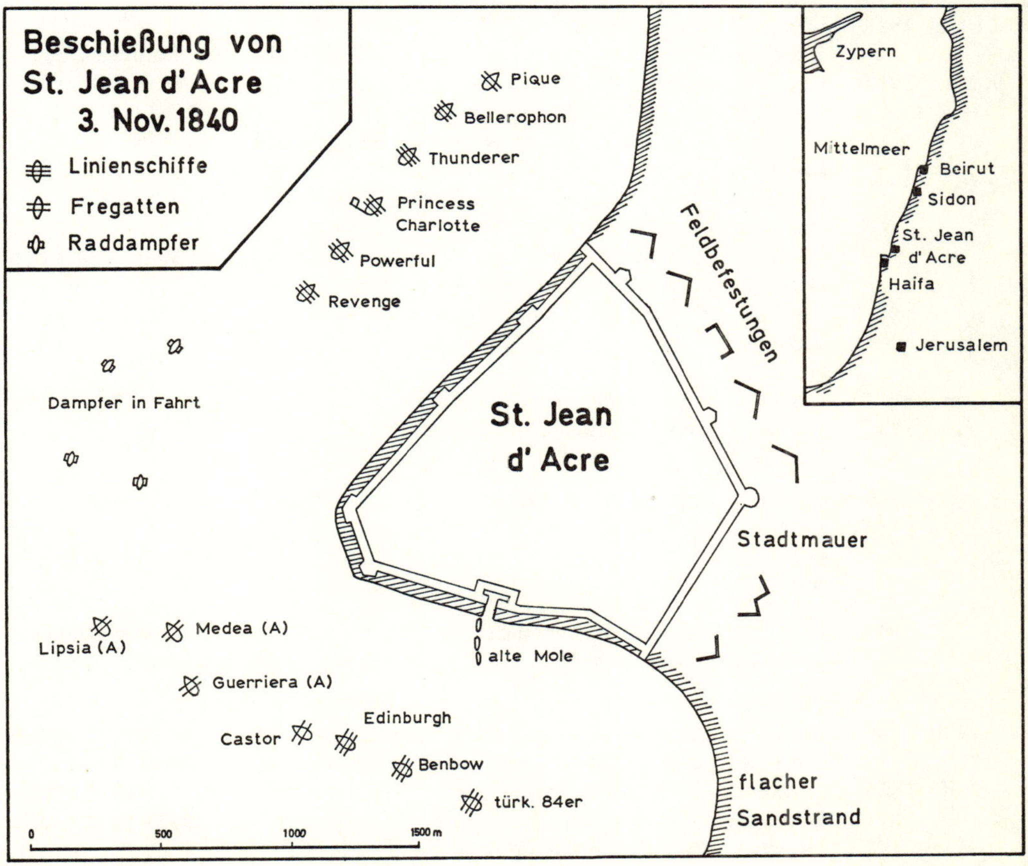
Beschießung von St. Jean d'Acre 3. Nov. 1840
Linienschiffe
Fregatten
Raddampfer
Pique
Bellerophon
Thunderer
Princess Charlotte
Powerful
Revenge
Dampfer in Fahrt
Feldbefestungen
St. Jean d' Acre
Stadtmauer
Lipsia (A)
Medea (A)
Guerriera (A)
alte Mole
Edinburgh
Castor
Benbow
türk. 84er
flacher Sandstrand
0
500
1000
1500 m
Zypern
Mittelmeer
Beirut
Sidon
St. Jean d'Acre
Haifa
Jerusalem

1844	Ein französisches Geschwader von drei Linienschiffen und mehreren Fahrzeugen beschießt Tanger (6. Aug.) und Mogador (16. Aug.) in Marokko.
1845	**Eingreifen Großbritanniens und Frankreichs in Südamerika** Der Diktator Rosas von Argentinien erkennt die Unabhängigkeit von Paraguay und Uruguay nicht an. Seine Streitkräfte belagern zu Lande und zur See Montevideo gegen den Einspruch der europäischen Mächte.
2. Aug. 1845	Das Geschwader am La Plata unter den Kapitänen Hotham (E) und Trehouart (F) nimmt das argentinische Blockadegeschwader von einer Korvette, zwei Briggs und sieben Fahrzeugen vor Montevideo weg. Rosas sperrt darauf die Flüsse Uruguay und Paraña für die internationale Schifffahrt. Ein kleines Geschwader britischer und französischer Schiffe und einige Fahrzeuge aus Montevideo, letztere unter dem in südamerikanischen Diensten stehenden späteren italienischen Freiheitshelden Giuseppe Garibaldi, sichern die Schiffahrt auf dem Uruguay. Der Paraña muß mit stärkeren Mitteln freigekämpft werden.
20. Nov. 1845	**Gefecht bei Obligado.** Das britisch/französische La Plata-Geschwader von elf Fahrzeugen, darunter drei Raddampfer, kämpft die Befestigungen und Flußsperren gegen heftigen Widerstand nieder und bringt einen großen Geleitzug vom Oberlauf des Flusses in Sicherheit.
1846–1848	**Krieg USA gegen Mexiko** Wegen der Annexion von Texas durch die USA erklärt Mexiko den Krieg.
9. März 1847	Ein Geschwader unter Com. Conner landet Heerestruppen in der Nähe des Hafens Vera Cruz. Nach Beschießung durch die Schiffe und Heeresartillerie kapituliert die dem Hafen vorgelagerte Festung San Juan d'Ulloa am 26. März. Bis zum Ende des Krieges blockiert das amerikanische Geschwader unter dem Nachfolger von Conner, Com. M. C. Perry, die Golfküste von Mexiko. Das amerikanische Pazifikgeschwader unter Com. Stockton unterstützt das Heer bei der Eroberung von San Francisco, Monterey, Los Angeles und San Diego. Anschließend blockiert es die mexikanische Pazifikküste. Nach der Eroberung der Hauptstadt muß Mexiko die US-Friedensbedingungen annehmen und die Provinzen nördlich von Rio Grande und Rio Gila abtreten.
Jan. bis Febr. 1848	Beim Aufstand von **Sizilien** beschießt die Flotte des Königreiches Neapel die Städte Palermo und Messina und unterstützt im folgenden Jahr das Heer bei der Rückeroberung der Insel.
5. April 1849	**Gefecht bei Eckernförde.** Im deutsch-dänischen Krieg (1848–50) zwingen zwei deutsche Feldbatterien das in die Förde eingelaufene dänische Linienschiff »Christian VIII« (84) und die Fregatte »Gefion« (46) zur Übergabe. Das in Brand geratene Linienschiff fliegt mit einem Teil der Besatzung in die Luft.
1849	Die britische Regierung hebt die rund 200 Jahre bestehende **Navigationsakte** auf (siehe 1651). Die Entwicklung des Welthandels erhält dadurch einen neuen Impuls.
Okt. 1849	Bei Haiphong, **Indochina,** vernichten britische Dampfer 58 chinesische Dschunken und töten oder fangen 3000 Piraten (Gefecht bei Kua-Kam).
1850–1864	In China kommt es während der **Taiping-Revolution** zu mehreren Gefechten der Dschunkengeschwader der beiden Parteien auf dem Yang-tse-kiang und dem großen Po-yang See in der Provinz Kiang-si.

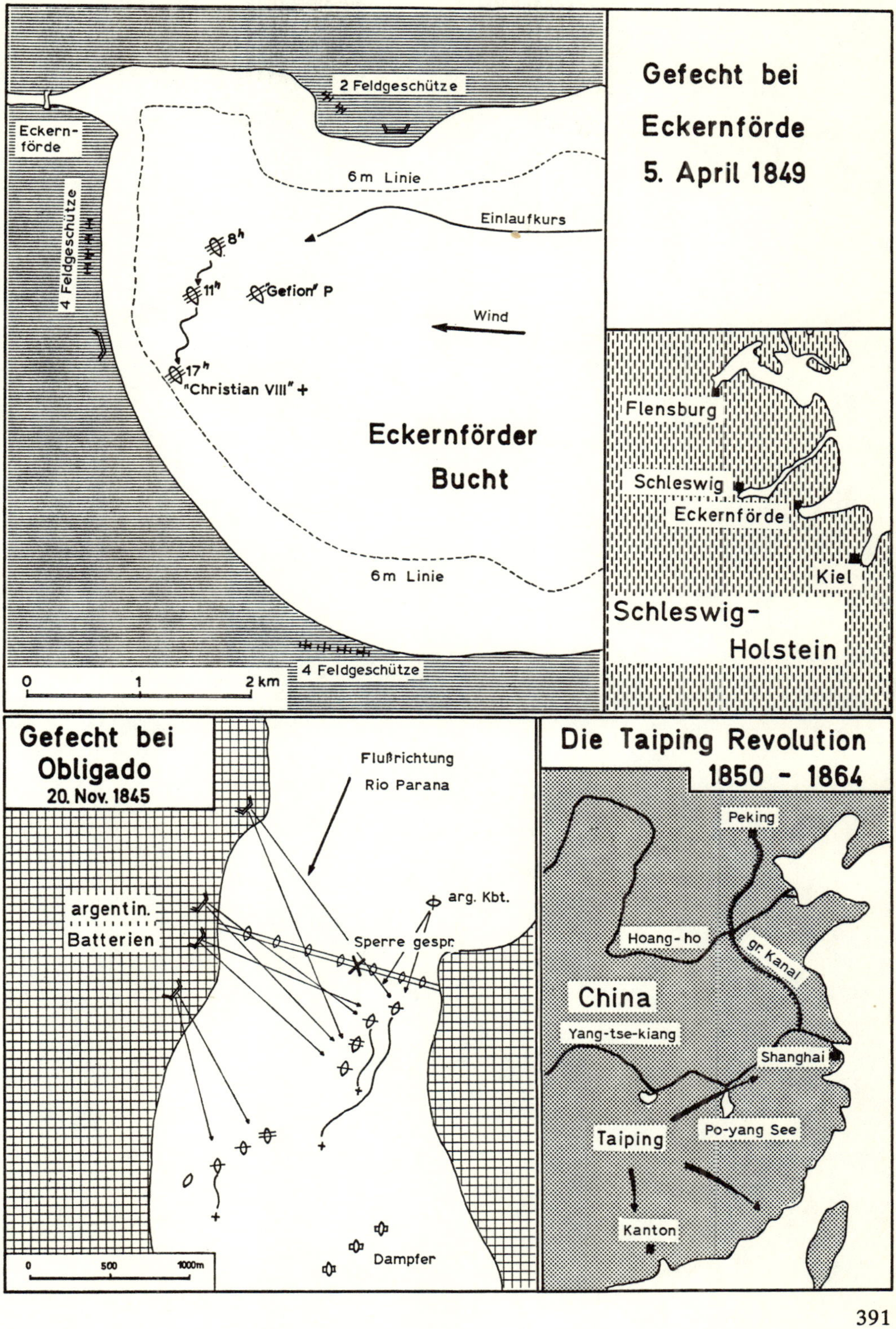
Gefecht bei
Eckernförde
5. April 1849
2 Feldgeschütze
Eckern-
förde
6m Linie
Einlaufkurs
4 Feldgeschütze
8h
11h
"Gefion" P
Wind
17h
"Christian VIII" +
Eckernförder
Bucht
6m Linie
4 Feldgeschütze
0
1
2 km
Flensburg
Schleswig
Eckernförde
Kiel
Schleswig-
Holstein
Gefecht bei
Obligado
20. Nov. 1845
Flußrichtung
Rio Parana
arg. Kbt.
argentin.
Batterien
Sperre gespr.
Dampfer
0
500
1000m
Die Taiping Revolution
1850 - 1864
Peking
Hoang-ho
gr. Kanal
China
Yang-tse-kiang
Shanghai
Taiping
Po-yang See
Kanton